READER'S DIGEST

AUSWAHL BÜCHER

Die Kurzfassungen in diesem Buch erscheinen
mit Genehmigung der Autoren und Verleger

041252 (303)
Printed in Germany
ISBN: 978-3-89915-830-4

READER'S DIGEST

AUSWAHL BÜCHER

Reader's Digest

Deutschland · Schweiz · Österreich

INHALT

Zweiter Wiesn-Sonntag. Wieder einmal ist das Oktoberfest eine Riesengaudi für Millionen Besucher aus aller Welt. Doch aus heiterem Himmel schlägt die Ausgelassenheit in schrecklichstes Grauen um: Zehntausende Festbesucher werden Opfer eines präzise vorbereiteten und erbarmungslosen Verbrechens. Entsetzt stehen die Verantwortlichen von München bis Berlin vor der beklemmenden Frage: Kann der skrupellose und offenbar haushoch überlegene Gegner überhaupt noch aufgehalten werden?

Seite 270

Als Denis O'Connor das malerische Owl Cottage im englischen Northumberland kauft, erfüllt sich für ihn ein Traum: Fortan will der eingefleischte Junggeselle ein beschauliches Leben auf dem Land führen. Doch eine stürmische Winternacht macht seine Pläne zunichte: Er findet ein hilfloses Katzenjunges, rettet es und nimmt es bei sich auf. Toby Jug, wie Denis den kleinen Kater tauft, stellt fortan seinen Alltag auf den Kopf – und bereichert sein Dasein auf ungeahnte Weise.

Seite 488

JOY FIELDING

HERZ-STOSS

Das Mädchen stand auf einer Fußgängerbrücke und starrte gedankenverloren ins Wasser. Eine Brise wehte ihr das lange Haar ins Gesicht.

„Devon!“, rief Marcy. Sie rannte die Straße zur Brücke hinunter. *O mein Gott. Bitte mach, dass sie sich freut, mich zu sehen,* betete sie im Laufen.

EINS

Okay, wenn Sie bitte für einen Moment näher kommen würden, dann erzähle ich Ihnen etwas über das prachtvolle Gebäude vor Ihnen."

Der Führer lächelte die Gruppe von müden und leicht abgekämpften Touristen aufmunternd an, die sich vor der St. Anne's Shandon Church umschauten.

„So ist's fein", säuselte er in seinem etwas übertriebenen irischen Singsang und schwenkte ungeduldig einen Schal in irischem Smaragdgrün über seiner stattlichen Gestalt. „Kommen Sie ein Stückchen näher, junge Dame. Ich beiße nicht." Sein Lächeln wurde breiter, sodass die untere Reihe seiner fleckigen und krummen Zähne sichtbar wurde.

Gut, dass ihr Mann die Reise nach Irland am Ende doch nicht mitgemacht hatte, dachte Marcy Taggart, als sie ein paar zögerliche Schritte nach vorn machte. Er hätte das schiefe Gebiss des armen Mannes als persönlichen Affront betrachtet. *Da geben die Leute haufenweise Geld für Schönheitsoperationen und Designerklamotten aus und vergessen das Wichtigste von allem – ihre Zähne.* Peter war Kieferorthopäde und neigte zu harschen Urteilen. Hatte er ihr nicht einmal erklärt, dass ihm nicht als Erstes ihre schlanke Figur oder ihre großen braunen Augen aufgefallen waren, sondern ihre makellos weißen Zähne? Inzwischen wunderte sich Marcy darüber, dass sie solche Äußerungen einmal romantisch gefunden hatte.

„Darf ich um Ihre volle Aufmerksamkeit bitten", sagte der Touristenführer. Kein Tadel war in seiner Stimme – offensichtlich war er an die beiläufige Unhöflichkeit der ihm Anbefohlenen gewöhnt und nahm schon lange keinen Anstoß mehr daran. Obwohl die vierundzwanzig Frauen und Männer viel Geld für den Tagesausflug von Dublin nach Cork bezahlt hatten, der zweitgrößten Stadt Irlands, hatte bestenfalls eine Handvoll von ihnen zugehört, wenn der Mann etwas gesagt hatte.

Marcy hatte es versucht, sie hatte sich wirklich angestrengt. Immer wieder hatte sie sich zur Konzentration ermahnt, als der Führer sie auf der Busfahrt über die wechselvolle Geschichte Corks unterrichtet hatte. Der Name der Stadt ging auf das irische Wort *corcach* zurück, was so viel bedeutete wie „sumpfiger Ort“ und sich auf die Lage der Stadt an dem Fluss Lee bezog; sie war im siebten Jahrhundert gegründet worden und heute der größte Industriestandort im Süden Irlands; wichtigster Zweig war die pharmazeutische Industrie, bekanntestes Produkt ausgerechnet Viagra.

Zumindest glaubte Marcy, dass der Führer das gesagt hatte. Sicher war sie sich nicht. Ihre Fantasie spielte ihr in letzter Zeit unerfreulich häufig Streiche, und mit fünfzig war ihr Gedächtnis auch nicht mehr das, was es einmal gewesen war.

„Wie Sie sehen, beherrscht der Turm von St. Anne’s hier oben auf der Hügelkuppe den gesamten Nordteil der Stadt.“ Der Führer hatte Mühe, die Führer der anderen Reisegruppen zu übertönen, die plötzlich aufgetaucht waren. Er atmete tief ein. „Okay, dreißig Minuten für die Besichtigung der Kirche, danach geht es die steilen Gässchen hinauf zum Patrick’s Hill.“

„Was ist mit denjenigen, für die der Aufstieg zu beschwerlich ist?“, fragte eine ältere Frau.

„Für heute hab ich genug von Kirchen“, murmelte der Mann neben ihr. „Ich könnte ein Guinness vertragen.“

„Für diejenigen, die sich vor der Weiterfahrt lieber ein wenig ausruhen wollen – es gibt jede Menge Pubs in der Nähe.“

„Klingt gut“, meinte jemand.

„Wir treffen uns in einer Stunde am Busbahnhof Parnell Place“, verkündete der Führer. „Bitte seien Sie pünktlich, sonst bleibt uns am Ende womöglich nicht genug Zeit, auf der Rückfahrt nach Dublin das berühmte Blarney Castle zu besichtigen. Und Sie wollen doch sicher alle den berühmten Stein von Blarney küssen, oder?“

Nein, auf keinen Fall will ich das, dachte Marcy und erinnerte sich an Peters Ekel bei der Vorstellung, wie eine Fledermaus an den Füßen kopfüber hinuntergelassen zu werden, um „einen bakterienverseuchten Stein zu küssen, an dem jede Menge Speichelreste von anderen Leuten kleben“. So hatte er sich jedenfalls ausgedrückt, als sie ihm die Prospekte zum ersten Mal gezeigt hatte. „Warum sollte jemand, der halbwegs bei Verstand ist, so etwas tun wollen?“, hatte er dann noch wissen wollen.

Marcy hatte gelächelt und geschwiegen. Peter glaubte schon eine ganze Weile nicht mehr, dass sie halbwegs bei Verstand war.

War das nicht der Grund gewesen, warum sie überhaupt beschlossen hatten, diese Reise zu unternehmen? Hatten nicht alle gesagt, dass sie und Peter mehr Zeit miteinander verbringen sollten, Zeit, um das Geschehene *als Einheit* zu verarbeiten? War das nicht der Ausdruck, den der Psychologe benutzt hatte?

Und dann hatte ihre Schwester die Idee gehabt, dass sie ihren 25. Hochzeitstag doch mit zweiten Flitterwochen begehen könnten, und Marcy hatte sich kopfüber in die Planung gestürzt. Irland war Peters Vorschlag gewesen, weil seine Mutter aus Limerick stammte. Jahrelang hatte er davon gesprochen, dass er gern eine Pilgerfahrt ins Land seiner Vorfahren machen wollte. Marcy hatte anfangs für ein exotischeres Ziel wie Tahiti oder Bali plädiert. Doch dann hatte sie sich gesagt, dass es im Grunde egal war, wohin sie fuhren, solange sie es *als Einheit* taten. Also hatten sie sich für Peters Vorschlag entschieden.

Aber am Ende hatte Peter sich für eine ganz andere Frau entschieden.

Er könne nicht noch mehr Drama ertragen, hatte Peter gesagt, als er ihr erklärt hatte, dass er sie verlassen wollte. *Es ist besser so. Für uns beide. Du wirst bestimmt viel glücklicher sein. Hoffentlich können wir Freunde bleiben.* Die feigen Phrasen des Deserteurs.

„Wir haben nach wie vor einen gemeinsamen Sohn", hatte er gesagt, als ob sie daran erinnert werden müsste. Ihre Tochter blieb unerwähnt.

Zitternd zog Marcy ihren Trenchcoat enger um ihren Körper und beschloss, sich den Reihen derjenigen anzuschließen, die sich für eine Pause und ein Bier entschieden hatten. Sie hatten eine dreistündige Wanderung durch die Stadt hinter sich, es wurde Zeit, sich irgendwo hinzusetzen.

Zehn Minuten später hockte sie allein an einem winzigen Zweiertisch in einem typisch irischen Pub mit Blick auf den Fluss Lee. Drinnen war es dunkel, was zu der Stimmung passte, die Marcy mit Macht übermannte. Es war idiotisch gewesen, allein nach Irland zu fahren. Nur eine Verrückte fuhr ohne ihren Mann in die zweiten Flitterwochen, selbst wenn die Reise schon bezahlt war. Ein paar tausend Dollar mehr oder weniger taten ihr nicht weh – Peter war mehr als großzügig gewesen. Offensichtlich hatte er so schnell wie möglich von ihr weggewollt. Marcy musste beinahe schmunzeln. Mit ihrer Scheidung gab er sich auch nicht mehr Mühe als mit ihrer Ehe.

„Na, Sie scheinen sich ja zu amüsieren", sagte eine Stimme über ihr.

Marcy blickte auf. Vor ihr stand ein lausbubenhaft attraktiver Mann mit glattem, etwas zerzaustem schwarzem Haar und leuchtend grünen Augen. „Was darf ich Ihnen bringen?", fragte er mit gezücktem Block und Bleistift.

„Wäre es sehr albern, wenn ich einfach nur eine Tasse Tee bestelle?“, fragte Marcy.

„Überhaupt nicht“, antwortete der Kellner.

„Tee klingt wunderbar“, hörte sie jemanden sagen. „Bringen Sie bitte zwei Tassen!“ Neben ihr schrammten Stuhlbeine über die Bodendielen. „Darf ich mich zu Ihnen setzen?“ Der Mann nahm Platz, bevor Marcy antworten konnte.

Sie erkannte ihn als ein Mitglied ihrer Reisegruppe, obwohl sie sich nicht an seinen Namen erinnerte.

„Vic Sorvino“, sagte er jetzt und streckte die Hand aus.

„Marcy Taggart“, sagte Marcy und machte eine grüßende Handbewegung, ohne seine Hand zu ergreifen. Warum war er hier? Es gab doch genug andere Tische, an die er sich hätte setzen können.

„Taggart? Ist das nicht ein irischer Name?“

„Mein Mann hat irische Vorfahren.“

Vic Sorvino ließ den Blick am Tresen entlang und durch den gesamten Pub schweifen. „Tut mir leid, dass ich mich einfach so zu Ihnen gesetzt habe. Ich wusste nicht, dass Sie in Begleitung hier sind“, sagte er.

„Er ist nicht hier.“

„Mag er keine Busreisen?“

„Er mag es nicht, verheiratet zu sein“, hörte Marcy sich sagen. „Jedenfalls nicht mit mir.“

Vic sah sie überrascht an. „Smalltalk ist nicht gerade Ihre Stärke, was?“

Obwohl sie es nicht wollte, musste Marcy lachen. Sie strich sich einen Wust von Locken aus ihrem schmalen Gesicht. So viele Haare für so ein winziges Gesicht, dachte sie, und ihr war, als hörte sie die Stimme ihrer Mutter.

„Entschuldigen Sie“, sagte sie. „Das war etwas unpassend.“

„Unsinn. Ich bin sehr für klare Worte.“

„Sie sprechen mir aus dem Herzen“, sagte Marcy und bereute ihre Worte sofort. Sie wollte ihn auf keinen Fall ermutigen.

Der Kellner brachte ihnen ihren Tee.

„Wahrscheinlich hält er uns für verrückt, weil wir in einem Pub Tee bestellen“, meinte Marcy und beobachtete, wie der gut aussehende junge Mann zurück zur Bar ging. Sie schätzte ihn auf Anfang dreißig und fragte sich, ob ihre Tochter ihn attraktiv gefunden hätte.

„Ehrlich gesagt glaube ich, dass Amerikaner oft falsche Vorstellungen von irischen Pubs haben.“ Vic hatte eine angenehme Baritonstimme und versuchte offensichtlich, das Gespräch am Laufen zu halten. „Man trifft sich hier nicht nur zum Trinken, sondern auch, um Freunde und Nachbarn zu treffen. Und viele Leute trinken Tee oder andere nichtalkoholische Getränke." Er sah sie an. „Das habe ich jedenfalls in meinem Reiseführer gelesen", meinte er und fragte dann, als Marcy weiter stumm blieb: „Woher kommen Sie?"

„Aus Toronto", antwortete sie pflichtschuldig.

Er nickte. „Toronto ist eine wunderbare Stadt. Ich war ein paarmal geschäftlich dort." Er machte eine Pause. „Ich war Fabrikant. Technischer Kleinkram."

„Sie sind Fabrikant für Schweinkram?", fragte Marcy und merkte, dass sie nur mit halbem Ohr zugehört hatte.

Vic lachte und verbesserte sie. „Kleinkram. Kleine technische Geräte, deren Namen man sich in der Regel nicht merken kann."

Marcy nippte an ihrem Tee und schwieg. Ich benehme mich wie ein Idiot, dachte sie.

„Ich habe die Firma letztes Jahr verkauft und bin jetzt im Ruhestand", erklärte er. Als sie immer noch nicht antwortete, fuhr er fort: „Ich komme aus Chicago."

Marcy brachte ein mattes Lächeln zustande. Sie hatte Chicago immer gemocht. Da hätte ich hinfahren sollen, dachte sie, als das Handy in ihrer Handtasche zu klingeln begann. Chicago hatte eine wundervolle Architektur und es regnete nicht annähernd so viel wie in Irland.

„Ist das Ihr Handy?", fragte Vic.

„Hmm? Oh. *Oh!"*, sagte sie, fand ihr Telefon ganz unten in ihrer Handtasche und hielt es ans Ohr. „Hallo?"

„Wo zum Teufel steckst du?", wollte ihre Schwester wütend wissen.

„Judith?"

„Wo bist du gewesen? Ich habe seit einer Woche nichts mehr von dir gehört."

„Ist alles in Ordnung? Ist was mit Darren?"

„Deinem Sohn geht es gut, Marcy", sagte ihre Schwester. „Ich mache mir Sorgen um *dich*. Warum hast du auf keinen meiner Anrufe reagiert?"

Weil ich nicht mit dir reden wollte, dachte Marcy, ohne es laut zu sagen. Sie stellte sich vor, wie ihre zwei Jahre ältere Schwester auf dem Marmorboden ihres neuen Luxusapartments auf und ab lief. Garantiert trug sie ihre Standardklamotten, bestehend aus einer schwarzen Yoga-Hose und einem passenden Top, weil sie entweder gerade mit dem Training fertig war oder gleich damit beginnen wollte. Judith verbrachte mindestens die Hälfte des Tages mit Sport. Sie war gerade bei Ehemann Nummer fünf. Mit achtzehn hatte sie sich die Eileiter verschließen lassen, weil sie beschlossen hatte, nie eigene Kinder zu haben.

„Da stimmt doch was nicht", sagte Judith jetzt. „Ich komme vorbei."

„Das geht nicht. Ich bin nicht zu Hause."

„Wo bist du denn?"

„In Irland", sagte Marcy nach einer langen Pause.

„Was? Bitte sag mir, dass das ein Witz ist."

„Ich mache keine Witze. Mir geht es gut, Judith."

Draußen trat eine Gestalt ans Fenster und winkte dem Barkeeper zu, was dieser mit einem verstohlenen Lächeln quittierte.

„Du hast sie doch nicht mehr alle! Ich verlange, dass du auf der Stelle nach Hause kommst."

„Das geht nicht." Die Gestalt trat ins Licht, drehte sich um und verschwand. „O mein Gott!", rief Marcy und sprang auf.

„Was ist?", fragten Vic und Judith gleichzeitig.

„Mein Gott, es ist Devon!", rief Marcy, stürzte zur Tür und stieß dabei mit der Hüfte gegen einen Tisch.

„Was?"

„Ich habe sie eben gesehen. Sie ist hier."

„Marcy, beruhige dich. Du redest wirres Zeug."

„Ich bin nicht verrückt." Marcy stieß die schwere Tür des Pubs auf. Tränen brannten in ihren Augen, als sie die von Touristen verstopfte Straße hinauf- und hinunterblickte. Es hatte angefangen zu nieseln. „Devon!", rief sie und rannte in östlicher Richtung am Fluss entlang. „Wo bist du? Komm zurück."

„Marcy, bitte", drängte Judith in Marcys Ohr. „Es ist nicht Devon. Du weißt, dass sie es nicht ist."

„Ich weiß doch, was ich gesehen habe." An der St. Patrick's Bridge blieb Marcy stehen. „Sie ist hier. Ich habe sie gerade eben gesehen."

„Nein, das hast du nicht", sagte Judith sanft. „Devon ist tot, Marcy."

„Das stimmt nicht. Sie ist hier."

„Deine Tochter ist tot", wiederholte Judith mit Tränen in der Stimme.

„Lass mich in Ruhe!", rief Marcy. Dann warf sie ihr Handy in den Fluss und überquerte die Brücke.

NACH WENIGEN MINUTEN hatte Marcy sich in dem Gewirr von Gassen am Ufer des Lee verirrt.

„Devon!", rief sie und ließ ihren Blick über die schwarzen Regenschirme gleiten, die überall um sie herum aufgespannt wurden.

„Devon!“, rief sie wieder. Tränen schossen ihr in die Augen, nasse Locken klebten an ihrer Stirn. Kurz darauf fand sie sich an der belebten Kreuzung der St. Patrick’s Street vor dem großen „Merchants Quay Shopping Centre“ wieder, dem Haupteinkaufszentrum der Stadt. Marcy starrte auf die Fassade. War Devon da drin? Marcy war unschlüssig, was sie tun sollte, entschied sich dann aber, draußen zu bleiben.

Stattdessen lief sie weiter die St. Patrick’s Street hinunter, versuchte, die zarten Züge ihrer Tochter im Gesicht jeder jungen Frau zu erkennen, die an ihr vorbeihastete. Die St. Patrick’s Street beschrieb eine sanfte Kurve und endete auf der Grand Parade, einer breiten Durchgangsstraße. Marcy ging in südlicher Richtung weiter und ließ ihre Blicke über die leeren Bänke im Bishop Lucey Park schweifen. Sie erreichte schließlich die South Mall, das Bankenzentrum von Cork, eine breite Allee mit Häusern im georgianischen Stil, die Banken, Anwaltskanzleien und Versicherungsgesellschaften beherbergten. Hier war Devon bestimmt nicht, dachte Marcy. Mit Institutionen jedweder Art hatte sie immer ihre Probleme gehabt. Und mit Geld sowieso.

Schaudernd erinnerte Marcy sich daran, wie sie Devon einmal ausgeschimpft hatte, weil sie vierzig Dollar aus ihrem Portemonnaie genommen hatte. Sie hatte wegen der im Grunde lächerlichen Summe einen Riesenaufstand gemacht.

„Ich habe es mir nur geliehen“, hatte Devon immer wieder behauptet. „Ich wollte es zurückzahlen.“

„Darum geht es nicht“, hatte Marcy erwidert. „Es ist eine Frage des Vertrauens.“

„Willst du damit sagen, dass du mir nicht vertraust?“

„Ich will sagen, dass ich es nicht mag, wenn du etwas nimmst, ohne vorher zu fragen.“

„Ich habe es bloß geliehen. Ich dachte nicht, dass es eine so große Sache ist.“

„Es *ist* aber eine große Sache.“

„Ich habe mich entschuldigt, oder nicht? Gott, was hast du bloß für ein Problem?“

Warum hatte sie eine solche Bagatelle zu einem Riesenproblem aufgeblasen?, fragte Marcy sich jetzt. Stahlen nicht alle halbwüchsigen Mädchen hin und wieder Geld aus dem Portemonnaie ihrer Mütter? Und auch wenn Devon damals schon fast einundzwanzig gewesen war, war sie trotzdem noch ein Kind, das zu Hause unter dem Schutz seiner Mutter lebte.

Der Schutz der Mutter, höhnte Marcy stumm. Hatte Devon sich im Haus ihrer Mutter je beschützt gefühlt?

Und hatte Marcy sich im Haus ihrer eigenen Mutter beschützt gefühlt?

Es ist alles meine Schuld, dachte Marcy, rutschte im selben Moment auf dem nassen Pflaster aus und fiel zu Boden wie ein zusammengeknülltes und weggeworfenes Stück Papier. Geschieht mir recht, dachte sie und blieb einfach liegen. Sie erinnerte sich an den schrecklichen Nachmittag, als die Polizei vor ihrer Tür gestanden hatte, um ihr zu sagen, dass Devon tot war.

Aber sie war nicht tot. Sie war hier.

Direkt hier, erkannte Marcy erschrocken und wandte den Kopf hastig zu einer jungen Frau, die aus einem zweistöckigen grauen Backsteingebäude auf der anderen Straßenseite kam. Nicht nur, dass Devon noch lebte, sie war hier in Cork. Sie stand direkt vor ihr.

Marcy rappelte sich auf die Füße, rannte quer über die Straße und wäre beinahe mit einem Motorroller zusammengestoßen. Der Fahrer rief ihr einen derben Fluch hinterher, der die Aufmerksamkeit aller Umstehenden erregte, einschließlich Devon, die den Kopf in Richtung der wütenden Beschimpfung wendete.

Nur dass es nicht Devon war.

Marcy erkannte sofort, dass es nicht dieselbe junge Frau war, der sie gefolgt war. Dieses Mädchen war fast zehn Zentimeter größer als Devon, die sich immer beklagt hatte, dass sie mit 1,61 Meter zu klein war. „Warum musste ich auch deine Beine kriegen und nicht Judiths?“, hatte sie Marcy wütend gefragt, als ob die einen Einfluss darauf gehabt hätte.

„Marcy!“, hörte sie von ferne eine leise Stimme rufen. „Marcy Taggart!“ Plötzlich war jemand an ihrer Seite. „Marcy, geht es Ihnen nicht gut?“

Das Gesicht eines Mannes tauchte in ihrem Blickfeld auf. Er war gebräunt und hatte dunkles, an den Schläfen graues Haar. Ein nettes Gesicht, dachte Marcy, ein besonderes Gesicht mit strahlenden blauen Augen. Warum waren ihr diese Augen nicht schon vorher aufgefallen?

„Ich bin’s, Vic Sorvino“, sagte der Mann und ließ seine Hand über ihrem Arm schweben.

„Ich weiß, wer Sie sind“, sagte Marcy ungeduldig. „Ich bin nicht verrückt.“

„Tut mir leid. Ich wollte nicht andeuten … Ich habe mir nur Sorgen um Sie gemacht.“

„Wieso?“

„Nun, so wie Sie losgerannt sind …“ Er hielt inne und blickte die Straße auf und ab, als würde er jemanden suchen. „Wie es aussieht, haben Sie das Mädchen, dem Sie nachgelaufen sind, nicht gefunden.“

„Haben Sie sie gesehen?“, wollte Marcy wissen. „Ist sie zurückgekommen?“

„Nein. Ich habe niemanden gesehen“, sagte Vic. „Ich weiß nur, dass Sie neben mir gesessen und telefoniert haben – und dann von einer Sekunde zur nächsten auf die Straße gerannt sind und ‚Devon‘ gerufen haben.“

„Das heißt, Sie sind mir gefolgt?“

„Ich habe es versucht. Nach der Brücke habe ich Sie allerdings aus den Augen verloren. Sie sahen aus, als hätten Sie ein Gespenst gesehen.“

Marcy starrte ihn an. War es das? War das Mädchen, das sie gesehen hatte, nur eine Erscheinung, ein Produkt ihrer verzweifelten Fantasie, wie es Judith offensichtlich vermutet hatte?

Schließlich wäre es nicht das erste Mal, dass sie Gespenstern nachjagte.

Wie oft hatte sie in den vergangenen zwanzig Monaten Fremde auf der Straße angehalten, weil sie in jedem Mädchen, das Devon auch nur flüchtig ähnlich sah, ihre verlorene Tochter zu erkennen glaubte? Und jedes Mal hatte sie sich geirrt.

War es auch diesmal so? War es überhaupt möglich, dass ihre Tochter hier in Irland war? Natürlich war es möglich! Wie oft hatte Devon ihrem Vater zugehört, wenn er von Irland erzählt hatte. Das schönste Land der Erde, hatte er immer gesagt. Devon hatte ihren Vater vergöttert, also war es doch nicht so weit hergeholt, dass sie sich Irland als Zufluchtsort ausgesucht hatte.

War das der eigentliche Grund für Marcys Reise gewesen?

„Ich habe wohl wirklich ein Gespenst gesehen“, sagte sie, als ihr bewusst wurde, dass Vic auf eine Antwort von ihr wartete.

„So was kommt vor.“

Marcy nickte und fragte sich, was er über Gespenster wusste. „Es ist schon spät, wir müssen zurück zum Bus.“

Er fasste ihren Ellbogen und führte sie behutsam die South Mall zum Parnell Place hinunter. Der Regen war inzwischen nicht mehr so stark, es nieselte nur noch.

„Es ist meine Schuld, dass wir zu spät kommen. Es tut mir leid“, sagte Marcy, als sie endlich den Bus erreichten. Der Führer scheuchte sie in den Bus. „Bitte steigen Sie schnell ein, wir müssen los“, drängte er.

Die Mitreisenden beäugten sie finster, als sie zu ihrem Platz eilte, und bevor sie sich setzen konnte, fuhr der Bus an. Sie stolperte.

„Vorsicht“, sagte Vic und packte von hinten ihren Mantel, um sie zu halten.

Was macht er denn noch hier?, fragte Marcy sich und schüttelte seinen festen Griff ab. An Ritter in glänzender Rüstung glaubte sie schon lange nicht mehr.

„Würden Sie bitte so schnell wie möglich Ihre Plätze einnehmen?“, meldete der Führer sich wieder, während Marcy endlich ihren Sitz hinten im Bus erreichte und Vic sich neben sie setzte. „In ein paar Minuten werden wir durch Blarney kommen, das sich einer der imposantesten Burgen Irlands rühmt“, verkündete er im nächsten Atemzug. „Hier befindet sich auch der Blarney Stone, von dem man sagt, dass er jedem, der ihn küsst, die Gabe der Rede beschert. Es versteht sich, dass ich ihn schon viele Male geküsst habe.“ Er machte eine Pause für Lacher, die pflichtschuldig ertönten. „Blarney Castle besitzt eine malerische Gartenanlage, und an den Blarney Lake grenzt ein hübsches kleines Tal. Bedauerlicherweise müssen diese Stationen heute ausfallen.“ Ein lautes Stöhnen ging durch den Bus. Der Führer sprach weiter. „Es tut mir sehr leid, aber ich hatte Sie alle gebeten, pünktlich zu sein.“ Er sah Marcy grimmig an. Etliche Köpfe drehten sich ungehalten in ihre Richtung.

„Es tut mir so leid“, flüsterte sie und drehte sich zum Fenster, aus dem ihr eigenes Spiegelbild zurückstarrte. Sie hatte früher einmal als hübsch gegolten, dachte sie und fragte sich, seit wann sie so erschöpft und alt aussah. Die Leute versicherten ihr ständig, dass sie mindestens zehn Jahre jünger aussah, als sie war, und vielleicht hatte das auch mal gestimmt. Bevor sich ihr Leben für immer verändert hatte. Vor jenem furchtbaren Oktobernachmittag, an dem sie beobachtet hatte, wie ein Polizeiwagen vor ihrem geräumigen Bungalow in Hogg’s Hollow gehalten hatte und zwei Beamte langsam auf die Haustür zugekommen waren. Bei ihrem Anblick hatte ihr Atem schmerzhaft gestockt.

„Willst du nicht aufmachen?“, hatte Peter gerufen, als es klingelte. Er saß vor dem Fernseher und guckte Sport.

„Es ist die Polizei“, brachte Marcy krächzend heraus. Ihr fehlte die Kraft, ihre mit einem Mal bleischweren Füße voreinanderzusetzen. Sie war plötzlich wieder fünfzehn Jahre alt und stand neben ihrer Schwester im Zimmer des Schuldirektors.

„Die Polizei?“ Peter stapfte in den Flur und riss die Haustür auf. „Meine Herren?“, fragte er, und das Wort blieb unheilschwanger in der Luft hängen, während er die beiden Polizisten hereinbat.

„Sind Sie Dr. Peter Taggart?“

„Ja, der bin ich.“

„Und Sie besitzen ein Ferienhaus im Georgian-Bay-Island-Nationalpark?“, fragte einer der beiden Männer.

„Ja, das ist richtig“, bestätigte Peter. „Unsere Tochter ist mit Freundinnen übers Wochenende dorthin gefahren. Warum? Ist etwas passiert?“

„Ihre Tochter ist Devon Taggart?“

„Ja, das ist richtig. Hat sie irgendwelchen Ärger?“

„Ich fürchte, sie hatte einen Unfall“, sagte einer der Polizisten. „Vielleicht möchten Sie sich lieber setzen.“

„Vielleicht möchten Sie mir sagen, was passiert ist.“

Aus den Augenwinkeln sah Marcy den Polizisten nicken und zu Boden blicken. „Nachbarn haben beobachtet, wie Ihre Tochter heute Morgen gegen zehn Uhr in ein Kanu gestiegen ist. Es herrschte ziemlich raues Wetter, und sie haben gesehen, dass sie keine Schwimmweste trug. Als die Nachbarn bemerkten, dass sie gut drei Stunden später immer noch nicht zurück war, alarmierten sie die Polizei. Das gekenterte Kanu wurde später in der Mitte der Bucht gefunden.“

„Und Devon?“, fragte Peter leise.

„Die Suche dauert an.“

„Das heißt, man hat sie nicht gefunden?“, wollte Marcy wissen.

„Noch nicht.“

„Nun, das ist gut. Das heißt, dass sie wahrscheinlich ans Ufer geschwommen ist.“

„Ich fürchte, das ist äußerst unwahrscheinlich“, erklärte der Beamte. „Das Kanu wurde mehrere Kilometer vom Ufer entfernt gefunden.“

„Devon ist eine sehr gute Schwimmerin.“

„Das Wasser ist extrem kalt“, setzte der zweite Polizist an. „Es ist unwahrscheinlich …“

„Sie sagten, Ihre Tochter sei mit Freunden zu dem Ferienhaus gefahren?“, unterbrach sein Kollege ihn, an Peter gewandt.

„Ja“, sagte Peter. „Carrie und Michelle. An ihre Nachnamen erinnere ich mich nicht.“ Er sah Marcy hilflos an.

Weil du sie im Grunde gar nicht richtig gekannt hast, dachte Marcy wütend. Wann hast du dir je die Zeit genommen, dir die Nachnamen der Freundinnen deiner Tochter zu merken? „Stafford und Harvey“, erklärte Marcy den Beamten. „Ich bin sicher, sie können Ihnen sagen, wo Devon ist.“

„Die Nachbarn sagen, Ihre Tochter sei allein im Haus gewesen.“

„Das kann nicht sein. Sie hat uns erzählt, dass sie mit Carrie und Michelle dorthin fahren wollte. Warum sollte sie lügen?“

Warum hatte sie sonst immer gelogen?, fragte Marcy sich jetzt und wischte sich eine einzelne Träne von der Wange.

„Ist Ihnen bekannt, ob Ihre Tochter in jüngster Zeit unter Depressionen gelitten hat?“, hörte sie einen der Polizisten fragen.

„Wollen Sie damit sagen, dass Sie nicht glauben, dass es sich um einen Unfall handelt?“ Peter wich der Frage des Beamten aus, und Marcy musste ihre Hand festhalten, um den Polizisten nicht zu ohrfeigen. Wie konnte er es wagen, so etwas auch nur zu denken, geschweige denn laut auszusprechen?

„Ich muss Sie das fragen: Halten Sie es für möglich, dass sich Ihre Tochter das Leben genommen hat?“

„Nein, ausgeschlossen“, sagte Marcy vehement und rannte aus dem Zimmer den Flur hinunter, ehe Peter ihr widersprechen konnte. Sie riss die Tür von Devons Zimmer auf und sah den Brief sofort.

Er lehnte an Devons Kopfkissen.

„Auch wenn wir das Blarney Castle nicht besichtigen konnten“, sagte der Reiseführer, „hoffe ich, dass Ihnen unser kleiner Ausflug heute gefallen hat.“ Marcy öffnete die Augen und sah, dass sie Dublin erreicht hatten. „Wie Sie bei unserem kurzen Besuch sicher festgestellt haben, braucht man im Grunde mehr als einen Tag, um Cork zu erkunden. Die Bibliothek ist auf jeden Fall einen Besuch wert, ebenso das Butter-Museum. Nicht zu vergessen die wunderbare Universität, deren Campus über siebzehntausend Studenten aus aller Welt ein Zuhause bietet.“

Studenten aus aller Welt, wiederholte Marcy stumm und dachte, wie leicht es für ein Mädchen wie Devon wäre, in dieser Menge unterzutauchen. Zu verschwinden.

„Hast du dir je gewünscht, einfach zu verschwinden?“, hatte Devon ihre Mutter gefragt, kurz bevor das gekenterte Kanu gefunden worden war. „Einfach irgendwo als jemand ganz anders noch mal neu anzufangen?“

„Bitte rede nicht so, Schätzchen“, hatte Marcy gesagt. „Du hast doch alles.“

Was für eine dumme Antwort, dachte sie jetzt. Gerade sie hätte wissen müssen, dass alles zu haben keine Garantie für irgendetwas war.

Man hatte Devons Leiche nie gefunden.

„Das warst du. Ich habe dich gesehen“, flüsterte Marcy tonlos.

„Verzeihung, haben Sie was gesagt?“, fragte Vic.

Marcy schüttelte den Kopf. „Nein“, sagte sie laut, aber in ihrem Kopf kreischte eine Stimme: *Du bist nicht tot, oder, Devon? Du bist hier. Ich weiß es. Und egal was es braucht und wie lange es dauert, ich werde dich finden.*

ZWEI

Ein blinkendes Licht am Telefon zeigte den Eingang neuer Nachrichten an, als Marcy in ihr Hotelzimmer zurückkehrte. Das musste ein Irrtum sein, dachte sie, als sie ihren Mantel auf den dicken Teppich fallen ließ und ihre Schuhe abstreifte. Sie hockte sich auf die Kante des Bettes und fragte sich, wer angerufen haben könnte. Niemand wusste, dass sie hier war.

Wahrscheinlich die Busgesellschaft, die den Ausflug organisiert hatte und die sie für die verpasste Exkursion zum Blarney Castle verantwortlich machen wollte. Vermutlich verlangte man die Übernahme der entstandenen Kosten. Na schön, dachte Marcy und beschloss, die Nachricht erst später abzuhören. Sie lehnte sich an den Berg von Kissen am Kopfende des Bettes und schloss die Augen. Praktisch im selben Moment fing das Telefon an zu klingeln.

Marcy riss die Augen auf. Konnte es Devon sein? Hatte sie Marcy durch das Fenster des Pubs gesehen? Hatte sie die panische Suche ihrer Mutter aus sicherer Entfernung beobachtet? War sie ihr zum Busbahnhof gefolgt, hatte sie sie in den Bus nach Dublin steigen sehen und in dem verzweifelten Versuch, ihre Mutter aufzuspüren, jedes Fünfsternehotel in der Stadt angerufen? War das möglich?

Marcy hob behutsam den Hörer von der Gabel und hielt ihn ans Ohr.

„Marcy? Marcy, bist du da?" Peters Stimme war volltönend wie immer. „Marcy? Ich kann dich atmen hören. Antworte mir."

Tränen der Enttäuschung schossen Marcy in die Augen. „Hallo Peter", flüsterte sie. Ihr fiel nichts ein, was sie zu dem Mann sagen könnte, mit dem sie die letzten fünfundzwanzig Jahre ihres Lebens verbracht hatte. „Wie geht es dir?"

„Wie es mir geht?", fragte er ungläubig. „*Mir* geht es gut. Was ist mit *dir*? Ich mache mir Sorgen um dich. Ich habe ein Dutzend Mal angerufen, Nachrichten hinterlassen …"

„Woher wusstest du, wo ich bin?"

„Deine Schwester hat mich angerufen", erklärte er ihr. „Sie ist völlig panisch. Sie sagt, dass du allein nach Irland geflogen bist. Und dass du denkst, du hättest …" Er brach ab, um sich neu zu sortieren. „Ich habe mich an den Namen des Hotels erinnert, wo wir …"

„Wo wir zusammen absteigen wollten?", beendete Marcy den Satz für ihn.

Nach kurzem Schweigen sagte er behutsam, beinahe liebevoll: „Du musst sofort nach Hause kommen, Marcy."

„Ich habe sie gesehen, Peter. Ich habe Devon gesehen."

Er seufzte. „Du *denkst* nur, dass du Devon gesehen hättest. Marcy, bitte. Ich dachte, das hätten wir hinter uns."

„Nein. *Du* hast es hinter dir."

„Weil ich musste. Weil es keine andere Wahl gab. Unsere Tochter ist tot, Marcy."

„Ihre Leiche wurde nie gefunden."

Erneutes Schweigen, ein weiterer Seufzer. „Was genau willst du sagen? Dass sie ihren Tod nur vorgetäuscht hat?"

„Vielleicht. Oder es war ein Unfall, und sie hat darin eine Chance gesehen …"

„Eine Chance wozu, Herrgott noch mal? Warum sollte sie so etwas machen? Warum sollte sie uns in dem Glauben lassen, dass sie tot ist?"

„Du weißt, warum!", herrschte Marcy ihn an, um ihn zum Schweigen zu bringen.

„Wie hätte sie denn nach Irland reisen können?", fragte er leise. „Sie hatte keinen Pass. Sie hatte kein Geld …"

„Sie könnte Geld beiseitegelegt haben. Sie könnte sich einen Pass besorgt haben …"

„Überleg doch mal, was du da sagst."

„Da muss ich nicht überlegen." Marcy war nicht bereit, sich umstimmen zu lassen. „Unsere Tochter lebt, Peter. Sie ist hier in Irland."

„Und du bist ihr zufällig über den Weg gelaufen."

„Sie ist an dem Pub vorbeigegangen, in dem ich saß. Ich weiß. Es ist ein unglaublicher Zufall."

Sie schwiegen beide. „Hast du mit ihr gesprochen?", wollte er wissen.

„Nein. Ich habe versucht, ihr hinterherzulaufen, sie jedoch in der Menge verloren."

Er seufzte. „Komm nach Hause, Marcy."

„Auf Wiedersehen, Peter. Und bitte sag Judith, dass sie sich keine Sorgen machen soll."

Sie legte auf, bevor er noch etwas sagen konnte.

Im selben Augenblick fing das Telefon wieder an zu klingeln. Diesmal leitete Marcy den Anruf gleich auf den Anrufbeantworter weiter. Wenn es nicht Peter war, war es Judith, und sie hatte nicht die Kraft, das gleiche Gespräch ein zweites Mal zu führen. Wenn die beiden glauben wollten, dass sie verrückt war, sollten sie doch. Wahrscheinlich hatten sie Recht.

Aber das bedeutete nicht, dass sie sich wegen Devon irrte.

Sie würde gleich morgen früh nach Cork zurückfahren, dachte sie mit frischer Entschlusskraft. Sie holte ihren Koffer aus dem Schrank und brauchte nur ein paar Minuten, um ihn zu packen, Schuhe und Nachthemden ganz unten, darüber die ordentlich gefalteten Blusen und Kleider, gefolgt von ein paar T-Shirts und ihrer Lieblingsjeans sowie einer schwarzen Hose.

Sie ging zu dem großen Fenster mit Blick auf das College Green gegenüber dem Trinity College. Es war beinahe acht Uhr. Sie hatte seit dem Mittagessen keinen Happen mehr zu sich genommen. Sollte sie den Zimmerservice anrufen und sich etwas heraufbringen lassen? Oder vielleicht doch lieber ausgehen und sich Peters Zweifel von einer abendlichen Brise aus dem Kopf wehen lassen?

Nur dass Peter gar keine Zweifel hatte. Die hatte er nie gehabt. War das nicht eine der Eigenschaften, die sie anfangs so anziehend an ihm gefunden hatte? Dass er sich seiner selbst immer so gewiss war, seiner Sache in allem so sicher?

Marcy ging zum Kleiderschrank, öffnete den Safe, strich über ein Paar goldene Ohrringe, das Judith ihr zu ihrem fünfzigsten Geburtstag geschenkt hatte, und tastete nach dem mittelgroßen Umschlag ganz hinten in der mit Samt ausgeschlagenen Schatulle.

Sie kehrte zum Bett zurück, öffnete den Umschlag und zog ein halbes Dutzend Fotos heraus, sorgfältig darauf bedacht, den kleineren Umschlag mit der Aufschrift *Mommy* zu meiden, der ebenfalls in der Hülle steckte. Sie legte die Bilder auf die weiße Bettdecke und betrachtete jedes einzelne eingehend: Devon als rundes kleines Baby, in den Armen ihrer Mutter, beide mit den gleichen großen braunen Augen und dem geschwungenen Amorbogen; Devon als Fünfjährige in einem pinkfarbenen Tutu; Devon an ihrem zwölften Geburtstag, den Mund weit geöffnet, um ihre frisch eingesetzte Zahnspange zu zeigen; Devon mit achtzehn, beinahe eine Schönheit mit schulterlangen dunklen Locken und einem unsicheren Lächeln – Marcy bemerkte die Traurigkeit, die sich bereits in die Augenwinkel ihrer Tochter geschlichen hatte. Und schließlich Devon wenige Wochen bevor man ihr gekentertes Kanu entdeckt hatte, die einst ausdrucksvollen dunklen Augen leer und die Lippen zu einer geraden dünnen Linie zusammengepresst.

Marcy starrte auf die Bilder und grübelte über Devons Verwandlung von einem ausgelassenen Kleinkind zu einer schwermütigen jungen Frau nach. Es war meine Schuld, dachte sie. Alles meine Schuld.

In dem Umschlag befand sich ein weiteres Bild, das Marcy herauszog, ein altes Schwarz-Weiß-Foto ihrer eigenen Mutter, aufgenommen an deren einundzwanzigstem Geburtstag. Sie stand vor einem großen Spiegel, das Abbild ihres klassischen Profils hinter sich, den Blick niedergeschlagen, das lange braune Haar aus der Stirn gekämmt. Sie trug ein blasses Seidenkleid, und in der linken Hand hatte sie eine Gardenie, die sie schüchtern vor ihr Kinn hielt.

In ihren Augen flackerte nur ein Hauch von Wahnsinn.

Der Mann, der das Foto gemacht hatte, war hoffnungslos verliebt in sie gewesen, wie ihre Mutter gern erzählte. Sie hatten eine aufregende, wilde Affäre gehabt voller Streit und Versöhnung, Erklärungen unsterblicher Hingabe, ein Wirbelsturm ständig wechselnder Gefühle. Doch am Ende hatte ihre Mutter Sicherheit und Geborgenheit den Vorzug vor Stürmen und Abenteuern gegeben und einen Mann namens George Fraser geheiratet, einen Mann, der unkompliziert, vernünftig und direkt war. Marcy gab es nur ungern zu, aber ihr Vater war ein ähnlicher Typ wie Peter. Und beide Männer hatten keine Ahnung gehabt, was auf sie zukam.

Marcy stopfte die Fotos zurück in den Umschlag, legte ihn wieder in den Safe und verschloss ihn. Dann schnappte sie Mantel und Handtasche und verließ ihr Zimmer.

Unten in der eleganten Hotelhalle ging Marcy zum Empfang. „Wo kann ich hier ein Auto mieten?“, fragte sie eine Frau mittleren Alters, die an der Rezeption saß.

„Oh, ich würde Ihnen nicht raten, sich in Dublin einen Wagen zu mieten“, sagte die Frau fröhlich und mit breitem irischem Akzent. Laut Namensschild hieß sie Lynette. „In der Stadt kommt man ohne viel besser voran.“

„Ich dachte daran, einen Ausflug aufs Land zu machen. Ich bin sicher, ich komme zurecht.“

Lynette lächelte höflich und gab Marcy einen Stadtplan, auf dem sie mit einem großen roten Kreis die Gegend markierte, in der die meisten großen Autoverleiher ihre Büros hatten. „Um diese Uhrzeit sind natürlich alle geschlossen“, sagte sie.

„Stimmt.“ Das hieß, dass Marcy einen wertvollen Teil des morgigen Vormittags mit der Anmietung des Wagens verschwenden musste. Ihr Magen knurrte, wie um ihr Missvergnügen zu unterstreichen. „Kennen Sie zufällig ein nettes Restaurant in der Gegend, nicht zu schick …?“

„Es gibt das ‚Flannery's‘ in der O'Connell Street. Das Essen ist gut.“ Lynette nahm Marcy den Stadtplan aus der Hand und markierte die Stelle.

„Danke. Das probier ich mal.“ Marcy ging durch die Lobby, als sie eine inzwischen vertraute Stimme hörte, die ihren Namen rief. Was machte er hier?, fragte sie sich und strebte, als hätte sie ihn nicht gehört, zur Eingangstür.

„Marcy?“, rief er noch einmal.

Sie fuhr herum. „Vic“, begrüßte Marcy ihn und bemerkte, dass er nach Seife roch und sich in der knappen Stunde, die sie ihn nicht gesehen hatte, umgezogen hatte. Er trug einen schwarzen Rollkragenpullover, der das intensive Blau seiner Augen betonte. „Ich wusste gar nicht, dass Sie in diesem Hotel wohnen.“

„Tu ich auch nicht. Ich bin im ‚Morgan‘, ein Stück die Straße hinunter.“

„Woher wussten Sie, wo Sie mich finden?“

„Der Bus hat Sie vor diesem Hotel abgesetzt“, meinte Vic achselzuckend. „Ich dachte, ich schaue mal, ob Sie zum Essen noch frei sind.“

„Ich kann nicht“, sagte Marcy.

„Haben Sie schon was anderes vor?“

„Nein.“

„Oh. Verzeihung. Ich wollte mich nicht aufdrängen.“

„Es ist nur … ich bin in keinem guten Zustand“, erklärte Marcy unaufgefordert. „Ich meine, schauen Sie mich an. Ich bin weder geduscht noch umgezogen. Meine Frisur ist eine Katastrophe.“

„Sie sehen hinreißend aus.“

Marcy atmete tief aus. Wann war ein Mann zum letzten Mal so nett zu ihr gewesen? „Ich kann nicht“, sagte sie noch einmal. „Ich glaube einfach nicht, dass ich Ihnen eine besonders gute Gesellschaft wäre.“

„Sie müssen es nicht erklären.“ Er trat den Rückzug an.

„Vic“, sagte sie und fragte sich sofort, was sie jetzt wieder machte. Er sah sie erwartungsvoll an.

„Ich habe gehört, es gibt ein sehr nettes Restaurant in der O’Connell Street. Gutes Essen. Nicht schick, aber gut.“

„Wollen Sie mich jetzt etwa einladen?“, fragte er lächelnd.

„Tut mir leid, ich stelle mich so ungeschickt an.“

„Im Gegenteil. Sie machen das ganz prima. Klingt wunderbar.“

„Geben Sie mir ein paar Minuten zum Duschen und Umziehen?“

„Ich warte hier auf Sie.“

„ICH GLAUBE, ich probiere den Shepherd’s Pie.“ Marcy klappte die unhandliche Speisekarte zu und gab sie dem Kellner.

„Klingt gut“, sagte Vic. „Das nehme ich auch. Und vorneweg ein Glas irischen Whiskey.“ Er lächelte Marcy erwartungsvoll an.

„Ach, was soll's? Warum nicht?", sagte Marcy, obwohl sie nie viel Alkohol trank. Aber sie hatte schließlich allen Grund zu feiern: Sie hatte Devon gesehen. Morgen früh wollte Marcy sich ein Auto mieten und nach Cork zurückfahren. Es war eine relativ kleine Stadt. Allzu lange dürfte es nicht dauern, ihre Tochter zu finden.

„Die Iren nennen ihren Whiskey das Wasser des Lebens", meinte Vic.

„Die Iren haben eine schöne Art, die Welt zu betrachten."

„Apropos schön", sagte Vic, „habe ich schon gesagt, dass Sie wunderschön aussehen?"

„Vielen Dank." Marcy nestelte verlegen am Kragen ihrer Baumwollbluse. Sie hatte ihren Koffer noch einmal auspacken müssen, um an die schwarze Hose und die weiße Bluse heranzukommen, aber in der frischen Kleidung fühlte sie sich besser.

Der Kellner kam mit ihren Drinks.

„Auf einen Urlaub, der jeden Tag besser wird", sagte Vic, hob sein Glas und stieß mit ihr an.

„Darauf trinke ich." Marcy trank einen Schluck. „Wow! Das ist ziemlich starkes Zeug."

„Aber gut."

„Es wird mit jedem Schluck besser." Sie sah sich in dem lauten, hell erleuchteten Restaurant um. Eine Bar in der Mitte beherrschte den Raum. Darum herum standen kleine Tische, die alle besetzt waren.

„Und was halten Sie von dem ‚Stiletto in the Ghetto'?", fragte Vic.

Wovon redete er denn jetzt? „Was?"

„The Spire", sagte er und fügte, als auch das keine Reaktion hervorrief, hinzu: „Das Denkmal, an dem wir unterwegs vorbeigekommen sind. Die hohe Metallnadel mitten auf der Straße. Die Iren geben ihren öffentlichen Denkmälern offenbar gern extravagante Spitznamen, und dieses heißt eben ‚Stiletto in the Ghetto'. Eigentlich ist es kaum zu übersehen. Ist Ihnen das Ding gar nicht aufgefallen?"

„Ich war wohl ziemlich darauf konzentriert, dieses Lokal zu finden."

„Ist offenbar eine Angewohnheit von Ihnen. Sich darauf zu konzentrieren, etwas zu finden", fügte er erklärend hinzu, obwohl das nicht nötig gewesen wäre. Marcy hatte auch so begriffen, dass er sich auf die Ereignisse vom Nachmittag bezog.

„Waren Sie schon im St. Stephen's Green?", fragte Vic.

Marcy schüttelte den Kopf.

„Ich zeige es Ihnen gern. Wenn Sie morgen Zeit haben …"

„Nein."

Enttäuschung flackerte in seinem Blick auf, was er mit einem raschen Lächeln überspielte. „Haben Sie einen weiteren Ausflug gebucht?"

„Nein. Ich habe morgen schon etwas anderes vor."

„Nun, sollten Sie zufällig ein wenig freie Zeit übrig haben, rufen Sie mich gerne an." Vic griff in die Tasche, zückte eine Visitenkarte und gab sie ihr. „Ich habe die Firma verkauft, aber meine Handynummer behalten."

Marcy steckte die Karte in ihre Handtasche, ohne sie anzusehen. „Ich reise morgen ab."

„Oh, tut mir leid, das zu hören. Wohin geht's denn?"

„Ich treffe mich für ein paar Tage mit meiner Schwester in Paris", log sie.

„Paris ist eine wunderschöne Stadt. Dort habe ich meine Reise vor ein paar Wochen begonnen. Paris, dann London", führte er unaufgefordert aus. „Dann Schottland. Jetzt hier. Nächste Station ist Italien."

„Das ist aber eine ganz schöne Tour."

„Nun, ich möchte das Dorf besuchen, in dem mein Urgroßvater geboren wurde, und ich dachte mir, wenn ich zu lange warte, schaffe ich es vielleicht nicht mehr." Er machte eine Pause, damit sie eine passende Anschlussfrage stellen konnte. Als sie das nicht tat, fuhr er fort: „Mein Vater ist mit neunundfünfzig an einem Herzinfarkt gestorben, meine Mutter mit zweiundsechzig an Krebs, meine erste Frau mit dreiundfünfzig ebenfalls an Krebs. Ich bin gerade siebenundfünfzig geworden. Wer weiß, wie viel Zeit mir noch bleibt?"

Marcy nickte und hielt ihr leeres Whiskeyglas hoch. „Vielleicht sollten wir noch einen von diesen trinken, was meinen Sie?"

„Oh, ich denke, das lässt sich einrichten." Er machte dem Kellner ein Zeichen, eine weitere Runde zu bringen. „Und vielen Dank."

„Wofür?"

„Die meisten halten mich für bescheuert, wenn ich ihnen meine Lebensphilosophie erkläre. Oder meine Todesphilosophie, besser gesagt."

„Sie klingt durchaus logisch, finde ich."

„Klingt so, als hätten Sie auch einen geliebten Mensch zu früh verloren."

„Also, mein Vater war ehrlich gesagt fast achtzig, als er gestorben ist."

„Und Ihre Mutter?"

Marcy streckte dem nahenden Kellner die Hand entgegen und lächelte, als er ihr das Glas reichte. „Sechsundvierzig." Sie trank einen Schluck. „Sie sagten, Ihre erste Frau. Wie viele gab es denn?"

Vic lächelte. „Nur zwei."

„Was ist mit der zweiten passiert?"

„Wir haben uns vor einem Jahr scheiden lassen. Es war von Anfang an eine Katastrophe."

Marcy trank einen weiteren Schluck von ihrem Whiskey und wartete, dass er weitersprach. Er tat ihr den Gefallen. „Mit meiner ersten Frau war ich fast dreiunddreißig Jahre verheiratet. Sie war meine Highschool-Liebe. Wir waren das typische amerikanische Durchschnittspaar mit drei Söhnen, einem Haus in Lake Forest und allem, was man sich sonst noch wünschen kann. Und dann meinte Kathy eines Tages, dass sie sich irgendwie komisch fühlen würde. Wir gingen zum Arzt, er sagte, sie hätte Bauchspeicheldrüsenkrebs, und drei Monate später war sie tot."

Marcy ließ ihr Glas sinken und starrte auf den Tisch.

„Und ich war total von der Rolle. Ich meine, Kathy war die Einzige für mich, verstehen Sie? Ich war nie mit einer anderen Frau zusammen gewesen. Und plötzlich war ich allein. Ich hatte natürlich noch meine Söhne, aber die waren schon aus dem Haus und hatten ihr eigenes Leben. David und Mark sind beide verheiratet und haben kleine Kinder, und Tony machte gerade sein Examen in Musik. Aber ich habe mich aufgeführt wie ein Verrückter. Erst habe ich mich zu Hause verkrochen und mich geweigert rauszugehen, dann bin ich durch die Stadt gezogen und habe alles ins Bett gezerrt, was sich bewegte. Und eines Tages habe ich dann beschlossen, das Haus zu verkaufen."

„Raten einem Experten nicht, dass man nach dem Tod eines Ehepartners mindestens ein Jahr lang keine wichtigen Entscheidungen treffen sollte?"

„Klingt vernünftig. Aber Makler sind nicht die Typen, die lange überlegen."

„Das heißt, Sie haben Ihr Haus verkauft?"

„Nein. Ich habe meine Immobilienmaklerin geheiratet. Der gute, alte, verlässliche Vic Sorvino hat Hals über Kopf eine Frau geheiratet, die fünfundzwanzig Jahre jünger war als er, eine Frau, die er kaum drei Monate kannte, kein halbes Jahr, nachdem seine geliebte Frau verstorben war. Ohne einen Ehevertrag. Die Ehe war ein totales Fiasko, ein halbes Jahr später haben wir uns auf eine Scheidung verständigt, und sie hat unter anderem das Haus bekommen, was sie jetzt übrigens wieder zum Verkauf anbietet."

„Was Makler nicht alles machen, um einen Abschluss zu kriegen." Jeder hatte eine Geschichte, dachte Marcy staunend.

„Wir tun seltsame Dinge, wenn wir trauern", sagte er.

Marcy stimmte ihm stumm zu. „Tut mir leid. Ich wollte nicht flapsig sein. Geht es Ihnen jetzt besser?"

„Sagen wir, ich erhole mich allmählich. Ich glaube nicht, dass wir den

Tod eines geliebten Menschen je ganz verwinden. Wir lernen nur, mit seiner Abwesenheit zu leben."

„Tun wir das?"

„Haben wir eine andere Wahl?"

Marcy wandte den Kopf und sah erleichtert, dass der Kellner mit ihrem Essen kam.

„Sieht gut aus", sagte Vic und atmete den aufsteigenden Dampf ein.

Marcy machte sich sofort über ihren Shepherd's Pie her. „Köstlich", sagte sie.

„Erzählen Sie mir mehr von sich", bat Vic sie.

„Da gibt's nicht viel zu erzählen. Mein Mann hat mich für eine der Golflehrerinnen aus unserem Country Club verlassen. Sie hatte ein niedrigeres Handicap als ich", fügte sie hinzu und spürte, wie ihr bemühtes Lächeln gefährlich um ihre Lippen zitterte.

„Wie lange waren Sie verheiratet?", fragte Vic.

„Fast fünfundzwanzig Jahre. Diese Reise sollte unsere zweite Hochzeitsreise werden."

„Also sind Sie allein gekommen. Das ist sehr mutig. Haben Sie Kinder?", fragte er.

„Ja. Zwei."

„Jungen? Mädchen?"

„Ein Junge und ein Mädchen. Darren ist neunzehn, er möchte vielleicht Zahnmedizin studieren, genau wie sein Vater. In diesem Sommer arbeitet er als Betreuer in einem Feriencamp."

„Klingt nett. Und Ihre Tochter? Was macht die so?"

„Devon ist einundzwanzig", antwortete Marcy, „oder nein, eigentlich wäre sie jetzt fast dreiundzwanzig."

Vic legte den Kopf zur Seite und überspielte seine offensichtliche Verwirrung. „Devon ist das Mädchen, das Sie heute Nachmittag zu sehen geglaubt haben?"

„Ich *habe* sie gesehen."

„Ihre Tochter ist hier in Irland?"

„Sie reist den Sommer über durch Europa. Ich wusste nicht, dass wir beide gleichzeitig hier sein würden, bis ich sie heute Nachmittag gesehen habe." Sie atmete tief ein. „Das war gelogen", sagte sie dann.

„Das dachte ich mir schon."

„Tut mir leid."

„Schon gut. Sie schulden mir keine Erklärung."

„Meine Tochter ist angeblich vor zwei Jahren bei einem Kanuunfall ums Leben gekommen“, sagte Marcy und sah, wie Vic die Stirn runzelte. „Aber man hat ihre Leiche nie gefunden. Und ich weiß, *ich weiß,* dass sie noch lebt, dass sie ihren Tod nur vorgetäuscht hat.“

„Warum sollte sie das getan haben?“, fragte Vic wie Peter vorhin.

„Um auszusteigen. Ein neues Leben anzufangen. Ganz von vorn zu beginnen.“

„Warum sollte sie sich ein neues Leben wünschen?“

„Weil sie so unglücklich war. Weil sie Ärger hatte … tut mir leid. Können wir bitte nicht weiter über dieses Thema reden?“

„Ganz wie Sie wollen.“

„Alle sind so fest davon überzeugt, dass sie tot ist“, fuhr sie trotzdem fort, weil sie nicht anders konnte. „Aber ich weiß, was ich gesehen habe. Ich habe meine Tochter gesehen. Sie halten mich für verrückt, oder?“

„Ich glaube, eine Mutter kennt ihr eigenes Kind.“

Marcy war so erleichtert, dass er ihr glaubte, dass ihr ganz warm wurde. „Sie sind wirklich nett“, sagte sie.

„Und Sie hatten einen sehr ereignisreichen Tag. Kommen Sie. Essen Sie auf. Ich bringe Sie zurück zu Ihrem Hotel.“

Marcy streckte den Arm aus und nahm Vics Hand in ihre. „Ich habe eine bessere Idee“, sagte sie.

DREI

In einem hatte ihre Schwester Recht, dachte Marcy, richtete sich im Bett auf und blickte in der Dunkelheit auf den Mann, der neben ihr leise schnarchte: Sex war wie Fahrradfahren. Wenn man einmal wusste, wie es ging, verlernte man es nie wieder, egal wie lange man es nicht gemacht hatte. Ihre Schwester musste es schließlich wissen. Wie Judith selbst zugegeben hatte, war sie auf vielen Fahrrädern gefahren.

Marcy stieg aus dem Bett und ging zum Fenster mit Blick auf die Fleet Street. Sie war still, obwohl um zwei Uhr nachts immer noch Leute unterwegs waren. Das angesagte Temple-Bar-Viertel machte laut Vic nie wirklich dicht.

Marcy hatte vorgeschlagen, auf sein Zimmer zu gehen.

„Bist du sicher?“, hatte er sie gefragt, als sie die elegant minimalistisch eingerichtete Halle seines Hotels betreten hatten.

„Ja.“

Sie hatten locker und unverkrampft miteinander geschlafen. Und mehr als einmal, dachte sie. Wann hatten sie und Peter zuletzt mehrmals in einer Nacht miteinander geschlafen? Seit mindestens zehn Jahren nicht.

Marcy sah sich in dem sparsam dekorierten Zimmer um: cremefarbene Wände, weiße Laken, helle Buchenmöbel. Farbtupfer setzten nur die bunten Gemälde an der Wand. Insgesamt wirkte der Raum gleichzeitig dezent und verschwenderisch, eine berauschende Mischung aus altmodischer Zurückhaltung und moderner Dekadenz. So ähnlich wie der Mann, der, ein weißes Laken träge um seinen noch immer schlanken Leib gewickelt, im Bett lag.

Seufzend setzte sie sich auf die Bettkante. Sie streckte die Hand aus, um über Vics Wange zu streichen, zog sie jedoch im letzten Moment zurück. Was um alles in der Welt hatte sie geritten, mit einem Mann zu schlafen, den sie kaum kannte, einem Mann, der auch nach der Scheidung von seiner zweiten Frau noch den Tod seiner ersten betrauerte? *Wir tun seltsame Dinge, wenn wir trauern,* hatte er gesagt. War es Trauer, die sie in sein Bett gelockt hatte? Oder war es Dankbarkeit?

Ich glaube, eine Mutter kennt ihr eigenes Kind, hatte er gesagt, und sie wäre am liebsten über den Tisch auf seinen Schoß gekrabbelt und hätte sein Gesicht mit Küssen bedeckt. Vielen, vielen Dank, du glaubst mir!

War sie also hier, weil sie dankbar war?

Oder war es vielmehr die Hoffnung, die sie hierhergeführt hatte? Hoffnung, derentwegen sie sich von einem praktisch Fremden hatte entkleiden und streicheln lassen, Hoffnung, derentwegen sie so bereitwillig auf seine Berührung reagiert hatte, Hoffnung, dass sie, weil Devon lebte, selbst auch noch lebendig war, dass an jenem schrecklichen, kalten Oktobertag nicht zwei Menschen ertrunken waren, dass sie endlich das Wasser ausspucken konnte, das ihre Lunge schon viel zu lange füllte, dass sie ein- und ausatmen konnte, ohne zu spüren, wie sich ein Messer in ihre Brust bohrte.

Devon lebte, und das bedeutete, dass es für Marcy und Devon eine zweite Chance gab, glücklich zu werden.

Aber waren sie je wirklich glücklich gewesen?

„Was ist los, Schätzchen?“, hatte sie ihre Tochter in einer Julinacht vor fast fünf Jahren gefragt. In der Nacht, in der alles anders geworden war. In der Nacht, in der sie aufhören musste, so zu tun, als würde alles wieder gut werden.

Es war nach Mitternacht gewesen. Devon hatte mit Freunden gefeiert. Marcy lag im Bett, und Peter schlief neben ihr. Sie konnte nie richtig einschlafen, ehe sie wusste, dass Devon sicher zu Hause war. Marcy hörte, dass ihre Tochter in der Küche hantierte, rastlos Schranktüren öffnete und wieder schloss. Auf und zu, auf und zu.

Dann ein Klirren, das Geräusch von splitterndem Glas.

Marcy war aus dem Bett gesprungen, hatte einen Bademantel übergeworfen und war aus dem Schlafzimmer gerannt, während sie sich einredete, dass es keinen Grund zur Besorgnis gab. Dass Devon nur Hunger hatte, sich etwas zu essen gesucht und im Dunkeln etwas umgestoßen hatte.

Als Marcy die Küche betrat, stand Devon mit offenem Mund und schlaffem Kinn stocksteif an den Granittresen gelehnt, die Augen ausdruckslos und voller Tränen.

„Was ist los, Schätzchen?“, hatte Marcy gefragt und war auf sie zugegangen.

„Pass auf“, warnte Devon sie.

Marcy bemerkte die Glasscherben um Devons Füße und die Tulpen, die halb in, halb neben den Resten der zerbrochenen Vase lagen. Wasser war über Devons offene Sandalen gespritzt, ihr roter Nagellack glänzte feucht im Mondlicht. Sie hatte beide Hände zu Fäusten geballt, zwischen den Fingern quollen Körnchen hervor und rieselten zu Boden wie Schnee.

„Was ist das, Schätzchen?“, fragte Marcy und sah eine Schachtel Salz auf dem Tresen liegen. „Was machst du mit dem Salz?“

Statt zu antworten, begann Devon, sich Salz in den Mund zu stopfen.

Marcy war sofort an ihrer Seite und riss Devons Hände herunter. „Devon, was tust du denn da? Hör auf damit. Davon wird dir schlecht.“

Und plötzlich war Devons Blick wieder klar geworden, als hätte sie ihre Mutter erst jetzt bemerkt. „Mom?“, fragte sie, öffnete die Hände und ließ das restliche Salz auf den Boden rieseln.

„Ist alles in Ordnung?“ Hektisch begann Marcy, ihrer Tochter das Salz abzuwischen, das störrisch an ihren Lippen und ihrem Kinn klebte.

Devon blickte von ihrer Mutter zu Boden. „O Gott, es tut mir so leid!“

„Was ist denn, Schätzchen? Was ist passiert?“

„Ich weiß nicht. Ich wollte mir eine Tüte Kartoffelchips aus dem Schrank holen, und dann habe ich die Blumen gesehen. Man sagt doch, Rosen duften so gut, nicht wahr? Eigentlich sind es ja nur Tulpen, und die duften gar nicht. Jedenfalls habe ich dabei die Vase umgestoßen, und ich konnte die Kartoffelchips nicht finden. Erinnerst du dich an Vicki Enquist? Sie ist ziemlich groß, fast einsachtzig mit einer leicht schiefen Nase? Sie war in der siebten Klasse meine Freundin, erinnerst du dich an sie?“, sagte sie, alles in einem Atemzug.

Marcy wollte gerade antworten, dass sie sich nicht an eine Vicki Enquist erinnern konnte, doch Devon sprach schon weiter. „Ihre Mutter war eine berühmte Gärtnerin. Sie hatte eine eigene Fernsehshow oder so in Vancouver. Vicki war heute Abend da. Auf der Party bei Ashleigh. Und sie war so hübsch." Devon brach in Tränen aus. „Ihre Nase sah überhaupt nicht schief aus. Und ich hatte ein so schlechtes Gewissen, weil wir sie immer gehänselt haben. Ich war richtig gemein zu ihr, Mom."

„Schätzchen, bitte. Warum setzen wir uns nicht?"

„Ich will mich nicht setzen. Ich will tanzen." Devon stellte sich auf die Zehenspitzen und drehte eine unbeholfene Pirouette. „Aber alle anderen wollen bloß rumsitzen und kiffen."

„Ist es das?", fragte Marcy. „Hast du Drogen genommen?"

„Ich hab solchen Durst", sagte Devon, ohne auf die Frage einzugehen.

„Ich hol dir ein Glas Wasser."

„Da ist Wasser auf dem Boden", sagte Devon. Sie sank unvermittelt auf die Knie und fing an, mit den Handflächen Wasser und Salz auf den großen Keramikfliesen hin und her zu schieben wie ein Kind, das gerade Fingerfarben entdeckt hatte.

„Devon, bitte, Schätzchen. Lass mich dir bitte helfen."

„Ich will nicht aufstehen."

„Du musst dir von mir helfen lassen." Marcy schaffte es, ihre Tochter auf die Füße zu zerren und auf einen der vier Küchenstühle zu bugsieren, die um den großen ovalen Esstisch standen. „Ich hol dir Wasser. Bitte, meine Süße, sag mir, was du genommen hast."

„Ich habe solchen Durst", sagte Devon noch einmal. „Warum habe ich denn solchen Durst?"

Marcys Hände zitterten, als sie ans Waschbecken trat und Devon ein Glas mit Wasser füllte, dankbar für das Rauschen, das Devons verrücktes Geplapper für einen Moment übertönte.

„Devon", sagte sie, als sie den Hahn zudrehte und sich umdrehte. Aber Devon saß nicht mehr auf dem Stuhl. Sie lag zusammengerollt auf dem Boden, die Knie fest an ihr T-Shirt gedrückt, das Gesicht halb vergraben in einem Haufen feuchten Salzes. „Devon?", sagte Marcy noch einmal, irgendwo zwischen Schluchzen und Flüstern.

Sie sank neben ihrer Tochter auf die Knie und erkannte, dass ihre Tochter eingeschlafen war. Fest eingeschlafen, wie sie merkte, als sie versuchte, sie wach zu rütteln.

Marcy überlegte, Peter zu wecken, ließ es dann aber. Sie brauchte fünfzehn Minuten, um Devon aus der Küche durch den Flur in ihr Zimmer zu bewegen, weitere zwanzig, um sie auszuziehen, zu waschen und in ihr Bett zu hieven, und dann noch einmal weitere fünfzehn, um das Chaos in der Küche zu beseitigen. Als sie in ihr Zimmer zurückkehrte, war Marcy schweißgebadet. Sie duschte und kehrte ins Bett zurück.

„Kannst du nicht still liegen?“, murmelte Peter und drehte sich auf die andere Seite.

„Warum sitzt du da?“, fragte Vic jetzt und suchte in dem dunklen Hotelzimmer ihren Blick. „Weinst du?“

Sofort wischte Marcy sich die Tränen aus den Augenwinkeln. „Nein. Na ja … ein bisschen vielleicht.“

„Du hast an Devon gedacht“, sagte er.

„Ja.“

„Weißt du, was du jetzt machen willst?“

„Nein.“

„Möchtest du, dass ich mit dir komme?“, fragte er mit einem Lächeln. „Ich würde gern mit dir nach Cork zurückfahren.“

Das Angebot war auf jeden Fall verlockend, dachte Marcy. Es wäre angenehm, Gesellschaft zu haben. „Nein“, sagte sie nach einer kurzen Pause. Es würde alles nur komplizierter machen. „Ich glaube, das ist etwas, was ich allein erledigen muss.“

Er nickte, als wäre er nicht überrascht. „Versprich mir, dass du mich auf dem Laufenden hältst. Und wenn du Hilfe brauchst oder bloß jemanden, der deine Hand hält und dir den Rücken krault …“

Lächelnd spürte sie, wie seine Finger über ihren Arm bis in den Nacken krabbelten und sich in der Mähne ihrer widerspenstigen Locken verloren. „O Gott! Ich sehe bestimmt furchtbar aus. Meine Haare …“

„Sind toll. Kann es wirklich sein, dass du nicht weißt, wie schön du bist?“

„Meine Mutter hat immer gesagt, ich hätte viel zu viele Haare“, erzählte Marcy ihm.

„Meine Mutter hat immer gesagt, ich wäre einsachtzig groß, wenn ich gerade stehen würde.“

„Mit deiner Haltung ist alles in Ordnung.“

„Mit deinen Haaren ist auch alles völlig in Ordnung.“

Marcy lachte. „Mütter“, sagte sie.

„Du hast gesagt, deine ist gestorben, als sie sechsundvierzig war? Das muss sehr hart für dich gewesen sein.“

„Eigentlich“, gab Marcy zu, „war es in gewisser Weise auch eine Erleichterung.“

„Wie lange war sie schon krank?“

„Solange ich denken kann.“

Vic legte den Kopf zur Seite und sah sie fragend an.

„Sie hat sich vom Dach eines zehnstöckigen Hauses gestürzt, als ich fünfzehn war“, sagte Marcy.

„Mein Gott, das tut mir sehr leid.“

„Kannst du mir einen Gefallen tun?“, fragte Marcy, kroch zurück ins Bett und zog sich die Decke bis ans Kinn. „Kannst du mich einfach festhalten?“

Sofort spürte sie seine Arme um sich, seinen Atem warm im Nacken. Sie schmiegte sich dicht an ihn, und so lagen sie lange da, bis sein Atem schließlich ruhiger wurde und er einschlief. Eine Weile lauschte sie im Dunkeln seinem beruhigenden leisen Schnarchen, bevor sie sich sanft aus seiner Umarmung löste, leise aus dem Bett schlüpfte, sich anzog und auf Zehenspitzen aus dem Zimmer schlich.

Am nächsten Morgen checkte Marcy aus ihrem Hotel aus.

„Wie ich sehe, liegen noch einige nicht abgehörte Nachrichten für Sie vor“, sagte der Mann an der Rezeption, als sie die Rechnung bezahlte.

„Die können Sie einfach löschen.“

„Wie Sie wünschen. Kann ich sonst noch etwas für Sie tun?“

„Ja, bitte. Sie können mir ein Taxi bestellen.“ Nach der Rückkehr in ihr Zimmer hatte Marcy sich in der vergangenen Nacht doch dagegen entschieden, einen Wagen zu mieten.

„Sie werden vor dem Hotel bestimmt eins finden. Brauchen Sie Hilfe mit Ihrem Koffer?“

„Nein, danke. Das schaffe ich schon. Vielen Dank.“

Direkt vor dem Eingang wartete eine ganze Reihe von Taxis, doch Marcy musste mehrere Fahrer ansprechen, bis sich einer fand, der bereit war, sie bis nach Cork zu fahren.

Zum Glück schien der Fahrer absolut kein Interesse an einer Unterhaltung zu haben. Wahrscheinlich hatte er nie den Blarney Stone geküsst, dachte Marcy.

„Sind wir demnächst da?“, fragte sie den Fahrer nach fast zwei Stunden.

„Noch etwa eine Stunde“, antwortete er.

Marcy lehnte den Kopf an die Sitzlehne und schloss die Augen. „Wo soll ich Sie absetzen?“, fragte der Fahrer im nächsten Atemzug – oder so kam es Marcy zumindest vor.

„Was?“ Marcy riss die Augen auf, sah auf die Uhr und stellte fest, dass eine ganze Stunde verstrichen war. Sie musste eingeschlafen sein. Als sie durch die verregnete Scheibe blickte, sah sie, dass sie tatsächlich schon in Cork waren.

„In welchem Hotel wohnen Sie?“, fragte der Taxifahrer.

Marcy fiel ein, dass sie vergessen hatte, ein Hotelzimmer zu reservieren. „Ich habe ehrlich gesagt noch kein Zimmer. Können Sie mir vielleicht etwas Nettes empfehlen?“

„Es gibt das ‚Tynan's‘ auf der Western Road“, sagte der Fahrer. „Das ist eine Bed-&-Breakfast-Pension, die ganz okay sein soll, ist aber vermutlich ziemlich schlicht.“

„Schlicht ist gut.“

Das Tynan's war komplett ausgebucht, genau wie ein halbes Dutzend anderer Bed-&-Breakfast-Pensionen, die sich in der Western Road nebeneinanderreihten. Zum Glück hat es immerhin aufgehört zu regnen, dachte Marcy, als sie ihren Koffer die Stufen zum „Doyle Cork Inn“ hinaufschleppte, eine der wenigen Pensionen, bei denen sie es noch nicht probiert hatte.

„Kann ich Ihnen behilflich sein?“, fragte ein junger Mann, der neben ihr aufgetaucht war und ihr den Koffer abnehmen wollte. Er war noch keine zwanzig. Eine widerspenstige Locke seines rotblonden Haares fiel in seine breite Stirn. Er hatte unglaublich schiefe Zähne. *Mit einer vernünftigen Zahnspange hätte man das richten können,* hörte sie Peter sagen.

„Danke, ja.“ Marcy folgte dem jungen Mann an die Rezeption in der winzigen Lobby. „Haben Sie ein Zimmer frei?“

„Ich glaube, ja.“

„Gott sei Dank. Ich hatte die Hoffnung schon fast aufgegeben.“

„Oh, das dürfen Sie nie tun.“

Marcy lächelte. „Mach ich nicht. Vielen Dank. Da haben Sie wirklich recht.“

„Ich heiße übrigens Colin Doyle. Meine Mum wird sich sofort um Sie kümmern. Sind Sie aus Amerika?“

„Kanada“, erklärte Marcy ihm.

„Wirklich? Wir hatten vor Kurzem einen Gast aus Kanada. Ich glaube, er hieß Randy Sullivan. Kennen Sie ihn?“

„Nein, ich fürchte nicht.“ Sie sah davon ab, ihm zu erklären, dass Kanada mehr als dreiunddreißig Millionen Einwohner hatte. Obwohl man nie wissen konnte. Es war nicht komplett unmöglich, dass sie den Mann kannte. Marcy nahm ein Foto von Devon aus ihrer Handtasche und zeigte es Colin. „Kennen Sie dieses Mädchen?“, fragte sie ihn.

Er betrachtete es eine Weile. „Nein, ich habe sie noch nie gesehen“, meinte er schließlich.

„Entschuldigen Sie, dass ich Sie habe warten lassen!“ Eine stämmige Frau mit grau meliertem, rotblondem Haar betrat die kleine Lobby. Ihre Augen waren von demselben Mittelbraun wie die ihres Sohnes. „Mein Name ist Sadie Doyle, ich bin die Besitzerin dieser stolzen Pension.“ Mit einer flatternden Bewegung ihrer großen und ausdrucksstarken Hände deutete sie auf den geräumigen Flur, das Wohnzimmer zur Linken und die schmale Treppe rechts. Mrs Doyle zeigte auf das Foto von Devon. „Hübsches Mädchen. Aber sie sieht ein bisschen traurig aus, oder? Ihre Tochter?“

„Ja. Kennen Sie sie zufällig?“

„Nein, tut mir leid. Ist sie hier in Cork?“

„Ja, ist sie. Ich versuche, sie zu finden. Wir haben den Kontakt verloren.“

Mrs Doyle lächelte verständnisvoll. „Ich wünschte, ich könnte Ihnen helfen.“ Sie ging hinter den Empfangstresen und schlug das Gästebuch auf. „Fünfzig Euro die Nacht für ein Einzelzimmer.“

„Das ist okay.“

„Wie lange genau bleiben Sie bei uns, Mrs …?“

„Taggart. Marcy Taggart. Ein paar Tage, wenn das möglich ist.“

„Ja, das geht. Wenn Sie das bitte ausfüllen würden.“ Mrs Doyle schob ein Formular über den Tresen. „Und ich brauche natürlich Ihren Pass. Mit welcher Kreditkarte möchten Sie bezahlen?“

Marcy gab ihr die American-Express-Karte.

„Sie haben Zimmer sieben.“ Sadie gab Marcy einen großen Messingschlüssel. „Und viel Glück bei der Suche nach Ihrer Tochter.“

„Danke“, sagte Marcy und folgte Colin die Treppe hinauf.

Das Zimmer war klein und vollgestellt mit billigen Möbeln: ein Doppelbett mit einem alten Kopfteil aus Messing, ein schäbiger Schrank samt einer dazu passenden, noch schäbigeren Kommode. Die Tapete war mit lila Blumen gemustert, und der Teppich präsentierte sich in einer ausgelaugten Mischung aus Mauve und Braun. Auch nicht ausgelaugter als ich, dachte Marcy, ließ sich auf das zu weiche Bett fallen und betrachtete ihr Bild in dem Spiegel an der Wand gegenüber.

Du bist wunderschön, hörte sie Vic in ihr Ohr flüstern.

„Ja, klar.“ Sie lachte spöttisch und strich ihr Haar nach hinten.

Marcy packte ihren Koffer aus, hängte so viele Sachen wie möglich in den winzigen Kleiderschrank und stopfte den Rest in die Schubladen der Kommode. Dann zog sie Jeans und eine frische Bluse an, nahm ihre Handtasche, atmete tief durch und verließ das Zimmer.

Sie ging direkt zu dem Pub, vor dem sie Devon zum ersten Mal gesehen hatte. „‚Grogan's House'", murmelte sie laut, als sie die St. Patrick's Bridge überquerte, links abbog und erleichtert das gelbe Schild mit der fetten schwarzen Schrift entdeckte.

Sie naherte sich vorsichtig der Eingangstür. Ein Mann kam aus dem Pub und hielt ihr die Tür auf, freundliches Stimmengewirr schlug ihr entgegen.

„Na, da schau her!", rief eine Stimme über den Lärm hinweg. „Zurück, um Ihren Tee auszutrinken, was?"

Marcy ging direkt an die Bar. „Sie erinnern sich an mich?", fragte sie den attraktiven Mann hinter dem Tresen.

„Ein hübsches Gesicht vergesse ich nie."

Marcy wunderte sich ein bisschen, dass sie sich geschmeichelt fühlte. „Ich hatte gehofft, dass Sie hier sind."

Die grünen Augen des jungen Mannes funkelten, als er die vollen Lippen zu einem bereitwilligen Lächeln öffnete. „Kann ich etwas für Sie tun?"

„Da war ein Mädchen", sagte Marcy und suchte in ihrer Handtasche nach Devons Foto. „Gestern. Ich glaube, es war dieses Mädchen." Sie schob Devons Bild über den Tresen. „Kennen Sie sie?"

Er nahm das Foto und schüttelte dann den Kopf.

„Sie ist draußen vorbeigegangen und hat Ihnen zugewinkt."

Sein Lächeln wurde breiter. „Mir winken eine Menge Mädchen zu."

„Unser Liam ist der Schwarm aller Frauen", sagte eine Kellnerin, die mit einem Tablett leerer Bierkrüge vorbeikam. „Darf ich mal sehen?"

„Bitte." Marcy gab der jungen Frau Devons Foto.

„Hm", sagte die Kellnerin, und es klang ermutigend. „Sie sieht ein bisschen aus wie Audrey, oder nicht?", sagte sie zu dem Barkeeper.

„Audrey?", fragten Marcy und Liam im Chor.

„Ja. Das Mädchen, das zusammen mit dem anderen hier war – mit der Stillen, die für die O'Connors arbeitet. Shannon, glaube ich."

„Ach ja, jetzt weiß ich, wen du meinst." Liam betrachtete das Foto, bevor er ein zweites Mal den Kopf schüttelte. „Nee, das ist nie im Leben Audrey."

„Nun, sie ist zugegeben ein bisschen jünger als Audrey und sieht nicht ganz so kernig aus …"

„Das Foto ist schon ein paar Jahre alt", erklärte Marcy.

„Na siehst du!", sagte die Kellnerin.

„Sie glauben also, dass das Audrey sein könnte?", fragte Marcy und versuchte, sich an den neuen Namen zu gewöhnen. Devon war immer ein großer Fan von Audrey Hepburn gewesen …

„Nun, ich bin mir natürlich nicht sicher. Aber es könnte sein."

Als Marcy das Foto wieder in ihre Handtasche stopfte, hatte sie das Gefühl, dass ihr Herz ihre Brust sprengte. „Wissen Sie, wo ich sie finden kann?"

„Sie könnten es bei den O'Connors versuchen", schlug die Kellnerin vor. „Shannon ist ihr Kindermädchen. Sie kann Ihnen wahrscheinlich sagen, wo Sie Audrey finden."

„Hey, Kelly!", rief ein Gast an einem Tisch an der Wand. „Wie sieht es mit unserem Nachschub aus?"

„Kommt sofort."

„Wo finde ich die O'Connors?", rief Marcy ihr nach.

„Sie wohnen in der Adelaide Road. Die Hausnummer weiß ich nicht. Aber es ist das größte Haus in der Straße. Sie können es gar nicht verfehlen."

Marcy strebte eilig zur Tür. „Vielen Dank!", rief sie im Hinausgehen, doch sowohl Kelly als auch Liam waren mit ihren Gästen beschäftigt und hörten sie nicht.

DIE ADELAIDE ROAD lag im Südostteil der Stadt und war eine breite Straße, die einen steilen Hang hinaufführte. Kelly hatte gesagt, sie solle nach dem größten Haus in der Straße Ausschau halten, doch bis jetzt schienen alle Häuser etwa gleich groß zu sein.

Dann sah sie es. Es war nicht nur wesentlich größer als alle anderen Häuser in der Straße, sondern stach auch durch die gelbe Backsteinverklinkerung und einen von Blumen gesäumten, gewundenen Fußweg hervor. Die schwarze doppelte Eingangstür wurde von zwei schlanken weißen Säulen eingefasst, die dem Haus ein gewisses Südstaaten-Flair verliehen. Eine breite Auffahrt führte zu einer Garage mit Platz für drei Autos.

Und was jetzt?, fragte sie sich, als sie der Straße weiter folgte. Sollte sie einfach an der Haustür klingeln und nach Shannon fragen? „Die Stille", wie Kelly sie beschrieben hatte. Marcy stellte sich ein dünnes Mädchen mit heller Haut und rotblonden Haaren vor.

Marcy klingelte, nahm dann den Messingtürklopfer, schlug ihn mehrmals gegen das schwarze Holz und lauschte mit angehaltenem Atem auf Schritte hinter der Tür. Als sie nicht sofort etwas hörte, klingelte sie erneut. Nach wie vor keine Reaktion. Es war niemand zu Hause.

Sie blickte sich nach einem Platz zum Hinsetzen um, entdeckte jedoch keinen und ging wieder den Hügel hinunter. Etwas unentschlossen sah sie auf die Uhr. Fast vier. Vielleicht sollte sie in der Stadt etwas essen und es später noch einmal probieren. Aber es war zu spät fürs Mittag- und noch zu früh zum Abendessen, und sie hatte ohnehin keinen Appetit.

„Du musst etwas essen“, hatte Judith ihr in den Wochen nach Devons Unfall immer wieder erklärt. Und dann noch einmal, als Peter gegangen war. „Du musst bei Kräften bleiben, Marcy.“

Marcy schloss die Augen, um die zahllosen unangenehmen Erinnerungen zu verdrängen, die auf sie einstürzten. „Das reicht“, sagte sie laut, doch ihre Stimme wurde vom Geräusch eines vorbeifahrenden Wagens übertönt. Ein Rolls oder ein Bentley, dachte sie. Als sie die Augen öffnete, sah sie eine schwarze Limousine um die nächste Kurve verschwinden und wusste sofort, dass sie den O'Connors gehörte. Sie rannte den Hügel wieder hinauf und beobachtete atemlos, wie der Wagen in der Auffahrt des gelben Backsteinhauses hielt.

Aus etwa fünfzig Meter Entfernung sah sie, wie auf der Beifahrerseite eine Frau mit mehreren Einkaufstüten ausstieg. An der Haustür drehte sie sich noch einmal um und rief dem Fahrer, der den Wagen in die Garage chauffierte, zu: „Vergiss die Lebensmittel im Kofferraum nicht!“

Die Frau war jung, Anfang dreißig und sehr hübsch mit schulterlangen, rotbraunen Haaren. Marcy vermutete, dass das Mrs O'Connor war.

Das war ihre Chance, dachte Marcy, als die Frau in ihrer Designerhandtasche nach dem Schlüssel suchte. Marcy befahl sich, einen Fuß vor den anderen zu setzen, blieb jedoch stehen, als kurz darauf der Mann, beladen mit Lebensmitteln, aus der Garage kam. Sie erkannte, dass er mindestens zehn Jahre älter war als die Frau und selbst im Kampf mit den überquellenden Tüten ziemlich vornehm wirkte.

„Schaffst du es?“, fragte die Frau von der Tür.

„Aus dem Weg, Weib“, erwiderte er lachend. Sekunden später waren beide immer noch lachend im Haus verschwunden.

„Mr and Mrs O'Connor, nehme ich an“, meinte Marcy zu sich selbst und beneidete die beiden um den lockeren Umgang miteinander. Wann hatten Peter und sie zum letzten Mal gemeinsam so gelacht? Vielleicht am Anfang, dachte sie. Vor Devon.

Marcy beschloss, den O'Connors ein paar Minuten Zeit zu lassen, ihre Lebensmittel zu verstauen, bevor sie bei ihnen klingelte. „Du kannst das“, ermahnte sie sich, nahm Devons Bild aus ihrer Handtasche und fragte sich, wovor sie solche Angst hatte. Dass die O'Connors das Mädchen auf dem Foto nicht erkannten? Oder dass sie es erkannten?

Im nächsten Moment ertönte das laute Geschrei eines Babys, als eine junge Frau mit einem Kinderwagen um eine Biegung am Ende der Straße kam. Marcy ertappte sich dabei, wie sie die Luft anhielt, als das Mädchen näher kam. Es sah genauso aus, wie sie es sich vorgestellt hatte, schlank, mit heller Haut und langen rotblonden Haaren, auf eine unauffällige Art hübsch. Sie trug Jeans und eine helle Jacke.

Das Mädchen bog in die Auffahrt der O'Connors. Falls sie Marcy am Straßenrand gesehen hatte, ließ sie sich das nicht anmerken.

„Jetzt", sagte Marcy und wäre beinahe über ihre eigenen Füße gestolpert. „Verzeihung, aber könnte ich Sie kurz sprechen?", probte sie flüsternd. „Verzeihung", sagte sie noch einmal lauter.

Doch im selben Moment ging die Haustür auf und Mr O'Connor stand auf der Schwelle.

„Na, hallo, da ist ja mein kleiner Engel", sagte er und nahm das schreiende Baby in den Arm. „Daddy hat seine kleine Prinzessin schon vermisst. Ja, wirklich. Wie war sie heute Nachmittag?", fragte er Shannon. „Sie scheint noch immer Bauchschmerzen zu haben."

Shannons Antwort hörte Marcy nicht. Mr O'Connor trug das weinende Baby ins Haus und schloss die Tür, während Shannon den Kinderwagen ums Haus schob.

Eilig überquerte Marcy die Auffahrt, um Shannon auf dem Rückweg zur Haustür abzufangen. Nachdem jedoch mehrere Minuten verstrichen waren, ohne dass sie wieder aufgetaucht war, schloss Marcy, dass es einen Nebeneingang geben musste, was ein Blick auf die Seite des Hauses bestätigte.

Dann klingelst du eben, bittest darum, Shannon zu sprechen, und zeigst ihr Devons Foto, ermahnte Marcy sich stumm. Shannon würde entweder bestätigen, dass das Mädchen auf dem Bild ihre Freundin Audrey war oder eben nicht.

Aber was, wenn sie sie erkannte, sich aber weigerte, Audreys Aufenthaltsort zu verraten? Angenommen, Devon hatte ihr schon alles über ihre Mutter erzählt, die sie so enttäuscht hatte, dass Devon ihren Tod inszeniert hatte, um so weit wie möglich von ihr wegzukommen? Was dann?

Dann würde Shannon sich vermutlich ans Telefon hängen, sobald Marcy wieder gegangen war, um Devon zu warnen. Würde Devon dann ohne ein Wort abhauen und den nächsten Flug nach Spanien oder Australien nehmen? Irgendwohin, wo ihre Mutter sie niemals finden konnte?

Marcy erkannte, dass ihre Tochter genau das tun würde und dass sie deshalb auch gezögert hatte, Shannon direkt anzusprechen. Das Risiko, dass sie ihre Tochter erneut verlor, war zu groß. Sie musste geduldig sein. Sie musste abwarten. Warten und aufpassen.

Bist du sicher, dass du das willst?, hatte Judith gefragt, als Marcy ihr damals erzählt hatte, dass sie schwanger war. *Du weißt, du wirst nie wieder einen ruhigen Moment haben. Du wirst ständig warten und aufpassen …*

Es hatte wieder angefangen zu nieseln. Sie musste ein Taxi finden und zurück in die Innenstadt fahren, bevor sie bis auf die Haut durchnässt war. Morgen würde sie zurückkommen. Und übermorgen. Irgendwann, sagte Marcy sich, als sie den Hügel hinuntereilte, würde Shannon sie zu Devon führen.

„Na, da schau her! Wieder hier, was?“, fragte Liam, als Marcy durch die Tür von Grogan's House trat. „Setzen Sie sich. Ich bring Ihnen einen Tee.“ Er wies auf einen leeren Tisch in einer Ecke des vollen Lokals.

Es war noch nicht einmal fünf Uhr, und der Laden brummte schon wieder. Gingen die Leute hier eigentlich nie nach Hause?

„Und, haben Sie Audrey gefunden?“, fragte Kelly, die plötzlich neben ihr auftauchte.

„Nein, aber Shannon.“

„Konnte sie Ihnen helfen?“

„Ich habe nicht mit ihr gesprochen.“

„Wieso nicht?“

„Es ist kompliziert“, sagte Marcy nach einer Pause.

„Was ist kompliziert?“, fragte Liam, stellte eine Kanne dampfenden Tee und zwei Becher auf den Tisch und ließ sich auf den Stuhl ihr gegenüber fallen. „Was dagegen, wenn ich mich zu Ihnen setze? Ich habe jetzt Pause, und Sie sehen aus, als könnten Sie Gesellschaft gebrauchen. Wissen Sie eigentlich, dass Sie pitschnass sind?“

Marcy nestelte an ihrem Haar. „Ich konnte kein Taxi finden …“

„Lassen Sie Ihre Haare“, sagte er. „So sieht es ziemlich sexy aus.“

Marcy lachte und merkte, dass sie sich geschmeichelt fühlte.

„Schon besser. Und was ist kompliziert?“

„Was ist nicht kompliziert?“

Nun war es an Liam zu lachen. „Hunger ist unkompliziert“, sagte er. „Ich wette, Sie könnten einen Happen vertragen.“

„Können Sie mir etwas empfehlen?“

„Ich würde das Tagesgericht nehmen. Kelly, kannst du der Dame einmal das Tagesgericht bringen? Sie sind eingeladen“, fügte er hinzu. „Nehmen Sie es als Entschuldigung für meine Unhöflichkeit von vorhin.“

„Sie waren nicht unhöflich.“

„Ich war ein bisschen kurz angebunden. Wegen Audrey, wissen Sie.“

„Wollen Sie sagen, dass Sie sie auf dem Bild *doch* erkannt haben?“

Er füllte ihre beiden Becher mit Tee. „Nun, vielleicht war mein Urteil ein wenig übereilt. Ich nehme an, es könnte schon Audrey sein.“

Marcy versuchte ihre wachsende Aufregung mit einem Schluck Tee herunterzuspülen. „Wissen Sie, wie sie mit Nachnamen heißt?“

Liam schüttelte den Kopf. „Ich habe nur ein paar Mal mit ihr gesprochen. Sie ist vor etwa einem Jahr hierhergezogen. Aus irgendeinem Kaff im Westen von London, glaube ich.“

„Hat sie einen englischen Akzent?“ Devon hatte immer ein feines Ohr für Dialekte gehabt, dachte Marcy und erinnerte sich an ihre Auftritte in diversen Schultheateraufführungen.

„Kann sein. Jedenfalls keinen irischen, aber so genau habe ich nicht darauf geachtet. Sie ist nicht wirklich mein Typ. Ich mag es ein wenig älter.“ Ein Lächeln umspielte seine Mundwinkel.

Flirtete er mit ihr?, fragte Marcy sich und verwarf den Gedanken sofort wieder. „Könnten Sie mir einen Gefallen tun? Könnten Sie mich anrufen, wenn Sie sie das nächste Mal sehen?“

„Dann müssen Sie mir aber Ihren Namen verraten.“

„Marcy“, sagte sie. „Marcy Taggart. Ich glaube, dass das Mädchen, das Sie als Audrey kennen, in Wirklichkeit meine Tochter Devon ist.“

In Liams Blick sah sie alle möglichen Fragen, von denen er jedoch keine stellte. Stattdessen zog er einen Stift aus der Tasche seines Hemdes und schob ihn über den Tisch. „Schreiben Sie Ihre Nummer auf die Serviette.“

Marcy nahm den Stift und stutzte dann. „O Gott, das geht nicht! Ich habe mein Handy in den Fluss geworfen.“

„Warum haben Sie das denn gemacht?“

„Es ist …“

„Kompliziert“, beendete Liam den Satz für sie. „Das dachte ich mir schon. Und wie soll ich Sie dann erreichen?“

„Ich wohne im Doyle Cork Inn in der Western Road“, erklärte Marcy ihm.

Liam nickte, nahm seinen Stift zurück und kritzelte seine eigene Nummer auf die Serviette. „Melden Sie sich ab und zu mal. Das ist vielleicht einfacher.“

„Das ist sehr nett von Ihnen.“

„Manchmal müssen wir uns auf die Freundlichkeit von Fremden verlassen“, sagte er mit einem Zwinkern seiner tiefgrünen Augen.

Marcy erkannte das Zitat aus Tennessee Williams’ „Endstation Sehnsucht". Sie hob ihren Becher und stieß mit ihm an. „Auf die Freundlichkeit von Fremden!"

Liam erwiderte ihr Lächeln. „Darauf, dass Sie Ihre Tochter finden!", sagte er, und es klang ein bisschen schüchtern, wie er das sagte.

VIER

Es fing immer gleich an. Mit leisen Worten und einer scheinbar einfachen Bitte.

„Schätzchen, komm leg dich einen Augenblick zu mir", sagte ihre Mutter zum Beispiel und lud Marcy in ihr Bett ein, obwohl es schon fast Mittag war. „Ich weiß, du bist noch ein kleines Mädchen, aber du bist so klug und aufmerksam. Meinst du, du könntest mir bei einem kleinen Problem helfen?" Oder: „Schätzchen, du weißt, wie viel mir an deiner Meinung liegt. Komm, setz dich aufs Bett und sag mir, welches Kleid ich heute Abend auf die Party anziehen soll – das rote oder das blaue?"

Marcy drehte sich in ihrem Bett im Doyle Cork Inn um und presste sich das dicke Federkissen auf die Ohren, um den unvermeidlich folgenden Wortwechsel auszublenden. Doch es war bereits zu spät. Ihre Mutter war schon neben ihr, flüsterte ihr zu, bat um Meinungen, die sie rasch wieder verwarf, und Rat, den sie nie annahm.

„Ich finde, du solltest das rote Kleid anziehen", hatte Marcy geantwortet, während ihre Mutter ungeduldig durch ihren Kleiderschrank wühlte, Kleider von den Bügeln rupfte und auf den Boden warf.

„Glaubst du wirklich, das rote ist besser, Schätzchen? Warum? Macht mich das blaue Kleid zu blass? Sehe ich darin fett aus?"

„Du siehst in nichts fett aus."

Unvermittelt schimmerten Tränen in den Augen ihrer Mutter. „Glaubst du, ich habe zugenommen? Meine Kleider sind mir in letzter Zeit ein bisschen eng vorgekommen, obwohl ich glaube, dass daran die Hersteller mit ihren lachhaft widersprüchlichen Größenangaben schuld sind. Ich meine, man kauft dieselbe Größe wie immer und plötzlich passt es nicht mehr, und ich frage mich, ob das eine Verschwörung ist zur Verwirrung der Frauen. Die Hersteller wollen Frauen vorsätzlich verwirren, sie wollen uns einreden, wir wären fett, obwohl wir dieselbe Größe tragen wie immer. Wir sind überhaupt nicht fett. Findest du, dass ich fett aussehe?"

„Ich finde, du siehst wundersch…"

„Ich mache mir Sorgen um Judith. Sie sieht aus, als hätte sie ein paar Pfund zugelegt. Sie hat tolle Beine, aber sie neigt dazu, Speck anzusetzen.“

„Nein, sie …“

„Ich bin mir sicher, dass sie ein paar Pfund zugenommen hat. Und das kann man jetzt nicht mehr als Babyspeck abtun. Nicht wenn man fast vierzehn ist. Ich habe ihr erklärt, dass Designer keine Kleider für fette Leute machen. Und es ist nicht leicht, weil die Hersteller sich verschworen haben, um die Frauen zu verwirren, und das ist einfach nicht fair.“ Die bis jetzt zurückgehaltenen Tränen flossen. Ihre Mutter begann, vor Marcy auf und ab zu laufen.

„Mom, was ist? Was ist los? Warum weinst du?“

„Ich weine, weil alles so traurig ist. Die Welt ist ein so grausamer Ort. Und manchmal bin ich so verzweifelt.“

„Ich hole Daddy. Du machst mir Angst.“

„Oh, Schätzchen! Du musst keine Angst haben. Alles wird gut. Wenn wir nur etwas wegen deines Haares machen könnten. So viele Haare für ein so kleines Gesicht.“

Marcy strich sich das Haar aus der Stirn, richtete sich in ihrem Bett im Doyle Cork Inn auf, starrte auf den Radiowecker auf dem winzigen Nachttisch. Es war kurz vor vier Uhr morgens. Sie legte sich wieder hin und hörte wieder das Geräusch, das die Kleiderschranktür ihrer Mutter gemacht hatte, als sie geöffnet und wieder geschlossen wurde, auf und zu.

„Ich habe alles vermasselt“, schluchzte ihre Mutter jetzt hemmungslos. „Was habe ich erreicht? Nichts. Ich habe gar nichts.“

„Du hast Daddy. Du hast mich und Judith.“

Ihre Mutter starrte sie an. „Judith musste mit einem Kaiserschnitt geholt werden“, sagte sie. „Es war schrecklich. Ich habe eine furchtbar große Spritze bekommen – direkt in die Wirbelsäule –, die mich von der Hüfte abwärts betäuben sollte, aber sie haben mir zu viel gegeben, sodass ich bis zur Brust betäubt war und das Gefühl hatte, ich könnte nicht atmen. Ich dachte, ich würde sterben. Und ich hatte solche Angst.“

Dann sank sie plötzlich zu Boden, rollte sich zusammen und schlief ein. Sie schlief den restlichen Tag, und am nächsten Morgen war sie verschwunden.

„Wo ist Mom?“, hatte Marcy gefragt, als sie zum Frühstück nach unten kam.

Achselzuckend schnitt Judith ihr Omelett in kleine Stücke. „Weg.“

„Wohin ist sie gegangen?“

„Da, wo sie sonst auch immer hingeht“, antwortete Judith.

Was bedeutete, dass keiner es wusste. In Abständen verschwand ihre Mutter einfach. In der Regel für ein paar Wochen. Niemand wusste, was sie tat oder wo sie war. Nach den ersten paar Malen hatte ihr Vater es aufgegeben, sie zu suchen, hatte aufgehört, ihr Verschwinden der Polizei zu melden.

Ihr Vater hatte versucht, es ihnen mit dem allgemein üblichen Fachjargon jener Zeit zu erklären. „Eure Mutter ist manisch-depressiv. Sie wird erst sehr aufgeregt und dann sehr traurig. Aber solange sie ihre Medikamente nimmt, kann sie ganz normal funktionieren."

Doch ihre Mutter hasste ihre Medikamente. Unter ihrer Wirkung fühlte sie sich, „als würde sie im Schmetterlingsstil durch einen Sumpf schwimmen", wie sie sich ausdrückte. Also hatte sie aufgehört, sie zu nehmen. Und so begann der Kreislauf aufs Neue: die wilden Stimmungsschwankungen, die Weinkrämpfe, das plötzliche Einschlafen und gelegentliches Verschwinden.

Marcy wusste die Zeichen zu deuten und konnte voraussagen, wann ihre Mutter sich wieder auf den Weg machen würde. „Es geht wieder los", sagte sie dann zu Judith. Und sie hatte immer Recht.

Bis auf ein Mal.

„Okay, das reicht", sagte Marcy laut, knipste das Licht an und setzte sich auf. Sie fragte sich, warum sie kein Buch mitgenommen hatte, um sich etwas abzulenken, und beschloss, eins zu kaufen, sobald die Läden aufmachten. Und ein neues Handy, entschied sie, trat ans Fenster und starrte durch die verstaubte Spitzengardine. Sie stand immer noch dort, als es langsam heller wurde und die Glocken der St. Anne's Shandon Church den Beginn eines neuen Tages einläuteten.

Sobald die Läden öffneten, kaufte Marcy sich ein neues Handy und rief Liam an.

„Habe ich Sie geweckt?", fragte sie, als sie seine verschlafene Stimme hörte. Was war mit ihr los? Warum hatte sie ihn denn angerufen? Was hatte er mit ihr oder ihrer Tochter zu tun? Sie hatte ihm leidgetan, darum hatte er einen Tee mit ihr getrunken. „Tut mir schrecklich leid, dass ich Sie gestört habe", sagte sie.

„Ist irgendwas passiert? Haben Sie Audrey gefunden?"

„Nein. Ich… ich… hab mir ein Handy gekauft", stotterte sie und ratterte hastig ihre neue Nummer herunter. „Tut mir schrecklich leid, dass ich Sie gestört habe. Ich dachte bloß, so können Sie mich anrufen…"

„… sobald ich sie sehe", beendete Liam den Satz für sie. „Versprochen", fügte er hinzu. „Wie sehen denn Ihre Pläne für heute aus?"

Marcy erzählte ihm, dass sie vorhatte, sich an der Universität umzusehen.

„Viel Glück“, sagte er und legte auf, bevor sie sich noch einmal entschuldigen konnte.

Das konnte sie gut gebrauchen, dachte Marcy und machte sich auf den Weg zum Campus.

Laut einer Broschüre, die im Besucherzentrum der Universität auslag, war das University College Cork 1845 gegründet worden und zählte aktuell zu den führenden Forschungseinrichtungen Irlands. Mehr als 17 000 Studenten besuchten die vier Colleges: eins für die Geisteswissenschaften, eins für Jura und Betriebswirtschaft, eins für Medizin und eins für Technik und Naturwissenschaften.
Weil sie wusste, dass es höchst unwahrscheinlich war, dass Devon sich für ein Studium im Bereich Medizin, Betriebswirtschaft, Ingenieurswesen oder Jura entschieden hatte, konzentrierte Marcy sich gleich auf die Geisteswissenschaften. Während Marcy die gepflasterte Straße entlangging, die über den Campus führte, dachte sie daran, dass das Theater ihre Tochter schon immer fasziniert hatte. Seit sie ein kleines Mädchen war, hatte sie davon geträumt, Schauspielerin zu werden.

„Verzeihung“, sagte Marcy und zeigte ihr Foto einer entgegenkommenden Gruppe junger Frauen. „Kennt eine von Ihnen dieses Mädchen?“

Die drei Mädchen betrachteten das Bild nacheinander. „Nein“, sagte das erste, und ihre beiden Freundinnen bestätigten das nickend.

„Vielen Dank. Verzeihung.“ Praktisch im nächsten Atemzug sprach sie einen jungen Mann an, der einen Stapel Bücher in den Armen balancierte. „Haben Sie dieses Mädchen schon mal gesehen? Sie heißt Devon …“

„Nein, tut mir leid.“

Und so ging es auch mit allen anderen, die sie fragte.

Bis vier Uhr hatte Marcy es bei praktisch jedem Institut auf dem Campus versucht. Sie hatte ihren Kopf in jedes Büro und jeden Hörsaal gesteckt, war jedes Stockwerk und jeden Flur abgelaufen, hatte in jeder Nische und jedem Winkel jedes Gebäudes nachgesehen.

Marcy war gerade dabei, den Campus zu verlassen, als sie sie sah.

Das Mädchen stand auf einer Fußgängerbrücke zwischen dem Bachelor's Quay und der North Mall und starrte gedankenverloren ins Wasser. Eine Brise wehte ihr das lange Haar ins Gesicht.

„Devon!“, rief Marcy. Sie rannte die Straße zur Brücke hinunter. O mein Gott! Bitte mach, dass sie sich freut, mich zu sehen, betete sie im Laufen.

In diesem Moment hörte sie jemanden rufen, drehte sich um und sah wie aus dem Nichts ein Fahrrad auf sich zukommen. Der Fahrer versuchte verzweifelt, ihr auszuweichen. Doch er stieß von hinten mit ihr zusammen, wirbelte sie herum, und im nächsten Augenblick lag Marcy wie eine Stoffpuppe auf dem Pflaster, umringt von einer kleinen Menschenmenge. „Alles in Ordnung?", fragte jemand. „Haben Sie sich etwas gebrochen?" „Können Sie aufstehen?"

Marcy spürte, wie jemand ihr unter die Arme griff und sie auf die Füße zog. „Mir geht es gut", sagte sie.

„Sind Sie sicher? Soll ich einen Krankenwagen rufen?", fragte ein junger Mann, der sich nach vorn drängte.

„Ich brauche keinen Krankenwagen." Ich muss meine Tochter finden, dachte Marcy, nachdem sie ihr Gleichgewicht wiedergefunden hatte und aus dem erschrockenen Gesicht des jungen Mannes schloss, dass er das Fahrrad gefahren hatte. Panisch blickte sie hinüber zur Fußgängerbrücke. „Bitte. Ich muss los."

„Nein", beharrte der junge Mann. „Sie sollten sich kurz hinsetzen. Vielleicht haben Sie eine Gehirnerschütterung."

„Ich habe mir nicht den Kopf gestoßen. Wenn Sie mir bitte alle aus dem Weg gehen könnten …"

Sofort löste sich die kleine Menge auf, bis nur noch der Fahrradfahrer und Marcy zurückblieben. „Es tut mir schrecklich leid", sagte er. Lockiges braunes Haar umrahmte sein Gesicht, das zu grob wirkte, um attraktiv zu sein.

Marcy schätzte ihn auf Mitte zwanzig, als sie an ihm vorbei zur Fußgängerbrücke blickte, genauso alt wie Devon. „Ist ja nichts passiert", sagte sie mit flacher Stimme.

„Ich bin einfach vor mich hin geradelt. Ich war mit den Gedanken woanders und habe nicht richtig aufgepasst, schätze ich, und auf einmal sind Sie mir in die Speichen gelaufen", erklärte er mit einem breiten irischen Akzent. „Ich habe noch versucht auszuweichen …"

„Es war nicht Ihre Schuld", versicherte Marcy ihm, während ihr Verstand zu verarbeiten suchte, was ihre Augen bereits wussten: Devon stand nicht mehr auf der Brücke. Ihre Tochter war weg.

IHRE KINDHEIT UND JUGEND war ein ständiges Sich-gegenseitig-Beobachten gewesen, ein zu lautes oder zu langes Lachen, ein melancholischer Seufzer, plötzliche Stimmungswechsel von hoch zu tief und wieder zurück in nervenaufreibendem Tempo wie die Achterbahnfahrten, die sie als Kinder geliebt hatten.

„Was ist los?“, fragte Marcy jedes Mal, wenn Judith auch nur vage verstimmt aussah.

„Worüber kicherst du immer noch?“, fragte Judith ihre Schwester, wenn diese nach der Erzählung eines nur mäßig komischen Witzes länger als angemessen gluckste. „So witzig war es auch nicht.“

„Ist alles in Ordnung?“, fragte Marcy.

„Hast du ein Problem?“, fragte Judith.

„Hast du Kummer?“ Wieder Marcy.

„MARCY! Um Himmels willen, wo steckst du?“, kreischte Judith jetzt.

Marcy hielt ihr Handy ein Stück von ihrem Ohr weg und bereute es bereits, ihre Schwester angerufen zu haben. „Mir geht es gut.“

„Ich habe dich nicht gefragt, *wie* es dir geht“, schoss Judith sofort zurück. „Ich weiß schon, dass du mit dem Sprung, den du in der Schüssel hast, jeden Polterabend schmeißen könntest. Ich habe gefragt, *wo* du bist!“

Fast hätte Marcy laut gelacht. Judith neigte zu einer äußerst blumigen Sprache. „Mit dem ‚Sprung in der Schüssel könntest du jeden Polterabend schmeißen‘ ist wirklich gut. Ich habe dich schon immer für deinen Wortwitz bewundert“, sagte sie.

„Wo bist du?“, wiederholte Judith.

Marcy sah sich in ihrem winzigen Badezimmer im Doyle Cork Inn um. Sie saß nackt auf dem Rand der Badewanne, aus der der Dampf des heißen Wassers aufstieg, das sie gerade hatte einlaufen lassen. „Ist doch egal, wo ich bin.“

„Ist doch egal, wo du bist? Wie soll ich kommen und dich abholen, wenn ich nicht weiß, wo du bist?“

„Ich will nicht, dass du kommst und mich abholst.“

„Marcy, du hast offensichtlich einen Nervenzusammenbruch. Das ist unter den gegebenen Umständen auch absolut verständlich. Deine Tochter ist gestorben, dein Mann hat dich wegen einer anderen Frau verlassen. Ganz zu schweigen von unserer Familiengeschichte …“

„Ich bin nicht verrückt, Judith.“

„Du bist allein in deine zweiten Flitterwochen aufgebrochen. Findest du das normal?“

„Es ist vielleicht ein bisschen ungewöhnlich, aber …“

„Genauso ungewöhnlich, wie sein totes Kind in den Straßen von Dublin zu sehen?“

Cork, hätte Marcy sie beinahe verbessert. „Ich habe sie nicht gesehen“, sagte sie stattdessen. „Ich habe mich geirrt. Ich weiß jetzt, dass das Mädchen, das ich für Devon gehalten habe, nur ein Mädchen war, das ihr vielleicht ein bisschen ähnlich gesehen hat, aber sie war es nicht."

„Du hast sie nicht gesehen?"

„Es war nicht Devon. Devon ist tot."

„Und das sagst du nicht bloß, weil ich es hören will?"

Doch, natürlich sage ich es deswegen, dachte Marcy. „Devon ist tot", wiederholte sie.

Sie konnte ihre Schwester förmlich nicken sehen. „Also gut", sagte Judith. „Und wo bist du jetzt und wann kommst du nach Hause?"

Marcy verwendete dieselbe Lüge, die sie Vic Sorvino aufgetischt hatte. „Ich bin in Paris."

„Das glaube ich dir nicht."

Marcy seufzte. „Ich komme Ende nächster Woche nach Hause."

„Warte, wenn du wirklich in Paris bist, habe ich eine gute Idee", sagte Judith hastig. „Warum nehme ich nicht den nächsten Flug und treffe dich dort? Wir können shoppen gehen und uns die Sehenswürdigkeiten angucken."

„Mal sehen. Ich ruf dich wieder an", sagte Marcy und beendete das Gespräch. Sie hasste es, ihre Schwester anzulügen, aber sie wusste nicht, was sie sonst hätte tun sollen.

Denn in Wahrheit war sie mehr denn je davon überzeugt, dass Devon lebte. Morgen würde sie zum Haus der O'Connors zurückkehren, warten, bis das Kindermädchen herauskam, und es den ganzen Tag verfolgen. Es war nur eine Frage der Zeit, bis Shannon sie zu Devon führen würde.

Marcy stieg vorsichtig in die Wanne und hielt die Luft an, als sie das heiße Wasser auf der Haut spürte. Sie hörte die mahnende Stimme ihrer Schwester: *Es ist nicht gesund, so heiß zu baden.*

„Lass mich in Frieden, Judith", flüsterte Marcy ungeduldig und ließ sich tiefer in die Wanne sinken. Sie schloss die Augen, als das Wasser ihr bis zur Stirn stieg, und spürte, dass ihr Haar wie Seetang um ihren Kopf trieb.

Nach der Entdeckung von Devons gekentertem Kanu hatte Marcy versucht, sich vorzustellen, wie es war zu ertrinken. Sie war wochenlang jeden Tag in die Badewanne gestiegen und hatte das Wasser um sich herum ansteigen lassen. Dann war sie langsam untergetaucht und hatte den Mund geöffnet.

Hatte Devon Panik gespürt? Hatte sie um ihr Leben gekämpft, als das eisige Wasser in ihre Lungen drang? Hatte sie ein letztes Mal nach ihrer Mutter gerufen, bevor sie gestorben war?

Aber sie war ja gar nicht gestorben, das wusste Marcy jetzt.

„Mein Kind lebt“, flüsterte sie. „Es ist nicht tot. Es ist nicht tot“, wiederholte sie, und der angenehme Klang der Worte ließ ihre Trommelfelle sanft vibrieren.

Nur dass es nicht ihre Worte waren, die in ihren Ohren klingelten. Es war ihr Handy. Das konnte nur Liam sein.

Marcy sprang aus der Wanne und klappte ihr Handy auf. „Hallo? Hallo?“

„Hallo?“, antwortete Liam. „Marcy, sind Sie das?“

„Liam? Haben Sie Devon gesehen?“

„Nein“, sagte er. „Sie?“

Statt zu antworten, brach Marcy in Tränen aus.

„Marcy, was ist los?“

„Nichts. Schon gut. Ich dachte bloß …“

„Sie dachten, mein Anruf bedeutet, dass ich sie gesehen habe“, sagte er. „Es tut mir schrecklich leid. Natürlich mussten Sie das denken.“

„Sie müssen sich nicht entschuldigen. Ich sollte keine vorschnellen Schlüsse ziehen.“ Dann berichtete Marcy ihm, dass sie Devon noch einmal gesehen hatte.

„Moment mal“, sagte er, als sie ihre Geschichte beendet hatte. „Sie sind von einem Radfahrer angefahren worden? Sind Sie verletzt?“

„Mir geht es gut. Nur ein paar Prellungen.“

„Und als Sie wieder auf den Beinen waren …“

„… war sie verschwunden“, sagte Marcy.

„Nun, ich wünschte, ich hätte Neuigkeiten für Sie …“

„Warum rufen Sie denn an?“

Sie spürte, wie er lächelte. „Hier war eben jemand, der nach Ihnen gefragt hat. Es war der Mann, mit dem Sie neulich hier waren.“

„Meinen Sie Vic? Vic Sorvino?“, fragte Marcy ungläubig.

„Ja, genau. So steht es jedenfalls auf seiner Visitenkarte, die hier vor mir liegt.“

Was machte Vic denn hier? „Hat er gesagt, was er wollte?“

„Nur, dass er Sie suchen würde. Und da ich mir nicht sicher war, was Sie wollen, habe ich ihm gesagt, ich hätte Sie nicht gesehen.“

Marcy wusste nicht, ob sie enttäuscht oder erleichtert war. Was machte Vic hier in Cork?

„War das richtig so?“, fragte Liam.

„Ja. Vielen Dank.“

„Und was soll ich ihm sagen, wenn er noch mal nach Ihnen fragt?“, wollte Liam wissen.

„Sagen Sie ihm, Sie hätten mich nicht gesehen."

„Sind Sie sicher?"

Marcy spürte Vics Lippen sanft auf den ihren, seine Finger zärtlich auf ihrer Haut, sie hörte seine leisen Worte *„du bist wunderschön"*. Es hatte sich so gut angefühlt, wieder begehrt zu werden. Aber sie hatte es nicht verdient, sich so gut zu fühlen. Noch nicht. Nicht, ehe sie Devon gefunden hatte. Nicht, ehe sie eine Chance bekommen hatte, alles wiedergutzumachen. „Ich bin sicher."

„Gut. Der Mann hatte etwas, was mir ein bisschen unheimlich war", sagte Liam.

„Unheimlich?"

„Er kam mir ein bisschen seltsam vor, wissen Sie?"

Marcy schüttelte den Kopf. Sie hatte ehrlich gesagt keine Ahnung, wovon Liam redete. Vic war ihr in keiner Weise seltsam erschienen. Aber mit ihrer Menschenkenntnis war es ohnehin nicht weit her, wenn es um Männer ging.

„Marcy?", fragte Liam. „Sind Sie noch da?"

„O ja. Tut mir leid."

„Haben Sie Hunger?"

Marcy spürte, wie sich ihr Magen zusammenkrampfte. „Ein bisschen, ja."

„Ich hole Sie in einer halben Stunde ab", sagte er.

„ALSO, lassen Sie mich überlegen. Ehemann Nummer eins war ein Musiker", sagte Marcy, während eine leise Stimme in ihrem Hinterkopf sie ermahnte, dass sie nicht so über ihre Schwester sprechen sollte.

„Sie müssen es mir nicht erzählen", sagte Liam, als spürte er ihre Vorbehalte. „Es geht mich im Grunde nichts an. Ich hätte nicht fragen sollen. Ich wollte Sie bloß ein bisschen von allem ablenken."

Damit meinte er, dass sie, obwohl er sie zu einem der beliebtesten Treffpunkte für junge Leute in Cork geführt hatte, noch immer keine Spur von Devon gefunden hatte. Praktisch jedem in dem lauten Lokal hatten sie Devons Foto gezeigt, aber kein einziger Gast hatte sie erkannt.

„Es ist ja noch früh", hatte er gesagt, als sie an einem Tisch in dem lebhaften Restaurant in der Grattan Street Platz genommen hatten. „Vielleicht taucht sie später auf." Er hatte bei einer Kellnerin mit pinkfarbenem Haar etwas zu essen bestellt. „Wir finden sie. Sie werden sehen."

Marcy hatte gelächelt. Es fühlte sich gut an, „wir" zu sein. Eine Einheit, hatte sie gedacht und sofort Peters Einwand gehört.

„Warum verziehen Sie das Gesicht?", fragte Liam. „Tut es Ihnen leid, dass Sie sich von mir haben ausführen lassen?"

„Nein, ich bin froh, dass ich mitgekommen bin. Warum haben Sie mich eigentlich angerufen?“, wollte sie wissen. „Ich bin sicher, es gibt da draußen Dutzende von jungen Frauen, die Sie hätten fragen können.“

„Vielleicht finde ich junge Frauen einfach nicht so interessant.“

Marcy war rot geworden und hatte sich abgewandt.

Und just in dem Moment hatte er sie nach ihrer Familie gefragt.

„Ich habe eine ältere Schwester“, hatte sie ihm erzählt, erleichtert, das Thema wechseln zu können. „Judith. Sie war fünfmal verheiratet.“

Er lachte. „Offensichtlich eine Optimistin.“

„Das ist eine nette Art, es auszudrücken.“

„Und wie würden Sie es ausdrücken?“

„Ich glaube, sie hat einfach Angst vorm Alleinsein.“

Liam nippte an seinem Irish Coffee. „Und … die fünf Ehemänner …“

„Also, lassen Sie mich überlegen“, begann Marcy. „Ehemann Nummer eins war ein Musiker. Schlagzeuger.“

„O nein! Das sind die Schlimmsten.“

„Er war *wirklich* schrecklich. Aber sie war damals erst neunzehn. Und die Ehe dauerte auch nicht einmal ein Jahr, was niemanden überraschte.“

„Aha, verstehe. Und Ehemann Nummer zwei?“

„Ein Fotograf. Und die Ehe dauerte zwei Wochen. Es stellte sich heraus, dass er schwul war.“

Liam nickte. „Soll ich es wagen, nach Ehemann Nummer drei zu fragen?“

„Ein Manager aus der Werbebranche. Die Ehe hielt vier Jahre.“

„Na, das ist doch ein Fortschritt. Und Nummer vier?“

„Ein Börsenmakler, den sie im Fitnessstudio kennen gelernt hat. Ganz netter Typ, bis er angefangen hat, Steroide zu schlucken. Hat acht Jahre gedauert“, erzählte Marcy.

„Absolut respektabel“, sagte Liam. „Womit wir bei Ehemann Nummer fünf wären.“

„Ein Anwalt. Sie sind jetzt seit fast fünfzehn Jahren verheiratet.“

„Das heißt, er bleibt? Kinder?“

„Nein. Judith wollte nie Kinder.“

„Im Gegensatz zu Ihnen.“ Es war mehr eine Feststellung als eine Frage.

„Im Gegensatz zu mir.“

„Und wie oft waren Sie verheiratet?“

Marcy atmete tief ein und langsam wieder aus. „Nur ein Mal. Meine Scheidung ist in gut einem Monat rechtskräftig.“

„Möchten Sie darüber reden?“

„Nein“, sagte sie und schwieg einen Moment. „Doch, eigentlich ja.“

Liam sah sie erwartungsvoll an.

„Mein Mann hat mich wegen einer anderen Frau verlassen, wegen einer Golflehrerin aus unserem Country Club. So einen Skandal hat es dort seit Jahren nicht gegeben.“ Sie stieß ein Lachen aus, das eher wie ein scharfes Bellen war. „Nachdem das mit Devon passiert ist …“ Ihre Stimme verlor sich. „So was hält eine Ehe nur schwer aus.“

„Erzählen Sie mir von Ihrer Tochter“, sagte Liam leise.

Marcy zögerte, überlegte, welche Fakten sie erwähnen und welche sie weglassen sollte.

„Meine Tochter leidet unter einer bipolaren Störung“, begann Marcy.

„Ist das das Gleiche wie Schizophrenie?“

„Nein. Devon hört keine Stimmen. Sie ist nicht paranoid. Sie leidet nur unter einem chemischen Ungleichgewicht. Früher nannte man es manisch-depressiv.“

„In einem Moment ist man glücklich, im nächsten weint man sich die Augen aus“, sagte Liam.

„Ja, so ungefähr. Es liegt offenbar in der Familie. Meine Mutter hatte es auch. Sie hat sich umgebracht, als ich fünfzehn war.“

Falls Liam schockiert war, ließ er es sich nicht anmerken. „Hat Ihre Schwester sich deshalb entschieden, keine eigenen Kinder zu bekommen?“

„Sie hat auch versucht, es mir auszureden. Sie hat gesagt, wenn ich Kinder hätte, würde ich ständig nach Symptomen Ausschau halten. Sie hatte Recht.“

„Wann haben Sie es zum ersten Mal bemerkt?“

„Kurz nach Devons siebzehnten Geburtstag.“ Marcy dachte an die schreckliche Nacht zurück, als Devon in der Küche gestanden hatte, eine zerbrochene Vase zu ihren Füßen, eine Handvoll Salz im Mund. „Den Verdacht hatte ich schon eine Weile gehabt“, gab sie zu. „Ihre Stimmung wurde immer düsterer, sie benahm sich zunehmend unberechenbarer. Aber nach diesem einen Zwischenfall konnte ich es nicht länger leugnen.“

„Was haben Sie getan?“

„Nicht genug. Ich bin zwar mit ihr zum Arzt gegangen, habe dafür gesorgt, dass sie Medikamente nimmt und eine Therapie anfängt, ich habe nach Kräften versucht, sie zu trösten …“

„Nichts hat geholfen?“

„Sie mochte die Wirkung der Tabletten nicht.“ *Als würde sie im Schmetterlingsstil durch einen Sumpf schwimmen,* hatte Marcys Mutter gesagt.

„Sie hat ihren Therapeuten gehasst." Marcy stockte. „Und mich hat sie noch mehr gehasst."

„Ich finde, Sie sind sehr hart zu sich selbst."

„Ich habe sie angelogen, tagein und tagaus. Ich habe ihr gesagt, wenn sie nur brav ihre Medikamente nehmen würde, würde sich alles fügen, sie müsste bloß Geduld haben und dem Mittel eine Chance geben ..."

„Das hätte jeder in Ihrer Lage getan."

„Nein, Sie verstehen das nicht." Tränen rollten über Marcys Wangen. „Ich hatte nicht genug Geduld, nicht für die Weinkrämpfe und Verrücktheiten, nicht für die Typen, die sie mit nach Hause brachte, und nicht für die Schwierigkeiten, in die sie immer wieder geriet. Man sollte meinen, dass ich nach allem, was ich mit meiner Mutter durchgemacht hatte, mehr Verständnis für sie gehabt hätte. Aber das genaue Gegenteil war der Fall. Ich habe sie gehasst, weil sie mich gezwungen hat, alles noch einmal durchzumachen."

„Was für Schwierigkeiten?", fragte Liam.

„Es gab ein paar Zwischenfälle." Marcy seufzte. „Einmal ist sie in einen Streit mit einem Nachbarn geraten, der sich beschwert hatte, dass das Radio im Garten zu laut lief. Devon hat ihn beschimpft, mit einem Schuh nach ihm geworfen und seinen Kopf nur knapp verfehlt. Dann hat sie der Mutter einer ihrer Freundinnen ein teures Armband gestohlen. Ein anderes Mal hat sie sich mit einem Typen eingelassen, obwohl ich versucht habe, sie vor ihm zu warnen ..."

„Aber sie hat nicht auf Sie gehört."

„Und Peter war auch keine Hilfe. Er wusste nicht, wie er reagieren sollte und hat mir die Schuld gegeben. Das hat er zwar nie zugegeben, aber ich weiß, dass es so war. Und er hatte Recht. Es *war* meine Schuld."

„Wie kommen Sie denn darauf?"

Marcy zuckte die Achseln. „Es waren meine Gene."

Auf meiner Seite der Familie gibt es keine psychischen Erkrankungen, hatte Peter gesagt, auch wenn er sich später dafür entschuldigt hatte.

Marcy erzählte Liam die Geschichte von Devons „Unfall", wie sie ihren eigenen Tod vorgetäuscht hatte und verschwunden war.

„Und Sie haben sie für tot gehalten, bis ..."

„Ich habe nie geglaubt, dass sie tot ist. Nicht wirklich. Und dann habe ich sie an Ihrem Pub vorbeigehen sehen."

Liam schüttelte den Kopf. „Und ich dachte, Sie wären ein Bulle."

„Was?"

„Als Sie zurück ins Grogan's gekommen sind, mir das Foto gezeigt und mich gefragt haben, ob ich das Mädchen erkennen würde, habe ich angenommen, Sie sind eine Polizistin oder Privatdetektivin. Ich habe einfach angenommen, dass Audrey von ihrer Vergangenheit eingeholt worden ist."

„Ihrer Vergangenheit?"

„Ich habe Gerüchte gehört, dass sie in London irgendwelchen Ärger hatte und nach Irland geflohen ist. Und als Sie dann aufgetaucht sind und Fragen über sie gestellt haben, dachte ich, Sie wären von Interpol."

„Und jetzt?"

„Jetzt weiß ich, dass Sie die Wahrheit sagen." Lächelnd ergriff er ihre Hand. „So eine Geschichte denkt sich niemand aus."

Marcy lächelte. „Da ist mein Mann anderer Meinung. Er hält mich für verrückt."

„Und ich denke, *er* ist verrückt, wenn er eine Frau wie Sie gehen lässt."

Marcy zog langsam ihre Hand zurück. „Sie sollten vorsichtig sein, wenn Sie so was sagen. Man könnte Sie missverstehen."

Liams grüne Augen blitzten verspielt. „Inwiefern?"

„Manche Frauen könnten denken, dass Sie etwas von ihnen wollen."

„Und was denken Sie?"

„Wollen Sie etwas von mir?", fragte Marcy. Hatte sie das wirklich gefragt?

„Ich weiß nicht. Ich habe mich noch nicht entschieden."

Marcy schüttelte lächelnd den Kopf. „Wie alt sind Sie, Liam?"

„Ich werde vierunddreißig."

„Ich bin fünfzig."

„Fünfzig ist nicht alt. Das ist bloß eine Zahl."

Marcy rieb sich den schwirrenden Kopf. „Sie könnten jede Frau haben, die Sie haben wollen. Und mit mir haben Sie bloß Mitleid."

„Sie sind eine wunderschöne Frau mit hinreißenden Locken, die Ihre tot geglaubte Tochter wiedergefunden hat. Ich würde sagen, das ist ein Grund zum Feiern und kein Anlass für Mitleid."

„Noch habe ich sie nicht gefunden."

„Aber Sie werden sie finden."

„Dann ist mir vielleicht zum Feiern zumute."

„Nun denn", sagte Liam, und in seinen grünen Augen blitzten unausgesprochene Möglichkeiten auf. „Dann muss ich wohl einfach warten und Ihnen helfen, sie zu finden."

FÜNF

Am nächsten Morgen ging Marcy wieder zum Haus in der Adelaide Road. Sie war um acht Uhr dort. Als sie nun auf die Uhr sah, war es schon halb elf, und nichts war passiert, seit Mr O'Connor vor zwei Stunden zur Arbeit gefahren war. Immerhin hatte sie ein recht abgeschiedenes Plätzchen neben einem Haus gegenüber gefunden, von dem aus sie das Grundstück der O'Connors im Blick hatte.

Bis jetzt gab es nichts zu sehen.

„Entschuldigen Sie, aber können Sie mir vielleicht sagen, was Sie da machen?"

Die Stimme klang gleichermaßen neugierig und empört. Marcy fuhr herum und sah eine Frau mittleren Alters in einem geblümten Hauskleid auf der Treppe vor dem Haus nebenan stehen. Marcy machte ein paar zögerliche Schritte auf die Frau zu. „Ich glaube, ich habe mich verlaufen", antwortete sie matt. „Ich war spazieren ..."

„Sind Sie Amerikanerin?", unterbrach die Frau sie.

„Kanadierin."

„Dies ist nicht direkt eine beliebte Touristengegend."

„Genau", improvisierte Marcy. „Ich versuche in der Regel, die üblichen Touristenfallen zu meiden. Ich möchte die Städte, die ich besuche, auch wirklich erkunden, um zu sehen, wie die Menschen tatsächlich leben, verstehen Sie?"

„Nein, ich glaube nicht. Für mich sah es so aus, als hätten Sie hier rumgelungert. Ich glaube, ich sollte Sie bei der Polizei melden."

„Bitte tun Sie das nicht", sagte Marcy rasch. „Ich gehe ja schon." Sie drehte sich um und rannte dann, ohne sich umzusehen, den Hügel hinunter. Unten angekommen, stemmte Marcy die Hände keuchend auf die Knie. Ihr Atem ging in kurzen, schmerzhaften Stößen. Sie erinnerte sich, ein Stück entfernt einen kleinen Park gesehen zu haben. Dort gab es bestimmt eine Bank, auf der sie sich beruhigen und ihre Strategie überdenken konnte.

Wenig später saß sie auf einer Holzbank, umgeben von rosafarbenen Hortensien. Es war wirklich ein wunderschönes Land, dachte sie, atmete tief ein und schloss die Augen. Wenn sie Devon gefunden hatte, könnten sie es vielleicht gemeinsam bereisen.

Plötzlich ertönte lautes Babygeschrei.

Marcy öffnete die Augen und sah eine schlanke junge Frau mit heller Haut und rotblonden Haaren mit einem Kinderwagen in ihre Richtung kommen. Es war Shannon, Marcy erkannte sie sofort.

„Haben Sie etwas dagegen, wenn ich mich zu Ihnen setze?“, fragte die junge Frau schüchtern und wartete, bis Marcy nickte, bevor sie auf der Bank Platz nahm.

Marcy versuchte, sie nicht zu sehr anzustarren.

Das Mädchen rupfte hastig das Haargummi von ihrem Pferdeschwanz und ließ ihr dichtes Haar offen auf ihre Schultern fallen. „So ist es besser. Ich habe ihn viel zu eng gebunden“, sagte sie und errötete. „Verzeihen Sie. Ich wollte Sie nicht stören.“

„Sie stören gar nicht. Und Ihr Haar ist wunderschön.“ Marcy betrachtete das Gesicht des Mädchens und bemerkte ihre fast durchscheinende Haut, die kleinen grünen Augen und die lange schmale Nase. Eines dieser Mädchen, die keine Ahnung hatten, wie hübsch sie waren.

„Danke“, sagte das Mädchen und strich ihr Haar verlegen hinters Ohr. Das Baby in dem Kinderwagen hatte die ganze Zeit nicht aufgehört zu schreien. „Entschuldigen Sie den Radau.“ Sie begann, den Wagen auf der Stelle hin- und herzuschieben.

„Mich stört es nicht.“ Marcy spähte in den Kinderwagen. „Ein kleines Mädchen?“

„Ein kleines Mädchen mit schweren Koliken.“

„Ist es Ihr erstes?“, fragte Marcy.

„Nein, nein, das ist nicht mein Baby. Ich bin bloß das Kindermädchen.“

Marcy versuchte, ihre Aufregung zu unterdrücken. „Wie heißt sie denn?“

„Caitlin. Caitlin Danielle O’Connor.“

„Hübscher Name. Wie alt ist sie?“

„Fast fünf Monate.“

„Sie ist sehr süß.“ Marcy streckte die Hand aus. „Ich bin Marilyn“, sagte sie, weil sie sich nicht sicher war, wie weit sie Shannon die Wahrheit anvertrauen konnte.

„Shannon“, sagte das Mädchen und schüttelte Marcys Hand.

„Ich könnte sie ein paar Minuten halten, wenn Sie nichts dagegen haben“, sagte Marcy.

„Ich habe überhaupt nichts dagegen“, sagte Shannon, als Marcy das schreiende Baby behutsam aus dem Wagen hob. „Die arme Mrs O’Connor war die halbe Nacht wach und hat sie herumgetragen. Heute Morgen habe ich die Kleine schon gefüttert, die Windeln gewechselt und sie stundenlang in den Armen gewiegt. Aber es hat alles nichts genützt, also dachte ich mir, dann kann ich auch einen Spaziergang machen, damit Mrs O'Connor wenigstens ein bisschen Schlaf nachholen kann."

„Ich bin sicher, sie ist Ihnen sehr dankbar", sagte Marcy, hielt das Baby eng an ihrer Brust und wiegte es sanft hin und her. Nach wenigen Sekunden verstummten die Schreie.

„Das ist ja unglaublich!", rief Shannon verblüfft. „Sieht so aus, als hätten Sie Zauberhände. Wie haben Sie das denn gemacht?"

„Übung", antwortete Marcy stolz.

„Wie viele Kinder haben Sie?", fragte Shannon.

„Drei." Sie log schon wieder. „Zwei Jungen und ein Mädchen."

„Ich habe fünf Brüder und zwei Schwestern."

„Sind Sie aus der Gegend?"

„O nein. Ich komme aus Glengariff. An der Westküste. Ich konnte es kaum erwarten, dort wegzukommen", gestand sie. „Sobald ich achtzehn geworden war, war ich weg."

„So viel älter sehen Sie jetzt auch nicht aus."

„Ich werde nächsten Monat neunzehn", sagte Shannon.

„Das heißt, Sie sind schon fast ein Jahr hier?"

„Also, zuerst bin ich nach Dublin gegangen. Aber das war nichts für mich." Ihre Wangen wurden noch eine Spur röter. „Und dann bin ich hierhergekommen. Hier gefällt es mir viel besser."

Marcy nickte verständnisvoll. „Cork ist sehr überschaubar. Hier ist es bestimmt leichter, Freunde zu finden."

Shannon nickte. „Es fällt mir immer ziemlich schwer, Freunde zu finden. Ob Sie's glauben oder nicht, ich bin ein bisschen schüchtern."

So kam sie keinen Schritt weiter, dachte Marcy. „Arbeiten Sie hier in der Nähe?", fragte sie dann.

„Ein kleines Stück die Straße hinauf. Das Haus der O'Connors steht fast ganz oben auf dem Hügel." Sie zeigte in die Richtung.

„Und was machen Sie, wenn Sie freihaben?", fragte Marcy.

„Nicht viel. Lesen, Läden angucken, ins Kino gehen."

„Haben Sie einen Freund?"

Shannon schüttelte den Kopf. „Audrey sagt, da hätte ich Glück gehabt. Sie sagt, Jungs machen nur Kummer."

Bei der Erwähnung von Audreys Namen stockte Marcy der Atem. „Audrey?", wiederholte sie. Hatte sie Shannon richtig verstanden?

„Meine Freundin. Na ja, eigentlich mehr eine Bekannte. Ich kenne sie erst seit ein paar Monaten."

„Und was macht Audrey?"

„So wenig wie möglich." Shannons Gesicht nahm die Farbe reifer Tomaten an. „Sie arbeitet als Aushilfe. Hier und da. Du meine Güte, wissen Sie, wie spät es ist? Ich muss jetzt los."

Marcy legte die schlafende Caitlin behutsam wieder in den Kinderwagen. Es gab so vieles, was sie Shannon noch fragen wollte: Wo wohnte Audrey? Hatte sie etwas über ihre Vergangenheit oder ihre Mutter gesagt? Wo konnte sie sie finden?

„Vielen Dank für Ihre Hilfe mit Caitlin", sagte Shannon. „Es war wirklich nett, mit Ihnen zu reden. Vielleicht laufen wir uns ja mal wieder über den Weg."

Marcy sah Shannon nach, die den Kinderwagen zum Ausgang des kleinen Parks und aus ihrem Blickfeld schob. „Da kannst du dich drauf verlassen", sagte sie.

In den nächsten drei Tagen beobachtete Marcy Shannons Kommen und Gehen. Marcy saß in dem kleinen Park, bis sie Shannon mit dem Kinderwagen auftauchen sah, was für gewöhnlich um elf und dann noch einmal gegen zwei Uhr nachmittags der Fall war.

Vormittags folgte sie Shannon über die gewundenen Pfade, immer darauf bedacht, einen sicheren Abstand zu halten. Der Nachmittagsspaziergang war stets der längere der beiden Ausflüge. Am Tag zuvor hatte Shannon sich auf der Terrasse eines kleinen Pubs einen Tee bestellt. Sie sprach nie mit jemandem.

„Ich verliere langsam den Mut", hatte Marcy Liam am Abend zuvor am Telefon anvertraut.

„Das dürfen Sie nicht. Früher oder später führt sie Sie bestimmt zu Audrey."

„Für mich muss es aber früher sein."

„Kann ich Ihnen irgendwie helfen? Ich könnte jetzt vorbeikommen."

„Nein", hatte Marcy rasch abgewehrt. Sosehr sie sich von ihm angezogen fühlte, sie durfte sich nicht ablenken lassen. „Wir sprechen uns morgen."

„Okay."

Nun beobachtete Marcy, wie Shannon Caitlins Kinderwagen die Mary Street in Richtung der St. Patrick's Street hinaufschob, einer belebten Durchgangsstraße. Obwohl es bedeckt war, war es warm. Sie blickte zur Wetterfahne von St. Anne's hinauf. Es dauerte einen Moment, bis sie merkte, dass Shannon verschwunden war.

Marcy drehte sich um die eigene Achse. Nirgends eine Spur von Shannon. Wohin konnte sie gegangen sein?

„Okay, ganz ruhig", ermahnte Marcy sich. „Sie taucht schon wieder auf." Schließlich war Shannon schon mehrmals in der Menge der nachmittäglichen Stadtbummler untergetaucht und dann Sekunden später mit wippendem Pferdeschwanz wieder auf der Bildfläche erschienen.

Marcy sah auf die Uhr. Sie beschloss für heute Schluss zu machen und morgen Vormittag in die Adelaide Road zurückzukehren. Wenn Shannon sie nicht bis zum Ende der Woche zu Audrey geführt hatte, würde sie in den sauren Apfel beißen und Shannon reinen Wein einschenken müssen. Ihr erzählen, dass das Mädchen, das sie als Audrey kannte, in Wahrheit ihre Tochter Devon war, und sie bitten, ihr bei ihrer Suche zu helfen.

In dem Moment, in dem sie sich umdrehte, sah Marcy einen Kinderwagen aus einem Laden an der Straßenecke kommen. Und dann tauchte auch Shannon wieder auf, schob mit einer Hand den Wagen und hielt in der anderen eine Limoflasche. Aus einem Strohhalm trinkend, steuerte sie den Wagen über die Straße in Richtung Merchants Quay.

Marcy hatte ein gutes Stück zu Shannon aufgeschlossen, als sie einen jungen Mann auf einem Fahrrad nahen sah. Shannon lächelte. Der Junge hielt an, stieg ab und berührte ihren Arm. Erst als Marcy die beiden fast erreicht hatte, erkannte Marcy, dass sie denselben jungen Mann anstarrte, der sie vor ein paar Tagen mit dem Fahrrad angefahren hatte.

Konnte das nur Zufall sein? In welcher Verbindung stand er zu Shannon? Und hatte er auch etwas mit Devon zu tun? *Okay, ganz ruhig. Denk nach. Und keine voreiligen Schlüsse.* Aber sie hatte Devon gesucht, sie auf einer Fußgängerbrücke stehen sehen, als er just in diesem Moment wie aus dem Nichts mit seinem Fahrrad aufgetaucht war und sie umgefahren hatte. Als sie sich seiner plumpen Fürsorge endlich entzogen hatte, war Devon verschwunden. Vielleicht hatte der Junge sie absichtlich umgefahren, damit Devon Zeit hatte zu fliehen.

Oder deutete sie zu viel in die Sache hinein?

„Marilyn?", hörte sie jemanden rufen. „Marilyn? Huhu!"

Marcy blickte auf. Shannon überquerte heftig winkend die Straße und kam auf sie zu.

„Ich bin's, Shannon", verkündete sie über Caitlins lautes Geschrei hinweg.

Marcy bemühte sich mit aller Kraft um Fassung. „Shannon, natürlich. Schön, Sie wiederzusehen."

„Was für ein Zufall! Haben Sie Lust auf ein Tässchen Tee?"

„Tee klingt wunderbar."

„Warum gehen wir nicht ins Grogan's?"

„Ins Grogan's?" Marcy hatte das Gefühl, dass der Name des Pubs an ihrem Gaumen klebte.

„Es ist nicht weit, nur über die St. Patrick's Bridge."

Lächelnd versuchte Marcy, einen klaren Gedanken zu fassen. Als sich das als unmöglich herausstellte, gab sie auf. Stattdessen lächelte sie noch breiter, entblößte die zwei Reihen gerader weißer Zähne, die Peter einst so unwiderstehlich gefunden hatte, und sagte: „Ich folge Ihnen."

FALLS Liam sich darüber wunderte, sie zu sehen, ließ er sich nichts anmerken und gab auch nicht zu erkennen, dass er eine von ihnen kannte.

„Und wie geht's den Damen heute?", fragte er, als er an ihren Tisch trat. Etwa ein Dutzend Gäste drängte sich auf der kleinen Terrasse.

„Gut, danke", meinte Marcy.

Im Kinderwagen fing Caitlin an zu heulen.

„Manche Dinge ändern sich leider nie", flüsterte Shannon und sah die anderen Gäste entschuldigend an.

„Wen haben wir denn hier?" Liam blickte in den Kinderwagen. „Vielleicht möchte sie eine Flasche Bier? Ein Beamish vielleicht?"

Shannon lachte und lief sofort rot an. „Also, ich hätte jedenfalls gern eins."

„Zwei Beamish?" Er sah Marcy an.

„Ich glaube, ich bleibe lieber bei Tee", erklärte sie.

„Für mich auch einen Tee", stimmte Shannon sofort zu. „Mrs O'Connor würde ausflippen, wenn ich mit einer Bierfahne nach Hause käme."

Ein amüsiertes Lächeln umspielte Liams Mundwinkel. „Das heißt, Sie arbeiten für den O'Connor-Clan in der Adelaide Road?"

„Ja. Kennen Sie die Familie?"

„Ich habe von ihr gehört", stellte Liam klar. „Die O'Connors sind eine der reichsten Familien in Cork, die kennt eigentlich jeder hier. Also zwei Tee und ein bisschen warme Milch?"

„Für die Kleine habe ich ein Fläschchen Saft dabei, danke", sagte Shannon, bevor Liam im Innern des Pubs verschwand. „Nicht, dass sie davon trinken würde. Es sei denn, dass Sie es mal probieren wollen."

Marcy streckte die Hände aus, und Shannon drückte ihr das schreiende Baby und das Fläschchen in die Arme.

„Hallo Schätzchen", flüsterte Marcy und küsste die Tränen von Caitlins

Wangen. „Bist du mein süßes Mädchen?“ Im nächsten Moment lag das Baby still an Marcys Brust und nuckelte zufrieden an seiner Flasche.

Und Shannon staunte. „Einfach unfassbar. Wie machen Sie das bloß?“

Marcy zuckte die Achseln und versuchte sich daran zu erinnern, wann die Macht, die eigenen Kinder zu trösten, sie verlassen hatte. Nicht dass ihr Sohn je viel Trost gebraucht hätte. Darren war ein sehr friedliches Baby gewesen. Er war ein unabhängiger, lockerer junger Mann geworden, in fast jeder Hinsicht das Gegenteil seiner Schwester.

„Sie sollten uns mal besuchen kommen“, sagte Shannon, „und Mrs O'Connor zeigen, wie Sie das machen. Sie gibt sich echt Mühe mit Caitlin. Ich glaube, sie hat es sich einfacher vorgestellt.“

Marcy nickte. Wie wir alle, dachte sie und beobachtete Liam, der mit ihrem Tee kam.

„Wie ich sehe, hat da jemand eine magische Gabe“, bemerkte er und stellte eine Teekanne und zwei weiße Tassen mit Untertassen auf den Tisch.

„Ist sie nicht unglaublich?“, fragte Shannon.

Liam lächelte und nickte. „Unglaublich und schön. Kann ich Ihnen sonst noch was bringen? Vielleicht ein paar Kekse?“

„Ich hätte sehr gern etwas Süßes“, sagte Marcy.

Liam zwinkerte. „Etwas Süßes für die Süße.“

Shannon beugte sich verschwörerisch vor. „Ich glaube, er mag Sie“, sagte sie, als Liam gegangen war.

Marcy spürte, wie ihre Wangen rosa anliefen.

„Sie werden rot!“, rief Shannon lachend. „Freut mich, dass ich nicht die Einzige bin. Ich werde ständig rot. Schrecklich.“

„Ich finde es sehr charmant an Ihnen. Und ich bin sicher, der junge Mann, mit dem Sie vorhin gesprochen haben, würde mir zustimmen.“ Zum Teufel damit – eine bessere Eröffnung würde sich vermutlich eh nicht ergeben.

Shannon sah sie verwirrt an, und die Röte in ihrem Gesicht breitete sich bis zu beiden Ohren aus. „Oh! O ja, natürlich“, sagte Shannon. „Sie meinen Jax.“

Marcy führte ihre Tasse an die Lippen. „Und – ist dieser Jax jemand Besonderes?“, fragte sie.

Shannon verschluckte sich fast an ihrem Tee. „O nein! Ich kenne ihn kaum.“

„Also eher der Freund einer Freundin, was?“, bohrte Marcy weiter.

Shannon wirkte ein wenig verwirrt. Sie kniff ihre grünen Augen zusammen und riss sie dann plötzlich wieder weit auf. „Oh, schauen Sie! Da kommen Ihre Kekse.“

„Ich habe Ihnen ein paar mehr mitgebracht“, sagte Liam und stellte einen Teller mit Gebäck auf den Tisch. „Das geht auf mich.“

„Ich habe Ihnen ja gesagt, dass er Sie mag“, flüsterte Shannon, als er wieder gegangen war. „Oh, Shortbread! Mein Lieblingsgebäck.“

„Bedienen Sie sich.“

Shannon fischte hastig einen Keks vom Teller und biss ab.

„Und Jax und Audrey sind also Freunde?“, schrieb Marcy alle Vorsicht in den Wind. Mit dem subtilen Ansatz kam sie offensichtlich nicht weiter.

„Woher wissen Sie das? Sind Sie Wahrsagerin?“

Marcy zuckte die Schultern, wie um zu sagen, dass es bloß geraten war. „Ist sie nicht die Freundin, die gesagt hat, Jungen würden nur Kummer machen?“

Shannon kicherte. „Das sagt sie, ja.“

„Klingt so, als würde sie aus Erfahrung sprechen.“

„Die beiden waren mal zusammen. Ist aber aus und vorbei. Sie hat gesagt, ich könnte ihn haben, wenn ich will.“

„Und, wollen Sie?“

Shannon tat die Vorstellung mit einem nervösen Winken ab. „Oh, ich glaube, Mrs O’Connor wäre gar nicht einverstanden mit jemandem wie Jax. Er ist ein bisschen wild. Nicht direkt der Typ junger Mann, den man als Erstes seiner Mutter vorstellt.“

Marcy schauderte bei der Erinnerung an den Mann, mit dem Devon vor ihrem vermeintlichen Ertrinken zusammen gewesen war.

„Ich glaube sowieso nicht, dass er mich gut findet“, sagte Shannon.

„Wieso sollte er nicht?“

Wieder kicherte Shannon nervös. „Na ja, bei mir stehen die Jungs nicht direkt Schlange.“

„Ich glaube, jeder Junge könnte sich glücklich schätzen, Sie zu bekommen“, erklärte Marcy, während ihr Verstand auf Hochtouren arbeitete. Wenn Audrey und Jax sich kannten und sogar einmal ein Paar gewesen waren, konnte der Fahrradunfall kein Zufall gewesen sein. Aber was hatte das zu bedeuten?

„Glauben Sie wirklich?“, fragte Shannon hoffnungsvoll.

„Unbedingt.“ Lächelnd betrachtete Marcy das Baby auf ihrem Arm. „Sie schläft ein“, bemerkte sie und fragte im selben Atemzug: „Wie lange kennen Sie denn diese Audrey schon?“

„Ich habe sie kennen gelernt, kurz nachdem ich bei den O’Connors angefangen habe.“

„Stammt sie aus der Gegend?“

„Nein, ich glaube, sie kommt ursprünglich aus London. Warum interessieren Sie sich so für Audrey?“

Marcy zuckte die Achseln. „Ach, nur so. Diese Kekse sind wirklich köstlich. Hier, nehmen Sie den letzten.“

„Nein, ich sollte mich auf den Heimweg machen.“ Shannon wollte aufstehen.

„Ich glaube nicht, dass es eine gute Idee ist, Caitlin jetzt zu stören. Sie schläft so schön“, sagte Marcy rasch.

Shannon betrachtete das schlafende Baby auf Marcys Arm und seufzte tief. „Sie haben wirklich ein Händchen mit ihr.“

„Tut mir leid, dass ich so viele Fragen stelle“, entschuldigte Marcy sich. „Auf die Dauer ist es ein bisschen einsam, wenn man allein reist.“

Shannon war sofort besänftigt. „Ich kann das gut verstehen“, sagte sie. „Als ich nach Cork gekommen bin, hatte ich am Anfang auch niemanden, mit dem ich reden konnte.“ Sie blickte zur Tür des Pubs. „Möchten Sie noch einen Tee?“

„Ja, gern.“ Wenn sie noch Tee bestellten, konnte Marcy weitere Fragen stellen.

Die Tür öffnete sich. Schritte nahten.

„Könnten wir bitte noch eine Kanne Tee bekommen?“, fragte Shannon.

In der Erwartung, Liam zu sehen, blickte Marcy lächelnd auf. Stattdessen stand Kelly an ihrem Tisch.

„Na, hallo“, sagte die Kellnerin, die Marcy sofort wiedererkannte. „Wie ich sehe, haben Sie Shannon gefunden.“

Die Röte in Shannons Gesicht verblasste schlagartig. „Was?“

„Ihr Tee kommt sofort“, sagte Kelly, drehte sich auf dem Absatz um und verschwand wieder im Pub.

Shannon stand auf. „Was meinte sie denn mit ‚Wie ich sehe, haben Sie Shannon gefunden‘?“, fragte sie empört. „Haben Sie nach mir gefragt?“

„Nein, natürlich nicht. Sie muss mich mit jemandem verwechseln.“

„Ich bin doch nicht blöd! Sie haben mir all diese Fragen über mich und meine Freunde gestellt! Hat Mrs O’Connor Sie beauftragt?“ Shannons Wangen waren feuerrot, und sie hatte Tränen in den Augen.

„Was?“

„Sie hat Sie geschickt, oder? Um mich zu überprüfen und herauszufinden, wer meine Freunde sind, mit wem ich mich treffe und was ich so mache. Sie werden ihr alles berichten, was ich erzählt habe …“

„Ich habe nicht die Absicht, Mrs O’Connor irgendwas zu sagen.“

„Was wollen Sie dann? Wer sind Sie?“

Marcy senkte ihre Stimme in der Hoffnung, dass Shannon das Gleiche tun würde. „Ich heiße Marcy …“

„Was? Sie heißen gar nicht Marilyn?“, wollte Shannon entrüstet wissen. „Geben Sie mir sofort das Baby wieder.“ Ihre Stimme hatte jetzt einen leicht hysterischen Unterton.

An einem Nachbartisch erhob sich ein kräftiger Mann. „Gibt es irgendein Problem?“

„Sie will mir das Baby nicht zurückgeben.“

Wie auf ein Stichwort schlug in diesem Moment Caitlin die Augen auf und fing an zu wimmern.

„Geben Sie dem Mädchen ihr Baby zurück, Ma'am“, forderte der Mann Marcy auf, während nun auch andere Terrassengäste aufstanden.

„Natürlich gebe ich ihr das Baby zurück!“, protestierte Marcy. „Ich will ihr doch nicht das Baby stehlen, Herrgott noch mal!“

Shannon stürzte auf Marcy zu, Caitlin schrie laut, und die Menge der Schaulustigen drängte sich enger um sie. Zwei Möchtegernritter fingen plötzlich an zu raufen. Schläge wurden verteilt. Eine Faust traf in dem Gemenge Marcys Wange. Und im nächsten Augenblick war alles ein einziges Chaos.

SECHS

Wollen Sie uns nicht erzählen, was geschehen ist?“, fragte der Polizeibeamte.

„Das habe ich Ihnen doch schon erzählt.“

„Dann erzählen Sie es uns noch einmal.“

Marcy senkte den Kopf, starrte auf den Betonboden und spürte den pochenden Schmerz in ihrer linken Gesichtshälfte. Konnte sie die ganze traurige Geschichte noch einmal durchgehen? Was konnte sie noch sagen? Dass alles ein riesiger Fehler gewesen war? Dass es ihr leidtat? „Ich habe nicht versucht, das Baby zu stehlen“, sagte sie stattdessen. Sie hob den Kopf und sah die beiden Männer und die Frau in den adretten blauen Uniformen an.

„Das wissen wir“, räumte der ältere der beiden Männer nach einer Pause ein. Er hieß Christopher Murphy, war etwa vierzig Jahre alt und hatte kurzes blondes Haar. Er saß auf der Kante des breiten Schreibtischs, der den größten Teil des Zimmers einnahm, und lächelte nachsichtig.

„Das wissen Sie?“, wiederholte Marcy.

„Das Mädchen, Shannon Farrell, hat eine Aussage gemacht und erklärt, dass wir den ganzen Zwischenfall vergessen könnten.“

„Und was mache ich dann hier?“ Marcy machte Anstalten, von ihrem Stuhl aufzustehen.

„Bitte setzen Sie sich, Mrs Taggart.“

Marcy sah sich in dem fensterlosen Raum um und war überrascht, wie vertraut er ihr vorkam. Wie kam es, dass Polizeiwachen überall auf der Welt gleich aussahen? Obwohl Marcy noch gar nicht viele Polizeiwachen von innen gesehen hatte. Nur eine, dachte sie schaudernd und verdrängte die Erinnerung.

„Das verstehe ich nicht. Wenn Ihnen Shannons Aussage bereits vorliegt …“, erklärte Marcy und blickte hinüber zu der Beamtin, die an der Wand stand. Sie hieß Colleen Donnelly, hatte blasse Haut, übersät mit zahlreichen Sommersprossen, und war Mitte zwanzig.

Der dritte Polizist oder Gardai, wie Polizisten in Irland genannt werden, hatte seinen Namen mit John Sweeny angegeben, seine Kollegen nannten ihn Johnny. Er war um die dreißig.

„Woher kennen Sie Shannon Farrell?“, fragte Colleen Donnelly.

„Ich bin ihr vor ein paar Tagen in einem Park begegnet. Und heute haben wir uns auf der St. Patrick’s Street wiedergetroffen. Sie hat mich gefragt, ob ich Lust hätte, mit ihr eine Tasse Tee zu trinken.“

„Was machen Sie hier in Irland?“, fragte John Sweeny.

„Warum ist das von Bedeutung?“

„Ach, tun Sie mir einfach den Gefallen.“

Marcy seufzte resigniert. „Ich mache hier Urlaub.“

„Ihr Mann ist nicht mit Ihnen gekommen?“, fragte der ältere Beamte.

„Nein, wir lassen uns scheiden“, erklärte Marcy. Jetzt war sie nicht mehr nur eine Ausländerin, die Ärger machte, sie machte vor den Gardai auch noch eine erbärmliche Figur. Sie spürte, wie ihr Tränen in die Augen schossen.

„Tut ihre Wange noch weh? Möchten Sie mehr Eis?“

„Nein, danke. Mir geht es gut.“ Es *tat* weh, und es ging ihr *nicht* gut, aber das blaue Auge war jetzt nicht wichtig. Sie hatte schon genug Zeit vergeudet. Sie musste so schnell wie möglich hier raus.

„Wer ist Audrey?“, fragte Murphy.

„Was?“

„Miss Farrell hat gesagt, Sie hätten sich auffällig für eine Freundin von ihr namens Audrey interessiert.“

„Shannon hat sie erwähnt. Ich habe bloß versucht, mich nett mit ihr zu unterhalten.“

„Sie hat gesagt, Sie hätten eine Menge Fragen über Audrey und einen jungen Mann namens Jax gestellt."

„Wie schon gesagt", erklärte Marcy. „Ich habe bloß versucht, mich mit dem Mädchen zu unterhalten. Aus reiner Höflichkeit."

„Erzählen Sie uns, was wirklich los ist, Mrs Taggart", sagte Colleen Donnelly. „Vielleicht können wir Ihnen helfen."

Marcy sah die Gardai nacheinander an. Konnten sie ihr helfen?

„Audrey ist meine Tochter", sagte sie nach einer längeren Pause.

„Ihre Tochter", wiederholten alle drei fast im Chor.

„Sie ist vor knapp zwei Jahren verschwunden. Wir dachten, sie wäre tot…"

„Warum haben Sie das gedacht?", unterbrach John Sweeny sie.

„Weil sie wollte, dass wir das denken. Weil sie verwirrt und depressiv war", beantwortete Marcy die nächste Frage, bevor sie sie stellen konnten. Sie erzählte ihnen, wie Devon ins Ferienhaus gefahren war und man später ihr gekentertes Kanu in der Bucht gefunden hatte. Sie erzählte ihnen auch, dass ihr Mann sie verlassen hatte. Und wie sie nach Irland gekommen war und Devon gesehen hatte, als jene an Grogan's House vorbeigegangen war, dass Liam und Kelly ihre Tochter auf dem Foto als ein Mädchen, das sie unter dem Namen Audrey kannten, identifiziert und ihr berichtet hatten, dass sie mit einer jungen Frau namens Shannon befreundet war, die als Kindermädchen für die O'Connors arbeitete.

„Nur damit wir das richtig verstehen", sagte Christopher Murphy, als sie fertig war. „Sie sagen, Sie hätten das Haus der O'Connors ausspioniert und wären Shannon in den Park gefolgt…"

„Ich habe gehofft, dass sie mich zu meiner Tochter führen würde."

„Warum haben Sie Shannon nicht einfach gefragt, wo Sie sie finden können?"

Wie oft hatte sie sich schon das Gleiche gefragt? „Ich hatte Angst, dass Devon, wenn sie erfährt, dass ich hier bin und sie gesehen habe, wieder verschwindet. Und dieses Risiko wollte ich nicht eingehen."

„Wer ist Devon?", fragte Johnny.

„Meine Tochter. Audrey ist der Name, den sie benutzt."

„Warum sollte sie einen falschen Namen benutzen?"

„Weil sie offensichtlich nicht gefunden werden will", erwiderte Marcy gereizt.

„Sie glauben nicht, dass Sie froh wäre, Sie zu sehen?", fragte Colleen.

„Nein. Devon hat mich für viele ihrer Probleme verantwortlich gemacht."

„Zum Beispiel?"

„Darauf möchte ich jetzt lieber nicht eingehen.“

„Sie sagten, Sie hätten Fotos von Ihrer Tochter? Kann ich sie bitte sehen?“

Marcy zog die Fotos von Devon aus ihrer Handtasche.

„Ich kann nicht sagen, dass sie mir bekannt vorkommt“, bemerkte Colleen.

Murphy nickte. „Ich kenne sie auch nicht. Warum sind Sie denn nicht gleich zu uns gekommen, nachdem Sie sie gesehen haben?“

Marcy starrte ihn mit leerem Blick an. Eine weitere Frage, auf die sie keine befriedigende Antwort hatte.

„Ich verstehe, warum Sie Shannon nicht direkt ansprechen wollten“, fuhr er sanft fort, „aber wir hätten Ihnen vielleicht helfen können, Audrey zu finden.“

„Wie hätten Sie mir denn helfen können?“

„Nun, wir hätten ihr Foto verteilen, in offizieller Funktion mit Shannon reden, Nachforschungen über Audrey anstellen und herausfinden können, ob sie wirklich Ihre Tochter ist.“

„Was wollen Sie damit sagen? Glauben Sie mir etwa nicht? Ich weiß doch, was ich gesehen habe.“

„Ich bin mir sicher, dass Sie *glauben*, Ihre Tochter gesehen zu haben.“

„Hören Sie. Mir reicht’s. Es ist wirklich sehr freundlich von Ihnen, dass Sie mir helfen wollen, aber das ist nicht nötig. Wenn Sie mir also bitte einfach meinen Pass zurückgeben, dann sind Sie mich los.“

Doch Officer Murphy war noch nicht fertig. „Dies war nicht das erste Mal, dass Sie dachten, Sie hätten Ihre Tochter gesehen, nicht wahr, Mrs Taggart? Ist es nicht schon einmal passiert?“

Marcy schloss die Augen und schüttelte den Kopf. „Ja, es ist schon einmal passiert.“ Sie öffnete die Augen gerade rechtzeitig, um den wissenden Blick zu bemerken, den die drei Beamten wechselten.

„Das heißt, es ist möglich, dass Sie sich auch dieses Mal irren, oder nicht?“

„Nein, das ist nicht mög… Ja, ich nehme an, es ist denkbar“, sagte sie im nächsten Atemzug, weil sie ihnen ebenso gut erzählen konnte, was sie hören wollten. Es war idiotisch gewesen zu glauben, sie könnte ihnen vertrauen, zu glauben, die Polizei könnte ihr helfen. „Ist das alles?“

„Ja“, sagte Christopher Murphy seufzend. „Ich denke, ja.“

„Gut. Kann ich dann gehen?“

„Ja, Sie können gehen.“ Er nahm Marcys Pass und gab ihn ihr zusammen mit den Fotos von Devon zurück.

Marcy verstaute alles in ihrer Handtasche und erhob sich. „Vielen Dank.“

„Möchten Sie, dass wir jemanden für Sie anrufen, Mrs Taggart?“, fragte Colleen sanft.

Marcy schüttelte den Kopf. „Nein. Es gibt niemanden.“

„Übrigens, ich glaube, dass jemand am Eingang auf Sie wartet“, erklärte Murphy und hob den Hörer des Telefons auf seinem Schreibtisch ab. „Jenny, wartet der Herr noch auf Mrs Taggart?“, fragte er. „Gut. Sag ihm, sie kommt gleich raus.“

Marcy bemühte sich, ihr Haar zu glätten, als John Sweeny die Tür zum Empfang öffnete. Dem Himmel sei Dank für Liam, dachte sie und hoffte, dass sie nicht zu schrecklich aussah.

Sie trat in den engen Flur und blickte sich suchend nach Liam um.

Die blauen Augen sah sie zuerst, während der Rest nur langsam Gestalt annahm, als er sich von einem der Klappstühle an der Wand erhob.

„Marcy“, sagte Vic Sorvino und stürzte auf sie zu. „Mein Gott, wie siehst du denn aus? Was ist passiert?“, fragte er und musterte besorgt ihr blaues Auge. „Wie geht es dir?“

„Vic! Was machst du denn hier?“

„Ich habe mir Sorgen gemacht. Du bist einfach verschwunden…“ Er lächelte und atmete tief ein. „Ich musste immerzu an dich denken.“

„Woher wusstest du, wo du mich findest?“, fragte Marcy.

„Ich bin in Grogan’s House gewesen. Die Kellnerin hat mir erzählt, was passiert ist.“ Er sah sich um. Die Beamten Sweeny und Donnelly belauschten ihr Gespräch durch die offene Tür. „Warum gehen wir nicht irgendwohin, wo wir ungestört sind?“

Marcy ließ sich von ihm am Ellbogen aus der Wache auf die belebte South Mall führen.

„Haben sie dir wehgetan?“, fragte Vic.

„Nein, die Polizisten waren wirklich sehr freundlich. Aber ich verstehe immer noch nicht, was du hier machst. Wolltest du nicht nach Italien?“

„Ich dachte mir, Italien kann noch ein paar Tage warten.“

„Aber warum?“

Vic wurde tatsächlich rot. „Das ist doch klar. Dachte ich jedenfalls.“ Dann sah er sich hastig über beide Schultern um. „Komm, lass uns ein Bier trinken und eine Kleinigkeit essen, okay? Es ist fast sechs.“

Tatsächlich begannen in diesem Moment die Glocken von St. Anne’s Shandon Church zu läuten.

„Ich bin wirklich schrecklich müde“, sagte Marcy. „Der Tag war die reinste Hölle.“

„In welchem Hotel wohnst du?"

Marcy fragte sich, ob sie es ihm sagen sollte. Sie versuchte, sich nicht an seine zärtlichen Berührungen zu erinnern, seine Hände, die ihren Körper sanft liebkost hatten. „In einer kleinen Bed-and-Breakfast-Pension in der Western Road", erklärte sie ihm.

„Ich folge dir."

SIE WAR FÜNFZEHN JAHRE ALT GEWESEN an dem Tag, als sie das Schlafzimmer ihrer Eltern betreten und den mittlerweile vertrauten Anblick ihrer Mutter gesehen hatte, die nackt in der Mitte des Zimmers stand, den Inhalt ihres Kleiderschranks auf dem Bett verteilt. An ihren ausgestreckten Armen hingen sämtliche Halsketten, die sie besaß. Ihre Augen waren rot und verheult.

„Was machst du denn da?", fragte Marcy, obwohl sie die Antwort so gut kannte, dass sie sie stumm mitsprechen konnte.

„Ich habe nichts anzuziehen."

Marcy wandte sich achselzuckend ab. Es ging also wieder los, dachte sie. Warum war sie überhaupt nach oben gegangen? Sie hätte einfach frühstücken und mit einem die Treppe hinaufgerufenen „Auf Wiedersehen" zur Schule gehen können, wie Judith es getan hatte.

Die letzte Episode lag beinahe ein Jahr zurück, ein Jahr, in dem ihre Mutter die ärztlichen Anweisungen gehorsam befolgt und ihre Medikamente genommen hatte, ein Jahr relativer Ruhe. Ein Jahr, in dem Marcy sich von einem falschen Gefühl der Sicherheit hatte einlullen lassen.

„Vielleicht kannst du mir helfen, Schätzchen", sagte ihre Mutter, und mehrere Ketten fielen zu Boden, als sie Marcy hereinwinkte.

Marcy wich einen Schritt zurück. „Ich komme zu spät zur Schule. Ich muss los."

„Nein. Bitte lass mich nicht allein."

„Ich rufe Dad an."

„Nein, das darfst du nicht. Er ist den ganzen Tag bei Gericht. Wir dürfen ihn nicht stören."

„Dann rufe ich deinen Arzt an."

„Der ist im Urlaub." Ein triumphierender Unterton schlich sich in die Stimme ihrer Mutter, als hätte sie dies von langer Hand geplant.

Marcy ging in das angrenzende Bad, machte den Medizinschrank auf und begann zwischen diversen Cremes nach den Medikamenten ihrer Mutter zu suchen. „Wo sind deine Tabletten, Mom?"

„Weg. Ich habe sie ins Klo gespült. Ich habe schon vor Wochen aufgehört, sie zu nehmen. Ich brauche sie nicht mehr."

„Ich muss los." Marcy ging zur Tür. „Ich komme sonst zu spät."

Die Hand ihrer Mutter auf ihrem Arm hielt sie zurück. Eine weitere Kette fiel zu Boden. „Warum trägst du kein Make-up, Schätzchen? Ein bisschen Rouge oder Mascara würden Wunder wirken und den Blick ein wenig von deinen Haaren ablenken."

Statt zu antworten, hatte Marcy eine formlose graue Trainingshose vom Bett genommen und ihrer Mutter an die Brust gedrückt. „Zieh dich an, Mom."

„Bitte bleib doch noch ein bisschen bei mir."

„Ich kann nicht. Wir sehen uns später."

„Es gibt so viel Grausamkeit auf der Welt", sagte ihre Mutter und fing an zu weinen. „All die armen missbrauchten Kinder und Tiere, all die Menschen, die in Armut sterben." Sie sank zu Boden. „Manchmal bin ich so verzweifelt."

„Ich muss los. Ich schreibe in der ersten Stunde einen Französischtest."

„Dann solltest du dich beeilen", wechselte ihre Mutter abrupt die Tonart.

Marcy drehte sich um und floh aus dem Zimmer.

„Viel Glück bei deinem Test!", rief ihre Mutter ihr nach.

„Du hast sie einfach so stehen lassen?", wollte Judith wissen, als sie sich am späteren Vormittag in den Gängen der Schule begegneten.

„Was sollte ich denn machen? Du bist ja auch nicht dageblieben."

„Was weiß ich? Hast du Dad angerufen?"

„Er war bei Gericht. Ich habe eine Nachricht hinterlassen."

„Sie wird schon klarkommen", sagte Judith. „Das tut sie doch immer."

„Ja", stimme Marcy ihr zu und dachte, dass sie in der Mittagspause vielleicht nach Hause gehen sollte, um sich zu vergewissern.

Aber stattdessen zog sie es vor, die Mittagspause mit ein paar Freundinnen zu verbringen. Die Erfahrung der letzten fünfzehn Jahre hatte sie gelehrt, dass es egal war, was sie tat. Ihre Mutter würde die kommenden Wochen in einer Abwärtsspirale von Weinkrämpfen und zusammenhanglosem Geplapper verbringen, dann wahrscheinlich ein paar Tage oder vielleicht auch Wochen verschwinden, in denen sie auf der Straße lebte und in Mülltonnen wühlte, bis jemand sie erkannte und nach Hause brachte.

Und dann würde der Kreislauf von vorn beginnen.

Aber diesmal war es anders. Um zwei Uhr an jenem Nachmittag wurden sie und Judith in das Büro des Direktors gerufen, wo zwei uniformierte Polizisten warteten, um sie darüber zu informieren, dass ihre Mutter sich durch einen Sprung von einem zehnstöckigen Gebäude das Leben genommen hatte.

„Du musst dich nicht schuldig fühlen“, meinte Judith, als sie darauf warteten, dass ihr Vater sie von der Schule abholte.

Marcy nickte. Sie fühlte sich nicht schuldig am Tod ihrer Mutter. Sie war erleichtert.

Und weil sie erleichtert gewesen war, fühlte sie sich seitdem schuldig.

„MARCY?“, rief Vic leise vom Bett. „Was machst du?“

Gute Frage, dachte Marcy und wandte sich vom Fenster ab, aus dem sie gestarrt hatte. „Wie spät ist es?“, fragte sie und zog ihren pinkfarbenen Bademantel enger um ihren Körper. Was machte Vic Sorvino in ihrem Bett? Hatte sie denn überhaupt keine Selbstkontrolle?

Vic nahm seine Uhr von dem winzigen Nachttisch. „Kurz nach neun“, sagte er. „Hast du Hunger?“

Marcy schüttelte den Kopf. „Du?“

„Eigentlich nicht.“ Vic klopfte auf den Platz neben sich. „Komm zurück ins Bett.“

„Ich glaube nicht, dass das eine so gute Idee ist.“

„Wieso nicht?“

„Ich weiß nicht.“ Marcy zuckte die Achseln. „Ich weiß nicht mehr, was ich tue.“ Wie konnte das passieren?, hätte sie am liebsten laut geschrien.

Aber die Antwort darauf kannte sie schon. Sie hatte selbst dafür gesorgt. Sie waren kaum die Treppe hinaufgestiegen, als ihre Lippen hungrig die seinen gesucht hatten. Noch bevor sie die Tür ihres Zimmers geschlossen hatte, hatte sie an seinem Hemd gezerrt. „Ich weiß nicht, was mit mir los ist.“

„Was meinst du denn damit?“

„Ich bin praktisch über dich hergefallen. Normalerweise bin ich nicht so.“ Sie lachte. „Außer natürlich beim letzten Mal, als wir zusammen waren.“

„Und da fragst du mich, was ich hier mache?“, meinte er und lachte.

„Was machst du hier, Vic?“

Die Stimmung wurde auf einmal ernst. „Das habe ich dir doch schon gesagt. Ich habe mir Sorgen um dich gemacht. Anscheinend habe ich eine gewisse Anhänglichkeit entwickelt.“

„Aber warum?“

„Warum?“, wiederholte er kopfschüttelnd. „Ich bin mir nicht sicher, ob ich das beantworten kann. Ich weiß nicht. Vielleicht spüre ich in dir eine verwandte Seele.“

„Vielleicht hast du auch einfach nur Mitleid mit mir.“

„Ich empfinde vieles für dich. Aber Mitleid gehört nicht dazu.“

Marcy musste unwillkürlich lächeln.

„Komm zurück ins Bett", sagte er noch einmal.

Was soll's, dachte Marcy, warum nicht? Erschöpft legte sie sich aufs Bett und spürte sofort, wie Vic sie in seine Arme nahm.

„Wir können noch mal rausgehen, wenn du möchtest. Eine Runde durch die Kneipen machen", sagte er. „Vielleicht sehen wir sie irgendwo."

Marcy schüttelte den Kopf. „Wir werden sie nicht sehen. Sie weiß, dass ich hier bin. Sie will nicht, dass ich sie finde."

„Erzähl mir, was für Ärger sie hatte", sagte Vic.

„Sie hatte sich mit einem Typen eingelassen, der Kokain nahm. Sie sind zu einer Party gegangen. Es wurde ein bisschen laut. Ein Nachbar hat die Polizei gerufen. Man hat Drogen gefunden, und gegen Devon wurde wie gegen alle anderen Gäste Anzeige erstattet. Unser Anwalt hat sich daraufhin mit dem Staatsanwalt in Verbindung gesetzt. Er dachte, dass wir ihn angesichts von Devons Problemen vielleicht überreden könnten, die Anzeige zurückzuziehen, wenn sie freiwillig eine Therapie macht."

„Und?"

„Am Wochenende vor dem Termin ist Devon zu unserem Ferienhaus gefahren." Marcys Stimme stockte. „Und nie zurückgekommen."

„Du findest sie, Marcy. Und dann bringst du sie nach Hause."

„Was, wenn sie es nicht ist?", fragte Marcy nach langem Schweigen. „Vielleicht bin ich so verrückt, wie alle denken."

„Ich glaube nicht, dass du verrückt bist."

„Vielleicht bist du genauso verrückt wie ich. Du hast schließlich deine Maklerin geheiratet!" Marcy lächelte.

Vic lachte. „Manchmal machen wir verrückte Sachen, weil wir so unbedingt wollen, dass der Schmerz aufhört."

„Mache ich etwas Verrücktes?"

„Ich weiß es nicht", sagte er. „Aber ich wäre gern bei dir, wenn du es herausfindest."

Marcy streckte die Hände nach ihm aus. „Du bist wirklich der netteste Mann, den ich kenne."

Sie erwachte von Glockengeläut.

Nur dass es keine Glocken waren, wie sie merkte. Es war ihr Handy.

Behutsam, um den neben ihr schlafenden Vic nicht zu wecken, nahm Marcy ihre Handtasche mit ins Bad. „Hallo?", flüsterte sie.

„Ich glaube, ich habe sie gefunden", sagte Liam ohne weitere Vorrede.

„Was?"

„Na ja, ich habe mich, wie Sie wissen, umgehört, und es sieht so aus, als hätte es sich endlich ausgezahlt. Gerade hat mich ein Bekannter angerufen. Er sagt, ein Mädchen, auf das die Beschreibung Ihrer Tochter passt, hätte vor Kurzem ein kleines Haus gleich um die Ecke von seiner Exfrau gemietet. Er hat sie gestern gesehen, als er seine Kinder besucht hat."

„Es gibt eine Menge Mädchen, auf die die Beschreibung meiner Tochter passt."

„Aber dieses heißt Audrey."

Marcy hielt die Luft an. „Wo ist sie?"

„In einem winzigen Dorf ganz in der Nähe. Es heißt Youghal."

„Jaaol?", wiederholte Marcy nach dem Gehör.

„Ich hole Sie in zwanzig Minuten ab."

SIEBEN

Marcy war schon auf halbem Weg die Treppe des Doyle Cork Inn hinunter, als Vics Stimme sie aufhielt. Sie blieb wie angewurzelt stehen, drehte sich um und sah ihn auf dem oberen Treppenabsatz stehen, ihren pinkfarbenen Bademantel provisorisch in der Hüfte zusammengezurrt, Beine und Füße nackt. Er hatte so fest geschlafen, dass sie ihn nicht hatte wecken wollen.

„Marcy, was ist los?"

„Ich muss weg." Warum sagte sie ihm nicht, wohin sie ging?

„Wohin? Es ist noch nicht mal halb acht."

„Wir haben vielleicht Devon gefunden", sagte sie.

„Wer ist ‚wir'?"

Wollte sie nicht, dass Vic sie mit Liam sah?

Plötzlich tauchte Mrs Doyle in der kleinen Halle auf. „Guten Morgen, Mrs Taggart. Möchten Sie jetzt frühstücken?" Ihr Blick schweifte zur Treppe, wo sie ebenso überrascht wie belustigt den halb nackten Vic Sorvino entdeckte. „Oh. Hallo."

Vic beachtete Mrs Doyle nicht. „Gib mir eine Minute, um mich anzuziehen", sagte er schnell. „Ich komme mit."

„Nein, das brauchst du nicht! Ich weiß auch gar nicht, ob genug Platz ist." Marcy öffnete die Tür und rannte aus dem Haus.

„Marcy!", hörte sie Vic rufen.

Auf der Straße staute sich schon der morgendliche Berufsverkehr. Ihr wurde klar, dass sie nicht wusste, was für ein Auto Liam fuhr. Nervös sah sie auf die Uhr. Seit Liams Anruf waren bereits zwanzig Minuten vergangen. In der Zeit hatte sie sich die Zähne geputzt und sich gewaschen, Jeans und einen grauen Pullover angezogen und ihr ungekämmtes Haar mit einer Haarklammer zurückgesteckt.

„Komm schon, Liam“, murmelte sie. Jede Minute zählte.

Sie hörte, wie die Tür hinter ihr aufging. Vic, nunmehr vollständig bekleidet, trat heraus. „Marcy“, sagte er, und sie hätte sich am liebsten an ihn gelehnt, um seine tröstenden Arme zu spüren.

Im selben Moment ertönte ein lautes Hupen und ein kleiner schwarzer Wagen hielt direkt neben ihr. Die Beifahrertür öffnete sich. Dann tauchte ein attraktives Gesicht mit verschlafenen grünen Augen in ihrem Sichtfeld auf. „Steigen Sie ein“, sagte Liam und fuhr schon an, bevor sie die Tür wieder geschlossen hatte.

Marcy drehte sich um und warf Vic einen letzten Blick zu. Was dachte er jetzt von ihr?, fragte sie sich und verscheuchte solche Gedanken gleich wieder. Sie hatte Wichtigeres zu tun, als sich um Vics verletzte Gefühle zu kümmern. Später, wenn sie Devon gefunden hatte, war immer noch reichlich Zeit, um alles zu erklären und wiedergutzumachen.

„Tut mir leid, dass ich mich verspätet habe“, sagte Liam und riss sie aus ihren Gedanken. „Der Verkehr war wirklich übel.“

Marcy legte den Sicherheitsgurt an und warf einen weiteren verstohlenen Blick zurück. Vic stand nicht mehr vor dem Doyle Cork Inn.

„Ich habe Kaffee mitgebracht“, sagte Liam und gab Marcy einen großen Pappbecher. „Mit viel Milch und viel Zucker. Ist das okay?“

„Klingt super.“ Dankbar nahm sie den Kaffee entgegen.

„Wir brauchen ungefähr eine halbe Stunde bis Youghal. Also atmen Sie tief durch und entspannen Sie sich.“

Marcy gehorchte und atmete tief ein, bevor sie einen großen Schluck trank. Sofort klebte der Zucker an ihrer Zunge.

„Zu süß?“

„Alles bestens“, sagte Marcy und verzog das Gesicht.

Liam lachte. „Lügen ist nicht gerade Ihre Stärke, was?“

„Okay. Das ist vermutlich der schlechteste Kaffee, den ich in meinem ganzen Leben getrunken habe.“

„Sehen Sie? Schon viel besser!“

Marcy lachte und merkte, dass sie endlich ein bisschen lockerer wurde. Sie versuchte, nicht zu sehr auf seine langen Wimpern zu starren.

„Tut mir leid, dass ich gestern nicht zur Wache kommen konnte. Ich wollte, aber Mr Grogan war wütend wegen des kleinen Zwischenfalls mit der Polizei, also dachte ich mir, ich bleibe besser und helfe beim Aufräumen."

„Glauben Sie mir, Sie haben schon mehr als genug getan."

„Wie ich sehe, hat er Sie gefunden", sagte Liam.

„Was? Wer?"

„Der Typ, der nach Ihnen gefragt hat. Vic Soundso. Er war gestern noch mal im Grogan's und hat noch ein paar Fragen gestellt. Kelly hat ihm von dem Streit erzählt, bevor ich es verhindern konnte."

„Ja, er hat mich gefunden."

„Ist über Nacht geblieben, wie? Nicht dass es mich etwas angehen würde."

„Es ist nicht so, wie Sie denken", sagte sie.

Ein spitzbübisches Grinsen umspielte Liams Lippen. „Ich dachte, wir wollten uns nicht mehr belügen."

Marcy seufzte. „Okay, es ist *genau* so, wie Sie denken."

Er lachte. „Schön für Sie. Er sieht nett aus, ist reich und offensichtlich total in Sie verknallt."

„Was? Nein. Das ist albern. Wir kennen uns kaum."

„Sie sind wirklich sehr schön, wissen Sie", sagte Liam unvermittelt. „Obwohl …" Mit einer Hand zog er die Klammer aus ihrem Haar. „So ist es viel besser. Schütteln Sie den Kopf!"

„Sie sind verrückt", sagte Marcy, tat jedoch wie geheißen.

„Fühlt sich das nicht viel besser an?"

Schon, musste Marcy zugeben. „Woher wissen Sie, dass Vic reich ist?", fragte sie.

Liam zuckte die Schultern. „Na ja, er hat gesagt, er wohne im ‚Hayfield Manor Hotel', und man muss praktisch Haus und Hof verkaufen, um dort übernachten zu können. Haben Sie ihm gesagt, wohin Sie heute Morgen fahren?"

„Nein."

„Ich glaube, Sie trauen ihm nicht ganz."

„Was?" *Hatte er damit etwa Recht?*

„Wollen Sie wissen, was ich noch glaube?", fragte Liam. „Ich glaube, ich bin eifersüchtig."

Er lachte, und Marcy stimmte mit ein.

„Das ist mein Ernst", sagte er, nachdem sein Lachen abrupt verstummt war.

„Warum sollten Sie denn eifersüchtig sein?"

„Weil ich letzte Nacht bei Ihnen hätte sein sollen", sagte er ruhig.

Marcy sagte nichts, obwohl ihr Herz heftig pochte. Sie wandte sich ab und betrachtete die langsam vorbeiziehende Landschaft, um sich zu beruhigen. Wann waren sie denn endlich da?

„In ein paar Minuten müssten wir auf der Küstenstraße sein", sagte Liam. „Warum versuchen Sie nicht, ein bisschen zu schlafen?"

„Ich bin tatsächlich etwas müde", gab Marcy zu, während sich in ihrem Kopf alles drehte.

„Lehnen Sie sich zurück, machen Sie die Augen zu und denken Sie an etwas Schönes!" Wieder tat Marcy wie befohlen.

Sofort sah sie Devon auf sich zukommen, die Arme ausgebreitet. Und dann spürte sie die Umarmung ihrer Tochter. „Mommy", flüsterte ihre Tochter liebevoll in ihr Ohr.

Meine Süße.

„Marcy."

„Hmm?"

„Marcy", sagte Liam noch einmal. „Marcy, wachen Sie auf."

Marcy öffnete die Augen und sah Liams lächelndes Gesicht über sich. Es dauerte einen Moment, bis sie begriff, dass der Wagen stillstand.

„Wir sind da", sagte Liam.

„Sind wir in Youghal? Ich kann es gar nicht glauben, dass ich tatsächlich eingeschlafen bin. Wie spät ist es?"

„Viertel vor neun. Der Verkehr war absolut mörderisch."

Marcy blickte auf den breiten majestätischen Strand, der sich vor ihren Augen erstreckte, und versuchte, sich zu orientieren. „Wo genau sind wir?"

„Unmittelbar vor der Stadt. Direkt vor uns liegt der Blackwater River." Liam zeigte auf eine atemberaubende Wasserfläche. Ein breiter Grasstreifen und ein Fußgängerweg trennten sie von dem Fluss. „Wir sind am Green Park Beach, nur wenige Minuten vom Zentrum von Youghal entfernt."

Es war eine herrliche Landschaft, unverdorben und sehr malerisch. In der Ferne segelte gemächlich eine Jacht vorbei, Plakate warben für Walbeobachtung und die Freuden des Wracktauchens. Devon hatte es gut getroffen in Youghal.

Nur dass Devon eigentlich eher ein Stadtmensch war. War es denkbar, dass sie das Glück, das sie ersehnt hatte, in einem winzigen Fischerhafen am Rande der Welt gefunden hatte?

„Wo wohnt meine Tochter?", fragte sie Liam.

„Marcy … sind Sie darauf vorbereitet, dass sie es vielleicht nicht ist?", fragte er vorsichtig.

„Ich glaube nicht, dass wir uns irren. Wo ist sie, Liam?“

„Einen kurzen Fußweg von hier entfernt.“

„Worauf warten wir dann noch? Los geht’s.“ Marcy stieß die Beifahrertür des Wagens auf und trat auf den Bürgersteig. Sofort drückte ein kräftiger Wind sie an das Auto. Liam fasste ihren Ellbogen und führte sie stadteinwärts, vorbei an einer Reihe kleiner Läden und Cafés in grellbunten Farben. Sie verließen die Hauptstraße und folgten einer Gasse, die so eng war, dass sie kaum nebeneinander gehen konnten.

Winzige Häuschen säumten die Kopfsteinpflasterstraße, jedes in einer anderen leuchtenden Farbe gestrichen. Die meisten waren einstöckig mit einem einzigen Schlafzimmer im Obergeschoss.

Eine enge alte Straße ging in die andere über. „Wo entlang?“, fragte Marcy, als sie an einer befahrenen Kreuzung stehen blieben.

„Diese Straße“, sagte Liam und wies nach rechts. „Okay, da wären wir“, sagte er im nächsten Atemzug und blieb vor einem rosafarbenen Haus mit grünen Fenster- und Türrahmen und einer violetten Haustür stehen.

„Da wohnt sie?“ Rosa war die Farbe, die Devon am wenigsten mochte.

„Goat Street, Nummer fünfzehn“, sagte Liam.

Marcy atmete tief ein und spürte, wie ihre Knie weich wurden.

„Alles in Ordnung?“

„Ich kann mir einfach nicht vorstellen, dass Devon in einem rosafarbenen Haus wohnt.“

„Nun, es gibt nur eine Möglichkeit, es herauszufinden.“ Er nahm ihre Hand und führte sie zur Haustür. „Wollen Sie klopfen, oder soll ich?“

„Ich mache es.“ Marcy nahm den Klopfer, ein Kleeblatt aus Messing, und schlug ihn gegen das Holz.

„Versuchen Sie es noch mal. Ich glaube, ich habe was gehört.“

„Was, wenn sie aus dem Fenster geguckt und mich gesehen hat?“, fragte Marcy. „Was, wenn sie mich gesehen hat und jetzt nicht aufmacht?“

Statt zu antworten, nahm Liam ihr den Klopfer aus der Hand und schlug ihn entschlossen gegen das Holz.

„Einen Moment!“, rief in diesem Moment eine Frauenstimme von drinnen.

Marcy hielt die Luft an, als die Tür aufging.

Dahinter stand eine junge Frau mit kurzen blonden Haaren und einem offenen, fragenden Blick. „Kann ich Ihnen helfen?“, fragte sie.

Marcy machte den Mund auf, brachte jedoch keinen Mucks heraus.

„Wir suchen Audrey“, sagte Liam für sie.

„Wer sind Sie?“, fragte das Mädchen.

„Ich heiße Liam. Das ist Marcy Taggart, Audreys Mutter.“

Die junge Frau sah Marcy an. „Audreys Mutter?“

„Ja“, bestätigte Marcy mit einem Seufzer.

„Na da schau her! Audrey!“, rief die junge Frau ins Dunkel des Hauses. „Du kommst besser mal. Hier ist jemand, der dich sprechen möchte.“

„Ja? Wer denn? Ich bin im Moment nämlich ziemlich beschäftigt damit, deine Muffins zu retten.“

„Ich habe gebacken“, erklärte das Mädchen verlegen. „Die Muffins können warten!“, rief sie. „Du hast Besuch.“

„Wer ist es denn?“ Vorsichtige Schritte nahten.

„Komm und guck selbst.“

Eine junge Frau trat aus dem dunklen Flur in das warme Sonnenlicht.

Marcy warf einen Blick auf die langen braunen Haare und die traurigen dunklen Augen des Mädchens. Dann sank sie ohnmächtig in Liams Arme.

„Wir müssen reden“, sagte Marcy zu ihrer Tochter.

Sie stand in der Tür zu Devons Zimmer. Draußen goss es in Strömen, und ein kalter Oktoberwind wehte die letzten Blätter von dem Ahornbaum im Vorgarten.

„Ich will aber nicht reden.“ Devon ließ sich auf ihr Bett fallen.

„Das musst du auch nicht“, sagte Marcy, trat vorsichtig ins Zimmer und stieg behutsam über die überall auf dem Teppich verteilten Kleidungsstücke. „Ich rede. Du hörst zu.“

Devon zuckte die Achseln. Sie trug einen gelben Flanellschlafanzug, den Marcy ihr zu Weihnachten geschenkt hatte.

„Du hast ein Riesenproblem, Devon.“

„Ich hab kein Problem. Unser Anwalt paukt mich da raus.“

„Wir wissen nicht genau, ob ihm das gelingt.“

„Es war nicht meine Schuld. Ich wusste nichts von den Drogen.“

„Das ist ohne Belang. Du warst dort. Und zwar zusammen mit einem Mann, der als polizeilich bekannter Dealer identifiziert wurde.“

„Er heißt Tony, und er ist kein Dealer.“

„Es ist mir egal, was er ist. Du wirst ihn nicht wiedersehen.“

„Ich bin volljährig. Du kannst mir nicht vorschreiben, was ich machen soll.“

„Solange du unter unserem Dach wohnst, kann und werde ich das sehr wohl tun.“

Devon sprang vom Bett auf und stürzte mit rudernden Armen auf ihre Mutter zu. „Dann muss ich wohl ausziehen."

Marcy verzog keine Miene. „Ich darf dich daran erinnern, dass du nur unter der Bedingung gegen Kaution freigelassen worden bist, dass du weiterhin bei deinen Eltern wohnst."

„Dann bist du jetzt mein Gefängniswärter?"

„Ich bin deine Mutter."

„Ja, genau. Und das kriegst du ja auch super hin. Das ist alles deine Schuld, weißt du. Es sind deine verdorbenen Gene, die ich geerbt habe."

„Und das tut mir auch sehr leid. Aber man muss lernen, mit den Karten zu spielen, die einem ausgeteilt wurden, und anfangen, Verantwortung für sein eigenes Leben zu übernehmen."

„Das versuche ich doch die ganze Zeit!"

„Ach ja? Indem du dich verhaften lässt und Drogen nimmst?"

„Ich dachte, ich soll meine Medizin nehmen."

„Deine Tabletten zu nehmen ist ja wohl etwas völlig anderes."

„Da hast du allerdings recht. Mit deiner Medizin geht es mir schlecht. Und mit meiner Medizin geht es mir gut."

„Devon, das ist doch lächerlich. Du führst dich auf wie eine Zwölfjährige."

„Ich *bin* zwölf! Ob's dir gefällt oder nicht, Mommy. Älter bin ich nicht!"

„Das gefällt mir aber nicht!", fauchte Marcy zurück. Sie war am Ende mit ihrer Geduld. „Ich habe es satt, die Mutter eines zwölfjährigen Kindes zu sein. Ich möchte die Mutter einer einundzwanzigjährigen Frau sein. Verstehst du das? Ich will niemanden mehr bemuttern." Sie brach in eine Flut wütender, bitterer Tränen aus. „Ich musste Mutter spielen, seit ich selbst noch ein Kind war, und mir steht es bis hier. Ich kann nicht mehr. Ich *will* nicht mehr. Hörst du mich?"

Sie wappnete sich für Devons wütende Erwiderung. Stattdessen schlang Devon die Arme um ihre Mutter und drückte sie fest an sich. „Ich höre dich, Mommy", sagte sie leise.

„HÖREN SIE MICH? Marcy, hören Sie mich?"

Marcy schlug die Augen auf und sah zwei besorgte Gesichter über sich. Sie stützte sich auf die Ellbogen und sah sich um. Sie lag auf einem braunen Samtsofa in einem winzigen Zimmer. „Was ist passiert?", fragte sie ängstlich.

„Sie sind in Ohnmacht gefallen", erklärte Liam ihr.

Marcy schwang ihre Füße auf den abgetretenen Wollteppich. „Wo ist Audrey?“, fragte sie die junge blonde Frau, die neben Liam stand.

Im selben Moment trat Audrey über die Schwelle, in ihren Händen ein Tablett mit einer dampfenden Kanne Tee, vier Bechern und einem Teller frisch gebackener Muffins. „Ich bin hier.“

„UND WIE LANGE wohnt ihr schon in Youghal?“, fragte Liam und nippte an seinem Tee. Er saß neben Marcy auf dem Sofa. Die blonde Frau, die etwa dreißig war und Claire hieß, hatte einen orangefarbenen Sessel an den Couchtisch gezogen und sich darin zusammengerollt. Audrey saß vor ihr auf dem Boden.

„Erst ein paar Monate“, antwortete Claire. „Wir haben noch eine Menge vor mit dem Haus. Wie sind die Muffins? Taugen sie was?“

„Sie sind köstlich“, sagte Liam. „Ihr kocht gern, oder?“

„Na ich jedenfalls“, antwortete Claire und gab Audrey einen liebevollen Klaps. „Von der hier kann man das nicht behaupten.“

„Hey, pass auf!“, sagte Audrey, packte Claires Hand und hielt sie fest.

Marcy riss unwillkürlich die Augen auf und versuchte, den Blick abzuwenden. Aber Audrey hatte ihre Reaktion bereits bemerkt.

„Ist was?“, fragte sie.

Marcy zuckte die Achseln, als wollte sie sagen: *Nein, es ist nichts. Von mir aus können Sie tun, was Sie wollen.*

„Ein paar Nachbarn haben die Augen verdreht, als wir eingezogen sind“, sagte Audrey lachend. „Sie hatten wohl Angst, dass ihre Töchter lesbisch werden, wenn wir in der Nähe sind.“

„Ja. Aber inzwischen haben sich alle mehr oder weniger eingekriegt.“

„Wieso habt ihr euch ausgerechnet hier niedergelassen?“, fragte Liam.

„Vor etwa einem Jahr haben wir hier Urlaub gemacht. Das Dorf hat uns gefallen, und wir haben beschlossen, hier unser Glück zu versuchen“, erzählte Claire.

„Wir wollen ein bisschen Geld sparen und eines Tages eine eigene Bäckerei aufmachen.“ Audrey drehte sich um und lächelte Claire an.

„Also, die Muffins sind jedenfalls köstlich“, sagte Liam und wies auf den Tisch. „Was dagegen, wenn ich mir noch einen nehme?“

„Bedienen Sie sich.“

Marcy fragte sich, was das sollte. Warum wollte er sie noch länger quälen? Konnten sie nicht einfach hier verschwinden?

„Wie sind Sie denn darauf gekommen, dass Audrey Ihre Tochter sein könnte?“, fragte Claire, als würde sie Marcys Unruhe spüren.

Sofort schossen Marcy Tränen in die Augen.

„Ich fürchte, das war meine Schuld“, sagte Liam.

„Niemand hat Schuld“, erklärte Marcy ihm. „Jemand hat ihm erzählt, dass hier eine junge Frau namens Audrey wohnt, auf die Devons Beschreibung passt.“ Marcy wandte sich wieder den beiden jungen Frauen zu. „Meine Tochter ist vor zwei Jahren verschwunden“, erklärte sie. „Liam war so nett, mir bei der Suche nach ihr zu helfen. Wir dachten, wir hätten sie gefunden.“

„Sind Sie deswegen in Ohnmacht gefallen, als Sie mich gesehen haben?“, fragte Audrey.

„Liam hatte mich gewarnt, dass ich mir keine allzu großen Hoffnungen machen sollte“, erklärte Marcy. „Aber ich …“

„Aber Sie konnten nicht anders“, sagte Claire voller Mitgefühl.

„Sehe ich ihr denn ein bisschen ähnlich?“, fragte Audrey.

„Oberflächlich schon. Sie sind etwa gleich alt, gleich groß und haben die gleichen langen dunklen Haare.“

„Was ist mit ihr passiert?“, fragte Audrey. „Mit Ihrer Tochter, meine ich. Ist sie eines Tages einfach weggegangen?“

„Audrey“, tadelte Claire sie leise, „das geht dich wirklich nichts an.“

„Tut mir leid. Es ist bloß ein bisschen so wie das, was mir mit meiner Mum passiert ist.“

„Du bist nicht einfach weggegangen“, sagte Claire.

„Nein, aber ich habe seit einem halben Jahr kein Wort mehr mit ihr gesprochen.“

„Audreys Eltern waren nicht unbedingt meine größten Fans“, erklärte Claire. „Sie konnten nicht akzeptieren, dass ihre Tochter …“

„Ich stamme aus einer sehr katholischen Familie“, stellte Audrey klar. „Sie haben mir erklärt, ich würde direkt in die Hölle kommen, wenn ich mit Claire zusammenziehe.“

„Aber stattdessen sind wir in Youghal gelandet“, sagte Claire glücklich.

„Weiß Ihre Mutter, wo Sie sind?“, fragte Marcy.

Audreys Miene wurde augenblicklich finster. „Ich habe ihr gesagt, ich würde woandershin ziehen und mich irgendwann bei ihr melden.“

„Und, haben Sie das getan?“

Audrey schüttelte den Kopf. „Ich wüsste nicht recht, wozu“, murmelte sie.

„Ich denke, Sie sollten sie anrufen“, meinte Marcy. „Sagen Sie ihr wenigstens, dass es Ihnen gut geht.“

„Das ist ihr egal.“

„Sie ist Ihre Mutter“, erwiderte Marcy mit Nachdruck. „Es ist ihr bestimmt nicht egal.“

Es entstand ein Schweigen.

„Ich glaube, wir müssen jetzt los“, sagte Liam.

Marcy erhob sich. „Vielen Dank für Ihre Freundlichkeit.“

„Tut mir leid, dass es nicht so ausgegangen ist, wie Sie es sich erhofft haben“, sagte Audrey.

„Rufen Sie Ihre Mutter an“, sagte Marcy, bevor sie Liam nach draußen folgte.

„ALS DEVON etwa zwei Jahre alt war“, erzählte Marcy Liam, als sie die Außenbezirke von Cork erreichten, „hat sie mit ihren Filzmalstiften alle Wände im Wohnzimmer bemalt. Ich hatte die Wände gerade frisch streichen lassen. Und sie hat mir voller Stolz gezeigt, was sie getan hatte.“ Marcy atmete tief ein. „Und ich habe nur all die schwarzen, roten und grünen Kringel auf meiner frisch gestrichenen Wand gesehen. Habe gespürt, wie die Wut in mir aufstieg wie Lava in einem Vulkan. Ich habe gesehen, wie gespannt Devon war, wie sie darauf wartete, dass ich ihr sagte, wie schön ihr Gemälde war. Ich wusste, ja, ich wusste, dass ich genau das tun und ihr dann später erklären sollte, dass man Wände nicht einfach so anmalen darf, genau wie es in jedem Elternratgeber empfohlen wird. Aber ich hörte diese schreckliche Stimme, *meine* Stimme, die schrie: ‚Was hast du getan?‘ Devon flehte mich weinend an, ich solle aufhören zu schreien. Aber ich konnte nicht. Plötzlich jaulte sie auf, ein schrecklicher Schrei, den ich nie vergessen werde. Wie ein verwundetes Tier. Es war furchtbar.“

„Marcy“, sagte Liam sanft. „Devon ist nicht weggelaufen, weil Sie sie angeschrien haben, nachdem sie als Zweijährige die Wände in Ihrem Haus bemalt hatte.“

„Es gab andere Anlässe.“

„Was? Sie haben sie angeschrien? Sie waren nicht immer perfekt? Ich bin sicher, Sie haben es zu anderen Gelegenheiten mehr als wiedergutgemacht.“

Aber Marcy wollte sich von seinen Worten nicht trösten lassen. „Als Devon ungefähr acht war, habe ich beschlossen, dass sie Klavierstunden nehmen sollte. Also engagierten wir einen Klavierlehrer, der zum Unterricht vorbeikam. Devon war ein Naturtalent. Aber mir fiel auch auf, dass sie ein hoffnungsloser Fall war, wenn ihr Lehrer nicht buchstäblich neben ihr saß. Ich trieb sie zum Üben an, und sie saß da und klimperte nur rum. Ich war so frustriert …“

„Marcy“, unterbrach Liam sie. „Warum machen Sie das?“

„Genau das habe ich auch zu Devon gesagt. ‚Warum machst du das? Du kannst doch Noten lesen. Spiel einfach nach den Noten.‘ Aber es stellte sich heraus, dass sie gar keine Noten lesen konnte. Sie hatte einfach nur nachgeahmt, was der Lehrer ihr vorgespielt hatte. Und am nächsten Tag konnte sie sich nicht mehr daran erinnern.“

„Als ich fünf war, hat meine Mutter mich verprügelt, weil ich Salz in den Zuckerstreuer getan und ihr damit ihren morgendlichen Kaffee versaut hatte. Ich kann Ihnen sagen, ich bin für mein Leben gezeichnet.“

„Sie versuchen das, was ich getan habe, kleinzureden“, sagte Marcy.

„Und Sie blasen es übermäßig auf. Himmel noch mal, Marcy, wie schaffen Sie es, morgens aufzustehen mit all der Schuld, die auf Ihren Schultern lastet?“

Es ist nicht leicht, dachte Marcy. „Ich habe zu viel von ihr erwartet.“

„Na und? Sonst noch was? Dann haben Sie eben zu viel erwartet. Was ist mit Ihrem Sohn? Erwarten Sie von ihm auch zu viel?“

Die Erwähnung ihres Sohnes erwischte Marcy wie immer unvorbereitet. Devon hatte seit Langem all ihre Gedanken mit Beschlag belegt, sodass sie sich in den letzten Jahren viel zu wenig um Darren gekümmert hatte.

„Mein Sohn ist ganz anders.“ Marcy sah sein attraktives Gesicht vor sich. „Er hat mir nie Probleme bereitet.“ Und sie erkannte in diesem Moment, wie sehr sie ihn vernachlässigt hatte. „Devon hat meine ganze Kraft in Anspruch genommen.“

„Was geschehen ist, ist geschehen. Warum also soll man sich wegen etwas fertigmachen, das man nicht ändern kann? Es sei denn, dass Sie sich gern in all den Schuldgefühlen wälzen, weil Sie die Vergangenheit nicht hinter sich lassen wollen. Vielleicht steckt das ja dahinter.“

Marcy spürte einen Stich der Empörung. „Sie glauben, es macht mir Spaß, mich elend zu fühlen?“

„Ich weiß es nicht“, sagte er, und es klang etwas provozierend. „Ist es so?“

„Ich will einfach, dass alles normal ist“, sagte sie. „Vielleicht, wenn ich …“

„Nein“, sagte Liam, hielt plötzlich am Straßenrand und stellte den Motor ab. „Kein Vielleicht mehr.“ Und dann küsste er sie, bevor sie noch etwas sagen konnte.

Es war ein leidenschaftlicher Kuss, der immer drängender wurde. Marcy spürte Liams kräftige Hände an ihrer Hüfte, auf ihren Wangen, in ihren Haaren. Ganz anders, als Vic sie gestern Nacht geküsst hatte, dachte sie.

Was passierte hier?, fragte sie sich, als sie sich benommen aus Liams Umarmung löste.

Liam entschuldigte sich sofort.

„Was sollte das?“

„Ich wollte dich küssen, seit ich dich zum ersten Mal gesehen habe.“

Vor Marcys Augen drehte sich alles. Sie starrte auf das leere Feld neben der Straße, um wieder einen klaren Kopf zu bekommen. „Wo sind wir eigentlich?“, fragte sie.

„Direkt vor der Stadtgrenze. Es tut mir wirklich leid“, sagte er noch einmal.

„Nein, es war meine Schuld.“

Liam lächelte. „Nicht alles ist deine Schuld, Marcy“, sagte er und fügte leise hinzu: „Am Ende wird alles gut, du wirst schon sehen.“

Marcy griff nach seiner Hand, zog ihre dann aber doch im letzten Moment zurück. So erregend seine Umarmung auch sein mochte, es waren nicht die Arme, die sie um ihren Körper spüren wollte. Marcy sah Vic vor der Tür des Doyle Cork Inn stehen, den verletzten Gesichtsausdruck, mit dem er Liams Wagen am Morgen nachgesehen hatte. Ob er noch auf sie wartete?

Liam ließ den Wagen wieder an und wartete auf eine Lücke im fließenden Verkehr. Kurz darauf steckten sie wieder im Stau, Presslufthämmer dröhnten in ihren Ohren.

„Diese verdammten Baustellen“, murmelte Liam.

„Davon gibt es jedenfalls reichlich.“

„Mein Vater war Bauarbeiter“, sagte er, offensichtlich um Konversation bemüht. „Er ist vor zwölf Jahren beim Einsturz eines Hauses, an dem er gearbeitet hat, ums Leben gekommen. Aus heiterem Himmel, wie man so sagt.“

„Das tut mir sehr leid.“

„Das Bauunternehmen hat behauptet, es wäre seine eigene Schuld gewesen. Er hätte einen Helm tragen müssen und so weiter. Sie haben die Beerdigung bezahlt, aber ansonsten haben wir keinen Penny bekommen.“ Er schüttelte den Kopf. „Nun denn. Was geschehen ist, ist geschehen, richtig? Ich meine mich zu erinnern, dass ein kluger Mann mal gesagt hat, es hätte keinen Sinn, sich wegen etwas fertigzumachen, das man nicht ändern kann.“

„Ein sehr kluger Mann“, bestätigte Marcy.

„Nur nicht der Mann, den du willst.“ Er hielt vor dem Doyle Cork Inn.

„Liam …“

„Ist schon okay. Am Ende wird alles gut“, sagte er, und seine grüne Augen funkelten.

ACHT

Mrs Doyle erwartete sie in dem kleinen Empfangsbereich der Pension, die Hände in die breiten Hüften gestemmt. „Das macht fünfzig Dollar zusätzlich für Ihren Gast", verkündete sie, noch bevor Marcy ganz durch die Tür war.

„Ist er noch da?", fragte Marcy hoffnungsvoll.

Mrs Doyle schüttelte den Kopf. „Nee. Der ist schon gegangen."

„Hat er eine Nachricht hinterlassen?", fragte Marcy.

Erneut schüttelte Mrs Doyle energisch den Kopf. „Dann setze ich die zusätzliche Gebühr einfach auf Ihre Rechnung, ja?"

„Ja, tun Sie das." Marcy ging die Treppe hinauf und beschloss, Vic von ihrem Zimmer aus anzurufen. Liam hatte gesagt, dass er im vornehmen Hayfield Manor Hotel ganz in der Nähe wohnte. Sie würde ihn auf seinem Zimmer anrufen, sich dafür entschuldigen, dass sie ein weiteres Mal weggelaufen war, und ihm erzählen, was in Youghal geschehen war. Er würde sie verstehen. Sie würde es heute Nacht wiedergutmachen, dachte sie, als sie, den Schlüssel in der Hand, entschlossen den Flur hinunter bis zu ihrer Zimmertür marschierte.

Sie musste den Schlüssel mehrmals im Schloss drehen, bis die Tür endlich aufging. Entsetzt starrte Marcy auf das Bild, das sich ihr bot. „O mein Gott!", rief sie. „Das darf doch nicht wahr sein!"

Das Zimmer sah aus, als hätte ein verheerender Sturm gewütet. Die Laken waren vom Bett gerissen worden, die Matratze war aufgeschlitzt. Jede Schublade war aufgezogen und geleert worden. Der Kleiderschrank war leer, alle Kleider waren auf einen Haufen auf den Boden geworfen worden. Nicht einmal ihre Toilettenartikel waren verschont worden. Fläschchen waren zerschlagen und sogar ihre Zahnbürste war zerbrochen. „Was zum …" Die Worte blieben ihr im Hals stecken, als sie an ihr Bett trat und einen Slip zur Hand nahm, der mit einem Messer oder einer Schere mehrmals aufgeschlitzt worden war. Entsetzt sah sie, dass sämtliche ihrer Kleidungsstücke aufgeschlitzt, zerfetzt und durchlöchert worden waren. „Nein!", schrie sie. „Nein, nein, nein, nein!"

Sie hörte schwere Schritte auf der Treppe, gefolgt von einem schrillen Schrei. Dann weitere Schritte, leichter und flinker als zuvor. Ein Luftzug in ihrem Rücken, dann hielt jemand den Atem an.

„Mein Gott, was haben Sie denn gemacht?"

Marcy fuhr herum und sah Mrs Doyle und Colin in der Tür stehen.

„Was *ich* gemacht habe?“, stotterte Marcy. „Glauben Sie etwa, *ich* war das?“

Mrs Doyle wich keinen Zentimeter zurück. „Sie sind trotzdem dafür verantwortlich.“

„Wie kommen Sie denn darauf?“

„Sieht so aus, als hätte es Ihrem Freund nicht gefallen, dass Sie heute Morgen so überstürzt weggelaufen sind“, sagte Mrs Doyle.

Marcy schossen die Tränen in die Augen. „Er war das bestimmt nicht.“

„Wer denn sonst?“

„Wer hatte Zutritt zu dem Zimmer?“, fragte Marcy.

„Außer Ihrem männlichen Besucher, meinen Sie? Dem Sie heute Morgen davongelaufen sind und der den halben Tag auf Ihre Rückkehr gewartet hat, bevor er sich weggeschlichen hat, als niemand geguckt hat?“

„Ich bin sicher, dass er das nicht war“, murmelte Marcy. Sie überlegte einen Moment. „Wo bewahren Sie die Schlüssel auf? Die Schlüssel zu den Zimmern, meine ich. Sie haben doch bestimmt einen Generalschlüssel …“

„Der ist an einem sicheren Ort.“

„Wo denn? Hinter dem Empfangstresen?“

Mrs Doyles Blick verriet Marcy, dass ihre Vermutung zutraf.

„Aber der Empfang ist doch nicht ständig besetzt, oder? Manchmal haben Sie auch etwas anderes zu tun. Es ist doch möglich, dass jemand hereingekommen ist, die Schlüssel genommen hat und …“

„Und was? Sich dann entschieden hat, Ihr Zimmer zu durchwühlen? Warum sollte das jemand tun?“

„Ich weiß es nicht.“ Marcys Knie wurden weich.

„Ach ja? Nun, ich sag Ihnen, was *ich* weiß. Ich weiß, dass mein Zimmer verwüstet wurde. Und ich weiß, dass jemand für den Schaden aufkommen muss. Ehrlich gesagt, der Typ, der hier übernachtet hat, hat auf mich einen ziemlich verschlagenen Eindruck gemacht. Vielleicht hat er gedacht, Sie hätten irgendwo Geld rumliegen. Fehlt Schmuck?“

Marcy sah unter Tränen zu der leeren Schublade, in der sie ihre Ohrringe aufbewahrt hatte. „Meine goldenen Ohrringe sind weg“, sagte sie matt.

„Ruf die Gardai!“, wies Mrs Doyle ihren Sohn an.

„Na, hallo, Mrs Taggart“, begrüßte sie Christopher Murphy. Er schloss die Tür hinter sich und ging auf ihren Stuhl zu. „Nett, Sie wiederzusehen.“

„Könnten Sie sich vielleicht Ihren Sarkasmus verkneifen?“, fragte Marcy und konzentrierte sich auf den unordentlichen Stapel Papiere auf dem

Schreibtisch des Polizisten, der seit ihrem Besuch gestern offenbar um einiges gewachsen war.

„Am besten erzählen Sie mir einfach, was diesmal geschehen ist", sagte Murphy, als Colleen Donnelly den Raum betrat, dicht gefolgt von John Sweeny.

Marcy seufzte. „Ich bin in die Pension zurückgekommen…"

„Sie waren den ganzen Tag weg?", unterbrach Murphy sie.

„Ja. Ich bin nach Youghal gefahren, um meine Tochter zu suchen."

Die drei Beamten wechselten einen Blick. „Haben Sie sie gefunden?", fragte Sweeny.

„Nein."

„Erzählen Sie weiter. Sie sind also in die Pension zurückgekommen…"

„Ja. Dann bin ich auf mein Zimmer gegangen und habe entdeckt, dass es vollkommen verwüstet war. Alle meine Sachen waren aufgeschlitzt und zerstört."

„Klingt wie das Werk eines verschmähten Liebhabers", stellte Sweeny fest.

„Mrs Doyle hat gesagt, Sie hätten letzte Nacht Gesellschaft gehabt", fügte Murphy hinzu.

„Ja, aber so was hätte er nie gemacht." Marcy schüttelte den Kopf.

„Mrs Doyle hat auch gesagt, Sie wären heute Morgen überstürzt aus dem Haus gerannt. Waren Sie mit jemandem verabredet?"

„Ja."

„Verraten Sie uns, mit wem?"

„Sein Name ist Liam. Ich… ich weiß gar nicht, wie er weiter heißt." Sie errötete. „Er arbeitet im Grogan's House." Aus den Augenwinkeln sah sie, wie Colleen Donnelly sich diese neueste Information notierte.

„Okay, Sie haben also einen Mann sitzen lassen, um sich mit einem anderen zu treffen", fasste Murphy zusammen.

„Klingt für mich wie ein Motiv", sagte Sweeny. „Wie heißt der andere Typ? Der, mit dem Sie die Nacht verbracht haben."

Das war absolut lächerlich, dachte Marcy. „Er heißt Vic Sorvino", sagte sie. „Und er wohnt im Hayfield Manor Hotel."

Christopher Murphy nickte Colleen Donnelly zu, die daraufhin den Raum verließ. „Wusste Vic Sorvino, dass Sie Liam treffen wollten?"

„Nein."

„Soweit ich weiß, ist er Ihnen auf die Straße gefolgt, als Sie weggerannt sind. Und nachdem Sie weg waren, ist er auf Ihr Zimmer zurückgekehrt."

„Laut Mrs Doyle."

„Die behauptet, dass er in Ihrem Zimmer auf Sie gewartet hat, als sie später nach oben kam, um das Bett zu machen", stellte Murphy fest.

„Ja, das sagt sie."

„Sie glauben ihr nicht?"

„Ich weiß nicht, was ich glauben soll. Immerhin könnte auch Mrs Doyle meine Sachen zerstört haben. Und was ist mit ihrem Sohn?"

„Offenbar war Colin den ganzen Vormittag über nicht zu Hause."

„Das heißt, der Empfang war nicht besetzt", konterte Marcy. „Jeder hätte von der Straße hereinspazieren, den Generalschlüssel nehmen und auf mein Zimmer gehen können."

„Sie haben gestern erklärt, dass es Schwierigkeiten mit Ihrer Tochter gegeben hat. Dass Sie Schwierigkeiten miteinander hatten und Ihre Tochter vielleicht nicht von Ihnen gefunden werden will…"

„Wollen Sie damit sagen, dass es Devon gewesen sein könnte?"

„Es wäre immerhin eine Möglichkeit. Vielleicht wollte sie Ihnen auf diese Weise mitteilen, dass Sie nach Hause fahren und sie in Ruhe lassen sollen."

„Vielleicht", sagte Marcy. „Vielleicht auch nicht."

Murphy zuckte die Schultern, als Colleen Donnelly zurück in den Raum kam. „Wir haben gerade im Hayfield Manor Hotel angerufen. Offenbar hat Mr Sorvino um die Mittagszeit dort ausgecheckt."

Marcy spürte einen Stich der Enttäuschung in der Brust. „Kann ich jetzt gehen?", fragte sie.

„Wohin genau wollen Sie denn gehen, Mrs Taggart?", fragte Murphy.

Eine gute Frage, dachte Marcy. Sie konnte schließlich schlecht ins Doyle Cork Inn zurückkehren. Sie lächelte. „Sieht so aus, als wäre im Hayfield Manor Hotel ein Zimmer frei geworden."

„Verzeihung. Wie viel haben Sie gesagt?", fragte Marcy das dunkelhaarige, helläugige Mädchen am Empfang, das keinen Tag älter als zwölf aussah.

„Sechshundertfünfzig Euro", wiederholte das Mädchen mit einem Lächeln, das das Zahnfleisch ihres Oberkiefers komplett freilegte.

Da könnte ich etwas machen, erklang Peters Stimme aus einer dunklen Nische von Marcys Verstand.

Sechshundertfünfzig Euro waren etwa eintausend Dollar, rechnete Marcy und dachte, dass Peter einen Anfall bekommen würde, wenn er die Kreditkartenabrechnung für diesen Monat sah. Er hatte zugestimmt, für weitere zwei Jahre ihre Kreditkartenrechnungen zu übernehmen, als sie in die Scheidung eingewilligt hatte. „Innerhalb eines vernünftigen Rahmens“, hatte er betont. Wie dumm von ihm, dachte sie jetzt. Hatte er wirklich erwartet, dass eine Verrückte vernünftig handelte?

„Ist das in Ordnung?“, fragte das Mädchen am Empfang. „Es ist die Luxussuite. Ich fürchte, etwas anderes ist im Moment nicht frei.“

„Kein Problem.“ Marcy schob ihre Kreditkarte über den Tresen. Sie konnte jetzt ein wenig Luxus gebrauchen.

„Brauchen Sie Hilfe mit Ihrem Gepäck?“

„Ich habe keins.“ Marcy ließ den Blick durch das in einem warmen Gelb gehaltene Foyer mit seinen Marmorsäulen und der prachtvollen Mahagonitreppe schweifen. „Kann ich hier irgendwo eine Zahnbürste und Zahnpasta kaufen?“

„Das können wir Ihnen aufs Zimmer bringen, und wir haben einen wunderbaren Wellness-Bereich, in dem diverse Schönheits- und Haarpflegeprodukte verkauft werden“, erklärte ihr das Mädchen am Empfang. Sie gab Marcy ihre Schlüsselkarte. „Sie sind in Zimmer 212. Der Fahrstuhl ist gleich geradeaus.“

Marcys Zimmer im zweiten Stock war nur wenige Schritte vom Fahrstuhl entfernt. Sie öffnete die Tür und sah Bleiglasfenster mit Blick auf einen kleinen Garten sowie ein in elegantem Marmor gehaltenes Bad. Das Doppelbett war mit frischen weißen Laken bezogen, die Wände waren apricotfarben gestrichen. Im Kleiderschrank hing ein flauschiger weißer Bademantel. „Ich glaube, ich bleibe für immer hier“, seufzte sie, ließ sich aufs Bett sinken und war Sekunden später eingeschlafen.

MARCY schreckte aus dem Schlaf hoch.

„Zimmerservice“, hörte sie jemand vor ihrer Zimmertür sagen. Sie sah auf die Uhr. Es war schon nach fünf. Sie hatte gut zwei Stunden geschlafen. Die Tür ging auf, und ein Zimmermädchen in Uniform kam herein. Beide Frauen sahen sich erschrocken an. „Oh, entschuldigen Sie“, sagte das Zimmermädchen schnell. „Ich wusste nicht, dass jemand da ist. Ich habe geklopft und geklopft. Ich komme später wieder.“

„Nein. Ist schon in Ordnung.“ Marcy sprang vom Bett auf und trat an die großen Fenster. „Bitte, machen Sie nur.“

„Es dauert nur eine Minute.“

Marcy beobachtete, wie die junge Frau den Bettüberwurf abzog und in den Kleiderschrank legte.

„Kann ich sonst noch etwas für Sie tun?“, fragte sie.

Marcy schüttelte den Kopf. „Oder warten Sie!“ Sie griff nach ihrer Handtasche, zog hastig den Umschlag mit den Fotos ihrer Tochter heraus und suchte das neueste aus. „Kennen Sie zufällig dieses Mädchen?“

Die junge Frau nahm das Foto. „Nein, kann ich nicht behaupten“, sagte sie.

„Verdammt“, murmelte Marcy, als das Zimmermädchen gegangen war. Sie war keinen Schritt weiter als bei ihrer Ankunft in Cork. Sie hatte keine Spur, keine Kleidung, nicht einmal eine Zahnbürste.

Es klopfte erneut. „Zimmerservice“, verkündete eine Frauenstimme.

Marcy riss die Tür auf und stand einer etwa sechzigjährigen, grauhaarigen Frau gegenüber, die in einer Hand eine Zahnbürste, in der anderen eine kleine Tube Zahnpasta hielt. „Ich habe gehört, die brauchen Sie“, sagte sie fröhlich.

„Vielen Dank“, sagte Marcy und griff mit der Hand, in der sie Devons Foto hielt, nach der Zahnbürste.

„Oh, wer ist denn das?“, fragte die Frau.

„Kennen Sie sie?“, fragte Marcy zurück.

Die Frau betrachtete das Bild mehrere Sekunden lang. „Einen Moment habe ich gedacht, es könnte Katie sein, die Tochter meiner Nachbarin. Aber das ist sie nicht. Bei genauerem Hinschauen sehen die Augen ganz anders aus.“

„Sind Sie sicher?“, fragte Marcy. „Wie lange kennen Sie Katie schon?“

„Ihr ganzes Leben lang“, sagte die Frau und lachte. „Ein echter Sturkopf. War sie schon immer. Wer ist denn das?“

„Meine Tochter“, sagte Marcy. „Auch ein Sturkopf.“

Die Frau lächelte. „Ach ja. In einem bestimmten Alter sind sie doch alle so!“

„Wissen Sie, wo Katie gerne abends hingeht? Hat sie einen Lieblingspub, wo die jungen Leute sich gern aufhalten? Ich treffe mich nämlich mit meiner Tochter“, fügte sie hinzu, als sie den fragenden Blick der Frau sah. „Ich dachte, es wäre vielleicht nett, mit ihr irgendwohin zu gehen, wo viele junge Leute sind.“

„Oh, da gibt es reichlich Möglichkeiten.“ Die Frau lachte. „Zum Beispiel das ‚Dingle's‘ in der Oliver Plunkett Street. Und dann das ‚Mulcahy's‘ am Corn Market. Es ist ein bisschen wild, aber sehr beliebt.“

„Vielen Dank.“ Die Corn Market Street war im Stadtzentrum. Wahrscheinlich war sie in den letzten paar Tagen schon oft am Mulcahy's vorbeigelaufen, ohne es zu bemerken. Vielleicht lohnte sich ein Besuch.

Aber zuerst wollte sie in dem luxuriösen Bad duschen und sich frisch machen. Sie trat unter den überdimensionierten Duschkopf, stellte den Hahn an und seifte sich mit einer nach Veilchen duftenden Seife ein. Und genoss das Gefühl des heißen Wassers auf ihrer Haut.

Als sie aus der Dusche trat, hörte sie ihr Handy klingeln.

„Marcy, alles in Ordnung?“, fragte Liam, sobald sie sich gemeldet hatte. „Die Gardai waren gerade im Grogan's und haben alle möglichen Fragen gestellt. Was zum Teufel ist passiert?“

Mit dem Handy am Ohr versuchte Marcy sich den Bademantel anzuziehen. „Die Polizei war da?“

„Die Beamten sind gerade gegangen. Sie haben gesagt, dein Hotelzimmer ist verwüstet worden …“

Eilig berichtete Marcy, was passiert war, seit Liam sie vor dem Doyle Cork Inn abgesetzt hatte.

„Die Polizei glaubt, dass es der Typ war, mit dem du zusammen warst. Stimmt es, dass er all deine Sachen zerstört hat?“

„Meine Sachen sind alle kaputt, aber ich weiß nicht, ob er es war“, sagte Marcy. „Was genau haben die Polizisten denn gesagt?“

„Sie haben nur gefragt, wie lange ich dich schon kenne, wo du herkommst und so etwas.“ Er schwieg einen Moment. „Ob ich dich für labil halte“, fügte er dann hinzu.

Marcy hielt den Atem an. „Und? Glaubst du, ich bin labil?“

„Ich glaube, du bist in Gefahr“, antwortete er.

„Wieso sollte ich in Gefahr sein?“

„Ein Verrückter hat gerade dein Zimmer verwüstet“, erklärte Liam mit Nachdruck. „Er könnte zurückkommen, Marcy. Ich glaube wirklich, du solltest dir überlegen, zurück nach Toronto zu fliegen.“

„Ich gehe nirgendwohin, bis ich Devon gefunden habe.“

„Also gut“, meinte er nach einer weiteren Pause. „Ich muss Schluss machen. Grogan wirft schon ganz finstere Blicke in meine Richtung. Tust du mir einen Gefallen und bleibst wenigstens heute Abend, wo du bist?“

„Ich weiß es nicht. Eigentlich wollte ich ins Mulcahy's gehen.“

„Bist du völlig von Sinnen? In den Schuppen kannst du auf keinen Fall allein gehen. Bestell dir beim Zimmerservice etwas zu essen, leg dich ins Bett und Schluss.“

„Okay“, willigte sie widerwillig ein. „Wir sprechen uns morgen.“

Marcy beendete das Gespräch und warf das Handy aufs Bett.

Liam hatte Recht, entschied sie, als sie ihre Haare mit dem Handtuch abrubbelte. Vor ihren Augen drehte sich alles, und ihre Wange hatte wieder zu pochen begonnen. Sie war nicht in der Verfassung, heute Abend noch einmal auszugehen. Sie sollte sich wirklich etwas zu essen aufs Zimmer kommen lassen und zeitig schlafen gehen.

Wenigstens waren die Fotos von Devon unbeschädigt, dachte sie dankbar, als sie den Umschlag auf dem Schreibtisch liegen sah. „Meine Süße“, flüsterte sie und legte die Fotos vorsichtig auf der glatten Schreibtischoberfläche aus. „Meine wunderschöne Tochter.“

Meine wunderschöne Mommy, flüsterte Devon zurück.

Marcy nahm das Bild ihrer eigenen Mutter aus dem Umschlag. „Meine wunderschöne Mommy“, wiederholte sie, legte das Foto neben Devons und staunte über die große Ähnlichkeit. Zögerlich und mit zitternden Fingern griff sie erneut in den Umschlag, fand einen zweiten kleineren Umschlag mit der Aufschrift *Mommy* und nahm das einzelne, gefaltete Blatt Papier heraus.

Meine wunderschöne Mommy, las sie. Devons krakelige Handschrift tanzte vor ihrem von Tränen verschwommenen Blick. *Ich erwarte nicht, dass du verstehst, was ich tun werde.*

Marcy zitterte. Wann hatte sie je etwas verstanden, was ihre Tochter ihr zu erklären versucht hatte?

Bitte sei nicht böse und glaube mir, dass ich diese Entscheidung bestimmt nicht leichten Herzens getroffen habe. Ich weiß, wie viel du meinetwegen gelitten hast. Glaube mir, wenn ich sage, dass ich dir nicht noch mehr Kummer machen will. Unfähig weiterzulesen, ließ Marcy den Kopf sinken. Als sie wieder aufblickte, war sie so tränenblind, dass sie nur noch den zweitletzten Satz des Briefes lesen konnte. *„Ich will, dass du weißt, dass ich dich liebe“,* las sie laut.

Mit zitternden Händen steckte Marcy das Blatt zusammen mit den Fotos wieder in ihre Handtasche. Ein paar Minuten später schlüpfte sie in die Jeans und den grauen Pullover, die sie den ganzen Tag getragen hatte, und trat aus der Tür.

MARCY musste beide Seiten der Corn Market Street zweimal abschreiten, bevor sie das Schild des Mulcahy's entdeckte. Kein Wunder, dachte sie, als sie das verbeulte Schild aus Alteisen sah, auf dem in schwarzer Farbe von Hand MULCAHY'S geschrieben stand, darunter ein wackliger Pfeil, der eine enge Treppe neben einer Reinigung hinunterzeigte.

Das ist doch verrückt, dachte sie, als sie die Betontreppe hinunterstieg und vor der geschlossenen Kellertür stand. Sie drückte auf die Klinke, doch die Tür war abgeschlossen. Sie klopfte. Niemand antwortete. „Hallo!“, rief sie.

„Verzeihung“, hörte sie über ihr eine Stimme rufen. Als sie aufblickte, sah sie ein riesiges Paar Beine in den Himmel ragen. Sie gehörten zu einem Mann, der unverhältnismäßig klein wirkte, was wahrscheinlich an ihrer Perspektive lag.

„Kann ich Ihnen helfen?“, fragte er.

„Ich suche das Mulcahy's.“

„Sieht so aus, als hätten Sie es gefunden. Aber ich glaube, es macht nicht vor zehn auf.“

„Zehn?“, wiederholte Marcy und sah auf die Uhr: Es war erst sieben.

„Sind Sie sicher?“, fragte sie, doch der Mann war bereits weitergegangen.

Sie stieg die Treppe wieder hinauf und ging in Richtung Kyrl's Quay, während leichte Regentropfen auf ihre ohnehin nassen Schultern nieselten. Das Wasser des North Channels des Lee war dunkel und reißend. Marcy hastete am Ufer entlang, bis sie einen halbwegs einladenden Pub entdeckte, aus dem traditionelle irische Folkmusik ertönte. Sie stieß die Tür auf und fand sich unvermittelt in einem vollen Raum wieder. Auf einer kleinen Bühne beendeten drei junge Männer gerade ihren letzten Song. „Wir machen eine kleine Pause und sind in einer Viertelstunde wieder für Sie da“, sagte der Bandleader ins Mikrofon.

Marcy sah sich nach einem freien Tisch um.

„Suchen Sie mich?“, fragte ein Mann und schob ihr einen Stuhl hin.

Marcy schenkte dem Mann ein Lächeln. Er war Anfang vierzig mit schütterem Haar. „Vielen Dank, aber ich möchte mich nicht aufdrängen.“

Der Mann wies mit dem Kopf auf den Stuhl. „Was trinken Sie?“, fragte er.

Was soll's, dachte Marcy und nahm Platz. „Ein Bier vielleicht?“

„Zwei Beamish!“, rief der Mann der Kellnerin zu. „Ich heiße Kieran.“ Er streckte die Hand aus.

„Marcy.“ Sie nahm seine Hand.

„Woher kommen Sie, Marcy?“, fragte er.

„Ich bin aus Toronto. Sie sind aus Cork, nehme ich an.“

„Hab mein ganzes Leben hier gewohnt. Die beste Stadt der Welt.“

„Es ist wirklich schön hier.“

„Und noch viel schöner, seit Sie hier sind.“ Kierans braune Augen funkelten übermütig.

Marcy lachte. „Da hat offenbar jemand den Blarney Stone geküsst.“

„Bei jeder sich bietenden Gelegenheit. Haben Sie Hunger?“, fragte er, als die Kellnerin ihr Bier brachte.

„Ein Sandwich wäre schön.“

„Zwei Sandwiches mit Schinken und Käse“, erklärte Kieran der Kellnerin.

„Vielen Dank“, sagte Marcy. „Das ist wirklich sehr nett von Ihnen.“

„Einen Euro für Ihre Gedanken“, sagte Kieran scherzhaft.

„Kennen Sie ein Lokal namens Mulcahy's?“, fragte Marcy.

„In der Corn Market Street? Auf jeden Fall nicht Ihre Art von Laden. Es ist ein bisschen wild. Laute Musik, Drogen, leichte Mädchen. Hab ich jedenfalls gehört.“ Er lachte. „Wieso fragen Sie nach dem Mulcahy's?“

„Jemand hat mir erzählt, dass junge Leute gerne dort hingehen“, erklärte sie und fügte hinzu: „Ich suche meine Tochter.“ Eilig zog sie Devons Foto aus ihrer Handtasche. „Kennen Sie sie zufällig?“

Kieran nahm das Bild und betrachtete es einen Moment lang. Mit dunkler werdenden Augen wandte er den Blick wieder Marcy zu und starrte sie an. „Vielleicht“, sagte er.

Marcys Herz schlug schneller.

„Darf ich fragen, warum Sie sie suchen?“

„Das ist eine lange Geschichte. Bitte sagen Sie mir, ob Sie sie kennen!“

Doch so schnell kam sie nicht zum Ziel. „Ich liebe lange Geschichten“, meinte er.

Marcy trank einen großen Schluck Bier und spürte, wie ihre Augen brannten. „Meine Tochter und ich haben seit mehreren Jahren nicht miteinander gesprochen.“ Die Kurzfassung musste reichen. „Ich habe gehört, sie ist in Cork. Deswegen bin ich hier. Bitte, wenn Sie etwas wissen … ich muss sie sehen.“

„Was haben Sie gesagt, wie sie heißt?“

„Ich habe noch gar nicht gesagt, wie sie heißt.“ Doch sie wollte ihn nicht verärgern. „Devon“, sagte sie schnell. „Sie heißt Devon, aber vielleicht nennt sie sich auch Audrey.“

„Audrey, ja.“ Mit dem Zeigefinger der rechten Hand tippte er auf das Foto. „Das ist sie. Reizendes Mädchen. Still, höflich und stets mit einem Lächeln und einem freundlichen Wort zur Hand.“

„Sie haben mit ihr gesprochen?“

„Nein, aber wir grüßen uns, wenn wir uns über den Weg laufen.“

Marcy schossen Tränen in die Augen. „Woher kennen Sie sie?“

„Sie arbeitet für die alte Frau, die gegenüber von meiner Mum wohnt. Ich hab sie ein paarmal gesehen, wenn ich meine Mutter besucht habe.“

Konnte die Zufallsbegegnung mit einem Fremden sie nach all ihren hektischen Bemühungen endlich zu ihrer Tochter führen? „Was arbeitet sie denn?“

„Sie ist eine Art Gesellschafterin, würde man wohl sagen. Sie erledigt die Einkäufe für Mrs Crocker, macht ihre Wäsche, geht mit ihr spazieren und so. Dafür darf sie umsonst dort wohnen.“

„Und wo wohnt diese Mrs Crocker?“

„In Montenotte, in den Cork Hills“, sagte Kieran.

Marcy zog ihr Handy aus der Tasche. „Wenn Sie mir Mrs Crockers genaue Adresse sagen, kann ich ein Taxi bestellen …“

Kieran leerte eilig sein Bier. „Das ist nicht nötig“, sagte er und stand auf. „Kommen Sie. Ich fahr Sie hin.“

NEUN

Diesen Teil der Stadt kenne ich gar nicht“, sagte Marcy und starrte aus dem Fenster in den leichten Regen, der weiter fiel. Es kam ihr vor, als ob sie schon seit Stunden unterwegs waren, dabei waren es noch keine zwanzig Minuten her, seit sie den Pub verlassen hatten.

„Wir sind fast da“, meinte Kieran und folgte der Straße weiter in die Cork Hills.

Marcy versuchte ihre wachsende Aufregung zu zügeln. Sie sah Kieran an und staunte über seine Hilfsbereitschaft. Unterdrückte einen nagenden Zweifel. Handelte es sich um die Freundlichkeit eines Fremden, oder war es am Ende etwas ganz anderes? Ich hätte ein Taxi nehmen sollen, dachte sie.

Kurz darauf bogen sie in die Einfahrt einer kleinen zweistöckigen Doppelhaushälfte. „Da wohnt Mrs Crocker.“ Er wies auf ein ähnliches Haus direkt gegenüber.

„Sieht aber schrecklich dunkel aus.“

„Sie sind wahrscheinlich im Kino. Audrey geht mindestens zweimal die Woche mit Mrs Crocker ins Kino. Wir können ja mal nachsehen.“ Er sprang aus dem Wagen, rannte durch den Regen auf Marcys Seite und öffnete ihr die Tür. Er fasste ihren Ellbogen und führte sie eilig über die Straße zu Mrs Crockers Haus.

Bitte lass sie zu Hause sein, betete Marcy. Kieran klopfte an die Tür. Aber nach einer Weile wurde offensichtlich, dass ihre Gebete unerhört bleiben würden.

„Die sind bestimmt bald zurück", erklärte Kieran voller Gewissheit. „Kommen Sie, Sie werden ja pitschnass. Wir können bei meiner Mum warten."

„Und Ihre Mutter hat nichts dagegen?", fragte Marcy, als sie zurück auf die andere Straßenseite gingen.

Kieran zog einen Schlüssel aus der Tasche und öffnete die Haustür. „Überhaupt nicht", sagte er und knipste das Deckenlicht an. „Mum?", rief er und führte Marcy ins Wohnzimmer. Keine Antwort. „Sie ist wahrscheinlich mit Mrs Crocker und Audrey ins Kino gegangen. Möchten Sie noch ein Bier?"

Marcy sah sich in dem Zimmer um, das mit einem wuchtigen Polstersofa und einem passenden Sessel möbliert war. Ein Fernseher mit großem Bildschirm nahm den größten Teil der gegenüberliegenden Wand ein. „Ich glaube nicht, nein."

„Ach kommen Sie", sagte er, ging in die angrenzende winzige Küche und kam mit einem Bier in jeder Hand zurück. „Das wärmt Sie von innen."

Bevor sie sich weigern konnte, hatte er beide Flaschen geöffnet und ihr eine gegeben. Dann ließ er sich aufs Sofa fallen und klopfte auf das Polster neben sich. „Setzen Sie sich, Liebes. Entspannen Sie sich."

„Ich bin zu nervös", erklärte sie ihm aufrichtig und merkte, dass ihr Unbehagen weniger mit der Aussicht zu tun hatte, Devon wiederzusehen, sondern vielmehr mit ihrer wachsenden Beklemmung. Was tat sie hier mit einem Mann, den sie kaum kannte, in einem fremden Haus irgendwo am Ende der Welt?

Marcy trat ans Fenster und starrte auf das Haus gegenüber. Wie dumm konnte man sein? „Das ist nicht das Haus Ihrer Mutter, oder?", sagte sie, jedes Wort einzeln betonend.

Er lachte. „Oh, ich glaube, da haben Sie mich ertappt."

„Wessen Haus ist es?"

„Meins", gab er zu, und es klang ein bisschen einfältig.

Erst jetzt fiel Marcy ein gerahmtes Foto auf. Darauf legte eine attraktive Frau mittleren Alters mit kurzem braunem Haar ihre Arme um zwei Jungen. „Ich nehme an, das sind Ihre Frau und Ihre Söhne."

„Charles und Walter", sagte er leichthin.

„Sie haben eine nette Familie. Wo ist sie?"

„Sie machen für eine Woche Urlaub in Kilkenny."

„Und gibt es wirklich eine Mrs Crocker, die gegenüber wohnt?"

Kieran stand auf und kam mit zwei Riesenschritten auf sie zu. „Natürlich gibt es eine Mrs Crocker. Sie ist in Kilkenny mit meiner Frau."

„Und Audrey?", fragte Marcy, obwohl sie die Antwort schon wusste.

„Kann nicht behaupten, dass ich schon mal das Vergnügen hatte."

„Das Ganze war also bloß ein Trick, um mich hierherzulocken."

Statt zu antworten, drückte er ihr einen Kuss auf den Hals.

„Sie haben meine Tochter gar nicht erkannt auf dem Foto."

Seine Lippen wanderten weiter bis zu ihrem Mundwinkel. „Ach komm schon, Schätzchen. Du sahst aus, als könntest du ein bisschen Spaß vertragen." Eine Hand griff unter ihren Pullover, die andere rutschte auf ihren Po.

Im nächsten Moment schlug Marcy ihm die Bierflasche auf den Kopf.

Kieran taumelte rückwärts, aus einer Platzwunde an der Seite seines Kopfes tropfte Blut. „Was zum ...?"

„Wenn Sie mich noch einmal anrühren, bring ich Sie um!", hörte Marcy jemanden sagen und erkannte entsetzt, dass es ihre eigene Stimme war.

„Bist du verrückt? Denkst du, ich will dich zwingen? Muss ich dich daran erinnern, dass du freiwillig mitgekommen bist?"

„Ich will nach Hause."

„Da ist die Tür, du verrückte Hexe!"

„Wie soll ich denn zurück in die Stadt kommen?"

„Warum fliegst du nicht auf deinem Besen zurück?"

Marcy stürzte zur Haustür, riss sie auf und flüchtete, begleitet von weiteren empörten Flüchen, die gewundene, regennasse Straße hinunter. Als über eine Stunde später endlich die scharfen Umrisse des St. Patrick's Hill vor ihr auftauchten, hörte sie, wie neben ihr ein Wagen hielt. Eine Tür wurde geöffnet und versperrte ihr den Weg. Dann stieg ein Mann aus und hinderte sie mit fester Hand daran weiterzugehen.

„Verzeihen Sie, Ma'am", sagte der uniformierte Polizist. „Ich denke, Sie kommen besser mit mir."

Es war fast elf, als Marcy zurück in der Innenstadt war. Sie war erschöpft, und ihr Kopf schmerzte. „Seit wann bin ich so dumm?", fragte sie laut.

Du warst schon immer naiv, hörte sie Judith sagen.

„Ich war nicht fünfmal verheiratet", erinnerte Marcy sie. „Na toll", fügte sie hinzu, „jetzt rede ich schon mit mir selbst." Sie schüttelte den Kopf. Besser als mit der Polizei, dachte sie, froh, nicht mehr in dem Streifenwagen zu sitzen, und noch froher, dass der Polizist sie nicht zur weiteren Befragung auf die Wache gebracht hatte.

Der junge Beamte war offenbar ernsthaft um ihr Wohlergehen besorgt gewesen. Gab es ein Problem?, hatte er eifrig gefragt. War sie verletzt? War sie angegriffen worden? Wieso wanderte sie allein in Dunkelheit und Regen durch die Straßen von Cork?

Er hatte sie auf dem Beifahrersitz seines Streifenwagens sitzen lassen und sie höflich gefragt, ob er ihren Pass sehen könne, und ihn gründlich inspiziert. Dann war ein Funkspruch über einen Einbruch in der Gegend gekommen.

„Fahren Sie los“, hatte sie ihm erklärt. „Ich komme zurecht.“

Er hatte noch immer gezögert. „Und Sie gehen direkt zu Ihrem Hotel?“

„Ja, natürlich“, sagte sie. Als sie wieder auf der Straße stand, spürte sie erst, wie sehr ihre Füße und Beine ihr wehtaten. Mit vorsichtigen Schritten ging sie den steilen St. Patrick's Hill hinunter, bis endlich die St. Patrick's Bridge vor ihr auftauchte.

Judith hatte früher Angst vor Brücken gehabt. Ihre Schwester hatte sich jahrelang geweigert, Brücken zu überqueren, was das Erreichen bestimmter Ziele manchmal mühsam und zeitraubend gemacht hatte. Marcy wusste nicht, wann diese Angst aufgehört hatte und ob überhaupt. Judith hatte Glück – in Toronto gab es nicht viele Brücken.

Marcy folgte weiter der St. Patrick's Street Richtung Corn Market und fragte sich, was sie eigentlich vorhatte und ob sie nicht wirklich verrückt war.

Verrückte Hexe!, hörte sie Kieran rufen. Und Judith stimmte mit ein in das Stimmgewirr in ihrem Kopf: *Du musst die Realität akzeptieren. Und die Realität ist, dass Devon tot ist.*

Judith war immer ganz sicher gewesen, dass Devon sich das Leben genommen hatte. Hatte Marcy ihr deshalb den Brief nie gezeigt?

Studien haben gezeigt, dass Selbstmord häufig in der Familie liegt. Das war Peter. Sie ist Mitte Oktober bis in die Mitte der Bucht gepaddelt. Sie trug keine Schwimmweste. Sie war depressiv …

„Verzeihung“, sagte eine Stimme.

„Was?“ Marcy drehte sich um und sah ein komplett schwarz gekleidetes Teenager-Pärchen. Der Hals des Jungen war mit Tätowierungen bedeckt, diverse Piercings verunstalteten das Gesicht des Mädchens.

„Sie versperren die Treppe“, sagte der Junge.

„Oh, Entschuldigung.“ Marcy machte Platz. Erst jetzt sah sie das verbeulte Schild mit der schwarzen Schrift MULCAHY'S.

Die Kellertür wurde geöffnet, um das Pärchen hereinzulassen, und ein Schwall lauter Musik dröhnte hinaus. Zigarettenqualm quoll aus dem Raum, durchsetzt mit dem unverkennbaren Aroma von Marihuana. Nur zu oft war Devon abends mit demselben Geruch an ihrer Kleidung nach Hause gekommen …

Marcy fragte sich, ob ihre Tochter in diesem Moment dort unten in dem düsteren verrauchten Keller war. Es war genau die Art Lokal, in die Devon gern gehen würde. Entschlossen ging sie die Stufen hinunter und drückte die schwere Stahltür auf.

Es dauerte ein paar Sekunden, bis ihre Augen sich an die beinahe vollkommene Finsternis gewöhnt hatten. In dem Raum, der bequem Platz für maximal vierzig Leute geboten hätte, drängelten sich mindestens einhundert Menschen. In einer Ecke legte ein DJ Platten auf. Überall tanzten die Menschen zu dem gnadenlosen Beat.

Und dann entdeckte sie sie. Sie standen an der Wand. Der Mann flüsterte dem Mädchen etwas ins Ohr, sie kicherte und sah ihn kurz schüchtern an, bevor sie den Blick wieder senkte.

Marcys Herz schlug schneller, als sie sich mit gesenktem Kopf langsam und möglichst unauffällig an der Wand entlang in ihre Richtung schob. Sie stand fast neben den beiden, als der junge Mann seiner Begleiterin zurief: „Ich habe gefragt, wie du das alles hier findest."

Marcy war plötzlich dankbar für die lärmende Menge, derentwegen der Junge förmlich schreien musste, um sich verständlich zu machen.

„So was habe ich noch nie gesehen!", rief das Mädchen zurück.

„Und bist du froh, dass du mitgekommen bist, Shannon?"

„Das weißt du doch."

„Ich weiß, dass *ich* froh bin", sagte Jax.

Shannon senkte den Kopf, sodass ihr rotblondes Haar über ihre schmale Nase fiel. Sofort strich Jax ihr mit einer Hand die Haare hinters Ohr. In der Dunkelheit sah Marcy ihre eigenen goldenen Ohrringe aufblitzen.

Ihr stockte der Atem. Es war also Jax gewesen, der in ihr Hotelzimmer eingebrochen war. Aber warum? Sicher nicht, um ihre Ohrringe zu stehlen, das war vermutlich spontan geschehen. Was hatte er sonst noch zu finden gehofft? Die Fotos? Devons Brief? Oder hatte er ihr Zimmer verwüstet, um sie dazu zu bringen, die Stadt zu verlassen und ihre Tochter in Frieden zu lassen?

„Ich dachte, Audrey wollte auch mitkommen", hörte sie Shannon sagen.

„Sie hat es sich wohl anders überlegt."

Tränen brannten in Marcys Augen. Audrey hatte auch kommen wollen, doch sie hatte es sich anders überlegt. Wieder einmal war sie dem Ziel ganz nahe gewesen, und dann hatte sie es doch nicht erreicht.

„Glaubst du, sie hat einen Typen?", fragte Shannon.

„Audrey hat immer einen Typen", gab Jax knapp zurück.

„Weißt du, wer es ist?“

„Nee. Ich glaube, er ist älter. Sie redet ständig davon, wie reif er ist. Ist ja auch scheißegal. Du bist hier. Das ist alles, was mich interessiert.“

Selbst in der Dunkelheit konnte Marcy erkennen, wie Shannon rot wurde.

„Ein Glück, dass du heute angerufen hast“, sagte Shannon. „Morgen hättest du mich verpasst.“

„Fährst du weg?“

„Für ein paar Tage nach Kinsale. Einer Tante von Mrs O'Connor geht es nicht gut.“

„Und wann kommst du zurück?“

„Sonntagabend.“

„Also nicht so lange. Nur drei Tage. Ich werd dich trotzdem vermissen.“

„Quatsch. Das sagst du bloß so.“

„Es ist die reine Wahrheit. Ich mag dich wirklich sehr gern. Meinst du, ich hätte dir die Ohrringe geschenkt, wenn ich dich nicht mögen würde?“

Marcy entfuhr unwillkürlich ein Schrei. Jax' Kopf schnellte herum. Marcy wandte sich rasch ab und hielt sich die Hände vors Gesicht.

„Warte einen Moment“, sagte Jax.

„Was ist denn?“

O Scheiße, dachte Marcy und spürte ihn auf sich zukommen. Hatte er sie gesehen? Was machte er? Sie musste hier raus, und zwar sofort. Doch sie saß in der Falle, eingeklemmt zwischen Dutzenden schwitzender Leiber. Sie spürte, wie ein Schrei in ihr aufstieg, während Jax sich durch die Menge drängte.

Es dauerte einen Moment, bis Marcy begriff, dass er nicht auf sic zukam, sondern vielmehr in die entgegengesetzte Richtung ging.

„Jax, warte! Wohin gehst du?“, rief Shannon ihm nach.

„Bin sofort zurück“, antwortete er und bahnte sich einen Weg zur Tür.

Marcy wollte ihm folgen, drängelte sich durch die Feiernden, bis sie die Tür erreichte und in die kalte Nacht hinausschlüpfte.

Wohin war er gegangen? Sie rannte die Treppe hinauf, als ihr plötzlich bewusst wurde, wie verwundbar sie war.

Sie hörte ihn, noch bevor sie ihn sah. Er musste gleich um die Ecke sein. „Ich schwöre“, erklärte er gerade, „das hat sie eben gesagt.“

Marcy fragte sich, mit wem er sprach, und schlich näher.

„Okay, also noch mal von vorn“, sagte er. Anscheinend telefonierte er. „Wir sind im Mulcahy's … Ja, ich habe ihr die Ohrringe gegeben … Ja, sie haben ihr gefallen. Genau wie du gesagt hast. Die blöde Gans frisst mir aus der Hand. Alles läuft nach Plan. Ich komm mir schon vor wie James Bond oder so. Vielleicht sollten wir das Ganze ‚Operation Babycakes' nennen." Er lachte. „Und plötzlich lässt die dumme Kuh die Katze aus dem Sack. Sagt, sie fährt morgen für ein paar Tage weg. Bis zum Sonntag. Mrs O'Connor hat offenbar eine kranke Tante."

Er holte kurz Luft und gab Marcy damit einen Moment Zeit, sich einen Reim auf das zu machen, was sie gerade gehört hatte. *Ich komm mir schon vor wie James Bond oder so. Vielleicht sollten wir das Ganze „Operation Babycakes" nennen.* Was hatten sie vor? Auf was hatte Devon sich jetzt wieder eingelassen?

„Ja, ich weiß, es sind nur drei Tage, aber ich kann das Geld schon riechen …"

In diesem Moment fing Marcys Handy in ihrer Handtasche an zu klingeln. Sie versuchte hektisch, das Geräusch zu dämpfen, indem sie die Tasche unter ihre Jacke steckte. Hatte Jax es gehört?

Marcy drückte sich in den Eingang eines Ladens neben dem Mulcahy's. Ihr Telefon klingelte weiter, zum Glück jedoch deutlich leiser. Würde Jax sie entdecken?

Plötzlich schallte ein Song von Mick Jagger über die Straße, ein Husten war zu hören und dann eine Mädchenstimme, die alles andere übertönte. „Jax, bist du da draußen?"

„Ich komme, Schätzchen", sagte er sofort.

Marcy hörte seine schweren Schritte auf der Treppe.

„Ich habe mir Sorgen gemacht. Ist alles in Ordnung?", fragte Shannon, als sich die Tür hinter ihnen schloss.

Sofort zog Marcy ihr Handy aus der Handtasche. Aber es hatte aufgehört zu klingeln. Vermutlich wollte Liam sich noch einmal vergewissern, dass es ihr gut ging. Sollte sie ihn zurückrufen? Aber was genau wollte sie ihm sagen? Dass sie wegen ihrer laienhaften Detektivspielchen um ein Haar vergewaltigt worden wäre? Dass sie Jax zusammen mit Shannon gesehen hatte und eventuell einen schändlichen Plan aufgedeckt hatte, in den vielleicht auch Devon verwickelt war?

Sie ließ ihr Handy in der Tasche und machte sich auf den langen Weg zurück zu ihrem Hotel.

Sie träumte von Kuchen. Vanilletorte mit einer dicken Vanilleglasur. Die Art Torte, die Devon sich immer zu ihrem Geburtstag gewünscht hatte. „Sie ist eben eine Naschkatze", erklärte Marcy der kleinen Gästeschar, die um den Tisch saß.

„Etwas Süßes für die Süße“, sagte Shannon und wurde rot.

„Süß mit viel Zucker und ein bisschen Zimt“, fügte Judith hinzu.

„So wie die kleinen Mädchen eben sind“, sagte Jax, der mit einem schreienden Baby im Arm ins Zimmer kam.

„Oh, lass mich mal sehen“, flötete Devon und lief ihm entgegen.

„Nimm du sie.“ Jax legte das Baby in Devons ausgestreckte Arme.

Im nächsten Moment schlenderten Marcy und Liam durch die Kopfsteinpflastersträßchen von Youghal. „Wohin gehen wir?“, fragte sie.

„Hast du es noch nicht gehört? Claire und Audrey haben eine Bäckerei eröffnet. Sie machen den besten Kuchen in ganz Irland“, sagte er.

Irgendwo in der Ferne fing ein Baby an zu schreien. Marcy betrat eine Lichtung und sah vor sich die Georgsbucht liegen, wo ein leeres Kanu ziellos im aufgewühlten Wasser trieb. Devon saß auf einer Decke am Ufer, neben sich Shannon, die ein weinendes Baby im Arm hielt.

Devon stand auf, nahm Shannon den kreischenden Säugling ab und ging auf Marcy zu. „Hier ist das Mädchen, das du dir immer gewünscht hast“, sagte sie. Dann breitete sie die Arme aus und ließ das Baby fallen.

Marcy schreckte in ihrem Bett hoch. „Nein!“, rief sie und schnappte hektisch nach dem Kind, bevor es auf den Boden fiel. Mit zitternden Fingern strich sie sich das Haar aus dem Gesicht und stellte mit einem Blick auf den Wecker erstaunt fest, dass es schon fast acht war. Die Ereignisse des vergangenen Abends hatten sie so erschöpft, dass sie wahrscheinlich bis zum Mittag geschlafen hätte, wenn ihr Albtraum sie nicht wach gerüttelt hätte. „Bescheuerter Traum“, murmelte sie. Kuchen und Babys, dachte sie kopfschüttelnd. Lächerlich.

Babycakes. Ein Kosename für kleine Kinder oder Liebespaare, der nichts mit Kuchen zu tun hatte. Und schon gar nicht mit Vanilletorte. Aber Jax hatte scherzhaft von einer „Operation Babycakes“ gesprochen. Das O’Connor-Baby, dachte Marcy mit stockendem Atem. Caitlin. Ihr wurde eiskalt.

Waren Jax und Devon in einen wahnwitzigen Plan verwickelt, der etwas mit dem Baby der O’Connors zu tun hatte? Und gehörte es zu diesem Plan, das ahnungslose Kindermädchen Shannon zu becircen?

Blöde Gans hatte Jax sie genannt. Wohl kaum die Worte eines entflammten Verehrers. *Ich kann das Geld schon riechen.* Gab es möglicherweise einen Plan, Caitlin O’Connor zu entführen und ein Lösegeld zu verlangen?

Marcy sprang aus dem Bett und schlüpfte in die Kleidung von gestern. Sie hatte keine Zeit zum Duschen, keine Zeit zum Einkaufen und auch keine Zeit fürs Frühstück. Sie hatte für gar nichts Zeit, bis sie ihre Tochter gefunden und diesem Wahnsinn ein Ende bereitet hatte.

Sie wusste zwar nicht, wo sie Devon finden konnte, aber wo die O'Connors wohnten, wusste sie ganz genau. Sie würde schnurstracks dorthin gehen und sie warnen, dass ihr Baby in Gefahr war. Hoffentlich waren sie noch nicht nach Kinsale aufgebrochen.

Ob die O'Connors ihr glauben würden oder nicht, spielte dabei keine Rolle. Entscheidend war, dass die O'Connors nach ihrer Warnung vor einer potenziellen Bedrohung wachsamer sein würden. Marcy konnte so den schwachsinnigen Plan vereiteln, der für alle Beteiligten nur in einer Katastrophe enden konnte. Sie würde das schaffen, woran sie früher immer wieder gescheitert war: Sie würde ihre Tochter vor sich selbst schützen.

Vorausgesetzt, Devon war beteiligt.

War sie das?

Marcy beschloss, ein Taxi zu nehmen, ein Fehler, den sie sofort bereute, denn der Verkehr war noch dichter als sonst, und es dauerte eine Ewigkeit, bis der Taxifahrer anhielt. „Nun, da wären wir. Adelaide Road 117."

Marcy bezahlte das Taxi und rannte dann den Pfad hinauf, klingelte und klopfte an die schwarze Haustür der O'Connors. Hoffentlich ist jemand zu Hause, betete sie.

Aber es war niemand da.

Marcy ging um das Haus herum, obwohl sie wusste, dass es wenig Sinn hatte, auch noch an die Seitentür zu klopfen. Was sollte sie jetzt machen?

Sie kehrte zur Haustür zurück und bemerkte, dass sich die Gardinen vor dem Fenster des Hauses gegenüber bewegten, als ihr Handy zu klingeln begann. Sie zog es aus der Handtasche, klappte es auf.

„Wo bist du?", fragte Liam, noch bevor sie Hallo sagen konnte.

Marcy erzählte es ihm.

„Was?", fuhr er sie an. „Was machst du denn da?"

Marcy berichtete von ihrem Ausflug ins Mulcahy's, wo sie Jax und Shannon gesehen hatte, und von dem belauschten Telefongespräch und ihren Schlussfolgerungen.

„Moment mal", unterbrach er sie. „Du sagst, du glaubst, es gibt einen Plan, das Baby der O'Connors zu entführen?"

„Du hältst mich für verrückt", sagte Marcy.

Seine Antwort überraschte sie. „Ich denke, du solltest die Gardai anrufen."

„Ich habe Angst, dass Devon in die Sache verwickelt sein könnte. Ich will nicht, dass sie Ärger bekommt."

„Und was ist, wenn du Recht hast und dem O'Connor-Baby etwas zustößt?"
„Ich weiß nicht, was ich machen soll", sagte Marcy.
Von ferne hörte sie Sirenengeheul, das langsam näher kam. Ein Streifenwagen kam die Straße herauf und hielt vor der Auffahrt der O'Connors. Marcy sah, wie die neugierige Nachbarin aus dem Haus gegenüber kam und mit einem der Polizisten redete, während ein zweiter Polizist entschlossen auf sie zukam.
„Ruf die Gardai", sagte Liam noch einmal.
„Das ist nicht nötig", sagte sie.

ZEHN

Also, Mrs Taggart", sagte Christopher Murphy und lehnte sich auf seinem Schreibtischstuhl zurück, „ich glaube wirklich, wir sollten uns nicht mehr so oft sehen."
Marcy belohnte den Versuch des Polizisten um ein wenig Leichtigkeit mit einem Lächeln. „Es tut mir wirklich leid, dass ich Ihnen so viel Ärger mache", erklärte sie ihm. „Aber soweit ich weiß, habe ich gegen kein Gesetz verstoßen."
„Ich denke, für Erregung öffentlichen Ärgernisses würde es reichen. Das ist Ihr dritter Besuch auf dieser Wache in drei Tagen", sagte er. „Ganz zu schweigen von der Eskapade gestern Abend."
„Welche Eskapade?" Hatte dieser Kieran etwa Anzeige erstattet?
„Soweit ich weiß, haben Sie eine Weile bei einem meiner Jungs auf dem Vordersitz seines Streifenwagens gesessen", sagte Murphy.
Marcy ließ die Schultern sacken. „Das stimmt allerdings."
„Marcy Taggart, kanadische Staatsbürgerin, wurde gegen zehn Uhr abends zu Fuß in den Cork Hills angetroffen", zitierte er aus dem Gedächtnis, „wahrscheinlich angetrunken ..."
„Ich war nicht betrunken. Ich brauchte bloß ein bisschen frische Luft."
„Um zehn Uhr abends? Im strömenden Regen? Meilenweit von Ihrem Hotel entfernt?" Murphy schüttelte den Kopf. „Und haben Sie das auch heute Morgen getan? Ein bisschen frische Luft geschnappt?" Ein weiteres Kopfschütteln. „Mrs Leary hat gesagt, es wäre nicht das erste Mal gewesen, dass sie Sie beim Haus der O'Connors hat rumschnüffeln sehen."
„Ich habe nicht *rumgeschnüffelt*", erwiderte Marcy spitz. „Wenn jemand rumschnüffelt, dann diese blöde Mrs Leary."

„Sie hat gesehen, wie Sie bei den O'Connors durchs Fenster gespäht haben."

„Ich wollte bloß nachsehen, ob die O'Connors noch da sind."

Murphy nickte. „Dass niemand auf Ihr Klopfen und Klingeln reagiert hat, war nicht Hinweis genug?"

„Ich habe doch schon gesagt …"

„… dass Sie versucht haben, die Familie zu warnen", stellte der Polizist fest, als sein Kollege Sweeny hereinkam und ihm etwas ins Ohr flüsterte. Murphy nickte, und Sweeny verließ mit einem wissenden Lächeln zu Colleen Doyle hinüber das Zimmer. Die Polizistin stand in der Ecke des Zimmers. „Vor einer Verschwörung, ihr Baby zu entführen."

„Das ist richtig", sagte Marcy.

„Und Sie glauben das, weil …?"

Marcy seufzte. Ihr war klar, dass sie nicht hier rauskam, bevor sie jedes Detail ihrer Geschichte noch einmal durchgegangen waren.

„Ich habe vor dem Mulcahy's ein Telefonat belauscht."

„Und im Mulcahy's haben Sie auch zufällig den Burschen gesehen, der Sie vor ein paar Tagen mit seinem Fahrrad angefahren hat. Zusammen mit Shannon, dem Mädchen, mit dem Sie unlängst in Grogan's House eine Auseinandersetzung hatten. Und dann haben Sie mitbekommen, wie die beiden eine Entführung geplant haben?"

„Nein." Marcy verstand sehr wohl, dass die Frage keineswegs ein Flüchtigkeitsfehler seinerseits war. „Ich habe ein Telefonat von Jax belauscht."

„Als Sie ihm nach draußen gefolgt sind", stellte Murphy fest.

„Ja."

„Und er hat von der Entführung des O'Connor-Babys gesprochen?"

„Nicht direkt. Er hat gesagt, alles würde nach Plan laufen", berichtete Marcy. „Er hat einen Witz über eine Operation Babycakes gemacht."

„Operation Babycakes?", wiederholte der Polizist ungläubig. „Und Sie haben angenommen, dass er von dem Baby der O'Connors gesprochen hat."

Marcy beschloss, seinen Sarkasmus zu überhören. „Nicht sofort, nein. Ich hatte zunächst keine Ahnung, wovon die Rede war."

„Und wann sind Sie darauf gekommen?"

Marcy zögerte. Das war der Moment, den sie befürchtet hatte. „Ich hatte einen Traum", gab sie widerstrebend zu und konnte sich den amüsierten Gesichtsausdruck der beiden Gardai schon vorstellen.

„Diese Erleuchtung ist Ihnen also in einem Traum gekommen, ja?"

„Der Traum hat mir nur geholfen, die Einzelteile zusammenzufügen."

„Vielleicht wären Sie so gütig, mir zu erklären, wie."

„Jax hat gesagt, dass alles nach Plan laufen würde", wiederholte Marcy mit lauter werdender Stimme. „Aber nun müsse das Ganze verschoben werden, weil die O'Connors ein paar Tage wegfahren, und er war ganz aufgeregt, weil er das Geld schon riechen konnte."

„Das Lösegeld, das er kassieren würde?"

„Ja."

„Hat er explizit von einem Lösegeld gesprochen?"

Marcy schüttelte den Kopf. „Nein."

„Wenn Sie gedacht haben, dass jemand plant, das Baby der O'Connors zu entführen, warum haben Sie uns dann nicht alarmiert?", fragte Murphy folgerichtig.

Marcy atmete tief ein. „Weil ich Angst hatte, dass Devon in die Sache verwickelt sein könnte. Ich wollte nicht, dass sie Ärger bekommt."

„Sie sind also schnurstracks zum Haus der O'Connors gerannt, um sie zu warnen?", fragte Murphy bohrend, obwohl sein Ton verriet, dass er die Antwort auf seine Frage schon kannte.

„Nicht sofort, nein. Ich brauchte Zeit, um mir alles zusammenzureimen. Glauben Sie mir, ich weiß, dass sich das alles verrückt anhört", sagte Marcy.

„Es klingt wirklich ein bisschen weit hergeholt", meinte Colleen Doyle.

Christopher Murphy kam um den Schreibtisch herum. „Mrs Taggart, ich bezweifle keine Sekunde lang, dass Sie all das glauben, was Sie uns erzählt haben. Außerdem glaube ich, dass Sie nur das Beste wollen."

„Aber Sie glauben auch, dass das, was ich sage, jeder sachlichen Grundlage entbehrt."

„Sehen Sie das Ganze doch mal aus unserer Perspektive." Er atmete tief ein. „Sie haben binnen zwei Jahren zwei schreckliche Verluste erlitten: Ihre Tochter ist vermutlich bei einem tragischen Unfall ertrunken, und Ihr Mann hat Sie verlassen. Sie sind allein in einem fremden Land, Ihre Fantasie arbeitet auf Hochtouren. Sie sind bereits zweimal wegen Ruhestörung hierhergebracht worden; Sie sind aus Ihrer Pension geflogen; man hat Sie nachts allein durch die Straßen irrend aufgegriffen; Sie haben mit Männern geschlafen, die Sie kaum kannten…"

„Verzeihung?"

„Es tut mir leid. Das steht mir nicht zu. Es steht Ihnen natürlich frei zu schlafen mit wem auch immer Sie wollen."

„Ich habe in den letzten fünfundzwanzig Jahren mit genau zwei Männern geschlafen", sagte Marcy. „Mit meinem Mann und…"

„…einem Mann, den Sie im Bus kennen gelernt haben“, beendete Murphy den Satz für sie. „Wir haben mit Vic Sorvino gesprochen. Wir haben ihn gestern auf dem Flughafen abgefangen, als er gerade in ein Flugzeug nach Rom steigen wollte. Er hat bestritten, etwas mit der Verwüstung Ihres Hotelzimmers zu tun zu haben, und behauptet, alles sei noch intakt gewesen, als er es verlassen habe.“

„O Gott! Der arme Vic.“ Natürlich hatte er nichts mit der Verwüstung Ihres Zimmers zu tun. Es war Jax gewesen.

„Und Liam Flaherty?“, fragte Colleen Doyle.

„Wie genau würden Sie Ihre Beziehung zu Mr Flaherty beschreiben?“, fragte Murphy.

„Er ist ein Freund. Ich habe Ihnen doch schon erklärt, dass er mir bei meiner Suche nach Devon hilft. Sie können ihn ja fragen, wenn Sie wollen.“

„Ich denke, das werde ich tun. Er wartet im Nebenzimmer.“

„Was?“

„Er ist vor einer halben Stunde hier aufgetaucht und scheint sehr besorgt um Sie zu sein.“

„Er hat mich beschworen, Sie anzurufen“, erklärte Marcy.

„Sie hätten auf ihn hören sollen.“

Da hat er Recht, dachte sie.

„Wenn Sie mich einen Moment entschuldigen“, sagte Murphy und verließ das Zimmer.

Marcy lehnte sich zurück, schloss die Augen und machte sie erst wieder auf, als die Tür geöffnet wurde und Christopher Murphy ihr erklärte, dass sie gehen könne.

„Wie spät ist es?“, fragte Marcy Liam und schirmte ihre Augen gegen das unerwartet helle Sonnenlicht ab, das sie beim Verlassen der Polizeiwache blendete.

„Kurz vor Mittag.“

„Was? Wie ist das möglich?“

„Du warst den ganzen Vormittag auf der Wache.“

Marcy schüttelte den Kopf. Ein halber Tag war vergangen. Und bei der Suche nach ihrer Tochter war sie keinen Schritt weiter. „Die halten mich für verrückt“, sagte sie verdrossen.

„Ja“, erwiderte Liam lächelnd. „Das könnte sein.“ Er winkte ein vorbeifahrendes Taxi heran. „Hayfield Manor Hotel“, erklärte er dem Fahrer, als sie hinten einstiegen.

„Danke, dass du gekommen bist.“

„Nichts zu danken.“

Marcy schüttelte den Kopf. „Soweit es die Polizei betrifft, habe ich jede Glaubwürdigkeit verloren.“

Liam nickte. „Ich denke, diese letzte Geschichte über den Plan, das O’Connor-Baby zu entführen, könnte den Ausschlag gegeben haben.“

„Es hat sich wahrscheinlich auch ziemlich wirr angehört. Und was machen wir jetzt?“

„*Du* machst gar nichts. Es sei denn, du willst, dass man dich einsperrt.“

„Aber was ist, wenn ich Recht habe? Wenn etwas geschieht …?“

„Dann geschieht es eben. Niemand kann behaupten, er wäre nicht gewarnt worden.“

„Glaubst du, dass sie wenigstens mit den O’Connors reden?“

Liam zuckte die Achseln. „Ich glaube, es steht bestimmt nicht ganz oben auf ihrer Prioritätenliste.“

„Würdest *du* mit ihnen sprechen?“, fragte Marcy nach einer kurzen Pause.

„Ich?“

„Es muss sie doch jemand warnen.“ Marcy sah den flüchtigen resignierten Blick in Liams wunderbaren grünen Augen, der ihr sagte, dass sie vielleicht auch bei ihm ihre Glaubwürdigkeit verspielt hatte. „Es sei denn, du glaubst mir nicht …“

„Ich glaube, dass du deine Tochter gesehen hast. Aber von dort zu der Vorstellung zu kommen, dass sie in eine kriminelle Verschwörung verwickelt sein könnte …“

„… hältst du auch für verrückt, oder was?“, warf Marcy ihm an den Kopf.

Liam seufzte. „Fakt ist: Du hast vor einem lauten Nachtklub eine Seite eines Gespräches belauscht, und dann hattest du einen verrückten Traum.“

„Der alles erklärt hat“, sagte sie vehement und hielt inne. Er hatte Recht. Genau wie Christopher Murphy. Und Judith. Und Peter. Verdammt, alle hatten Recht. Sie war *wirklich* verrückt.

„Okay, hör zu“, sagte Liam. „Dir zuliebe rede ich mit den O’Connors, sobald sie zurück sind.“

„Ich komme mit“, sagte Marcy eifrig.

„Nein, du bleibst im Hotel und rührst dich nicht von der Stelle. Sind wir uns da einig?“

„Na gut“, sagte Marcy widerwillig. „Übrigens habe ich diese Sachen jetzt schon seit zwei Tagen an. Ich sollte mir wirklich ein paar neue Klamotten kaufen.“ Sie fuhren gerade am Merchants Quay Shopping Centre vorbei.

„Können Sie hier anhalten?“, fragte sie und tippte dem Fahrer auf die Schulter.

„Marcy, was machst du denn da?“, fragte Liam, als sie die Tür öffnete und aus dem Taxi sprang. „Marcy, warte!“

„Mir geht es gut, Liam, wirklich!“, rief sie ihm zu. „Ich muss mir nur ein paar neue Sachen kaufen.“

Eilig bezahlte er den Fahrer und stieg ebenfalls aus.

„Du musst nicht auf mich aufpassen“, erklärte sie ihm, als er sie kurz darauf am Eingang von Marks & Spencer einholte.

„Ich habe aber den Gardai versprochen, auf dich aufzupassen“, gab Liam verlegen zu. „Sonst hätten sie dich nicht rausgelassen.“

„Ach so.“

„Ist meine Gesellschaft so furchtbar?“, fragte er.

Marcy betrachtete sein fein geschnittenes Gesicht und verlor sich für einen Moment in seinem unverfroren eindringlichen Blick. „Warum bist du so nett zu mir?“

„Ich glaube, die Antwort darauf kennst du schon“, sagte er, legte den Kopf zur Seite und beugte sich vor.

Marcy begriff, dass er sie wieder küssen würde. Am helllichten Tag mitten in einem belebten Einkaufszentrum würde ein gut fünfzehn Jahre jüngerer, schöner Mann sie küssen. Und diesmal würde sie seinen Kuss erwidern.

„Warte“, sagte Liam, und sein sanfter Atem kitzelte ihre geschlossenen Augenlider.

Sie öffnete die Augen und sah, wie er zu der großen gläsernen Eingangstür ging. „Was ist denn los?“

„Ich dachte, ich hätte den Mann gesehen, mit dem du zusammen warst, den aus deiner Pension ...“

„Vic Sorvino?“ Marcy stieß die Glastür auf und ließ ihren Blick über die Mengen der Samstagnachmittagsshopper schweifen. „Du hast Vic gesehen?“

„Ich bin mir nicht ganz sicher, ob er es war“, gab Liam zu.

War es möglich, dass Vic noch in Irland war? Und wenn er sich tatsächlich in diesem Moment im Merchants Quay Shopping Centre aufhielt, lautete die nächste logische Frage: Wieso? Was machte er hier?

„Ich kann ihn nirgends sehen“, sagte Liam, während Marcy weiter das Einkaufszentrum absuchte.

„Nein“, stimmte Marcy ihm zu. Sie atmete ein paarmal tief durch, um ihr wild pochendes Herz zu beruhigen.

„Alles in Ordnung?“, fragte Liam. „Du siehst ein bisschen blass aus.“

„Ich brauche wirklich ein paar neue Sachen“, hörte Marcy ihre Stimme wie außerhalb ihres Körpers sagen.

„Was brauchst du?“, fragte Liam.

„Alles“, sagte sie.

Zwanzig Minuten später trat sie an die Kasse mit zwei Hosen, einer schwarzen und einer kakifarbenen, zwei T-Shirts, weiß und beige, einer blau-weiß gestreiften Baumwollbluse, einer dunkelblauen Jacke, Socken, Unterwäsche und einem Flanellschlafanzug. „Das sollte fürs Erste reichen“, sagte sie und gab die Sachen einer Kaugummi kauenden Verkäuferin mit flammend roten Haaren.

Die Verkäuferin scannte die Waren ein, und Marcy gab ihr ihre Kreditkarte. „Offenbar gibt es ein Problem mit Ihrer Karte“, erklärte die Verkäuferin ihr Sekunden später. „Sie wird nicht angenommen.“

„Das ist unmöglich. Versuchen Sie es noch mal.“

Die Verkäuferin zog die Karte noch einmal durch das Lesegerät. „Nein. Wieder nichts. Tut mir leid.“

„Das verstehe ich nicht“, murmelte Marcy.

„Hast du vielleicht vergessen, deine letzte Abrechnung zu bezahlen?“, fragte Liam.

„Nein. Darum kümmert sich Peter“, sagte sie und spürte, dass ihre Knie weich wurden.

„Hier“, sagte Liam und gab der Verkäuferin seine Karte. „Nehmen Sie die.“

„Nein“, protestierte Marcy. „Das geht doch nicht.“

„Du zahlst es mir zurück, wenn du das geregelt hast.“

Was geregelt?, fragte Marcy sich. Meine Kreditwürdigkeit? Die Suche nach meiner Tochter? Mein Leben?

„Wenn Sie bitte hier unterschreiben würden“, forderte die Verkäuferin Liam auf.

„Das verstehe ich nicht“, murmelte Marcy, während er unterschrieb. Doch sie verstand es nur allzu gut. Peter hatte von ihren jüngsten Eskapaden gehört und daraufhin ihre Kreditkarten sperren lassen. Der Raum begann sich vor ihren Augen zu drehen. Im nächsten Moment gaben ihre Knie nach. Das Letzte, was sie sah, bevor sie in Ohnmacht fiel, waren Liams ausgestreckte Arme, der sie auffing, bevor sie auf dem Boden aufschlug.

Sie wachte auf, weil es klopfte.

„Wer ist da?“ Marcy richtete sich im Bett auf und versuchte, sich zu orientieren. Die Bleiglasfenster und die zart apricotfarbenen Wände verrieten ihr, dass sie in ihrem Zimmer im Hayfield Manor Hotel war. Der Wecker auf dem Nachttisch verkündete, dass es kurz vor sechs Uhr abends war. War sie krank? Was war mit dem Rest des Tages geschehen?

„Zimmerservice!“, rief eine Stimme vor der Tür.

Marcy schlüpfte in den weißen Frotteebademantel. Sie konnte sich nicht erinnern, etwas beim Zimmerservice bestellt zu haben.

„Wo soll ich servieren?“, fragte ein Mann, als sie die Tür öffnete. Dann schob er einen Servierwagen in die Mitte des Raumes.

„Ich glaube, da liegt ein Irrtum vor“, sagte Marcy.

Der junge Mann beugte sich hastig über den Zettel mit der Bestellung. „Zimmer 211?“

„Ja, aber …“

„Steak, medium, mit einer Ofenkartoffel und Möhrenpüree“, sagte er und hob mit vollendetem Schwung die silbernen Hauben von den Tellern. „Dazu als Vorspeise einen Cäsar-Salat und zum Dessert Karamellpudding.“

Marcy wollte einwenden, dass sie nichts von alldem bestellt hatte, doch sie änderte ihre Meinung, als sie den köstlichen Duft des Steaks wahrnahm und an den Karamellpudding dachte. „Sie können es dorthin stellen“, sagte sie also und zeigte neben ihr Bett.

„Wenn Sie bitte den Beleg unterschreiben würden.“

Marcy kritzelte ihren Namen auf die entsprechende Linie und fügte ein großzügiges Trinkgeld hinzu. Daran konnte Peter sie nicht hindern, dachte sie, als der junge Mann sich verabschiedete.

„Guten Appetit und einen schönen Abend.“

Marcy schloss die Tür hinter ihm, bevor sie sich aufs Bett fallen ließ und sich hungrig über das Steak hermachte. Wann hatte sie zuletzt etwas gegessen?

Wann hast du zum letzten Mal was gegessen?, hörte sie Liam fragen, dessen Gesicht über ihr schwebte. Wann? Wo?

Marks & Spencer, fiel ihr wieder ein, und die verlorenen Stunden stürzten jäh auf sie ein: die Adelaide Road, die Polizeiwache, Liam, das Einkaufszentrum, die Bewusstlosigkeit und dann beim Aufwachen Liams Stimme. *Wann hast du zum letzten Mal was gegessen?*

Er hatte sie ins Hotel zurückbegleitet und ins Bett gebracht. „Hier“, hatte er gesagt und ihr eine kleine weiße Tablette gegeben. „Leg das unter deine Zunge, damit du schlafen kannst.“

„Ich muss nicht schlafen“, widersprach sie, aber es klang matt und wenig überzeugend.

„Von wegen. Ich muss arbeiten und will mir deinetwegen nicht den ganzen Tag Sorgen machen. Ich bestelle dir beim Zimmerservice was zum Abendessen. Bis dahin ruhst du dich aus. Du möchtest deiner Tochter doch nicht halb tot gegenübertreten, wenn wir sie finden, oder? Also tu dir und mir einen Gefallen und schluck die verdammte Tablette.“

Und sie hatte die Tablette geschluckt, daran konnte sie sich erinnern.

Dann verspeiste sie das Steak, die Ofenkartoffel, das Möhrenpüree, ihren Salat und den Pudding, schob den Servierwagen in den Flur hinaus, kroch zurück ins Bett und schlief tief und fest ein.

Um zwei Uhr nachmittags wurde sie von Liams Anruf geweckt.

„Gott sei Dank“, sagte er, als sie beim dritten Klingeln abnahm. „Ich habe mir schon Sorgen gemacht.“

Marcy blickte zum Fenster. Es regnete wie aus Eimern. Sie richtete sich auf. „Mir fallen ständig die Augen zu. Was für eine Tablette hast du mir gestern eigentlich gegeben?“

„Bloß Valium.“

„Ich war wohl erschöpfter, als ich gedacht habe. Aber jetzt habe ich einen kompletten Tag vergeudet.“

„Du hast nichts verpasst. Hast du gesehen, was für ein Wetter ist? Du solltest dir freinehmen und dich ausruhen, Marcy.“

„Sieht so aus, als hätte ich kaum eine andere Wahl“, sagte sie.

„Ich schau auf dem Weg zur Arbeit mal vorbei.“

„Nein, das musst du nicht.“

„Ich mache nie irgendwas, was ich tun *muss*“, erklärte er ihr. „Aber jetzt muss ich wirklich los – meine Mum besuchen. Sie hat sich beschwert, dass sie mich in letzter Zeit kaum noch zu sehen bekommt.“

„Hast du nicht gerade gesagt, dass du nie etwas machst, was du tun *musst*?“, fragte sie ihn.

Er lachte. „Ich schätze, für Mütter gilt die Regel nicht.“

„Ach so.“ Als sie auflegte, dachte Marcy an ihre eigene Mutter, für die nie irgendwelche Regeln gegolten hatten.

Marcy stand auf, stieg in die Dusche, ließ das heiße Wasser über ihren Kopf strömen und fragte sich nicht zum ersten Mal, was sie anders hätte machen können.

Du machst dir zu viele Gedanken, hatte Judith sie einmal ermahnt.

Denken Sie beim Abschlag nicht zu viel nach, hatte auch Sarah bei einer von Marcys ersten Golfstunden erklärt. *Das ist das Problem mit den Golfern heutzutage, allesamt überqualifizierte Controlfreaks, die versuchen, ein Spiel zu spielen, das man nicht kontrollieren kann. Also denken Sie nicht nach. Schwingen Sie ganz locker aus der Hüfte.*

Marcy fragte sich, wann genau Sarah aufgehört hatte zu denken und wann sie begonnen hatte, mit ihrem Mann ganz locker aus der Hüfte zu schwingen. „Nicht lange nachdenken", sagte sie laut, trat aus der Dusche und wickelte sich in zwei dicke, flauschige Badelaken. Dann zog sie frische Unterwäsche sowie die Kakihose und das beigefarbene T-Shirt aus der Tüte mit ihren Neuerwerbungen an. Sie kämmte ihr feuchtes Haar, bevor sie zum Telefon griff und Peters Nummer wählte.

Es klingelte viermal, bevor sich die Mailbox einschaltete. „Hi", meldete sich Sarahs blasierte Stimme, „dies ist der Anschluss von Sarah Harris ..."

„... und Peter Taggart", stimmte Peter mit ein.

„Wir können Ihren Anruf zurzeit leider nicht persönlich entgegennehmen", fuhr Sarah fort.

Marcy stöhnte laut, als ihr plötzlich einfiel, dass dies vermutlich das Wochenende war, an dem Peter Darren im Ferienlager besuchte, wo er den Sommer über als Betreuer arbeitete. Und Sarah würde natürlich an seiner Seite sein, fröhlich, gesprächig und geradezu abstoßend hilfsbereit – wie die Mutter, die Marcy hätte sein sollen.

„Wenn Sie Ihren Namen, Ihre Nummer und eine kurze Nachricht hinterlassen", sagte Peter, „dann rufen wir so bald wie möglich zurück."

„Auf Wiedersehen und einen wunderschönen Tag", fügte Sarah noch hinzu, bevor es piepte.

„Den hätte ich ja gern", erklärte Marcy ihnen. „Aber offenbar hat jemand meine Kreditkarten gesperrt, wenn also der Mann mit dem netten Lächeln und den geraden Zähnen so nett wäre, dieses Durcheinander so schnell wie möglich zu klären, werde ich so großzügig sein, nicht die ganze Scheidung platzen zu lassen, wenn ich zurückkomme. Mit deiner Tochter", fügte sie noch hinzu. Dann knallte sie den Hörer auf die Gabel.

Judith und Sarah hatten Recht. Es fühlte sich toll an, nicht nachzudenken und einfach ganz locker aus der Hüfte zu schwingen. Ungefähr zehn Sekunden lang. Und dann fühlte sie sich hundeelend.

Peter würde an die Decke gehen, wenn er die Nachricht abhörte. Nie im Leben würde er ihre Kreditkarten wieder freischalten lassen.

Eilig tippte sie die nächste Nummer ein. Vermutlich saß Judith gerade nach dem morgendlichen Training bei einer Tasse Kaffee am Küchentisch und entspannte sich. Sie meldete sich nach dem ersten Klingeln.

„Hallo Judith."

„Marcy! Wo zum Teufel steckst du?"

„Immer noch in Irland. Judith, ich brauche deine Hilfe."

„Natürlich helfe ich dir, Marcy. Was soll ich denn machen?"

„Peter hat meine Kreditkarten sperren lassen. Kannst du mir Geld anweisen lassen?", fragte Marcy. „Nicht viel. Dreitausend Dollar sollten reichen. Ich würde dich nicht darum bitten, aber mir geht das Bargeld aus …"

„Dreitausend Dollar?", wiederholte Judith ungläubig. „Steckst du in der Klemme?"

„Nein, ich stecke nicht in der Klemme. Ich zahle dir das Geld natürlich zurück, sobald ich nach Hause komme."

„Und wann ist das?"

„Bald. Sobald ich Devon gefunden habe", sagte Marcy und stellte sich vor, wie ihre Schwester verzweifelt den Kopf auf die Brust sinken ließ.

„Du hast gesagt, du hast deinen Frieden gemacht. Du hast mir erklärt …"

„Sie war glücklich, oder nicht?", unterbrach Marcy sie. „Ich meine, es war doch nicht alles Elend und Trübsal. Es gab auch Momente, in denen Devon glücklich war. Oder nicht?"

Judiths Stimme wurde sofort sanfter. „Natürlich."

Marcy dachte an die letzten Wochen vor Devons Verschwinden, Wochen, in denen ihre Tochter nicht nur glücklich, sondern fast heiter und gelassen gewesen war. Hatte sie da schon gewusst, dass sie weggehen würde?

Judiths Argument dazu war, dass Menschen häufig zu großer Ruhe fanden, wenn sie die Entscheidung getroffen hatten, ihr Leben zu beenden. Aber Marcy wollte das jetzt nicht hören.

„Schickst du mir jetzt das Geld oder nicht?", fragte sie schnell.

„Wohin soll ich es schicken?", fragte Judith nach einer längeren Pause.

„Schick es an das Hayfield Manor Hotel in Cork." Marcy nahm den Notizblock neben dem Telefon und las Judith die Adresse des Hotels vor.

„Ich gehe gleich morgen früh zur Bank", versprach Judith. Das Geld müsste dann Dienstag da sein. Marcy, bitte …"

„Ich muss Schluss machen", unterbrach Marcy sie und legte auf. Dann saß sie etliche Minuten schweigend da. Ihr Kopf war leer. Begleitet von ihrem neuen Mantra – *nicht denken, nicht denken* – sprang sie schließlich auf, schnappte sich ihre neue Jacke und ihre Handtasche und verließ ihr Zimmer.

Sie sah ihn gleich, als sie in die Lobby kam. Er stand halb versteckt hinter einer Säule in der Nähe der prachtvollen Treppe, und sie hätte ihn vielleicht übersehen, wenn sie nicht an der Rezeption gefragt hätte, wo sie einen Regenschirm ausleihen könnte.

„Sie haben doch nicht ernsthaft vor, da rauszugehen?“, fragte man sie am Empfang.

Aber Marcy hatte sich bereits abgewandt, ging auf den Mann hinter der Säule zu und blieb direkt vor ihm stehen. „Was machst du hier?“, fragte sie ihn ohne jede Vorrede.

Vic Sorvino hob langsam den Blick, seine Entdeckung war ihm sichtlich peinlich. „Marcy“, sagte er. Beim Klang ihres Namens aus seinem Mund bekam sie sofort wieder weiche Knie.

Was ist denn mit mir los?, fragte sie sich ungehalten. „Was machst du hier?“, wiederholte sie.

Vic sah auf einmal so verwirrt aus, wie sie sich fühlte. „Ich weiß es nicht.“

„Das verstehe ich nicht.“

„Ich auch nicht.“

So standen sie etliche Sekunden, weil Marcy es nicht schaffte, sich einfach abzuwenden. So gut sieht er eigentlich nicht aus, Liam ist viel attraktiver, dachte sie. Aber Vic hatte etwas an sich. Vielleicht war es die lodernde Eindringlichkeit seiner blauen Augen, die ihren Blick suchten, nicht mehr loslassen wollten und nach dahinter verborgenen Geheimnissen forschten. War sie deshalb so gemein zu ihm? Weil sie wusste, dass er schreiend das Weite suchen würde, wenn er sie *wirklich* kennen würde? Wie fast jeder, den sie je geliebt hatte. Ihre Mutter. Peter. Devon.

„Hast du mich verfolgt?“, fragte sie. „Warst du das gestern im Einkaufszentrum?“

„Vielleicht sollten wir uns kurz setzen.“ Er führte sie zu einem Sofa, ließ sich neben ihr auf das weiche Samtpolster sinken und nahm ihre Hand.

„Warst du es oder nicht?“, fragte sie noch einmal.

„Ja.“

Hastig zog sie ihre Hand zurück. „Warum?“

Er schüttelte den Kopf, als wüsste er es selbst nicht genau. „Nachdem die Gardai mich wegen des Einbruchs in dein Hotelzimmer vernommen hatten, habe ich beschlossen, noch ein paar Tage zu bleiben. Ich habe Detective Murphy gebeten, mich auf dem Laufenden zu halten.“ Vic schüttelte wieder den Kopf. „Er hat mich gestern angerufen und gesagt, dass man dich auf die Wache bringen würde. Ich bin sofort hingegangen, weil ich unbedingt mit dir sprechen wollte, um dir zu sagen, dass ich nichts mit der Verwüstung deines Zimmers zu tun habe."

„Ich habe auch nicht gedacht, dass du zu so etwas fähig bist."

„Vielen Dank."

„Niemand hat mir gesagt, dass du hier bist."

„Ist ja auch egal", fuhr er fort. „Du bist mit dem jungen Mann aus dem Pub weggefahren, und ich bin euch spontan gefolgt. Frag mich nicht, warum. Ich nehme an, weil ich mir Sorgen um dich gemacht habe."

„Das musst du nicht."

„Jemand bricht in dein Hotelzimmer ein und zerstört deine Sachen. Ich würde sagen, das ist Grund zur Sorge."

„Aber es ist nicht *deine* Sorge."

Vic saß ein paar Sekunden lang vollkommen still. Dann atmete er tief ein. „Nein, das ist richtig." Die Andeutung eines trockenen Lächelns zerrte an seinen Mundwinkeln. „Okay, ich gebe zu, dass ich manchmal ein bisschen beschränkt bin, aber irgendwann fällt auch bei mir der Groschen." Er stand auf. „Es tut mir leid. Ich werde dich nicht wieder behelligen."

Vics Blick schweifte zum Eingang des Hotels.

„Was ist?", fragte Marcy.

„Sieht aus, als hättest du Besuch", sagte Vic.

Sie folgte seinem Blick und sah Liam durch die Eingangstür kommen und mit einem Schulterzucken die Regentropfen abschütteln. „Liam", stellte sie fest, stand auf und lief ihm entgegen. „Was machst du denn hier? Ich dachte, du wolltest deine Mutter besuchen."

„Ich dachte mir, ich schau vorher bei dir vorbei", sagte er. Dann küsste er sie auf den Mund. „Ich habe Neuigkeiten."

„Was für Neuigkeiten?", fragte Marcy und spürte den Abdruck seiner Lippen auf ihren. Sie drehte sich zu Vic um, weil sie wusste, dass er den Kuss gesehen hatte.

Aber Vic war verschwunden.

ELF

Es war fast sechs Uhr morgens, als Marcy es endgültig aufgab, noch ein wenig Schlaf zu finden. Sie hatte die ganze Nacht wach gelegen und versucht, die Ereignisse der letzten vierundzwanzig Stunden zu sortieren. *Aber warum so bescheiden? Warum nicht gleich der letzten vierundzwanzig Jahre?*

„Ich habe Neuigkeiten“, hatte Liam verkündet.

„Was für Neuigkeiten?“

„Ich bin beim Haus der O’Connors vorbeigefahren. Frag mich nicht, warum.“

„Warum?“, fragte Marcy sich jetzt laut, richtete sich auf und starrte, die Arme um die angewinkelten Beine geschlungen, aus dem Fenster. Irgendwann in den letzten Stunden hatte es endlich aufgehört zu regnen. War das ein Zeichen?

Du kannst aufhören, dir meinetwegen Sorgen zu machen, flüsterte Devon ihr aus dem grauen Morgennebel vor dem Fenster zu. *Mir geht es gut, Mommy. Ich bin glücklich.*

„Im ganzen Haus brannte Licht“, hatte Liam ihr gestern Nachmittag berichtet.

Wir sind schon lange nicht mehr glücklich gewesen, sagte Peter.

„Sie müssen früher nach Hause gekommen sein.“

Mir geht es gut, Mommy. Ich bin glücklich.

„Sie sind zu Hause?“

„Also habe ich gedacht, was soll’s“, erzählte Liam ihr. „Ich ruf einfach an.“

„Du hast die O’Connors angerufen? Was hast du ihnen gesagt?“

„Nun, Shannon ist ans Telefon gegangen“, berichtete Liam. „Und das war perfekt, weil ich sowieso mit Shannon sprechen wollte. Ich habe ihr erklärt, wer ich bin, und ihr versichert, dass ich sie nicht in Schwierigkeiten bringen wollte, aber es sei sehr wichtig, dass sie mir zuhört.“

„Was hat sie gesagt?“

„Sie hat gar nichts gesagt. Sie hat bloß zugehört.“

Setzt euch, Mädchen, forderte der Schuldirektor Marcy und ihre Schwester auf und winkte sie in sein hell beleuchtetes Büro. *Ich fürchte, ich habe eine sehr schlechte Nachricht.*

„Und was hast du gesagt?“

„Dass ich sie am Freitagabend mit Jax gesehen habe und dass er ihr ein Paar Ohrringe geschenkt hat, die er aus deinem Hotelzimmer gestohlen hat. Sie wurde ganz aufgeregt und sagte, sie hätte nicht gewusst, dass die Ohrringe gestohlen waren. Und dann hat sie mich angefleht, nicht zur Polizei zu gehen.“

Marcy, die Polizei ist da.

„Ich habe ihr erklärt, ich hätte den begründeten Verdacht, dass Jax sie nur benutzt, um an das O’Connor-Baby heranzukommen …“

Wir haben ein gekentertes Kanu gefunden…

„Mein Gott, wie hat sie darauf reagiert?“

„Nun, sie war natürlich sehr aufgebracht…“

Hat Ihre Tochter in jüngster Zeit unter Depressionen gelitten?

„Was hat sie gesagt?“

„Dass ich mich bestimmt irre. Irgendwie konnte ich sie dann aber überzeugen. Jedenfalls hat sie versprochen, uns zu helfen.“

„Wie?“

„Sie will mit Audrey sprechen und ein Treffen vereinbaren… Nur dass zu dem Treffen nicht Shannon kommen wird…“

„Sondern ich“, flüsterte Marcy jetzt wie am Tag zuvor.

„Sondern du“, wiederholte er.

Marcy erhob sich vom Bett und trat ans Fenster. Sie erinnerte sich daran, was sie Liam dann gefragt hatte: „Was glaubst du, wie bald dieses Treffen stattfinden wird?“

„Könnte schon morgen passieren.“

Also heute, dachte Marcy und zitterte trotz ihres warmen Pyjamas.

Liam lachte. „Ich habe dir doch gesagt, dass am Ende alles gut wird.“

„Es ist nicht das Ende“, sagte sie jetzt laut.

Devon war nicht ertrunken.

Das war's dann also?, fragte sie den Mann, mit dem sie fast fünfundzwanzig Jahre verheiratet war, als sein Bild vor ihr auftauchte. *Du willst mich wirklich verlassen?*

Es ist besser so, Marcy. Das weißt du. Wenn ich bleibe, werden wir uns am Ende nur gegenseitig hassen.

Zu spät, erklärte sie ihm. *Ich hasse dich jetzt schon.*

Das ist schade. Ich hatte gehofft, wir könnten Freunde bleiben. Wir haben immer noch einen gemeinsamen Sohn.

Daran muss man mich nicht erinnern.

Bist du sicher?

Marcy verfluchte Peter und sah, wie sein Bild sich auflöste. Sie hasste ihn dafür, dass er es ausgesprochen hatte. Und noch mehr dafür, dass er Recht hatte.

Sie kehrte zum Bett zurück, nahm den Hörer ab und wählte eilig die Nummer von Darrens Handy. Nach dem dritten Klingeln wurde abgenommen, auch wenn man zunächst keine Stimme, sondern nur gedämpfte Geräusche und schweres Atmen hörte. „Hallo?“, fragte Marcy. „Hallo, Darren? Darren, bist du da?“

„Mom?“, flüsterte eine verschlafene Stimme.

„O mein Gott!“, sagte Marcy, als ihr einfiel, dass sie den Zeitunterschied vergessen hatte. „Es tut mir schrecklich leid. Habe ich dich geweckt?“

Sie stellte sich ihren Sohn unter der Decke seines schmalen Betts in einer alten Holzhütte vor, die er mit acht ihm anvertrauten zehnjährigen Jungen teilte, und begriff, dass er flüsterte, um sie nicht zu wecken.

„Ist schon okay“, murmelte er. Doch dann wurde er langsam wach. „Ist was passiert? Ist Dad etwas zugestoßen? Hatte er auf der Heimfahrt einen Unfall?“

Marcy merkte, dass sie ein bisschen eifersüchtig wurde. „Nein, er hatte keinen Unfall“, versicherte sie ihrem Sohn.

„Das verstehe ich nicht“, sagte Darren, und der letzte Rest Schläfrigkeit fiel von ihm ab. „Warum rufst du dann an?“

„Ich wollte einfach mit dir reden.“

„Um ein Uhr nachts?“

„Das tut mir wirklich leid. Ich habe den Zeitunterschied vergessen.“

„Den Zeitunterschied? Wovon redest du?“, fragte Darren.

„Ich bin in Irland.“

„Du bist in Irland?“, fragte ihr Sohn ungläubig.

Marcy hörte das unausgesprochene: *Bist du verrückt?* „Es tut mir leid, dass ich heute nicht kommen konnte“, erklärte sie ihm.

„Wieso? Du kommst doch nie zum Besuchstag.“

„Das ist nicht wahr“, widersprach Marcy und hielt inne, als sie merkte, dass es doch stimmte. Immer hatte sie eine Ausrede gehabt, um nicht nach Maine fahren zu müssen: Devon ging es nicht gut; Devon hatte einen Schub und weigerte sich, ihre Medikamente zu nehmen. „Wie ist denn das Wetter bei euch?“, erkundigte sie sich jetzt.

„Du fragst mich nach dem Wetter?“

„Hier regnet es fast jeden Tag.“

„Was zum Teufel machst du in Irland?“, fragte Darren. „Ist Judith bei dir?“

„Nein.“

„Was ist los, Mom? Hast du einen Nervenzusammenbruch?“

„Was? Nein, natürlich nicht.“

„Du hast doch nicht vor, etwas Verrücktes zu tun, oder?“

„Ich habe nicht vor, mich umzubringen, Darren.“

„Bist du sicher? Es liegt nämlich in der Familie, weißt du?“

„Deine Schwester hat sich nicht umgebracht.“

„Mom …"

„Es ist spät, ich lasse dich lieber schlafen."

Darren schwieg einen Moment. „Also gut", sagte er schließlich.

„Ich liebe dich", sagte Marcy.

„Ja. Gute Nacht, Mom."

Marcy legte auf. Ihr Sohn brachte also nicht mal ein „Ich liebe dich" über die Lippen, obwohl er befürchten musste, dass sie kurz vorm Selbstmord stand. Aber konnte sie ihm das verübeln? Sie hatte seit Jahren nicht aktiv an seinem Leben teilgenommen. Devon hatte all ihre Kraft als Mutter in Anspruch genommen, und trotzdem hatte Marcy sie am Ende enttäuscht. Ich bin eine schreckliche Mutter, dachte sie.

O bitte, meldete sich Judith ungeduldig zu Wort. *Es reicht mit der Selbstkasteiung. Du warst keine schreckliche Mutter. Muss ich dich daran erinnern, wie eine richtig schreckliche Mutter ist?*

Sie hat ihr Bestes gegeben, widersprach Marcy stumm.

Genau wie du.

Mein Sohn hasst mich. Meine Tochter ist …

Ist was?, fragte ihre Schwester so laut und deutlich, als würde sie direkt neben ihr stehen. *Was ist mit deiner Tochter, Marcy?*

Was habe ich getan?, fragte Marcy sich. Was mache ich bloß?

Schwerfällig schleppte Marcy sich zu dem Schreibtisch und nahm ihre Handtasche. Dann sank sie auf den Teppich, zog den mittlerweile abgegriffenen Umschlag heraus, ordnete die Fotos von Devon im Halbkreis um das einzelne Foto ihrer Mutter.

Dann zog sie den zweiten Umschlag heraus, entfaltete den darin enthaltenen Brief und begann zu lesen.

Meine wunderschöne Mommy, begann sie zu lesen. *Ich erwarte nicht, dass du Verständnis für das aufbringen wirst, was ich tun werde. Bitte sei nicht böse und glaube mir, dass ich diese Entscheidung bestimmt nicht leichten Herzens getroffen habe. Ich weiß, wie viel du meinetwegen gelitten hast. Glaub mir, wenn ich sage, dass ich dir nicht noch mehr Kummer machen will.*

Marcy sah sich den Flur zu Devons Zimmer hinunterrennen, nachdem die Polizisten gegangen waren. Der an sie adressierte Brief war sorgfältig auf dem Kissen platziert. Sie hatte ihn hastig eingesteckt, bevor Peter ihn sehen konnte. *„Kein Brief?",* hatte er mit aschfahlem Gesicht gefragt, als er kurz darauf in der Tür stand.

„Nein", hatte sie gelogen und gewartet, bis sie allein war, bevor sie ihn öffnete. Diese schrecklichen ersten Zeilen, die anzudeuten schienen …

„Nein“, sagte Marcy jetzt, wie sie es sich damals gesagt hatte, und zwang sich, weiterzulesen.

> Diese letzten Jahre waren eine Mischung aus Kummer, Leid und Verzweiflung. Ich weiß, wie schwer es für dich war. Ich hoffe, du weißt, wie schwer es auch für mich war. Manchmal hat es all meine Kraft erfordert, nur einen Fuß vor den anderen zu setzen und es durch einen endlosen Tag nach dem anderen zu schaffen. Es ist so weit gekommen, dass es mir sogar wehtut, Guten Morgen zu sagen, weil ich die Hoffnung sehe, die dieser schlichte Gruß in deinen Augen weckt. Dann muss ich zusehen, wie diese Hoffnung stirbt, während der Tag sich dahinschleppt. Jeder Tag ist schlimmer als der vorherige. Und die Nächte sind am schlimmsten von allem.
>
> Ich fühle mich, als wäre ich in eine bodenlose Grube aus Trauer gestiegen und käme nicht wieder heraus. Der Brunnen ist zu tief. Ich spüre, wie ich tiefer und tiefer unter die Wasseroberfläche sinke. Und jetzt weiß ich, dass Loslassen der einzige Ausweg ist.
>
> Ich kann ehrlich sagen, dass ich mich in den letzten Jahren nie so gut und leichter und lebendig gefühlt habe wie jetzt. Ich bin tatsächlich glücklich, so seltsam sich das auch anhören mag. Das Wissen darüber, was ich zu tun habe, hat mich befreit, und ich kann wieder an all die guten Zeiten denken, die wir gemeinsam erlebt haben: die Vormittage am Küchentisch, wenn wir gemalt haben, die Abende, wenn du geduldig an meinem Bett gesessen hast, bis ich eingeschlafen war, die Nachmittage, an denen wir auf dem Sofa aneinandergekuschelt „Sesamstraße“ geguckt haben.
>
> Vor allem aber erinnere ich mich an die wundervollen Sommer in unserer Hütte, an Kanufahrten und Sonnenbaden, lange Spaziergänge durch den Wald. Du warst immer so klug, so geduldig, so liebevoll. Und ich habe mir immer gewünscht, ich könnte genauso sein wie du.
>
> Bitte verzeih mir all die hässlichen Dinge, die ich zu dir gesagt habe. Du hast getan, was du konntest. Es ist nicht deine Schuld.
>
> Du sollst wissen, wie sehr ich dich liebe.
>
> Und dass ich endlich Frieden gefunden habe.
>
> Devon

„O Gott!“, flüsterte Marcy, und Tränen strömten über ihre Wangen. Was hatte das zu bedeuten? Dass ihre Tochter tatsächlich in die Bucht hinausgepaddelt und mit Absicht unter der eisigen Wasseroberfläche verschwunden war? Dass all ihr Bemühen, sich etwas anderes einzureden, die grausame Klarheit von Devons Worten nicht trüben konnte? Hatte sie sich deswegen stur geweigert, jemandem den Brief zu zeigen? Weil sie dann zu dem Eingeständnis gezwungen gewesen wäre, dass Peter und Judith Recht hatten, dass Devon sich das Leben genommen hatte.

Und jetzt weiß ich, dass Loslassen der einzige Ausweg ist.

„O Gott!“, sagte sie noch einmal, als das Telefon neben dem Bett zu klingeln begann. Sie starrte es an, ohne sich von der Stelle zu rühren. Ihre Tochter war tot. Marcy konnte es nicht länger leugnen.

In Wahrheit hatte sie es die ganze Zeit gewusst.

Das Telefon verstummte, begann aber Sekunden später erneut zu schrillen. Entnervt von dem Geräusch kroch Marcy zum Nachttisch und nahm den Hörer ab. „Hallo“, sagte sie.

„Hallo Mommy“, begrüßte eine Stimme sie knapp. „Ich habe gehört, du suchst mich.“

Es war fast Mittag, als Marcy das Hayfield Manor Hotel verließ und zur St. Fin Barre's Cathedral am Südufer des Lee aufbrach. Sie hatte den Vormittag in einem Zustand rastloser Erwartung verbracht und war im Kopf ein ums andere Mal das Gespräch mit ihrer Tochter durchgegangen.

„Die Anweisungen sind genau zu erfüllen“, hatte Devon ihr wütend flüsternd erklärt. „Ein Fehler, ein Patzer, und ich schwöre, du siehst mich nie wieder.“

„Ich mache, was du willst, versprochen“, hatte Marcy gesagt.

„Du sagst keinem, wohin du gehst. Die Polizei rufst du auch nicht an. Und kein Wort zu deinem sexy Freund.“

„Was? Nein. Er ist nicht mein … Devon, bitte …“

„Komm um eins vor die St. Fin Barre's Cathedral. Und denk dran – wir beobachten dich.“

Und danach nichts mehr. Die Verbindung war tot.

Sie hatte geduscht, ihre neue schwarze Hose und die blau-weiß gestreifte Bluse angezogen und sich besonders viel Zeit für ihr Haar und ihr Make-up genommen, weil sie für Devon schön aussehen wollte.

Jetzt ging sie entschlossenen Schrittes durch den dichten Nebel Richtung South Bank. Sie hatte beschlossen, zu Fuß zu gehen und nicht mit einem Taxi zu fahren, weil sie etwas frische Luft brauchte, um ihre Nerven zu beruhigen.

Eine halbe Stunde später bog Marcy endlich in die Bishop Street ein. Die drei riesigen Türme der Kathedrale erhoben sich aus dem Nebel. Gegenüber parkten vier Touristenbusse.

Auf der Suche nach Devon ließ Marcy ihren Blick über die Massen schweifen. Sie sah jede Menge junge Frauen, aber keine davon war ihre Tochter. Sie blickte auf die Uhr. Es war noch früh. Devon hatte sie angewiesen, um ein Uhr vor der Kathedrale zu sein, und bis dahin waren es noch zwanzig Minuten. Wahrscheinlich war Devon noch gar nicht hier. Sie war fast nie pünktlich. Wie oft hatte Marcy warten müssen, wenn sie sie zur Schule bringen wollte, während ihre Tochter im Bad herumtrödelte? Wie oft waren sie zu spät gekommen, weil Devon sich nicht entscheiden konnte, was sie anziehen sollte?

Marcy verstand, dass Devons dauernde Unpünktlichkeit Ausdruck ihrer Unsicherheit und Teil ihrer Krankheit gewesen war. Wenn ihre Tochter erst wieder bei ihr war, würde sie dafür sorgen, dass Devon die Hilfe bekam, die sie brauchte. Sie würden einen Arzt finden, den ihre Tochter mochte, einen Arzt, dem sie vertraute und der dafür sorgte, dass ihre Medikamente richtig dosiert wurden.

Marcy blickte wieder auf die Uhr. Noch zehn Minuten, dachte sie und fragte sich, ob sie an der richtigen Stelle war. *Komm um eins vor die St. Fin Barre's Cathedral,* hatte Devon gesagt. Aber die Kirche war riesig, und „vor" konnte alles Mögliche bedeuten. Sollte sie direkt am Eingang warten oder auf einer Seite der imposanten Holzportale, direkt vor dem Gebäude oder ein Stück entfernt? Würde Devon sie zwischen all diesen Menschen überhaupt finden?

„Positive Gedanken", flüsterte sie.

„Verzeihung", sagte eine Frau neben ihr mit einem deutlich nordamerikanischen Akzent.

„Devon?", fragte Marcy, als sie sich zu der Stimme umdrehte.

„Verzeihung", wiederholte die Frau „aber wir möchten gerne hier durch."

„Oh, tut mir leid. Ich wusste nicht …"

„Manche Leute kriegen echt gar nichts mit", hörte Marcy den männlichen Begleiter der Frau murmeln.

Marcy spürte, wie ihr Tränen in die Augen schossen. Im selben Moment hörte sie, wie die Kirchenglocken eins schlugen.

„Nicht umdrehen", flüsterte eine männliche Stimme, die sie nicht zum ersten Mal hörte, ihr plötzlich ins Ohr. „Los, weitergehen."

Marcy stockte der Atem. „Wo ist Devon?"

„Immer geradeaus. Haben Sie jemandem erzählt, wohin Sie gehen?"

„Nein. Niemandem."

„Gut. Weiter. Richtung Sullivan's Quay."

„Ist Devon dort? Ich will nur meine Tochter sehen."

„Sie sehen Ihre Tochter gleich."

Einige Minuten gingen sie schweigend weiter. Tausend Gedanken wirbelten durch Marcys Kopf. Wohin führte er sie? Waren sie wirklich auf dem Weg zu Devon, oder war das eine Falle?

Mit einem Druck auf ihren Ellbogen bedeutete ihr Begleiter Marcy, stehen zu bleiben. „Geben Sie mir Ihr Handy."

Marcy griff in die Handtasche und zog ihr Telefon heraus. Bevor sie protestieren konnte, wurde es ihr aus der Hand gerissen.

„Ich glaube nicht, dass Sie das noch brauchen", meinte er und warf das Handy in den nächsten Mülleimer. „Weitergehen."

„Ist diese Geheimhaltung wirklich nötig?", fragte Marcy, als sie sich dem Sullivan's Quay näherten.

„Wahrscheinlich nicht. Aber durchaus amüsant, finden Sie nicht? Die nächste Straße links."

„Bringen Sie mich wirklich zu Devon?"

„Was sollte ich denn sonst tun?", fragte er.

„Ich weiß es nicht. Was wollten Sie denn an dem Nachmittag erreichen, als Sie mich mit dem Fahrrad angefahren haben?" Marcy fuhr herum und sah den jungen Mann direkt an.

„Ich wollte Sie dazu bringen, sich um Ihren eigenen Kram zu kümmern und sie in Ruhe zu lassen", antwortete Jax spöttisch. „Das hat offensichtlich nicht geklappt."

„Devon ist meine Tochter. Was erwarten Sie denn?"

Er zuckte nur die Achseln. Ein paar Ecken weiter blieb er plötzlich stehen. „Steigen Sie ein", sagte er.

„Was?"

Er fasste den Türgriff eines schwarzen Kleinwagens, der am Straßenrand parkte. „Sie wollen doch Ihre Tochter sehen, oder?"

„Ja, natürlich."

Er hielt ihr die Tür auf. „Dann steigen Sie ein. Sie wartet auf Sie."

ZWÖLF

Sie waren seit fast einer Stunde unterwegs. Marcy hatte ihn unaufhörlich mit Fragen bombardiert, die Jax beharrlich ignoriert hatte. Dann endlich brach er sein Schweigen. „Glotzen Sie mich nicht so an", fuhr er sie an.

Sofort schlug Marcy den Blick nieder. „Tut mir leid." Es war ihr nicht bewusst gewesen, dass sie ihn angestarrt hatte. „Wohin fahren wir?", fragte sie.

„Das sehen Sie noch früh genug."

Marcy seufzte frustriert und lehnte den Kopf an die Kopfstütze. Vor etwa zehn Minuten hatten sie die Autobahn verlassen und fuhren jetzt entlang der gezackten Küstenlinie nach Süden. Verstohlen blickte sie in seine Richtung. Jax konzentrierte sich auf die Straße. Draußen herrschte immer noch eine unwirtliche Mischung aus Regen und Nebel, sodass man kaum die Hand vor Augen sehen konnte.

„Wie lange kennen Sie meine Tochter schon?", wagte Marcy zehn Minuten später eine weitere Frage.

„Etwa ein Jahr", sagte er, als sie gerade die Hoffnung aufgegeben hatte, überhaupt eine Antwort von ihm zu bekommen.

„Wie haben Sie sich kennen gelernt?"

„Wir haben uns in einem Klub namens Mulcahy's kennen gelernt."

Marcy hielt kurz den Atem an und fragte sich, ob er das Mulcahy's nur erwähnt hatte, um sie zu provozieren.

Eine weitere lange Pause.

„Darf ich Sie fragen, was für eine Beziehung Sie zu meiner Tochter haben?", fragte Marcy bemüht beiläufig, als wollte sie nur die Zeit vertreiben.

„Wollen Sie wissen, ob wir ein Paar sind?", fragte Jax, als sie an einem Schild vorbeifuhren, das die Entfernung bis zur Stadt Skibbereen mit zwanzig Kilometern angab.

„Und? Sind Sie ein Paar?" Bei der Vorstellung hatte Marcy ein flaues Gefühl im Magen.

„Früher mal. Jetzt nicht mehr so."

„Warum? Hat sie einen anderen?"

Jax zuckte die Achseln. „Da müssen Sie Audrey fragen."

Sie fuhren jetzt über eine schmale einspurige Straße. Wohin zum Teufel brachte er sie?

„An dem Tag, an dem Sie mich mit dem Fahrrad angefahren haben", sagte sie, „sind Sie mir doch gefolgt, oder?"

„Sie hätten sich mal sehen sollen. Ihr Auftritt war einfach nur peinlich. ‚Verzeihung' ", sagte er spöttisch und hob die Stimme um mindestens eine Oktave, „‚aber erkennt jemand das Mädchen auf diesem Foto? Es ist meine Tochter. Erkennen Sie sie? Können Sie mir helfen?' " Er kicherte.

„Wer hat Ihnen gesagt, dass Sie mir folgen sollen?"

Er sagte nichts.

„Wessen Idee war es, mein Hotelzimmer zu verwüsten? Warum haben Sie das getan?", fragte Marcy.

Er sah sie an. „Wir hatten gehofft, dass das reichen würde, damit Sie wieder nach Hause fliegen."

„Und der Diebstahl meiner Ohrringe?"

„Oh, das war meine Idee", sagte Jax stolz. „Ich konnte nicht widerstehen."

„Sie haben sie Shannon geschenkt", stellte Marcy fest.

„Und hat sie nicht wunderbar damit ausgesehen?" Er blieb plötzlich mitten auf der engen Straße stehen.

Zuerst dachte Marcy, er wollte sie umbringen und ihre Leiche über eine der Klippen in der Nähe werfen. Sie spähte panisch aus dem Seitenfenster und sah nur Nebel. „Warum haben Sie angehalten? Wo sind wir? Ist Devon hier?"

Jax brach in lautes Gelächter aus. „Ich kann mir Ihre Tochter nur schlecht bei einem Spaziergang mit ein paar Schafen vorstellen." Er wies aus dem Fenster auf eine Schafherde, die langsam eine unmarkierte Kreuzung überquerte. Als einige Minuten später das letzte Schaf verschwunden war, legte er den Gang ein und fuhr weiter.

„Ist es noch sehr weit?", fragte Marcy. „Ich müsste mal auf die Toilette."

Sie erwartete, dass er sie ignorieren oder zurückweisen würde. Stattdessen sagte er: „In ein paar Minuten kommt ein Laden, wo wir anhalten können."

„Das wäre sehr nett, vielen Dank."

„Nichts zu danken. Ich bin eben ein netter Junge." Er lachte.

Er gluckste immer noch vor sich hin, als sie kurz darauf vor einer türkisfarbenen Bierkneipe hielten, die aus dem Nichts am Straßenrand auftauchte. „Sie haben zwei Minuten", sagte Jax. „Und keine Dummheiten!"

Marcy lief zum Eingang des Lokals. Obwohl der keine zwei Meter entfernt war, war sie ziemlich nass, als sie eintrat. Als Erstes sah sie einen flackernden Kamin und musste den Impuls unterdrücken, es sich in einem der beiden Schaukelstühle davor bequem zu machen.

„Nun schauen Sie sich an!", rief eine hübsche rothaarige Kellnerin. „Sie sehen ja völlig verfroren aus. Stellen Sie sich ans Feuer, meine Liebe. Wärmen Sie sich auf."

„Keine Zeit", sagte Jax, der hinter Marcy hereingekommen war und eine schwere Hand auf ihre Schulter legte. „Meine Mum muss mal auf die Toilette", erklärte er den sechs Männern am Tresen. Marcy verzog das Gesicht und folgte dem erhobenen Finger der Kellnerin zu den Toiletten an der Rückseite des Raumes. „Ich nehm ein Guinness", hörte sie Jax sagen.

„Meinen Sie, es ist gut, jetzt Alkohol zu trinken?", fragte Marcy, als sie wieder im Wagen saßen und sie die offene Bierflasche zwischen Jax' kräftigen Schenkeln sah. „Ich hätte gedacht, die Fahrerei ist bei diesem Wetter auch so schon schwierig genug …“

„Nicht nachdenken.“

Nicht zu viel nachdenken, hörte sie Sarah sagen. *Einfach locker aus der Hüfte schwingen.*

„Wie lange noch?“, fragte sie ein paar Minuten später.

„Nicht mehr lange.“ Er bog in eine schmale Nebenstraße, warf die leere Bierflasche in das hohe Gras und fuhr vorsichtig eine steile Klippe hinauf.

Trotz Wind und Regen hörte Marcy die Irische See gegen die Felsen in der Tiefe donnern. „Wo sind wir?“, fragte sie.

„Roaringwater Bay. Guter Name, was?“

Was machte Devon an einem Ort namens Roaringwater Bay?

Sie ist nicht hier, dachte Marcy, und diese Erkenntnis raubte ihr beinahe den Atem. Jax hatte gar nicht die Absicht gehabt, sie zu ihrer Tochter zu fahren. Höchstwahrscheinlich brachte er sie möglichst weit von ihr fort. Auf Devons Anweisung? War dieses ganze Theater ihre Idee gewesen? Alles, was in den letzten Tagen geschehen war? Hasste ihre Tochter sie so sehr?

Du sollst wissen, wie sehr ich dich liebe.

„Hat sie je von mir gesprochen?“, fragte Marcy. Die Worte waren schon über ihre Lippen, ehe sie sich dessen bewusst war.

„Audrey?“, fragte Jax.

„Ihr Name ist Devon“, verbesserte Marcy ihn.

„Für mich ist sie Audrey.“

„Hat sie über die Zeit gesprochen … als sie noch Devon war?“, fragte Marcy zögerlich.

„Nee. Sie hat gesagt, da gäb es nicht viel zu erzählen.“

„Hat sie niemals ihren Bruder erwähnt?“

„Wusste gar nicht, dass sie einen hat.“

„Oder ihren Vater oder ihre Tante?“

„Die, die sechsmal verheiratet war?“, fragte er zurück.

„Fünfmal“, korrigierte Marcy abwesend.

„Sie hat gesagt, ihre Oma hätte sich das Leben genommen.“

„Meine Mutter“, sagte Marcy, während er einen steilen Hang hinauffuhr. Sie erkannte in der Ferne die Umrisse eines alten Bauernhauses. Brachte er sie dorthin?

„Audrey hat mir mal erzählt, dass Sie sie angeschrien haben, als sie noch klein war, weil sie die Wände vollgekritzelt hatte. Sie hat gesagt, es wäre ihre früheste Erinnerung. Sie hat gesagt, sie könnte Sie immer noch schreien hören.“

Tränen schossen in Marcys Augen.

„Sie haben sie oft angeschrien, was, Marcy?“, fuhr Jax fort, der es offensichtlich genoss, sie zum Weinen gebracht zu haben. „Das hat Audrey jedenfalls gesagt. Sie hat mir erzählt, dass Sie sie zu Klavierstunden gezwungen und jedes Mal angebrüllt haben, wenn sie falsch gespielt hat.“

Daran erinnerte sie sich also auch.

„Was ist los? Haben Sie Ihre Zunge verschluckt?“

Sie fuhren schweigend weiter, das Bauernhaus auf der Kuppe des Hügels war jetzt besser zu sehen. Es wirkte sehr baufällig, die Fenster waren mit Brettern vernagelt. Marcy wurde klar, dass hier seit langer Zeit kein Mensch mehr gewohnt hatte, obwohl aus dem verfallenen Schornstein Rauch aufstieg.

„Sieht so aus, als hätte jemand ein Feuerchen angemacht“, meinte Jax und öffnete die Wagentür.

Das Geschrei eines Babys war zu hören, das das Heulen des Windes übertönte. Marcy sah hinüber zu Jax.

„Die wohlklingende Stimme von Caitlin O’Connor“, sagte er lachend.

„Sie ist hier?“

„Leibhaftig.“

„Und Devon?“

„Wo sollte sie denn sonst sein?“ Jax ging um den Wagen herum, öffnete Marcys Tür und fasste ihren Ellbogen. „Ihre Handtasche können Sie im Wagen lassen“, erklärte er ihr. „Die brauchen Sie nicht.“

Das alte Haus war offensichtlich seit Langem verlassen, es war dunkel und roch muffig. Die Luft war feucht. Schmale Lichtstreifen fielen durch die Spalten zwischen den dicken Brettern vor den Fenstern und mischten sich mit dem matten Schimmer des glühenden Kamins in einem der Räume. Babygeschrei war zu hören. Im Rücken spürte Marcy Jax’ Hand, die sie vorwärtsschob.

Es gab keine Möbel, nichts, was einen Raum vom nächsten unterschied. Nur nackte Steinmauern und schmutzige Fußböden. „Immer dem Gebrüll nach“, sagte Jax, als sie durch eine Tür nach der anderen gingen und das Geschrei mit jedem Schritt lauter wurde.

„Ziehen Sie den Kopf ein“, warnte Jax und schubste sie in das nächste Zimmer.

Als Erstes sah Marcy die schattenhafte Gestalt einer jungen Frau, die in dem ansonsten leeren Raum auf einem Stuhl mit hoher Lehne saß, als Zweites die Strähnen ihres rotblonden Haars. Als Nächstes erkannte sie den Knebel in ihrem Mund und das dicke Seil, mit dem sie an den Stuhl gefesselt war.

„O mein Gott, Shannon!"

„Schnauze!", fauchte Jax und brachte sie mit einem weiteren Stoß zum Schweigen.

In diesem Moment sah sie das Baby, das zwischen Shannons gefesselten Füßen und dem Kamin in einem Karton lag.

„Ihr kommt spät", erklärte eine Stimme aus dem Schatten.

Sofort sah Marcy in die Richtung, aus der die Stimme gekommen war. Sie sah nichts. „Devon?", flüsterte sie, doch ihre Stimme ging unter im durchdringenden Geschrei des Babys.

„Ich hab euch schon vor einer Stunde erwartet."

„Hast du gesehen, was da draußen für ein Wetter ist?", gab Jax zurück. „Außerdem brauchte deine Ma einen Boxenstopp."

Marcy hatte das Gefühl, sich mit den Füßen an den Boden klammern zu müssen, um nicht umzufallen.

„Devon", sagte Marcy noch einmal lauter.

„Was ist denn los, Mommy?" Die Stimme klang provozierend. „Du scheinst ja nicht besonders glücklich zu sein."

Marcy drehte sich hilflos im Kreis. „Wo bist du denn? Bitte, meine Süße, komm raus."

„Ich bin nicht deine Süße." Die Stimme klang flach, aber die Verachtung darin war Marcy nur allzu vertraut. Ihre Augen gewöhnten sich allmählich an das düstere Licht. Sie konnte Shannon jetzt deutlicher erkennen, sah, dass sie so unauffällig wie möglich die Füße bewegte und versuchte, sich zu befreien. Sie verstand auch den flehenden Blick des Mädchens hinüber zu dem großen Schürhaken, der am Kamin lehnte, und dann zu einer Tür auf der anderen Seite des Raumes.

„Bitte lass dich ansehen", bat Marcy leise und sehnte sich mit jeder Faser ihres Körpers danach, ihre Tochter in die Arme zu schließen. Trotz der beinahe surrealen Szene vor ihren Augen. Trotz Devons Beteiligung daran.

„Du wirst mich erst sehen, wenn ich dazu bereit bin."

„Ich will dich nur in den Arm nehmen."

„Ich glaube nicht, dass das eine gute Idee ist."

„Warum nicht? Was ist hier eigentlich los?"

„Oh, ich denke, die Antwort darauf weißt du schon. Oder nicht, Mommy? Ich hab gehört, du hast der Polizei eine Wahnsinnsstory erzählt. Die denken, du bist total übergeschnappt." Sie lachte. „Und das passt uns ehrlich gesagt ziemlich gut in den Plan."

„Welchen Plan?", fragte Marcy. An der Wand tanzte ein Schatten, so als ob Devon ihr langes Haar schüttelte.

„Willst du die Details hören? Sie werden dir nicht gefallen."

„Ich denke, so viel bist du mir mindestens schuldig."

„Ich bin dir überhaupt nichts schuldig."

„Hör mal", sagte Jax ungeduldig. „Wir vergeuden nur unsere Zeit, Audrey. Wir haben das Geld. Warum erschießen wir sie nicht einfach und verschwinden?"

Durch ihren Knebel stieß Shannon einen gedämpften Schrei aus. Sie begann hektisch mit ihrem Stuhl vor und zurück zu wippen.

Da trat Audrey entschlossen in die Mitte des Raumes. Die langen dunklen Haare hingen ihr ins Gesicht, sodass es nicht genau zu erkennen war, doch die Pistole in ihrer Hand war deutlich zu sehen.

„Entspann dich", sagte sie zu Shannon und legte ihr die freie Hand auf die Schulter, um das wilde Geschaukel zu bremsen. „Wir werden dich nicht erschießen." Sie blickte zu Marcy, und ein Funken aus dem Kamin beleuchtete ihr grausames Lächeln. „Meine Mutter wird es tun."

Marcy hielt die Luft an. Shannon zerrte erneut panisch an ihren Fesseln. Das Baby zu ihren Füßen schrie weiter.

„Es ist im Grunde ganz einfach, Mommy. Das meiste hattest du dir schon selbst zusammengereimt. Bis auf deine Beteiligung natürlich." Audreys Lächeln wurde breiter. „Der ursprüngliche Plan war, die plärrende kleine Caitlin zu entführen, Lösegeld zu erpressen und Shannon als die Schuldige hinzustellen. Aber dann bist du auf der Bildfläche erschienen, hast deine blöden Fotos in der halben Stadt rumgezeigt und jedem, der dir zugehört hat, deine rührselige Geschichte erzählt, also mussten wir improvisieren. Wir haben das seit Monaten geplant und wollten auf keinen Fall so viel Aufmerksamkeit erregen. Also haben wir versucht, dich abzulenken, aber du bist auf deine Art verdammt zielstrebig, was, Mommy? Dann wollten wir dir einen Schreck einjagen, doch wie sich herausgestellt hat, lässt du dich auch nicht so leicht abschrecken. Schließlich haben wir erkannt, dass du unser Sündenbock sein könntest. Die arme Marcy, nervlich zerrüttet vom Tod ihrer Tochter, fixiert sich auf die naive Shannon, und als die ihre erbärmlichen Versuche, eine Freundschaft anzuknüpfen, zurückweist, rastet sie aus und engagiert einen Helfershelfer, um sie und das Baby zu entführen. In ihrer zunehmenden Verzweiflung tötet sie beide in ihrem Wahn und richtet die

Waffe dann, überwältigt von Schuld und Reue, gegen sich selbst. Derweil verschwindet ihr Komplize mit dem Lösegeld."

„Das wäre dann ich", sagte Jax prahlerisch.

„Nein, nicht direkt", sagte Audrey mit süßlicher Stimme und richtete die Waffe in ihrer Hand auf seinen Kopf.

„Was hast du vor?", fragte Jax, und alle Großspurigkeit war aus seiner Stimme gewichen.

„Es ist viel leichter, fünfhunderttausend durch zwei zu teilen als durch drei, findest du nicht auch?", fragte sie.

Und dann drückte sie ab.

Caitlins Schreie erfüllten den Raum, als Jax von den Füßen gerissen und mit ausgebreiteten Armen nach hinten geschleudert wurde. Blut strömte aus dem Loch in seiner Stirn, als er krachend auf dem Boden landete. Im selben Moment stürzte Shannon sich mitsamt ihrem Stuhl auf Audrey, beide gingen zu Boden, und die Waffe wurde aus Audreys Hand geschleudert. Marcy packte sie, als auch Audrey danach griff, sodass ihre Finger sich streiften. Schockwellen schossen durch Marcys Arm direkt in ihr Herz.

„Keine Bewegung!" Marcy richtete die Pistole auf sie.

„Könntest du mich wirklich erschießen, Mommy?", fragte Audrey flehend.

Marcy starrte der jungen Frau tief in die Augen. „Nennen Sie mich nicht Mommy. Ich weiß nicht, wer Sie sind, aber Sie sind nicht meine Tochter."

„Marcy!", rief ein Mann.

Marcy musste sich nicht umdrehen, um zu wissen, wer es war. Sie hatte ihn erwartet. „Liam", sagte sie.

„Es ist okay, Marcy", sagte Liam mit beruhigender Stimme und löste sich von dem Türrahmen. „Ich war dir den ganzen Nachmittag auf den Fersen. Die Gardai sind unterwegs. Du kannst mir die Waffe geben. Es wird alles gut."

„Keinen Schritt weiter", warnte sie ihn und packte die Pistole fester.

Er lachte. „Marcy, ich bin's, Liam. Ich bin auf *deiner* Seite."

„Du bist nicht auf meiner Seite. Du hast die ganze Sache geplant."

Von wem hätte Audrey sonst von ihren Besuchen auf der Polizeiwache erfahren sollen? Liam musste ihr erzählt haben, dass die Polizei sie als eine vor Trauer geistesgestörte Frau mit Wahnvorstellungen abgeschrieben hatte. Woher hatte Jax vom Selbstmord ihrer Mutter und den fünf Ehen ihrer Schwester gewusst? Und dass Devon sie immer Mommy nannte? All diese Dinge hatte sie nur Liam anvertraut. Genauso wie sie nur ihm erzählt hatte, dass sie Devon angeschrien hatte, weil sie an die Wand gekritzelt und nicht richtig Klavier geübt hatte.

„Du glaubst, es war meine Idee?“ Liam machte einen weiteren Schritt nach vorn. „Komm schon, Marcy. Gib mir die Pistole.“

„Bitte zwing mich nicht, dich zu erschießen.“

„Mich erschießen? Komm schon. Das ist doch verrückt.“

„Ja, ich bin sicher, du hast dein Bestes gegeben, die Gardai davon zu überzeugen, dass ich mit dem Sprung, den ich in der Schüssel habe, jeden Polterabend schmeißen könnte.“ Sie lachte und dachte an Judith.

„Marcy, leg die Waffe weg. Du weißt nicht, was du redest.“

In diesem Moment hörten sie eine Sirene, die näher zu kommen schien. Mein Gott, dachte Marcy, einen Moment lang abgelenkt vom durchdringenden Geheul der Sirene. War es möglich, dass sie sich irrte? Hatte Liam doch die Polizei alarmiert?

Im selben Moment stürzte Liam sich auf sie, entwand ihr die Pistole und stieß sie zu Boden. Sie stolperte über Jax' Leiche und rollte Richtung Kamin. „Nimm das Baby!“, hörte sie Liam rufen.

Marcy beobachtete, wie Audrey Caitlin aus ihrem Karton riss und, dicht gefolgt von Liam, zur Hintertür rannte. Marcy rappelte hoch und schnappte sich den Schürhaken. Was zum Teufel sollte sie damit tun?

Nicht lange nachdenken. Einfach ganz locker aus der Hüfte schwingen.

Nicht lange nachdenken, wiederholte sie stumm und dann laut: „Einfach locker aus der Hüfte schwingen.“

Sie holte aus, hörte das Surren in der Luft und spürte, wie der Schürhaken Liam am Rücken traf. Er wurde nach vorn geschleudert, ließ die Waffe fallen und sank reglos zu Boden. Marcy nahm die Pistole, sprang über ihn drüber und folgte Audrey nach draußen, wo ihr der Wind ins Gesicht schlug. Die Polizeisirenen kamen näher und übertönten Caitlins Schreie. Marcy spähte hektisch durch den Nebel, bis sie Audrey den steilen Hang hinunterlaufen sah. In der Ferne konnte sie mindestens ein halbes Dutzend Streifenwagen ausmachen, die die gewundene Straße heraufkamen. „Audrey!“, rief sie. „Bleiben Sie stehen! Die Gardai sind hier. Sie kommen hier nicht mehr weg.“

Audrey trat noch näher an die Klippe, sodass ihr langes Haar um ihr Gesicht flatterte und die oberflächliche Ähnlichkeit zu Devon erkennbar war.

„Geben Sie auf“, erklärte Marcy ihr.

„Einen Schritt weiter und bye-bye, Baby!“ Audrey streckte den Arm aus und hielt den zappelnden Säugling über den Abgrund.

Marcy stellte sich vor, wie ihre Mutter sich Sekunden vor dem tödlichen Sprung gefühlt haben musste. „Audrey, geben Sie mir die Kleine“, flehte Marcy. „Dann haben Sie vielleicht eine Chance zu entkommen.“

„Und was glauben Sie, wie groß die ist?“, fragte Audrey. „Glauben Sie, ich könnte mich einfach in Luft auflösen? Wie Ihre Tochter?“

Tränen brannten in Marcys Augen. „Meine Tochter ist nicht verschwunden. Sie ist tot.“ Es war das erste Mal, dass sie diese Wahrheit vor sich selbst zugab und laut aussprach.

„Ich dachte, das glauben Sie nicht.“

„Ich wollte es nicht glauben.“

„Ach ja? Ich sag Ihnen was“, rief Audrey, „ich schlag Ihnen einen Deal vor – das Baby für die Pistole. Was meinen Sie?“

„Abgemacht“, willigte Marcy rasch ein.

„Sie zuerst“, wies Audrey sie an. „Werfen Sie die Waffe rüber.“ Mit der freien Hand wies sie auf ein Stück Wiese vor ihren Füßen. „Keine Mätzchen, sonst hat das Baby einen hässlichen Unfall, das schwöre ich Ihnen.“

„Nein, keine Mätzchen.“ Vorsichtig warf Marcy die Pistole in die angegebene Richtung und sah sie in dem hohen Gras vor Audreys Füßen verschwinden. „Jetzt geben Sie mir das Baby.“

Audrey starrte Marcy mehrere Sekunden lang an, als würde sie überlegen, was sie als Nächstes tun sollte. Dann machte sie vorsichtig einen Schritt auf Marcy zu und hielt ihr das Baby hin.

Genau wie in meinem Traum, dachte Marcy mit angehaltenem Atem. *Hier ist das Mädchen, das du dir immer gewünscht hast,* hatte Devon gesagt, bevor sie das Baby in ihre Arme hatte fallen lassen.

Mein Mädchen ist tot, dachte Marcy. Ich konnte meine Tochter nicht retten.

„Sie gehört Ihnen“, sagte Audrey und ließ das schreiende Baby in Marcys ausgestreckte Arme fallen.

„Marcy!“, rief eine Stimme, und im nächsten Moment tauchte Vic Sorvino aus dem Nebel auf und lief auf sie zu.

Als sie seine Stimme hörte, machte Audrey einen Satz nach vorn und griff nach der Waffe im Gras. Dabei stolperte sie über ihre eigenen Füße und verlor ihren ohnehin unsicheren Halt am Rand der Klippen. Hilflos sah Marcy zu, wie das Mädchen rückwärtsstolperte, wild mit den Armen ruderte und mit einem im tosenden Wind verhallenden Schrei in die eiskalten Wellen der Roaringwater Bay stürzte.

DREIZEHN

Wann ist dir klar geworden, dass sie nicht deine Tochter war?“, fragte Vic, der Marcys zitternde Hände fest in seinen hielt. Sie saßen nebeneinander vor dem unaufgeräumten Schreibtisch in Christopher Murphys Büro. Murphy hatte sich entschuldigt, um sich im Nebenzimmer mit Donnelly und Sweeny zu beraten.

„Nicht sofort“, antwortete Marcy. „Im Bauernhaus war es so dunkel, dass ich mir zunächst nicht sicher war. Ihr Haar war genau wie Devons, und sie waren etwa gleich groß und von ähnlicher Statur. Doch die Stimme war anders, auch wenn sie geflüstert hat. Aber ich habe mir eingeredet, dass ihre Stimme vielleicht einfach älter geworden war. Die üblichen Erklärungen.“ Sie seufzte. „Anfangs war ihr Gesicht zum größten Teil von ihren Haaren verdeckt. Und dann hat Jax gesagt, dass sie uns einfach erschießen und verschwinden sollten, und Audrey ging zu Shannon und sagte eiskalt: ‚Wir werden dich nicht erschießen. Meine Mutter wird es tun.‘ Und in diesem Moment hat ein Funken aus dem Kamin ihr ganzes Gesicht beleuchtet. Sie hat gelächelt, und ich hörte Peter sagen: ‚Das Mädchen braucht eine Klammer.‘“ Marcy schüttelte den Kopf. „Devon hatte perfekte Zähne, und die Zähne dieses Mädchens waren ganz schief.“

Marcy seufzte tief. „In Wahrheit habe ich es die ganze Zeit gewusst.“ Sie zog den abgegriffenen Umschlag mit den Fotos aus der Handtasche und gab Vic Devons Brief. „Du kannst ihn lesen“, sagte sie, und Vic entfaltete ihn behutsam. „Ich wusste die ganze Zeit, dass es ein Abschiedsbrief ist. Ich wollte es bloß nicht wahrhaben.“

Vic las den Brief und steckte ihn leise zurück in Marcys Handtasche. „Sie hat dich offensichtlich sehr geliebt.“

„Ich habe sie auch geliebt. Aber es hat nicht gereicht, um sie zu retten.“

„Ich habe meine Frau auch geliebt“, sagte Vic. „Und es hat nicht gereicht, um sie zu retten.“

„Deine Frau hatte Krebs. Das ist nicht das Gleiche.“

„Nicht? Sie hatten beide eine Krankheit, der sie hilflos ausgeliefert waren. Du hast keinen Grund, dich schuldig zu fühlen, Marcy.“

„Nicht? Ich habe ihr erklärt, dass ich es satthabe, Mutter zu sein. Was für eine Mutter macht so etwas?“

„Eine ganz normale.“

Marcy dachte wieder daran, wie sie mit Devon geschimpft hatte, weil sie sich beim Klavierüben nicht konzentriert hatte, daran, wie sie an jenem schrecklichen Nachmittag ihre stolze kleine Tochter angeschrien hatte, weil sie die Wände vollgekritzelt hatte.

Aber all das hatte Devon in ihrem Brief mit keinem Wort erwähnt. Stattdessen hatte sie über die schönen Zeiten geschrieben, die sie mit ihrer Mutter verbracht hatte, glückliche Erinnerungen an gemeinsame Fernsehnachmittage und entspannte Ferien in ihrem Sommerhaus. Sie hatte nur von Liebe gesprochen.

„Ich habe sie so sehr geliebt“, sagte Marcy leise weinend.

„Ich weiß. Aber was noch wichtiger ist, Marcy, Devon wusste es auch.“

Marcy wischte sich die Tränen von der Wange, als die Tür aufging und Christopher Murphy, gefolgt von John Sweeny und Colleen Donnelly, zurück in den Raum kam.

„Mr Flaherty hat ein volles Geständnis abgelegt“, sagte Murphy und ließ sich auf seinen Schreibtischstuhl fallen.

Es dauerte einen Moment, bis Marcy verdaut hatte, was Murphy sagte.

„Offenbar hat Liam Flahertys Vater früher für das Bauunternehmen der O’Connors gearbeitet. Er kam vor einigen Jahren bei einem Arbeitsunfall ums Leben, und Mr Flaherty behauptet, die Familie sei nicht angemessen entschädigt worden. Also hat er beschlossen, das Baby der O’Connors zu entführen und sich das Geld auf diese Weise zurückzuholen. Audrey hat er kennen gelernt, als Jax sie eines Abends mit ins Grogan’s House gebracht hat. Audrey war neu in der Stadt, ursprünglich stammte sie aus London. Sie hatte in ihrem Leben ständig Ärger. Zu dritt heckten sie den Plan aus, Shannon zu verführen und Caitlin zu kidnappen.“ Murphy sah hinüber zu Marcy und lächelte anerkennend. „Mehr oder weniger so, wie Sie es sich zusammengereimt hatten. Dann sind Sie aufgetaucht, waren überzeugt, Ihre Tochter gesehen zu haben, und haben angefangen, Devons Foto herumzuzeigen, und eine neugierige Kellnerin fand, dass das Mädchen auf dem Foto aussah wie Audrey. Von da an ist alles eskaliert.“

„Wann haben sie das Baby entführt?“, fragte Marcy.

„Heute Morgen, als Shannon einen Spaziergang mit der Kleinen gemacht hat. Die Lösegeldforderung traf nur wenige Minuten später ein. Mr O’Connor wurde eine Frist von drei Stunden gesetzt, das Geld aufzutreiben, und gewarnt, dass Caitlin sterben würde, falls er Kontakt mit uns aufnimmt.“

Marcy verdaute die Information mit einem Nicken. Liam hatte sie von Anfang an belogen; nur ein einziges Mal hatte er die Wahrheit gesagt, als er meinte, dass er Devon auf dem Foto nicht erkennen würde. Aber Marcy hatte ihm glauben wollen. Sie hatte sich geschmeichelt gefühlt, weil er ernsthaft an ihr interessiert zu sein schien, doch sein Charme war nicht mehr als eine List gewesen, um ihr Informationen zu entlocken, sie zu verwirren und immer zu wissen, was sie gerade tat. Als er sie gedrängt hatte, die Polizei anzurufen, hatte er nicht nur gewusst, dass die Polizei ihr nicht glauben würde, sondern hatte damit auch den Verdacht von sich selbst abgelenkt. Und er hatte am Abend zuvor auch nicht bei den O'Connors angerufen und mit Shannon gesprochen. Shannon hatte gar nicht versprochen, sich mit Audrey zu verabreden. Liams Anrufe im Hotel am Abend zuvor und an diesem Morgen waren reine Kontrollanrufe gewesen, um sich zu vergewissern, dass sie Audreys Anweisungen befolgte und niemandem erzählt hatte, was sie vorhatte.

„Und jetzt ist Audrey tot", sagte Marcy laut.

Sweeny nickte. „Ihre Leiche wurde vor etwa einer Stunde auf einen Felsen unweit von Bear Island gespült."

„Aber woher wussten Sie, wo Sie mich finden?"

„Dafür können Sie sich bei Mr Sorvino bedanken", sagte Colleen Donnelly.

Marcy sah Vic fragend an.

„Guck mal in deine Handtasche", sagte er.

Marcy begann in ihrer Handtasche zu kramen, nahm Brieftasche, Pass, den Umschlag mit Devons Fotos und ihrem Abschiedsbrief, einen Lippenstift und eine Sonnenbrille heraus. Auf dem Boden der Tasche stieß sie auf ein unvertrautes Metallteil und hielt es hoch. „Was ist das?", fragte sie vorwurfsvoll.

„Es ist ein Peilsender", erklärte Sweeny.

„Wir haben ihn auf Mr Sorvinos recht beharrliches Drängen hin in Ihrer Handtasche deponiert", sagte Murphy. „Er war absolut überzeugt, dass Sie in Gefahr waren, und hat gedroht, im Empfang zu campieren …"

„Also haben wir beschlossen, ihm den Gefallen zu tun", stellte Sweeny fest. „Seit Sie heute Morgen das Hotel verlassen haben, waren wir immer in Ihrer Nähe."

Im selben Moment drangen die Schreie eines Babys wie Sirenengeheul herein, gefolgt von einem Klopfen. Eine Frau streckte den Kopf herein. „Mr und Mrs O'Connor warten im Nebenzimmer", hörte Marcy sie flüstern. „Sie würden gern Mrs Taggart sprechen."

Kurz darauf kamen die O'Connors ins Zimmer, und Marcy stand auf, um sie zu begrüßen.

„Mrs Taggart, wir können Ihnen gar nicht genug danken", sagte Mr O'Connor, schritt auf sie zu und schüttelte ihr überschwänglich die Hand.

Mrs O'Connor stand neben ihm, ihr Gesicht vom Weinen verquollen, die Arme schützend um ihr schreiendes Kind gelegt. „Ich schaffe es einfach nicht, sie zu beruhigen", flüsterte sie unter Tränen. „Shannon hat gesagt, Sie hätten so eine wunderbare Art mit ihr. Würden Sie mir vielleicht Ihr Geheimnis verraten?" Mrs O'Connor sah Marcy schüchtern an.

Marcy lächelte. „Es gibt kein Geheimnis", sagte sie. „Manchmal hat man einfach Glück."

Es war schon dunkel, als Marcy und Vic ins Hayfield Manor Hotel zurückkehrten. Der Regen hatte endlich aufgehört, und der Wind war abgeflaut. Der Taxifahrer, der sie zum Hotel fuhr, meinte, dass der kommende Tag warm und sonnig werden würde. Marcy freute sich auf ein warmes Essen, gefolgt von einem heißen Bad, und dann auf ihr Bett. Morgen wollte sie versuchen, ihren Flug umzubuchen.

„Und du bist sicher, dass ich dich nicht überreden kann, mit mir nach Italien zu kommen?", fragte Vic, als sie sich vor dem Hotel lange umarmten.

„Eigentlich würde ich das am liebsten tun", sagte Marcy und kämpfte gegen den beinahe überwältigenden Impuls an, sich in seiner tröstenden, leidenschaftlichen Umarmung zu verlieren. „Aber ich glaube trotzdem, dass das im Moment nicht das Richtige ist. Ich brauche Zeit, um wieder einen klaren Kopf zu bekommen. Ich habe mich fast zwei Jahre lang nicht rational verhalten. Seit … seit Devons Tod." Sie musste sich zwingen, die Worte über die Lippen zu bringen. „Ich muss nach Hause fliegen, mir einen guten Therapeuten suchen, einiges bei meinem Sohn wiedergutmachen und mein Leben in Ordnung bringen. Und dann, wenn du dann noch frei bist …"

„Auf jeden Fall", sagte Vic rasch.

Dann gab er ihr einen sanften, weichen Kuss, den sie noch auf den Lippen spürte, lange nachdem sie sich verabschiedet hatten. Marcy blieb am Eingang stehen, während Vic wieder in das wartende Taxi stieg und in der Dunkelheit verschwand.

„Marcy?", rief eine Stimme irgendwo hinter ihr.

Marcy drehte sich um und sah eine durchtrainierte große Frau mit blonden Haaren, die entschlossen auf sie zukam. War das möglich? Oder sah sie immer noch Gespenster? „Judith? Was machst du denn hier?"

„Hast du gedacht, ich warte einfach, bis du wieder bei Verstand bist und freiwillig nach Hause kommst? Ich sitze schon den ganzen Nachmittag hier. Wo bist du gewesen? Wer war der Mann?", fragte ihre Schwester in einem Atemzug.

„Ein Freund."

„Du hast keine Freunde."

Lächelnd zog Marcy ihre Schwester an sich und drückte sie fest. „Ich habe dich."

Judith schlang ihre Arme um Marcys Hals. „Ja, das stimmt."

„Du weißt, dass ich dich liebe, oder?", fragte Marcy.

„Ich liebe dich auch." Judith löste sich langsam aus der Umarmung und sah sich nervös um. „Was ist …? Hast du …? Ist Devon …?"

„Devon ist tot", sagte Marcy mit fester Stimme. Sie atmete tief ein und langsam wieder aus. „Sie hat Selbstmord begangen. Genau wie unsere Mutter."

Tränen schimmerten in Judiths Augen. „Es war nicht deine Schuld", sagte sie.

„Ich weiß."

„Es gab nichts, was du hättest tun können – für alle beide."

„Ich weiß."

„Es tut mir leid, dass ich dich nicht mehr unterstützt habe."

„Du musst dich nicht entschuldigen", erklärte Marcy ihr. „Ich bin einfach nur froh, dass du hier bist."

„Tja, also, ich weiß nicht, ob *ich* so froh bin", meinte Judith mit einem nervösen Kichern. „Hast du eine Ahnung, wie viele Brücken es in dieser Stadt gibt?"

„Ich glaube, ich habe eine ungefähre Vorstellung!" Marcy lachte.

„Ich liebe dich wirklich, weißt du."

„Ich weiß."

„Und du bist sicher, dass es dir gut geht?", fragte Judith.

Marcy lächelte. „Ja, ich glaube schon. Jedenfalls wird es mir bald wieder gut gehen", sagte sie.

„Ich will, dass Frauen sich in meinen Büchern wiedererkennen."

Lange Zeit sah es so aus, als würde der Weg der 1945 in Toronto geborenen Joy Fielding geradewegs zu Bühne und Film führen. Bereits frühe Schreibversuche konzentrierten sich auf die „darstellenden Künste" – mit zwölf verfasste sie ein kurzes Fernsehdrehbuch, später schrieb sie Theaterstücke, die sie mit ihren Freundinnen nachspielte –, und während sie englische Literatur in Toronto studierte, wirkte sie in etwa 20 Studentenfilmen mit. Ihr Versuch, als Schauspielerin in Hollywood Fuß zu fassen, scheiterte jedoch, und Anfang der Siebzigerjahre kehrte sie nach Kanada zurück. Mit ihrem Psychothriller *Lauf, Jane, lauf* gelang ihr 1991 schließlich der Durchbruch als Schriftstellerin: Heute ist Joy Fielding eine der meistgelesenen Thrillerautorinnen weltweit.

Mit *Herzstoß* wählte sie erstmals einen Schauplatz in Europa. Dies, so erklärt sie, ist weniger ein Zugeständnis an ihre europäischen Leser als den Erfordernissen der Geschichte geschuldet. „Ich musste Marcy aus ihrer gewohnten Umgebung herauslösen. Sie musste sich ganz allein an einem fremden Ort wiederfinden. Der Schauplatz sollte Marcys innere Qual widerspiegeln, und welcher Ort wäre da besser geeignet als Irland, ein Land, das seit Jahrzehnten von Konflikten zerrissen ist."

Joy Fieldings Hauptfiguren sind immer gestandene Frauen, gut ausgebildet und gut aussehend, die es im Leben „zu etwas gebracht" und Kinder haben. Und, so sagt sie selbst, ihre Figuren haben oft Aspekte ihrer eigenen Persönlichkeit, im Fall von Marcy Taggart vor allem ihren Humor und die Art, das Leben zu betrachten. Marcys Schicksal, eine Mutter und eine Tochter zu haben, die beide an einer bipolaren Störung leiden, ist allerdings rein fiktiv. „Ich weiß nicht, wie ich reagieren würde, doch ich versuche, mich in Marcys Lage zu versetzen, und stelle mir vor, dass sie so reagiert, wie sie es im Buch tut."

SUSANNE FALK

Das Wunder von Treviso

Niemand außer Don Antonio
konnte später sagen, wann
und wie die Idee in seinem Kopf
Gestalt angenommen hatte.
Aber eines war klar:
Wunder geschehen auf viele Arten.

Prolog

Maria, Antonio! Benehmt euch!“ Nonna Cristina war ungehalten. Die Enkelkinder, acht und zwölf Jahre alt, hatten einfach keinen Sinn für gute Manieren. Cristina musste mal ein ernstes Wort mit ihrer Tochter reden. Man konnte doch die eigenen Kinder nicht so verbauern lassen! „Putzt euch die Nase, setzt euch gerade hin und haltet endlich den Mund! Antonio, zwick deine Schwester nicht immerzu in den Arm. Und du, Maria, unterlass es bitte, deinem Bruder die Zunge rauszustrecken. Himmelherrgottnocheinmal!“

Nonna Cristina konnte wirklich böse werden, wenn ihre Versuche, den Kindern Kultur beizubringen, von irgendjemandem torpediert wurden, besonders von den Kindern selbst.

Die kleine Maria schaute sich um. Die Lüster imponierten ihr, sie tauchten das Opernhaus in einen feierlichen Glanz, wie sie ihn sonst nur aus der Kirche kannte. „Schau, Antonio“, sie stupste ihren Bruder an, „wie in der Kirche!“ Sie deutete nach oben.

„Quatsch, in der Kirche ist es viel dunkler. Und ruhiger. Und kühler ist es dort zum Glück auch.“ Er wischte sich mit dem Handrücken den Schweiß von der Stirn. Sein neuer schwarzer Anzug, den die Nonna eigens für den Opernbesuch hatte anfertigen lassen, war eigentlich viel zu warm für diese Jahreszeit. Neidisch blickte er auf seine Schwester, die es in ihrem weißen Rüschenkleid weitaus luftiger hatte. Ihm war schon langweilig, bevor die Vorstellung überhaupt begonnen hatte. Maria dagegen konnte sich gar nicht sattsehen an den Tapeten und den fein gekleideten Menschen um sie herum. Aufgeregt rutschte sie auf ihrem Sitz hin und her.

„Musst du noch einmal Pipi?“, fragte Nonna Cristina mit einem Seitenblick auf Maria.

„Nein, Nonna."

„Also Kinder, die Oper heißt ‚Der Barbier von Sevilla'. Es geht um einen verliebten Grafen, der mit allerlei Tricks die schöne … Antonio, sitz gerade! Und mach in der Oper keine Blasen. Wo hast du überhaupt den Kaugummi her? Seid brav, dann bekommt ihr in der Pause eine Limonade."

In dem Augenblick hob sich der Vorhang, ging das Licht im Zuschauerraum aus, und Maria vergaß, dass ihre Schuhe drückten, ihre Unterhose kratzte. Sie bemerkte nicht einmal, wie Antonio versuchte, ihren Haarzopf mit seinem Kaugummi am Sitz festzukleben, was Nonna Cristina aber zum Glück noch rechtzeitig zu verhindern wusste. In den Auftrittsapplaus des Dirigenten mischte sich der Klaps von Nonnas Hand auf Antonios Hinterkopf, der daraufhin auf seinem Sitz zusammensank, um binnen der nächsten fünf Minuten friedlich einzuschlafen.

Maria dagegen verfolgte die Oper so gebannt, dass Nonna Cristina sie in der Mitte des ersten Akts kurz in den Arm zwickte, um sie vorsichtshalber ans Atmen zu erinnern.

In der Pause sogen die Kinder ihre Limonade derartig schnell ein, als ginge es um ihr Leben, wurden noch rasch der Vorsicht halber aufs Klo gehetzt, ging Antonio auf dem Weg von der Herrentoilette zum Parkett kurzzeitig verloren und schwor sich Nonna Cristina, den nächsten Ausflug lieber in eine Konditorei zu unternehmen, wenn nicht … ja, wenn sie nicht bei ihrer Enkelin eine so unbändige Begeisterung gespürt hätte, die ihr das Gefühl tiefster Selbstzufriedenheit verlieh. Wenigstens einer ihrer Nachkommen war kein Barbar! Bei dem Jungen schien ohnehin schon alles verloren.

Nach der Vorstellung beugte sich Nonna Cristina, die trotz ihrer 73 Jahre eine großgewachsene, aufrechte Statur besaß, tief zu Maria hinunter und fragte sie pflichtgemäß: „Maria, Schätzchen, wie hat es dir denn gefallen?"

„Es war großartig, Nonna."

„Und was hat dir am besten gefallen?"

„Der Figaro, Nonna. Den fand ich toll."

Verärgert nahm Nonna Cristina die Kinder bei der Hand und schleifte sie schimpfend hinter sich her: „Dreitausend Lire für die Karten, nur um einmal im Leben Giuseppe di Stefano als Graf Almaviva zu sehen, und wen findet das Kind toll? Den Friseur! Was für eine proletarische Brut ist da nur aus meinem Schoß gekrochen?"

Antonio war zufrieden. Er hatte es letztlich doch noch geschafft, den Kaugummi in Marias Haar zu platzieren. Und so kam es, dass Maria als Folge dieses Abends zum ersten Mal in ihrem Leben einen Friseursalon betrat. Hinterher berichtete der Friseur ihrer Großmutter, das Kind habe ihn während der kurzen Prozedur des Haareschneidens immerzu aufmerksam angesehen und ihn am Ende gefragt, ob er auch schon mal einem Grafen die Haare geschnitten habe. Was sage man dazu?

„Ja, in der Tat, was soll man dazu sagen?“, entgegnete Nonna Cristina und war insgeheim doch sehr froh, dass sie das Kind nicht in eine Aufführung von „La Traviata“ mitgenommen hatte. Wer weiß, welche Auswirkungen das gehabt hätte, wenn das Kind schon den Verführungskünsten eines einfachen Barbiers erlag?

Erster Teil

In der Gemeinde von Treviso pflegte man viele Weisheiten. Eine davon war diese: Gott sieht alles, nur Treviso hat er noch nie bemerkt. Und in der Tat war es nur auf sehr detaillierten Landkarten verzeichnet. Im Gegensatz zur gleichnamigen Stadt in Venetien hatte dieses Treviso nichts Touristisches an sich, jedenfalls nicht mehr als jeder andere kleine Ort in der Umgebung auch.

Man führte ein ruhiges Leben in Treviso, geprägt von Arbeit und Langeweile und den wenigen Pausen zwischen Arbeit und Langeweile, die man mit Essen füllte. Der Ort hatte ganze 1377 freundliche Einwohner und ausnehmend unspektakuläre fünfzehneinhalb Meter lange Überreste einer alten Römerstraße vorzuweisen. Daneben gab es ein einziges Lokal, nämlich die Trattoria von Massimo, der neben dem Hauptgeschäft auch einen kleinen Eissalon unterhielt und bei Bedarf Festtagstorten verkaufte. Und es gab den Friseurladen von Luigi, der zwar altmodisch, aber bei den Einwohnern sehr beliebt war. Das kleine Postamt war fast immer geschlossen, und die schlecht sortierte Enoteca umging man besser weitläufig, bevor man auf die Idee kam, dort so etwas wie Wein zu erwerben.

Treviso hatte eine Grundschule, ein winziges Rathaus, eine spätgotische Kirche, und bis letzten Monat hatte es hier auch ein Blumengeschäft gegeben, das nun geschlossen war. Das eigentliche Herzstück des Ortes aber war der Supermarkt von Vito Corrisi, der alles verkaufte, was man brauchte – oder auch nicht brauchte. Dazu zählten neben Lebensmitteln sämtliche Drogerieartikel, Schuhe, Schreibwaren, Lampenschirme sowie eine Sammlung von abgelaufenen Kalendern mit niedlichen Hunde- und Kätzchenmotiven.

Und es war jeden Samstag Markttag auf dem Campo. So gesehen hatte man beinahe alles vor Ort, worüber vor allem die alten Leute sehr froh waren. Junge Menschen gab es nur wenige. Man war zufrieden in Treviso, glücklich war man selten.

Dagegen war das Nachbardorf Castello della Libertà einst zu zweifelhaftem Ruhm gelangt und weit über den Landstrich hinaus bekannt geworden. Nicht, dass Gott es bemerkt hätte, nein, viel wichtiger: Der leibhaftige Duce war eines Tages hier durchgekommen, hatte während seines Aufenthalts drei Gläser Milch getrunken und den Ort auf seinen heutigen Namen umgetauft. In der Tat war Castello della Libertà das einzige Dorf in der Provinz, das seinen Namen aus der Zeit des Faschismus behalten hatte, denn der ließ sich grandios vermarkten. In Castello gab es nicht nur immer noch ein Hotel mit dem Namen „Il Duce“, sondern auch eine Bäckerei „Da Benito“, die als Spezialität des Hauses eine kuppelförmige Torte verkaufte, die der einst so berühmten Glatze Mussolinis nachempfunden war. Und im Rathaus von Castello della Libertà hatte man eine Plakette zu Ehren der Kuh angebracht, deren Milch dem abstinenten Duce so gut geschmeckt hatte.

Castello della Libertà konnte also eine touristische Attraktion vorweisen, Treviso dagegen nicht – ein Umstand, der sich in naher Zukunft ändern sollte.

Die Sonne schien, und es war bereits jetzt, an einem gewöhnlichen Dienstagvormittag, schon heißer, als es in der Vorhölle je sein konnte. Das war Treviso im August. Don Antonio, der Pfarrer des Ortes, legte die Hacke beiseite, mit der er in der trockenen Erde seines nahezu vollständig verdorrten Kräutergartens herumgestochert hatte, und blickte auf. Der Kirchturm von Santa Maria degli Angeli lag ostwärts im Morgendunst, rechts daneben zog sich die Mauer des ehemaligen Klosteranwesens einige Meter bis zu den drei großen Zypressen, die direkt am Rand der Hauptstraße standen und von den Abgasen der Autos und Motorräder schon recht schütter geworden waren. Die mittlere würde er wohl im Herbst fällen lassen müssen. Bloß von wem? Der Küster war erst vor drei Wochen an der Hitze gestorben, Gott hab ihn … und seine Haushälterin, Rosa, hatte er mit 75 Jahren in die Pension entlassen müssen, als das Sozialamt vorstellig geworden war und sie für arbeitsunfähig erklärt hatte. Rosa hatte geschimpft und gebrüllt, der Beamte solle seinen fetten Hintern vom Kirchengrund bewegen und sie in Ruhe lassen. Dabei schlug sie ihn fast mit ihrer medizinischen Krücke, die sie seit der zweiten Hüftoperation ständig bei sich trug – und Don Antonio hatte begriffen, dass er fortan allein die Pfarrei führen musste.

Der Schweiß rann ihm von der Stirn. Eigentlich hätte er mit 67 Jahren auch Anspruch auf einen Platz in irgendeinem Kloster gehabt, wo er sich zur Ruhe setzen konnte, aber er bevorzugte das Leben als aktiver Geistlicher und gedachte, dieses auch bis ins hohe Alter hinein weiterzuführen, solange man ihn ließ.

Der Pater ging zurück zum Pfarrhaus, das an die Kirche Santa Maria anschloss, um zu pinkeln. Er wurde nicht jünger, und der viele Wein, den er beim gestrigen Treffen mit Don Cristobaldo getrunken hatte, tat weder seinen Organen noch seinem Ruf gut. Er würde zur heutigen Buße eine halbe Stunde betend im Altarraum zubringen. Oder er würde die Altarlüster putzen. Ja, das würde er tun, denn die Lüster hatten es wahrhaftig nötig.

Das Telefon klingelte. Don Antonio wartete, ob es wohl von selbst aufhören würde. Vierzehn, fünfzehn … nein, es half nichts.

„Pronto?"

ZUR SELBEN ZEIT in demselben Ort tauchte der Friseur Luigi sein Cornetto in den morgendlichen Cappuccino und dachte nach. Der Laden ging schlecht, die Kundschaft starb langsam aus, und er ermüdete, wenn er die dritte Dauerwelle des Tages auf dem Kopf einer Neunzigjährigen richten musste. Zwar war sein Laden immer noch der Umschlagplatz allen Klatsches und Tratsches, aber was gab es in einem so kleinen Dorf schon zu erzählen? Die Tochter von Massimo hatte wieder geheiratet, drüben in Castello della Libertà, und war nun das zweite Mal schwanger. Die Scheidung war ohne großes Aufsehen über die Bühne gegangen, man hatte sich gegenseitig betrogen, und letztlich war die Trennung in friedlichen und polygamen Bahnen verlaufen. Was also gab es dazu noch groß zu sagen? Menschen wurden geboren, wurden erwachsen, heirateten, kriegten Kinder, und irgendwann starben sie wieder.

Luigi fühlte sich elend. Um 13.30 Uhr würde er, wie jeden Mittag, seinen Laden schließen und in die Trattoria hinübergehen, um dort eine Kleinigkeit zu essen. Dann würde er die *Repubblica* aufschlagen und sich über die Regierung ärgern, sein Blutdruck würde in die Höhe schnellen. Massimo, der Besitzer der Trattoria, würde sagen, er solle sich nicht immer so aufregen. Und dann würde Luigi zurück in seinen Friseursalon spazieren und weiter auf Kundschaft warten.

Luigis Frau war vor drei Jahren gestorben, und seitdem war er an manchen

Tagen mehr als nur ein wenig einsam. Chiara fehlte ihm, sie fehlte ihm so sehr, dass er nachts das Betttuch an sich drückte, um sich überhaupt an irgendetwas festhalten zu können, und dann weinte er still und ohne Tränen.

Wenn Luigi morgens den Friseursalon betrat, dann roch er, was er seit Jahrzehnten gerochen hatte: Haarspray der Marke Evolvia, Shampoo und Schaumfestiger, Haarwasser für die Männer. Für die Kinder hatte er einen Plastikeimer mit Lutschern auf der Anrichte stehen, neben dem kleinen Elefanten, einer Karussellfigur, auf dem die Kinder saßen, wenn er ihnen die Haare schnitt. Der Elefant roch leicht nach Möbelpolitur und der Fußboden nach dem antibakteriellen Zeug, das ihn seine Schwester nötigte zu kaufen.

Jetzt saß Luigi auf einem der drei roten gepolsterten Kunstledersessel, seufzte tief und starrte auf die heruntergelassenen Jalousien. Er stand auf, trug die Cappuccinotasse in die kleine Küche, die sich hinten an den Laden anschloss, wischte die Krümel des Cornettos vom Tisch, fuhr sich zweimal über den Kopf und ging dann nach draußen, um seinen Laden zu öffnen.

„PRONTO?“

„Don Antonio?“

„*Sì?*“

„Hier spricht Mario, Mario Fratelli.“

Heilige Muttergottes, der Bürgermeister!, dachte Don Antonio. Der hat mir gerade noch gefehlt!

„Don Antonio? Hören Sie mich?“

„Äh … was gibt es?“

„Ich wollte mit Ihnen über die Hochzeit meines Sohnes sprechen.“ Piero, der Sohn des Bürgermeisters, hatte vor, in drei Wochen die äußerst reizende Luisa zu ehelichen, eine Nichte Don Antonios. Der Pater konnte weiß Gott nicht verstehen, was Luisa an diesem Aufschneider fand. Aber bitte.

„Was ist mit der Hochzeit?“

„Nun, Pater, ich weiß, dass ich Sie mit derlei weltlichen Dingen eigentlich nicht behelligen sollte, aber ich wollte doch noch einmal über die Dekoration mit Ihnen reden.“

Die Kirche war seit Jahren in finanziellen Schwierigkeiten, denn eigentlich hätte die Pfarrei mit dem Pensionsantritt Don Antonios in eine teilbesetzte Stellung übergehen sollen, das heißt, drei Gemeinden hätten sich einen einzigen Pfarrer geteilt, der im Turnus die Gottesdienste abhielt. Doch

Don Antonio dachte nun einmal nicht daran abzutreten, und so war für die Altargestaltung schon seit Jahren kein Geld mehr da, und der Blumenschmuck musste von den Familienangehörigen selbst bezahlt werden. Der Bürgermeister aber galt als einer der geizigsten Menschen im Umkreis von hundert Kilometern und würde ganz sicher versuchen, sich vor den Kosten zu drücken. Don Antonio gab den Unwissenden.

„Was ist mit der Dekoration?"

„Nun, Pater, ich erwarte mir etwas mit viel … Flair", sagte der Bürgermeister.

Über das Wort hat er sich sicherlich eine halbe Stunde den Kopf zerbrochen, dachte Don Antonio. „Hm."

„Sehen Sie? Wir verstehen uns! Wusste ich's doch gleich, dass Sie Ihre Nichte nicht im Stich lassen. Ich danke Ihnen, Pater. *Ciao*."

„*Ciao*", sagte auch Don Antonio und fügte in Gedanken „Du geiziger Hurensohn" hinzu. Und weil er ein braver Mann war, betete er drei Vaterunser für seine fehlende Nächstenliebe.

EINE VIERTELSTUNDE nachdem Luigi, der Friseur, seinen Laden geöffnet hatte, war es bereits so heiß, dass ihm der Schweiß von der Stirn rann. Sein ohnehin nicht mehr ganz sauberer Kittel in hellem Grauton färbte sich mit dunklen Schweißflecken unter den Achseln. Er war einfach zu alt für diese Arbeit. Und zu alt für dieses Wetter. Nach langem Überlegen fasste Luigi einen Entschluss: Er würde den Laden heute nicht öffnen. Also machte er sich auf die Suche nach einem Stück Papier und einem Stift und schrieb: HEUTE WEGEN HITZE GESCHLOSSEN. Es würde ohnehin kaum jemand kommen.

Luigi legte den Kittel ab, zog sein blaues kariertes Hemd über, ließ das fahrbare Waschbecken mitsamt den daran baumelnden Kitteln und Scheren einfach mitten im Raum stehen, marschierte hinaus und schloss den Laden zu. Er würde sich besser gleich an einen kühlen Ort begeben, wo man ein bisschen über das Wetter plaudern konnte. Massimos Bar hatte eine Klimaanlage. Ja, das würde er tun: Er würde sich dort ein schönes kühles Glas Limonade gönnen.

Kaum hatte er sich auf den Weg gemacht, begann er sich etwas besser zu fühlen. Die Aussicht auf ein Gespräch mit Massimo und den anderen Männern hellte seine Stimmung auf. Sicher, er unterhielt sich auch mit seinen Kundinnen viel und manchmal auch sehr gern, nur drehten sich die Gespräche dann in der Regel um Themen wie: Was machen die Kinder, wie geht es der Nachbarin, dem Hund, der Katze, dem Vogel, den Krampfadern und so weiter. Seine männlichen Kunden ließen sich binnen fünf Minuten den Nacken ausrasieren, stürzten einen Kaffee hinunter und schimpften über Fußball, um dann seinen Laden wieder fluchtartig zu verlassen. Und bei den Dorfkindern drehte sich nahezu alles um Superhelden und singende Teenagerstars. Alles in allem waren es schöne Gespräche, aber sie verliefen doch meist sehr einseitig. Die anderen erzählten, er hörte zu. Heute war ganz einfach der Punkt erreicht, an dem ihn jede weitere Diskussion über Krampfadern und Superhelden aus der Fassung bringen würde.

DON ANTONIO saß im Pfarrhaus in seinem Sessel und dachte angestrengt nach. Seit einer Stunde marterte er sein Gehirn, und diese Marter, so kam es ihm vor, war in ihrem Ausmaß beinahe ebenso peinigend wie die des Herrn selbst.

Don Antonio hatte heute Morgen etwas Unerhörtes in der Zeitung gelesen. Man hatte in der *Repubblica* von einem Dorf in den Anden berichtet. Es war nur eine kleine Notiz, aber sie ging ihm nicht mehr aus dem Kopf.

> Im hoch gelegenen Partispolo hat sich unlängst ein Wunder ereignet. Die Madonnenstatue in einem Herrgottswinkel, irgendwo an einem Bergpfad in der Höhe von 3755 m gelegen, hat begonnen, milchige Tränen zu weinen. Dieses Phänomen wurde dem Vatikan zugetragen, dessen offizielle Stellungnahme wie folgt lautete: „Ein Wunder Gottes wird uns wieder einmal zuteil durch der Jungfrau heiligen Schmerz, der unendlich ist wie die Liebe zu ihrem getöteten Sohn, dem Sohn Gottes." Um das Kunstwerk zu erhalten, bittet der Vatikan im Namen der Gemeinde Partispolo um Spenden auf das Konto …

Und nun verdienten sich diese Andenbewohner dumm und dämlich an den Sakraltouristen, die sogar in Bussen dorthin gebracht wurden! Massen von kaufkräftigen und spendenfreudigen Touristen trotteten durch die Anden, um das Wunder der weinenden Madonna von Partispolo auf sich wirken zu lassen. Tausende von Devisenbringern, von denen nicht einer nach Treviso kam.

Don Antonio richtete sich in seinem Sessel auf. Genau das war das Problem: Sie kamen nicht nach Treviso. Und plötzlich wusste Don Antonio auch, warum dies so war und was man tun musste, um es zu ändern.

NIEMAND außer Don Antonio konnte später sagen, wann und wie die Idee in seinem Kopf Gestalt angenommen hatte. Aber eines war klar: Wunder geschehen auf viele Arten. Manche sind so zufällig wie die Entdeckung des

Penizillins, andere sind quasi handgemacht wie die sieben Weltwunder, und wieder andere sind nur als Idee wunderbar, es hapert allerdings ein wenig an der Ausführung.

Nachdem der Pater die Tragweite seines Einfalls erfasst hatte, begann er, unruhig im Raum auf und ab zu gehen. Immer mehr junge Leute zogen aus Treviso fort, weil sie keine Arbeit fanden, und ein Geschäft nach dem anderen hatte schließen müssen. Trauriger Höhepunkt des Ganzen war das Ende des Blumengeschäfts von Ernesto Brasini im letzten Monat gewesen. Ernesto hatte keinen Sinn mehr in der Weiterführung seines Ladens gesehen, denn er war bereits 69 Jahre alt, und ein Nachfolger war nicht in Sicht. Der Laden warf schon seit Jahren nicht mehr viel ab, die Leute hatten einfach kein Geld für Blumen. Nun mussten die Rosen für den Altar immer aus Castello della Libertà bezogen werden, und was das kostete, musste man ja niemandem sagen. Don Antonio stöhnte bei dem Gedanken, dass er den Blumenschmuck für die Hochzeit seiner Nichte bezahlen sollte. Dieser Hund von Bürgermeister wusste genau, was für Preise der Blumenladen in Castello nahm.

Aber was würde geschehen, wenn sich Treviso zum Touristenmagneten entwickelte? Natürlich! Die Gläubigen würden Opfer darbringen wollen, Blumenopfer. Und wer würde die Blumen dafür liefern? Nicht etwa der überteuerte Laden im Dorf der ewigen Mussolini-Anhänger, nein, ein Laden aus Treviso würde es sein. Vielleicht würde Ernesto doch noch einen Nachfolger finden. Das gäbe mindestens zwei neue Arbeitsplätze hier im Dorf! Und erst die Übernachtungen und die Verköstigung der Pilger, was würden die nicht für Einnahmen bringen? Wenn erst einmal Geld ins Dorf käme, dann kämen auch die Bewohner zurück und damit viele einheimische Gläubige, die neben den Touristen natürlich auch geistlichen Beistand benötigen würden. Und wer würde ihnen diesen gewähren?

Halt!, dachte Don Antonio. Hier spricht der Teufel aus dir! Der Mammon versucht dich! Widerstehe, widerstehe, Antonio!

Doch wie immer, wenn sich eine Idee im Kopf festsetzt, steckt sie den ganzen Geist an, und man kann nicht mehr davon lassen, bis man letztlich doch auf die glühende Herdplatte fasst.

TREVISOS KIRCHE SANTA MARIA DEGLI ANGELI hatte einst einen Figurenaltar besessen, der die Heilige Jungfrau in Verzückung darstellte und an sich keinen besonderen künstlerischen Wert besaß. Die Vergoldung des Altars aber war sehr üppig ausgefallen und steigerte seinen Wert damit um ein

Erkleckliches. Als im Zweiten Weltkrieg die Deutschen ihren Raubzug durch Italien angetreten hatten, war der Altar verschwunden und nie wieder gesehen worden. Alles, was davon geblieben war, war die Maria in Verzückung selbst, denn diese hatte eine azurblaue Färbung und war als einzige Figur nicht mit Goldschmuck übersät. Allerdings hatte man ihr den Heiligenschein und ihre mit winzigen Saphiren besetzten blauen Augen geraubt. Sie war fortan in der Krypta aufbewahrt worden, denn die blinde Madonna passte schließlich gut an einen Ort, an dem man vor lauter Dunkelheit ohnehin nichts sehen konnte. Das Deckenlicht war seit Jahren kaputt und konnte aus Geldmangel nicht repariert werden.

An diesem Morgen schlich sich Don Antonio hinunter in die Krypta und begab sich auf die Suche nach der blinden Madonna. „Au!“, fluchte er, als er sich an einem Steinsarg stieß. „*Dio mio*, wo ist das Ding bloß?“

Es roch modrig, und der Staub lag zentimeterdick in den Seitenlogen. Irgendwo hinter einem alten verdorrten Blumenkranz, dem Weihnachtsschmuck von vor zehn Jahren, und einigen halb zerschlagenen Altarvasen kam die Statue schließlich zum Vorschein. Sie war in eine Plastiktüte gehüllt, und als er sie herauszog, sah er, dass sie natürlich noch genauso unansehnlich wie kurz nach dem Krieg war. Don Antonio war damals Messdiener in ebendieser Kirche gewesen, und sein längst verstorbener Beichtvater Don Ignazio hatte ihn einmal hier hinuntergeschickt, um nach alten Tüchern zu suchen, weil die Kirche ausgemalt werden sollte. Unter einem Malertisch hatte der junge Antonio sie dann erblickt, die blinde Madonna, und dort stand sie auch heute noch.

Don Antonio setzte sich auf einen Stuhl mit dreieinhalb Beinen, hielt die Figur in den Händen und erinnerte sich.

„Ach, die hatte ich ganz vergessen“, hatte Don Ignazio damals gesagt, als er ihm in den Keller gefolgt war und Antonio mit der blinden Madonna im Arm erblickt hatte. „Das arme Kind. Die Deutschen waren nicht sehr nett zu ihr.“

„Was ist mit ihr geschehen, Pater?“, hatte Antonio gefragt.

„Ach, Junge, lass es gut sein. Es war kein guter Tag für Treviso, als die Deutschen die Madonna schändeten.“ Und Don Ignazio hatte tief geseufzt und der Toten gedacht, die diese Zeit hier und überall auf der Welt gekostet hatte. „Es war kein guter Tag.“

Daran dachte Don Antonio jetzt, als er in derselben Krypta auf wahrscheinlich demselben Stuhl saß wie vor 55 Jahren.

„Don Ignazio, meinst du, ich soll es wagen?“, fragte Don Antonio ins Dunkel hinein.

„Das sollst du nicht mich, sondern den Herrn fragen“, antwortete Don Ignazio prompt.

„Glaubst du, der Herr hat für solcherlei Pläne etwas übrig?“, fragte Don Antonio.

„Mein Sohn“, erwiderte Don Ignazio, „der Herr hat mehr Humor, als man ihm gemeinhin zutraut.“

Und tatsächlich stellte der Herr seinen Humor schon wenig später unter Beweis. Er bedachte den Pater mit einem Hexenschuss. Den zog er sich zu, als er die Madonna noch in derselben Nacht von der Krypta in den pfarramtlichen Keller schleppte und dort auf einem wackligen Regalbrett verstaute. Nun lag Don Antonio im Bett.

Treviso hatte vielleicht nicht viel zu bieten, aber einen Arzt hatte man immerhin doch. Und der Doktor kam, so schnell er konnte, was man ihm hoch anrechnen musste, denn immerhin war er schon 75 Jahre alt und litt stark an seinem Ischias.

„Pater, was haben Sie nur getan, dass Sie sich einen solchen Hexenschuss eingehandelt haben?“

„Ich habe den Teufel versucht“, antwortete Don Antonio.

Doktor Lorenzo schüttelte den Kopf. „Nein, Pater, ich glaube eher, Sie vertragen den Temperaturunterschied zwischen den Kirchenräumen und draußen nicht mehr.“

„Oder es liegt an der Gartenarbeit“, sagte Don Antonio.

„Das wird’s wohl sein“, stimmte der Doktor zu. „Sie brauchen dringend ein paar Tage Bettruhe. Ich gebe Ihnen noch eine Spritze gegen die Schmerzen und sehe morgen wieder nach Ihnen. Haben Sie jemanden, der sich um Sie kümmert?“

„Ich könnte meine Nichte anrufen.“

„Tun Sie das, Pater, tun Sie das.“

Kurze Zeit später klingelte in Castello della Libertà ein Telefon. Don Antonio setzte seine Nichte von seinem Hexenschuss in Kenntnis und bat sie, den nächsten Bus von Castello nach Treviso zu nehmen. Doch die Nichte kam nicht an diesem Tag. Sie schickte jemand anders.

„Niemand lässt sich wegen Keksen scheiden“, sagte Luigi.

„Na und? Was soll ich tun?“, fragte Vito.

„Dich entschuldigen, du Idiot“, antwortete Luigi. „Oder willst du bis ans Ende deiner Tage Massimos *Pasta al pomodoro* in dich hineinfuttern?“

Vito, der Supermarktbesitzer von Treviso, warf einen vielsagenden Blick auf seinen alten Freund und bestellte sich eine dritte Portion. Er hatte sich furchtbar mit seiner Frau gestritten, weil diese ihm verbieten wollte, im Supermarktregal die Kekse neben das Brot einzusortieren. Nun war er in Massimos Trattoria geflüchtet.

„Was hast du gegen meine Pasta?", fragte Massimo. Er stand hinter der Theke und trocknete Gläser ab.

„Nichts, nur dass du zu Mittag immer und ausschließlich *Pasta al pomodoro* kochst", sagte Luigi.

„Was ist falsch daran?", fragte Massimo, doch Luigi machte nur eine abschätzige Handbewegung.

„*Amici*, jetzt ist es genug!", sagte der Bürgermeister Mario, der an einem Tisch ein wenig abseits der anderen seine Zeitung las. „Ich lese, und wenn ich lese, will ich nicht gestört werden."

„Was, du kannst lesen, Bürgermeister?", fragte Vito.

„Stell dir vor!", antwortete dieser.

Draußen brannte die Sonne auf den Asphalt und weichte ihn auf. Es war 12.37 Uhr, und der Bus aus Castello della Libertà war noch immer nicht da. Massimo sah aus dem Fenster.

„Der Bus ist heute aber spät", sagte er.

„Wen interessiert es?", entgegnete Vito.

„Mich. Mich interessiert es. Vielleicht kommen ja ein paar Touristen."

Luigi lachte in sich hinein, Vito würdigte ihn keines Blickes, und der Bürgermeister hörte erst gar nicht hin. Daher nahm Massimo sein Geschirrtuch und verzog sich schimpfend in die Küche.

Und so entging ihnen allen, als der Bus der Linie 174 über den Marktplatz rollte, seine Fahrgäste herausließ und wieder zurück nach Castello della Libertà fuhr.

Unter den Fahrgästen befanden sich Signora Bortolotti, die bei ihrer Schwester in Castello zu Besuch gewesen war, und der alte Signor Baci, der im riesigen Supermarkt von Castello einen neuen Grill erstanden hatte und diesen nun schwankend nach Hause schleppte, rechts den Gehstock, links den Grill und unterm Arm die Einkaufstasche. Des Weiteren waren tatsächlich zwei deutsche Touristen ausgestiegen, deren breite Rucksäcke und kurze Hosen kein gutes Geschäft versprachen und die sich nun ihren Weg durchs Dorf bahnten, in das sie sich wohl verirrt hatten. Niemand kam freiwillig nach Treviso, schon gar nicht im August.

Dem Bus entstieg aber noch eine weitere Person, eine ältere Dame in

Stützstrümpfen, bequemen Schuhen und knitterfreiem Rock. Sie warf sich ihren dünnen Sommermantel über den Arm und ging festen Schrittes auf das Pfarrhaus zu.

DER PATER litt Qualen. Ein Hexenschuss ist eine unangenehme Sache, und man sollte besser nicht so tun, als wüsste man, wovon man redet, wenn man noch nie einen gehabt hat, denn darüber zu sprechen bleibt Eingeweihten vorbehalten. Der Pater versuchte, sich so wenig wie möglich zu bewegen und stattdessen über seine Sünden nachzudenken. Er wusste, warum ihn der Herr bestraft hatte, und war sich darüber im Klaren, dass er es auch verdiente. Aber, Herrgott noch einmal, tat das weh!

Das Pfarrhaus hatte zwei Eingänge, von denen der eine, der Haupteingang zum Kirchhof, nur in Notfällen benutzt wurde. Die Tür war zu morsch, und die Scharniere ächzten so sehr, dass man sie nicht unnötig bewegen durfte. Zum Hintereingang führte links ein kleiner Weg ums Haus herum, zur Rechten lag die Kirche. Ging man diesen kleinen Pfad entlang, kam man in den Kräutergarten. Die Frau mit den Stützstrümpfen trug ihren Koffer bis zum Hintereingang, sah ein Paar Gartenhandschuhe auf der Bank liegen – vermutlich hatte Antonio sie hier vergessen –, schnappte sie sich im Vorbeigehen und ging dann ins Haus.

„Hallo? Nichte, bist du das?", hörte sie ihren Bruder rufen.

„Nein", antwortete Maria. „Ich bin das."

In Don Antonios Augen wechselten sich Erstaunen und Erschrecken von Sekunde zu Sekunde ab. „Was machst du denn hier? Ich hab nach der Nichte geschickt!"

„Die kann nicht. Hat zu viel zu tun mit den Vorbereitungen für den Sommerurlaub. Du weißt ja, sie fahren morgen alle in die Berge. Und da ich ohnehin nicht mitfahren wollte – es hat mich allerdings auch niemand gefragt –, bin ich jetzt hier."

„Oh", antwortete der Pater.

„Was ist, Bruder? Freust du dich gar nicht?"

DIE ABENDE in Treviso brachten das Leben zurück. Wenn die Temperatur auf unter dreißig Grad sank, dann machte Massimo ein gutes Geschäft mit seinem Eissalon. Luigi öffnete seinen Friseurladen noch einmal und bediente die Kundinnen, die wegen Übergewichts oder Alters die Hitze tagsüber nicht aushielten. Vito ließ seinen Laden bis 22 Uhr offen, und wer wollte, konnte so noch spät Waschmittel, Tiefkühlhühnchen oder eingelegte

Tomaten einkaufen. Erstaunlicherweise wollten das tatsächlich viele Bewohner Trevisos, natürlich nur die, die noch nicht mit ihren Familien in die Berge oder ans Meer gefahren waren. Das war nämlich bei den meisten der Fall, weshalb es in dem Örtchen besonders ruhig war.

Alte Ehepaare gingen spazieren, kauften ihren Enkeln ein Eis und grüßten, wen sie kannten. Die jungen Leute von Treviso standen an ihre Motorini gelehnt und versteckten ihre Zigaretten vor den Eltern. Der Brunnen am Marktplatz, der voller Taubenmist war und in den die kleinen Kinder trotz der Ermahnungen ihrer Mütter die Finger hielten, plätscherte friedlich vor sich hin. Das Wasser war so dreckig wie kalt. Ein paar vom Markttag übrig gebliebene Salatblätter fegten über den Platz, und die Frauen führten ihre handgenähten oder aus dem Katalog bestellten Kleider aus. Die alten Männer von Treviso lachten mit den paar Zähnen, die ihnen im Mund geblieben waren, und dachten an die Zeiten, wo sie jede Frau hätten haben können. Oder haben wollen. Wer fragte da schon so genau nach?

Es war Zeit für die alten Leute, sich zur Abendmesse zu begeben. Die fand jeden Mittwoch, Samstag und Sonntag statt und bildete mit schöner Regelmäßigkeit eine Abwechslung im etwas einsamen Alltag derer, die zwar Familie hatten, aber selten von ihren Angehörigen besucht wurden, weil sie zu weit weg wohnten.

Heute jedoch war alles etwas anders. Es war Samstagabend, und es würde keine Abendmesse geben. Auch Vito, der Händler, Luigi, der Friseur, Massimo, der Trattoriabesitzer, und Mario, der Bürgermeister, hatten mitbekommen, dass der Pater krank war, und so sehr sie ihn auch mochten und ihm eigentlich alles Gute wünschten, sie waren doch froh, ihn mal ein Wochenende nicht zu sehen. Ihre Frauen waren da allerdings anderer Meinung.

„Du wirst gefälligst hingehen und nach dem Pater sehen“, sagte Vitos Frau.

„Wieso gehst *du* nicht hin?“, erwiderte der.

„Weil der Pater ein Mann ist.“

„Wo liegt da die Logik, Frau?“

„Die Logik, Mann, liegt darin, dass ich eine Frau bin und der Pater ein Mann, und zwar ein Mann, der im Bett liegt und der Frauen nicht gewöhnt ist. Ich könnte ihn in Verlegenheit bringen. Und deshalb wirst du gehen!“

Auch Luigis Schwester machte deutlich, dass ihr Bruder den Pater zu besuchen hatte, nicht zuletzt, um sie im Anschluss genauestens über alle Einzelheiten zu informieren. Ähnlich erging es Massimo, der seiner Frau aber klar sagte, dass sie wohl dem Wahnsinn anheimgefallen sei, wenn sie allen Ernstes von ihm erwarte, dass er Eissalon und Trattoria an einem Samstagabend seinem Sohn überlassen solle.

„Na was", sagte Massimos Frau, „verpasst du etwa das Geschäft deines Lebens?"

„Ja, genau das!"

„Pah. Dann bring dem Pater wenigstens etwas zu essen vorbei."

Der Bürgermeister war bequemer als die anderen drei. Er schlug direkt von sich aus die Straße zum Pfarrhaus ein, bevor ihm seine Frau auf die Nerven gehen konnte. Und so machten sich aus allen Richtungen des Dorfes Treviso, einem Sternmarsch gleich, Vito, Luigi, Massimo und Mario auf den Weg zu Don Antonio.

Währenddessen lag der Pater im Bett und ertrug die Fürsorge seiner Schwester Maria. Diese hatte ihn erst stundenlang mit einer Salbe eingerieben, dann Essen gekocht und danach das ganze Haus geputzt, vom Keller bis zum Dach. Nun saß sie völlig erledigt in der Küche, um ein Glas Rotwein zu trinken. Eigentlich war es Messwein, aber Maria wollte sich nach dem anstrengenden Tag etwas gönnen und hatte nur diese angebrochene Flasche im Küchenschrank gefunden. Sie prostete sich in den nun blitzblanken Scheiben der Anrichte zu, nahm einen großen Schluck und begann zu husten. Du meine Güte, das sollte Messwein sein? Schlimm genug, dass ihr Bruder Rotwein statt Weißwein für die Messen verwendete, denn die Flecken auf dem Altartuch auszuwaschen war ganz sicher kein Vergnügen, aber dass er dazu noch den billigsten Wein der schlechten Enoteca von Treviso bezog, zeugte entweder vom schlechten Geschmack Don Antonios oder von seinem Geiz, womöglich auch von beidem. In jedem Fall war dieses Gesöff kein Qualitätswein, wie ihn die Kirche für Messen vorschrieb. Und obwohl Maria selten konform mit den Vorschriften der katholischen Kirche ging, hätte sie durchaus nichts dagegen gehabt, wenn ihr Bruder sie in wenigstens diesem Punkt befolgt hätte. Gerade kippte sie den Inhalt ihres Glases in den Ausguss des Spülbeckens, als es an der Vordertür klingelte.

Der Pater, durch das Läuten aus seinem leichten Abendschlummer geweckt, brüllte durch drei Türen und zwei Stockwerke, so laut er konnte, seiner Schwester zu: „Nicht aufmachen! Die Tür ist kaputt!"

„Was willst du?", rief Maria zurück.

„Nicht aufmachen!", schrie der Pater erneut.

„Wieso soll ich nicht aufmachen?“, schrie Maria zurück.

„Die Tür ist kaputt!“

Unten vor der Haustür schauten die vier Freunde einander ratlos an. Dann sagte Massimo: „Also, brüllen kann er jedenfalls noch.“ Und bevor sie sich’s versahen, hatte eine fremde Frau die Tür mit einem Ruck aufgerissen, wobei Holzsplitter in alle Richtungen flogen.

„Buona sera“, sagte die Frau.

„Buona sera“, sagten der Bürgermeister, Vito und Massimo. Luigi schwieg, er starrte nur auf die stützbestrumpften Beine vor ihm und dann in das Gesicht der Frau.

„Sie wünschen?“, fragte sie.

Maria nahm Massimo freundlich lächelnd das Essen für den Pater aus der Hand, bugsierte die vier Herren aufs große Sofa des Wohnzimmers und servierte ihnen Biscotti und Kaffee. Als alle versorgt waren, begann sich ein unangenehmes Schweigen auszubreiten. Also fühlte sich Vito bemüßigt zu fragen: „Und? Wie geht es Ihrem …?“

„Meinem Bruder?“, fragte Maria. „Besser, danke. Er braucht nur noch ein wenig Ruhe.“

Die Männer nickten. „Ja“, sagte Massimo, „etwas Ruhe kann ja nie schaden.“

„Ach, Sie sind also die Schwester“, stellte Vito fest. Und weil er etwas Freundliches sagen wollte, fügte er hinzu: „Unglaublich, Signora, Sie sehen so jung aus, Sie können doch höchstens die Tochter …“

Mario stieß ihn unsanft in die Rippen. „Er ist Priester, du Idiot! Er kann doch gar keine Kinder haben.“ Und alle lächelten verlegen.

Die Unterhaltung kam nicht so recht in Gang. Plötzlich vernahm man im oberen Stockwerk Geräusche, etwas schleifte über den Boden.

„Liegt Ihr Bruder im Bett?“, fragte Luigi.

„Das sollte er“, sagte Maria. „Aber dem Lärm nach zu urteilen verbarrikadiert er gerade die Tür mit einem Stuhl, damit ich ihn nicht weiter mit Nudelsuppe und warmen Umschlägen traktieren kann.“ Und dann fing sie an zu lachen, herzlich, freundlich und mit vielen kleinen Falten um die Augen.

Als die Männer eine Viertelstunde später wieder vor der nun kaputten Eingangstür standen, um sich auf den Rückweg zu machen, hörten sie durch ein geöffnetes Fenster die Stimme Don Antonios, der lautstark nach

Fleisch zum Abendessen verlangte, und die Stimme seiner Schwester, die ihm wiederum zubrüllte, darauf könne er warten, bis er schwarz werde, er brauche eine ausgewogene Ernährung, habe der Doktor gesagt, und damit basta. Massimo dachte an die *Scallopine milanese*, die er dem Pater mitgebracht hatte und die dieser vermutlich nicht zu Gesicht kriegen würde.

In der Trattoria angekommen, waren die Männer erschöpft, ob von der Hitze oder der spärlichen Konversation, wagte keiner zu sagen. Massimos Frau, die gerade das Erdbeereis nachfüllte, drehte sich zum Eingang und begrüßte ihren Mann mit den Worten: „Und, wie war's?"

„SEINE SCHWESTER? Ich dachte, die hätten seit Jahren keinen Kontakt", sagte Massimos Frau.

„Und das hat sicher auch einen guten Grund", entgegnete Massimo. Der Bürgermeister und Vito nickten bekräftigend. Die fünfzehn Minuten beim Pater hatten offenbar Eindruck bei ihnen hinterlassen, das sahen auch ihre Frauen, und es heizte ihre Neugier nur noch zusätzlich an.

„Ist sie denn so furchtbar?"

Massimo ließ langsam die Luft aus seinen aufgeblasenen Backen entweichen. Der Bürgermeister strich sich nervös über die spärlichen Haare, und Vito kratzte sich verlegen am Bart. Wirklich äußern wollte sich keiner der drei Männer, doch schließlich kamen von allen Wörter wie „dominant", „herrschsüchtig", „vorlaut".

„Wenn ihr mich fragt", sagte Massimo, „des Teufels Schwester hat heute Ausgang!"

„Aber schöne Beine hat sie. Das muss man ihr lassen", murmelte Vito vor sich hin.

LUIGI war im Anschluss an den Besuch beim Pater nicht mit in Massimos Trattoria gekommen. Er hatte sich entschuldigt, er sei müde und gehe lieber sofort nach Hause. Man hatte noch versucht, ihn auf ein Glas Wein zu überreden, aber letztlich hatten seine Freunde ihn ziehen lassen. Nun saß er im Halbdunkel seines Friseursalons, die Rollläden heruntergelassen, und hörte auf das Ticken der großen Uhr über der Tür zum Hinterzimmer. Hatte er Hunger? Möglich, aber Appetit hatte er keinen. War er müde? Ja, aber schlafen konnte er noch nicht. War er einsam? Was war es, das ihn so unruhig machte? Er fühlte sich richtiggehend kribbelig, unwohl, zittrig. Hatte er zu viel Kaffee getrunken? Das musste es sein. Einen Espresso zu viel für heute.

Das bekam weder seinem Magen noch seinem Herzen, und offenbar bekam es auch seiner Seele nicht.

Er stand auf, indem er sich mit der Hand auf der Armlehne des roten Kunstledersessels abstützte, und ging ins Hinterzimmer des Salons. Dort, im weißen Schrank, im zweiten Fach rechts, lag ein altes Foto in einem Goldrahmen, dessen Glas schon fast blind war. Aber das Gesicht der Frau auf dem Bild lächelte so freundlich wie immer. Sie hatte ein schönes Lächeln gehabt, seine Chiara, große grüne Augen unter langen schwarzen Wimpern. Er erinnerte sich, wie ihr Haar gerochen hatte. Er erinnerte sich an das schwarze Kleid mit den weißen Tupfen, das sie zur Verlobung getragen hatte. Über vierzig Jahre war das nun her. Sie war älter geworden. Sie waren beide älter geworden. Chiara hätte gern Kinder gehabt, er dagegen wollte immer nur Chiara; sie genügte ihm. Sie aber war über den Kummer, dass sie keine Kinder kriegen konnten, immer dicker geworden. Dabei lag es gar nicht an ihr. Der Arzt hatte gesagt, es sei manchen Menschen einfach nicht gegeben, Kinder zu haben. Sie hatten sich eine Katze zugelegt. Die Katze war in demselben Jahr gestorben wie Chiara.

Luigi sah das Bild eine Weile lang an, bis er schließlich mit dem Ärmel darüberstrich und es wieder an seinen Platz zurücklegte. Dabei stieß er an etwas Weiches, das ganz hinten im Schrank gelegen haben musste. Er zog es mit langen Fingern aus dem Fach heraus, um zu sehen, was es war. Und zum ersten Mal an diesem Tag glitt ein Lächeln über sein Gesicht, und er wusste auf einmal, warum er die Schwester Don Antonios mögen würde, trotz ihrer widerborstigen, überfürsorglichen Art. In der Hand hielt er ein altes Paar Stützstrümpfe seiner verstorbenen Frau.

Der Pater lag im Bett und überdachte seine Lage. Er konnte jetzt noch eine weitere Woche hier liegen bleiben und sich von seiner Schwester terrorisieren lassen, oder aber er konnte die Zähne zusammenbeißen, aufstehen und seinen Verpflichtungen nachgehen. Er hatte die Nudelsuppe Marias satt. Offenbar glaubte seine Schwester, dass heiße, salzige Suppe gut gegen jede Form von Erkrankung sei, ob es sich dabei um Erkältung, Nabelbruch oder Hexenschuss handelte. Der Pater hatte es so satt. Er hatte dieses Zimmer satt, er hatte die Nudelsuppe satt, und er hatte die Hitze satt. Seit drei Wochen war das Thermometer nachts nicht mehr auf unter achtundzwanzig Grad gesunken. An ruhigen Schlaf war nicht zu denken.

Mit einer geschickten Linksdrehung rollte er sich aus dem Bett, suchte, noch etwas klapprig auf den Beinen, Halt am Bettpfosten, bevor er sich dann vollends aufrichtete und nach seiner Soutane tastete. Diese hing ordentlich gefaltet über dem Fußende vom Bett. Der Pater zog sich an, nahm den Stuhl weg, den er unter die Türklinke geschoben hatte, und ging die Treppe hinunter.

„Maria?" Keine Antwort.

„Maria?" Immer noch keine Antwort.

„Maria!" Offenbar war Maria ausgegangen und hatte ihm nicht einmal eine Nachricht hinterlassen. Der Pater schüttelte den Kopf über so viel Rücksichtslosigkeit und tappte weiter nach draußen in Richtung Kräutergarten. Erschöpft ließ er sich auf der kleinen Bank am Hintereingang des Hauses nieder.

Seit siebenundzwanzig Jahren hatte sich der Kontakt zwischen ihm und seiner Schwester auf ein Minimum beschränkt: eine Glückwunschkarte zum Namenstag, ein kurzes Telefonat zu Weihnachten und hin und wieder ein paar Worte bei Familienfeiern. Und jetzt erschien sie wie aus heiterem Himmel in Treviso und machte ihm das Leben … ja, was eigentlich? Leicht? Schwer?

Don Antonio zog sich an der Rückenlehne der Bank hoch und schlich in Richtung Kirche, wo er sich ohne Umwege direkt in die Krypta begab. Dort empfing ihn der Geist Don Ignazios mit den Worten: „Und, hast du das Mädchen gut untergebracht?"

Don Antonio war überrascht: „Woher weißt du, dass sie da ist?"

„Ich bitte dich, Antonio, du hast sie doch heimlich ins Haus geholt. Glaubst du etwa, so etwas merke ich nicht?"

„Ich hab sie nicht heimlich geholt", antwortete Don Antonio entrüstet. „Die ist von selbst bei mir aufgekreuzt."

„Junge", erwiderte Don Ignazio, „ich sage es nur ungern, aber aus Erfahrung weiß ich, dass nicht einmal Geister so ohne Weiteres durch Mauern hindurchgehen, wie sollte es da eine Madonnenstatue schaffen? Oder hattest du etwa eine Erscheinung?"

„So kann man es auch nennen. Meine Schwester Maria ist da."

„Aha", machte Don Ignazio, „und ich dachte, wir reden von der Madonna, die du heimlich entwendet hast. Wie geht es ihr denn so?"

„Was soll die Frage? Sie ist blau, sie ist kaputt, und bei Tageslicht betrachtet wirkt sie auch nicht schöner als hier unten im Dunkeln", antwortete Don Antonio.

„Gott, bist du heute schwer von Begriff! Deiner Schwester, Antonio, wie geht es deiner Schwester?"

„Weiß der Teufel", sagte Don Antonio. „Ich hab nach der Nichte gerufen, und auf einmal ist sie hier aufgetaucht." Er schüttelte den Kopf. „Stell dir das vor: Sie kocht für mich, sie wäscht für mich, kauft ein, putzt und tut wer weiß was noch. Die Angelegenheit von damals erwähnt sie mit keinem Sterbenswörtchen, so als hätte es die letzten siebenundzwanzig Jahre nicht gegeben."

„Junge, ich kann darin nichts Schlechtes sehen. Offenbar will sie euren Streit von damals begraben."

Don Antonio warf dem Geist Don Ignazios einen nachdenklichen Blick zu. „‚Begraben' ist das Stichwort, alter Mann", sagte Don Antonio, und seine Gedanken wanderten weit weg, auf eine Beerdigung vor siebenundzwanzig Jahren, bei der ihm seine Schwester Maria verboten hatte, die Grabrede auf ihren Sohn zu halten, weil es keinen gerechten Gott geben konnte, der einem das eigene Kind nahm. Und das hatte er ihr nicht verziehen, denn er wusste, dass sie Recht hatte.

Es war Samstag und somit Markt auf dem Dorfplatz von Treviso. Neben frischen Lebensmitteln konnte man hier auch allerlei Nichtkulinarisches erstehen, so zum Beispiel chinesische Papierschirme, spanische Plastikfächer oder auch blaue Glasvasen made in Taiwan. Neben all diesen überaus nützlichen Dingen gab es auch einige Stände mit Kleidern, Hauskitteln, Strümpfen, Kinderwäsche und fleischfarbenen BHs für Damen mit besonders üppigem Brustumfang.

Heute war das Angebot etwas spärlich ausgefallen, denn auch Marktstandbesitzer machen einmal Urlaub, und somit war die Anzahl der Stände an diesem heißen Augustwochenende auf unter zwölf geschrumpft. Maria schlenderte neugierig hin und her, prüfte die Tomaten, kaufte eine halbe Wassermelone, ein Kilogramm Trauben und drei Pfund Kartoffeln, entschied sich gegen Hühnchen, aber für Kalbsschnitzel und war alles in allem recht zufrieden mit ihren Besorgungen. Da blieb sie plötzlich vor dem Stand von Salvatore Tarlo stehen.

Auf dem Wochenmarkt gab es jeden erdenklichen Unsinn zu kaufen, aber zwischendurch kam man bei jemandem vorbei, der so etwas wie Kunsthandwerk unter die Menschheit brachte, und das nahm sich gegen den üblichen Kitsch aus Fernost dann doch etwas interessanter aus. Bei Salvatore Tarlo war tatsächlich Qualität am Werk, und neben recht ordentlich gearbeiteten Schüsseln, Salatbestecken und Schalen verkaufte er auch Holzfiguren in Form von Eisbären, Wölfen, Katzen und Delfinen. Außerdem hatte Salvatore auch einige wunderschöne Madonnenstatuen im Angebot. Und auf diese heftete sich nun Marias Blick.

„Buon giorno!"

„*Buon giorno,* Signora, womit kann ich Ihnen dienen?" Salvatore Tarlo freute sich – endlich Kundschaft. Er sprang von seinem kleinen Hocker auf und lächelte die Dame vor ihm mit großer Begeisterung an.

„Ja, ich weiß nicht, ob Sie mir helfen können." Maria sah den Schnitzer prüfend an.

„Das weiß ich auch erst, wenn die Signora mir sagt, was sie wünscht."

„Nun, ja, machen Sie auch Tischlerarbeiten?"

An sich tat Salvatore dies nicht, er war schließlich ein Meister seines Fachs und kein Möbeltischler. Einen Stuhl konnte jeder Idiot zusammenhämmern, eine Madonna zu schnitzen, ihrem feinen gen Himmel gerichteten Gesicht einen so verklärten Blick zu geben, dass man ganz rührselig wurde, erforderte dagegen schon sehr viel mehr Talent. Aber die Auftragslage war schlecht und Madonnenstatuen derzeit nicht sonderlich gefragt. Außerdem war die Rate des letzten Monats für seinen neuen Kombi überfällig. Darum: „Aber sicher, Signora, kein Problem. Was soll denn gemacht werden?"

„Unsere Tür ist leider kaputt, die Eingangstür, und ich habe mich gefragt, weil es doch keinen Tischler in Treviso mehr gibt, da hab ich mich gefragt, ob, und Sie sind ja ein Mann vom Fach, na ja, ob Sie nicht …?"

Eine Tür. Eine Tür sollte er richten. Himmelherrgott, eine Tür! Das war definitiv unter seiner Würde.

„Sicher doch, Signora, kein Problem. Ich mache das für Sie im Handumdrehen."

„Das wäre wirklich wunderbar. Können Sie heute Nachmittag vielleicht schon …?"

Konnte er? „Aber sicher, Signora!" Er konnte.

Am Nachmittag erwartete man Besuch im Pfarrhaus.

WARUM musste seine Schwester sich eigentlich überall einmischen? Don Antonio saß in seinem Sessel und seufzte tief. Kaum war sie ein paar Tage hier, und schon hatte sie das Regiment übernommen, gleich, ob es um seine Wäsche („Deine Socken sehen aus wie Schweizer Käse!"), um kirchliche Angelegenheiten („Pater Cristobaldo ist ein alter Säufer, und eure so genannten Besprechungen könnt ihr euch in euren Sogenannten schieben! Heute Abend gehst du zeitig ins Bett!") oder um das Pfarrhaus ging („Das ist ein furchtbarer alter Kasten! Du arbeitest wirklich für einen beschissenen Verein. Jeder dämliche Beamte hat eine bessere Dienstwohnung als du.") –

Maria wusste es besser. Und dann das: Erst machte sie die Tür kaputt, und dann holte sie ihm auch noch Salvatore Tarlo ins Haus. Natürlich. Um die Eingangstür vom Pfarrhaus zu reparieren, bedurfte es des dümmsten Atheisten im Umkreis von achtzig Kilometern. Was hatte sie sich nur dabei gedacht?

„Was hast du dir nur dabei gedacht?", schimpfte Don Antonio folgerichtig mit seiner Schwester.

„Madonna, man wird ja wohl noch ein paar Entscheidungen selbst treffen dürfen!", entgegnete sie.

„Nein, darf man nicht. Und lass die Heilige Jungfrau aus dem Spiel!" Der Pater war aufgebracht.

„Ich habe mir gedacht, dass dieses Haus eine Tür braucht, durch die man hindurchgehen kann, ohne sie gleich in Stücke zu reißen. Dass eine Reparatur dieses morschen Teils auch in deinem Sinne ist. Wieso also nicht einen Tischler rufen? O ja, ich vergaß: In diesem Kaff gibt es keinen Tischler mehr. Wach auf, Antonio, wenn du Hilfe suchst, dann wende dich nicht immer nur an den lieben Gott, sondern tu das, was das Nächstliegende ist. Und in diesem Fall ist das Nächstliegende Salvatore Tarlo!"

Nun war es Viertel vor zwei, und er musste seine gute Soutane rausholen und sich anziehen. Und waschen. Wann hatte er eigentlich das letzte Mal geduscht?

„Wann hast du dich eigentlich das letzte Mal geduscht?", fragte ihn Maria. Da läutete es an der Tür.

Salvatore Tarlo hatte seinen Werkzeugkasten mitgebracht. Ein Blick auf die Eingangstür des Hauses sagte ihm, dass er noch viele Stunden hier verbringen würde, und wenn die Auftragslage so schlecht bliebe, wie sie im Moment war, dann vielleicht noch ein bisschen länger.

„Signora, hier bin ich. Sie werden sehen, ich bringe Ihre Tür ganz schnell in Ordnung." Im Hintergrund schnaufte jemand verächtlich.

„Mein Bruder", sagte Maria etwas verlegen, „lässt sich entschuldigen. Er … er … Das hier ist die Tür." Sagte es und deutete auf den Eingangsbereich des Pfarrhauses.

„Danke, Signora." Salvatore Tarlo deutete eine Verbeugung an und machte sich an die Arbeit.

Als ihm sehr viel später an diesem Tag die großen Schrauben ausgingen, beschloss Salvatore, dass sich derlei doch auch im Haus eines Pfarrers finden lassen müsse. Er ging in den Keller, um dort zu suchen. Was er fand, waren zwar keine Schrauben, aber dafür etwas anderes.

DERWEIL spielten sich beim Bürgermeister eher hektische Szenen ab. Die Hochzeitsvorbereitungen seines Sohnes waren in vollem Gange, aber der Bürgermeister war nicht zur Anprobe des Schneiders im eigenen Hause erschienen. Seine Frau war außer sich.

„Wo bleibt er nur? Um zwei Uhr sollte er hier sein, nun ist es schon halb drei, und noch immer ist kein Zipfel des Anzugs fertig. Und das, wo es nur noch zehn Tage bis zur Hochzeit sind! *Dio mio*, ich werde noch wahnsinnig mit diesem Mann!“ Sie griff nochmals zum Hörer, aber auch auf vierundzwanzigfaches Klingeln hin hob im Büro des Bürgermeisters niemand ab.

Mario Fratelli hatte es vorgezogen, seiner Frau und dem Schneider zu entkommen. Daher hatte er sich von seinem Büro aus direkt in Massimos Trattoria geflüchtet. Das Handy hatte er vorsichtshalber abgeschaltet. Hier im Lokal ließ er sich gebührend bemitleiden, denn es gab wohl keinen Mann, der nicht nachfühlen konnte, was es bedeutete, sein Kind zu verheiraten.

„Die Kosten!“, sagte Massimo und schwang das Geschirrtuch über seinem Kopf, um anzudeuten, welch schwindelerregende finanzielle Höhen derlei Festivitäten erreichen konnten.

„Der Stress!“, stöhnte Vito.

„Und dann weiß man nie, ob es den ganzen Aufwand auch lohnt – bei der Scheidungsrate heutzutage“, legte Massimo noch einmal nach, und alle Männer nickten in stillem Einverständnis. Dann schwiegen sie einträchtige zehn Sekunden lang, bis das Telefon der Trattoria klingelte und die Frau des Bürgermeisters ausrichten ließ, wenn ihr Mann nicht augenblicklich nach Hause komme, dann könne er in zehn Tagen nicht nur die Hochzeit seines Sohnes, sondern seine eigene Scheidung gleich mitfeiern.

ALS SICH SALVATORE TARLO in dem dunklen Keller auf die Suche nach den passenden Schrauben machte, stieß er sich an einem Regal den Kopf. Etwas Schweres donnerte von oben auf ihn herunter und erschlug ihn beinahe. Später würde Salvatore sagen, Gott habe ihn quasi mit dem Kopf darauf gestoßen. „Was ist denn das für ein Ding?“, schimpfte Salvatore, als er sich näher besah, was ihn da mit aller Wucht getroffen hatte. Aus einer zerrissenen Plastiktüte wickelte er eine Madonnenstatue, die beim Sturz vom Regal offensichtlich einen Teil ihres rechten Arms eingebüßt hatte und ziemlich ramponiert aussah. Salvatore hob sie hoch und besah sie sich in dem spärlichen Licht, das in den Keller vordrang.

„Dir haben sie aber übel mitgespielt, meine Kleine“, murmelte er. Auf den ersten Blick glaubte er zu erkennen, dass hinter dieser mit blauer Farbe verschandelten Statue ein Kleinod der Schnitzkunst steckte. Er besah sich die Statue von allen Seiten, ihren kunstvoll gestalteten Umhang, die zum Gebet gefalteten Händchen und die winzig gearbeiteten Füße, die unter dem Umhang hervortraten, bis er die Statue wieder in die alte Plastiktüte einwickeln und aufs Regal zurückverfrachten wollte. Da die Tüte aber zerrissen war – sie musste beim Sturz vom Regal an etwas Spitzem hängen geblieben sein –, klemmte er sich die Madonna unter den Arm und stapfte mit ihr in die Küche des Pfarrhauses, um dort nach etwas Geeignetem zu suchen, in das er sie einwickeln konnte.

Er fand die Küche verlassen vor. Die Signora war offenbar in Haus oder Garten unterwegs, und vom Pater war gleichfalls nichts zu sehen. Salvatore stellte die Statue auf den Tisch und begab sich auf die Suche durch die pfarramtlichen Küchenschränke. Er bemerkte nicht, dass Don Antonio inzwischen den Raum betreten hatte.

„Was suchen Sie denn da?“, fragte der Pater.

„Oh, ich habe die Statue hier im Keller gefunden, sie ist mir quasi auf den Kopf gefallen, und nun brauchte ich etwas, um sie wieder einzuwickeln.“ Er besah sich das Häufchen Elend, das ihn aus blinden Augen heraus vorwurfsvoll ansah.

Der Pater folgte dem Blick Salvatores, und auf einmal überkam ihn Wut. Was hatte dieser Kerl eigentlich im Keller zu suchen, und was tat die Madonnenstatue auf einmal in seiner Küche?

„Was haben Sie im Keller gemacht?“, fragte der Pater.

„Ich, äh, ich habe nach Schrauben gesucht. Und da bin ich auf das hier gestoßen.“ Er deutete auf die Statue. „Ich dachte, so kannst du sie doch nicht ins Regal zurückstellen. Verstaubt ja völlig, das arme Ding. Und außerdem ist ein Stück vom Arm abgebrochen. Nun, da dachte ich, vielleicht könnte ich sie reparieren.“

Der Pater blickte Salvatore Tarlo erstaunt an. „Können Sie das denn?“

„Ja, Pater, ich bin eigentlich gelernter Schnitzer.“

Salvatore drückte sich verlegen vor dem Küchenschrank herum, während der Pater begann, angespannt nachzudenken. Schließlich sagte er: „Nun, wenn Sie sich dazu bereit erklären, das gute Stück zu reparieren, dann wäre ich Ihnen natürlich sehr verbunden. Obgleich ich nicht weiß, was es bringen sollte, ihr den Arm anzukleben und den Rest in seinem jetzigen Zustand zu belassen. Dadurch wird sie auch nicht ansehnlicher.“

„Aber Pater, das fehlende Stück am Arm wird doch nicht einfach angeklebt! So arbeiten nur Stümper. Nein, man muss sie erst einmal abschleifen und dann versuchen, ein Stück entsprechend anzupassen, danach …“ Salvatore Tarlo war in seinem Element. Zum ersten Mal seit Wochen konnte er sich wieder für seine eigentliche Profession begeistern, und etwas von dieser Begeisterung übertrug sich auch auf Don Antonio. Ungefähr eine halbe Stunde lang standen die beiden so fachsimpelnd um den alten Küchentisch herum und besahen sich dabei die blinde Madonna.

„Ach ja“, endete Salvatore Tarlo, „es ließe sich so einiges aus der Dame machen – mit einem kleinen Wunder natürlich.“ Da wusste der Pater endgültig, was er zu tun hatte.

„Ja, ein kleines Wunder. Sagen Sie, Salvatore, haben Sie zufällig von dem Wunder in den Anden gelesen? Es war eine Notiz in der *Repubblica*.“

„Nein, Pater, ich lese den *Messaggero*.“

„So?“

„Ja.“

„Aha.“ Schweigen. Dann fuhr der Pater fort: „Nun, darin stand etwas über ein Wunder, das sich in einem Andendorf ereignet hat. Eine Madonnenstatue hat begonnen zu weinen.“

„Wirklich zu weinen, Pater?“

„Ja, so ist es.“

„Nun“, Salvatore machte ein eher abfälliges Geräusch, „so ein Wunder lässt sich leicht herstellen. Glauben Sie mir, Pater, kein Stück Holz fängt von allein an zu weinen.“

Und so wurde an diesem Nachmittag in der Küche des Pfarrhauses von Treviso ein Wunder geboren.

Nachmittags glich Treviso eher einer Geisterstadt als einem lebendigen Ort. Die Rollläden waren heruntergelassen, wer konnte, der ruhte sich in seinem Haus bei einem kühlen Getränk aus. Es gab allerdings zwei Bewohner Trevisos, die eine auffällige Geschäftigkeit an den Tag legten, und wäre der Rest des Dörfchens nicht so sehr mit sich selbst beschäftigt gewesen, dann hätte vielleicht jemand die ungewöhnliche Allianz zwischen Don Antonio und dem Schnitzmeister Salvatore Tarlo bemerkt. Vielleicht hätte jemand wahrgenommen, wie unruhig der Pater dieser Tage wirkte oder wie lange in Salvatores Werkstatt nachts noch die Lichter brannten. Doch in der Hitze fiel keinem der Trevisaner auf, dass in ihrer Mitte ein Ereignis von großer Tragweite seine Schatten vorauszuwerfen begann.

Der Morgen der Hochzeit von Luisa und Piero begann, wie alle Hochzeitstage üblicherweise beginnen: mit einem Anflug von Panik. Die Braut befürchtete, ihr Kleid könne nicht sitzen, weil sie in den letzten Tagen vor Aufregung kaum noch etwas gegessen hatte; der Bräutigam hatte Angst, dass man ihm die Alkoholfahne vom Abend zuvor noch anmerken könne; die Brautmutter erwartete das Schlimmste, einfach weil das so ihre Art war; der Brautvater verwarf im letzten Moment seine Rede, die er mühsam und über Tage hinweg geschrieben hatte und die er nun so schlecht fand, dass er wohl oder übel beim Essen würde improvisieren müssen, und der Pfarrer war mit den Nerven am Ende, weil … ja warum eigentlich? Dem äußeren Anschein nach hatte er keinen Grund dazu, denn dies war, bei aller Liebe, nun wirklich nicht seine erste Hochzeit. Trotzdem waren seine Hände an diesem Morgen schweißnass.

In der Nacht zuvor waren Don Antonio und Salvatore Tarlo am Hintereingang zur Sakristei verabredet gewesen. Um fünf vor elf klopfte Salvatore sanft dreimal von außen gegen die schwere Holztür. Es kam keine Reaktion, woraufhin Salvatore noch etwas heftiger dreimal gegen die Holztür klopfte und wiederum keine Antwort erhielt. Da die Tür verschlossen war, ging er um die Kirche herum und versuchte es beim Vordereingang. Die Tür war, ganz gegen die üblichen Gepflogenheiten, verriegelt. Die Brautmutter hatte darauf bestanden, nachdem die Kirche bereits am Nachmittag festlich geschmückt worden war, dass man die Blumenpracht auf diese Weise vor Eindringlingen aller Art schützen sollte. Im letzten Jahr hatte sich ein Hund am Abend vor einer Hochzeit in die Kirche verirrt und gegen eine der hinteren Bänke gepinkelt. Der Gestank hatte die ganze feierliche Zeremonie begleitet.

Bereits etwas entnervt begann Salvatore Tarlo zu rufen: „Pater? Pater, sind Sie da?“

„Pscht, zum Teufel noch mal, sei leise!“, zischte Don Antonio, als er just in diesem Moment das Kirchenportal aufschloss. „Warum stehst du nicht hinten?“

„Weil du mir nicht aufgemacht hast!“, empörte sich nun gleichfalls Salvatore.

„Wir hatten doch elf Uhr ausgemacht.“

„Ja, und? Es ist elf Uhr.“

„Nein, es ist erst fünf Minuten vor elf.“

„Bin ich ein Uhrwerk?“, fragte Salvatore beleidigt.

„Komm endlich herein!“, knurrte Don Antonio und schloss so leise wie möglich die Tür hinter seinem Komplizen. Der schleppte schwer an einem in schwarze Müllsäcke gewickelten Etwas. „Wohin damit?" Salvatore sah den Pater fragend an.

„Am besten gleich in die dafür vorgesehene Nische", sagte der Pater und zeigte auf einen vorderen Winkel im linken Teil des Kirchenschiffs.

Mit einem leichten Stöhnen hievte Salvatore das schwere Stück hoch und hielt es dabei doch so sicher, als wäre es ein Baby. Dagegen hatten Don Antonios Augenlider und Hände mittlerweile nervös zu zucken begonnen. Er fürchtete sich vor dem nächsten Morgen, und es wurde ihm schwindelig bei der Vorstellung, etwas könnte schieflaufen, zum Beispiel, dass die Madonna vorzeitig entdeckt würde. Dann hätte man ganz sicher ihn mit dem wundersamen Gegenstand in Verbindung gebracht und schnell seinen Plan durchschaut. Nein, die Madonna musste so wirken, als hätte sie schon immer dort gestanden, bevor sie zum richtigen Zeitpunkt zum Einsatz kam. Und vielleicht wäre ein kleines Stoßgebet an dieser Stelle angebracht gewesen, doch zum ersten Mal in seinem Leben wagte er es nicht, Gott um Hilfe zu bitten. Dieses eine Mal musste er etwas nur mit sich selbst ausmachen.

DER NÄCHSTE MORGEN begann vielversprechend. Die Sonne schien heiß, aber es war nicht allzu drückend, man war guter Dinge, trank schon vor den Feierlichkeiten auf das Wohl des Brautpaars, und die Blumen waren über Nacht nur halb verwelkt, sodass sie noch einigermaßen gut aussahen, man dem Blumenhändler in Castello aber womöglich den halben Preis wieder abziehen konnte, denn der hatte Frische bis zum nächsten Abend garantiert. Und wen störten schon halb verwelkte Blumen, wenn eine Braut so wunderschön war wie diese? In der Tat: Luisa übertraf ihre eigenen Erwartungen um Längen.

Die Trauungszeremonie war für elf Uhr am Vormittag angesetzt. Gegen halb elf war die Kirche bereits so voll wie lange nicht, und man plauderte angeregt, während sich die ungezogenen Kinder im Mittelgang ein Gefecht mit ihren Wasserpistolen lieferten, in dessen Folge nicht weniger als sechs ruinierte Gesangbücher zu beklagen waren. Der Pater lief nervös in der Sakristei auf und ab und ging noch einmal seine kurze Predigt durch, als Maria durch den Hintereingang zu ihm trat.

„Na, Bruder, alles bereit?"

„Hm, ja, hm …", war die Antwort des Paters.

„Dann lass ich dich mal allein." Maria hatte kein Verständnis für die Aufregung ihres Bruders. Eine Hochzeit war eine Hochzeit. Was sollte da großartig schiefgehen? Als sie von der Sakristei in den Kirchenraum ging, streifte ihr Blick kurz die vordere linke Seitenloge, in der sie aus dem Augenwinkel eine Madonnenstatue wahrnahm. Hatte die dort gestern auch schon gestanden? Doch als im selben Augenblick die Orgel zu spielen begann, vergaß Maria den Gedanken wieder und begab sich schnell an ihren Platz.

Der Pater folgte seiner Schwester kurz danach auf demselben Weg von der Sakristei zum Altarraum. Auch sein Blick streifte die Madonna, und er hoffte, sie würde nach Möglichkeit keine Aufmerksamkeit erregen. Die Zeit war noch nicht reif für ein Wunder, aber wenn die Madonna erst einmal einige Wochen dort stand, wo sie nun war, und er das Gefühl hatte, dass der richtige Augenblick gekommen war, dann würde …

Und in diesem Moment entdeckte Don Antonio seinen neuen Freund Salvatore in einer der hinteren Reihen der Kirche. Der Pater wäre vor Schreck fast über den Absatz zum Altarraum gestolpert, als Salvatore auch noch die Hand hob und ihm grinsend zuwinkte. Don Antonio ignorierte ihn nach Kräften. Zum Glück hob die Musik nun zum Hochzeitsmarsch an, und die Aufmerksamkeit aller konzentrierte sich auf den Einzug der Braut im hinteren Teil der Kirche. Nur eine einzige Person im Raum hatte die seltsam vertraute Geste Salvatores bemerkt – und sah taktvollerweise darüber hinweg.

Die Zeremonie begann. Man sang, man betete, man erhob und setzte sich wieder, man sang erneut, und der Pater begann sich zu entspannen und sogar die Trauung seiner Nichte zu genießen. Er sah die Blumen, er sah Luisas Lächeln, er hörte die Gemeinde lachen, als er eine kleine Kindheitsanekdote zum Besten gab, und seine Hände waren wieder trocken, als er sie dem Paar zum Segen auflegte. Eine wunderbare Hochzeit, dachte Don Antonio, ein wunderschönes Paar, ein wundervoller Sommer.

Und da geschah das Unfassbare: Ein Handy klingelte. Irgendjemand in der dritten Reihe – wahrscheinlich ein Freund des Brautpaares aus der Großstadt – hatte es nicht abgeschaltet, und es zerstörte nun mit einem aufdringlichen Klingelton die feierliche Stille nach dem Segen.

Der Pater rang um Fassung, die Gemeinde kicherte, das Brautpaar schmunzelte, der Freund schaltete das Handy, nachdem er es ein paar Sekunden lang in seinen Anzugtaschen gesucht hatte, peinlich berührt ab. Und in diesem Moment kam ein Aufschrei von Sofia Bortolotti: „Ein Wunder! Madonna, da, seht!“ Ihr Finger zeigte in Richtung der Nische im vorderen linken Kirchenschiff, in deren Nähe der Handybesitzer nun etwas schuldbewusst saß, denn dort stand die blinde Madonna von Treviso, und aus ihren Augen rannen blutrote Tränen.

Zweiter Teil

Die Straße hieß zwar offiziell Calle delle Salute, aber die Einwohner Trevisos nannten sie nur Calle della Santa Maria, denn früher waren hier stets die Prozessionen an Mariä Himmelfahrt durchgekommen. Es war also keineswegs ungewöhnlich, beim Blick auf das Straßenschild an Maria zu denken, selbst wenn gar nicht Maria darauf stand. Luigi dachte allerdings in letzter Zeit sehr oft an Maria, ganz gleich, aus welchem Anlass. In letzter Zeit ging er auch sehr viel spazieren. Ein wenig Bewegung kann nicht schaden, dachte er. Und wenn man auf dem Weg in den Supermarkt, zu Massimo oder zu den Überresten der Römerstraße einen Bekannten traf, dann konnte man ein bisschen plaudern. Und wenn man jeden Mittwoch und Samstag um 10.35 Uhr, während Don Antonio üblicherweise die Beichte abnahm, genau vor Vitos Laden spazieren ging, dann konnte es passieren, dass man dort der Schwester Don Antonios begegnete – rein zufällig.

Eine solche Begegnung ereignete sich einige Tage nach dem Wunder. Luigi wartete schon in der Vormittagssonne vor Vitos Geschäft. Sein Friseurladen hatte mittwochmorgens geschlossen, daher konnte er sich mit seinen Besorgungen Zeit lassen. Gerade als er sich fragte, ob sie heute wohl später kommen würde als sonst, sprach ihn jemand überraschend von der Seite an.

„Guten Morgen, Signore", hörte er Marias Stimme.

„Guten Morgen", antwortete er, „guten Morgen, Signora!" Es war derselbe Dialog wie schon bei den vorigen siebzehn Begegnungen. Manchmal variierte der Text, und man wünschte sich einen guten Tag, aber ein richtiges Gespräch hatte sich bisher noch nicht ergeben. Luigi spürte, dass jetzt die Gelegenheit da war. Er musste etwas sagen, das über den üblichen Gruß hinausging. Er holte Luft. „Das Wetter …", sagte er und deutete mit der rechten Hand in den Himmel.

„Ja", antwortete sie und lächelte. Dann nickte sie ihm kurz zu und verschwand im Laden.

Immerhin, dachte Luigi, hab ich noch etwas gesagt. Wirklich zufrieden war er mit sich allerdings nicht. Wenn er in dem Tempo weitermachte, brachte er es bis zu seiner Beerdigung eventuell zu einem gemeinsamen Kaffee. Also rührte er sich nicht von der Stelle, harrte weitere zehn Minuten vor Vitos Supermarkt aus und wartete auf eine Eingebung. Die nicht kam. Wer kam, war Maria, die plötzlich wieder vor ihm stand, ihn freundlich anlächelte und ihn schließlich fragte, ob er ihr vielleicht mit den Einkäufen helfen wolle, die seien heute nämlich besonders schwer.

Luigi schaute sie wortlos an, und einen Moment lang befürchtete sie, ihn verunsichert zu haben. Dann aber griff er beherzt mit der linken Hand nach ihren Plastiktüten und nahm ihr mit der rechten auch noch den Fünfliterkanister Trinkwasser aus der Hand. Und – er lächelte.

„Gehen wir!", sagte Luigi.

„Gehen wir", sagte Maria.

„Das ist unser Ende!", stöhnte Don Antonio. „Ich sehe die apokalyptischen Reiter förmlich auf uns zugaloppieren. Nichts hat so funktioniert wie geplant, und nun ereilt uns unser verdientes Schicksal."

„Trink deinen Kaffee. Es läuft alles bestens", entgegnete Salvatore. „Die Leute waren begeistert, die Madonna funktioniert, und hier …", Salvatore deutete auf ein halbes Dutzend Tageszeitungen, die ausgebreitet auf dem Küchentisch lagen, „ab sofort kennt die ganze Welt Treviso. Fast jede große Zeitung hat etwas über uns gebracht. Ich sage dir, in den nächsten Wochen werden Scharen von Touristen unseren Ort stürmen. Du wirst schon sehen."

Don Antonio war sich da ganz und gar nicht sicher. Er hasste es, wenn seine Pläne durchkreuzt wurden. Alles war so perfekt durchdacht gewesen: Man hätte einige Wochen gewartet, um die Leute an den Anblick der Madonna zu gewöhnen, sodass die kleine Veränderung in der Kirche Trevisos niemandem bewusst aufgefallen wäre, und hätte dann in aller Seelenruhe den Mechanismus während einer ganz normalen Sonntagsmesse in Gang gesetzt. So aber hatte ein finnischer Mobilfunkhersteller alles kaputt gemacht. Aus Wut hatte Don Antonio gleich am nächsten Tag ein Schild im Eingangsbereich der Kirche angebracht, auf dem deutlich sichtbar das Telefonieren streng untersagt wurde. Tatsächlich wurde in den folgenden Tagen unter den Einwohnern Trevisos das Schild ebenso heiß diskutiert wie die weinende Madonna. Einen Zusammenhang zwischen beidem stellte jedoch niemand her.

Salvatore hatte natürlich Recht – im Grunde lief alles bestens. Aber Don Antonio war nun mal ein Pessimist. Dank der Anwesenheit eines mit dem Brautpaar befreundeten Journalisten verbreitete sich die Nachricht des Wunders von Treviso nicht nur besonders schnell, sondern auch besonders weit. Schon einen Tag nach dem Hochzeitsfest stand ein Übertragungswagen vor dem Pfarrhaus, und man drehte ein kurzes Interview mit einem sichtlich nervösen Don Antonio in dessen frühseptemberlichem Kräutergarten. Maria servierte Wein, Wasser und Käse und hielt sich ansonsten im Hintergrund. Der Pater sagte einige Dinge über das Wunderwirken der Madonna, die Kirche wurde frontal und von der Seite ins Bild gerückt und das Ganze dann am Abend im Fernsehen ausgestrahlt.

Am nächsten Tag waren die wichtigsten Tageszeitungen auf den Zug aufgesprungen und brachten die Meldung von der weinenden Madonna Trevisos, einige sogar auf der Titelseite, wenn auch nur ganz klein. Kurze Zeit später folgten die Wochenblätter und Magazine. Don Antonio gab einige Telefoninterviews und stand dekorativ neben der Madonna, als der Fotograf des örtlichen Kirchenblatts ihn ablichtete. Er hielt den bohrenden Fragen seiner Kollegen aus den umliegenden Gemeinden stand, sogar denen des Bischofs Santini, der bereits zweimal das Wunder der weinenden Madonna aus der Nähe betrachtet hatte. Zwar traute er Don Antonio nicht so ganz über den Weg, freute sich aber aufrichtig, dass sich in seinem Kirchensprengel endlich mal etwas Aufregendes ereignet hatte. Daher versprach er auch, ein positives Gutachten nach Rom zu schicken, denn der Bischof wusste nur zu gut, was dieses Ereignis für eine sterbende Gemeinde wie Treviso bedeuten konnte. War es da wichtig, dass die blutroten Tränen der Madonna in Geruch und Farbe eine gewisse Übereinstimmung mit dem Messwein aufwiesen? Nein, eigentlich nicht. Bischof Santini war ein großzügiger Mann, und er gönnte Treviso seine weinende Madonna von Herzen. Sollte sich doch der Vatikan um die Sache kümmern: Und dessen Mühlen mahlten langsam. Bis dahin hätten die Bewohner Trevisos auf jeden Fall ihren Spaß, dachte sich der Bischof. Und er behielt Recht. Die Einwohner Trevisos hatten ihren Spaß. Zunächst jedenfalls …

„Ich habe ja gehört, dass der Bischof gesagt haben soll, dass wiederum Don Antonio gesagt hat, dass die Madonna schon immer dort gestanden hat, was glatt gelogen ist!“

„Und ich habe gehört, dass der Pater zu seiner Schwester gesagt haben soll, dass die Madonna ein Geschenk Gottes sei und dass diese darauf geantwortet habe, die Madonna sei viel eher ein Machwerk des Teufels. Stellt euch das mal vor, die Schwester des Paters eine Satanistin!“

„Ich habe aber wiederum gehört, dass Don Antonio gesagt haben soll, dass er Salvatore Tarlo noch etwas schuldet, und ihr wisst ja wohl, was das bedeutet.“

In redseligem Einverständnis standen drei Frauen vor der Käsetheke in

Vitos Supermarkt und berieten sich über die jüngsten Ereignisse in ihrem kleinen Dorf. Und auch wenn jede von ihnen ihre eigene Theorie zum Wunder von Treviso hatte, so waren sie doch alle sehr froh, dass sich damit ein quasi unerschöpfliches Thema in ihre triste Alltagskonversation eingeschlichen hatte.

Zweifellos musste man der einen von ihnen zugestehen, dass sie mit ihrer Vermutung, Salvatore Tarlo sei in die ganze Sache verwickelt, ein besonders gutes Gespür für die Wahrheit bewiesen hatte. Und es war in der Tat auffällig, wenn dieser Tarlo Don Antonio auf der Straße so ausnehmend herzlich grüßte.

Vito hörte von alldem nichts, denn er wollte es nicht mehr hören. Seit Tagen war sein Laden Schauplatz ewiger Diskussionen über das Wunder von Treviso. Die Leute dachten sich die wildesten Geschichten aus, um das Phänomen der weinenden Madonna zu erklären. Beispielsweise gab es im Dorf Leute, die ernsthaft behaupteten, dass die blutroten Tränen eine allergische Reaktion der Madonna auf den Blumenschmuck bei der Hochzeit gewesen seien. Es war nicht so, dass Vito die Gerüchte um Don Antonio nicht interessiert hätten, nein, ganz im Gegenteil, sie interessierten ihn sogar sehr, doch nach über einer Woche war er es langsam leid, dass ihn die Menschen zwischen Wurst und Zwieback ständig nach neuen Informationen ausfragten. Als ob er, Vito, Herr der Konservendosen und Waschmittelkartons, jede kleinste Neuigkeit weiterverbreiten würde! Sollte sich doch seine Anna darum kümmern, Tratsch war schließlich ihre Abteilung. Und um seine Nerven zu beruhigen, riss er eine Packung Schokoriegel auf und begann, einen nach dem anderen zu verschlingen.

Am 3. Oktober erreichten die ersten Pilger Treviso, und das grenzte ebenfalls an ein Wunder, denn bis sie dort eintrafen, hatten sie – dank der Einwohner von Castello della Libertà – bereits eine wahre Odyssee hinter sich.

Natürlich war man sich im Nachbardorf Trevisos darüber im Klaren, dass mit der weinenden Madonna ein touristisches Konkurrenzprodukt auf dem kargen Markt der regionalen Attraktionen in Erscheinung getreten war und dass sich dies nachteilig auf den örtlichen Mussolini-Tourismus auswirken würde. Wenn die Pilgertouristen in Massimos Trattoria essen und in Vito Corrisis Laden in Treviso einkaufen würden, wer würde dann noch in Castello essen und einkaufen? Es waren ernst zu nehmende Einbußen zu erwarten, und das Gerücht, dass die schlechte Enoteca Trevisos nun auch noch ein eigens kreiertes Pilgerprodukt auf den Markt bringen würde, verstärkte bei den Castellesen nur noch das Gefühl, dass dringend etwas getan werden musste.

Nun war es so, dass man Treviso mit dem Auto nur über die Zufahrtsstraße von Castello aus erreichen konnte. Was lag also näher, als ebendiese Zufahrtsstraße zu sperren und so Treviso seine touristische Lebensader zu kappen?

Zunächst einmal wurde mit rot-weißen Plastikbändern, Warndreiecken und dem Hinweis auf langwierige Bauarbeiten die Ortsausfahrt in Richtung Treviso gesperrt. Stattdessen leitete man den Verkehr auf geheimnisvoll verschlungenen Pfaden quer durch Castello und auf die hintere Ausfahrtsstraße um, von wo aus der Weg nach Treviso nicht nur doppelt so lang, sondern für Fremde quasi unmöglich zu finden war, führte er doch auf gepflasterten Wegen durch Weingärten und nicht weniger als fünf Kreuzungen zu einem unbeschilderten Kreisverkehr, an dem man schließlich bei der zweiten Ausfahrt abbiegen musste, um nach Treviso zu gelangen.

Blieb noch der Bus. Die Linie 174 verkehrte täglich mehrmals zwischen Castello und Treviso, und nicht wenige Menschen, auch aus Castello, waren darauf angewiesen, weshalb man die Linie wohl kaum zur Gänze einstellen konnte. Stattdessen sannen die Einwohner Castellos auf den wahrhaft teuflischen Plan, die Bushaltestelle vom Zentrum des Ortes in eine völlig uneinsichtige Nebenstraße zu verlegen. Doch damit nicht genug, sie änderten auch den Fahrplan. Fortan fuhr der Bus der Linie 174 acht Minuten früher ab, als es in den öffentlichen Fahrplänen verzeichnet war, und nur die Haltestelle in Castello zeigte den Reisenden die richtigen Zeiten an. Dem Rest der Menschheit wurden dagegen bereitwillig die alten Fahrpläne in die Hand gedrückt und viel Glück bei der Weiterreise nach Treviso gewünscht.

So kam es, dass es bis zum 3. Oktober dauerte, bis ein Trupp völlig erschöpfter und leicht verwirrter Katholiken aus Wuppertal als erste Pilgergruppe Treviso erreichte, versehen mit einigen zweifelhaften Souvenirs und einer Kuppeltorte aus Castello im Gepäck, um das Wunder der weinenden Madonna zu bestaunen.

DIE LEERE AUSLAGE des ehemaligen Blumengeschäfts von Ernesto Brasini riss eine unansehnliche Lücke in das Ortsbild. Wo früher Blumen, Übertöpfe und Düngemittel zu sehen waren, gab es jetzt nur noch eine trübe Glasscheibe, die mit Zeitungspapier abgeklebt war und über welcher der beschädigte Schriftzug BRAS NIS B UMENGESC ÄFT zu lesen stand.

Wie traurig, dachte Maria, die sich gut daran erinnern konnte, dass ihr verstorbener Mann seine ersten Blumen für sie bei Ernesto Brasinis Vater gekauft hatte. Wie lange war das her? Jetzt mussten die Trevisaner ganz bis nach Castello fahren, um ein paar Rosen zu erstehen.

Maria liebte Blumensträuße, je größer, desto besser. Sie waren schön, sie waren teuer, und weil sie nur so kurze Zeit hielten, waren sie außerdem herrlich dekadent. Trotz ihrer knapp bemessenen Witwenpension kaufte sie sich mit schöner Regelmäßigkeit jeden Freitag einen Strauß Blumen, ganz so, wie ihr Mann es zu Lebzeiten immer für sie getan hatte. Als er starb, hatte sie die Tradition allein fortgesetzt und die Vase auf ihrem Küchentisch wöchentlich mit frischen Callas, Margeriten oder Freesien bestückt, den Lieblingsblumen ihrer Nonna Cristina.

Sie wollte gerade weitergehen, als ihr Blick auf eine Zeitungsanzeige fiel, die in Sichthöhe hinter der abgeklebten Schaufensterscheibe hing und weitere Erinnerungen in ihr aufsteigen ließ – an Musik, glitzernde Kristalllüster und an einen fatalen Besuch beim Friseur, der ihr einen Bubikopf verpasste, weil der Kaugummi, den ihr Bruder Antonio in ihrem Haar verteilt hatte, nicht mehr anders zu entfernen gewesen war. Da wurde Maria schlagartig klar, dass die Zeiten, in denen sie sich freitags ihre Blumen selbst kaufen musste, womöglich vorbei waren. Vor ihr hing eine Anzeige der Mailänder Scala für eine Wiederaufnahme des „Barbiers von Sevilla". Und auf einmal, so schien es Maria, tauchte vor ihrem inneren Auge neben all den Erinnerungen auch ein Bild aus der Zukunft auf, in der ein gewisser Barbier von Treviso eine entscheidende Rolle spielen würde. Leise und vergnügt summend setzte sie ihren Spaziergang fort.

Vito führte selbstverständlich Glühbirnen in seinem Sortiment, aber in den vergangenen Jahrzehnten war es noch nie vorgekommen, dass jemand auf einen Schlag gleich 23 Stück benötigte. Bei dieser Zahl musste selbst er passen und verwies Maria, die den schlecht bestückten Kronleuchtern in der Kirche von Treviso zu neuem Glanz verhelfen wollte, indem sie alle kaputten 23 Birnen auswechselte, an den Haushaltswarenladen der Brüder Fiorentini in Castello della Libertà.

Nachdem sie ihren Einkauf in Castello erfolgreich erledigt hatte, stieg Maria zufrieden in den Bus der Linie 174. Leider gab es an diesem Tag nur noch zwei freie Sitzplätze. Eine Pilgergruppe aus der Nähe von Bukarest hatte den Bus gestürmt, und Maria musste sich einen Weg durch den Mittelgang und haufenweise Gepäckstücke erkämpfen. Den wenigen Wortfetzen, die sie verstand, entnahm sie, dass der Reisebus der Pilger auf halber Strecke den Geist aufgegeben hatte und man nun auf ein öffentliches Verkehrsmittel nach Treviso umgestiegen war. Freundlich lächelnd drängelte sich Maria an einem gigantischen Schrankkoffer vorbei, um endlich einen Sitzplatz ganz hinten auf der linken Seite zu ergattern. Von hier, so dachte sie, hatte man den perfekten Ausblick. Tatsächlich hatte man den nicht, es war nur so, dass man von der linken Busseite aus einen heimlichen Blick auf Luigis Friseursalon werfen konnte, wenn der Bus durch Treviso fuhr, während die Römerstraße, die von der rechten Busseite aus zu bewundern gewesen wäre, Maria noch weniger interessierte als der Inhalt der Schrankkoffer der rumänischen Pilger.

Der Busfahrer hatte bereits den Motor angeworfen, als Ernesto Brasini um die Ecke des Rathausplatzes bog und wild gestikulierend dem Fahrer bedeutete, dass er auch noch mitfahren wollte. Glücklich ins Businnere gelangt, erkämpfte sich Ernesto den letzten freien Sitzplatz auf der hinteren Bank und ließ sich daraufplumpsen. Erst dann schaute er sich genauer im Bus um und blickte am anderen Ende der Rückbank in das höflich lächelnde Gesicht Marias. Und weil Ernesto einen guten Tag hatte und im Grunde ein liebenswerter Mensch war, wollte er der Schwester des Pfarrers etwas Gutes tun. Also brüllte er über drei rumänische Pilgerinnen hinweg: „Signora, wollen Sie sich nicht hierhinsetzen? Hier hat man die bessere Aussicht. Kommen Sie, wir tauschen!"

„Nein, vielen herzlichen Dank, das ist nicht nötig", sagte Maria.

„Doch, doch, Signora, ich bestehe darauf!"

„Nein, wirklich, Signor Brasini, ich bin hier bestens aufgehoben."

„Kommen Sie, Signora, von hier aus kann man die Römerstraße bewundern. Die ist was Besonderes, das sieht man nicht alle Tage."

„Nein, Signor Brasini, im Ernst, ich bleibe lieber hier sitzen."

„Aber Signora, Sie verpassen den Blick auf die Römerstraße!"

„Danke, ich gönne Ihnen den Blick sehr."

Wenn Höflichkeit je an die Grenze zur Erbarmungslosigkeit gelangte, dann jetzt. Als Ernesto Brasini mit grimmigem Lächeln aufstand, wusste Maria, dass sie verloren hatte. Sie bugsierte ihren Hintern, ihre Handtasche und die Tüte mit den 23 Glühbirnen über die drei Pilgerinnen hinweg und nahm auf dem Sitz der rechten Busseite Platz, während Ernesto Brasini links zu sitzen kam. Als der Bus der Linie 174 an Luigis Friseursalon vorbeifuhr, hatte Maria sämtliche Römer von Oktavian bis Romulus verflucht.

DIESEN OKTOBER brach also das Chaos über Don Antonio herein. Es kam im penetranten Klingeln des Telefons daher, dessen Hall den Pater nun täglich etwa zwanzigmal in blanke Verzweiflung stürzte. Das Telefon sprach zu Don Antonio, und es sprach kein Italienisch. Vielmehr ereilten den Pater Anrufe pilgerwilliger Christen ohne Italienischkenntnisse aus aller Welt. Die Gespräche verliefen in etwa so:

„Pronto?"

„Hallo?"

„Sì, pronto?"

„Hallo, hallo?"

„Sie sprechen mit der Nummer Treviso – 78 85 63. Mit wem spreche ich?"

„Hallo?"

„Madonna, wer ist denn da?"

„*Sì*, ja, Madonna!"

„Was?"

„Hä?"

„Was wollen Sie?"

„Madonna?"

Es war einfach entsetzlich. Gestern war es ein kroatischer Mönch gewesen, dem er nach minutenlangem Gespräch endlich klarmachen konnte, dass Treviso über kein *Bed & Breakfast* verfügte. Heute hatte er einen Teilerfolg bei einem griechischen Geistlichen, mit dem er sich auf Altgriechisch darüber verständigte, dass das Pfarrhaus nicht in der Lage war, 47 griechisch-zypriotische Pilger mit Essen zu versorgen, und dass es in Treviso kein Internetcafé gab. Das altgriechische Wort für Internetcafé stellte ihn jedoch vor eine echte Herausforderung, denn was der andere mit „Raum, der die Verbindung zur Welt ist" sagen wollte, war ihm leider nicht sofort aufgegangen.

„Es ist die Hölle!", stöhnte Don Antonio, als er wieder einmal Zuflucht in der Krypta suchte, weil das Klingeln des pfarramtlichen Telefons Gott sei Dank nicht bis in die Kirche vordrang.

„Keiner hat gesagt, dass es leicht werden würde", antwortete Don Ignazio.

„Hast du nichts Besseres zu bieten als diese Plattitüden, alter Mann? Ich könnte ein bisschen Trost gebrauchen."

„Für Trost", sagte der Geist Don Ignazios und klang dabei etwas verschnupft, „ist der Herrgott zuständig. Heul dich doch bei dem aus."

Musste er sich das bieten lassen? Sich vom schlecht gelaunten Geist eines Pfarrers beleidigen lassen? „Muss ich mir das von dir bieten lassen?"

„Was willst du denn hören, mein Junge?“ Don Ignazio nannte ihn tatsächlich immer noch so wie damals. Offensichtlich war für ihn die Zeit stehen geblieben. „Was soll ich dir sagen? Dass du dir da etwas eingebrockt hast, was du nun allein auslöffeln musst? Dass die Idee, eine Madonnenstatue zu präparieren, vielleicht doch nicht so genial war, weil das Ganze früher oder später auffliegen und man dich in ein Kloster auf Sizilien strafversetzen wird? Kann dir alles passieren, Junge, kann dir alles passieren, aber wenn du mich fragst, ist es das allemal wert.“

„Wieso glaubst du, dass es das wert ist?“ Erstaunt blickte Don Antonio zu Don Ignazios Ecke hinüber.

„Denk nach, mein Junge: War dein Leben schon jemals interessanter?“

Mit Handbüchern gab sich der Bürgermeister Mario nicht mehr ab, das hatte er nach nur einem halben Tag aufgegeben. Weder hatten ihm irgendwelche Ratgeber weitergeholfen, noch hatte er dem Buch „Das vernetzte Dorf“ etwas über virtuell gelebte Realitäten entnehmen können, denn dieses Buch war eindeutig nichts für ambitionierte Bürgermeister ohne Geduld und Selbstdisziplin. Mario war ein Mann der Tat und der schnellen Entschlüsse, und er machte genau das, was ein Mann in seiner Lage zu tun hatte: Er wälzte die Arbeit auf einen anderen ab. Daher verpflichtete er seinen Neffen dazu, eine Homepage für Treviso zu basteln. Nach ganzen 27 Tagen war Giorgio so weit.

„Es fehlt jetzt nur noch ein Foto von dir“, sagte Giorgio zu seinem Onkel.

„Was für ein Foto?“, fragte Mario skeptisch.

„Willst du als Bürgermeister von Treviso nicht mit einem Bild auf deiner Homepage vertreten sein?“

„Doch … doch, ja.“ Natürlich, ein Foto! Wie hatte er das nur vergessen können? Selbstverständlich musste er mit einem Foto auf die Homepage, einem großen Foto, einem wunderbaren Foto, einem wahren Meisterwerk der Porträtkunst!

„Komm mit!“, befahl er Giorgio und er dachte so bei sich, dass sein Neffe doch mal zu etwas gut war und dass er ihm womöglich etwas für seine Arbeit bezahlen musste. Aber das konnte warten.

„Was tut er da?“

„Ich glaube, er posiert.“

„Ja, aber wieso tut er das?“

An ebendiesem Oktobernachmittag saßen Massimo, Luigi und Vito vor der Trattoria, genossen den Herbstsonnenschein und sahen dem vor der gegenüberliegenden Kirche aufgeregt hin und her hüpfenden Bürgermeister dabei zu, wie er sich mal an diese Mauer und mal an jene Säule lehnte, während er mit zunehmend zorniger Stimme seinen Neffen Giorgio dirigierte. Der gab sich, die Digitalkamera im Anschlag, große Mühe, es seinem Onkel recht zu machen. Doch Mario, der Bürgermeister, war nicht zufrieden.

„Du musst näher ran. *Näher ran, Giorgio!* Ich will, dass es großartig aussieht!"

Giorgio gab offensichtlich sein Bestes. Er lichtete seinen Onkel nun schon seit einer geschlagenen halben Stunde vor der Kirche, vor dem Brunnen, dem Rathaus, der örtlichen Grundschule, dem Ortsschild und sogar vor der einzigen öffentlichen Toilette Trevisos ab, doch er konnte es seinem Onkel nicht recht machen. Das eine Mal wollte dieser eine Großaufnahme von sich und dem Brunnen, was unmöglich war, denn entweder waren Mario oder der Brunnen groß auf dem Bild zu sehen – beides zusammen überstieg Giorgios Fähigkeiten als Fotograf bei Weitem. Das andere Mal verlangte der Bürgermeister ein künstlerisch anspruchsvolles Bild des Pissoirs, was wiederum die Möglichkeiten des Pissoirs überstieg, denn es war ein Betonbau aus den späten 1970er-Jahren.

Die drei Zuschauer aber saßen seelenruhig auf ihren Stühlen und hatten einen Heidenspaß an dem Spektakel, das der Bürgermeister, der wie eine fette Rennmaus über den Dorfplatz wetzte, veranstaltete.

„Giorgio kann einem wirklich leidtun", sagte Massimo. Doch trotz eines gewissen Mitleids, das die drei für den armen Giorgio hegten, amüsierten sie sich großartig.

In dem Moment bog Maria um die Ecke, und weil die ausgelassene Stimmung gerade ihren Höhepunkt erreichte und weil Massimo leider ein wenig taktvoller Mensch war, drehte er sich zu Luigi um, stieß ihn mit dem Ellbogen an und sagte: „Luigi, das ist die Gelegenheit! Frag doch mal den Starfotografen da, ob er nicht ein schönes Hochzeitsfoto von euch zwei Hübschen machen will!"

Alle hatten es gehört. Luigi fühlte, wie sich Freude und Scham in seinem Inneren ausbreiteten, und ein Blick auf Maria genügte ihm, um zu wissen, dass es ihr ebenso erging. Was sollte er tun? Binnen eines Augenblicks entschied er, dass es an der Zeit war zu handeln. Er stand langsam von seinem Stuhl auf, holte tief Luft und ging zu Maria hinüber.

„Darf ich Sie auf einen Kaffee einladen?"

Maria, selbst vollkommen überrumpelt, lächelte und nickte ihm zu, woraufhin Luigi ihren linken Arm ergriff und zusammen mit seiner neuen Liebe die Trattoria betrat. Massimo riss sich von dem Schauspiel des immer noch posierenden Bürgermeisters los und folgte den beiden ins Lokal, wo Luigi und Maria eine knappe Stunde beinahe sprachlos einander gegenübersaßen, unendlich glücklich über die Gegenwart des anderen und nicht wissend, wie es weitergehen sollte.

Auf der Homepage von Treviso, die in der darauffolgenden Woche im Internet zu sehen war, fanden sich auffällig viele Fotos eines älteren Herrn im gutsitzenden Anzug, der in betont dynamischer Körperhaltung an einer Bedürfnisanstalt lehnte.

AUF DEM HEIMWEG dachte der Supermarktbesitzer Vito darüber nach, was ihm sein Freund Massimo vor der Showeinlage des Bürgermeisters gesagt hatte: „Vito", hatte Massimo ihm geraten, „du solltest über eine Erweiterung deines Ladens nachdenken. Sehr bald schon werden unzählige Touristen nach Treviso kommen, um sich unser kleines Wunder anzusehen, und dann machen wir zwei das Geschäft unseres Lebens!" Und Vito war überzeugt, dass Massimo Recht behalten würde.

Tatsächlich hatte Vito bereits vor drei Wochen eine Bestellung in Auftrag gegeben, die er nur mit Müh und Not vor seiner Frau hatte verbergen können, bis Anna gestern dahinterkam, dass er eine exorbitant hohe Summe für ein Produkt ausgegeben hatte, das die seltsame Artikelbezeichnung „weibl. Fig., Plast. lackiert" trug. Und da sie schon Unanständiges vermutete, musste er ihr gestehen, dass er 3500 Stück einer Minimadonnenstatue aus Taiwan bestellt hatte – und so einiges mehr. Vito war eben Geschäftsmann, und als solcher hatte er ein gutes Gespür für die Bedürfnisse seiner Kunden.

Auch Massimo hatte sich auf den Ansturm von christlichen Pilgern in Treviso eingestellt, indem er den obersten Stock über seiner Trattoria in fünf kleine Gästezimmer umgebaut hatte, mit einem gemeinsamen Bad, in dem die Dusche tropfte, und einem gebrauchten Elektroboiler. Einwände seines Sohnes, dass etwas mehr Komfort vielleicht angebracht wäre, hatte er mit „Es sind Pilger! Die wollen das so!" quittiert.

Wenn die Touristen also bei Massimo essen, trinken und schlafen würden, dann könnten sie doch bei Vito neben Kaugummis, Wasserflaschen, Taschentüchern und Keksen natürlich auch Andenken erwerben. Nun hatte man schon eine weinende Madonna – dann sollte die sich doch auch irgendwie vermarkten lassen! Vito ließ ein weiteres Verkaufsregal aus Castello kommen, das er im Laden gleich neben der Kasse aufstellte und mit Plastikmadonnen, ewigen Lichtern, hölzernen Kruzifixen und bunten Glasphiolen für die Tränen der Madonna füllte. Seine größte Sorge war nur, was Anna dazu sagen würde. Aber seine Frau überraschte ihn mit einem kurzen Achselzucken und dem Kommentar, dass das alles in allem wohl eine vernünftige Investition gewesen sei. Damit hatten die Plastikmadonnen ihren Segen erhalten und glitzerten nun in Blau, Gold und Weiß, das Stück zu drei Euro fünfzig, aus dem neuen Regal des örtlichen Supermarkts von Treviso.

WANN würde sie wohl abreisen? Don Antonio beschäftigte diese Frage schon seit geraumer Zeit. Gewiss, sie war seine Schwester, und er hatte sie gern, auf seine Weise … Aber sieben Wochen und drei Tage waren doch nun wirklich zu lang für einen Besuch. Da begriff Don Antonio plötzlich, dass Maria ihre Abreise nicht nur immer wieder hinauszögerte und dafür die fadenscheinigsten Vorwände fand („Du isst zu ungesund – ich koch dir mal was Anständiges!“), sondern dass sie vielmehr beabsichtigte zu bleiben. Für immer. Dagegen konnte er rein gar nichts unternehmen, und wenn er darüber nachdachte, dann war es ihm insgeheim sogar ganz recht, nicht mehr allein zu sein.

Seit Rosa ihm nicht mehr den Haushalt führte, war er mit der Pfarrei reichlich überfordert, und im Grunde war es doch sehr schön, jemanden bei sich zu haben, mit dem man am Abend zusammen die Nachrichten sehen, Karten spielen oder einen späten Abendspaziergang unternehmen konnte. Natürlich hatte er auch von den Gerüchten um Luigi, den Friseur, und seine Schwester gehört. Was ihn daran am meisten verwunderte, war die Tatsache, dass es ihn so überhaupt nicht störte. Er mochte Luigi, und Maria könnte es schlechter treffen, als in dem friedliebenden Friseur Trevisos eine späte Liebe zu finden.

All das dachte Don Antonio an diesem Oktoberabend, und er fühlte, wie sich sein Inneres vor lauter Großmut zu weiten begann. Ja, er würde seiner Schwester sagen, dass sie auch für längere Zeit in seinem Heim willkommen sei und dass er nichts dagegen habe, wenn sie weiter für ihn koche, putze und einkaufe. Und er würde ihr sagen, dass er auch nichts gegen eine Liaison mit dem Friseur habe.

Als Maria am späten Nachmittag nach Hause kam, eine Plastiktasche mit Gemüse, Brot und Olivenöl in der Hand, stand ihr im Hausflur unvermittelt ihr Bruder gegenüber, der ihr in grobem Tonfall mitteilte, sie solle um Himmels willen bleiben, wenn sie das denn unbedingt wolle, er ertrage sie schon noch länger, und was zur Hölle denn das ganze Gemüse solle, er sei doch kein Kaninchen. Und überhaupt, was denke sie sich eigentlich dabei, in der Öffentlichkeit so herumzupoussieren, sie sei doch keine sechzehn mehr.

Maria stellte in aller Seelenruhe ihre Taschen ab, blickte ihren Bruder an und sagte: „Danke, mein Tag war auch schön. Es gibt heute Fenchelgemüse. Und wie geht es dir?“ Don Antonio antwortete, es gehe ihm blendend, und Fenchelgemüse sei seine Leibspeise. Dann klingelte das Telefon, und er musste einer norwegischen Reisegruppe erklären, dass Treviso keinen Bahnhof hatte.

NATÜRLICH war sie keine sechzehn mehr. Es war nicht notwendig, sie daran zu erinnern. Insgeheim ärgerte sich Maria aber über den Ausspruch ihres Bruders, denn sie fühlte sich bei etwas ertappt, das doch im Grunde etwas Wunderbares war. Sie war 63 Jahre alt, trug gern bequeme Röcke in dunklen Tönen und bunte Blusen, ihre Haarfarbe hatte sich bei Mausgraubraun eingependelt, und weil sie Venenprobleme hatte, trug sie immer Stützstrümpfe. Aber sie lachte gern und oft. Sie trank auch hin und wieder ein paar Gläser, was sie sehr genoss. Und sie unterhielt sich gern mit anderen Menschen. Maria mochte es überhaupt, unter Leuten zu sein, und sie genoss die Gesellschaft Luigis und seine Aufmerksamkeit, denn es hatte sich schon sehr lange kein Mann mehr um sie gekümmert.

Sie hatte früh geheiratet und ihren Mann auch sehr früh wieder verloren. Das war in den 1960er-Jahren gewesen. Sie hatte getrauert, sie hatte geklagt, aber nach einer Weile hatte sie beschlossen, sich ihrem gemeinsamen Sohn zu widmen, den sie Antonio, nach ihrem Bruder, genannt hatten, und er machte ihr gleichermaßen Freude, wie er für Aufregung in Marias Leben sorgte. Ob schulische Probleme oder Kinderkrankheiten, immer nahm sie es hin als einen Teil ihres Lebens, in dem Antonio der Mittelpunkt war. Daran hätte sich nie etwas ändern sollen.

Antonio starb bei einem Unfall mit seinem Moped, da war er gerade 18 Jahre alt. Maria starb mit ihm. Sie hörte auf zu lachen, sie hörte auch irgendwann auf zu weinen, und letztlich hörte sie auf zu essen, sich zu waschen und an die Luft zu gehen. Ihre Familie kümmerte sich, man redete ihr gut zu, was Maria nicht half, ihre Familie aber beruhigte. Sie hatten ein schlechtes Gewissen – Mann Krebs, Sohn Unfalltod, was konnte man der Armen noch Gutes tun?

Maria aber wollte nicht, dass man ihr Gutes tat. Sie wollte die Trauer und den Schmerz, es war die Verbindung zu ihrem Sohn. Sie wollte sich aufgeben können. Doch nach einigen Wochen bemerkte sie, dass sie nicht den Mut hatte, sich umzubringen, und begann langsam wieder zu essen. Sie wusch sich das Haar und das Gesicht und ging einkaufen. Sie kochte. Sie aß. Sie schlief. Es wurde nie wieder gut, es wurde nur anders.

Nach Monaten kam plötzlich das Lachen zurück, eines Abends beim Fernsehen, eine billige amerikanische Komödie, und Maria wunderte sich selbst, dass sie es konnte. Sie begann, alte Freunde zu besuchen, sich um ihre Familie zu kümmern, und war eine fürsorgliche Tante, Schwester und Schwägerin. Letztlich zog sie sogar in ein Zimmer ins Haus ihrer Schwester in Castello. Es wurde nie ein Zuhause daraus, aber sie war gern dort. Bis zu diesen Tagen, in denen sie bemerkte, dass sie bleiben wollte, hier, in Treviso. Also blieb sie.

Salvatore Tarlo hatte ein Problem: Er bekam keine Anerkennung für seine Arbeit. Der Pater hatte zwar mehrfach betont, wie „unglaublich" er den von ihm entwickelten Mechanismus fand, wobei er niemals die Worte „gut" oder gar „hervorragend" benutzte, aber das war dann auch schon alles. Und obgleich das ganze Dorf rätselte, wie der Pater es angestellt hatte, die Madonna zum Weinen zu bringen, kamen doch nur wenige auf die Idee, Salvatore Tarlo hinter dem Wunder von Treviso zu vermuten, und hüteten sich erst recht davor, ihn darauf anzusprechen. Das tat seinem Ego alles andere als gut, denn Salvatore brauchte, so wie jeder andere Mensch auch, von Zeit zu Zeit ein wenig Lob. Es gab nur wenige Menschen, die verstehen würden, was für eine großartige technische Leistung hinter der weinenden Madonna stand, und natürlich war ihm auch bewusst, dass er sein Geheimnis für sich behalten musste, wollte er das ganze Unternehmen nicht gefährden.

Das Bedürfnis, sich mit jemand anders, jemand Zugänglicherem als Don Antonio, darüber auszutauschen, wuchs von Tag zu Tag, und Salvatore ergriff die erstbeste Gelegenheit, die sich ihm dazu bot. Es gab nur eine Person, der er in dieser Hinsicht traute und die er für mindestens so verschwiegen hielt wie den Pater, wenn nicht gar für verschwiegener.

Wie jeden Samstag war Markttag, und wie jeden Samstag stand Salvatore mit seinen Madonnen, Delfinen und anderem Schnitzwerk auf dem Marktplatz von Treviso und sah dem Treiben zu, das nur selten bis zu seinem Stand vordrang. Irgendwann machte er es sich mit einer Zeitung gemütlich und las konzentriert die Sportnachrichten, als Maria plötzlich vor ihm stand, mit einer Tüte Zucchini im Arm.

„Ich wollte mich noch einmal für Ihre ausgezeichnete Arbeit bedanken. Die Tür funktioniert hervorragend. Es ist fast ein Wunder, was Sie daraus gemacht haben.“ Sie lächelte.

Salvatore blickte auf. „Das freut mich, Signora. Ich hab mir alle Mühe gegeben.“ Und er lächelte immer noch, als er sich sagen hörte: „Wunder sind mein Metier!“

Wenn Maria es nicht schon vorher geahnt hatte, dann wusste sie jetzt ganz sicher, wessen Hilfe sich ihr findiger Bruder bedient hatte, und es überkam sie ein Gefühl der Bewunderung und Zuneigung für Antonio, wie sie es schon seit Jahrzehnten nicht empfunden hatte. Was war er doch für ein Schlitzohr! Maria neigte sich etwas über Salvatores Stand, was der schweren Zucchinitüte wegen nicht ganz einfach war, und flüsterte ihm vernehmlich zu: „Ich weiß, Signor Tarlo, ich weiß. Und Sie sind ein wahrer Meister Ihres Fachs!“ Dann drehte sie sich um und ging in Richtung Pfarrhaus davon.

Salvatore aber hatte endlich die Bestätigung erhalten, die er brauchte, und weil es ein so schöner Tag war, gab er der Witwe Bossato dreißig Prozent Rabatt auf einen Delfin.

„Nein, das mache ich nicht! Das Ding hat mir schon meine Hochzeit versaut, da werde ich nicht auch noch Feuerwehr für dich spielen, Onkel. Nein, nein und nochmals nein!“ Luisa war gekränkt. Wie konnte ihr Onkel Antonio erwarten, dass sie für ihn als Sekretärin einsprang, wenn doch auf ihrer Hochzeit nicht sie, sondern diese Madonnenfigur alle Aufmerksamkeit auf sich gezogen hatte? Und das bei dem Kleid! Sie hatte es extra schneidern lassen. Nein, das konnte er nicht von ihr erwarten.

„Bitte, Kind, ich weiß mir nicht mehr zu helfen!“ Don Antonio war bereit, Luisa zur Not auch auf Knien anzuflehen, nachdem heute Morgen drei Anrufe aus Deutschland gekommen waren, die damit geendet hatten, dass ihn eine pilgerwillige Touristin aus Hessen entnervt durchs Telefon angebrüllt hatte. Seitdem fürchtete sich Don Antonio vor pilgerwilligen Hessinnen.

Luisa konnte das alles wenig überzeugen. Erst als ihr Onkel ihr einen anständigen Stundenlohn für ihre Dienste in Aussicht stellte, ließ sie sich erweichen und nahm von nun an zwischen acht Uhr morgens und vier Uhr nachmittags die Anrufe von Pilgern aus aller Welt entgegen, die nach Treviso reisen wollten, um das Wunder der weinenden Madonna zu bestaunen.

Es war bereits kurz nach Veröffentlichung der ersten Zeitungsartikel losgegangen, als aus den umliegenden Dörfern die Menschen den Weg nach Treviso fanden – und das war, wie gesagt, dank der Castellesen gar nicht so einfach. Es gab nur den Bus der Linie 174 von Castello nach Treviso, und wer es wagte, sich Treviso mit dem eigenen Auto zu nähern, musste feststellen, dass es im Ort an Parkplätzen mangelte, denn es gab derer nur drei, und die waren vor Vitos Laden und damit häufig von Lieferfahrzeugen und Vitos Kunden besetzt. Dennoch hatten im Oktober nicht weniger als 493 Gläubige ihren Weg nach Treviso gefunden, für den darauffolgenden Monat hatten sich schon ganze 523 angemeldet, und der große Ansturm würde wohl erst gegen Weihnachten einsetzen. Bis dahin nutzten die Bürger die Gelegenheit, sich auf die Pilger vorzubereiten.

Es herrschte ganz allgemein eine aufgeregte Stimmung in Treviso, denn jeder erwartete sich etwas vom Wunder der weinenden Madonna. Was genau das war, konnten viele der Einwohner gar nicht sagen, sie ließen sich aber gern von denen mitreißen, die sich ganz aktiv daranmachten, von der neuen Situation im Ort zu profitieren. Abgesehen von Vito, der sein Ladensortiment erweiterte, und Massimo, der von einer Zukunft als Hotelier träumte, sprangen auch andere auf den fahrenden Zug des Pilgerkapitalismus auf. So führte die schlechte Enoteca seit Neuestem einen Wein, dessen Etikett das Bild der weinenden Madonna zeigte und der den ominösen Namen „Tränen der Muttergottes" trug, in Wahrheit aber nichts anderes als einen besonders billigen und säuerlichen Rioja aus Spanien enthielt, den man auf dem Großmarkt im Plastikkanister zu zehn Litern kaufen konnte und der, in besagte Flaschen umgefüllt, ganze sieben Euro und 49 Cent kosten sollte.

Doch nicht nur die Aussicht auf finanziellen Profit beflügelte die Dorfbewohner, es war vielmehr der Geist von Veränderung, der das Dorf durchströmte, was die einen nervös, die anderen freudig erregt und wiederum andere zu wahren Enthusiasten werden ließ. Don Antonio gehörte der ersten Kategorie an, denn er lebte in ständiger Furcht, entlarvt zu werden. Die Geschäftsleute Trevisos waren eindeutig Vertreter der zweiten oder dritten Kategorie. Es gab aber auch zwei Menschen im Ort, die weit weniger mit dem Wunder der weinenden Madonna als mit sich selbst beschäftigt waren und die dennoch ganz eindeutig zu den besonders fröhlich gestimmten Einwohnern zählten.

Er war ernüchternd, dieser Blick in den Kleiderschrank, der einem sagte, dass man seit genau 13 Jahren keinen neuen Anzug mehr gekauft hatte. Und ein Blick in den Spiegel verriet Luigi, dass er dies wohl besser einmal getan hätte, denn er fühlte sich entsetzlich unmodern gekleidet, gerade für einen Friseur. Trug man noch Hellgrau? Und was zum Teufel war das für eine elende Krawatte? Brauchte er die wirklich? Mit einem kräftigen Ruck löste er den Knoten seines grau-orange gestreiften Schlipses, zog ihn über den Kopf und warf ihn auf den Küchentisch. Nun fühlte er sich besser. Wenn er den obersten Knopf seines Hemdes öffnete, sah er fast leger aus. Oder war das jetzt zu leger? Himmel, warum musste er sich über so etwas in seinem Alter noch einmal Gedanken machen? Und dieser Bauch! Wann hatte er sich diesen Bauch angefressen? Aber mal im Ernst: Wovor sollte er sich fürchten? Sein Herz hatte er schon fast verloren, konnte es noch schlimmer kommen?

Luigi atmete tief durch, warf noch einen kurzen Blick auf die Nachrichten im Fernsehen, knipste dann das Gerät aus und verließ das Haus. Erst unterwegs zum Brunnen, wo sie verabredet waren, bemerkte er, dass er die Blumen, die er vorher extra in Castello besorgt hatte, vergessen hatte.

Maria dagegen hatte ein echtes Problem, denn was sollte sie nun unter dem Ausdruck „etwas trinken gehen" verstehen? War das jetzt ein Rendezvous oder ein geselliger Abend zu zweit ohne Verpflichtungen und Hintergedanken? Und was von beidem war ihr eigentlich lieber? Maria überlegte lange und entschied sich, dass sie darüber jetzt nicht nachdenken wollte. Sie schlüpfte in das sorgsam ausgewählte Kostüm und griff zu ihrer Handtasche, als sie die Stimme ihres Bruders vernahm, der sich erkundigte, ob sie denn in den nächsten zwei Stunden zurück sei. Erst da nahm sich Maria vor, dass es ein langer Abend werden würde. Sie ließ ihren Bruder mit nichts als einem Lächeln in der Tür stehen und zog in Richtung Marktplatz los, wo sie um halb neun mit Luigi verabredet war. Und sie beschloss, dass es ein Rendezvous werden würde.

Am Brunnen angekommen, musste Luigi nicht lange warten. Maria traf nur wenige Minuten nach ihm ein.

„Ich hab deine Blumen zu Hause vergessen, Maria", entschuldigte er sich.

„Oh, das macht nichts, die können wir ja vielleicht später abholen", antwortete sie und blickte ihm dabei direkt in die Augen. Wie durch ein Wunder hielt er ihrem Blick nicht nur stand, er erwiderte ihn sogar, freundlich, herzlich, lächelnd.

„Ja“, sagte er nur, „ja, das können wir tun.“ Er nahm ihren Arm. Nie war es ihm leichter gefallen, sich ernsthaft zu verlieben, als in diesem Moment, da er sie berührte. Und nie hatte Maria es als so wunderbar empfunden, berührt zu werden, wie an diesem Oktoberabend in Treviso.

Dritter Teil

Die Zwölfuhrmesse begann gleich, und der Pater war in Eile, doch zuvor warf er noch einen Blick in den Spiegel. Er hatte sich eine neue Soutane geleistet. Eigentlich hatte er sich sogar drei neue Soutanen geleistet, denn bei dem aktuellen Andrang an Pilgern und den täglichen Messen – mal abgesehen von allen anderen Verpflichtungen – musste er sein Gewand durchaus öfter wechseln als früher. Und seit er sein schlechtes Gewissen entdeckt hatte, schwitzte er noch viel mehr.

Doch bei allem Stress, den das Wunder mit sich brachte, musste er zugeben, dass er den Trubel auch genoss. Nie zuvor hatte er so viele Gläubige betreut, nie zuvor war er so gebraucht und gefordert worden, und nie zuvor hatte er seinen Beruf mit so viel Begeisterung ausgelebt wie in diesen Wochen. Seine Predigten, obgleich immer noch knapp und nüchtern, waren eine Spur witziger als früher und sein Händedruck ein wenig fester. Die Aufregung um das Wunder belebte ihn, und es gelang ihm schließlich, sein Gewissen zu beruhigen. Immerhin hatte er durch das Wunder schon viel Gutes bewirkt. Und so wurde selbst sein Schlaf mit der Zeit ruhiger und weniger von üblen Träumen begleitet als noch in der Planungsphase des Wunders. Don Antonio lernte sich selbst und alle anderen zu belügen, eine durchaus brauchbare Eigenschaft für einen Pfarrer, der nicht selten Trost auszusprechen hatte, wo es eigentlich keinen mehr gab, und der Segen erteilte, wo es vielleicht nicht immer gerechtfertigt war.

Heute war wieder einmal ein guter Tag, denn die Kirche würde zum Bersten voll sein. Im Publikum würden zwei Busladungen von niederländischen Pilgern der katholischen Gemeinde Rotterdam sitzen, und Don Antonio war sehr stolz darauf, „Willkommen in unserer Gemeinde“ in mittlerweile sieben Sprachen aufsagen zu können. Alles andere, also Korrespondenz, Organisation, Planung und Betreuung der Pilger, erledigte seine Nichte Luisa, deren Sekretärinnenjob mittlerweile in eine Vollzeitstelle umgewandelt worden war und die daneben auch noch Führungen durch die Ortschaft veranstaltete, einschließlich einer zehnminütigen Besichtigung der Römerstraße

Trevisos. Nach anfänglicher Skepsis wusste Luisa allmählich die Vorteile einer festen Anstellung zu schätzen und betrachtete ihr Gehalt als Entschädigung für die missglückte Hochzeit.

Don Antonio konnte also durchaus zufrieden mit sich sein, und wie er sich so in seiner gut geschnittenen, funkelnagelneuen Soutane im Spiegel betrachtete, huschte ein selbstzufriedenes Lächeln über sein Gesicht. Er verließ das Pfarrhaus, um seines Amtes zu walten. Doch noch während er die Eingangstür abschloss, fuhr der Postbote auf dem Hof vor und überreichte dem Pater einen Brief. Binnen Sekunden verwandelte sich der gut gelaunte Pater in ein nervliches Wrack. Und das lag am Absender.

Neben seinem Kunsthandwerkerstand auf dem Markt von Treviso und gelegentlichen Aufträgen als Schreiner oder Tischler übte Salvatore Tarlo auch noch einige andere Tätigkeiten aus. So war er Vorsitzender des Vereins zur Erhaltung der Römerstraße Trevisos, einziger, amtlich geprüfter Imker des Ortes, arbeitete gelegentlich an der örtlichen Grundschule als Aushilfslehrer im Werkunterricht und betätigte sich zudem als Ferienvertretung bei der Post.

In dieser Funktion fiel es Salvatore vom 2. bis 27. November zu, die Post für ganz Treviso zu sortieren, und es entging ihm nicht, dass Don Antonio in der letzten Zeit auffällig häufig Briefe aus dem Vatikan erhielt. Des Weiteren war ihm nicht entgangen, dass diese Briefe immer öfter Vermerke wie „dringend", „sehr dringend" oder gar „außerordentlich dringend!" trugen. Nachdem er bereits den fünften Brief mit einem solchen Vermerk ins Fach des Pfarrhauses einsortiert hatte, riss ihm der Geduldsfaden, und er schwang sich noch am selben Nachmittag auf seine Vespa und stattete Don Antonio einen überraschenden Besuch ab.

Ganz gegen seine Gewohnheit kam Salvatore recht schnell zur Sache. „Was sind das für Briefe in letzter Zeit? Ich meine: der Vatikan? Was will der Vatikan von dir?"

Der Ausdruck in Don Antonios Augen gab Salvatore Tarlo Recht: Es war etwas im Busch, und da er als gläubiger Atheist davon überzeugt war, dass aus Rom noch nie etwas Gutes gekommen war, war nun auch Salvatore Tarlo beunruhigt.

Don Antonio ging zu seinem Schreibtisch und zog aus der Schublade einen kleinen Stapel Briefe hervor. Wortlos reichte er sie an Salvatore weiter. Als dieser mit dem Lesen fertig war, blieb ihm nur noch eines zu sagen: „Heilige Scheiße!" Und da konnte ihm Don Antonio ausnahmsweise mal nur zustimmen.

Auch in Castello della Libertà machte man sich weiter Gedanken über die unliebsamen Geschehnisse im Nachbardorf. Wie sollte man den Strom der Sakraltouristen nach Treviso nur abschneiden, wenn nicht einmal die zeitweilige Straßensperrung ausreichte, um die Pilger auf Dauer von der weinenden Madonna fernzuhalten? Aber vielleicht musste man sie gar nicht fernhalten, vielleicht musste man sie nur davon überzeugen, dass auch Castello della Libertà seine Vorzüge besaß?

In einer ungewöhnlichen Mission machten sich am 28. November der Bürgermeister von Castello, Emmanuele Benito Longhi, und einige Mitglieder seines Gemeinderats auf den Weg nach Treviso zum Bürgermeister Mario Fratelli. Der war gerade dabei, sein drittes Frühstück einzunehmen, bestehend aus einem *Caffè Coretto*, angereichert mit einem riesigen Glas Grappa, und einigen Keksen, und er war gelinde gesagt überrascht von dem unerwarteten Besuch seines Amtskollegen.

„Was kann ich für Sie tun?“, wandte sich Mario an Emmanuele Benito Longhi und seine drei Handlanger, die in seinem Büro Platz genommen hatten und die er wohl oder übel gleichfalls mit Caffè Coretto und Biscotti bedienen lassen musste.

„Signor Fratelli, ich komme in dringlicher Mission. Wie Sie ja wissen, ist Treviso in den letzten Wochen plötzlich und für uns alle unerwartet in den Mittelpunkt des öffentlichen Interesses gerückt. Die weinende Madonna“, und bei dem Wort „weinende“ zog Bürgermeister Longhi ironisch die Augenbrauen hoch, „hat in kurzer Zeit eine Menge Touristen angelockt. Das ist natürlich erfreulich für Treviso, aber …“ Mario war sich nicht im Klaren, worauf der Bürgermeister von Castello hinauswollte, nickte aber weise lächelnd zu den Aussagen seines Gegenübers und fragte sich insgeheim, wann und wie er die Herren schnellstmöglich wieder loswerden könnte. Einen dringenden Termin vortäuschen? Familiäre Verpflichtungen?

Immer lächeln, Mario, immer lächeln, sagte er sich im Stillen, während er weghörte. Und dann dachte er noch: Emmanuele Benito Longhi, du bist der größte Idiot unter der Sonne und redest nur Mist. Wieso muss ich mich überhaupt mit dir befassen, du alternder Faschistenidiot? – Das hätte Mario Fratelli aber besser getan, denn dann hätte er gewusst, was Longhi von ihm wollte, als der seine Ausführungen mit den Worten schloss, er hoffe ganz auf Marios Zustimmung.

„Äh, nun ja …“, antwortete Mario Fratelli und überlegte fieberhaft, was ihm der Bürgermeister von Castello gerade vorgeschlagen hatte. Ach, egal, erst mal alle Entscheidungen verschieben!

„Herr Bürgermeister“, und bei diesen Worten erhob sich Mario, knöpfte sein Jackett zu und reichte Emmanuele Benito Longhi die Hand, „Sie werden verstehen, dass ich keinerlei Entscheidungen treffen kann, ohne den Gemeinderat mit dieser Frage zu betrauen. Bitte haben Sie etwas Geduld. Ich melde mich dann gegebenenfalls bei Ihnen.“

„Gewiss, gewiss. Ich hoffe, ich höre sehr bald von Ihnen. Und grüßen Sie mir Ihre Frau Gemahlin.“ Und damit waren Emmanuele Benito Longhi und seine drei schweigenden, aber umso eifriger nickenden Gesellen auch schon wieder aus dem Büro des Bürgermeisters Mario verschwunden. Der wandelte ins Vorzimmer zu seiner Sekretärin Silvia und holte sich gerade eine weitere Portion Kekse ab, als Silvia plötzlich in die Luft ging.

„So ein unverschämter Bastard!“ Mario war richtiggehend erschrocken ob des emotionalen Ausbruchs seiner sonst so gelassenen Assistentin. „Was fällt dem eigentlich ein?“ Und nun fragte sich Mario tatsächlich, was denn um Himmels willen dieser Longhi zu ihm gesagt hatte. Silvia schien es jedenfalls zu wissen. Also pflichtete Mario ihr schuldigst bei und fragte sie, wie sie denn die Sache sehe, woraufhin seine Sekretärin ihm erklärte: „Also, wenn dieser Faschist glaubt, er kann uns dazu bringen, das Wunder von Treviso an ihn abzutreten, indem wir großartig verkündigen, dass Mussolini damals die Madonna gestiftet hätte, dann hat er sich geschnitten!“

An diesem Tag beschloss Mario Fratelli, nie wieder vor ein Uhr mittags *Caffè Coretto* zu trinken, denn wenn das nächste Mal so ein Hurensohn seinen Hintern in sein Büro bewegte, dann würde er nüchtern genug sein, um denselbigen mit einem Tritt hinauszubefördern.

Es begann sich zu verändern, ganz langsam nur, aber doch für alle sichtbar. Treviso wurde zu einem lebendigen Ort. Zuerst waren es nur Kleinigkeiten, etwa dass man die Straßenbeleuchtung statt gegen elf erst gegen zwei Uhr nachts abdrehte, wodurch sich die Pilger in Treviso sicherer fühlten, man aber gleichzeitig etwas schlechter schlief. Dann war es die Müllabfuhr, die nicht mehr nur einmal im Monat, sondern jede zweite Woche kam, wodurch das Dorf ein bisschen sauberer wurde und besser roch. Und dann kamen die großen Veränderungen, wie zum Beispiel die Wiedereröffnung des Blumengeschäfts. Ernesto Brasini hatte doch noch einen Nachfolger gefunden, seinen Neffen dritten Grades aus Positano, der mit seiner jungen Familie nach Treviso zog. Nun musste man die Blumen für den Altar, die Blumenspenden der Pilger und seine Topfpflanzen für den Balkon nicht mehr vom Händler in Castello beziehen, sondern konnte sie vor Ort kaufen.

Die örtliche Grundschule hatte ihre Schaukästen neu dekoriert und Bilder von der weinenden Madonna, gezeichnet von der Klasse 3b, hineingehängt. Und nicht zuletzt hatte man ein großes Spruchband über den Ortseingang gespannt, unter dem jetzt die zwei bis drei Reisebusse parkten, die täglich ihren Weg nach Treviso fanden, und auf dem geschrieben stand: TREVISO HEISST SEINE PILGER HERZLICH WILLKOMMEN!

Eigentlich aber waren es die Pilger selbst, welche die bei Weitem größte Veränderung des Ortsbildes bewirkten, denn sie waren quasi überall anzutreffen: in Vitos Supermarkt, in Massimos Trattoria, im Blumenladen, auf dem Marktplatz und natürlich in und um die Kirche von Treviso. Es waren kleine, freudig willkommen geheißene Fremdkörper in der tourismushungrigen Gemeinde, die man gewinnbringend glücklich machen wollte. Und sie ließen es tatsächlich mit sich machen. Sie aßen und schliefen bei Massimo, sie kauften bei Vito, ja sie gingen sogar zu Luigi, um sich kurz entschlossen neu frisieren zu lassen. Begeistert fotografierten sie die pittoresken Ecken des Dorfes, als da wären das Rathaus, die Blumenkästen der Signora Fiorentini und die Katze der Bürgermeistersgattin, und sie schwelgten in dem, was Treviso zu bieten hatte, nämlich relativ gutes Essen, eine freundliche Atmosphäre und die bereits mehrfach erwähnte Römerstraße.

Höhepunkt eines jeden Pilgeraufenthalts war natürlich der Besuch einer Messe in der Kirche von Treviso, wo man die weinende Madonna sehen und zu ihr beten konnte. Nicht wenige fuhren kurze Zeit später, um ihr Pilgerurlaubsgeld erleichtert, aber dafür um eine spirituelle Erfahrung reicher, wieder nach Hause und waren zufrieden.

Eigentlich war alles so, wie es sich Don Antonio erträumt hatte. Wären da nicht diese Briefe gewesen!

Lieber Mitbruder,

nach einem uns vorliegenden Bericht und vorläufigem Gutachten durch Bischof Lorenzo Santini wurde uns zur Kenntnis gebracht, dass sich in der Pfarrei von Treviso die folgende außernatürliche Erscheinung ereignet haben soll:

C.5.551 weinende Madonna, Tränen blutrot
Kategorie: Mad.-Stat./200111

Wir bitten Sie, die beigelegten Formulare P3.441, G4.441 sowie die Formulare Mad.-Stat. C551-C555 auszufüllen, damit eine baldige Überprüfung

> des Vorfalls durch unsere Kommission erfolgen kann, und weisen Sie darauf hin, dass sämtliche Veröffentlichungen, Publikationen, Werbung etc. in Printmedien, Funk, TV, Internet etc. die genannte Erscheinung betreffend mit sofortiger Wirkung und unter Strafandrohung zu unterlassen sind, bis ein Urteil der Kommission vorliegt. Bei Rückfragen wenden Sie sich bitte an die unten genannte Stelle.
>
> Mit gesegnetem Gruß
> Francesco de Renzi, Beauftragter der Untersuchungskommission des Vatikans

Das war der erste Brief. Don Antonio beschloss, so zu tun, als hätte er ihn nicht erhalten. Dann kam der zweite Brief, in dem er wiederholt zum Ausfüllen diverser Formulare aufgefordert wurde. Auch den ignorierte Don Antonio geflissentlich. Der dritte Brief war schon wesentlich unfreundlicher als die beiden Vorgänger, und Don Antonio bekam Magenschmerzen, wenn er las:

> … bitten daher dringend um Beantwortung unserer Schreiben vom … und fordern Sie unverzüglich auf, alles zu unterlassen, was einer Bewerbung der genannten Erscheinung gleichkommt. Sollten Sie unserer Forderung nicht nachkommen, droht in diesem Fall ein Verfahren nach Artikel 33c.

Don Antonio las im Kleingedruckten nach, was Artikel 33c bedeutete: Es war die Ankündigung seiner bevorstehenden Exkommunikation. Von diesem Tage an war Maria nicht mehr die einzige Person im Haushalt, die sich ab und an ein Glas Wein zu viel gönnte. Doch es kam noch schlimmer.

Einen Tag nachdem Salvatore Tarlo Don Antonio aufgesucht hatte, weil er sich ernstlich Sorgen um seinen Freund machte, kündigte der Vatikan sich in Person des Abgesandten Francesco de Renzi höchstpersönlich an, und zwar für Mittwoch, den 20. Januar, gegen zehn Uhr. Sowohl Salvatore als auch Don Antonio war klar, was sie zu tun hatten, und es würde ihnen unter den gegebenen Umständen nicht schwerfallen, das achte Gebot zu brechen. Sie hofften inständig, dass dies ausreichen würde, um den vatikanischen Kommissar zu überzeugen, denn wenn nicht, dann wäre es mit der Seelenruhe für immer vorbei.

Sie liebte seinen Duft. Noch nie, so empfand sie es, hatte ein Mann in ihrer Nähe so gut gerochen. Als Friseur besaß Luigi schon berufsbedingt ein Händchen für die richtige Pflege, aber Maria war sich ganz sicher, dass sie sich allein aufgrund seines natürlichen Aromas in ihn verliebt hatte. Luigi duftete nach Meer, was ihn, hätte sie es ihm verraten, sicher sehr gewundert hätte, denn sie konnte nicht wissen, dass er nicht in Treviso, sondern in der Umgebung von Neapel geboren worden war. Er hatte es ihr nie gesagt, denn was spielte es schon für eine Rolle, war Luigi doch bereits im Alter von 18 Jahren als Wanderarbeiter nach Treviso gezogen. Im Übrigen hörte man es ihm auch nicht an, dass er aus dem Süden kam, denn er hatte nicht mal einen Akzent. Doch das Meer war bei ihm geblieben, und Maria liebte es, wenn er sie beim Abschied auf die Wangen küsste und sie, nachdem man sich längst für den Abend Adieu gesagt hatte, noch ein Stück weit seinen Duft an sich trug, ganz so wie seine Stimme in ihren Ohren nachhallte, die weder auffallend noch besonders tief und schon gar nicht musikalisch war, aber sie verriet Luigis sanfte Seele, und damit klang sie für Maria nach Wärme und innerer Freude und war Grund genug, um sich noch mehr über ihre Verbindung zu freuen. Sie war verliebt, kein Zweifel, und sie genoss dieses Gefühl von Tag zu Tag mehr.

Aber da war auch noch etwas anderes, etwas längst Begrabenes, das sich nach Begierde anfühlte und Maria eine Ahnung davon verlieh, wie es hätte sein sollen, wäre ihr Mann damals nicht gestorben. Dies noch einmal zu spüren, war unglaublich, und sie berauschte sich an dem Gefühl. Alles Alltägliche begann dagegen in den Hintergrund zu rücken: ihr stets nörgelnder Bruder Antonio, die Weihnachtsvorbereitungen im Pfarrhaus, die er wie selbstverständlich seiner Schwester überließ und zu denen auch die Organisation eines Seniorenkaffees für 55 Personen sowie die Proben für das Krippenspiel zählten, und nicht zuletzt der Haushalt – all das konnte Maria nichts mehr anhaben. Sie war glücklich, zum ersten Mal seit … Sie konnte sich nicht erinnern. Sie war es einfach.

Da Don Antonio bisher nichts unternommen hatte, um sein Seelenheil zu retten, erfreute sich Treviso nach wie vor eines erstaunlich hohen Zuwachses an Touristen. Das war erfreulich.

Viele der Pilger kamen aus den angrenzenden Nachbarstaaten Italiens und nicht wenige aus etwas weiter entfernten Landstrichen. Sieger in der Kategorie „Am weitesten gepilgert“ war der kolumbianische Ex-Olympiasieger von 1968 im Vierhundert-Meter-Hürdenlauf der Männer, Carlos Fuego. Die „Älteste Pilgerin“, die achtundneunzigjährige Anna Maria Rosa Conti, kam dagegen gleich aus Castello della Libertà. „Am längsten geblieben“ war eine Touristengruppe junger Pilger aus Barcelona, deren Abreise nach ganzen neun Tagen beinahe zum Event geriet, da man sich in Treviso offen darüber freute, nun endlich auch mal eine Nacht durchschlafen zu können, ohne um drei Uhr morgens von einer Horde „Kumbaya“ singender Spanier geweckt zu werden. In der Sparte „Nörgelnde Pilger“ gewann eine gewisse Frau Martha M. aus Sindelfingen, deren kreischende Altfrauenstimme Massimo in Rage versetzt hatte, als sie starke Kritik an der ihr vorgesetzten Portion *Pasta al pomodoro* übte, die sie für viel zu klein erachtete.

Und zu guter Letzt hatten die Männer des Ortes noch die erst neunzehnjährige Finnin Tarja aus Nokia in der Kategorie „Schönste Pilgerin“ zur Siegerin gekürt. Tarja nahm die Auszeichnung unbeeindruckt zur Kenntnis, zumal sie sich nicht als Pilgerin fühlte, denn erstens war sie nicht katholisch, und zweitens hatte sie sich eher zufällig nach Treviso verirrt, weil sie auf ihrer Interrailtour zwei pilgernden Spaniern in Madrid begegnet war, mit denen zusammen sie nun schon seit drei Wochen durch Europa zog und in die sie sich kurz hintereinander verliebt hatte. Es waren zwei Medizinstudenten aus Valencia, die noch dreißig Jahre später von ihrer jeweiligen Liebesaffäre mit Tarja schwärmen sollten, während Tarja die beiden schon bald wieder vergessen würde.

Alles in allem lief es sehr gut für Treviso, seine Bewohner und die Pilger, und nur Don Antonio wusste, dass dieser paradiesische Zustand am 20. Januar enden könnte, an dem Tag, an dem der vatikanische Abgesandte Francesco de Renzi in Treviso eintreffen würde, um das Wunder der weinenden Madonna zu begutachten. Das hätte er sich vielleicht sparen können, denn bereits einen Tag vor Weihnachten ersann Don Antonio einen Plan zur Rettung Trevisos.

Die rettende Idee verdankte er einer leicht zerstreuten Pilgerin aus Edinburgh. Am Tag ihrer Abreise aus Treviso hatte Mrs MacLoughlin einen ihrer zwei Hartschalenkoffer an der Bushaltestelle von Treviso vergessen und bemerkte es erst nach viereinhalb Stunden. Nach einigen aufgeregten Telefonaten stellte sich heraus, dass der Koffer immer noch an der Bushaltestelle der Linie 174 darauf wartete, seine Heimreise anzutreten. Luisa hatte ihn während einer Tour zur Römerstraße zufällig entdeckt. Mrs MacLoughlin hatte anderes vermutet, wie sie Luisa am Telefon aufgeregt erzählte, nämlich dass ihr der Koffer vorsätzlich gestohlen worden sei. Sie sagte tatsächlich „vorsätzlich“, und Luisa fragte sich, wie man wohl etwas unbeabsichtigt stehlen konnte, und schickte ihren Onkel los, um das gute Stück einzusammeln.

Als Don Antonio nun am Abend des 23. Dezember unter stillen Flüchen die Haltestelle der Linie 174 erreichte, sah er den Koffer und beschloss, die Kriminalitätsrate in Treviso zu steigern: Mrs MacLoughlin sollte das gute Stück nie wiedersehen, denn Don Antonio dachte gar nicht daran, es nach Hause zu bringen, um es anschließend mit der Post nach Edinburgh zu verschicken. Vielmehr schleppte er den Koffer unter Mühen und in heller Panik, dabei gesehen zu werden, zur Kirche, verstaute ihn im hintersten Winkel der Krypta und verkündete seiner Nichte, dass der Koffer nicht mehr an der Bushaltestelle gestanden habe und somit gestohlen worden sei. Mrs MacLoughlin gegenüber bedauerte man diesen Vorfall zutiefst, hoffte aber, sie dennoch bald wieder in Treviso begrüßen zu dürfen. Am Heiligen Abend wusste ganz Treviso um das tragische Schicksal des Koffers. Man war sich darüber einig, dass man in einer kriminellen Welt lebte und gut daran täte, sich auf weitere Verbrechen seelisch vorzubereiten.

In den folgenden Weihnachtstagen sah man Don Antonio stets milde lächelnd seinem Amt nachkommen, und man hatte schon fast den Eindruck, er würde den Rummel, den die Festtagspilger verursachten, richtig genießen. Tatsächlich aber war Don Antonio nur deshalb so entspannt, weil er sich darüber im Klaren war, dass der ganze Spuk bald ein Ende haben und er ohne Ärger aus der Sache rauskommen würde. Es war also eher Eigennutz für die gute Laune des Paters verantwortlich, der sich mittlerweile nur noch wenig darum scherte, was aus Treviso werden sollte, wenn … ja, wenn er die weinende Madonna einfach verschwinden lassen würde. Denn das hatte der Pater vor: Am Silvesterabend würde er in die Kirche schleichen, die Madonna entwenden, einen Diebstahl vortäuschen und dem vatikanischen Abgesandten am 20. Januar ruhigen Gewissens sagen, dass es keine weinende Madonna mehr gebe und dass sich damit sein Besuch erledigt habe.

In der Nacht vom 31. Dezember auf den 1. Januar schlich sich Don Antonio gegen drei Uhr früh heimlich in die eiskalte Kirche, wo er sich vor der Madonna aufbaute und ihr in ihre blinden Augen sah, aus denen, nachdem der Pfarrer auf die Fernbedienung gedrückt hatte, Tropfen für Tropfen der schlechte Wein der örtlichen Enoteca rann.

Salvatore hatte die Statue wirklich vorbildlich präpariert, von dem Mechanismus im Inneren war nicht das Geringste zu sehen. Unter einem Röntgenapparat wäre das natürlich etwas anderes gewesen, aber da ja der Abgesandte keine Statue mehr vorfinden würde, gäbe es auch keine Untersuchung, dachte Don Antonio. Seufzend zog er die kleine, unscheinbare Fernbedienung aus der Jackentasche und drückte erneut auf den Knopf. Sofort versiegten die blutroten Tränen der Madonna, die sonst in einer Schale zu ihren Füßen aufgefangen wurden, und Don Antonio schmunzelte kurz bei dem Gedanken daran, wie viel Spaß es ihm gemacht hatte, den Mechanismus vor den Messen abzustellen, nur um ihn dann zwecks einer besseren Dramatik mit einem heimlichen Griff in die Tasche seiner Soutane wieder in Gang zu setzen. Es war seine ganz persönliche Glanznummer, wenn er seine Predigten genau auf diesen einen Moment abstimmte und die Pilger dann beim Anblick der weinenden Holzfigur vor Staunen fast aus den Kirchenbänken purzelten.

Don Antonio stellte die mit Wein halb gefüllte Schale weg, griff die Madonna an ihren Hüften und hob sie behutsam aus der Nische heraus. „Madonna, bist du aber ein schweres Mädchen!", stöhnte der Pater. Dann war Eile geboten. Er wickelte seinen Schatz in eine Decke ein und trug ihn durch den Hintereingang hinaus. In der Krypta wollte er die Statue nicht lassen, obwohl das ein sicheres Versteck gewesen wäre, aber man wusste ja nie, auf welche Ideen die Leute kamen, und immerhin lagerte dort schon der Koffer dieser zerstreuten Schottin. Also schaffte er die Madonna so unauffällig wie möglich in den Schuppen von Ernesto Brasini, dessen Gärtnereigründe mit zwei kleinen Gewächshäusern an das Pfarrgrundstück anschlossen.

Der Schuppen war seit Jahren nicht mehr benutzt worden, und Don Antonio fühlte sich einfach sicherer bei dem Gedanken, dass er die Statue nicht auf eigenem Grund und Boden versteckte. Er verstaute sie mithilfe einer Taschenlampe im hintersten Teil des modrigen Gärtnerhäuschens, gut geschützt durch eine wasserfeste Plane, die er extra bereitgelegt hatte. Dann ging er zurück in die Kirche, legte leise und behutsam zwei Kirchenbänke um, verteilte einige Gesangbücher im Raum, drapierte die Lüster quer überm Altar und hoffte, dass es nun nach einem Raubüberfall aussehen würde. Dann lehnte er die hintere Kirchentür möglichst unauffällig an und begab sich zu Bett.

Das neue Jahr begann ungewöhnlich ruhig. Die Pilger, die über die Feiertage nach Treviso gekommen waren, hatten sich nach dem Besuch der Silvestermesse, die ausnahmsweise nicht um Mitternacht, sondern bereits um neun Uhr abends stattgefunden hatte, mehr den irdischen als den heiligen Dingen gewidmet, denn schließlich hatten auch sie ein Recht darauf, sich am letzten Tag des Jahres mal so richtig volllaufen zu lassen. Gegen halb drei waren auch die letzten Pilger in ihre Unterkünfte getorkelt, und der Ort gehörte an dieser frostkalten Silvesternacht einem unauffälligen Liebespaar, das sich auf der alten rostigen Gartenbank im Seiteneingang des Pfarrhauses herumdrückte, Hand in Hand zu den Sternen blickend.

„Ist dir auch wirklich nicht kalt?", fragte Luigi besorgt.

„Nein, mir geht es gut", versicherte Maria. Sie hatte sich in eine warme Decke gehüllt und schmiegte sich eng an ihren Begleiter.

„Ganz sicher?"

„Also mir ist nicht kalt, aber wenn dir kalt ist, sollten wir vielleicht hineingehen", sagte Maria. Luigi schüttelte den Kopf, was sie zwar nicht sehen, aber immerhin spüren konnte, so heftig verneinte er, dass ihm kalt sei, obwohl seine Zähne klapperten. Dann nahm er wieder ihre Hand in seine, und sie blickten erneut zu den Sternen auf.

„Klapperst du mit den Zähnen?", fragte Maria.

„Nnnneinnn", antwortete Luigi.

„Wir sollten doch reingehen." Maria war gerade im Begriff aufzustehen, als sie noch ein anderes Geräusch wahrnahm. Es hörte sich so an, als ob jemand etwas Schweres über ein paar Dielenbretter zöge. Dann nahmen die zwei einen Lichtschein im alten Holzschuppen von Ernesto Brasini wahr, und wäre Don Antonio in diesem Augenblick nicht mit dem Fuß gegen eine alte Harke getreten und hätte ein schmerzhaftes „Hölle noch mal!" von sich gegeben, dann hätten sie sich wohl zu Tode erschrocken. So aber fing Maria leise an zu kichern.

„Was hat er bloß in dem alten Schuppen zu suchen?"

„Wer denn?", fragte Luigi.

„Mein irrsinniger Bruder. Was hat er nun schon wieder vor?"

Luigi kratzte sich am Kopf. Was tat ein Pfarrer nachts um drei, noch dazu an Silvester, in einem fremden Schuppen?

„Vielleicht sucht er dort etwas?", fragte Luigi vorsichtig.

„Ach was, der hat da nichts zu suchen, der versteckt sicher etwas. Den Koffer von dieser Schottin habe ich gestern erst in der Krypta entdeckt. Weiß der Himmel, warum er ihn da verstaut hat. Da ist der Schuppen von Ernesto schon ein besseres Versteck. Ich möchte nur zu gern wissen, was er dort verschwinden lässt."

„Ihr seid schon eine tolle Familie." Luigi lachte leise. „Der Bruder ein Pfarrer und Kleptomane, die Schwester das heißeste Mädchen im ganzen Veneto!"

Maria grinste. „Heiß ist mir augenblicklich eher weniger. Komm, wir verschwinden von hier, bevor der Wahnsinnige auftaucht. Ich mach uns noch einen Tee."

Und damit gingen die zwei ins Haus und setzten sich in die Küche, wo Maria Luigi bis fünf Uhr früh mit Anekdoten aus der bewegten Jugend ihres Bruders unterhielt. Sie erzählte ihm, wie Antonio in jungen Jahren die Nonna stets mit gigantischen Blumensträußen zu versöhnen gesucht hatte, wenn er wieder einmal etwas angestellt hatte, was häufig vorgekommen war. Und Nonna Cristina hatte sich immer wieder aufs Neue von Antonios floralen Bestechungsversuchen überzeugen lassen, bis sie hatte entdecken müssen, dass Antonio die Blumen bei Ernesto Brasinis Vater heimlich aus dem Gewächshaus entwendete. Die Nonna hatte ihn daraufhin allerdings nicht bei Signor Brasini verpfiffen, sie hatte nicht einmal mit ihm geschimpft. Eines Tages, als er mit einem Strauß Gladiolen vor ihr gestanden hatte, nachdem er ihren Goldfisch an die Katze verfüttert hatte, hatte sie die Blumen freundlich lächelnd entgegengenommen, zu ihrem Portemonnaie gegriffen und Antonio tausend Lire in die Hand gedrückt mit den Worten: „Schätzchen, gib das Signor Brasini. Wir sind vielleicht Barbaren, weil wir Haustiere mit Haustieren füttern, aber unsere Gladiolen bezahlen wir." Von da an hatte Maria vorsichtshalber einen Teil ihres Taschengelds für die Gelegenheiten aufgespart, an denen Antonio Nonna Cristina mit Blumen besänftigen musste und sich dazu das Geld von seiner kleinen Schwester lieh, denn er selbst hatte zwar kein Händchen fürs Sparen, wohl aber für lateinische Grammatik gehabt, weshalb Maria sich folglich ihre fehlerlosen Hausaufgaben bei ihrem Bruder erkauft hatte. Somit war jedem gedient gewesen– mit Ausnahme des Goldfischs vielleicht.

Don Antonio sahen sie in dieser Nacht nicht mehr, denn der schlich sich heimlich an der Küchentür vorbei in sein Bett. Aber als Maria Luigi an der Haustür verabschiedete, dachte sie kurz, dass dies vielleicht der passende Zeitpunkt gewesen wäre, ihn zum Bleiben aufzufordern. Aus irgendeinem Grund zögerte sie jedoch, und der Augenblick verflog.

Feige bist du, Maria Braschi, einfach nur feige!, sagte sie zu sich selbst. Spring endlich und genieß es!

Sie nahm sich vor, die nächste Gelegenheit nicht mehr so einfach verstreichen zu lassen. Dann ging sie zurück in die Küche, goss sich noch eine letzte Tasse Tee ein und fiel glücklich ins Bett.

Am nächsten Tag war Maria klar, was ihr Bruder im Schuppen von Ernesto Brasini getan hatte, denn gegen acht Uhr früh wurde heftig gegen die Eingangstür des Pfarrhauses getrommelt, während gleichzeitig das Telefon Sturm läutete. Die Madonna war fort. Weg. Gestohlen. Was für ein Skandal!

Der ganze Ort geriet binnen kürzester Zeit in Aufruhr, denn die Nachricht hatte sich schnell verbreitet. Rosa Fiorentini hatte die Blumen auf dem Altar neu richten wollen und war schon zwei Stunden vor Beginn der Neujahrsmesse in der Kirche erschienen, um genug Zeit zu haben. Hektik war nicht ihre Sache. Als sie nun aber die Kirche betrat und die umgeworfenen Kirchenbänke, die Altarlüster und schließlich auch das Fehlen der Madonna bemerkt hatte, da wurde Rosa ganz anders zumute, und sie lief grell kreischend aus der Kirche hinaus und brüllte über den gesamten Platz: „Weg! Sie ist weg!“ Das war zwar keine sehr präzise Aussage, aber immerhin schrie Rosa laut genug, damit Massimo seinen Kopf aus dem Fenster streckte und sie fragte, warum sie einen solchen Höllenlärm veranstaltete.

„Die Madonna!“, rief ihm Rosa zu. „Sie haben die Madonna gestohlen!“ Dann rannte sie in Richtung Pfarrhaus davon.

Massimo stieß einen Fluch aus, schlüpfte in Hose und Hemd und stürmte, einen Schuh in der Hand, einen bereits am Fuß, hinüber zur Kirche. Massimos Frau telefonierte sofort mit ihrer Tante, die wiederum eine Cousine in Castello anrief, die dann ihren Sohn darüber in Kenntnis setzte, dass die Madonna von Treviso gestohlen worden sei. Der Sohn endlich, ein Cousin zweiten Grades von Vito Corrisi, dem Supermarktbetreiber von Treviso, rief diesen an, womit letztlich ganz Treviso über die Ereignisse der letzten Nacht informiert wurde, denn um die Pilger zu versorgen, sperrte Vito ab zehn Uhr dreißig auch an Feiertagen seinen Laden auf, und ab diesem Zeitpunkt gab es kein Halten mehr. Jetzt wusste es das ganze Dorf: Erst stahl man den Koffer dieser Schottin und nun die Madonna. Was war das doch für eine schlechte Welt!

Die Messe fiel selbstverständlich aus, stattdessen inspizierten der Bürgermeister, der Polizist Stefano Strozzi und natürlich Don Antonio die Kirche. Sie besahen sich die umgestürzten Bänke, die verstreuten Gesangbücher und die quer liegenden Altarlüster, die leere Nische, in der kürzlich noch die weinende Madonna von Treviso gestanden hatte, und zu guter Letzt den Opferstock. Und da merkte Don Antonio, dass er einen Fehler gemacht hatte.

„Sieh mal einer an“, sagte Stefano Strozzi, „der Opferstock ist noch ganz voll. Die haben nicht mal die Münzen mitgehen lassen. Seltsam, überaus seltsam."

Don Antonio dachte nach. „Nun, Signor Strozzi, der Opferstock ist schwer, und sie mussten ja schon die Madonna …" Zum Glück war Stefano Strozzi nicht der Hellste, dachte Don Antonio. Dennoch gab der Polizist sich nicht gleich zufrieden.

„Trotzdem finde ich es irgendwie merkwürdig", wandte er ein, „dass die Einbrecher die goldenen Altarlüster und auch den Opferstock dagelassen, aber dafür eine im Grunde wertlose Madonnenstatue mitgenommen haben. Das macht im Fall eines normalen Diebstahls keinen Sinn. Nein, Pater, die haben anderes vor. Es würde mich nicht wundern, wenn sie die Madonna entführt hätten, um ein Lösegeld erpressen zu können. Ich habe da mal von einem Fall in Florenz gehört …"

Nun schaltete sich der Bürgermeister ein. „Signor Strozzi, ich halte Ihre These doch eher für unwahrscheinlich. In Treviso ist noch nie jemand entführt worden."

„Ja, aber das heißt nicht, dass es nicht trotzdem mal passieren kann", warf Don Antonio ein. Er konnte plötzlich nur mit Mühe seine Begeisterung über Stefano Strozzis wilde Entführungsfantasien verbergen. Eigentlich konnte ihm gar nichts Besseres passieren.

„Wir werden sehen", sagte der Polizist. „Falls sich die Entführer bei Ihnen melden, Pater, dann geben Sie uns bitte sofort Bescheid. Und jetzt schaue ich mir noch einmal die Tür an, durch die die Entführer eingedrungen sind." Und damit besah Stefano Strozzi mit Kennerblick die völlig unversehrte Hintertür der Kirche, um anschließend zu verkünden, dass der oder die Einbrecher besonders geschickt vorgegangen sein müssten, denn er könne keinerlei Kratzer am Türschloss erkennen. „Wir haben es hier zweifellos mit Profis zu tun."

Don Antonio bemühte sich, besonders erschüttert auszusehen, und spürte plötzlich in seiner rechten Manteltasche den Schlüssel, den er gestern zum Entriegeln besagter Tür gebraucht und den er vergessen hatte, wieder ans Schlüsselbrett zu hängen.

ALS DER BÜRGERMEISTER und der Polizist gegangen waren, wartete Don Antonio noch ein paar Minuten und ging dann hinunter in die Krypta. Er brauchte etwas Zuspruch.

Doch Don Ignazio empfing ihn mit einem höhnischen Gelächter. „Du glaubst doch nicht, dass du damit durchkommst! Die werden diese lächerliche Entführungstheorie in ein paar Stunden wieder verwerfen, und dann bist du dran!“

„Ich weiß wirklich nicht, warum du so boshaft kicherst, alter Mann! Mit der Version sind wir doch alle aus dem Schneider. Die Madonna ist erst einmal aus dem Weg, der vatikanische Schnüffler kann uns nichts nachweisen, und dem Ort geht es zurzeit besser als je zuvor.“ Don Antonio war im Grunde mit sich zufrieden, nur hätte er gern noch einmal von jemand anders gehört, dass er alles richtig gemacht hatte.

„Aber gleich entführt?“ Don Ignazio wackelte mit dem Kopf. „Na, ich weiß nicht …“

Don Antonio hatte sich auf einen alten Sarkophag fallen lassen und sah sich im Raum um. Irgendetwas war heute anders. Dann durchfuhr es ihn wie ein Blitz. „Wo ist der Koffer?“

„Welcher Koffer?“, fragte Don Ignazio.

„Der Koffer von dieser schottischen Kuh. Wo ist der?“ Don Antonio war sich ganz sicher, dass er ihn dort hinten in die Ecke gestellt und zugedeckt hatte. Jetzt war der Platz leer.

„Ach der“, sagte Don Ignazio gelassen, „den hat deine Schwester heute in aller Herrgottsfrühe mitgenommen, wahrscheinlich um ihn anderswo unterzubringen. Die Ecke da drüben ist ja nun kein so tolles Versteck, da würde sogar der dämliche Strozzi draufkommen, wenn er das nächste Mal hier herumschnüffelt.“

„Meine Schwester?“ Don Antonio war kurz davor, die Fassung zu verlieren.

„Jawohl, deine Schwester. Eine sehr kluge Frau, wenn du mich fragst.“

„Ich frag dich aber nicht.“

Seine Schwester also! Was in Gottes Namen hatte Maria vor?

GIORGIO, der Neffe des Bürgermeisters von Treviso, war ein gutmütiger Mensch. Er liebte seine Mutter, er sammelte Fußballsticker, und wenn man ihn dringend brauchte, dann arbeitete er auch mal nach fünf Uhr nachmittags. Im echten Leben war Giorgio IT-Experte bei der Guardia di Finanza. Doch was zu viel war, war zu viel. Giorgio zitterte vor Wut.

„Ich reiß mir doch nicht wochenlang den Arsch auf, um für Treviso eine Homepage zu entwerfen, nur damit dann irgendwelche Trottel die Madonna entführen. Dann war ja alles umsonst!“ Er war richtiggehend wütend und kippte vor lauter Verzweiflung über die sinnlose Zeitverschwendung, als die er die Arbeit für seinen Onkel nun betrachtete, einen Magenbitter hinunter, den ihm Massimo mitleidsvoll über den Tresen reichte.

Giorgio war nicht der Einzige, den die Entführung der Madonna aus der Fassung brachte. Im Grunde waren sich alle Bewohner Trevisos darüber einig, dass das Verschwinden der Statue einer mittleren Katastrophe gleichkam. Ohne Madonna keine Pilger, und ohne Pilger kein Fremdenverkehr, was bedeutete: keinen Souvenirshop, keinen erweiterten Restaurant- und Hotelbetrieb, keine Kundschaft in der schlechten Enoteca und schon gar keine finnischen Pilgerinnen mehr. Letzteres beschäftigte vor allem Giorgio, denn mindestens genauso wie das Verschwinden der Madonna bedauerte er das Verschwinden eines anderen weiblichen Wesens.

Giorgios Welt sah düster aus, seitdem Tarja aus Nokia wieder abgereist war. Sie hatte sich letztlich nicht zwischen den Medizinstudenten aus Valencia entscheiden können und vor lauter Unentschlossenheit eine Nacht mit dem überglücklichen Giorgio verbracht. Und obwohl Tarja kein Problem damit hatte, das Bett oder besser gesagt eine Matratze im Laderaum des alten Lieferwagens von Giorgios Vater mit ihm zu teilen, überkamen sie doch leichte Skrupel, als er sie nach ihrer Telefonnummer gefragt hatte.

„Ich schreibe dir“, hatte sie gesagt, bevor sie an jenem Morgen nach ihrer gemeinsamen Nacht in den Bus der Linie 174 gestiegen war, und erst als der Bus schon etliche Meter weit gefahren war, fiel Giorgio ein, dass sie weder seinen Nachnamen noch seine Adresse kannte. Also lief er wie ein Irrer hinter dem Bus her und schrie: „Schick die Post ins Rathaus, mein Onkel ist der Bürgermeister …“

Er war sich nicht sicher, ob Tarja ihn noch gehört hatte – auch weil er durch das Rückfenster des Busses sah, wie Ernesto Brasini sie in ein Gespräch verwickelte –, doch weil Giorgio ein Optimist war und weil er sich hemmungslos in Tarja verliebt hatte, war er von dem Gedanken nicht abzubringen, dass sie ihr Versprechen halten würde. Also hockte Giorgio in seiner Freizeit im Büro seines Onkels Mario, ging allen dort gehörig auf die Nerven und hoffte auf Post. Und wenn es seinem Onkel gar zu viel wurde, dann schickte er Giorgio zu Massimo hinüber und ließ ihn sich dort in aller Seelenruhe betrinken.

„Warum hat sie mir nur nicht ihre Nummer gegeben, Massimo? Ich verstehe das nicht …“

Massimo verstand es dagegen durchaus: „So sind die Frauen, mein Freund, sie hat dich benutzt, und das war es. Und mal ehrlich, es gibt Schlimmeres, als von einer bildhübschen neunzehnjährigen Finnin benutzt zu werden. Ich an deiner Stelle …“ Doch vorsichtshalber ließ er den Satz unvollendet.

Giorgio winkte ab. Was half das schon? „Wenn ich vom Klo wieder da bin, will ich noch so einen“, sagte er, deutete auf sein leeres Schnapsglas und ging nach hinten. Vito, der gerade von der Toilette kam, sah ihm hinterher und bedachte Massimo mit einem fragenden Blick.

„Lass ihn, Vito. Er hat gerade zwei Frauen verloren – die eine hat ein Herz aus Holz und wurde entführt, und die andere hat eines aus Stein und ist einfach abgereist. Und von keiner wird er je wieder hören.“

Doch Massimo irrte sich, im Fall beider Frauen.

Natürlich rätselte ganz Treviso, wer denn in der Silvesternacht in die Kirche Santa Maria degli Angeli eingedrungen war und das Heiligtum von Treviso entführt hatte. Zunächst glaubte man noch an einen bösen Scherz und hoffte, die Statue würde in den nächsten Tagen wieder auftauchen. Als nichts dergleichen geschah, stellte man Überlegungen an, ob es sich dabei etwa um einen terroristischen Akt gehandelt haben könne, aber wenn man ehrlich war, schien diese Theorie reichlich aus der Luft gegriffen, denn welcher Terrorist hätte schon bei Nacht die unbeleuchtete Straße nach Treviso gefunden?

Letztlich einigte man sich darauf, dass es nichts brachte, sich wilden Spekulationen hinzugeben, sondern dass man einfach abwarten müsse, ob sich die Entführer meldeten. Bis dahin übte man sich in kaum verhohlener Ungeduld. Nur Don Antonio, den das Verschwinden der Madonna doch am härtesten getroffen haben musste, strahlte eine erstaunliche Ruhe und Gelassenheit aus. Man schrieb dies seinem starken Glauben an das Gute im Menschen zu und nahm sich ein Beispiel an dem Dorfpfarrer, der nicht müde wurde zu predigen, dass diese schreckliche Geschichte sicher gut ausgehen werde, denn alles liege in Gottes Hand. Als Maria ihren Bruder so reden hörte, wunderte sie sich im Stillen und schüttete ihr Herz im Hinterzimmer von Luigis Laden aus, als der gerade Mittagspause machte.

„Habt ihr denn immer noch nicht miteinander geredet?“, fragte Luigi.

„Nein, haben wir nicht. Und soll ich dir was sagen? Das ist auch nicht nötig. Ich weiß, dass er weiß, dass ich weiß, dass er die Madonna versteckt hat. Was ich nicht weiß, ist, *warum* er es getan hat.“

Im Grunde gab Luigi ihr Recht, aber im Stillen fragte er sich dennoch, warum die Geschwister ein solches Versteckspiel miteinander trieben.

„Weißt du, was Antonio gestern noch zu mir gesagt hat?“, plapperte Maria weiter. „Er hat gemeint: ‚Maria, dass die Madonna fort ist, löst eine Menge Probleme.‘ Und da frage ich dich doch, was hat er damit nun wieder gemeint? Und außerdem streicht dieser Salvatore Tarlo ständig ums Haus, und ich komme ums Verrecken nicht drauf, was die beiden im Schilde führen."

„Und das ärgert dich", stellte Luigi amüsiert fest.

„Ja, das ärgert mich!" Maria stand auf, nahm ihre Handtasche, gab ihrem Liebsten noch einen lauten Kuss auf die Wange und machte sich dann auf den Weg nach Hause. Als sie über den Dorfplatz marschierte, kamen ihr Massimo und Giorgio entgegen. Massimo stützte den offensichtlich betrunkenen jungen Mann, indem er sich dessen linken Arm über die Schulter gelegt hatte und ihn nun mit sich schleifte. Dabei brüllte Giorgio unentwegt „Tarja, Tarja!", und Maria fragte sich, ob nicht inzwischen das ganze Dorf übergeschnappt sei.

Er hatte es nicht gewagt, einfach an der Haustür zu klingeln. Don Antonio hatte ihm ja verboten, bei ihm aufzutauchen, denn er wollte nicht, dass die Leute über ihre Verbindung allzu gut Bescheid wussten. Deshalb schlich Salvatore Tarlo seit zwei Tagen im Abstand von wenigen Stunden relativ auffällig am Pfarrhaus vorbei, um Don Antonio dazu zu kriegen, ihn endlich ins Haus zu lassen. Er musste mit ihm reden, und er konnte das, was er von ihm wollte, nicht am Telefon besprechen. Am Nachmittag des zweiten Tages wurde es Don Antonio zu bunt, und er rief durchs Küchenfenster, Salvatore solle seinen Allerwertesten in Richtung Hintereingang bewegen, was dieser auch tat, um dann Sekunden später in der Pfarrküche einem angesäuerten Pater gegenüberzustehen.

„Was ist so schrecklich wichtig, dass du dich nicht an unsere Abmachung hältst?", wollte Don Antonio von ihm wissen. „Wir haben doch ausgemacht: keine Besuche, keine Anrufe, überhaupt keinen Kontakt. Wir kommen in Teufels Küche!"

„Bis dahin nehme ich mal mit deiner Küche vorlieb." Salvatore war eigentlich gar nicht zum Scherzen zumute, aber er konnte nicht anders. Der Pater war stets von so ausgesucht unhöflicher Art, dass er darüber ständig Witze reißen musste, denn eigentlich hatte er Don Antonio sehr gern.

„Sag also, was du zu sagen hast, und dann verschwinde."

Salvatore holte tief Luft und platzte heraus: „Hast du die Madonna verschwinden lassen?"

Don Antonio überlegte kurz, ob er darauf antworten sollte, besann sich dann aber, dass Salvatore sich im Grunde ohnehin seinen Teil denken würde, und sagte: „Ja, hab ich. Zufrieden?"

Salvatore ließ sich erleichtert auf einen Küchenstuhl fallen. „Gott sei gepriesen, ich dachte schon, die hätten sie wirklich entführt."

„Und wenn schon, was würde es für einen Unterschied machen? Wir sind sie los, und der Vatikan kann uns mal kreuzweise."

Salvatore sah seinen Freund streng an. „Und ob das einen Unterschied macht! Wenn die Madonna entführt worden wäre, dann hätten die Entführer sie sich bestimmt genauer angeschaut und schnell gemerkt, dass die Statue präpariert ist. Was glaubst du, was dann passiert wäre? Sie hätten sie aufgebrochen und im Inneren der Madonna die kleine Pumpe mit der Aufschrift ‚Salvatore Tarlo, Schnitzerei, Treviso, Italia' entdeckt."

Don Antonio war fassungslos. „Bist du total von Sinnen? Du hast die Pumpe mit deinem Namen versehen?"

„Es war keine Absicht. Ich verwende diese Minipumpen für die Zimmerbrunnen, die ich ab und zu verkaufe, und muss vergessen haben, den Aufkleber abzumachen, bevor ich sie eingebaut habe. Das ist mir Sonntagnacht eingefallen."

„Na, dann kannst du ja froh sein, dass die Madonna unauffindbar in Ernestos altem Schuppen lagert, denn wenn man sie wirklich entführt hätte, wäre das für einen von uns ziemlich schlecht ausgegangen."

Doch Salvatore überhörte die Drohung seines Freundes und begann zu kichern. „In Ernestos Schuppen, oh, aha, also in diesem Schuppen habe ich damals mit meiner Frau, als wir noch nicht verheiratet waren, also, na ja … Der Schuppen hat Geschichte!"

„Das will ich gar nicht so genau wissen. Aber du kannst ganz beruhigt sein, ich habe alles im Griff."

Hätte Don Antonio gewusst, was Ernesto Brasini seinem alten Schäferhundmischling vorzugsweise zu trinken vorsetzte, wäre er vielleicht nicht so selbstsicher gewesen. Bis es jedoch zu einer Begegnung zwischen Ernesto Brasinis Hund und der weinenden Madonna von Treviso kam, passierte noch etwas anderes. Diesmal bekam der Bürgermeister Post.

An die Bewohner Trevisos!
Wir haben Eure Madonna! Wenn Ihr sie zurückwollt, dann kostet Euch das 50 000 Euro. Der Bürgermeister legt das Geld am nächsten Donnerstag um 7.30 Uhr in einer Plastiktüte in den Abfalleimer der Linie 174, Richtung Castello della Libertà, und steigt an der Station Treviso/Römerstraße wieder aus. Im nächsten Bus findet Ihr die Madonna im selben Abfalleimer. Keine Polizei! Sonst verbrennen wir das Miststück!

Der Brief war in Castello della Libertà aufgegeben worden, wahrscheinlich hatte man ihn dort einfach in den Briefkasten geworfen. Das würde jedenfalls erklären, wieso der Brief erst am Dienstag in Treviso ankam, zwei Tage vor der geplanten Übergabe. Die Post hatte offensichtlich vier Tage gebraucht, um das Erpresserschreiben von Castello nach Treviso zu transportieren, für eine Strecke von gerade mal sieben Kilometern.

Bürgermeister Mario war sich darüber im Klaren, dass es mit Abwarten diesmal nicht getan war. Er war sich auch sicher, dass die touristische Attraktion nach Treviso zurückmusste, und zwar schnell. Also machte er sich, den Brief in der Hand, auf den Weg zum Pfarrhaus, wo ihm Maria die Tür öffnete.

„Sie sehen ja furchtbar aus, Bürgermeister, was ist denn mit Ihnen passiert?" Und schon bugsierte sie den Bürgermeister ins Wohnzimmer, setzte ihn in einen Sessel und goss ihm erst einmal einen Grappa ein. Nachdem er diesen dankbar und in einem Zug geleert hatte, rückte Mario mit der Sprache heraus.

„Ich muss den Pater sprechen, in einer sehr wichtigen Angelegenheit."

„Mein Bruder ist nicht da, er hat heute eine Besprechung mit dem Bischof und kommt erst am späten Nachmittag zurück."

Mario stöhnte auf. „Eine Katastrophe!", jammerte er. „Wie soll ich denn ohne den Pater etwas entscheiden? Schließlich ist es ein Heiligtum, da müsste doch die Kirche einspringen, denn ich weiß wirklich nicht, wo ich von heute auf morgen fünfzigtausend Euro hernehmen soll."

Maria verstand kein Wort, stattdessen blickte sie den Bürgermeister fragend an, der mit einer hilflosen Geste das Erpresserschreiben aus seiner Sakkotasche zog und es ihr überreichte. Als sie es gelesen hatte, musste sich auch Maria erst einmal setzen. Sie goss dem Bürgermeister und sich jeweils ein weiteres Gläschen ein, prostete ihrem nervlich schwer angeschlagenen Gegenüber zu und fragte sich im Stillen, was wohl ihr Bruder mit diesem Brief im Schilde führte.

„Der ist nicht von mir!" Don Antonio protestierte auf das Heftigste. „Für wen hältst du mich eigentlich?"

Er war richtiggehend entsetzt, dass Maria ihm zutraute, seine eigene Gemeinde zu erpressen. Dass sie wusste, wer die Madonna hatte verschwinden lassen, überraschte ihn hingegen überhaupt nicht. Schon als Kind hatte er ihr nie etwas vormachen können.

Zu seinem Glück glaubte Maria ihm auf Anhieb, dass er kein Erpresser war, denn wenn sie auch keinen unerschütterlichen Glauben an das Gute im Menschen besaß, so glaubte sie doch immerhin an das Gute in ihrem Bruder. „Dann haben wir es hier mit einem Trittbrettfahrer zu tun“, konstatierte sie. „Was machen wir jetzt?“

Don Antonio hatte soeben eine lange und anstrengende Besprechung mit dem Bischof Santini hinter sich, bei der ihm der Bischof klar und deutlich zu verstehen gegeben hatte, dass Don Antonio auch nach dem Verschwinden der Madonna mit einem Besuch des vatikanischen Abgesandten zu rechnen habe und dass Francesco de Renzi sein Problem sei und nicht das des Bischofs. Offensichtlich ging Bischof Santinis Nächstenliebe zwar weit, aber nicht so weit, dass er Kopf und Kragen für Don Antonio riskieren wollte.

Don Antonio sah sich das Erpresserschreiben noch einmal genauer an. Es bestand aus lauter zusammengeklebten Papierschnipseln, die fein säuberlich aus einem Buch herausgeschnitten worden waren.

„Hat der Bürgermeister gesagt, ob er trotzdem die Polizei einschalten will?“, fragte Don Antonio.

„Nein, aber wenn du mich fragst, dann wird er es nicht tun. Stattdessen will er eine große Aktion starten und von Haus zu Haus ziehen, um Spenden für das Lösegeld einzusammeln. Er bittet dich auch, die Kollekte von Mittwochabend zur Verfügung zu stellen, und hat gefragt, ob du über irgendwelche Ersparnisse verfügst.“

„Der alte Geizkragen!“, entfuhr es Don Antonio. „Anstatt dass er sich einmal selbst an die Nase fasst, soll ich nun wieder für ihn blechen. Kommt überhaupt nicht infrage!“

„Er will das Geld ja nicht für sich, er will es für die Madonna, und da du die Statue erst präpariert hast, um sie anschließend wieder verschwinden zu lassen, kann man eigentlich nicht behaupten, dass den Bürgermeister irgendeine Schuld an der ganzen Misere trifft.“

So, so, dachte Don Antonio, dass ich die Madonna zum Weinen gebracht habe, weiß sie also auch. Tatsächlich aber sagte Don Antonio nichts, sondern brummte nur etwas und sah seine Schwester aus grauen, erschöpften Augen an, so als ob sie jetzt eine Lösung finden müsse. Denn langsam wuchs ihm das Unternehmen „Das Wunder von Treviso“ über den Kopf.

Wenn er nur wüsste, wie er den Spuk stoppen könnte, doch ihm fiel rein gar nichts ein, und alles, woran er wirklich denken konnte, waren Massimos *Spaghetti al pomodoro*, denn er hatte Hunger. Beim Bischof hatte es nichts zu essen gegeben.

Also war es Maria, die eine Lösung für das Problem fand: Sie würde die Madonna einfach wieder auftauchen lassen und damit den Erpressungsversuch des Trittbrettfahrers vereiteln. Wie sich herausstellen sollte, war es ein geradezu genial einfacher Plan, den die Schwester des Paters ausgeheckt hatte, und insgeheim zollte Don Antonio ihr dafür eine gewisse Bewunderung. Wer hätte geahnt, dass es in seiner Familie gleich zwei Menschen mit so großer krimineller Energie gab? Nie zuvor hatte sich Don Antonio seiner Schwester so verbunden gefühlt, und nie zuvor hatte er sich dieser innigen Verbundenheit wegen so geschämt. Was war nur aus ihnen geworden?

Sehr geehrter Herr Bürgermeister von Treviso,
bitte leiten Sie diese Karte an Ihren Neffen Giorgio weiter.

Lieber Giorgio,
ich hoffe, diese Karte erreicht Dich auch tatsächlich. Ein alter Mann hat mir im Bus erzählt, dass Du der Neffe vom Bürgermeister bist. Er hatte zwar eine Alkoholfahne, aber ich glaube, er kennt Dich wirklich. Wie geht es Dir? Ich denke viel an Dich und wollte Dir sagen, dass ich es ganz toll fand in Treviso. Und mit Dir.
Küsse, Deine Tarja

PS: Bin in Amsterdam, aber das siehst Du ja, wenn Du die Karte umdrehst. Hier ist es kalt und nass. Vermisse Italien. Und Dich …

„Na, das ist doch was!“ Massimo klopfte seinem jungen Freund anerkennend auf die Schulter. „Wer hätte denn damit gerechnet, dass sie dir tatsächlich schreibt?“

Giorgio musste ihm Recht geben. Beinahe wäre er rückwärts vom Stuhl gekippt, als die Sekretärin seines Onkels plötzlich mit der Postkarte vor ihm gestanden hatte. Nun trug er sie stolz in der Brusttasche seines Hemdes spazieren und strahlte seine Umwelt so überaus gut gelaunt an, dass man gar nicht umhinkonnte, ihn nach dem Grund zu fragen, woraufhin Giorgio bereitwillig nach Tarjas Postkarte griff und den Inhalt wahlweise vorlas oder übersetzte. Tarja hatte nämlich auf Englisch geschrieben.

„Amsterdam. Das hat mich nie gereizt“, sagte Massimo nun. „Du weißt ja, was man über Amsterdam sagt.“ Er blickte zu Giorgio hinüber.

„Nein, was sagt man über Amsterdam?“

„Es soll das Venedig des Nordens sein. Wir wohnen nur gut 76 Kilometer vom echten Venedig entfernt. Da fragt man sich doch: Was soll ich mit der billigen Kopie, wo ich das Original schon kenne? Und siehst du, da steht es: Sie vermisst Italien! Na, da frag ich mich doch, wieso ist sie nicht gleich hiergeblieben?“

Darauf wusste Giorgio nichts zu erwidern, bestellte nur einen weiteren Magenbitter und sehnte still die Klimakatastrophe herbei, damit Amsterdam bald untergehen würde.

„EIN ALKOHOLIKER? Nein, das glaube ich nicht.“ Ernesto Brasini schüttelte den Kopf. Das konnte nicht sein. Gut, er hatte seinem Hund Nebbiolo immer gerne ein bisschen von seinem Rotwein abgegeben, meistens am Abend und damit er aufhörte zu heulen, aber dass man davon gleich süchtig werden konnte, das glaubte Ernesto eigentlich nicht. Doch Doktor Lorenzo blieb bei seiner Diagnose.

„Nebbiolo ist Alkoholiker! Um genauer zu sein: Er säuft den Wein wie Wasser, und es ist ein Wunder, dass er überhaupt noch unter uns weilt. Die Leberwerte möchte ich gar nicht kennen.“

„Nun, Dottore“, erwiderte Ernesto, „das fällt ja wohl nicht in Ihren Zuständigkeitsbereich. Oder befassen Sie sich jetzt auch schon mit Hunden?“ Doktor Lorenzo verneinte dies, blieb jedoch standhaft bei seinem Urteil über Nebbiolo, den alten Schäferhundmischling von Ernesto Brasini, der über die Jahre eine etwas unnatürliche Liebe zum Rotwein entwickelt hatte. Nebbiolo, der an und für sich ein sehr freundliches Wesen besaß, konnte mit seinem Gebell schon mal Tote erwecken, so sagte man. Doch die Zeiten waren lange vorbei, denn die meiste Zeit des Tages schlief Nebbiolo seinen Rausch aus.

Was also war in jener Nacht von Mittwoch auf Donnerstag geschehen? Heimlich hatte sich Maria mit ihrem Bruder in den alten Schuppen von Ernesto Brasini geschlichen und die Madonnenstatue wieder hervorgeholt, um sie dann gemeinsam an der Bushaltestelle der Linie 174 abzustellen. Luigi, der die Haltestelle von einem kleinen Flurfenster im ersten Stock über seinem Friseurladen aus beobachten konnte, hielt die ganze Nacht über Wache, damit die Madonna nicht gestohlen wurde. Es war geplant, dass die morgendlichen Pendler nach Castello auf das gute Stück aufmerksam wurden. Somit hätte man erfolgreich den Erpressungsversuch vereitelt. Was sie dann mit dem vatikanischen Abgesandten machen sollten, darüber würden sie erst morgen nachdenken.

Gegen fünf Uhr früh musste Luigi eingeschlafen sein, denn er wurde jäh durch das laute Kläffen eines Hundes aus seinem Dämmerzustand gerissen und konnte anschließend bezeugen, dass Nebbiolo, der Schäferhundmischling von Ernesto Brasini, versucht hatte, die Madonna von Treviso zu besteigen. Offensichtlich hatte der Rotwein, der ja immer noch in der Madonna versteckt war und bei Bedarf für deren blutrote Tränen sorgte, den Hund vollkommen verrückt spielen lassen. Nebbiolo hatte sein geliebtes Gesöff im Bauch der Madonna gerochen und hätte das gut riechende Stück Holz auch zerbissen, um an den Wein zu gelangen. So hatte Ernesto größte Mühe, seinen Hund davon abzuhalten, der Madonna Schaden zuzufügen. Schließlich gelang es ihm, Nebbiolo am Bushalteschild festzubinden und die Madonna an sich zu nehmen.

Nur eine Stunde später prostete man sich bei Massimo zu und gratulierte sich zur Wiederauffindung des örtlichen Heiligtums. Man klopfte Ernesto auf den Rücken, der Bürgermeister spendierte eine Runde nach der anderen, und Nebbiolo bekam einen ganzen Napf voll mit verdünntem Wein. Der Hund hatte noch am nächsten Tag eine Schlagseite.

Die Madonna kehrte in ihre Nische in der Kirche Santa Maria degli Angeli zurück, und das ganze Dorf wusste nun über die Beschaffenheit ihrer blutroten Tränen Bescheid, die aus nichts anderem als billigem Rotwein bestehen konnten. Der Hund von Ernesto Brasini hatte es bewiesen. Weil aber jeder in Treviso ein Interesse daran hatte, dieses „Geheimnis" zu hüten, schwor man sich, es keinem Außenstehenden zu verraten.

Vito war unendlich erleichtert, dass er die 13 Kisten mit Aufklebern und Wimpeln der weinenden Madonna nun doch nicht umsonst bestellt hatte. Nach wie vor strömten die Pilger in seinen Laden – nach der Rückkehr der Statue waren es noch mehr als zuvor – und rissen ihm den sakralen Kitsch beinahe aus den Händen. Dazu brachte er Erfrischungsgetränke, Schokoriegel und Toilettenartikel unter die Menschheit und konnte durch die Mehreinnahmen endlich auch eine Hilfskraft einstellen, einen entfernten Neffen seines Schwagers, Nicola, der seine Sache sehr gut machte und dem Vito im Verlauf der kommenden Wochen immer mehr Aufgaben übertrug. Vito hatte zwar nicht mehr Zeit als zuvor, dennoch verbrachte er seit Neuestem seine wenigen Ruhestunden vorwiegend zu Hause, und das wunderte nicht nur seine Freunde in der Trattoria.

„Warum bist du eigentlich in letzter Zeit so oft daheim?", wollte Massimo von Vito wissen, der kurz auf einen Kaffee hereingeschneit war, nur um sich drei Minuten später schon wieder vom Tresen zu entfernen und Richtung Ausgang zu hasten. Vito blieb kurz in der Tür stehen, lächelte und erklärte seinen verblüfften Freunden, dass er für ihr dummes Gerede jetzt keine Zeit habe, denn seine Anna warte auf ihn. Und damit verschwand er auch schon wieder nach draußen, während Massimo, Luigi und Mario darüber rätselten, ob er tatsächlich meinte, was er gesagt hatte.

Anna und Vito hatten sich schon immer viel gestritten, aber seitdem ihr Sohn aus dem Haus war und nur selten den Weg von Florenz, wo er Restauration studierte, nach Treviso fand, fehlte der Puffer zwischen den Eheleuten, und sie ließen ihren Frust ungehemmt aneinander aus. Die Achtung voreinander war mit den Jahren und der Erkenntnis, dass der andere auch nur ein unvollkommenes, anstrengendes und manchmal unerträgliches Wesen war, immer mehr geschwunden.

Doch seitdem Vitos Laden regelrecht boomte, war im Hause Corrisi plötzlich eine ganz ungeahnte menschliche Eigenschaft zutage getreten: die Gier. Vito und Anna gierten regelrecht nach Erfolg und dem Geld, das sie mit ihrem Familienunternehmen verdienten, und diese Gier übertrug sich letztlich auch auf alles andere.

Zuerst gierten sie nach Luxus, also mussten ein neuer Fernseher, eine neue Stereoanlage und eine Küchenmaschine her. Als das nicht ausreichte, kamen noch eine Trockenhaube, ein Hometrainer und ein ausgesprochen scheußlicher violetter Winterpelz für Anna dazu. Dann gierten sie nach Freizeit, was sie auf die Idee brachte, einen Tanzkurs zu buchen, den sie niemals besuchten, und zwei Fahrräder zu kaufen, die sie nicht benutzten. Letztlich führte es immerhin zur Festanstellung von Nicola, damit sie wenigstens im Laden etwas Entlastung verspürten. Aber dann übertrug sich ihre Gier auf etwas ausgesprochen Sinnvolles, denn ohne dass sie es erwartet hätten, gierten sie plötzlich nacheinander.

In den Jahren zuvor hatten sie kaum öfter als einmal im Monat Sex miteinander gehabt, nicht selten war es auch weniger gewesen. Jetzt wollten sie kaum für ein paar Stunden voneinander lassen und staunten selbst am meisten darüber. Dabei stritten sie immer noch viel, nur beendeten sie den Streit nicht mehr damit, dass Vito das Haus verließ und in die Trattoria oder den Supermarkt flüchtete und Anna ihre Schwestern anrief, sondern sie trieben es zu Hause miteinander, im Keller, auf dem Dachboden, vor dem Fernseher, unter der Dusche. Dabei fiel ihnen auf, wie klein ihr unteres Badezimmer war, denn hier klappte es nur im Stehen, und das war im Grunde anstrengender, als es eigentlich sein sollte. Sie beschlossen daher, das Badezimmer zu vergrößern und, weil sie nun schon mal dabei waren, auch eine neue Küche einbauen zu lassen.

Nein, Vito konnte seinen Freunden nicht erklären, wie es dazu gekommen war, dass er und Anna einander wiedergefunden hatten. Er war bloß froh, dass es so war, und wenn es nach ihm ging, dann sollte es auch für immer so bleiben.

IN DER DARAUFFOLGENDEN WOCHE fuhr Maria nach Castello della Libertà, um Bürgermeister Longhi einen unangemeldeten Besuch abzustatten und ihren Bruder zu retten. Als sie wieder abfuhr, war Longhi sein Amt los, Castello hatte einen medienwirksamen Skandal vorzuweisen, und dem erpresserischen Trittbrettfahrer und vermeintlichen Madonnenentführer war das Handwerk gelegt. Das war umso erstaunlicher, wenn man bedachte, dass sich Maria nur gute drei Stunden in Castello aufgehalten hatte, in denen sie auch noch Gemüse einkaufen gegangen war, ihren Schwager besucht und ein Paar cremefarbener Damenhalbschuhe erworben hatte.

Sie hatte den Bus um 9.15 Uhr genommen und stand exakt um zehn Minuten vor zehn vor dem Rathaus von Castello. Unangemeldet ging sie einfach in das Büro des Bürgermeisters, sparte sich jede Begrüßung und eröffnete ihm folgenden Vorschlag: „Bürgermeister, ich schlage als Zeitpunkt Ihres Rücktritts elf Uhr Vormittag vor. Da bleibt Ihnen noch eine gute Stunde zum Packen. Ich denke, das sollte in diesem Fall ausreichend sein."

Bürgermeister Longhi war sich nicht ganz sicher, ob er es in diesem Moment mit einer Wahnsinnigen zu tun hatte, noch dazu einer Wahnsinnigen mit weinroter Handtasche und Stützstrümpfen, aber etwas war ganz sicher nicht normal an dieser Dame. „Wie kommen Sie darauf, dass ich von meinem Amt zurücktrete? Das ist lächerlich! Bei Ihrem Verhalten muss man sich ernsthaft fragen, was Sie gefrühstückt haben. Haha!"

Und Longhi lachte ein betont spöttisches Lachen, das er für solche Gelegenheiten trainiert hatte, denn er fand, es wirke vernichtend auf seine Gegner. Tatsächlich aber klang es einfach nur lächerlich. Bei Maria verfehlte es jedenfalls seine Wirkung vollkommen.

„Danke der Nachfrage, Signor Longhi, ich hatte heute ein Cornetto und einen kleinen Kaffee." Sie lächelte. „Ich schlage vor, Sie fangen dann mal an zu packen." Und dann eröffnete Maria Bürgermeister Longhi, dass er bei seinem Erpressungsversuch vorsichtiger hätte handeln sollen, denn den Brief in Castello aufzugeben sei keine besonders intelligente Tat gewesen. Da kämen nicht besonders viele Personen als Täter infrage, noch dazu solche, die über einen Ausweis der Leihbibliothek von Castello verfügten und die ausgeliehenen Romane dann zerschnipselten, um sie, sagen wir mal, „anders arrangiert“ wieder unter die Menschheit zu bringen. Er solle sie doch bitte nicht für so dumm halten, dass sie nicht verstanden hätte, wer der Missetäter sei, der das Lösegeld für die Madonna von Treviso erpressen wollte. Und jetzt habe er noch genau 55 Minuten, um seine Sachen zu packen und zu verschwinden.

Dann machte sie auf dem Absatz kehrt und ließ den vollkommen entsetzten Bürgermeister in seinem Zimmer zurück, ging auf den Wochenmarkt von Castello und kaufte dort Fenchel, Karotten und drei Bund Petersilie ein.

Emmanuele Benito Longhi bekam zuerst einen Schweißausbruch, dann eine Panikattacke und rannte anschließend mit enormem Tempo ins verwaiste Vorzimmer seiner sich im Urlaub befindlichen Sekretärin, wo er einen prall gefüllten wattierten Umschlag aus dem Safe nahm. Damit lief er weiter in den Hinterhof des Rathauses, wo er den Umschlag auf der Stelle in einem städtischen Mülleimer in Brand setzte. Sein Pech war es, dass er dabei beobachtet wurde, und zwar vom stellvertretenden Kommandanten der Freiwilligen Feuerwehr von Castello della Libertà, der in seinem zivilen Beruf Standesbeamter war und sich gerade auf eine Trauung vorbereitete, als er aus dem Fenster seines Amtszimmers sah und die pyromanischen Versuche des leicht wahnsinnig dreinblickenden Bürgermeisters bemerkte.

Geistesgegenwärtig nahm der Standesbeamte die Blumenvase vom Tisch, schmiss die darinstehenden Rosen auf den Fußboden und rannte seinerseits in den Hinterhof, wo er das Blumenwasser auf Longhis zündelnden Umschlag goss. Später hieß es sogar, der Kommandant habe den Ort vor einem Großbrand bewahrt. Danach zog er den stark verkohlten und durchnässten Umschlag aus dem Mülleimer und schaute nach, was darin war. Zu seinem großen Erstaunen offenbarte sich ihm eine angesengte und zerschnittene Ausgabe von Margaret Mitchells „Vom Winde verweht“.

Keine Stunde später hatte sich die Nachricht vom Rücktritt des Bürgermeisters in ganz Castello verbreitet, und man war sich einig, dass dies nur recht und billig war, denn welches Dorf wollte schon einen pyromanisch veranlagten Faschisten zum Bürgermeister, der das Eigentum der städtischen Leihbücherei zerstörte?

Maria Braschi erwarb noch schnell ein Paar neue, schmal geschnittene Schuhe mit dezentem Absatz, die hervorragend zu ihrem cremefarbenen Kostüm passen würden, schaute auf einen Sprung bei ihrem Schwager vorbei und machte sich anschließend in aller Ruhe auf den Heimweg nach Treviso. Sie war mit ihrem Besuch in Castello sehr zufrieden. Für die Schuhe hatte sie ganze dreißig Prozent Rabatt aushandeln können.

„Woher wusstest du, dass es der Bürgermeister war?"

Maria und Luigi saßen im Hinterzimmer seines Salons und tranken Kaffee, während sie ihm über jedes Detail ihres Ausflugs nach Castello della Libertà Bericht erstattete. Luigi hatte sich über Marias Schilderungen sehr amüsiert, besonders als sie ihm vormachte, wie dem Bürgermeister das Gesicht entgleist war, während ihm klar wurde, dass ihn eine ältere Witwe mit Stützstrümpfen überführt hatte – was der Mann dann auch noch laut gesagt hatte. Maria war entsprechend stolz auf ihre Tat.

„Ich hab es mir einfach gedacht", antwortete sie. „Wer sonst hätte wohl ein Interesse daran gehabt, unseren Bürgermeister in Schwierigkeiten zu bringen? Und wer wäre sonst so blöd gewesen, den Erpresserbrief in den Briefkasten um die Ecke einzuwerfen? Er hätte dafür wenigstens in eine Nachbargemeinde fahren können, dann wäre es nicht ganz so offensichtlich gewesen."

„Und das Buch? Woher wusstest du von dem Buch?"

Da lächelte sie, lehnte sich zufrieden in ihrem Stuhl zurück und blickte ihrem Liebsten ins Gesicht. „Es hat eine Weile gedauert, bis ich darauf gekommen bin, aus welchem Buch der Text zusammengeschnitten war. Aber Margaret Mitchells ‚Vom Winde verweht' ist der Roman, den ich Kulturbanause am häufigsten in meinem Leben gelesen habe, und das Exemplar der Leihbücherei von Castello kenne ich in- und auswendig. Ich hab nämlich mal ein Glas Wein darauf verschüttet, und der Fleck war selbst im Erpresserbrief noch deutlich zu erkennen. Es gibt nur eine einzige andere Person in Castello, die das Buch wahrscheinlich ebenso oft ausgeliehen hat wie ich, und das ist Signora Longhi, die Frau des Bürgermeisters von Castello. Die hat nämlich auch keine Kultur." Maria lachte und kippte ihren Kaffee hinunter.

„Das ist doch gar nicht wahr", entgegnete Luigi, „du bist eine sehr kultivierte Frau. Du willst dich doch nicht etwa mit diesen, diesen …", Luigi rang um das passende Wort, „diesen Castellesi vergleichen!"

„So wie du das sagst, klingt es wie eine echte Beleidigung. Bedenke, dass ich auch eine Castellese bin. Ich habe dort lange Zeit gelebt."

Luigi schüttelte den Kopf. „Nein, mit diesem faschistischen Gesocks hast du nichts gemein!" Er stellte mit Nachdruck seine Kaffeetasse auf den Tisch und ergriff Marias Hand, um diese kurz und beherzt zu drücken.

„Danke. Und nun küss mich auf den Mund, und dann verschwinde ich, denn ich muss meinem Bruder noch Bericht erstatten und mir etwas überlegen wegen diesem Francesco de Renzi, der morgen kommen will."

„Hast du nachher noch Zeit? Wir könnten zusammen zu Abend essen", schlug Luigi vor. Maria nickte. „Bis später also!"

„Ja, bis später."

Lieber Giorgio,
habe gestern einen Amerikaner kennen gelernt. Nächste Woche heiraten wir in Las Vegas! Willst Du unser Trauzeuge sein?
Küsse, Tarja

PS: War nur Spaß. Las Vegas finde ich total uncool … Vermisse Dich. Berlin ist so … leer ohne Dich. Noch einen Kuss, T.

An diesem kalten Nachmittag im Januar legte sich eine magere Schneedecke auf Treviso und ließ die Welt ein wenig stiller werden, ganz so, als hätte man dem sonst so lauten Treiben in dem Dörflein eine kurze Atempause verordnet. Die Pilger zogen sich in ihre Quartiere zurück, die Katzen und Hunde hielten sich bevorzugt unter den – zugegeben schwach erwärmten – Heizkörpern auf, der Supermarkt war wie leer gefegt, auf dem Dorfplatz warf ein einziges Kind gedankenverloren seinen Fußball gegen die Kirchenwand und wurde weggescheucht, und der Blumenladen war heute sogar geschlossen, denn der Lieferwagen war nicht bis nach Treviso vorgedrungen, weil die Straßen so rutschig waren. Nur die Trattoria war gut besucht, und auf die Straße drangen gedämpftes Lachen und das Klirren von Geschirr.

Maria legte die letzten Schritte zum Friseursalon von Luigi vorsichtig zurück, denn das Kopfsteinpflaster war glatt, und sann über die Worte ihres Bruders nach. Der hatte sich zwar außerordentlich über den Rücktritt des Bürgermeisters von Castello gefreut, war jedoch gleich wieder in Panik geraten, als er auf den bevorstehenden Besuch des vatikanischen Abgesandten zu sprechen kam, und ließ nun seiner Angst freien Lauf. Nichts fürchtete er mehr als die Blamage, die eine peinlich genaue Untersuchung des Wunders der weinenden Madonna mit sich bringen würde. Jeder Versuch, ihn zu beruhigen, schlug fehl, und letztlich war Maria es leid und machte sich auf den Weg zu Luigi, als ihr Bruder ihr bereits beim Verlassen des Hauses aus der Küche nachrief: „Sei ja morgen früh pünktlich um zehn Uhr zu Hause! Ich brauche dich hier, Schwester!"

Er ging offenbar selbstverständlich davon aus, dass Maria aushäusig übernachten würde, obwohl dies doch in den ganzen letzten Wochen und Monaten noch nicht ein einziges Mal vorgekommen war. Was sagte man dazu? Offenbar hatte ihr Bruder sich an ihre Beziehung zu Luigi gewöhnt. Und wie stand es mit ihr?

Luigi war gerade dabei, den Fußboden zu fegen und die spärlichen grauen Locken, die Carlotta Brasini, Ernestos Frau, bei ihm gelassen hatte, dem Mülleimer zu übereignen. Immerhin gab es seit dem Wunder der weinenden Madonna mehr Kundschaft, auch in seinem Friseursalon, und Luigi dachte über einige innovative Veränderungen bezüglich der Auslagengestaltung nach. Maria fand ihn, wie er, gestützt auf seinen Besen, nachdenklich zu seinem Schaufenster hinüberblickte.

„Wovon träumst du denn, mein Liebster?“, fragte sie zur Begrüßung.

„Von dir, meine Liebste, ich träume von dir.“ Er stellte den Besen weg, griff sie um die Hüften. „Schon etwas gegessen, Signora Braschi?“ Als sie verneinte, holte er aus der kleinen Küche im Hinterzimmer des Salons zwei Teller mit Antipasti hervor und öffnete noch eine Flasche Wein mit den Worten: „Der ist nicht aus der hiesigen Enoteca.“

„Wie beruhigend“, stellte sie fest.

„Möchtest du etwas Musik hören?“

„Gern.“

Luigis CD-Sammlung war nicht eben groß, also hörten sie Radio und plauderten, aßen und tranken, bis es immer später wurde. Fast beiläufig ließ Maria fallen, sie habe keine Eile zu gehen und könne ja vielleicht heute hier übernachten. Luigi gab sich offensichtlich alle Mühe, nicht zu überrascht auszusehen, aber es gelang ihm nicht.

„Natürlich nur, wenn das für dich in Ordnung ist“, fügte sie hinzu.

„Selbstverständlich.“

Er holte Luft. Er wollte etwas sagen, etwas Wichtiges. Er wollte ihr mitteilen, wie glücklich er war und dass er dies nicht für möglich gehalten hatte, nicht nach der großen Traurigkeit seiner letzten Jahre. Er wollte ihr sagen, dass er sie liebte.

„Maria …“ Er sah sie an, und vor Anspannung wanderten Denkfalten über sein Gesicht.

„Ich weiß es, Luigi, ich weiß es längst.“

„Aber ich möchte es dir sagen“, protestierte er.

„Später.“

Im Radio spielten sie Paolo Contes *„Alle prese con una verde milonga“*.

Sie nahm seine Hand, küsste seinen Unterarm, legte ihn um ihre Taille und verharrte so eine ganze Weile. Dann standen beide auf, umarmten sich und begannen aus der Umarmung heraus, sich sanft zu wiegen, links, rechts, links, bis daraus ein Tanz wurde, die Hände ineinandergelegt, ihr Busen an seiner Brust und ihrer beider Füße dicht dem anderen folgend. Mit der Zeit wurden sie mutiger, begannen sich zu drehen, wagten hie und da einen Ausfallschritt, verloren den Takt und begannen von Neuem. So bewegten sie sich zwischen den Frisierstühlen im Halbdunkel des Salons hin und her, bis das Lied zu Ende war. Luigi stellte das Radio ab.

Im kleinen Zimmer hinter dem Salon hatte er eine alte Chaiselongue aufgestellt, denn manchmal machte er eine kurze Pause und ruhte sich dort aus, wenn gerade keine Kundinnen im Laden waren. Darauf legten sie sich nun, nachdem sie ihre Kleider ausgezogen hatten. Er fühlte ihre nackte warme Haut, ihre Brüste.

Maria strich ihm sanft über sein Gesicht, den Rücken, den Hintern. Es war gut, den anderen zu spüren, ihm durch das Haar zu streichen, ihm den Weinatem vom Mund zu küssen. Sie schlangen Arme und Beine umeinander und liebten sich.

Später langte Luigi mit dem Arm hinüber zum Radiogerät und stellte es wieder an. So lagen sie zusammen im Dunkeln unter einer alten Wolldecke und hörten, wie es Mitternacht wurde.

Vierter Teil

Eine Folge des unerwarteten Rücktritts von Bürgermeister Longhi war die inoffizielle Aufhebung der offiziellen Straßensperre von Castello nach Treviso. Longhis Nachfolger war noch nicht im Amt, als die Bewohner Trevisos die Gelegenheit ergriffen und in der Nacht heimlich alle Absperrgitter, Bänder und Umleitungsschilder verschwinden ließen. Die Touristen, die trotz des Wintereinbruchs noch immer in Scharen nach Treviso pilgerten, freute dies natürlich sehr, denn nun nahm die Fahrt von Castello nach Treviso keine fünfundzwanzig, sondern nur noch zehneinhalb Minuten in Anspruch. Es war daher von Vorteil, dass der Schwager Marias und Don Antonios zum Telefonhörer griff, als er den Wagen mit dem vatikanischen Kennzeichen vorbeifahren sah, und im Pfarrhaus von Treviso anrief, um Don Antonio zu warnen, denn ab diesem Zeitpunkt hatte er, wie gesagt, nur noch zehneinhalb Minuten Zeit, sich auf das Ankommen des

Abgesandten seelisch vorzubereiten. Diese Zeitspanne reichte aus, um in einen Zustand verzweifelter Panik zu verfallen, und das war in jedem Fall eine berechtigte Reaktion.

Don Antonio raffte all seine Selbstachtung zusammen und rief Maria, während er durch die Hintertür flüchtete, zu, sie solle de Renzi eine Weile aufhalten, er müsse noch einmal dringend weg. Und schon war er hinausgelaufen und in Richtung Kirche verschwunden. Etwas außer Atem kam Don Antonio in der Krypta an.

„Du musst mir helfen!“, platzte es aus ihm heraus.

„So, muss ich das?“, fragte Don Ignazio, der mit skeptischem Blick auf einem Steinsarg hockte.

„Dieser vatikanische Kommissar ist im Anmarsch, und ich habe keine Ahnung, was ich machen soll.“

Don Ignazio wippte ein wenig mit dem Kopf. Er war es ja beinahe schon gewohnt, dass man ihn in hoffnungslosen Fällen konsultierte, aber dieser hier schien besonders hoffnungslos zu sein. „Na, das fällt dir aber früh ein. Da hättest du dir schon vorher etwas überlegen können. Wenn du meinen Rat willst, mein Sohn, dann pack jetzt deine Sachen und freu dich auf einen Lebensabend im sizilianischen Nonnenkloster. Gute Reise!“

Doch Don Antonio war eindeutig nicht zu Scherzen aufgelegt. Ihm stand das Wasser bis zum Hals, und es musste eine Alternative zum Ertrinken geben. „Das ist nicht dein Ernst! Jetzt denk nach, alter Mann, was kann ich tun, um de Renzi aufzuhalten?“

Don Ignazio sah zu seinem ehemaligen Schützling hinüber. „Hast du gerade *de Renzi* gesagt?“

„Jawohl, Francesco de Renzi, seines Zeichens Gesandter im Auftrag der päpstlichen Kurie, mir den Garaus zu machen!“

„Seltsam“, murmelte Don Ignazio, „ich kannte mal einen de Renzi. Aber das ist lange her …“ Er kaute gedankenverloren an seinen Fingernägeln. Dann sagte er: „Wie viele Pilger sind gerade oben in der Kirche versammelt?“

„Keine Ahnung. Eine Gruppe aus Coimbra müsste heute Morgen angekommen sein, etwa sechzig Leute. In einer Stunde ist Messe. Warum fragst du?“

„Herzlichen Glückwunsch, mein Sohn“, und Don Ignazio strahlte ihn an, „du wirst deine erste Messe auf Portugiesisch halten!“

Und noch bevor Don Antonio fragen konnte, was der damit meinte, hatte er auch schon verstanden und rannte einen Stock höher in den Kirchenraum, um den leicht irritierten Pilgern zu eröffnen, dasch man einen hohen Gascht ausch dem Vatikan erwarte, den man ganzsch herzschlisch begrüschen schollte und dem zschu Ehren esch jetscht eine Schondermesche gebe – em Português!

Ein grosser schwarzer Wagen fuhr durch Treviso und suchte seinen Weg zu Don Antonios Haus. Vorbei an Vitos Supermercato und Luigis Friseursalon überquerte er den Hauptplatz, ließ das Rathaus rechts- und die Kirche linksseitig liegen, bog um die Ecke von Massimos Trattoria und Hotelbetrieb und fuhr schließlich auf der Einfahrt des Pfarrhauses vor. Ihm entstieg ein streng aussehender Herr in Schwarz, dessen hageres Gesicht wenig Begeisterung für die Schönheiten Trevisos zu zeigen schien.

Francesco de Renzi hatte eine sehr verschlossene Seele. Er konnte sich nur für wenige Dinge im Leben begeistern, und Landschaften im Januar gehörten nicht dazu, ebenso wenig wie Mitmenschen jeglicher Art. Francesco de Renzi hatte als Kind einmal einen Hund gehabt, den er sehr liebte. Es war die größte emotionale Bindung, die er je zu einem anderen Wesen eingegangen war. Seit der Labradormischling gestorben war, hatten es weder Mensch noch Tier geschafft, wieder so weit zu seinem Inneren vorzudringen.

Francesco de Renzi war einiges gewohnt, aber diese Messe übertraf seine kühnsten Befürchtungen bei Weitem. Noch nie hatte Francesco de Renzi es erlebt, dass ein Pfarrer und seine Gemeinde so aneinander vorbeiredeten, jedenfalls nicht seit dem Zweiten Vatikanischen Konzil. Die Gläubigen verstanden ganz offensichtlich kein Wort von dem, was Don Antonio von sich gab, denn wer hätte hinter den Worten „Honore schei Gottsch insch der Hösche!" schon eine Aufforderung zur Ehrung des Allmächtigen vermutet?

Don Ignazios Plan ging tatsächlich auf, und der lautete schlicht: Wenn du eine Katastrophe verhindern willst, dann stifte Verwirrung. Das tat Don Antonio nach Leibeskräften. Frei nach dem portugiesischen Idiom sch-te und zischte er, dass es eine Freude war, nur hatte seine seltsame Aussprache nicht das Entfernteste mit Portugiesisch zu tun. Das fiel nach spätestens zwei Sätzen auch den Pilgern aus Coimbra auf, aber aus Höflichkeit wagte keiner, den Pfarrer auf seine mangelnden Sprachkenntnisse hinzuweisen.

Die wenigen Trevisaner, die während der Messe anwesend waren, machten sich ihre ganz eigenen Gedanken über das seltsame Verhalten ihres Pfarrers. Rosa Fiorentini, Trägerin eines Kassengestells aus dritten Zähnen, war davon überzeugt, dass der Pfarrer ein schlecht sitzendes Gebiss trug, während Ernesto Brasini sich ganz sicher war, dass Don Antonio schlichtweg betrunken war, was ihm deutliche Kritik der anwesenden Damen einbrachte und den Kommentar, wer im Glashaus sitze, solle nicht mit Steinen werfen. Ernesto wiederum goutierte dies mit der Bemerkung, er sitze hier nicht im Glashaus, sondern in der Kirche, und das sei ein Unterschied, den er selbst nach zwei Flaschen Wein noch erkennen könne.

Maria, die im Hintergrund der Kirche auf der letzten Bank Platz genommen hatte, sah ihrem Bruder mit Erstaunen dabei zu, wie er sich um Kopf und Kragen redete, um de Renzi von der weinenden Madonna abzulenken, was ihm zunächst auch gelang, denn nach der Messe brauchte der Gesandte des Vatikans erst einmal ein wenig frische Luft und verabsäumte es dadurch, einen intensiveren Blick auf die Madonna zu werfen, die ohnehin von sechzig fotografierenden portugiesischen Pilgern belagert wurde. Nach einigen Minuten trat Don Antonio aus der Kirche und ging auf seinen Gast zu, um ihn zu begrüßen.

„Herzlich willkommen in unserer Gemeinde, Monsignor de Renzi!" Don Antonio hatte sein liebenswertestes Gesicht aufgelegt und streckte dem vatikanischen Besuch seine Hand zur Begrüßung entgegen, die dieser widerwillig ergriff, um dann in ironischem Unterton Don Antonio zu seinem außerordentlichen Sprachtalent zu gratulieren. Er, Francesco de Renzi, habe zwar kein Wort verstanden, aber er sei sich sicher, dass er da der Einzige sei, und in welcher Sprache der Pfarrer denn soeben gepredigt habe, denn Portugiesisch spreche er, de Renzi, sehr gut, und das habe es ja unmöglich sein können.

„Mein Bruder ist einer der führenden Experten auf dem Gebiet der Esperantoforschung", meldete sich Maria zu Wort. Und bevor noch einer der umstehenden Herren sein Erstaunen über diese Erklärung äußern konnte, fügte sie hinzu: „Monsignor de Renzi, es ist uns eine große Freude, Sie zum Mittagessen ins Pfarrhaus zu bitten. Ihr Fahrer ist selbstverständlich auch eingeladen. Wenn ich bitten darf – hier entlang."

Damit schob sie den etwas verblüfften de Renzi sanft, aber bestimmt auf den Weg zum Haus ihres Bruders und verwickelte ihn in ein Gespräch über die regionalen Delikatessen von Treviso. Don Antonio beeilte sich, den beiden nachzulaufen, und konnte sich einer gewissen Bewunderung für seine Schwester nicht erwehren. Als er jedoch hörte, wie Maria Francesco de Renzi vom hervorragenden Weinsortiment der örtlichen Enoteca vorschwärmte und ihn aufforderte, dort doch bei seinem Besuch einzukehren, war er sich sicher, dass sie verdammt sei, denn diese Lüge war eine größere Sünde, als er sie je begangen hatte. Dagegen nahm sich die präparierte Madonna wie ein harmloser Bubenstreich aus.

Francesco de Renzi kam an diesem Tag nicht mehr dazu, sein Gutachten zur weinenden Madonna von Treviso zu erstellen. Er kam auch am nächsten Tag nicht dazu, ebenso wenig wie am übernächsten. Was zunächst nach einem einfachen Fall ausgesehen hatte, entpuppte sich dank der emsigen Bewohner Trevisos, die ihn mit allen möglichen Anliegen, Wünschen, Einladungen und Verpflichtungen überhäuften, als weit schwieriger zu erforschen, als er es eingangs vermutet hätte. Doch diese Ortschaft war entweder die gastfreundlichste, die er je gesehen hatte, oder aber das hinterhältigste, korrupteste und sündhafteste Nest der Welt.

An jenem Mittwoch wurde er im Haus des Pfarrers Don Antonio mit Unmengen an vermeintlichen Spezialitäten gemästet, die abzulehnen ihm einfach unmöglich war, denn die aufdringliche Schwester des Pfarrers ließ ihn kaum zu Wort kommen, geschweige denn Luft holen, da sie ihm einen Käse nach dem anderen servierte, ihn mit Wein abfüllte und dazu noch allerhand Salami, Oliven, Brot und Obst auftischte. Als er sich endlich erheben und mit seiner Untersuchung beginnen wollte, musste er zu seinem Erstaunen hören, dass nun das Mittagessen serviert sei. Danach war er derart erschöpft, dass er sich tatsächlich zu einer Mittagspause überreden ließ, denn ohne ihn zu fragen, hatte man bereits bei Massimo ein Zimmer reserviert und sein Gepäck dorthin geschafft.

Kaum war er aber in der Trattoria angekommen, lud man ihn unaufgefordert zu einem Aperitivo ein und zwang ihn, ein weiteres Glas Rotwein, einen Grappa und einen undefinierbaren Kräuterlikör zu trinken. Dazu gab es verschiedene Häppchen und Salzgebäck und schließlich die Einladung zum Abendessen. Nur mit Mühe konnte de Renzi die Leute davon überzeugen, dass er sich einen Augenblick frisch machen müsse. Man ließ ihn ungern ziehen und trank noch eine Runde auf sein Wohl, bevor man ihm endlich das Zimmer zeigte.

Kaum war er allein, sank Francesco de Renzi auf sein Bett und erwachte erst, als es bereits dunkel war. Als er bei Massimo den Wunsch äußerte, die Madonna zu inspizieren, teilte der ihm mit Bedauern mit, dass die Kirche von Treviso des Nachts nicht beleuchtet sei, da es an Geld fehle, die Lichtanlage zu reparieren. Tatsächlich hatte es einen Kabelbrand in der Lichtanlage gegeben, nachdem Maria alle fehlenden 23 Glühbirnen wieder eingeschraubt hatte. Nun zündete man stattdessen Kerzen an, doch bei Kerzenschein war keine vernünftige Untersuchung des Wunders möglich, und darum blieb es vorerst bei der Betrachtung der weinenden Madonna aus sicherem Abstand.

Das Ganze wiederholte sich auch in den nächsten zwei Tagen: Er nahm an der Morgenmesse teil und warf währenddessen einen kurzen Blick auf die weinende Madonna von Treviso, aber noch bevor er auch nur in die Nähe der Figur kam, hatte man ihn bereits zum Essen eingeladen und aus der Kirche entfernt. Natürlich kam ihm dieses Verhalten verdächtig vor, de Renzi war schließlich kein Narr, aber bald schon begann er, die Aufmerksamkeit, die man ihm schenkte, ein wenig zu genießen. Man war ausgesprochen nett zu ihm, ja man buhlte beinahe um seine Gegenwart, und gerade weil dies in Francesco de Renzis Leben etwas ganz und gar Unübliches war – er hatte nie viele Freunde gehabt und galt auch sonst von Kindesbeinen an als kein sonderlich geselliger Mensch –, verfehlte das Verhalten der Trevisaner nicht seine Wirkung.

Es wäre wohl dabei geblieben, wäre am vierten Tag nicht Bischof Santini auf den Plan getreten, geplagt von Selbstvorwürfen über sein Verhalten dem armen Don Antonio gegenüber, den er im Stich gelassen hatte. Sofort fragte er de Renzi nach den Fortschritten bei seiner Untersuchung und erinnerte ihn damit daran, dass er nicht hier war, um Salami, Käse und gefüllte Tomaten zu verspeisen. Wäre nicht Salvatore Tarlo an diesem Tag auf die Idee gekommen, dass die Kirche von Treviso dringend eines neuen Anstrichs bedurfte, Francesco de Renzi hätte es beinahe bei Tageslicht geschafft, allein in das Innere der Kirche vorzudringen. So aber lud de Renzi den Bischof auf eine Portion *Pasta al pomodoro* bei Massimo ein und erzählte von seinen Abenteuern als Kommissar des Vatikans im fernen Brasilien.

„JA, ABER ist das nicht eine etwas, wie soll ich es ausdrücken, *drastische* Maßnahme?“ Der Bischof war sich nicht ganz sicher, ob er de Renzis Vorhaben gutheißen konnte, immerhin könnte das Kunstwerk dabei Schaden erleiden.

Doch Francesco de Renzi ließ keinen Widerspruch gelten. „Nein, Bischof, der Wahrheit muss Genüge getan werden. Eine Röntgenuntersuchung ist die einzige Möglichkeit, um einer möglichen Scharlatanerie auf die Schliche zu kommen. Sehen Sie, Bischof, ich arbeite schon sehr lange in diesem Bereich und habe die unglaublichsten Dinge gesehen: Darunter war nicht ein einziges echtes Wunder Gottes! An der Echtheit der weinenden Madonna von Treviso gibt es so viele berechtigte Zweifel, dass ich sie hier gar nicht alle aufzählen kann. Nein, ich bestehe darauf, eine Röntgenuntersuchung ist in diesem Fall unerlässlich."

Das sah Bischof Santini ein. Immerhin hatten die Einwohner Trevisos ihr Bestes gegeben, um den Kommissar von der Madonna fernzuhalten, und das musste ja früher oder später Verdacht erwecken.

In der Tat war man in Treviso sehr enttäuscht über den Umstand, dass man Francesco de Renzi zwar von morgens bis abends verköstigt und belustigt hatte, dass dies aber wenig gefruchtet hatte.

De Renzi hatte sich glänzend amüsiert, bis der Bischof aufgekreuzt war, doch nun war er offenbar der Ansicht, dass er tun musste, was von ihm verlangt wurde. Ja sicher, man hatte ihn eingeladen, ihn freundlich behandelt, ihm Speisen, Getränke und allerhand sonst gereicht, aber er war davon überzeugt, dass man dies nicht aus reiner Gastfreundschaft oder gar Sympathie getan hatte, sondern aus Berechnung. Damit tat er den Trevisanern aber unrecht: Natürlich wollten sie ihn von seinem Vorhaben abbringen, das Wunder der weinenden Madonna aufzudecken, aber sie taten dies auf eine besonders liebenswürdige Art und Weise. Dass de Renzi dies nicht zu schätzen wusste, kränkte ihr Gerechtigkeitsempfinden, denn nach Ansicht der meisten Trevisaner konnte man das eine Vergehen durch eine andere Tat wiedergutmachen. Das war immerhin das Prinzip der Buße, wie es die katholische Kirche predigte.

Dass Francesco de Renzi nun verlauten ließ, er beabsichtige, eine intensive Untersuchung der Madonna bereits am nächsten Tag durchzuführen, wozu auch eine Röntgenuntersuchung, die er unter örtlichen Gegebenheiten vornehmen lassen wollte, und die Entnahme einer Probe der blutroten Tränen gehörte, sorgte in Treviso für Unbehagen bei den Leuten. Und auch bei Don Antonio, dem bis dahin immer noch keine zündende Idee gekommen war, wie man Francesco de Renzi von der Echtheit des Wunders von Treviso überzeugen konnte. Beinahe begann man dafür zu beten, es möge ein weiteres Wunder geschehen und alles gut werden.

DAS WUNDER GESCHAH, denn Salvatore Tarlo hatte eine Idee. Sie war ihm nachts im Schlaf gekommen. Am Tag zuvor hatte er den Zahnarzt von Castello aufsuchen müssen, weil ihn die rechte untere Kieferhälfte schmerzte, und der Arzt hatte durch ein Röntgenbild festgestellt, dass Salvatore noch alle vier Weisheitszähne besitze und man diese leider entfernen müsse. Nun wusste Salvatore ziemlich genau, dass derselbe Zahnarzt ihm erst drei Jahre zuvor den letzten Weisheitszahn gezogen hatte. Wie sich herausstellte, hatte der Arzt die Röntgenbilder vertauscht, und in Wirklichkeit hatte Salvatore lediglich ein Loch in einem Backenzahn, während eine andere Patientin nun leider ihre Weisheitszähne verlieren würde. Und genau das brachte Salvatore Tarlo auf eine Idee.

Am nächsten Tag klopfte er bereits gegen 6.30 Uhr an die Hintertür des Pfarrhauses. Um 6.32 Uhr hörte er ein leichtes Fluchen, als jemand gegen einen Kübel stolperte, vermutlich den Schirmständer umschmiss, um dann anschließend unter schmerzhaften Verwünschungen den Schlüssel umzudrehen und die Tür einen Spaltbreit zu öffnen.

„Einen wunderschönen guten Morgen, Don Antonio."

„Hm."

„Darf ich reinkommen?"

„Hm."

„Ich habe eine Idee, wie wir den vatikanischen Kommissar loswerden können."

„Hm?"

„Wenn ich reinkommen dürfte, könnte ich dir die Sache vielleicht genauer erklären."

„Hm, hm."

„Es ist saukalt hier draußen. Mach endlich die Tür auf!"

Stattdessen schlug die Tür zu. Daraufhin brüllte Salvatore durch die geschlossene Tür hindurch: „Wir vertauschen einfach die Madonna!"

Nach einer langen schweigsamen Minute öffnete sich die Tür ruckartig, und Don Antonio zischte: „Nicht so laut! Du weckst ja alle Leute auf! Komm rein."

Salvatore trat ein. Fünf Minuten später hatte sich die Laune Don Antonios massiv gebessert, und er hatte zum ersten Mal seit Tagen das Gefühl, dass nun doch noch alles gut würde.

„Wie stellt ihr zwei euch das eigentlich vor?" Doktor Lorenzo schüttelte den Kopf. „Soll ich still und heimlich die Aufnahme einer falschen Madonna machen und durch de Renzi an den Papst schicken lassen, mit schönen Grüßen vom Dorfarzt aus Treviso? Tut uns leid, aber wir bescheißen die heilige römische Kirche nur zum Wohle ihrer Gläubigen?"

„So in etwa hatten wir uns das gedacht.“ Salvatore Tarlo beschlich allerdings das Gefühl, dass Doktor Lorenzo seinem Plan vielleicht doch nicht so vorbehaltlos zustimmen würde, wie er gehofft hatte.

„Ehrlich gesagt, möchte ich ungern mein Seelenheil durch Ärger mit der Obrigkeit aufs Spiel setzen“, entgegnete Doktor Lorenzo.

„Da kann ich dich beruhigen“, sagte Don Antonio, „ich habe einen guten Draht zu Gott.“

„Ich spreche nicht von *der* Obrigkeit, ich meine die italienische Ärztekammer. Mein Röntgengerät ist doch gar nicht mehr zugelassen, oder was glaubst du, warum ich alle meine Patienten zu Doktor IchverdienemireinegoldeneNase in HolmichderTeufel della Libertà schicke, weil dessen Praxisausstattung nun mal gute fünfundvierzig Jahre jünger und besser ist als meine?“ Doktor Lorenzo warf einen entnervten Blick auf sein Gegenüber.

„Aber es wäre ja gar kein Mensch, sondern nur eine Holzfigur, die du röntgen sollst“, begann Salvatore von Neuem. Das schien Doktor Lorenzo jedoch nicht im Mindesten zu überzeugen.

„Nur eine Holzfigur! Da tönt ganz Treviso seit Wochen von der weinenden Madonna, dann wird sie entführt, nun taucht auch noch dieser Scheinheilige aus dem Vatikan bei uns auf, und du sagst, es ist nur eine Holzfigur?“

„Dottore, ich kenn das gute Stück in- und auswendig. Glauben Sie mir, es ist nur eine Holzfigur.“

Doktor Lorenzo ließ sich in seinen Sessel fallen, der hinter seinem vollgeräumten Schreibtisch stand, und ließ hörbar seinen Atem durch den Mund entweichen, während sich Don Antonio und Salvatore Tarlo vor dem Tisch aufgebaut hatten und ihn erwartungsvoll anblickten. Der Doktor griff in eine der Schubladen, holte ein Formular hervor, kritzelte etwas darauf und überreichte es wortlos Salvatore.

„Was steht da?“, wollte der wissen.

„Da steht: Überweisung in die psychiatrische Anstalt von Vicenza“, antwortete der Doktor. „Ihr zwei seid schlicht bekloppt, wenn ihr glaubt, ich mache da mit.“

„Also *Dottore*, Sie können vieles von mir behaupten, aber ich bin doch kein Fall für …“, wollte Salvatore gerade protestieren, doch Don Antonio winkte ab.

„Komm“, sagte er zu Salvatore und griff ihn am Arm, um seine Absicht zu gehen anzudeuten, „der Doktor ist einfach nicht daran interessiert, uns zu helfen. Schade eigentlich, wo wir doch schon das viele Geld gesammelt hatten …“ Natürlich war Don Antonio klar, dass dies ein mehr als nur billiger Versuch war, den Doktor zu bestechen, aber er wollte nichts unversucht lassen. Zu seiner Überraschung ging Lorenzo darauf ein.

„Wie viel Geld?“, wollte er wissen.

Don Antonio lächelte.

„Wie passt es dir morgen, so gegen zwei Uhr nachmittags? Wäre das ein guter Termin für die Untersuchung?“

Der Doktor nickte. „Morgen um zwei passt hervorragend. Wem darf ich die Untersuchung in Rechnung stellen?“

EIGENTLICH hatte der Bürgermeister sich das ganz anders vorgestellt. Er hatte an eine Plakette gedacht, golden und mit schwarzen Buchstaben darauf, die er am Eingang anbringen lassen wollte. Außerdem hatte er seinen Neffen Giorgio schon mit dem Design neuer Prospekte beauftragt, mit denen er für Trevisos neue Attraktion werben wollte. Nun sollte daraus nichts werden. Bürgermeister Mario war zutiefst enttäuscht. Zwar war er sich der Tatsache bewusst, dass die Spenden ursprünglich als Lösegeld für die entführte Madonna gedacht waren, doch jetzt war die Madonna ja wieder da, und so hatte er schon seit Tagen einen Gemeinderatsbeschluss ausgearbeitet, der das Geld in einen Fonds umwandeln sollte, aus dem neue Werbemaßnahmen für die Tourismusförderung bezahlt werden würden, wozu auch eine kleine Tafel am Rathaus hätte zählen sollen, deren Text schlicht lautete: „Während der Amtszeit des Bürgermeisters Mario Fratelli geschah in Treviso das Wunder der weinenden Madonna, das dem Ort zu neuer Blüte verhalf.“ Er wäre damit quasi unsterblich geworden.

In den letzten vierundzwanzig Stunden aber hatten sich die Dinge schlagartig geändert, und er musste wohl oder übel den Auftrag beim Metallwarenhändler in Castello stornieren und sich dem Wunsch der Allgemeinheit beugen, der schlicht lautete, man möge zum Wohle der Einwohner Trevisos und deren verbesserter medizinischer Versorgung die allgemeinärztliche Praxis von Doktor Lorenzo mit öffentlichen Geldern renovieren. Doch Mario störte es gewaltig, dass der Doktor als Einziger von der vereitelten Erpressung profitieren sollte. Also machte er seinem Ärger Luft, indem er sich bei Massimo darüber echauffierte, dass dieser schon wieder die Preise angehoben hatte. „Das schadet dem Tourismus, Massimo, wenn du deine Gäste bescheißt.“

„Wer bescheißt hier wen? Du bist doch nur sauer, dass sie dich nicht in Stein gemeißelt auf den Rathausplatz stellen und dich bis in alle Ewigkeit von den Tauben anscheißen lassen, sondern das Geld dem Doktor geben.“

Wo er Recht hatte, hatte er Recht, aber das bedeutete nicht, dass sich

Mario dies auch sagen ließ, schon gar nicht, wenn er an seinem schwer gekränkten Ego litt.

„Das hat damit überhaupt nichts zu tun", erwiderte er. „Aber wenn wir schon einmal beim Thema sind: Wieso schmeißen wir das Geld diesem alten Gauner in den Rachen, wenn wir damit doch auch den Tourismus im Ort fördern könnten? Mehr Touristen bedeuten mehr Geld in den Taschen, und mehr Geld heißt auch mehr Privatpatienten, und mehr Privatpatienten finanzieren dem Doktor doch von ganz allein eine neue Fassade. Also frage ich weiter: Warum jetzt und warum so plötzlich? Und wer zum Teufel ist eigentlich auf die Idee gekommen?"

In der Tat hatte man den Bürgermeister bei der Beschlussfassung einfach übergangen. Praktischerweise saßen nämlich ein jüngerer Bruder und ein Cousin von Doktor Lorenzo im Gemeinderat, und die hatten dafür gesorgt, dass die Abstimmung so ausging, wie es der Pater, Salvatore Tarlo und der Doktor zusammen ausgeheckt hatten. Demzufolge gab Massimo sich unbeeindruckt. „Dein Gemeinderat hat es gestern im Eilverfahren beschlossen, und wenn du deine Leute nicht im Griff hast, dann solltest du vielleicht über einen anderen Job nachdenken."

Daraufhin war Mario unter protestierendem Gemurmel aus der Trattoria verschwunden, um sich in seinem Büro dem Selbstmitleid hinzugeben.

„NEIN, das kann nicht gesund sein!" Vito konnte sich nicht vorstellen, dass jemand mit Produkten aus Sojamilch glücklich werden konnte. Doch diese hartnäckig vegetarische Dame aus Recklinghausen ließ nicht locker und erklärte Vito in bemühtem Italienisch, dass Sojaprodukte sogar ausdrücklich der Gesundheit dienten.

„Das kann nicht sein, Signora! Wieso sollte man Joghurt aus etwas anderem machen als aus Milch? Das hat es hier noch nie gegeben."

Da half es auch nichts, dass die besagte Dame damit argumentierte, dass in Asien alle Menschen viel gesünder lebten und auch älter würden als in Europa. Vito brachte es nicht über sich, ein Produkt in sein Sortiment aufzunehmen, das nur so tat, als wäre es Joghurt. Weil er sich aber nicht nachsagen lassen wollte, dass er seine Kunden nicht zufriedenstellen konnte, bot er ihr zum Ersatz zwei Packungen Kekse an – gratis! Doch als die Kundin nun noch seine Kekse verschmähte und stattdessen kopfschüttelnd seinen Laden verließ, kam es Vito so vor, als ob sich über ihm eine dunkle Wolke zusammenzog. Wo hatte es das je gegeben, dass jemand Gratiskekse ablehnte? Die Welt geriet aus den Fugen.

Derlei Dinge kamen immer öfter vor. Kunden wollten Waren kaufen, die man beim besten Willen nicht mehr als legal bezeichnen konnte, wie zwei schottische Studenten, die tatsächlich Ravioli aus der Dose verlangten. Oder man verstand sie schon von vornherein nicht, weil sie ihre Wünsche in den unmöglichsten Sprachen der Welt äußerten, wie die vier moldawischen Herren von letzter Woche, denen es nach Trockenfisch und Wodka gelüstete. Zwar machte sein Laden nach wie vor enormen Umsatz, und Anna dachte mittlerweile sogar über den Bau eines Wintergartens nach, aber Vito begann eine Ahnung davon zu haben, wie sich eine chronische Magenschleimhautreizung anfühlte, und das war so ziemlich das Letzte, was er noch erleben wollte, denn es bedeutete, dass er zwar mehr Geld verdiente als je zuvor, jedoch keine der Speisen mehr vertrug, die er für gewöhnlich gern zu sich nahm. Er hatte sogar schon vier Kilogramm abgenommen, und welcher anständige Mann tat so etwas?

Vito warf einen sehnsuchtsvollen Blick auf die Schokoladenriegel bei der Kasse, seufzte angesichts des ihm auferlegten Verzichts und bediente stattdessen eine übergewichtige Dame aus Kalamata, die sich über die vermeintlich mindere Qualität des hiesigen Olivenöls beschwerte.

Es war nicht so, dass Luigi seine Liebe zu Maria verheimlichen wollte, nein, das Gegenteil war der Fall. Er war glücklich und ließ andere gern daran teilhaben. Dennoch wünschte er sich, dass seine Kundinnen sein Privatleben etwas mehr respektierten, wovon diese jedoch weit entfernt waren. So ging es zwischen Trockenhauben und Wartesesseln heiß her, wobei nicht wenige Aussagen darauf abzielten, eher von Luigi als von der jeweiligen Gesprächspartnerin vernommen zu werden, zumal die mehr oder minder schwerhörigen Damen sich ihre Fragen und Antworten meist zuschrien anstatt zuflüsterten. Hatte er, Luigi, eigentlich schon immer so gut ausgesehen? Und hatte man nicht immer wieder betont, dass so ein schmucker Mann wie er bald eine Frau finden würde? Oder hatte es sich gar umgekehrt verhalten, und die Frau hatte ihn erobert? Was sagte überhaupt der Pfarrer dazu? Und wann würden sie beide denn heiraten?

Auch wenn Luigi sich alle Mühe gab, auf die herzlichen wie aufdringlichen Fragen nichtssagende Antworten zu geben, so hatte ihn die letzte Frage, um ganz ehrlich zu sein, doch ein wenig aus dem Konzept gebracht, denn er hatte sie sich bislang noch nicht gestellt. Jetzt aber schien es ihm die logische Folge der vorangegangenen Wochen zu sein, und er fragte sich, ob Maria nicht auch erwartete, dass er ihr einen Heiratsantrag machte. Immerhin schlief er mit ihr, da war so etwas doch durchaus üblich. Gedankenverloren zupfte er mit dem Kamm an der Föhnwelle von Eleonora Corrisi herum, einer älteren Cousine ersten Grades von Vito Corrisi.

„Das werden Sie doch, nicht wahr?", fragte sie ihn mit dem neugierigen Augenaufschlag einer Fünfundachtzigjährigen, die vergessen hatte, dass sie keine siebzehn mehr war.

„Äh … bitte?", fragte Luigi.

„Na, Sie machen doch sicher eine Hochzeitsreise. Ich war mit meinem zweiten Mann damals in Palermo. Ach, Luigi, ich sage Ihnen: Sizilien im Frühsommer! Sie können sich gar nicht vorstellen, wie …" Vor Erstaunen hätte Luigi beinahe die kunstvoll aufgetürmte und mit Haarspray betonierte Frisur von Signora Corrisi zerstört. Sizilien. Im Winter. Er und Maria. Auf Hochzeitsreise.

„Einen Augenblick bitte, Signora, ich bin gleich wieder bei Ihnen." Damit ging Luigi mit schnellen Schritten in den hinteren Teil seines Salons und trank in der kleinen Küche hastig ein Glas Wasser. Wer hätte das gedacht? Er würde noch einmal heiraten! Ja, er, ausgerechnet er würde Maria Braschi vor den Traualtar führen. Oder sollte es doch eher eine schlichte Zeremonie im Rathaus werden? Sein Blick fiel auf das Kanapee, auf dem Maria und er ihre erste gemeinsame Nacht verbracht hatten. War das wirklich erst ein paar Tage her? Als er das Glas abstellte, hatte er sich bereits dazu entschlossen, nach Vicenza zu fahren, und zwar gleich morgen. Er würde den besten Juwelier aufsuchen, den es dort gab, und dann würde er ihr einen Antrag machen.

Derart bestärkt in seinem Vorhaben, kehrte er in den Salon zurück, griff nach seiner Dose Haarspray und verpasste Signora Corrisi noch eine Extraportion, bevor er ihr strahlend verkündete, dass sie noch nie so schön und so jung ausgesehen habe wie an diesem Morgen.

NATÜRLICH war Francesco de Renzi nicht wirklich auf den Trick mit dem Röntgenbild hereingefallen, aber er konnte den Trevisanern auch nichts nachweisen. Selbstverständlich steckte der Doktor mit dem Pfarrer und den anderen unter einer Decke, da war er sich ganz sicher. Nur wie zur Hölle hatten sie es angestellt, dass die weinende Madonna vollkommen echt wirkte? Wieso sah man auf dem Röntgenbild keinen Mechanismus, der künstliche Tränen erzeugt? Francesco de Renzi kam einfach nicht dahinter, nahm sich jedoch vor, auch in den kommenden Tagen ein Auge auf den Pfarrer und seine Kumpaneien zu haben, denn früher oder später, das wusste er, würde sich jemand verraten. Es galt nur, den richtigen Augenblick abzuwarten und dann zuzuschlagen.

In der Tat hatten sich Salvatore, Don Antonio und der Doktor redliche Mühe gegeben und die Täuschung de Renzis perfekt inszeniert, wobei Salvatores Handwerkskünste, Don Antonios leidliche schauspielerische Fähigkeiten und Doktor Lorenzos unerschütterliches Wesen voll zur Geltung kamen. So hatte Salvatore Tarlo bereits vor drei Monaten von einem kunstsinnigen Millionär und Pilger aus Rom einen Auftrag für die Herstellung eines Duplikats der weinenden Madonna angenommen und seine Lieferung schlichtweg noch ein paar Tage zurückgehalten, damit man statt der echten Madonna also die entsprechende Kopie auf Herz und Nieren untersuchen konnte. Sie sah der weinenden Madonna von Treviso tatsächlich sehr ähnlich, sodass de Renzi keinen Verdacht schöpfte, als man bei der Untersuchung in Doktor Lorenzos Praxis heimlich aus dem Hinterzimmer die Kopie hervorzauberte und unter das Röntgengerät schob.

Der Doktor verzog während der Untersuchung keine Miene, auch dann nicht, als er de Renzi Rede und Antwort zu stehen hatte, wie und welche Ergebnisse man sich erwarte, und es wäre Francesco de Renzi vielleicht davon zu überzeugen gewesen, dass er vor einem echten Wunder Gottes stand, wenn nicht Don Antonio so eine ihm fremde und damit eigenartige Gelassenheit an den Tag gelegt hätte. Diese ließ das Ganze mehr als nur verdächtig erscheinen, denn es ergab nun wirklich keinen Sinn, dass man ihn, Francesco de Renzi, Beauftragten seiner Heiligkeit zur Erforschung aller sich zwischen Friaul und Lazio ereignenden Wunder, erst nicht an die Madonna heranließ, nur um dann anschließend bereitwillig einer Untersuchung zuzustimmen, die doch ganz offensichtlich das Wunder der weinenden Madonna von Treviso als Fälschung enttarnt hätte. Angesichts dieser Tatsache hätte der Pfarrer wenigstens ein bisschen Nervosität zeigen müssen, doch davon war beim fröhlich und leise vor sich hin summenden Don Antonio nichts zu sehen. Also beschloss Francesco de Renzi, seinen Aufenthalt um weitere Tage zu verlängern und die Gelegenheit abzuwarten, dem faulen Zauber ein Ende zu bereiten und die heilige Ordnung wiederherzustellen. Niemals hätte er damit gerechnet, dass sich diese von Gott gewollte Ordnung gegen ihn selbst wenden sollte.

Castello della Libertà hatte einen neuen Bürgermeister. Nach Ansicht vieler Castellesen war der neue Mann im Amt die richtige Wahl. Wenn es nach der Meinung der Trevisaner ging, dann hatte man mit der

Ernennung von Lorenzo Fabrisi den Teufel mit dem Beelzebub ausgetrieben. Emmanuele Benito Longhi hatte sein Amt mit sofortiger Wirkung an seinen Nachfolger abgetreten und sich zu einer vierwöchigen Kur nach Österreich ins Salzkammergut zurückgezogen, während Lorenzo Fabrisi ins Rathaus einzog und als seine erste Amtshandlung erneut alle Straßen nach Treviso sperren ließ. Damit nicht genug, gab er außerdem die inoffizielle Weisung aus, dass den Pilgertouristen, die in Castello logierten, auf jede Übernachtung fünfzehn Prozent Preisnachlass gegeben sowie freier Eintritt ins städtische Museum gewährt werden musste. Dieses bestand aus drei neu eingerichteten Räumen im untersten Stock des Rathauses, in denen man vorwiegend auf die heldenhafte Geschichte der Einwohner von Castello im frühen 20. Jahrhundert einging, einschließlich einer ausführlichen Dokumentation der Stippvisite Mussolinis in Castello della Libertà und Umgebung. Damit lagen die Preise zur Übernachtung in Castello nun eindeutig unter denen, die Massimo für eine Unterbringung in seinen ausgebauten Fremdenzimmern über der Trattoria verlangte, was zur Folge hatte, dass die Nächtigungen in Treviso leicht zurückgingen, während sich einige der Pilgergruppen aus Deutschland und mehr noch aus dem italienischen Inland plötzlich mit der Lebensgeschichte des Duce konfrontiert sahen, wobei die Deutschen das Museum vorwiegend deshalb besuchten, weil es umsonst war.

Die Ausstellungsgestaltung war noch von Bürgermeister Longhi in Auftrag gegeben worden und enthielt neben den üblichen Objekten zur Geschichte des Ortes wie Wimpeln, Urkunden und Siegelringen auch eine umfangreiche Sammlung von Fotografien, auf denen Ereignisse der 1920er- und 1930er-Jahre dokumentiert waren. Dazu zählten die Gründung der örtlichen Grundschule vor 85 Jahren, das legendäre Wagenrennen vom Sommer 1926, der sportliche Wettstreit zwischen den Gemeinden Castello und Treviso im Herrenfußball sowie eben auch die in der Rubrik „Prominente besuchen Castello“ angeführten Visiten bekannter und weniger bekannter Persönlichkeiten. Zusammengetragen hatte die Bilder ein pensionierter Geschichtslehrer, der in mühevoller Kleinarbeit und mit hohem Aufwand auch die Beschriftungen der Fotos durchgeführt hatte. Und so konnte man dem Bildtext eines Fotos aus dem Jahr 1937 entnehmen, dass die vierte Person links in der zweiten Reihe von oben, direkt neben dem Wagen Mussolinis, ein gewisser Mauro de Renzi war. Vor ihm stand sein etwa sechsjähriger Sohn, in der Hand einen Strauß Margeriten für den Duce.

Er werde in etwa sechs Stunden zurück sein und wolle am Abend mit ihr essen gehen, hatte er gesagt, und sie hatte erwidert, dass sich das bestimmt einrichten lasse, ganz gleich, wie sehr ihr Bruder auf ihrer Anwesenheit bestehen werde, denn man erwarte den Bischof am nächsten Tag. Gut, hatte Luigi geantwortet, dann bis zum Abend. Und er hatte sie dabei so seltsam angesehen, dass Maria plötzlich klar wurde, er würde in Vicenza kein Friseurzubehör kaufen. Es dauerte einige Sekunden, bis sich der Schock gelegt hatte, dann folgten weitere Augenblicke der fassungslosen Apathie, bis schließlich ein inneres Freudengeheul anhob, das zwar niemand hören konnte, das jedoch bis über die nächsten Monate und Jahre hinaus in Maria nachhallen sollte.

Es war falsch, was manche behaupteten, nämlich dass Liebe blind machte. Liebe, das wusste sie nun, machte nicht nur blind, sondern auch taub, denn Maria überhörte sämtliche Einwände ihres Bruders gegen eine erneute Eheschließung, und nur ihre Zuneigung zu Antonio hielt sie davon ab, ihm dafür gehörig den Hintern zu versohlen, was er zweifelsohne verdient hätte. Stattdessen bereitete sie ihm ein leichtes Abendbrot, stellte eine Flasche Wein dazu und wünschte ihm angenehme Träume.

An diesem Abend trug Maria ihre neuen Schuhe und wartete gespannt auf das Klingeln an der Haustür, das pünktlich um acht Uhr einen Abend einläutete, den keiner in Treviso so schnell wieder vergessen sollte – aus dem einen oder anderen Grund.

Fünfter Teil

Rosa Fiorentini hatte durchaus das Gefühl, dass dies immer noch ihr Haushalt war. Sie hatte dem Pfarrer 23 Jahre lang mit ganzer Kraft zur Seite gestanden, und da war es nur natürlich, dass sie eine gewisse Bindung zum Haus und im Speziellen zum pfarramtlichen Garten aufgebaut hatte. Und es war auch ganz selbstverständlich, dass Rosa noch einen Schlüssel besaß, um ab und zu nach dem Rechten zu sehen, wenn gerade keiner zu Hause war. Man konnte ja nie wissen, und in der Tat wussten weder Don Antonio noch Maria, dass Rosa manchmal des Abends ihre Runden durchs Pfarrhaus machte, hier und da in den Küchenschränken nachsah, ob alles an seinem Platz war, und ein wenig die Blumen im Garten wässerte.

An diesem Abend lag das Haus dunkel und verlassen da, und Rosa nutzte die Gelegenheit, um leise und unbeobachtet durch die Hintertür zu schlüpfen. Nie hätte sie vermutet, dass sich noch jemand im Haus befinden könnte, doch als sie das kleine Licht im Flur aufdrehte, hörte sie deutlich jemanden atmen. Irgendwer saß dort in ihrer Küche und keuchte. Mehr als über den Umstand, dass es sich dabei womöglich um einen Einbrecher handelte, war Rosa darüber entsetzt, dass dieser es wagte, in ihr Haus einzubrechen, weshalb die Empörung sehr schnell über die Angst triumphierte und Rosa entschlossen das Licht in der Küche anknipste, ihre medizinische Krücke im Anschlag, bereit, sie gegen jeden Angreifer einzusetzen, der sich ihr im Neonlicht offenbaren würde. Was Rosa vorfand, waren dagegen ein vollkommen betrunkener Don Antonio, zweieinhalb leere Flaschen Messwein und ein Glas, das in einer roten Lake auf dem Küchentisch schwamm. Der Pfarrer hatte es mit einem schwungvollen Ruck abgesetzt, als das Licht plötzlich angegangen war. Rosa entfuhr ein kleiner Schrei und dann ein vorwurfsvolles „Aber Don Antonio!“. Der starrte sie zunächst ungläubig an, hob schließlich grimmig lächelnd sein Glas und brüllte: „Rosa Fiorentini! Bereue deine Sünden, du altes Schrapnell! Das Ende ist nah!“

Später wusste Rosa nicht mehr zu sagen, was sie mehr aufgeregt hatte, die Rotweinpfütze auf ihrem Küchentisch oder der volltrunkene Pfarrer. In jedem Fall drehte sie ohne eine Erwiderung auf dem Absatz um und machte, dass sie davonkam, während Don Antonio ihr laut hinterherschrie: „Und den Schlüssel gibst du mir auch ab, Weib!“

Aufgeregt hechelte Rosa die Straße hoch und war gerade im Begriff, die Trattoria zu stürmen, um dort zu berichten, was sie gesehen hatte, als ihr plötzlich klar wurde, dass sie damit nicht nur den Ruf Don Antonios, sondern auch ihren eigenen aufs Spiel setzen würde, denn immerhin war sie nicht ganz legal in das Haus gelangt. Und Rosa wollte sich auf keinen Fall nachsagen lassen, dass sie eine Schnüfflerin sei. Also trat sie vom Eingang der Trattoria wieder zurück und machte sich kopfschüttelnd und leise vor sich hin schimpfend auf den Weg zurück zum Pfarrhaus, denn in der Eile hatte sie ihre medizinische Krücke dort vergessen. Es war ja nicht so, dass sie sie unbedingt gebraucht hätte, aber es war ihre, und wenn sie im Pfarrhaus schon nicht mehr willkommen war, so wollte sie dort erst recht nicht ihr Eigentum zurücklassen.

Als Rosa wieder vor der Hintertür des Pfarrhauses stand, war es diesmal hell erleuchtet. Rosa klopfte, aber es öffnete niemand. Rosa klopfte erneut, und wiederum regte sich nichts. Zwar besaß sie noch den Schlüssel, aber den wagte sie nun nicht mehr zu benutzen. Also schimpfte sie immer lauter vor sich hin, dass sie ihre Krücke brauche und dass sie diese nun auf der Stelle wieder zurückwolle, aber auch jetzt blieb die Tür verschlossen. Nach einigen Minuten zog Rosa von dannen und trat zunehmend humpelnd und immer lauter werdend den Weg nach Hause an. Wer sie an diesem Abend auf der Straße sah, machte sich ernsthaft Sorgen um Rosa Fiorentinis mentale Verfassung. Nie hätte jemand vermutet, dass Don Antonio sich weit eher am Rande des Nervenzusammenbruchs bewegte als seine ehemalige Haushälterin, denn der holte sich gerade Rat bei einem Untoten.

„Wo STECKST DU, du alter Hurensohn?“, brüllte Don Antonio durch die Krypta. Beinahe hätte er in seinem Zustand den untersten Treppenabsatz übersehen und wäre auf den Steinboden gefallen, hätte er sich nicht im letzten Augenblick an einer aufgerichteten Grabplatte festgehalten.

„Was willst denn du hier, noch dazu zu so nächtlicher Stunde?“ Don Ignazio war leicht irritiert, weniger des Hurensohns als der nächtlichen Ruhestörung wegen.

„Reinen Dat!“, stammelte Don Antonio.

„Die Praxis ist geschlossen, kommen Sie in einigen Jahren wieder vorbei.“

„Mach keine Witze, alter Mann!“ Don Antonio ließ sich auf den kalten Boden plumpsen.

„Wenn du da sitzen bleibst, holst du dir den Tod“, stellte Don Ignazio fest. Daraufhin brach Don Antonio in ein leicht hysterisches Gekicher aus, das sich erst beruhigte, als Don Ignazio ihm androhte, sich gleich unsichtbar zu machen, wenn Don Antonio nicht endlich mit der Sprache herausrücke. Er habe auch noch anderes zu tun, als seinem betrunkenen Nachfolger seelischen Beistand zu leisten.

„Der Bischof“, brach es schließlich aus Don Antonio hervor, „er gedenkt uns morgen einen Besuch abzustatten und mit de Renzi persönlich die Madonna zu inspizieren. Sie wollen sie noch einmal in Augenschein nehmen.“

„Ja, und? Glaubst du, die kommen euch nun auf die Schliche? Wenn sie schon das Röntgenbild akzeptiert haben, wird eine allerletzte Untersuchung auch keinen Schaden mehr anrichten. Morgen fährt de Renzi fort, und alles ist in Ordnung. Dann hat Treviso sein Wunder, und du bist fein raus.“

Don Antonio war jedoch nicht zu beruhigen. „Sie fressen mich bei lebendigem Leib auf, alter Mann. Mir droht mindestens das Höllenfeuer … mindestens.“ Er rülpste. „Wir haben die Madonna vertauscht.“

„Ihr habt was?“, wollte Don Ignazio wissen.

„Wir haben die Madonna v-e-r-t-a-u-sch-t“, wiederholte Don Antonio und dehnte das letzte Wort so lang wie der norddeutsche Bauer, der sich in der letzten Woche, obgleich nicht katholisch, mit einer fetten Wurst bei ihm für die hübsche Predigt bedankt hatte.

„Wie habt ihr sie denn vertauscht?“

„Die Wurst?“, fragte Don Antonio.

„Welche Wurst?“ Don Ignazio war irritiert.

„Wieso weißt du von der Wurst?“, wollte nun Don Antonio wissen.

„Du machst es mir nicht gerade leicht, Junge. Die Madonna, wie habt ihr die Madonna vertauscht?“

„Ach die“, Don Antonio kicherte, „die haben wir beim Besuch in der Praxis von Doktor Lorenzo ausgewechselt. De Renzi und ich sind mit der echten Statue von der Kirche in die Praxis gefahren. Im Hinterzimmer wartete schon Salvatore mit der Kopie, von der dann die Röntgenaufnahme gemacht wurde. Danach hat Salvatore versehentlich die echte Statue mit nach Hause genommen, und ich hab die Kopie in die Kirche zurückgebracht.“

Don Ignazio konnte beim besten Willen nicht entdecken, wo hier der Haken lag. „Ja, aber dann ist doch alles bestens“, sagte er. „Wem sollte denn auffallen, dass die Madonna nicht die echte ist, wenn nicht einmal du und der Holzwurm den Unterschied bemerken?“

„Es wird ihnen auffallen“, sagte Don Antonio und lehnte seinen Kopf schwer gegen das steinerne Treppengeländer. „Salvatore hat sich verschätzt. Die neue Madonna ist zu breit. Sie ragt genau einen halben Zentimeter über den Nischenrand hinaus. Und de Renzi ist kein Depp: Ihm wird nicht entgehen, dass die Madonna zuvor einige Zentimeter kleiner war und genau reingepasst hat. Und ganz abgesehen davon kann die Kopie keine roten Tränen weinen.“

„Könnt ihr sie denn nicht zurücktauschen?“, wollte Don Ignazio nun wissen.

„Zu spät. Die echte weinende Madonna von Treviso ist bereits auf dem Postweg nach Rom zu einem Millionär, der eigentlich das Duplikat geordert hatte, und ich trete den Gang ins sizilianische Nonnenkloster an oder in die Hölle, was im Grunde das Gleiche ist.“

„*Du*, mein Lieber, hast keine Ahnung von der Hölle“, sagte Don Ignazio.

„NEIN, nicht das da, das andere!“ Wie kam sie nur auf den Gedanken, er würde ein grünes Hemd tragen wollen? Hatte er ihr nicht oft genug gesagt, dass er Grün nicht ausstehen konnte? Es stand ihm nicht. Es sah nach Gemüse aus. Niemand trägt freiwillig Gemüsefarbenes auf der Haut spazieren. „Das fleischfarbene! Gib mir das Hemd da. Schnell!“, setzte Mario hinzu.

Seine Frau ging ihm gerade entsetzlich auf die Nerven und stand damit nicht allein da. Ihm ging derzeit die ganze Welt auf die Nerven. Ausgerechnet heute, an einem Freitagabend, während im Fernsehen AC Mailand gegen Inter Mailand lief, sollte er eine Pilgerdelegation aus Madrid empfangen, unter der sich angeblich auch ein Cousin des spanischen Königs befand, und niemand hatte ihn rechtzeitig informiert. Man denke nur: Der spanische König Juan Carlos erfährt von seinem Cousin, dass bei seiner Begrüßung im schönen Treviso nicht einmal der Bürgermeister anwesend war. Na, das gäbe vielleicht diplomatische Verwicklungen! Und wer war daran schuld? Giorgio, ganz allein sein Neffe Giorgio, denn der hatte die unangenehme Eigenschaft, telefonische Mitteilungen auf kleinen gelben Zetteln zu notieren, die er irgendwo hinklebte und die Mario nie rechtzeitig fand. So hatte Mario nicht nur einen Arzttermin und die rechtzeitige Anmeldung seines Zweitwagens bei der zuständigen Behörde versäumt, nein, beinahe wäre ihm auch noch der Besuch des womöglich prominentesten Pilgers, der je den Weg nach Treviso gefunden hatte, entgangen.

Verschwitzt und keuchend kam Mario gerade noch rechtzeitig bei der Bushaltestelle an, um den erfreuten Mitgliedern der spanischen Pilgergruppe die Hand zu schütteln und sie persönlich zu begrüßen. Dabei ließ es sich der Bürgermeister nicht nehmen, auch ein paar Worte auf Spanisch an seine Gäste zu richten und ihnen einen spirituell erfüllten, wunderbaren Aufenthalt in seinem Treviso zu wünschen. Als die Gäste begannen, das Gepäck aus dem Kofferraum des Busses zu hieven, fragte er den Busfahrer dezent, wer denn nun der Cousin des spanischen Königs sei. Mit einem unbeeindruckten Kopfnicken deutete der Fahrer auf einen älteren Herrn, dessen Ehefrau ihm gerade aufgeregt Zeichen gab, dass er sich bei der Gepäckausgabe vordrängeln solle.

„Der da“, sagte er. „Aber er ist nicht der Cousin des spanischen Königs. Er ist nur der persönliche Adjutant des Cousins des spanischen Königs.“

Offensichtlich reichte dies, um die Ehefrau des persönlichen Adjutanten des Cousins des spanischen Königs davon zu überzeugen, dass sie bei der Gepäckausgabe zu bevorzugen sei. Mario dagegen war der Auffassung, dass in diesem Fall auch das grüne Hemd ausgereicht hätte, und er machte sich etwas enttäuscht auf den Weg zur Trattoria. Jetzt konnte er wenigstens das Fußballspiel gucken.

Francesco de Renzi beabsichtigte keineswegs, den Spielverderber abzugeben, denn das war genau das, was die Menschen für gewöhnlich von ihm erwarteten. Doch was zu viel war, war zu viel. Nach dem dritten „Hoch sollen sie leben!" aus vollen Kehlen, das ihn bei seiner Meditation störte, schwor er sich, nie wieder einen Fuß in dieses Dorf zu setzen. Beim fünften Mal war er schon sicher, dass es mit etwas Überredungskunst möglich wäre, den Heiligen Vater von der Exkommunikation der gesamten Gemeinde zu überzeugen. Beim achten Mal beschloss er, hinunterzugehen und dem Treiben ein Ende zu setzen.

Als Francesco de Renzi die Tür zur Schankstube aufstieß, prallte er beinahe frontal mit einem strahlenden Bürgermeister zusammen. Der war bester Laune und damit offenbar nicht allein, denn die ganze Trattoria vibrierte von den Rufen, dem Lachen und dem Gläserklirren der Trevisaner, die sich heute scheinbar alle zur selben Zeit bei Massimo eingefunden hatten, um gemeinsam das Fußballspiel zu sehen. Doch der Eindruck täuschte, denn tatsächlich hatte der Zustrom in die Trattoria erst mit der offiziellen Verlobung von Maria und Luigi eingesetzt, und nun wollten sich alle mit den beiden freuen, nach Möglichkeit laut, fröhlich und leicht betrunken.

Etwa eine Stunde zuvor hatten Maria und Luigi in der Trattoria Platz genommen und ihr erstes Glas Wein bestellt, als Massimo verkündete, dass das Spiel zwischen AC Milan und Inter Mailand in wenigen Minuten beginne und er jetzt für die nächsten 45 Minuten die letzte Bestellung entgegennehme.

Während Massimo also, der selbstverständlich ein Fan des Inter Mailand war, zur Fernbedienung griff, um den Ton lauter zu stellen, verfluchte Luigi im Stillen die Tatsache, dass es in Treviso kein anderes Restaurant gab. Diesem Höllenlärm waren seine romantischen Absichten nicht gewachsen. Der Ring, den er vor wenigen Stunden in Vicenza für Maria gekauft hatte, lag schwer in seiner Jackentasche, und er hätte sich gewünscht, das Ganze doch in einem privateren und bei Weitem leiseren Rahmen über die Bühne zu bringen. Aber als er Marias erwartungsfrohen Blick sah, wusste er, dass er es weder ihr noch sich selbst antun könnte, den Antrag in die Länge zu ziehen. Und noch bevor der Schiedsrichter das Spiel angepfiffen hatte, erhob er sich von seinem Stuhl, ging die zwei Schritte um den Tisch herum, kniete sich vor Maria auf den Boden der Trattoria und hielt ihr den Ring wortlos entgegen.

Schlagartig wurde es still, als sich alle Blicke im Raum auf das Paar an Tisch fünf richteten, und nur der Kommentator des bevorstehenden Schlagabtauschs zwischen AC und Inter kreischte noch in sein Mikrofon: „Welch eine Spannung hier im Stadion und draußen an den Bildschirmen! Meine Damen und Herren, wir sind gespannt, was der heutige Abend bringen wird, und da ist er auch schon, der …“ Massimo drehte den Ton ab. Und so konnten es alle hören, als Maria Luigis Antrag annahm, indem sie ihn laut und beherzt auf den Mund küsste. Erst dann brach allgemeiner Jubel los, flogen Korken, klirrten Gläser und lagen sich Menschen vor Freude weinend in den Armen. Einzig Massimo verzog sich heimlich für einige Minuten in die Küche, um dort an einem alten Schwarz-Weiß-Fernseher einige Blicke auf das Spiel zu erhaschen.

Da sich gegen den Lärm offensichtlich nichts machen ließ und er die freudige Aufregung über die Verlobung der widerborstigen Schwester des Pfarrers beim besten Willen nicht teilen konnte, entschloss sich Francesco de Renzi zu einem abendlichen Spaziergang durch den Ort. Seinen Fahrer hatte er bis zum morgigen Tag beurlaubt, und dieser war mit Begeisterung dem melancholischen Januarwetter in Richtung Toskana entkommen, wo er zwei Tage bei seiner Schwester in der Nähe von Florenz verbringen wollte. Francesco de Renzi beschlich jetzt das dumpfe Gefühl, dass er mit der Beurlaubung des Chauffeurs einen Fehler begangen hatte, denn ohne den Wagen war er der Tristesse dieser Landschaft und der Willkür der Bewohner Trevisos vollkommen ausgeliefert. Ihm blieb also nichts anderes übrig, als bis zur Rückkehr seines Fahrers sein Schicksal Gott zu überantworten.

Mit diesem Gedanken bog de Renzi in die Via Garibaldi ein, wo er der örtlichen Enoteca einen Besuch abzustatten gedachte. Wenn er schon einmal hier war, konnte er seinem Kardinal auch eine Flasche des viel gepriesenen hiesigen Weins mitbringen. Und der Kardinal war durchaus empfänglich für Schmeicheleien dieser Art. Doch als Francesco de Renzi vor dem Schaufenster der Enoteca stand, sah er, dass diese bereits geschlossen hatte. Er betrachtete einen Moment lang die Auslage im Geschäft, die aus einer Pyramide von Weinflaschen der Marke „Tränen der Muttergottes“ bestand, und fragte sich, ob er dem Ganzen nicht doch viel früher ein Ende hätte bereiten können, als er hinter sich ein heftiges Flüstern vernahm. Er drehte sich um und sah eine alte Frau wilde Gesten in den Nachthimmel schreiben und dazu Flüche murmeln, von denen er zum Glück kein Wort verstand. Offensichtlich handelte es sich um die Wahnsinnige des Ortes, und er sah zu, dass er weiterkam.

Er setzte seinen Abendspaziergang fort und ging gerade in dem Augenblick an Vitos Haus vorbei, als zwei Arbeiter damit beschäftigt waren, eine riesige Holzkiste von einem Lastwagen zu hieven. Dabei wurden sie durch aufgebrachte Rufe des Ladenbesitzers und seiner nicht minder hysterischen Frau unterstützt, die ihnen damit offensichtlich andeuten wollten, wo das hölzerne Monstrum hinsollte. Auf der Flanke des Lastwagens glänzte in grünen Lettern die Aufschrift: FAM. DIAVOLO – SAUNAS UND INFRAROTKABINEN, MILANO.

Eine Weile lang freute sich Francesco de Renzi an dem Treiben und sah heimlich vom gegenüberliegenden Hauseingang den Arbeitern dabei zu, wie sie die Kiste unbeschadet ins Haus zu bringen versuchten, aber als er Holz splittern hörte und die ersten Tränen flossen, ging er weiter. Und gerade als Francesco de Renzi über den Sinn von Infrarotlichtkabinen nachzudenken begann, entdeckte er, dass es ihn direkt auf die im nächtlichen Dunkel liegende Kirche von Treviso zutrieb. Er beschloss, sich die Gelegenheit zunutze und der weinenden Madonna von Treviso seine Aufwartung zu machen. Mit schnellen Schritten überquerte er die Straße und griff nach dem schmiedeeisernen Türknauf, der sich überraschenderweise mühelos nach links drehen ließ. Die Tür schwang auf, und Francesco de Renzi trat in das dunkle Kirchenschiff ein.

NACH DEM ZWEITEN TOR in der 65. Minute hatte Massimo den Ton wieder lauter gestellt, aber im Grunde interessierten sich die Leute an diesem Abend nur wenig für das Spiel. Luigi und Maria wurden alle paar Minuten mit Glückwünschen und Jubelrufen überhäuft, und nach jedem „Hoch sollen sie leben!“ fühlte sich der arme Luigi genötigt, eine Lokalrunde zu spendieren. Nach der achten Runde war ihm klar, dass er das Lokal schnellstmöglich verlassen musste, wenn er nicht sein hart erarbeitetes Geld der feiernden Dorfrunde in den Rachen schmeißen wollte. Und weil er nicht genug bei sich hatte, musste er anschreiben lassen, was Massimo zu dem Ausspruch veranlasste, dass er ja seine zukünftige Frau in der Trattoria als Pfand zurücklassen könne, denn dann werde sie sich schon mal im Geschirrspülen üben, wie es sich für eine gute Hausfrau gehöre. Gerade als Maria Massimo die passende Antwort darauf geben wollte, zog Luigi sie mit sich aus dem Lokal.

Draußen auf der Straße hatte sich Maria immer noch nicht beruhigt. „Was denkt der sich eigentlich? Dass du mich nur heiraten willst, weil ich dich billiger als eine Hausangestellte komme?“ Sie war zutiefst verärgert, doch Luigi lachte nur.

„Sei unbesorgt, ich spüle mein Geschirr selbst, und du wirst nichts anderes tun, als es dir auf meinen Händen bequem zu machen, denn darauf gedenke ich dich die nächsten hundert Jahre zu tragen.“

Damit könne sie leben, sagte Maria und hakte sich bei ihm unter. Zusammen schlenderten sie in Richtung des Friseursalons. Dort angekommen, schloss Luigi die braun lackierte Tür auf, schaltete das Licht an und zog die Rollos herunter.

„Eigentlich hätte ich dir den Antrag gern in einem etwas ruhigeren Rahmen gemacht. Es hätte nicht gleich das ganze Dorf mitfeiern sollen.“

„Lass sie nur“, sagte Maria. „Wir werden hoffentlich genug Zeit zu zweit verbringen, ohne dass sich der ganze oder auch nur der halbe Ort einmischt und seinen Kommentar dazu abgibt.“ Sie nahm seine Hand, führte sie zu ihrem Mund und küsste behutsam seinen Handrücken. „Ich freue mich sehr über deinen Antrag, alles andere ist nicht wichtig.“

Da stimmte er ihr zu. Sie war bei ihm, das war es, was zählte, und was auch immer die anderen dachten, konnte ihnen egal sein.

„Weißt du, ich hatte gedacht … also ich dachte mir, ich könnte eventuell den Laden schließen, damit wir ein bisschen mehr Zeit füreinander haben. Was hältst du davon?“

„Dass mich alle Frauen des Ortes zwischen sechzig und neunzig hassen werden, weil ich ihnen ihre Chance auf eine gepflegte Dauerwelle zunichtemachen würde.“ Maria lächelte, dann sah sie ihn ernst an. „Du musst nichts an deinem Leben ändern, nicht mir zuliebe. Ich finde es wunderbar so, wie es ist. Lass uns nichts überstürzen.“

Auch wenn das nicht unbedingt die Antwort war, die er sich erhofft hatte, gab er ihr Recht. Es stimmte, der Salon war ein wichtiger Teil seines Lebens, und ihn aufzugeben würde ihm vielleicht schwerer fallen, als er es sich jetzt vorstellen konnte. Obwohl – bei einem Blick auf die abgewetzten Kunstledersessel, die fleckigen Spiegel und die altmodischen Leuchter an der Wand fragte er sich, was er daran eigentlich vermissen sollte. Er ging in die Küche.

„Willst du einen Kaffee?“, rief er ihr zu.

„Ja gern.“ Er hantierte mit dem Espressokocher. „Wenn du fertig bist, musst du mir erzählen, wo du diesen gigantischen Klunker erstanden hast.“

„In Vicenza!“, rief Luigi und kam mit einem Tablett zurück, auf dem er zwei Espressotassen trug. „Gefällt er dir?“

„Er ist unglaublich! Ich komme mir vor wie in einem Hollywoodfilm.“ Pause. „Du hast die Milch vergessen.“

Er ging zurück in die Küche, machte den Kühlschrank auf und hörte sich selbst sagen: „Fahren wir nach Sizilien? Ich meine unsere Hochzeitsreise. Fahren wir da nach Sizilien?“ Pause. „Maria? Hast du mich gehört?“

„Hab ich.“ Sie stand auf einmal hinter ihm. „Sizilien also.“

„Ja, ich dachte, das wäre schön.“ Er küsste sie, immer und immer wieder. Sie lachte.

„Also, Luigi, muss ich erst in den Brunnen da draußen springen, oder kriege ich jetzt meine Milch?“

Wider Erwarten ging das Licht in der Kirche tatsächlich nicht. Eigentlich hatte er angenommen, dass alles, was man ihm über die weinende Madonna und über Santa Maria degli Angeli erzählt hatte, eine Lüge sei, doch nun musste er feststellen, dass immerhin etwas davon stimmte. Da jedoch die Laterne an der Hauptstraße ein wenig Licht durch die Fenster warf, konnte er sich innerhalb kürzester Zeit notdürftig orientieren und bahnte sich seinen Weg durch das Kirchenschiff in Richtung Altarraum. Und dort stand sie: die weinende Madonna von Treviso, eingefasst in ihrer kleinen Nische, in der sie nun schon seit Monaten von zahlreichen Pilgern bewundert wurde.

Francesco de Renzi trat näher an die Statue heran, und obwohl das Licht nicht ausgereicht hätte, um Genaueres zu erkennen, konnte er feststellen, dass hier etwas nicht stimmte, denn die Madonna stand gar nicht in ihrer Nische, sie stand vielmehr auf dem schmalen Absatz davor. Eine höchst merkwürdige Art der Aufstellung für so ein Kunstobjekt, fand er, denn von dort hätte sie auch sehr leicht hinunterfallen können. Francesco de Renzi ging noch einen Schritt nach vorn, und dann wusste er plötzlich, was an diesem Bild nicht stimmte. Die Madonna war zu breit! Noch vor wenigen Tagen hatte er sie in genau dieser Mauerausbuchtung stehen sehen, und jetzt passte die Figur um Haaresbreite nicht hinein. Wie war das möglich? Er kannte die Antwort, und in demselben Moment, in dem ihm klar wurde, dass er den Betrug nun endlich beweisen konnte, spürte er eine große Erleichterung. Er hatte gewonnen. Er hatte diesen Scharlatan von einem Priester entlarvt und seine ganze scheinheilige Gemeinde dazu. Nun konnte er ruhigen Gewissens nach Rom zurückkehren.

Er fühlte sich derart gelöst, dass er, war es unbewusst oder willentlich, zu pfeifen begann. Hier, in dieser nächtlichen Kirche am hinterletzten Teil seines Universums, stand Francesco de Renzi, Abgesandter im Auftrag der päpstlichen Kurie, und pfiff seine Überlegenheit in die Welt hinaus.

„Guten Abend, Francesco!", sagte hinter ihm eine vertraute Stimme.

ANNA war schon früh zu Bett gegangen, aber er selbst konnte nicht schlafen. Unruhig geisterte Vito an diesem Freitagabend durch das Haus auf der Suche nach etwas, von dem er nicht wusste, was es war. Die Arbeiter waren längst wieder abgefahren, die Infrarotlichtkabine hatte letztlich doch noch ins Haus gepasst, nur hatte man sie durchs Fenster hieven müssen, wobei der Rahmen leicht beschädigt worden war. Er würde einen Beschwerdebrief schreiben müssen. Doch was ihn wirklich aufregte, das wusste er nicht. Schon seit Tagen arbeitete es in ihm, aber er kam zu keinem befriedigenden Ergebnis. Um halb zwölf nachts zog er sich an und machte sich auf den Weg zu seinem Supermarkt, denn wenn er schon nicht schlafen konnte, so konnte er doch wenigstens irgendetwas Sinnvolles tun, ein paar Kartons schichten oder die fällige Inventur bei den Putzwaren durchführen.

In der kalten Luft fühlte er sich besser, und Vito ging ohne besondere Eile und genoss es, seinen Gedanken beim Gehen sprichwörtlich freien Lauf zu lassen. Das tat er in letzter Zeit häufiger, denn wie er feststellen durfte, halfen ein Hometrainer und ein Laufband eventuell dabei, gegen überflüssige Pfunde anzugehen, seine Seele aber brauchte den freien Himmel über sich, um sich zu entspannen. Da nutzten weder neue Möbel noch Hi-Fi-Anlagen, noch eine Heimsauna, noch, sehr zu seiner Verwunderung, Sex. Also reduzierte Vito seine Freizeit wieder auf ein Minimum und verbrachte diese mit zunehmender Begeisterung abseits der Gesellschaft auf den entlegenen Feldwegen rund um Treviso.

Seit einer Woche ging das nun schon so, und langsam begann sich seine Anna Gedanken zu machen, doch im Grunde war sie viel zu beschäftigt mit der Umgestaltung ihres gemeinsamen Hauses, um sich ernstlich zu sorgen. Und das war auch nicht wirklich notwendig, wie Vito feststellte, denn er selbst sorgte sich auch nicht – bis vorhin. Als er feststellen musste, dass die extra aus Mailand angeforderte Infrarotlichtkabine das neu gestaltete Badezimmer so weit verstopfte, dass man sich in dem Raum unmöglich wohlfühlen konnte, hatte er erkannt, dass ihm sein neues Leben über den Kopf gewachsen war, und er sehnte sich plötzlich nach den vertrauten Regalen und einer Palette Waschmittelkartons, die er mit dem Teppichmesser auseinanderschneiden konnte.

Schritt für Schritt bewegte sich Vito durch das nächtliche Treviso, vorbei an Häusern mit dunklen Fenstern, hinter denen seine Kunden schliefen. In den letzten zwölf Wochen hatte Vito einen Umsatz von 150 000 Euro vorwiegend mit Plastikmadonnen, Minikruzifixen und Erfrischungsgetränken gemacht, ganz zu schweigen von den ewigen Lichtern mit Batteriebetrieb. Gekauft hatten diese Dinge die Pilgertouristen, doch auch wenn Vito seinen neuen Reichtum ebendiesen Pilgern verdankte, vermisste er das übliche Geplänkel mit seinen Stammkunden, für die er jetzt nur noch wenig Zeit hatte. All diese Menschen, die jetzt in ihren Betten lagen und von einer schönen Zukunft träumten, hatten keine Ahnung, dass ihr Leben nur durch Butter, Brot und Salami weitaus besser wurde als durch fliederfarbene Fliesen, Dunstabzugshauben und Fitnessgeräte. Vito seufzte. Und dann, als er an der Kirche vorbeikam, hörte er durch die offene Tür aufgeregte Stimmen, von denen eine ganz sicher Don Antonios war. Wenn ihn nicht alles täuschte, dann war die andere Stimme die des aufgeblasenen vatikanischen Abgesandten, der seit seiner Ankunft nichts anderes in seinem Supermarkt gekauft hatte als ein paar Taschentücher. Was taten sie bloß so spät nachts in der Kirche? Egal, ihn ging das nichts an, sollten die doch machen, was sie wollten, solange sie ihn in Ruhe ließen. Damit lenkte Vito seine Schritte an der Kirche vorbei.

„Das ist … Das ist einfach nicht möglich!“, stotterte de Renzi.

„Wieso nicht? Aber wenn du darauf bestehst, kannst du mich gern mit ein bisschen Weihwasser bespritzen und den Herrgott bemühen. Vielleicht fühlst du dich dann wohler.“

Francesco de Renzi war sich beinahe sicher, dass er halluzinierte. Wie konnte das sein? Vor ihm stand der Geist eines vor 45 Jahren verstorbenen Pfarrers. Doch de Renzi war nicht der Einzige, der darüber mehr als nur erstaunt war. Hinter dem Geist Don Ignazios kam Don Antonio mit einer leeren Rotweinflasche in der Hand die Stufen von der Krypta in den Kirchenraum emporgestolpert.

„Wo willst du hin, alter Mann, ich war noch nicht fertig mit … Ach du heilige Scheiße!“ Don Antonio sah die beiden Männer an. „Du?“, brüllte er plötzlich de Renzi an. „*Du* kannst *ihn* sehen?“ De Renzi wusste darauf nichts zu erwidern und nickte nur stumm. „Hau ab, das ist *mein* Geist!“, donnerte Don Antonio, und weil er endlich die Chance gekommen sah, all seine Frustration, seine Ängste und Anstrengungen der letzten Monate an jemandem auszulassen, schrie er sich in Rage: „Das hier ist *meine* Kirche, verstehst du? *Meine!* Und das ist *mein* Geist! Und *meine* Gemeinde! Und das da“, und damit zeigte Don Antonio auf die Statue der ehemals weinenden Madonna, „das ist *meine* Madonna! Also hau ab und mach, dass du deinen Arsch zurück nach Rom bewegst!“

Don Ignazio war ja schon so einiges von seinem ehemaligen Schützling gewohnt, aber das ging dann doch zu weit. „Sei nicht so schrecklich ordinär. Wenn du den Messwein nicht verträgst, dann trink ihn nicht, Antonio! Und nun zu dir.“ Damit wandte sich Don Ignazio an Francesco de Renzi, der, immer noch blass und verstört, nichts auf die Angriffe des betrunkenen Don Antonio zu erwidern wusste. „Du, Francesco de Renzi, hast wirklich Nerven, hier aufzukreuzen, und das nach allem, was damals geschehen ist.“

„Ähm …“, sagte Francesco de Renzi nur.

Da kam Don Antonio nicht mehr mit. „Ihr kennt euch?“, fragte er verwirrt.

„Bei Gott, wir kennen uns.“, antwortete Don Ignazio. „Dass ich da nicht gleich draufgekommen bin! Wer heißt in dieser Gegend schon de Renzi? Aber bitte, wenn man so alt ist wie ich, dann braucht es schon mal seine Zeit, bis man die Zusammenhänge versteht.“ Don Ignazio sah sich offenbar bemüßigt, sich bei Don Antonio zu entschuldigen, bevor er ihn darüber aufklärte, warum Francesco de Renzi für ihn tatsächlich kein Unbekannter war.

„Im Jahr 1945, der Krieg war noch nicht vorbei, bewarb sich bei mir ein Junge aus Castello della Libertà um eine Stelle als Ministrant. Die Kirche von Castello war im Winter 1943/44 ausgebrannt, und die Castellesen kamen in der Zeit zu mir in die Messe. Dieser ehrgeizige Junge wollte also Ministrant werden, nur dass es sein Vater niemals erlaubt hätte, denn Mauro de Renzi war überzeugter Faschist, und ich, nun ja, ich war der Feind. Also hab ich den Jungen wieder nach Hause geschickt, denn ich wusste genau, was es bedeutete, sich mit der Familie de Renzi anzulegen. Und er hat es mir nicht verziehen, dass er die erste wichtige Stufe auf der Karriereleiter zum Papst nicht erklimmen konnte. Als die Deutschen ihren Rückzug aus Italien antraten, brandschatzten und mordeten sie, wo immer sie hinkamen. Und der Junge bekam Gelegenheit zur Rache: Er verriet einem deutschen Soldaten, dass es in der Kirche von Treviso wertvolle Gegenstände und Waffen zu holen gebe, weil die Widerständler dort ihr Quartier hätten. Die Deutschen ermordeten den Küster, einen guten Mann von nicht einmal vierzig Jahren, der sich zufällig in der Kirche aufhielt, als sie hier eindrangen. Sie haben ihn draußen an die Wand gestellt und erschossen. Dann nahmen sie alles mit, was sie in die Finger kriegten, und das war beileibe nicht viel: ein paar Lüster, den Messkelch, ein paar Bilder, und sie schändeten die Madonna von Treviso, indem sie ihr die Augen ausstachen und den Heiligenschein abrissen. Nur reichte ihnen das nicht. Nachdem sie hier fertig waren, zogen sie im Dorf von Haus zu Haus, mordeten, vergewaltigten und nahmen mit, was immer sie tragen konnten. Nach dem Krieg zogen der Junge und seine Familie fort aus Castello, irgendwohin in den Süden, wo kein Mensch ihre Geschichte kannte, und bis heute hat nie wieder jemand von ihnen gehört."

„Es tut mir leid", sagte Francesco de Renzi. Dann verstummte er. Es dauerte lange, bis sich der Abgesandte endlich umwandte und mit schweren Schritten die Kirche durch den Haupteingang verließ.

Es war ihm leichtgefallen, jemanden in sein Leben zu lassen, noch leichter war es, das Bett mit dieser Person zu teilen, aber bei der Neuaufteilung seines Hauses stieß Luigi auf ungeahnte innere Barrieren. Er begann den Ort, in dem er immerhin 33 Jahre zusammen mit Chiara gelebt hatte, mit Marias Augen zu sehen, und plötzlich war ihm nichts gut genug. Die Vorhänge waren alt, die Sessel im Wohnzimmer waren alt, der Fernseher war uralt, und von der Farbe der Fliesen im Bad wollte er gar nicht reden. Alles kam ihm so schäbig, so abgenutzt vor. Wie sollte sich Maria darin wohlfühlen, und wie konnte er umgekehrt es schaffen, sein altes Leben, an dem er so gehangen hatte, mit seinem neuen zu verbinden?

Als Luigi diesen Morgen aufstand, hatte er einen Beschluss gefasst. Es hatte nicht die ganze Nacht gedauert, aber doch immerhin einige Stunden, bis er sich dazu durchgerungen hatte, die neue große Liebe seiner alten großen Liebe vorzustellen, und er hatte sich sehr erleichtert gefühlt, als die Entscheidung endlich gefallen war. Das war gegen 1.30 Uhr gewesen. Danach war er in einen sanften Schlummer hinübergedämmert, aus dem er Punkt drei Uhr früh wieder erwachte, in seinen Gliedern die Angst davor, es Maria beizubringen. Gegen 4.45 Uhr stand er schließlich auf, ging ins Badezimmer, knipste das kleine Licht am Spiegel an und begann seine Rede an Maria einzustudieren.

„Maria, jetzt, da wir uns gefunden haben, möchte ich mir eine Zukunft mit dir aufbauen, eine gemeinsame Zukunft. Und … äh … weil jede Zukunft auf einer Vergangenheit beruht … äh … wollte ich dich fragen, ob du bereit wärest, mit mir meine Vergangenheit zu besuchen. Nein, meine, meine … ach Gott!“ Luigi bekam einen leichten Schweißausbruch und setzte sich erst einmal auf den Badewannenrand. Warum nur war ihm das Ganze so wichtig? Er hatte das Gefühl, Chiara an seinem neuen Leben teilhaben lassen zu müssen, und zu diesem neuen Leben gehörte nun einmal Maria. Aber musste er dazu wirklich beide Frauen aufeinandertreffen lassen? Er stand auf, sah sich selbst in die Augen und begann von vorn.

„Maria, du bist meine neue große Liebe … und weil du dies bist, möchte ich, will ich sagen, dass … Maria …“ Pause. „Ach, verdammt, es wird schon irgendwie gehen.“ Sagte es, machte das Licht aus und zog sich bis 5.30 Uhr ins Bett zurück. Dann stand er übernächtigt und mit dem unsicheren Gefühl mangelhafter Vorbereitung auf, so als müsste er noch einmal zu einer Mathematikprüfung antreten und hätte vergessen, wie man die Seiten eines Dreiecks berechnete.

„Du glaubst nicht, was mir heute Morgen passiert ist!“, begrüßte ihn Maria, als Luigi sie an der Eingangstür zu seinem Haus empfing.

„Ich glaube dir alles, mein Herz.“

„Ich habe gerade einen Anruf von Berlusconi bekommen. Er kann ohne mich nicht leben und bittet mich, seine Frau zu werden. Und er schickt dir drei goldene Rolex-Armbanduhren, die du als Anzahlung für mich entgegennehmen sollst.“

„Was?“ Luigi sah leicht irritiert aus.

„Na, er findet, das sei der angemessene Preis, jetzt, da ich keine Jungfrau mehr bin …“ Maria wollte sich ausschütten vor Lachen, merkte aber schnell, dass Luigi ihr im Geiste nicht folgte. Also berichtete sie von einer französischen Pilgerin, die ihr heute Morgen in der Kirche begegnet war.

„Sie hat sich offensichtlich heimlich eingeschlichen, als ich eben kurz den Müll aus dem Foyer hinausbrachte, und als ich zurückkam, stand sie wie angewurzelt vor der Madonna und flüsterte immerzu *‚Mon dieu, mon dieu, mon dieu!‘*. Also bin ich zu ihr hin, um sie zu fragen, ob es ihr gut gehe. Da schaut sie mich wie in Trance an und fragt, wer ich denn sei. ‚Ich bin Maria‘, antworte ich wahrheitsgemäß. Und was glaubst du, was die Frau dann tut? Sie sinkt auf die Knie, umklammert meine Beine und ruft: ‚Gelobt seist du, Maria!‘ Es hat mich ganze zehn Minuten gekostet, ihr klarzumachen, dass ich nicht die Muttergottes bin und sie sich besser an die Frau aus Holz wenden sollte." Sie kicherte. Luigi, noch immer ganz mit seinen eigenen Gedanken beschäftigt, nickte nur, zeigte aber ansonsten keinerlei Reaktion, und allmählich begann sich Maria zu ärgern.

„Luigi! Ich erzähl dir hier meine beste Geschichte, und du zeigst überhaupt keine Reaktion. Was ist denn los mit dir?"

„Ich kann das nicht."

„Was kannst du nicht?"

Stille.

„Der Fernseher … Wir haben ihn zur Fußballweltmeisterschaft 1982 gekauft, und ich kann ihn nicht weggeben." Luigi war ganz grau im Gesicht, dem ausgeschalteten Fernsehgerät nicht unähnlich, das er nun nicht aus seinem Leben lassen wollte.

„Wieso solltest du deinen Fernseher weggeben?"

„Er ist alt."

„Ich bin auch alt. Du bist alt. Und?"

„Ich kann das einfach nicht", wiederholte Luigi. „Ich kann nicht mein ganzes Leben aufgeben, um mit dir neu anzufangen. Diese Sessel, diese Fliesen, das waren Chiara und ich, und ich kann das einfach nicht aufgeben, egal, wie alt oder hässlich du die Sachen findest." Er sah sie an, und in seinem Blick lag die Verzweiflung eines Menschen, dessen Existenz bedroht war.

„Liebling", sagte sie, „niemand verlangt von dir, dass du irgendetwas wegschmeißt. Ich dachte nur, wir richten uns etwas neu ein und machen es uns hier gemütlich. Ich wusste ja nicht, wie sehr dein Herz an den Sachen hängt. Selbstverständlich können die Dinge bleiben."

„Danke", sagte er tonlos, denn in Marias Gesicht stand deutlich das Wort „Verständnis" neben ihrer Enttäuschung geschrieben. Natürlich wusste sie, was er meinte, denn immerhin gab auch sie einige Dinge in ihrem Leben auf, um mit ihm neu anzufangen. Andererseits fiel es ihr deutlich leichter, sich auf ihn einzulassen, jetzt wo sie schon einmal über sämtliche Schatten gesprungen war. Ein Blick auf ihren zukünftigen Mann genügte aber, um ihr zu sagen, dass dies noch nicht alles war. Also fragte sie weiter: „Gibt es noch etwas, das du mir sagen möchtest?"

Er atmete flach. „Ja, ich wollte dich gern etwas fragen."

„Na dann frag mich", sagte Maria.

„Liebste", sagte er, „willst du meine Frau kennen lernen?"

Maria hielt einen Strauß rosafarbener Rosen im Arm, weil dies Chiaras Lieblingsblumen gewesen waren. Für eine Weile standen sie stumm und andächtig vor dem Grab, und Maria hoffte auf ein Zeichen, wann der Zeitpunkt gekommen wäre, das Schweigen zu beenden. Schließlich legte sie die Blumen auf das mit weißen Kieselsteinen gefüllte Grabfeld und trat einen Schritt zurück. Sie blickte zu Luigi.

„Willst du etwas sagen?"

Er räusperte sich. „Chiara, ich möchte dir jemanden vorstellen. Das hier ist Maria. Wir werden bald heiraten, und ich wollte, dass du sie kennen lernst." Nun blickte er zu Maria und nickte ihr aufmunternd zu.

„Hallo", sagte Maria. „Es freut mich, Sie hier zu sehen." Luigi sah sie bestürzt an. „Nein, ich will sagen, es freut mich sehr, Sie zu treffen." Luigis Mund verzog sich zu einem schmerzlichen und lautlosen Seufzer, und Maria unternahm einen dritten Anlauf. „Ich bin Maria, und ich liebe Ihren Mann und werde bald seine Frau werden. Und Sie sollen wissen, dass wir Ihr Andenken immer bewahren werden und dass ich sehr glücklich bin, in Ihr gemeinsames Haus einziehen zu dürfen, trotz der braunen Fliesen im Bad. Es hat so einen schönen Blick auf die Hügel von Castello, und die Küchenschränke sind sehr praktisch, weil dort so viel hineinpasst, und die Abstellkammer für die Lebensmittel ist so erstaunlich kühl, und, wie gesagt, ich liebe Ihren Mann sehr, und jetzt weiß ich nicht mehr, was ich sagen soll. Ich hoffe, Ihnen gefallen die Blumen." Maria blickte zu Luigi hinüber, dessen Gesichtsausdruck von schmerzlich berührt zu wohlwollend gewechselt hatte. Und obwohl sie selbstverständlich keine Antwort erhielt, hatte Maria das Gefühl, ihr Möglichstes getan zu haben.

„Möchtest du, dass wir nach Castello fahren und dort deinen Mann und deinen Sohn besuchen?", fragte Luigi.

Maria dachte kurz nach, schüttelte dann aber energisch den Kopf. „Nein, aber ich will dir etwas zeigen. Komm."

Im Pfarrhaus war es totenstill. Offenbar war Don Antonio nicht zu Hause. Maria platzierte Luigi in einem der bequemen alten Ledersessel im Wohnzimmer, verschwand dann in ihrem Zimmer und kam bald darauf mit einer Schachtel unterm Arm zurück. Sie wollte etwas sagen, wollte ihm erzählen, wie sehr sie der Tod ihres Kindes immer noch schmerzte, wie wenig sie den Verlust überwunden hatte und wie unendlich traurig er sie an jedem Tag ihres Lebens machte. Aber dann stellte sie einfach die Schachtel auf den Tisch und sagte: „Hier, das wollte ich dir zeigen." Sie setzte sich neben ihn, hob den Deckel auf und zog einen Papierhut hervor. „Hier, den hat mein kleiner Antonio zu seinem fünften Geburtstag getragen. Es war eine riesige Party. Es gab grünen Wackelpudding, aber keines der Kinder wollte ihn essen, weil Antonio ihnen erzählt hatte, dass er aus Fröschen gemacht war. Er wollte ihn ganz für sich allein haben … Und das hier, das hat er mir mal gebastelt.“ Sie zog ein halb fertiges Boot aus Eisstielen hervor. „Es ist nicht rechtzeitig bis zu meinem Geburtstag fertig geworden, deswegen hat er furchtbar geweint. Und das hier …“

Es dauerte den ganzen Nachmittag und den ganzen Abend. Maria erzählte von den vielen kleinen und großen Begebenheiten aus der gemeinsamen Zeit mit ihrem Sohn und ihrem Mann, und Luigi hörte ihr zu. Dann sprachen sie über Chiara und über die vielen schönen Dinge, die man zusammen mit seinen Liebsten erlebt hatte. Wie Maria sich darüber geärgert hatte, dass Antonio seine Schulsachen immer verlor. Wie lästig Chiaras Schnarchen war. Wie bezaubernd Antonio lächeln konnte. Wie gern er ihr schwarzes Kleid mit den weißen Tupfen hatte. Wie gut Marias Mann singen konnte und wie schlecht sie selbst. Wie gern man die Toten gekannt hätte. Wie froh man war, den anderen gefunden zu haben.

Etwas hatte sich verändert. Die ausgelassene Goldgräberstimmung der letzten Wochen war einer Ernüchterung gewichen, die sich in langen Arbeitstagen und wenigen Ruhestunden messen ließ. Pilger mussten versorgt, verköstigt, manchmal verarztet, in jedem Fall aber spirituell betreut werden, und so langsam machte dies den Einwohnern von Treviso zu schaffen. Jeder, der auch nur ansatzweise am Sakraltourismus verdiente, war mit Arbeit überhäuft, und nachdem dieser Boom nun schon einige Monate lang anhielt, begann sich der eine oder andere zu fragen, wann er denn mal wieder Zeit für sich, für den Liebsten, für die Familie oder gar für so etwas wie ein Hobby finden würde.

Sicher, man nahm sich kurze Auszeiten, in denen man in der Trattoria aß oder trank und vielleicht mal mit dem Auto nach Vicenza fuhr, um dort einzukaufen oder ins Kino zu gehen. Die genussvolle Langeweile des trevisianischen Alltags aber war dahin, und nach der Freude über das viele Geld, das mit den Pilgern seinen Weg nach Treviso gefunden hatte, war man an einem Punkt angelangt, an dem man sich ausgelaugt fühlte. So erging es Vito und seiner Frau Anna, deren Supermarkt brummte, aber deren Konversation sich seit einigen Tagen nur noch auf das Nötigste beschränkte. Nicht einmal zum Streiten fanden sie noch Zeit. Und so erging es Massimo und seiner Familie mit ihrer Trattoria und dem neuen Pensionsbetrieb, denn zwischen Bettenmachen, Kochen und Abwasch blieb keine Zeit mehr für die ausgedehnten Unterhaltungen mit den Gästen. Sogar der Bürgermeister Mario war schon seit drei Wochen nicht dazu gekommen, seine Mutter anzurufen, denn über Pilgerbegrüßungen und Haushaltsplanung für das kommende Jahr hatte er sie einfach vergessen. Einzig Luigi weigerte sich, seinen Friseurladen für die Pilgerinnen mit Dauerwelle länger offen zu lassen als üblich, denn er wollte jede freie Minute mit Maria verbringen, was er auch tat.

Und dann war da der Ort selbst: die Parkplätze, die Busse, die vielen Informationsbroschürenständer – eine dieser Ideen des Bürgermeisters –, die Spruchbänder zur Begrüßung der Pilgertouristen, die Spruchbänder zur Verabschiedung der Pilgertouristen („Auf Wiedersehen in Treviso, dem Ort, an dem die Freudentränen fließen"): Nein, man war sich ganz und gar nicht sicher, ob einem die Veränderung nicht langsam zu viel wurde. Fast hätte man sich wünschen können, dass der vatikanische Abgesandte dem Treiben ein Ende gesetzt hätte. Aber der reiste am 1. Februar wieder ab, ohne dass er auch nur einen Kommentar zur weinenden Madonna verloren hätte. Selbst Bischof Santini wusste sich keinen Reim darauf zu machen. Lediglich das selbstgefällige Auftreten Don Antonios gab ihm zu denken.

So hätte die Geschichte enden können. Viele Menschen hatten gefunden, was sie suchten, ohne dass sie am Ende mit dem glücklich waren, was sie hatten. Ein Ort erhielt sein Leben zurück, der Bösewicht musste gehen, und die Liebe hatte gesiegt. Ja, so hätte es enden können – das tat es aber nicht.

Liebster Giorgio,
mache gerade einen Sprachkurs in Budapest. Ich verstehe hier einfach gar nichts. Wer behauptet hat, Finnisch und Ungarisch hätten etwas miteinander gemein, dem ist nicht zu helfen. Wenigstens gibt es hier Dampfbäder, was bedeutet, dass wir Finnen mit den Ungarn immerhin eine Sache gemeinsam haben: Wir sitzen gerne nackt im Nebel herum.
Küsse, Tarja

Es war der 6. Februar, an dem Salvatore Tarlo das leise Gefühl beschlich, einen Fehler begangen zu haben. Allerdings dauerte es bis zum 8. Februar, bis ihm klar wurde, worin genau dieser Fehler bestand. Als er es endlich herausfand, war es schon zu spät. Und so sah Salvatore keine Notwendigkeit, Don Antonio schon wieder mit einer schlechten Nachricht aufzusuchen.

Nicht zuletzt wollte er auch seine eigenen Nerven schonen, denn einen weiteren Zornesausbruch seines Freundes hätte er schwerlich ertragen. Daher erfuhr Don Antonio an diesem 8. Februar nicht, dass Salvatore versehentlich die weinende Madonna per Expresspost an seinen Kunden in der Hauptstadt versandt hatte, ohne den Mechanismus im Inneren der Holzfigur zuvor auszuschalten beziehungsweise zu entfernen.

An diesem 8. Februar sah alles danach aus, als ob es ein arbeitsreiches Frühjahr für das kleine Dorf werden sollte. Im Büro des Bürgermeisters waren nicht weniger als 23 Anfragen von Pilgergruppen aus ganz Europa eingegangen, die in den kommenden Wochen ihre Reise nach Treviso antreten wollten. Auch die Führungen durch die Ortschaft mit anschließendem Kurzvortrag über die Römerstraße boomten geradezu, und Luisa, Don Antonios Nichte, musste bereits drei Gruppen auf den Spätsommer vertrösten, weil ihre Kapazitäten erschöpft waren. Ähnliches galt für die Buchungslage in Massimos Pension, und Vito hatte seufzend eine extragroße Palette mit Sakralartikeln aus buntem Plastik für das Supermarktsortiment bestellen müssen.

Der Zustrom nach Treviso war ungebrochen, und das, obwohl bei der weinenden Madonna ganz offensichtlich keine Tränen mehr flossen. Das schien die Pilger aber überhaupt nicht zu stören. Allein die Tatsache, dass sie einmal geweint hatte, machte dieses von der Kirche unautorisierte Wunder zum Touristenmagneten der ganzen Region. Dabei suchten die wenigsten Pilger in Treviso nach spiritueller Erleuchtung oder gar so etwas wie Heilung von Krankheiten, Ehescheidungen und sonstigen Traumata. Sie wollten ihre Pilgerreise vielmehr als eine Art Event genießen: Kommt nach Treviso, werft einen Blick auf die weinende Madonna, und dann feiert, was das Zeug hält!

Vielleicht war es leichtsinnig zu glauben, dass dies immer so weitergehen würde, doch im Moment konnte sich Don Antonio nicht vorstellen, dass noch etwas zwischen ihn und die Madonna kommen konnte. Stattdessen freute er sich an dem Zustrom der Gläubigen, die in Treviso offenbar das fanden, was sie suchten – was auch immer das war.

SEIT ER SEIN AMT als Bürgermeister von Castello della Libertà hatte niederlegen müssen, verbrachte Emmanuele Benito Longhi sehr viel Zeit damit, über mögliche Rachepläne nachzudenken, um es Don Antonio, seiner Schwester und dem gesamten Ort Treviso und ihrer Madonna heimzuzahlen. Die andere Hälfte des Tages las er Zeitung. Für gewöhnlich begann er mit der *Gazzetta dello Sport*, vertiefte sich danach in ein regionales Anzeigenblatt, löste einige kurze Zahlenrätsel und griff zu guter Letzt zu einer der drei bis vier Tageszeitungen, die ihm seine Frau täglich am Kiosk kaufte, damit er beschäftigt war.

Heute war dies nicht anders. Nachdem der ehemalige Bürgermeister Longhi also die *Gazzetta dello Sport* durchhatte und bereits am dritten Sudoku gescheitert war, griff er widerwillig zur *Repubblica*, und da war sie, auf Seite 15, die Kurzmeldung, die ihm ganz unverhofft den Ball zuspielte, den er für einen perfekten Schachzug gegen Treviso brauchte. Unter der Rubrik Vermischtes stand unter der Überschrift VERWUNDERLICH, ABER DOCH KEIN WUNDER zu lesen:

> Rom. Eine Madonnenstatue im Privatbesitz eines anonymen Kunstsammlers begann vor wenigen Tagen, blutrote Tränen zu weinen. Die Madonna ist eine Kopie der berühmten weinenden Madonna von Treviso (Venetien). Nach eingehender Untersuchung wurde festgestellt, dass die Statue über einen verborgenen Mechanismus verfügt, der aus noch ungeklärter Ursache plötzlich in Gang gesetzt worden war und der für die Tränenflut verantwortlich ist. Ein erneutes Wunder kann damit ausgeschlossen werden.

Mit einem Schlag war dem ehemaligen Bürgermeister von Castello klar, dass hierin die Chance auf seine Rehabilitierung lag. Er, Emmanuele Benito Longhi, würde dafür sorgen, dass das so genannte Wunder und die ganze Pilgerei ihr Ende fänden und dass Treviso wieder den Platz einnehmen würde, der diesem Elendsdorf zukam – in der Versenkung!

ES WAR MARKTTAG in Treviso, und Salvatore Tarlo hatte bereits Aufstellung hinter seinem Stand genommen. Eine Gruppe westfälischer Kegelklubdamen mit religiöser Überzeugung und aufrichtigem Interesse an handgeschnitzten Katzenfiguren scharte sich wie aus dem Nichts um ihn und machte ihn binnen sieben Minuten zu einem erfolgreichen Unternehmer – wenigstens für diesen Tag. Gerade legte er sich neues Wechselgeld zurecht, als die Frau, deren Gemüsestand an den seinen grenzte, ihm deutlich und für alle Umstehenden verständlich zuflüsterte: „Was sagen Sie *dazu*, Signor Tarlo? Ist das nicht unglaublich?"

Salvatore, dank der Westfälinnen immer noch ganz im Goldrausch, begriff nicht, was sie meinte, und nahm an, sie spreche ihn auf das Konsumverhalten der deutschen Pilgerinnen an; also strahlte er und sagte: „Ja, unglaublich! So viel hab ich seit Langem nicht an einem Tag verkauft!" Aber offensichtlich hatte er sie falsch verstanden.

„Nein, ich meine doch Longhi, den Bürgermeister, oder sagen wir besser Exbürgermeister, und was er über unsere Madonna gesagt hat."

Nein, davon habe er noch nichts gehört. Sei es denn etwas Schlimmes?

„Allerdings. Dieser Bastard hat doch glatt behauptet, dass die weinende Madonna von Treviso eine Fälschung ist!"

Das sei wirklich unerhört, sagte Salvatore. Und könne dieser Longhi das auch beweisen?

„Er sagt, er kann es, wenn man ihn lässt. Er behauptet, die Madonna hat einen kleinen Mechanismus im Inneren, und der macht, dass sie Rotweintränen weint. Ich persönlich", und damit beugte sich die Gemüsefrau noch ein wenig näher zu Salvatore, „denke ja, dass Longhi jetzt endgültig durchgeknallt ist. Schließlich hat der Mann versucht, das Rathaus anzuzünden. Ich meine, das sagt doch schon alles."

„Jaja", antwortete Salvatore zerstreut, und nach einer Pause fügte er hinzu: „Sagt man sich auch, woher er den Unsinn mit dem Mechanismus in der Madonna hat?"

„Angeblich stand es in der *Repubblica*."

„In der *Repubblica*?"

„Jawohl, in der *Repubblica*. Eine Madonna in Rom, angeblich eine Kopie von unserer aus Treviso, hat angefangen, rote Tränen zu weinen. Sie haben sie geröntgt. In der ist so ein Mechanismus drin."

Salvatore konnte nur noch eines denken: Wie lange würde es dauern, bis Don Antonio dieses Gerücht zu Ohren kam, und würde die Zeit bis dahin ausreichen, um das Dorf zu verlassen?

SIE REICHTE NICHT. Als Salvatore gegen 16 Uhr in seine Straße einbog, wartete Don Antonio bereits ungeduldig vor seiner Haustür. Salvatore ließ in den folgenden Minuten eine wilde Tirade aus Verwünschungen, Beschimpfungen und kaum kaschierten Drohungen wortlos über sich ergehen, während er den aufgebrachten Don Antonio kurzerhand auf einen Küchenstuhl bugsierte und Kaffee aufbrühte. Und dann passierte das Seltsame: Der Priester brach in sich zusammen. Von einer Sekunde auf die andere sah man in Don Antonios Gesicht die Müdigkeit, Niedergeschlagenheit und Hoffnungslosigkeit vor einer Situation, der er nicht mehr gewachsen war und die zu beherrschen er schon lange aufgegeben hatte. Salvatore fühlte Mitleid mit seinem Freund und legte ihm die Hand auf die Schulter.

„Und das Schlimmste ist", sagte Don Antonio, „dass wir so gar nichts machen können. Ich meine, wenn Fratelli klagen will, dann wird er es tun, und ich habe keine Ahnung, wie ich ihn davon abbringen soll, einen solchen Prozess anzuzetteln."

„Fratelli? Unser Bürgermeister? Ich verstehe nicht ganz …" Salvatore hatte offensichtlich den Faden verloren. Wer klagte hier wen an – und warum?

„Ja, unser Hornochse von Bürgermeister, Mario Fratelli, will eine Klage einreichen, mit der er Longhi beweisen kann, dass unsere Madonna keine Fälschung ist. Verstehst du? Wenn es zum Prozess kommt, dann sind wir beide geliefert!"

Salvatore begriff, dass er seinen Stand für Geschnitztes und Gedrechseltes demnächst in Vicenza aufstellen konnte, denn in Treviso würde er als Geschäftsmann keinen Fuß mehr auf den Boden kriegen. Was wohl seine Standnachbarin dazu sagen würde, die Gemüsefrau, die ihm am Ende des Markttages immer einen Sack mit Artischocken, Tomaten und Petersilie schenkte und die dafür nie auch nur eine Gegenleistung erwartet hatte?

„Woran denkst du?", fragte Don Antonio.

„An nichts Besonderes", sagte Salvatore, „nur an Artischocken und was die wohl in Vicenza kosten."

SELBSTVERSTÄNDLICH hatte es der ganze Ort immer gewusst. Nein, überrascht hatte es in der Tat niemanden. Man hatte schon so allerhand gehört. Und wenn man es nicht gehört hatte, so hatte man es immerhin laut gedacht. Die aus Treviso waren doch schon immer so gewesen. Und man war durchaus der Ansicht, dass dies einmal ein Ende haben musste. Wie war noch gleich die Frage?

Castello della Libertà war im medialen Ausnahmezustand angelangt. Von *Il Gazzettino* bis *La Sicilia* schienen sich in den Pilgerquartieren überhaupt nur noch Journalisten und keine Pilger mehr herumzutreiben. Wo immer ein Castellese hintrat, wartete bereits ein Reporter darauf, was er zu sagen hatte, und die Castellesen hatten eine ganze Menge zu sagen, vorwiegend Unschönes über ihre Nachbarn in Treviso. Diese revanchierten sich dann auch gleich mit Interviews im italienischen Fernsehen, wie zum Beispiel Bürgermeister Mario Fratelli, der den Prozess gegen den Exbürgermeister von Castello angestrengt hatte, um zu beweisen, dass die weinende Madonna von Treviso keine Fälschung sei. Zu diesem Zweck hatte Mario hinter seinem Schreibtisch Platz genommen und sprach deutlich und mit energischer Gestik in die Kamera, während ihm ein feines Schweißrinnsal über das linke Auge lief. Dennoch fand man in Treviso, dass der Bürgermeister seine Sache sehr gut machte, und bestätigte ihm auf Nachfrage gern, er habe im Fernsehen würdevoll und respekteinflößend gewirkt, während Emmanuele Benito Longhi wie ein Irrer herumgeturnt sei und nichts als Lügen verbreitet habe.

Dies entsprach durchaus nicht der Wahrheit. Longhi hatte sich nicht wie ein Irrer benommen, sondern so gewirkt, als wisse er, was er da tue, und als habe er keine Skrupel, dieses Wissen auch einzusetzen. Longhi bedeutete für Treviso eine Gefahr, denn seine Aussagen kamen der Wahrheit weit näher, als Bürgermeister Mario oder irgendein anderer Trevisaner sich das träumen ließ – mit Ausnahme von Don Antonio, seiner Schwester Maria, ihrem Verlobten Luigi und natürlich Salvatore Tarlo, der schon mal still und leise bei der Stadtverwaltung in Vicenza um die Genehmigung eines Marktstandes für Holzschnitzwerk angesucht hatte.

Don Antonio war von einem Zustand der Verzweiflung, gefolgt von Agonie, nun in eine gottergebene Stimmung gefallen, in der er sich wieder auf seine Tugenden als Priester besann, mit dem feinen Unterschied, dass er sich vorwiegend um sein eigenes Seelenheil kümmerte und nicht um das seiner Gemeindemitglieder, denn dieser Haufen unverbesserlicher Optimisten war sich ganz sicher, den Prozess gewinnen zu können. So hatte zum Beispiel Massimo in seiner Trattoria ein kleines Wettbüro eingerichtet, das sich einzig mit der Frage beschäftigte, wie viele Tage der Prozess dauern würde. Dass Treviso gewinnen würde, stand selbstverständlich außer Frage. Die meisten Menschen, die an der Wette teilnahmen, waren Journalisten. Sie hatten jetzt die Doppelzimmer mit Waschbecken und WC überm Gang in Massimos Pension gemietet, um live vom Prozess berichten zu können, der schon in einer Woche beginnen sollte. Die überwiegende Mehrheit tippte auf eine Prozessdauer von drei Tagen. Nur Giorgio, der missgelaunte und liebeskummerkranke Neffe des Bürgermeisters, äußerte sich lautstark, er würde seinen Hintern nicht darauf verwetten, dass Treviso den Prozess gewinnen würde. Massimo erteilte ihm daraufhin Lokalverbot.

Mario war von seinem Neffen natürlich enttäuscht, aber im Grunde viel zu beschäftigt, um sich in diesen Tagen seiner Familie widmen zu können. Er gab Interviews, betrank sich gemeinschaftlich mit seinem Anwalt und betrieb so etwas wie Recherche, indem er ein Buch über Madonnenerscheinungen in Norditalien im 19. Jahrhunderts durchblätterte. Es ging Bürgermeister Mario um die Ehre, seine, die Trevisos, und nicht zuletzt war dies immerhin auch ein Kampf zwischen Gott und den Faschisten. Da war es doch ganz klar, wer gewinnen musste.

Woher aber dieses außerordentliche Medieninteresse an dem Fall rührte, konnte eigentlich niemand sagen. Natürlich bot sich hier nach außen eine spannende Auseinandersetzung zwischen konservativen Christen und erzreaktionären Faschisten der interessierten Öffentlichkeit an, aber was die Leute wirklich hinter dem Ofen hervorlockte, war eine Art Spielerleidenschaft. Echt oder unecht? Wunder oder Fälschung? Göttliches Zeichen oder menschlicher Abgrund? Wer schwierige Zeiten durchmacht, der sucht oft nach einfachen Antworten, und hier war die Antwort besonders einfach, denn es gab nur ein Ja oder ein Nein, und man hatte immerhin eine fünfzigprozentige Chance, auf der richtigen Seite zu stehen. Don Antonio wusste, dass sich Treviso gerade einen Strick drehte, und dennoch brachte er es nicht über sich, die fertige Schlinge um den eigenen Hals zu legen, um damit die Trevisaner zu retten. Der Prozess würde stattfinden.

> Liebster Giorgio,
> habe mich in Budapest schrecklich erkältet, kuriere mich nun mit Wodka in Krakau. Verschnupfte Grüße, T.
> PS: Nächste Woche fliege ich von Warschau aus zurück nach Finnland. Habe genug von Europa im Schneeregen. Schick mir doch auch mal eine Karte. Meine Adresse lautet …

Der Prozess um die weinende Madonna von Treviso begann an einem Frühlingstag im April. Die beiden Kontrahenten Mario Fratelli und Emmanuele Benito Longhi saßen in ihren besten Anzügen im Gerichtssaal des Bezirksgerichts Padua und brannten darauf, es dem jeweils anderen heimzuzahlen. In den hinteren Zuschauerreihen verfolgten die beiden verfeindeten Lager der Trevisaner und der Castellesen gespannt den Prozess, während vor der Tür des Gerichtssaals der Zeuge Don Antonio nervös auf und ab ging. Sosehr ihn Salvatore Tarlo und seine Schwester, die ebenfalls als Zeugen geladen waren, zu beruhigen suchten, es half nichts. Also ließen sie ihn auf dem Flur des Bezirksgerichts die Rillen zwischen den Linoleumbeschlägen zählen. Bei Nummer 23 rannte Don Antonio, der unablässig auf den Boden geblickt hatte und leise Flüche murmelte, die wie Stoßgebete klangen, gegen ein schwarzes Ornat. Als er aufblickte, wünschte er sich, der Linoleumboden möge sich bei Rille 23 unter ihm öffnen und ihn verschlingen. Don Antonio starrte in die braunen Augen Francesco de Renzis.

Er hätte gern etwas gesagt, anstatt de Renzi einfach nur anzuglotzen wie das Reh den Jäger, aber Don Antonio fiel bei aller Liebe nichts ein. De Renzi, dem die Begegnung mindestens ebenso unangenehm war, schien auch nicht gerade darauf aus, höfliche Konversation zu betreiben. Stattdessen nickte er Don Antonio kurz zu und setzte sich, Maria und Salvatore Tarlo ignorierend, auf eine der umstehenden Bänke.

Um sich zu beruhigen, suchte Don Antonio kurz den Blick seiner Schwester, aber die war gerade mit einem distinguierten Herrn mit schwarzem Kinnbart ins Gespräch vertieft, und mit Salvatore Tarlo wollte er ganz einfach nicht sprechen, sosehr sich ihm dieser auch durch aufmunternde Blicke und Gesten anbot. Als Don Antonio endlich seine zornigen Augen auf den armen Salvatore richtete, verschwand der kleinlaut auf der Toilette und kehrte erst wieder, als man ihn in den Zeugenstand rief. Als Nächstes war der Herr mit Kinnbart an der Reihe, dann Francesco de Renzi. Maria wurde mitgeteilt, dass man sie nicht mehr benötige und sie gehen dürfe, und dann kam die Reihe an ihn. Don Antonio betrat den Gerichtssaal wie ein Schaf, das darauf hoffte, man würde sich allein mit seinem Fell zufriedengeben, ohne ihm die Kehle durchzuschneiden. Tatsächlich aber erwartete er, dass man ihn schlachtete.

Als er seine persönlichen Daten genannt hatte, wanderte Don Antonios Blick durch den überfüllten Gerichtssaal. Dort saßen Mario Fratelli, der ihm aufmerksam zuzwinkerte und die Finger zum Siegeszeichen hob, seine Schwester, die sich in die hinterste Reihe gezwängt hatte und seinen Blick mit Mitleid in den Augen quittierte, und da saß Francesco de Renzi, die Arme vor der Brust gefaltet, verschlossen, abwartend. Was hatte der dem Richter wohl erzählt? Don Antonio nahm nicht an, dass de Renzi seine ganze Vergangenheit beichten würde, aber das bedeutete nicht, dass er nicht alles daransetzte, um die weinende Madonna als Fälschung zu entlarven und sich so an Don Antonio zu rächen. Was also hatte de Renzi vor? Und gerade als Don Antonio glaubte, Francesco de Renzi sei sein größtes Problem im Raum, winkte ihm Don Ignazio vom Fensterbrett aus zu. Der untote Pfarrer von Treviso hatte es sich unweit der Richterbank gemütlich gemacht, ließ seine Beine baumeln und beobachtete amüsiert das Treiben im Saal.

Don Antonio hatte den Geist des Pfarrers noch nie außerhalb der Kirche gesehen. Genau genommen hatte er ihn, mit Ausnahme der Nacht, in der Don Ignazio das Geheimnis Francesco de Renzis enttarnt hatte, nie außerhalb der Krypta gesehen. Und nun saß er hier im Bezirksgericht vor dem Fenster und wirkte so lebensecht wie der Richter und alle anderen im Saal. Don Antonio war sich jetzt ganz sicher, dass er langsam durchdrehte. Kurz bevor der Anwalt Emmanuele Benito Longhis begann, seine Fragen an ihn zu richten, schoss ihm durch den Kopf, dass, wenn er Don Ignazio sehen konnte, Francesco de Renzi es vielleicht auch könne, und das brachte ihn derart aus der Fassung, dass er die Frage erst nach dreifacher Wiederholung beantworten konnte.

„Sie sind seit dreiunddreißig Jahren Pfarrer der Gemeinde Treviso?"

„Ähm … ja", sagte Don Antonio.

„Ist Ihnen in dieser gesamten Zeit jemals etwas Ungewöhnliches an der betreffenden Madonnenstatue aufgefallen?"

„Ähm … nein."

„Nein?"

„Nein."

„Ich sage Ihnen auch, warum dies so ist. Die Madonna", und hier machte der Anwalt eine bedeutungsschwangere Pause, „konnte in den letzten dreiunddreißig Jahren niemandem auffallen, weil sie sich gar nicht im Kirchenschiff befand. Erst im September des letzten Jahres, so die Aussage mehrerer Zeugen, tauchte sie plötzlich wie aus dem Nichts in einer Seitenloge der Kirche von Treviso auf." Und damit zeigte der Anwalt auf die besagte Madonnenstatue, die als Beweismittel nun auf einem Eichenholztisch links neben der Richterbank stand, in seltsamer Eintracht mit ihrer von Salvatore Tarlo gefertigten Zwillingsschwester. Zusammen mit ihrem Besitzer, dem kinnbärtigen Herrn, der sich vorhin mit Maria unterhalten hatte, war die Statue aus Rom hierhergebracht worden. Der römische Kunstkenner hatte zuvor bereits geschildert, wie es zur Entdeckung des Mechanismus im Inneren der Madonna gekommen war. Offenbar hatte die Fernbedienung seines Fernsehgeräts zur Aktivierung der Tränenpumpe geführt, und Don Antonio verfluchte den Tag, an dem seine Schwester Salvatore Tarlo über die Schwelle des Pfarrhauses von Treviso gelassen hatte. Jetzt, wo die beiden Statuen nebeneinanderstanden, konnte man deutlich erkennen, dass eine der beiden kleiner war.

„Diese Statue", fuhr der Anwalt fort, „lag jahrzehntelang in der Krypta der Kirche von Treviso."

„Er ist gut", sagte Don Ignazio. „Pass auf, Junge, jetzt wird er dich fragen, ob du sie in der Kirche aufgestellt hast."

Konnte ihn sonst noch jemand hören? Die anderen Menschen im Saal schienen keine Notiz von dem feixenden Pfarrer auf dem Fensterbrett zu nehmen.

„Haben Sie die Madonna im September letzten Jahres dort platziert?“

„Ich … ja, also, nein, platziert hab ich sie nicht, ich habe sie dort aufgestellt, weil …“

„Und das so genannte Wunder ereignete sich zum ersten Mal am 15. September im Rahmen einer Hochzeit?“

„Ja“, antwortete Don Antonio, der seine feuchten Hände möglichst unauffällig an seinem Gewand abzutrocknen suchte. Erneut blickte er in Richtung de Renzis, der aber immer noch mit steinerner Miene zum Richter schaute und sowohl die Blicke Don Antonios wie auch Don Ignazios entweder nicht zu bemerken schien oder sie schlichtweg ignorierte.

Derweil kam der Anwalt der Castellesen in Fahrt. „Ist es richtig, dass die Madonna von Ihnen zuvor einem ortsansässigen Schnitzmeister namens Salvatore Tarlo anvertraut worden war, der sie vor der Aufstellung in der Kirche restaurieren sollte?“

„Gewissermaßen ja“, sagte Don Antonio.

„So, jetzt kommt der Showdown, Antonio, mach dich bereit!“, kicherte Don Ignazio auf seiner Bank.

Don Antonio sah seinen Vorgänger verzweifelt an. „Halt den Mund, alter Mann!“, zischte er in Richtung Fenster.

„Wie bitte?“, fragte der Anwalt. „Haben Sie etwas gesagt?“

„Nein, ich habe … nein, ich wollte nichts …“, stammelte Don Antonio. Er durfte sich nicht aus der Ruhe bringen lassen. Er durfte es einfach nicht.

„Ist es ferner richtig“, fuhr der Anwalt fort, „dass Sie, Don Antonio, dem Schnitzmeister Salvatore Tarlo die Anweisung gaben, die Madonnenstatue derart zu präparieren, dass sie bei Aktivierung eines Mechanismus beginnen würde, blutige Tränen zu weinen, und dass diese Tränen dem Betrachter ein göttliches Wunder vorgaukeln sollten, sodass Treviso fortan zu einer Pilgerstätte für Christen aus aller Welt würde, die in der weinenden Madonna ein göttliches Zeichen sehen sollten? Ist es nicht so, dass Sie dieses Wunder bewusst herbeigeführt haben, um damit Ihre Gemeinde, die Pilger und nicht zuletzt die gesamte Christenheit zu täuschen?“ Plötzlich begann der Saal zu kochen. Von den hinteren Bänken aus prasselten Buhrufe und Verwünschungen auf den Anwalt nieder, und Don Antonios Herz begann zu rasen, während der Tumult Don Ignazio und Francesco de Renzi als Einzige vollkommen unbeeindruckt zu lassen schien.

„Nein, das ist nicht wahr!“, entgegnete Don Antonio. „Ich habe nichts dergleichen getan.“

„Wehr dich, Junge, na los!“, keifte der Geist Don Ignazios.

„Gottverdammter Lügner!“, brüllten die Trevisaner dem Anwalt zu, und der Richter bemühte sich vergeblich, den Saal zum Schweigen zu bringen.

„Ist es nicht so, dass Sie, Don Antonio, Gott und alle Anwesenden täuschen wollten?“, rief der Anwalt Longhis. „Denn die Tränen dieser Madonna“, und damit richtete er erneut den Finger auf das seltsame Zwillingspärchen, „sind nichts anderes als billiger spanischer Rotwein!“

Nach dieser Äußerung des castellesischen Anwalts ging eine Woge hämischen Gelächters über die Trevisaner nieder, denn nicht nur hatte man offenbar das Wunder der weinenden Madonna von Treviso künstlich herbeigeführt – an und für sich schon ein Skandal –, die göttlichen Tränen bestanden ausgerechnet aus spanischem Importwein. Der Lärmpegel im Saal steigerte sich bis zur Schmerzgrenze.

„Wehr dich, du Memme!“, dröhnte Don Ignazio.

Don Antonios Herz galoppierte, der Angstschweiß kam in immer größeren Mengen auf seiner Stirn zum Vorschein, und er hielt sich krampfhaft an der Lehne seines Stuhls fest, um nicht ohnmächtig zu werden.

„Luft“, flüsterte Don Antonio, „ich brauche Luft.“

„Und ist es nicht so, dass Sie, Don Antonio, die Entdeckung des Schwindels durch den vatikanischen Abgesandten Francesco de Renzi befürchten mussten und daher den Schnitzmeister Salvatore Tarlo beauftragten, eine weitere Madonnenstatue anzufertigen, der echten täuschend ähnlich, die Sie beide dann gegen das Original austauschten, als sich Ihnen dazu die Gelegenheit bot? So wurde es nämlich unmöglich, den inneren Mechanismus der Madonna bei einer Röntgenuntersuchung, vorgenommen im Januar dieses Jahres in der Arztpraxis von Doktor Lorenzo, zu entdecken. Ist es so gewesen, Don Antonio?“

Heiß, es war heiß hier drinnen. Woher wussten die das alles?

„Rien ne va plu!“, schrie Don Ignazio. „Tot! Tot! Du bist erledigt!“

„Ich … ich … nein, ich …“, sagte Don Antonio, dann brach er auf seinem Stuhl zusammen. Das Letzte, was er noch sah, als er zum Fenster blickte, war der immer kleiner werdende Geist Don Ignazios, der ihm freundlich zuwinkte, als wolle er sich verabschieden, und sich dann nach und nach verflüchtigte. Dann wurde es dunkel.

Es brachte ihn nicht um, und nach einigen Wochen war man auch in Treviso so weit, dass sich der Zorn in Mitleid verwandelte und man begann, seinem Pfarrer zu verzeihen. Der Herzinfarkt, den der arme Don Antonio im Gerichtssaal erlitten hatte, war somit auch für etwas gut.

Tatsächlich zog Mario Fratelli seine Klage gegen Emmanuele Benito Longhi zurück, denn es hatte keinen Sinn mehr, für die Wahrheit zu kämpfen, wenn die Lüge so offensichtlich war. Die Geldbußen, die der Richter über die anwesenden Trevisaner wegen Missachtung des Gerichts letztlich verhängt hatte, zahlte man stillschweigend aus der Gemeindekasse.

Die Castellesen feierten recht ausgelassen ihren Sieg. Doch als nach Bekanntwerden des Skandals die Buchungen der Pilger ausblieben, bemerkten sie, dass sie sich im Grunde ins eigene Fleisch geschnitten hatten. Ohne das Wunder von Treviso ging der gerade erst entflammte Pilgertourismus in der Region gegen null, und in Castello della Libertà blieben die Hotels und Restaurants bis auf ein paar Besuche der üblichen Mussolini-Touristen fortan leer. Longhi, der sich bei einer Neuwahl Chancen auf das Bürgermeisteramt ausgerechnet hatte, wurde nahegelegt, sich nicht mehr allzu oft allein außer Haus blicken zu lassen, wenigstens in den kommenden Monaten.

Am härtesten traf es natürlich die Trevisaner. Massimo baute die Fremdenzimmer nach einem Jahr in einen Lagerraum und ein großes Spielzimmer für seine Enkelkinder um und verlor nie wieder ein Wort über seinen ursprünglichen Plan, eines Tages ein Hotel in Treviso zu errichten. Der Blumenladen blieb dagegen bestehen, denn auch wenn die Pilger ausblieben, so waren die Trevisaner doch recht froh über die verbesserte Nahversorgung vor Ort, wozu auch Vitos nach wie vor beachtliches Supermarktsortiment gehörte, das nun allerdings um einige Artikel aus Asien gekürzt worden war. Wer ihn auf die kreischbunten Plastikmadonnen ansprach, der musste damit rechnen, des Ladens verwiesen zu werden.

Worüber man in ganz Treviso allerdings lange rätselte, war die Frage, woher der Anwalt der Castellesen all diese Informationen gehabt hatte, denn der vatikanische Abgesandte, Francesco de Renzi, hatte sich vor Gericht so gut wie jeder konkreten Aussage zum Geschehen in Treviso verweigert. Dabei hatte er auf seine kirchliche Autorität gepocht, die ihre Untersuchungsergebnisse der Öffentlichkeit erst nach eingehender Prüfung präsentieren wolle, was bis zum heutigen Tage nicht geschehen war. Und obwohl die Aussage des römischen Kunstkenners mit dem Kinnbart deutlich gemacht hatte, warum die Tränen der Madonna kein Wunder waren, erklärte sie doch nicht, woher der Anwalt von dem Tausch der Statuen gewusst hatte. Man hatte Salvatore Tarlo im Verdacht, der sich seit Neuestem im Dorf rar machte und nun angeblich recht gute Geschäfte in Vicenza betrieb.

Doch Salvatore war, bei aller Mitschuld, nicht derjenige, der geplaudert hatte. Sosehr ihn diese Erkenntnis auch traf, es war Don Antonio höchstselbst, der das Geheimnis um die Madonna von Treviso der Welt offenbart hatte – auf eine etwas verquere und noch dazu alkoholische Art und Weise.

Bei einem der zahlreichen Interviews, die der Pfarrer vor Prozessbeginn gegeben hatte, war er von einem der Journalisten gefragt worden, was sich seiner Meinung nach für die Menschen in Treviso seit dem Wunder geändert habe, und Don Antonio hatte mit dem ihm üblichen Zynismus geantwortet, die Bürger von Treviso hätten dank der örtlichen Enoteca nun das Privileg, einen besonders schlechten spanischen Rioja mit dem Etikett „Tränen der Muttergottes" käuflich zu erweben, eine Errungenschaft, auf die man unter keinen Umständen verzichten wolle. Der Anwalt Longhis hatte das Interview gelesen und eins und eins zusammengezählt. Wenn aus den Augen der Madonna schlechter spanischer Rioja floss – wie aus dem chemischen Gutachten eines Sachverständigen hervorgegangen war – und in der Enoteca in Treviso schlechter spanischer Rioja angeboten wurde, dann konnte dies nur bedeuten, dass die Madonna mit schlechtem spanischen Rioja aus der Enoteca in Treviso befüllt worden war. Es hatte ihn nur wenig Mühe gekostet herauszufinden, wer vor dem 15. September ebendiesen Wein in Treviso bezogen hatte. In den Auftragsbüchern der Enoteca gab es bei „Span. Rioja" nur einen Verweis auf die Kirchengemeinde Trevisos. Folglich musste der Pfarrer etwas mit der Präparierung der Madonna zu tun gehabt haben. Das Adressetikett auf der kleinen Pumpe im Inneren der Statue hatte dann den endgültigen Hinweis auf ein Zusammenwirken zwischen Schnitzmeister und Pfarrer ergeben. Und die neue Fassade der Arztpraxis von Doktor Lorenzo war ohnehin für jeden sichtbar, der an ihr vorbeiging.

Don Antonio, dem Bischof Santini im Krankenhaus einen kurzen Besuch abgestattet hatte, kehrte nicht mehr nach Treviso zurück, stattdessen beauftragte er seine Schwester damit, zwei Koffer mit seinen persönlichen Sachen zu packen und an die Adresse eines Benediktinerinnenklosters in der Nähe von Palermo zu schicken. „Es wird Ihnen dort gefallen", hatte Bischof Santini zu Don Antonio gesagt. „Es ist ausgesprochen ruhig dort, und man kann von einem der umliegenden Hügel aus sogar bis zum Meer sehen."

Don Antonio reiste an einem heißen Mittwochnachmittag im Juni. Seine Schwester Maria und Luigi begleiteten ihn bis nach Sizilien, wo sie ihre Hochzeitsreise antraten.

In Treviso ging alles seinen gewohnten Gang, so als hätte es das Wunder der weinenden Madonna nie gegeben. Nach wie vor stritten sich Vito und seine Frau zwischen Käsetheke und Süßwaren, strengte der Bürgermeister Mario Fratelli bauliche Projekte an, welche die Gemeinde viel Geld kosteten und wenig zur Verschönerung des Ortes beitrugen, darunter ein zweispuriger Kreisverkehr am Ortsausgang auf der Straße nach Castello della Libertà. Immer noch konnte man in der schlechten Enoteca Wein und andere Spirituosen käuflich erwerben, wenn man das denn wollte, und den Salon von Luigi übernahm im Oktober ein junger Unternehmer aus Vicenza, nachdem Luigi sich nun doch entschlossen hatte, sein Geschäft zu verkaufen.

In Massimos Trattoria war der normale Alltag zurückgekehrt. Man traf einander und blieb doch unter sich. Vorbei war die Zeit der Pilger und christlichen Jugendgruppen, die Treviso für eine kurze Weile übervölkert und den Schlaf geraubt hatten. Viel Spott hatte man über sich ergehen lassen müssen, vor allem das italienische Fernsehen hatte kein gutes Haar an dem kleinen Dorf gelassen, und Bürgermeister Mario machte sich bis zum heutigen Tag Vorwürfe, dass er sich von Longhi zu diesem Prozess hatte provozieren lassen.

„Massimo, bring mir noch ein Achtel vom selben!", rief er dem Wirt am Tresen zu.

„Kommt sofort, alter Freund", antwortete Massimo und schüttelte den Kopf über das Ergebnis des Boxkampfs, der im Hintergrund lief. „Ich versteh das nicht. Guck dir die Linke an. Der hätte doch gewinnen müssen!"

Vito, der Ladenbesitzer, der mit einem Espresso an der Bar stand, kommentierte dies mit einem gemurmelten: „Wir hätten auch gewinnen müssen. Und? Versteht das etwa einer?"

Massimo ließ die Luft laut durch seine Zähne entweichen und machte sich daran, eine weitere Weinflasche für den Bürgermeister zu öffnen. „Willst du nicht auch etwas essen?", rief er ihm zu.

„Was gibt es denn?", fragte der zurück, wohl wissend, dass es in der Trattoria seit Generationen zu Mittag nichts anderes gab als *Pasta al pomodoro*.

„Pasta al limòn!", antwortete Massimo und wechselte den Kanal.

„HAST DU DIE FAHRKARTEN eingesteckt?"

„Ja, habe ich."

„Und die Hotelbuchung? Was ist mit der Hotelbuchung?"

„Ja, die habe ich auch dabei."

„Und unsere Pässe?"

„Luigi, wann bist du das letzte Mal verreist?"

„Ich weiß nicht genau … 1988?"

„Das erklärt so einiges", antwortete Maria. Nicht, dass Maria nicht ebenfalls sehr aufgeregt war, aber was sollte denn jetzt, da die Trauungszeremonie hinter ihnen lag, noch passieren?

„Hast du ein Bonbon dabei?", fragte Luigi.

„Ich muss nachsehen …" Sie wühlte in ihrer Handtasche. „Nein, nur Kaugummis. Möchtest du einen?" Luigi schüttelte den Kopf, und Maria drehte sich zu Don Antonio um, der sie bis Palermo begleiten würde. „Willst du vielleicht …?"

Don Antonio blickte zu seiner Schwester auf, nickte und nahm sich einen.

Ihr Zug fuhr ein, und Luigi griff beherzt zu den Koffern, froh, endlich eine sinnvolle Aufgabe gefunden zu haben, die sein Reisefieber kaschierte.

„Antonio, der Zug ist da. Kommst du?"

Don Antonio erhob sich von seiner Sitzbank und folgte wortlos seiner Schwester und seinem Schwager. Auf dem Bahnhof von Vicenza war einiges los, und es fehlte nicht viel, und ein junger Mann mit einem Tramperrucksack wäre in sie hineingerannt.

„Passen Sie doch … Giorgio! Was machst du denn hier?" Luigi blickte in das fest entschlossene Gesicht von Bürgermeister Mario Fratellis Neffen.

„Ich fahre nach Finnland."

„Mit dem Zug? Dauert das nicht viel zu lange?"

„Bis Mailand, dann weiter mit dem Flieger nach Tampere und dann wieder mit dem Zug bis Nokia."

„Was willst du denn in Nokia?", fragte Luigi verwundert.

„Ich habe dort etwas zu erledigen", antwortete Giorgio, nickte den dreien noch einmal kurz zu und eilte weiter zu seinem Zug.

Im Abteil war es stickig. Luigi öffnete das Fenster, dann setzte er sich Maria gegenüber und betrachtete stolz seine Frau in ihrem weißen Reisekostüm.

„Wann sind wir da?", fragte Don Antonio.

„Guter, ich glaube, es ist am besten, du schläfst erst einmal ein paar Stunden“, sagte Maria.

„Wie soll ich denn bei der Hitze schlafen? Dieser Anzug ist einfach zu heiß.“ Don Antonio schwitzte heftig in seinem schwarzen Ornat, und für einen Augenblick wünschte er sich, er wäre tot. Dann fiel ihm wieder ein, dass er erst kürzlich davor gestanden hatte, das Zeitliche zu segnen, und so bevorzugte er es, sich überhitzt, aber lebendig der Trenitalia zu überantworten, und schlief tatsächlich ein.

Maria, nachdem sie alle ihre Taschen verstaut hatte, beugte sich zu Luigi, küsste ihn auf den Mund und flüsterte leise: „O wonnevoller Augenblick, wie herrlich ist der Liebe Glück!“

„Was sagst du, *cara mia?*“

„Ach nichts, mein Figaro, gar nichts.“

Ein Pfiff ertönte, und der Zug setzte sich in Bewegung.

„Meine erste Kurzgeschichte war vier Sätze lang."

Susanne Falk, 1976 im norddeutschen Kappeln an der Schlei geboren, wuchs in einer bücherfreundlichen Familie auf: „Mir wurde sehr viel vorgelesen. Meine Eltern haben sich dafür immer Zeit genommen. Dank drei großen Geschwistern mit einigem Altersabstand konnte ich zu Hause zeitweilig sogar auf fünf Vorleser zurückgreifen!" Im Alter von acht Jahren versuchte sie sich dann erstmals selbst als „Schriftstellerin": Sie verfasste eine vier Sätze lange Kurzgeschichte, und im Lauf der Zeit, so erzählt sie, kamen „sehr schlechte Gedichte hinzu und ab und an kurze Prosatexte, die auch nicht viel besser waren."

An *Das Wunder von Treviso,* ihren ersten Roman, wagte sie sich allerdings erst nach ihrem Germanistikstudium in Rostock und Wien (wo sie heute mit ihrer Familie lebt) und der Fertigstellung ihrer Doktorarbeit über den Schriftsteller Hans Habe. Ihre Liebe zu Italien gab den Ausschlag für das Thema – und ein ganz konkretes Vorbild, wie die Autorin unumwunden zugibt: „Ich mag die ‚Don Camillo und Peppone'-Geschichten sehr und habe als Kind die Verfilmungen wieder und wieder angeschaut. Ich fand, es wäre an der Zeit, das Ganze etwas dem aktuellen Zeitgeist anzupassen." Eine erste Inspiration hatte sie schon bei einem Au-pair-Aufenthalt in Rom gehabt: „Dort begegnete ich einem Friseur, er war sehr groß, sehr distinguiert und hatte eine ausgesprochen melancholische Ausstrahlung. Ich ging häufig an seinem Friseurladen in der Nähe der Piazza Navona vorbei und habe diesen Mann beobachtet." Aus dieser Erinnerung wurde Luigi, eine der Hauptfiguren des Romans.

Obwohl Susanne Falk vormittags als Archivarin arbeitet und zudem von ihrer Familie in Anspruch genommen wird, widmet sie sich fast jeden Abend dem Schreiben. Ihr nächstes Buchprojekt steht bereits fest: ein historisch-biografischer Roman, in dem sie ein Stück Familiengeschichte verarbeiten will.

OKTOBER
FEST
CHRISTOPH SCHOLDER

FLUG

„Oans, zwoa, g'suffa!"
Vor wenigen Minuten noch ließen Tausende Stimmen die Luft erbeben, wurden Tausende Bierkrüge krachend gegeneinandergestoßen. Doch jetzt ist es in dem riesigen Zelt merkwürdig still.
Totenstill.

PROLOG

Als der alte Mann seinem Besucher lächelnd die Tür öffnete, konnte er nicht wissen, dass er nur noch neunzig Sekunden zu leben hatte. In seinen klaren Augen spiegelte sich echte Freude.

Der Besucher tat einen Schritt auf ihn zu. Nach einer kurzen, herzlichen Umarmung wandte sich der alte Mann ab. Er griff nach seinem Stock, den er an die Wand gelehnt hatte, um sich in Richtung Küche aufzumachen. Die Spitze seines Stocks schleifte über das Fischgrätparkett, wenn er den rechten Fuß aufsetzte. Die altertümliche Holzprothese des linken Beines schien bei jedem Schritt zu seufzen.

Der Besucher schloss behutsam die Tür hinter sich.

„Ich freue mich wirklich sehr, dich zu sehen“, sagte der alte Mann.

Er wandte sich nach rechts zur Küchentür und schaltete das Licht ein. In der Mitte der Küchenzeile angekommen, griff er zunächst nach oben und nahm zwei Gläser aus einem Hängeschrank. Dann bückte er sich und öffnete die Kühlschranktür. Die Silhouette des Besuchers füllte den Rahmen der Küchentür nahezu vollständig aus.

„Man hat sich schlimme Sachen über dich erzählt.“ Der alte Mann sprach langsam. Nachdem er sich wieder aufgerichtet hatte, schloss er mit einer geschickten Bewegung der Prothese die Kühlschranktür. In seiner rechten Hand hielt er eine Flasche ohne Etikett, gefüllt mit klarer Flüssigkeit. „Ich habe ihnen aber nie geglaubt!“, fügte er mit Nachdruck hinzu. Er lächelte, während er sich zu seinem Besucher umdrehte. „Setz dich doch!“ Die von Altersflecken übersäte Hand wies auf einen Esstisch mit zwei passenden Stühlen. Biedermeier.

Er stellte die beiden Gläser auf den Tisch, zog den Korken aus der Flasche und goss beide Gläser halb voll. Wohlig seufzend ließ er sich auf seinem Stuhl nieder und streckte seine Hände in einer einladenden Geste aus.

Der Besucher ergriff die Hände des alten Mannes. Fast zärtlich strichen seine Finger über die faltige Haut.

Noch während der Besucher auf dem angebotenen Stuhl Platz nahm, drückten seine Hände plötzlich mit einer ungeheuren Kraft zu.

Die Knochen in den Händen des Greises brachen wie trockenes Reisig.

Der Schock stand in den Augen des Alten. Sein Mund öffnete sich zu einem Schrei.

Der Besucher bewegte sich schnell und fließend. Seine linke Hand griff nach dem weißen Haarschopf seines Gegenübers. Die rechte Hand zog ein Messer mit einer schwarzen Keramikklinge hinter seinem Rücken hervor. Er schnitt dem alten Mann in einer einzigen Bewegung die Kehle durch.

Der Schmerzensschrei versiegte in einem blubbernden Gurgeln.

Der Besucher erhob sich und ließ das Messer wieder hinter seinem Rücken verschwinden. Er kannte sich in der Wohnung aus. Zielstrebig ging er in das Arbeitszimmer des alten Mannes und suchte die Regale ab. Bei den Buchrücken, die als Fotoalben erkennbar waren, stoppte er.

Schnell fand er, wonach er suchte. Er löste aus mehreren Alben Fotos heraus, insgesamt ein gutes Dutzend Abzüge. Danach nahm er die Alben eines nach dem anderen nochmals aus dem Regal. Aus jedem entfernte er nun willkürlich Bilder. Es würde nicht nachvollziehbar sein, was genau fehlte. Der Gedanke an die verzweifelten Ermittler ließ ein Lächeln über sein Gesicht huschen. Es mochten an die hundert Aufnahmen sein, die in den Taschen seiner Jacke verschwanden.

Dann verließ der Besucher die Wohnung. Beim Durchqueren des Flurs warf er einen Blick in die Küche. Die Leiche des alten Mannes lag in einer größer werdenden Lache von Blut.

1

Seit Karl Romberg vor dreißig Jahren nach München gekommen war, hatte es das Leben im Großen und Ganzen gut mit ihm gemeint.

Als gelernter Automechaniker hatte er damals in einer kleinen Werkstatt im Stadtteil Pasing eine Anstellung bekommen. Der Meister, dem die Werkstatt gehörte, mochte den jungen Mann. Karl Romberg war fleißig und zuverlässig, und er zeigte sich geschickt im Umgang mit den Kunden.

Nachdem er seine Meisterprüfung abgelegt hatte, bot sein Chef ihm an, die Werkstatt zu übernehmen. Da der Betrieb gut lief, gewährte eine Bank ihm Kredit. Sein Chef zog sich aufs Altenteil zurück. Romberg spezialisierte sich zunächst auf die Reparatur ausgefallener Wagen. Überwiegend Oldtimer. Aber auch neuere und neueste Karossen. Allesamt sehr teuer.

Dementsprechende Kundschaft. Anspruchsvoll. Und Romberg zeigte sich den Ansprüchen gewachsen. Die Qualität seiner Arbeit sprach sich schnell bei den wohlhabenden Münchnern herum. Bald schon stellte er neue Mechaniker ein und baute ein weiteres Werkstattgebäude.

Wie stolz er war. Er schuf etwas Neues. Mit seinen eigenen Händen.

Romberg lebte zurückgezogen. Bis auf die freitägliche Skatrunde mit seinen beiden Vorarbeitern nahm er kaum am gesellschaftlichen Leben teil. Mit einer Ausnahme: Es machte ihm große Freude, die Bayerische Staatsoper in der Maximilianstraße zu besuchen. Oder auch die Konzerte in der modernen Philharmonie. Die Liebe zur klassischen Musik hatte er von seiner Mutter geerbt. Aber da er der Meinung war, diese Leidenschaft passe nicht zu einem Automechaniker, sprach er niemals darüber.

Seine Einsamkeit war selbst gewählt. Das hing mit dem Traum zusammen, der ihn nachts oft heimsuchte. Mit seinem Gefährten, wie er ihn nannte. Die Dunkelheit der Nacht drang dann in seine Seele ein. Der Gefährte schuf nichts. Er zerstörte nur.

Viele Jahre lang war er allein zu Konzerten gegangen, bis er an einem dieser Abende Judith kennen lernte, bei einer Aufführung von Mozarts „Don Giovanni". Judith war zehn Jahre jünger, von Beruf Kindergärtnerin. Sie war in der Pause gegen ihn geschubst worden. Und aus ihrer schüchternen Entschuldigung entspann sich ein Gespräch. Sie redeten über die Inszenierung und Mozarts musikalische Sicht auf den steinernen Gast. Romberg verfluchte im Stillen das Klingeln der Pausenglocke. Da schlug Judith ihm vor, nach der Oper gemeinsam ein Glas Wein zu trinken.

Er spürte seinen Herzschlag noch immer im Hals, wenn er daran dachte.

Sie waren durch eine laue Münchner Sommernacht von der Oper zu einer Weinstube am Odeonsplatz spaziert. Aus dieser Begegnung entwickelte sich eine zarte Beziehung.

Judiths Liebe verlieh Romberg Flügel. Im Jahr 1987 gründete er eine weitere Firma, die Kleintransporter vermietete. Vor allem an den Wochenenden waren solche Wagen für Umzüge und Transportfahrten in München sehr gefragt. Seine Mechaniker warteten die Transporter mit der gleichen Sorgfalt, mit der sie die Autos der Kunden reparierten.

Nach zehn Jahren hatte Judith ihn verlassen. Ein Sozialpädagoge, spezialisiert auf Erlebnispädagogik, war für sie interessanter gewesen.

Beim Anblick der beiden Verlobungsringe, mit denen er sie beim nächsten Konzertbesuch hatte überraschen wollen, hatte er Tränen der Trauer und Verzweiflung geweint.

Zunächst hatte er Wodka getrunken. Sehr viel Wodka. Zu viel.

Fast wäre er daran zerbrochen. Allein die Erinnerung daran tat weh. Und obwohl das Ende dieser Beziehung nun schon viele Jahre zurücklag, ließ ihn der Trennungsschmerz gelegentlich in eine tiefe Traurigkeit verfallen.

Nie wieder hatte er jemanden wie Judith gefunden. Aber er hatte sich gefangen. War wieder aufgestanden. Machte weiter.

Gerade seine wohlhabenden Kunden fragten mit der Zeit immer häufiger, ob er nicht zusätzlich zu den Leihwagen auch einen Fahrer und einige Packer vermitteln könne. So kam es, dass Karl Romberg Anfang der Neunzigerjahre eine kleine Spedition gründete. Diese verfügte zunächst über nur einen Möbelwagen samt Besatzung. Dann trat Werner Vogel in sein Leben.

Es war ein kalter, regnerischer Herbsttag des Jahres 1996. Der Vormittag war ruhig. Romberg saß im Büro und ärgerte sich mit dem Papierkram herum, den er so sehr hasste. Es klopfte. „Herein!“

„Grüß Gott!“ Eine angenehme Stimme, der junge Mann in der Tür machte sofort einen guten Eindruck auf ihn.

„Grüß Gott, was kann ich für Sie tun?“

„Ich werde Sie nicht lange aufhalten. Mein Name ist Werner Vogel. Lassen Sie uns das Kind gleich beim Namen nennen: Ich bin auf der Suche nach einer Stelle und dachte mir, ich bringe meine Bewerbungsunterlagen selbst vorbei. Ich weiß, etwas ungewöhnlich.“ Er senkte verlegen den Blick.

„Tut mir leid, ich stelle keine Mechaniker mehr ein“, entgegnete Romberg.

„Oh, das meinte ich nicht.“ Vogel räusperte sich. „Ich bin gelernter Bankkaufmann. Ich wollte Sie fragen, ob Sie nicht jemanden für die Buchhaltung brauchen könnten. Außerdem habe ich in der Privatkundenabteilung der Bank gearbeitet, Kreditvergabe. Ich kann gut mit Menschen umgehen, haben meine Vorgesetzten gesagt. Ich könnte also auch hier im Büro die Kunden bedienen und in der Akquisition bezüglich neuer Kunden tätig sein.“

Romberg sah ihn misstrauisch an. „Warum sind Sie auf Arbeitssuche, wenn Sie solche Qualifikationen haben?“

„Die Banken schließen Filialen in großem Stil“, erklärte Vogel. „Das Schaltergeschäft wird von Geldautomaten übernommen. Die Banken verdienen das Geld jetzt im Investmentbereich. Nur noch große Vermögen zu verwalten und Geschäftskunden zu betreuen, das ist nicht meine Welt.“

Romberg sah den jungen Mann nachdenklich an. „Was ist eigentlich dieses ominöse Investmentgeschäft? Wenn Sie vom Fach sind, erklären Sie mir das doch mal."

Und Vogel erklärte es ihm. Erzählte davon, dass die Banken Geldsammelbecken einrichteten, die sie Fonds nannten. Dass die Anteile der Fonds wiederum an der Börse verkauft würden und das Geld dadurch jeden Bezug zu wirklichen Werten verliere. Dass diese Fondsanteile im Grunde nichts anderes seien als Wettscheine für Hunderennen, nur eben ohne rennende Hunde. Dass die Bank bei jedem dieser Geschäfte einen bestimmten Prozentsatz für sich behielte. „Die Bank gewinnt immer", schloss er seine Ausführungen.

Der kurze Vortrag beeindruckte Romberg. Er ließ sich die Bewerbungsunterlagen aushändigen. Noch am selben Nachmittag rechnete er aus, dass er sich einen weiteren Angestellten leisten könnte. Zwei Tage später rief er Vogel an. Der nahm das Angebot sofort an.

Dass diese Entscheidung sein Leben und seine Firma stark verändern würde, ahnte Romberg nicht. Vogel war 25 Jahre alt, als er 1996 bei ihm anfing. 21 Jahre jünger als Romberg selbst.

Heute war er sehr froh über seine damalige Entscheidung. Vogel war ein Mann mit vielen Ideen, einem guten Sinn für Geschäfte und einem großen Überzeugungstalent. Er verfügte über ein gerüttelt Maß an Schlitzohrigkeit, und er war ebenso fleißig und gewissenhaft wie Romberg selbst.

Zudem war Vogel gebürtiger Münchner.

Prizren, Kosovo, 2003

DRÜCKEND lag die Sommerhitze über dem Kosovo. Heute Abend würde Kaspar Lohweg ein Geschäft abschließen. Das größte Geschäft, das er jemals gemacht hatte. Deshalb fuhr er quer durch die ganze Stadt. Er trug zivile Kleidung. Zur Tarnung.

Das Lokal, in dem er verabredet war, lag weit vom KFOR-Hauptquartier entfernt, wo Hauptmann Lohweg in der Waffenmeisterei arbeitete. Aber damit wäre demnächst Schluss. Heute würde er sich nämlich den Jackpot abholen. Bald schon wäre er ein reicher Mann.

Lohweg lächelte. Die Scheiben seines Wagens waren heruntergekurbelt. Der Fahrtwind kühlte sein Gesicht. Obwohl es mittlerweile dunkel war, war es immer noch sehr warm. Er fuhr einen unauffälligen Wagen. Einen alten Golf, dunkelblau, mit einheimischem Nummernschild.

Außerdem hatte er sich maskiert. Niemand außerhalb des Hauptquartiers würde ihn erkennen. Kurz nach dem Verlassen der Kaserne hatte er sich einen Oberlippenbart angeklebt.

Als er das Lokal erreichte, fuhr er noch einen Häuserblock weiter. Dann parkte er in einer Seitenstraße. Vorsicht ist die Mutter der Porzellankiste, dachte er sich.

Den Wagen, der ihm gefolgt war, hatte er nicht bemerkt. Während er zum Lokal zurückging, sah er sich nach allen Seiten um. Niemand schien ihn zu beachten.

Im zweiten Stock des Hauses, das dem Lokal gegenüberlag, saß ein Mann in einer unbeleuchteten Wohnung. Er folgte den Schritten Lohwegs durch einen Restlichtverstärker. Als Lohweg vor dem Lokal stehen blieb, um sich ein letztes Mal umzusehen, sprach der Mann in sein Funkgerät. „Er kommt jetzt rein. Er ist allein."

Lohweg betrat das Lokal, eine niedrige, kleine Gaststube mit groben Holzmöbeln. Lärmende Musik drang aus einer alten Jukebox. An einigen Tischen wurde Karten gespielt. Lohweg entdeckte seinen Kontaktmann im hinteren Teil des Raumes. Der Mann saß mit dem Rücken zur Wand. Von seiner Position aus konnte er das ganze Lokal überblicken. Neben dem Platz des Mannes führte ein Flur nach hinten, zu den Toiletten. Und zum Hinterausgang, mutmaßte Lohweg. Der Mann war ein Profi. Aber das bin ich auch, dachte Lohweg grimmig, während er auf den Tisch zuging.

„Es ist verdammt heiß dieses Jahr", sagte er, als er den Tisch erreicht hatte.

„Es soll sogar noch heißer werden", entgegnete der Mann.

Lohweg setzte sich. Auch er hatte das Lokal im Blick.

Sein Gegenüber sah ihn unverwandt an. „Lassen Sie uns gleich zur Sache kommen." Der Mann sprach Deutsch mit einem leichten osteuropäischen Einschlag. „Sie wissen, dass es um einen größeren Posten geht. Können Sie in solchen Mengen liefern?"

„Wenn Sie mir sagen könnten, was genau Sie haben wollen, dann kann ich Ihnen auch verbindlich sagen, ob ich die Sachen beschaffen kann."

Wortlos griff der Mann in seine Hosentasche. Er zog ein Blatt Papier heraus und reichte es Lohweg.

Dieser überflog die Liste und ließ einen leisen Pfiff hören. „Das ist eine ganze Menge. Aber besorgen kann ich das. Das wird nur verdammt teuer." Nach einer Pause setzte er hinzu: „Was haben Sie denn vor? Wollen Sie den Dritten Weltkrieg anfangen?" Er lächelte den Mann an.

Der Mann lächelte nicht zurück. „Wir halten zwei Millionen Euro für angemessen."

Innerlich freute sich Lohweg diebisch. Mit so einem hohen Angebot hatte er nicht gerechnet. Er bemühte sich, ein unbeteiligtes Gesicht zu machen.

„Einige der Sachen auf der Liste sind recht ausgefallen. Ich werde zusätzliche Ausgaben haben. Sagen wir zweieinhalb Millionen."

„Zweieinhalb Millionen. Gut. Ich bin einverstanden." Die Stimme des Mannes klang gleichgültig. Wirklich ein Profi, dachte Lohweg.

„Wie wollen Sie die Sachen verschwinden lassen?", fragte der Mann unvermittelt.

„Ich werde sie als Fehlbestände bei Neulieferungen melden. Über Monate. Dann haben die Jungs von der Versorgung und der Luftwaffe den Schwarzen Peter. Ich werde einfach behaupten, die Sachen nicht in der Stückzahl erhalten zu haben, die in den Papieren steht."

„Sie meinen, das reicht?"

„Nun ja, ich werde sicher auch noch ein paar Bestandslisten frisieren müssen. Vor allem was den Kleinkram betrifft. Und die Munition. Aber das bekomme ich schon hin. Ich mache den Job lange genug."

„Weiß sonst noch jemand von diesem Geschäft? Von unserem Kontakt? Ich meine, innerhalb der Kaserne?"

„Natürlich nicht. Das erledige ich ganz allein. Ich werde ein paar Unteroffiziere bestechen müssen, dass sie beide Augen zudrücken, aber das ist auch alles." Lohweg machte eine Pause. „Glauben Sie denn, ich bin blöd?"

Beinahe wäre dem Mann die Kontrolle über seine ausdruckslosen Gesichtszüge entglitten. Nur mit Mühe unterdrückte er ein Lachen. Das war keine Frage des Glaubens. Der Mann *wusste*, dass er einen Blödmann vor sich hatte. Einen ausgemachten Vollidioten.

WERNER VOGEL war mittelgroß und hatte blondes Haar, seine Stirn war für sein Alter allerdings bereits recht hoch. Unter diesem blonden Haar blickten einen zwei wache blaugraue Augen an. Wenn er lächelte, entstand bei seinem Gegenüber das Gefühl, die Augen lächelten mit. Aber nicht nur seine Mimik, auch sein gepflegtes Äußeres machte Werner Vogel zu einem Menschen mit einem sehr gewinnenden Wesen. Sein höfliches Auftreten verstärkte diesen Eindruck noch. Romberg mochte ihn von Anfang an.

Binnen kurzer Zeit stellte Vogel die Buchhaltung auf Computer um. All der lästige Papierkram, der früher ganze Tage verschlungen hatte, erledigte sich seither wie von Zauberhand.

Die bessere Übersicht über die geschäftlichen Aktivitäten führte dazu, dass die Firma stetig mehr Gewinn abwarf. Bereits nach einem Jahr bot Romberg daher Werner Vogel eine ordentliche Gehaltserhöhung an.

Jedoch nicht nur für die Entwicklung der Firma erwies sich der junge Mann als echter Glücksgriff. Auch im privaten Bereich merkten sie, dass sie viele Interessen teilten. Das Schachspiel war es, das sie zusammenbrachte.

Bei ihren Partien sprachen sie viel miteinander. Dabei erzählte Vogel von seinem Faible für Oldtimer. Und so gingen sie nach Feierabend oft gemeinsam in eine der Werkstätten, wenn es dort wieder ein besonders schönes Exemplar zu bestaunen gab.

Nach wenigen Jahren war das Verhältnis der beiden ein vertrautes, von Rombergs Seite fast liebevolles Vater-Sohn-Verhältnis geworden.

Auch Vogel mochte Romberg sehr. Er würde ihm nie vergessen, dass er ihm eine Chance gegeben hatte.

Es war ein Nachmittag im Herbst 2001 gewesen. Kurz nach fünf. Erst später wurde Werner Vogel klar, dass dieser Tag der fünfte Jahrestag ihrer ersten Begegnung gewesen war. Er hatte in seinem Büro gesessen, Romberg war eingetreten.

„Kommen Sie mal mit, Herr Vogel. Ich möchte Ihnen etwas zeigen."

Vogel stand auf und folgte Romberg zum hinteren der mittlerweile drei Werkstattgebäude. Dabei bemerkte er die ernste Miene auf Rombergs Gesicht. „Ist etwas passiert?"

„Nein." Romberg lächelte kurz. „Aber gleich wird etwas passieren."

Er blieb vor der Tür zur Werkstatt stehen und sah ihn lange an. „Mein lieber Herr Vogel, ich möchte Ihnen für all Ihre bisherige Arbeit recht herzlich danken", begann er feierlich. „Und ich möchte Ihnen anbieten, dass wir uns duzen. Mein Name ist Karl."

Als Vogel in die ausgestreckte Hand einschlug, fiel ihm zum ersten Mal auf, welche Kraft in den Händen seines Chefs steckte. Er nannte seinen Vornamen und schaute etwas verdutzt.

„Außerdem", fuhr Romberg fort, „möchte ich dir den Posten eines Geschäftsführers anbieten. Mit dem Versprechen einer Teilhaberschaft. Sobald deine finanziellen Mittel dies ermöglichen, wirst du mein Partner." Er legte seine Hände an das Tor der Werkstatt. „Um das zu bekräftigen, möchte ich dir ein Geschenk machen." Das Tor glitt auf Rollen zur Seite und gab den Blick auf ein abgedecktes Auto frei.

In Vogel stieg eine Ahnung auf. Als er dann die Plane am Kühler zurückschlug und das gestreckte verchromte Pferd sah, das quer über den Kühler zu galoppieren schien, brachte er nur einen spitzen Jubelschrei hervor.

Die Freude des jungen Mannes drückte Romberg eine Träne der Rührung aus dem Augenwinkel. „Wir werden noch einiges an dem guten Stück machen müssen."

„Wir werden jetzt ohnehin einiges zusammen machen. Wir werden es richtig krachen lassen, Karl!" Unverhohlene Begeisterung lag in Vogels Stimme.

Prizren, Kosovo, 2003

DAS GESPRÄCH in dem Lokal lag vier Monate zurück. Inzwischen war es November geworden. Vor einigen Tagen hatte es zum ersten Mal geschneit. Heute sollte die Lieferung erfolgen. Kaspar Lohweg war mit sich zufrieden. Er saß am Steuer eines Bundeswehrlastwagens und fuhr zum vereinbarten Treffpunkt. Drei kräftige Männer aus seiner Einheit hatten mit einem kleinen Gabelstapler vier Stunden gebraucht, um den Wagen zu beladen. Sein Geschäftspartner hatte ihm versprochen, dass er heute den Rest des Geldes erhalten sollte. Als Vorauszahlungen für Bestechungsgelder hatte er bereits 30 000 Euro erhalten. Heute würde es mehr sein. Viel mehr.

Es war ein ganzes Stück Arbeit gewesen. Vor allem die technischen Spielereien aus amerikanischer Produktion zu besorgen, hatte sich schwierig gestaltet. Aber er war ein cleverer Bursche. Er fotografierte einen hohen amerikanischen Offizier in einem Kinderbordell. Dann stellte er den Mann vor die Wahl: Entweder er kooperierte, oder die Bilder würden seiner Frau zugesandt. Der Mann hatte nicht lange überlegt. Schon waren die Sachen verschwunden – als hätten sie niemals existiert.

So viel Geld. Lohweg wurde fast schwindlig, wenn er daran dachte.

Wieder fiel ihm nicht auf, dass ihm ein Wagen folgte.

Der Lastwagen näherte sich dem Gebäude, in dem der Austausch stattfinden sollte. Das Tor stand offen. In der Halle brannte Licht. Lohweg steuerte den Wagen hinein. Als er ausstieg, bemerkte er, dass zwei Männer bereits die Rolltore hinter ihm geschlossen hatten. Sein Geschäftspartner kam ihm mit einem Lächeln entgegen.

„Mein lieber Hauptmann, wie schön, dass Sie den Weg gefunden haben!" Der Mann streckte ihm die Hand entgegen. Sie begrüßten sich. „Dann wollen wir doch mal sehen, was Sie uns Schönes mitgebracht haben."

Sie gingen zusammen um den Wagen herum. Lohweg öffnete die Plane und kletterte geübt auf die Ladefläche. Im Licht der Hallenbeleuchtung konnte man nun zahllose aufeinandergestapelte Kisten erkennen. „Alles da, wie versprochen“, sagte Lohweg triumphierend.

„Ich schaue nur mal eben nach, ob alles seine Richtigkeit hat.“ Der Mann kletterte nun ebenfalls auf die Ladefläche. Er hielt ein Brecheisen in der Hand, das er an einer der Holzkisten ansetzte. Die Kiste zeigte das Emblem der Firma Heckler & Koch. Darunter stand: MADE IN GERMANY.

Der Deckel löste sich und gab den Blick frei auf eine Reihe von zwanzig Maschinenpistolen vom Typ MP 5. „Fabrikneu, wie bestellt.“ Lohweg strahlte.

Die Miene des Mannes blieb unbewegt. Er legte das Brecheisen neben sich und wandte sich einer länglichen, sehr flachen Stahlkiste zu. Er ließ die Verschlüsse aufspringen. In Schaumstoff gebettet, lagen zwölf schwarze Kästchen in einer Reihe. Jedes ungefähr so groß wie eine Streichholzschachtel.

„Die digitalen Funkscrambler, die Sie wollten. Komplett mit Handbuch und Software“, erläuterte Lohweg.

Der Mann nickte anerkennend. Dann sah er Lohweg scharf an. „Und die AIMs? Haben Sie auch die AIMs beschaffen können?“

„Das war mit am schwierigsten. Die Bestände werden genau kontrolliert, die AIMs sind ja auch wirklich höllische Dinger. Aber ich habe es geschafft.“ Lohweg zeigte auf einige Kisten, die sich weiter hinten befanden. „Leider habe ich nicht ganz so viele bekommen, wie Sie bestellt haben. Immerhin sechs Kisten mit jeweils einem Dutzend habe ich abzweigen können. Ich hoffe, das reicht Ihnen und Sie kürzen mir deshalb nicht meine Bezahlung?“

„Aber, aber, mein lieber Hauptmann, wo denken Sie hin?“, sagte der Mann beschwichtigend. „Natürlich bezahle ich den vereinbarten Betrag in voller Höhe.“ Er klopfte Lohweg partnerschaftlich auf die Schulter. „Tja, soweit ich das beurteilen kann, ist die Lieferung in Ordnung.“ Er wandte sich an drei Männer, die neben dem Lastwagen warteten. „Abladen!“

Einer ging zu einem Gabelstapler an der Rückwand der Halle.

„Nun sollen Sie haben, was Ihnen zusteht, Herr Hauptmann. Kommen Sie mit.“ Der Mann war von der Ladefläche gesprungen und winkte Lohweg, ihm zu folgen.

Sie gingen auf einen Tisch zu, der an der Seitenwand der Halle stand. Auf dem Tisch lag ein schwarzer Koffer. Der Mann drehte den Koffer zu sich her. Lohweg stand direkt neben ihm, Habgier in den Augen. Der Mann wandte sich Lohweg zu. „Nochmals vielen Dank für Ihre Hilfe.“

Die rechte Hand des Mannes schoss vorwärts. Daumen, Zeige- und Mittelfinger waren in Form eines gleichschenkligen Dreiecks nach vorn gerichtet. Die drei Fingerspitzen trafen Lohwegs Brustkorb genau über dem Herzen und vollzogen im Moment des Auftreffens eine kurze, schnelle Drehung.

Lohweg war tot, noch bevor sein Körper auf dem Hallenboden aufschlug.

„Man kann so viele umbringen, wie man will." Der Mann schüttelte langsam den Kopf, während er mit sich selbst sprach. „Die Schwachköpfe sterben einfach nicht aus."

WERNER VOGEL stürzte sich mit jugendlichem Unternehmergeist in die neue Aufgabe. Er war nicht nur in München geboren, er war auch in dieser Stadt groß geworden. Sein Vater war Vorstandsmitglied der städtischen Volksbank gewesen. Jetzt war er zwar im Ruhestand, verfügte jedoch nach wie vor über viele Verbindungen, gerade zu alteingesessenen Münchner Unternehmen.

Diese Geschäftsfreunde klapperte Werner Vogel jetzt der Reihe nach ab. Karl Romberg konzentrierte sich derweil auf das, was er am besten konnte: Autos reparieren und pflegen.

Die Verwaltung der Firma war technisch auf dem neuesten Stand. Vogel hatte einen Kollegen aus der Bank als Buchhalter abgeworben. Sie konnten neue Möbelwagen kaufen und neue Packer und Fahrer einstellen. Ihr ganzer Stolz waren vier Tieflader, die seit einem Jahr für „Romberg Transporte" fuhren. Seit sie diese Fahrzeuge angeschafft hatten, waren sie sogar im Container-Geschäft. *Romberg Worldwide.*

Eines Abends im Frühling 2003 kam Vogel aufgeregt von einem weiteren Kundengespräch zurück. „Karl, wir müssen reden. Wir müssen Kühltransporter kaufen."

„Kühltransporter?", fragte Romberg ungläubig.

Die Worte sprudelten aus Vogel nur so heraus. „Ich habe gerade mit einem alten Freund meines Vaters gesprochen. Die beiden kennen sich schon lange. Sie sind zusammen im Vorstand des Trachtenvereins in Murnau. Dieser Freund hat einen Vertrieb für frische Produkte der Höfe aus dem Umland. Er beliefert zahlreiche große Lokale hier in München, Brauereigaststätten, das Hofbräuhaus, sogar das Oktoberfest." Vogel musste Luft holen.

„Oktoberfest?"

„Der Mann hat großen Ärger mit seinem jetzigen Transporteur. Unzuverlässige Lieferungen, ungepflegte Wagen. Die Kühlungen fallen immer wieder aus. Die Ware verdirbt. Der Transporteur sagt dann, er habe die Ware bereits verdorben erhalten. Die beiden können sich nicht mehr riechen. Da liegt ein Geschäft brach, das sollten wir uns schnappen." Vogel beruhigte sich langsam wieder. „Karl, das ist ein riesiges Transportvolumen. Und es ist garantiert. Auf Jahre hinaus."

Noch an diesem Abend begannen die beiden gemeinsam durchzurechnen, wie viel Geld sie brauchen würden, um in dieses Geschäft einzusteigen. Ihre Stimmung sank während dieser Berechnungen gewaltig, weil sie die Firma bis auf den letzten Cent würden beleihen müssen. Aber finanzierbar war es.

Es war zu schaffen.

Spät am Abend verabschiedeten sie sich voneinander. Vogel fuhr mit seinem mittlerweile originalgetreu restaurierten 66er Ford Mustang zurück zu seiner Wohnung. Er war zu aufgedreht, um gleich schlafen zu gehen. Und er wusste sofort, was er stattdessen tun würde. Er würde noch auf ein Bierchen in seiner Stammkneipe vorbeischauen. Zur Entspannung.

Das Lokal „Klenze 66" konnte er von seiner Wohnung in der Utzschneiderstraße zu Fuß in zehn Minuten bequem erreichen. Wenn er Glück hatte, dann wäre Meierinho heute Abend auch da. Stefan Meier, Spitzname Meierinho, war ein guter Freund von ihm. Sie waren schon gemeinsam in den Urlaub gefahren. Mit dem Rucksack die französische Atlantikküste entlang. Er würde Meierinho von der Sache erzählen. Er war gespannt, was der dazu sagen würde. Was für ein Geschäft. Das Oktoberfest! Das war wie ein Treffer im Lotto.

KARL ROMBERG schlief schlecht in dieser Nacht. Er träumte seinen Traum. Viele Jahre lang hatte er sich jeden Abend vor dem Einschlafen gefürchtet, weil er wusste, der Traum würde kommen. Und mit ihm die Angst. Es war besser geworden mit der Zeit. Lange hatte er ruhig geschlafen, doch in dieser Nacht war es wieder so weit. Sein Gefährte war zurückgekehrt.

Er steht allein in sternloser Nacht. Ein eisiger Sturm schneidet in seine nackte Haut. Der Gefährte bringt Schmerzen.

Der träumende Romberg lag in seinem Schweiß. Die Augen hinter den geschlossenen Lidern zuckten unruhig hin und her, sein Mund formulierte unverständliche Worte. Schließlich, hörbar, eine Bitte um Vergebung.

Er steht allein in sternloser Nacht. Seine Augen brennen vor Anstrengung. Er hört, wie ein Zug sich nähert. Schreie. Laute Rufe.

Das Geräusch genagelter Sohlen marschiert durch sein Unterbewusstsein. Von woher kommen sie? Was wollen sie von ihm?

Da ist nur Angst, nur Angst. Zwielicht bricht sich Bahn durch das Blätterdach des Waldes. Er wird verfolgt. Es regnet. Seine Lungen rasseln vor Anstrengung. Der Hang ist von glitschigem Laub bedeckt. Er muss diese Böschung hoch, sich in Sicherheit bringen. Seine Füße rutschen ab. Immer wieder. Hinter ihm sind die Hunde, er kann ihr wütendes Bellen hören. Sie kommen näher. Bald werden sie ihn einholen. Schließlich legt sich die Hand auf seine Schulter. Schwer, kräftig und furchteinflößend.

Er schreckte hoch. Es dauerte einige Minuten, bis sich sein Atem wieder beruhigte und sein Herz nicht mehr gegen seine Rippen hämmerte. Er schüttelte den Kopf, um die Bilder und Stimmen loszuwerden.

Am nächsten Tag hatte Karl Romberg eine Entscheidung getroffen. „Werner, das ist wirklich eine einmalige Chance." Er hielt kurz inne. „Wir haben morgen Vormittag einen Termin bei unserer Hausbank. Ich bin wild entschlossen, das Geschäft mit dir gemeinsam durchzuziehen."

„Gut, dann kann ich dir jetzt auch verraten, mit wem wir es zu tun bekommen. Es handelt sich um niemand Geringeren als Josef Hirschmoser", ließ Werner Vogel die Bombe platzen. Ein Name wie Donnerhall. Ein Gschaftlhuber, der jeden kannte und den jeder kannte.

„Sepp Hirschmoser?", fragte Romberg etwas zu laut zurück. „Da werden wir gut aufpassen müssen, dass der uns in seinem Janker nicht über den Tisch zieht."

„Wer den Haien die Beute abjagen will, der muss zu ihnen ins Becken", bemerkte Vogel philosophisch. Den Spruch hatte er sich gemerkt. Meierinho hatte das gestern Abend gesagt, als er den Namen Hirschmoser erwähnt hatte.

Josef, genannt Sepp, Hirschmoser war ein mächtiger Mann in München. Sein Lebensweg war von den örtlichen Boulevardblättern in aller Ausführlichkeit begleitet worden. Romberg und Vogel wussten beide, mit wem sie da ins Geschäft kommen wollten.

Begonnen hatte die Karriere von Hirschmoser, als er eine große Metzgerei in der Nähe von Prien am Chiemsee geerbt hatte. Er erkannte bald die Zeichen der Zeit und beteiligte sich am touristischen Aufbau des Chiemgaus. Seine Metzgerei schloss Verträge mit den Hotels und Landgasthöfen, die als Folge des immer stärker werdenden Fremdenverkehrs wie Pilze aus dem Boden schossen. Er kaufte weitere Metzgereien auf. Dann baute er einen Schlachthof. Schließlich die erste Fabrik, die das im Schlachthof produzierte Fleisch weiterverarbeitete.

Seine jetzige Position im Münchner Wirtschaftsleben verdankte Hirschmoser allerdings vor allem seinen beiden hervorstechendsten Charaktereigenschaften. Er war erstens gierig und zweitens völlig skrupellos.

Während er die Zahl der Metzgereien, die ihm im Umland von München gehörten, ständig vergrößerte, machte er sich auch in der Münchner Gastronomie breit. Lokale, die er gern haben wollte, deren Pächter aber weder mittels Geld noch guter Worte zu überzeugen waren, ihm ihr Geschäft zu überlassen, bekamen schon mal Besuch von seinen „Schankkellnern".

Hinter diesem harmlosen Namen verbarg sich eine Gruppe seiner Angestellten: allesamt muskulöse junge Männer, die für Geld Lokale zertrümmerten. Wenn die unliebsamen Konkurrenten nach einer solchen Maßnahme noch immer nicht verstanden hatten, statteten die „Schankkellner" auch persönliche Hausbesuche ab. Diese waren mit Platzwunden und Knochenbrüchen verbunden. Das waren jedoch nur Gerüchte, niemals konnte Hirschmoser juristisch belangt werden.

Gleichzeitig betätigte er sich als Menschenfreund mit sozialem Gewissen und veranstaltete in seinen Großgaststätten in München regelmäßig Wohltätigkeitsbälle. Das öffnete ihm manche Tür im Rathaus.

So kam es, dass er sein eigenes Zelt auf dem Oktoberfest betreiben durfte. Außerdem wurden seine Hendln, Schweine und Ochsen in großer Zahl in Münchner Gaststätten und auf der Wiesn verkauft.

Er spendete stets großzügig an die „bayerische Staatspartei", was dazu führte, dass auch die Oberen des Freistaates ein offenes Ohr für seine Probleme hatten. Schließlich wurde er zum Sprecher der Münchner Wiesn-Wirte gewählt. Seitdem war er nicht nur der angesehenste Gastronom der Landeshauptstadt, sondern auch der mächtigste.

ALS ROMBERG UND VOGEL in das riesige Büro eintraten, erhob Sepp Hirschmoser seine massige Gestalt aus dem Sessel. Selbst der maßgeschneiderte Designer-Trachtenanzug konnte seine gewaltige Leibesfülle nicht verbergen. Hirschmoser reichte erst Romberg und dann Vogel seine fleischige Hand. Sein Kopf schien direkt auf den Schultern zu sitzen. „Nehmen Sie doch bitte Platz."

Aus den Fenstern des Büros hatte man einen fantastischen Ausblick über die Stadt. An klaren Tagen konnte man sogar die Alpen sehen.

„Ich hab schon gehört, um was es geht. Und wenn Sie die Kapazität aufbringen können, dann sind wir im Geschäft. Denken Sie aber jetzt schon daran, dass in einem halben Jahr Wiesn ist. Bis dahin muss alles laufen wie geschmiert.“ Hirschmoser sprach ein Honoratiorenbayerisch, wobei er eigentlich mehr grunzte, als dass er sprach.

„Ja, Herr Hirschmoser, das wird alles in Ordnung gehen“, entgegnete Romberg. „Wir sind bereit, für Sie die Kühltransporte zu übernehmen. Über die Kapazitäten sind wir im Bilde. Unsere Finanzierung steht. Wir würden uns freuen, mit Ihnen zusammenarbeiten zu dürfen.“

Hirschmoser fiel ihm ins Wort. „Jetzt reden Sie doch keinen Schmarrn! Dem Jungen vom alten Vogel glaub ich schon, dass er das packt. Und von Ihnen hab ich auch gehört, dass Sie ein zuverlässiger Kerl sind. Sie haben ja auch den alten Rolls-Royce von meinem Freund Moosberger wieder hingekriegt.“

Vogel holte Luft, um etwas zu sagen. Hirschmoser ließ ihn nicht zu Wort kommen, wischte die erwartete Entgegnung mit einer Handbewegung beiseite. „Die Verträge haben meine Anwälte bereits ausgestellt. Wenden Sie sich an Herrn Dr. Schrebner. Wenn Sie unterschrieben haben, unterschreib ich auch.“ Hirschmoser verzog sein Gesicht zu einer Grimasse, die wohl ein Lächeln darstellen sollte. „Das war's also. Ich hab wenig Zeit. Auf eine gute Zusammenarbeit. Schlagen Sie ein!“

Hirschmoser erhob sich wieder und reichte beiden nochmals die Hand.

Damit waren Romberg und Vogel entlassen. Vor der Tür des Büros sahen sie sich an. „Also, ein Haifischbecken hatte ich mir gefährlicher vorgestellt“, sagte Romberg.

„Täusch dich da mal nicht. Die gefährlichsten Männer sehen am Anfang oft aus wie die besten Freunde“, entgegnete Vogel.

2

Afghanistan, Tschurangar-Tal, 1984

Jedes Mal wenn Generalmajor Larmov nach Hauptmann Blochin schicken ließ, überkam ihn ein ungutes Gefühl. Nicht, dass er ein schlechtes Gewissen gehabt hätte, dem Feind den jungen Hauptmann und die von diesem geführte Speznas-Kompanie entgegenzuschicken. Man befand sich schließlich im Krieg. Beide Seiten kämpften erbittert. Mit allen Mitteln.

Blochins Berichte waren tadellos und seine Einsätze sehr erfolgreich. Dafür, dass Oleg Blochin gerade mal 34 Jahre alt war, hatte er bereits viele Auszeichnungen erhalten. Seine Verluste waren die geringsten von allen Kampfkompanien der Speznas-Einheiten. Doch wenn Larmov sich selbst prüfte, musste er sich eingestehen, dass Blochin ihm unheimlich war. Dieses Gefühl hatte vor allem mit Blochins Augen zu tun. Sie waren von einem blassen Grau und wirkten immer seltsam unbeteiligt. Augen wie heller Fels.

Was Larmovs Befürchtungen schließlich bestätigte, war ein Bericht, den er im letzten Monat von einer Pioniereinheit erhalten hatte. Bei Erdarbeiten an einer Brücke waren die Pioniere auf ein Massengrab gestoßen, das nicht älter als sechs Wochen war. Frauen, Kinder und Greise waren dort verscharrt worden, insgesamt etwa sechzig Menschen. Die Leichen wiesen Spuren brutalster Folterungen auf.

Larmovs weitere Ermittlungen ergaben, dass dieses Massengrab nur die Folge einer Operation von Blochins Kompanie gewesen sein konnte. Hauptmann Blochin hatte den Auftrag gehabt, in diesem Gebiet einen Mudschaheddin-Führer zu lokalisieren und zu bekämpfen.

Allerdings erwähnte Blochins Bericht dieses Grab mit keinem Wort, sondern protokollierte nur die „Durchführung geeigneter Maßnahmen zur Ermittlung des Aufenthaltsortes der Zielperson". Die Zielperson war gefunden und neutralisiert worden.

Larmov saß an seinem Schreibtisch und sah auf einen weiteren Bericht, den er heute Morgen erhalten hatte. Er musste etwas tun. Die Lage im Tschurangar-Tal war momentan völlig inakzeptabel.

Am Ende des Tales befand sich eine Nachschubbasis, stark befestigt und durch die geografischen Gegebenheiten gut gedeckt. Die schweren Transporthubschrauber, die diese Basis anflogen und den Nachschub brachten, wurden jedoch in der Mitte des Tales von den steilen steinigen Hängen aus mit Raketen angegriffen. Allein in der vergangenen Woche waren zwei Maschinen abgeschossen worden. Das musste ein Ende haben. Deshalb hatte Larmov Blochin rufen lassen.

Der General wurde durch ein Klopfen an der Tür aus seinen Gedanken gerissen. „Herein!"

Die Tür öffnete sich, und Blochin trat ein, nahm Haltung an und salutierte.

„Stehen Sie bequem, *Gospodin Kapitan*. Ich habe eine Mission für Sie. Im Tschurangar-Tal werden unsere Helikopter für den Nachschub vom Feind mit Stinger-Raketen beschossen. Wir haben Verluste. Der Beschuss muss aufhören. Neutralisieren Sie die Möglichkeiten des Feindes, uns aus diesen Bergen zu beschießen."

„Zu Befehl, Gospodin General!" Blochin salutierte abermals, machte auf dem Absatz kehrt und verließ den Raum.

Ein schneidender Wind trieb den Schnee von den Bergkämmen des Hindukusch und fegte in tieferen Regionen den Staub über die felsigen Abhänge. Es war früher Morgen, lange vor Sonnenaufgang. Die drei unbeleuchteten Transporthubschrauber flogen sehr niedrig in das Tal ein, um einem eventuellen Beschuss von den Hängen ausweichen zu können.

Sobald sie am vorgesehenen Landeplatz aufgesetzt hatten, sprangen die Elitekämpfer aus den Hubschraubern, alle mit schwerer Ausrüstung. In ihren schwarzen Kampfanzügen waren sie in der Dunkelheit mit bloßem Auge nicht zu erkennen.

Die Hubschrauber hoben wieder ab und entfernten sich schnell. Die Männer setzten ihre Nachtvisiere auf; im durch die Visiere verstärkten Restlicht erschien nun die Umwelt vor ihren Augen in grünlichen Umrissen.

Vor der Einheit lag ein Marsch durch felsiges Gelände, über Geröll den Steilhang hinauf zu dem Dorf, aus dem sich die feindlichen Kämpfer vermutlich rekrutierten. In den Helmen der Männer erwachten die Kopfhörer der Funkgeräte mit einem Knacken zum Leben. „Achtet auf getarnte Vorderhangstellungen!“ Blochins Stimme. „Und los!“

Sie waren noch etwa drei Kilometer von dem Dorf entfernt, als die Zugführer das Zeichen gaben, anzuhalten. Die Männer gingen in Deckung, legten sich flach auf den Boden. Zwei 120-Millimeter-Granatwerfer wurden an den Flanken in Stellung gebracht. Fast jeder der Männer hatte Teile der beiden Waffen, die jede über 250 Kilogramm wogen, mitgetragen.

„Zwei Scharfschützen über die Flanken nach vorn.“ Blochins Stimme klang blechern aus den Funkgeräten. „Das Ziel umgehen und von höherer Stellung aus Bericht geben.“

Zwei Gestalten erhoben sich und bewegten sich katzengleich den Berg hinauf, kletterten rechts und links am Dorf vorbei und gingen ungefähr einhundert Meter über dem Dorf hinter Felsen verborgen in Stellung.

Als die Sonne ihre ersten Strahlen über die Gipfel der im Osten liegenden Berge schickte, nahmen sie ihre Nachtvisiere ab und hoben die schweren Armeeferngläser an die Augen. „Es scheint alles ruhig. Keine Verteidigungsstellungen zu sehen“, meldeten sie.

„Umfassungsbewegung!“, befahl Blochin. „Da darf keiner raus. Vorwärts!“

Die Soldaten bewegten sich in einem Halbkreis auf das Dorf zu, bis es vollständig eingeschlossen war. Die Männer an den Granatwerfern und an den beiden Maschinengewehren meldeten Feuerbereitschaft.

„Über uns sind nur die Sterne.“ Blochin sprach den berühmten Schlachtruf der Speznas-Einheiten.

„Über uns sind nur die Sterne", raunten neunzig Männer.

Wieder hörten sie die Stimme ihres Kommandeurs in den Kopfhörern. „Dann wollen wir mal Guten Morgen sagen. Beide Werfer zwanzig Schuss zwischen die Hütten. Feuer frei!"

Bremerhaven, Januar 2004

DER MANN war heute früh mit dem Zug angekommen. Nachdem er im Hotel eingecheckt hatte, duschte er. Unbekleidet trat er aus dem Badezimmer. Sein Körper war muskulös. Die Haut war überzogen mit rötlich schimmernden Streifen narbigen Gewebes. Spuren vieler Kämpfe und teilweise schwerer Verwundungen. Nackt setzte er sich auf das Bett. Dann legte er einen Aktenkoffer neben sich und klappte ihn auf.

Er entnahm dem Koffer eine Fotografie, deren Grobkörnigkeit zeigte, dass es sich um die Vergrößerung eines Ausschnitts handelte, aus einiger Entfernung aufgenommen. Das Bild einer jungen Frau mit einer schlanken, aber dennoch weiblich geschwungenen Figur. Offensichtlich war sie sich im Moment der Aufnahme nicht bewusst gewesen, dass sie fotografiert wurde.

Mit andächtigen Bewegungen lehnte der Mann das Foto gegen die Nachttischlampe. Zärtlich strichen seine Finger über das abgebildete Gesicht.

Ich komme dir näher. Jeden Tag. Immer näher.

Er legte sich zurück aufs Bett. Ein wenig Zeit hatte er noch. Er erwartete einen Anruf. Einen sehr wichtigen Anruf.

Die Stadt war mit Bedacht gewählt. Bremerhaven ist einer der größten Umschlagplätze für Container in Europa. Gewaltige Halden mit den Ausmaßen von Flugzeugrollfeldern nehmen die Container auf, bevor sie weitertransportiert werden.

ALS DAS CONTAINERSCHIFF *Gagarin 3* an diesem Morgen in die Wesermündung einlief, waren alle an Bord froh, nun einen Tag Landgang zu haben. Aus Kaliningrad kommend, dem früheren ostpreußischen Königsberg, hatte das Schiff die Ostsee durchquert und dann den Nord-Ostsee-Kanal passiert.

In der Nordsee war es in einen schweren Wintersturm geraten. Das über dreißig Jahre alte Schiff hatte sich durch die aufgepeitschte Dünung gekämpft. Während der letzten Nacht hatten sie sich auf ihr Radargerät verlassen müssen, die Sicht war gegen null gegangen. Der Erste Offizier hatte vorgeschlagen, dichter unter Land zu fahren. Aber das hätte einen Zeitverlust von mehr als einem halben Tag bedeutet. Und der Kommandant konnte sich eine solche Verzögerung nicht leisten.

Kapitän Jestschew war ein erfahrener Seemann. Er hatte lange bei der Marine der Sowjetunion gedient und hatte dann das lukrative Angebot einer russischen Reederei angenommen. Seine Erfahrung lehrte ihn, dass sein Schiff und die Mannschaft diesen Sturm würden abwettern können.

„Bremerhaven kommt über der Kimm auf, *Kapitan perwowo ranga*“, meldete der Erste Offizier, der neben ihm auf der Brücke stand, und nahm das Fernglas von den Augen. Seine Stimme übertönte nur mühsam das Heulen des Sturmes. Schwere Brecher ließen das Schiff bedenklich rollen.

„Wurde auch langsam Zeit“, brummte der Kapitän in seinen Bart und wandte sich ab, um zur Funkkabine zu gehen. Dort sprach er mit dem Funkoffizier. „Melden Sie dem Hafenmeister, dass wir reinkommen. Und stellen Sie mir eine Telefonverbindung mit Deutschland her. Hier ist die Nummer. Legen Sie das Gespräch in meine Kabine.“

Der Kapitän trat wieder ins Ruderhaus. „Sie haben die Brücke, Nummer eins“, sagte er, stelzte den Niedergang hinab zu seiner Kajüte und setzte sich an seinen Schreibtisch. Kurz darauf stand die Telefonverbindung, und nach dem vierten Klingeln wurde am anderen Ende abgehoben.

„Jestschew hier“, sagte der Kapitän auf Deutsch mit einem starken russischen Akzent. „Ich möchte mit Herrn Karl sprechen. Ist er da?“

Er wurde verbunden. Als sich sein Gesprächspartner meldete, sagte der Kapitän wieder seinen Namen. Eine kurze Begrüßung folgte.

„Allerdings! Wir hatten miserables Wetter. Unsere Verzögerung ist aber nur minimal.“

Der Kapitän wartete die Antwort ab. Ab und zu nickte er zustimmend. „Genau. Heute. Uhrzeit bleibt gleich“, sagte er schließlich. Er murmelte eine Verabschiedung, allerdings auf Russisch, dann hängte er den Hörer in die Halterung zurück.

Sein Gesprächspartner blieb noch einige Minuten sitzen und sah auf das Telefon. Alles lief zu seiner Zufriedenheit. Sein Blick ruhte auf dem Foto der jungen Frau. Schließlich nahm er den Hörer ein zweites Mal ab.

Afghanistan, Tschurangar-Tal, 1984

ALS DIE ERSTEN BEIDEN GRANATEN EINSCHLUGEN, waren bereits vier weitere Geschosse in der Luft. Ein Inferno aus Feuer und Stahl ging auf das Dorf nieder. Ein Eselskarren, der auf dem Dorfplatz stand, wurde von einem Volltreffer in einzelne Holzfasern zerlegt. Eine Gestalt kam aus einer der

Hütten gerannt, die Arme panisch in die Höhe gereckt, den Mund weit offen. Sekunden später wurde sie von Granatsplittern zerrissen.

„Stellung halten." Blochins Stimme erreichte die Ohren seiner Männer, als der Detonationslärm verklang. Mit dem Befehl zur Meldung wandte er sich an seine beiden Kundschafter.

„Es kommen Menschen aus den Hütten. Einige sind verwundet. Keine Waffen zu sehen." Es entstand eine Pause. „Ich sehe keine Männer, nur Frauen und Kinder und ein paar Alte."

„Langsam vorrücken. Rückwärtige Stellungen Feuerbereitschaft. Behaltet den Steilhang über dem Dorf im Auge."

Blochin erhob sich und ging in gebückter Haltung, sein AK-47-Sturmgewehr im Anschlag, langsam bergan auf das Dorf zu. Seine Männer erhoben sich ebenfalls und folgten ihm. „Bajonette aufpflanzen!", befahl er. Die Bajonette rasteten mit leisem Klicken an den Läufen der AK-47 ein.

Die Kämpfer erreichten den Rand des Dorfes, ohne auf Gegenwehr zu stoßen. „Holt die Leute aus den Hütten und treibt sie auf dem Dorfplatz zusammen. Schickt den Dolmetscher zu mir." Blochin trat mit zwei Männern in eine der ärmlichen Lehmhütten. Im Zwielicht sah er im hinteren Teil der Hütte drei zusammengekauerte Personen. Sie zitterten und weinten leise.

„Hände hoch! Raus hier! Ihr seid Gefangene!" Diese Sätze konnte jeder seiner Männer in der Landessprache der Afghanen in dieser Region, auf Paschtu. Wimmernd erhoben sich die Gestalten und eilten an Blochin und seinen Männern vorbei ins Freie.

Die Soldaten durchsuchten jede Hütte und hatten nach kurzer Zeit ungefähr 150 Bewohner auf dem Dorfplatz zusammengetrieben. Die Verletzten, die nicht mehr selbst gehen konnten, wurden von ihren Angehörigen gestützt oder getragen. Der Haufen zerlumpter Gestalten wurde umgeben von den drohend auf sie gerichteten Bajonetten. Es waren tatsächlich ausschließlich Greise, Frauen und Kinder.

Blochin trat mit seinem Dolmetscher vor die Leute. „Sagen Sie ihnen, dass ihnen nichts geschieht, wenn sie mir verraten, wo sich ihre Männer verstecken."

Der Dolmetscher sprach. Nach einer kurzen Pause antwortete einer der alten Männer, nachdem er einen Schritt vorgetreten war. Seine wettergegerbte Haut war von tiefen Falten durchzogen.

„Er sagt, Sie seien der Satan. Und dass er lieber stirbt, als Ihnen zu sagen, wo die Männer sind", übersetzte der Dolmetscher.

„Sagen Sie ihm, dass ich seine religiösen Visionen respektiere.“ Blochin wartete, bis seine Antwort übersetzt worden war. „Und sagen Sie ihm, dass ich seinen geäußerten Wunsch in diesem Fall sogar erfüllen kann.“

Wieder wartete Blochin das Ende der Übersetzung ab. Dann hob er das AK-47 und schoss dem Greis genau zwischen die Augen.

Bremerhaven, Januar 2004

MITTLERWEILE war es später Abend geworden. Die Ladung war fast vollständig auf den riesigen Containerhalden verschwunden. Jestschew hatte noch etwas zu erledigen. Er war der Einzige an Bord, der von der Zusatzladung wusste. Und er war der Einzige an Bord, der wusste, dass ein Mitarbeiter der Hafenmeisterei, Jensen, der Spielsucht verfallen war. Deshalb brauchte Jensen ständig Geld.

Der Kapitän traf den Mann in dessen Büro. Die Vorhänge waren zugezogen, damit niemand von außen das verräterische Licht hätte sehen können. Nach einer kurzen Begrüßung kam Jestschew zur Sache. „Es geht um vier Container, die ohne Ladepapiere am Zoll vorbeimüssen. Ich biete Ihnen fünftausend Euro Aufwandsentschädigung pro Container.“

Jensens Züge spiegelten unverstellte Gier. „Ja, sicher, das wird klargehen. Ich habe gestern vier Container mit vergammelten Bananen reinbekommen. Die habe ich noch nicht wieder ausgetragen. Vier Container hätte ich also noch über.“

„Und die Papiere sind in Ordnung?“

„Absolut. Der Zoll war auch schon da. Wir könnten also ohne Probleme die Zollsiegel fälschen. Das merkt kein Schwein. Und von den Zollsiegeln habe ich immer ein paar übrig.“ Jensen grinste. „Für Notfälle!“

„In einer Stunde kommen die Zugmaschinen. Da müssten Sie dann noch persönlich anwesend sein, damit das in Ordnung geht.“

„Aber sicher, Chef, das machen wir!“ Jensen hüstelte. „Und das alles bei dem Schietwetter. Da guckt sowieso keiner so genau hin. Da ist doch jeder froh, wenn er wieder zurück in die warme Stube kann.“

„Sie warten am Tor. Wenn die Laster aus der Freihafenzone raus sind, kriegen Sie Ihr Geld.“

„Dann bis dann.“

Jestschew gab Jensen die Hand und verließ das Büro. Er ging gegen den Wind gebeugt zurück zu seinem Schiff. Mit einem Schlag würde er all seine Probleme lösen. Zum einen schuldete er einem Freund einen großen Gefallen, und zum anderen war der Betrag, der ihm in Aussicht gestellt worden war, um ein Vielfaches höher als der, den der korrupte Jensen bekommen sollte. Doch er hatte schließlich auch schon dafür gesorgt, dass die vier Container mit der Zusatzladung ungesehen an Bord gekommen waren. Er hatte sich sein Geld verdient.

Jestschew rieb sich die Hände und griff dann zum Funktelefon. Als am anderen Ende abgehoben wurde, meldete er sich auf Russisch.

„Ja, das Geld hat er dabei", bestätigte Jestschew. Er gluckste über die Entgegnung des anderen. „Da hast du verdammt recht. Jeden Morgen wacht irgendwo ein Trottel auf. Man muss ihn nur finden."

EINE STUNDE SPÄTER winkte Jensen vier Zugmaschinen mit leeren Anhängern durch das Tor, das er direkt hinter dem vierten Wagen wieder schloss. Die Laster hielten im strömenden Regen. Um sie standen Container, so weit das Auge reichte. Vier der riesigen stählernen Frachtbehälter standen bereit.

Ein *Van Carrier* näherte sich. Seine hydraulischen Klauen fassten den ersten Container, hoben ihn hoch und setzten ihn millimetergenau auf dem ersten Anhänger ab. Ein Hafenarbeiter kontrollierte, ob die Container in ihren Halterungen festsaßen. Die Prozedur wiederholte sich dreimal. Wegen der Kälte blieben die Fahrer in ihren Kabinen sitzen.

Jensen ging um die Container herum und prüfte die Zollsiegel, die er dort selbst vor dreißig Minuten angebracht hatte. Später unterschrieb Jensen im Hauptbuch der Hafenmeisterei. Für vier Container Bananen.

Er wandte sich an den Fahrer des ersten Wagens. „Hier sind die Papiere. Vier Container Bananen, wie abgesprochen."

Der Fahrer nickte und nahm die Frachtpapiere entgegen. Die Motoren der Zugmaschinen sprangen an. Jensen winkte zum Abschied. Auf den Türen war im Licht der Laternen ein Schriftzug zu erkennen: ROMBERG WORLDWIDE.

JESTSCHEW sah aus dem Bullauge seiner dunklen Kabine den abfahrenden Lastwagen hinterher. Dann wandte er sich einem Prepaid-Mobiltelefon zu. Er wusste, dass es in Kürze klingeln würde.

Gute zehn Minuten später klingelte das Telefon zweimal. Dann verstummte es wieder. Daraufhin klingelte es dreimal, um aufs Neue zu verstummen. Jestschew nickte langsam. Die Container hatten die Zollstation passiert und waren nun nicht mehr in der Freihafenzone. Die Zugmaschinen fuhren aus Bremerhaven hinaus auf die Autobahn. Vier Container mit einer brisanten Ladung Kriegswerkzeug waren unterwegs.

So weit, so gut. Nun würde Jensen seinen gerechten Lohn erhalten.

Afghanistan, Tschurangar-Tal, 1984

BLOCHIN widmete der Leiche des Alten keinen Blick, stattdessen wandte er sich wieder den übrigen Dorfbewohnern zu. Die Sonne stand inzwischen über dem östlichen Bergkamm. Die Klingen der Bajonette blitzten.

„Sagen Sie den Leuten, dass ich mich vielleicht missverständlich ausgedrückt habe. Ich *will* nicht wissen, wo ihre Männer sind. Ich *muss* es wissen."

Während er die Übersetzung abwartete, gab er sein Gewehr dem Soldaten, der rechts neben ihm stand. Er blickte aus den Schlitzen seiner Sturmhaube auf die Dorfbewohner und wartete schweigend.

Keiner der Dorfbewohner gab einen Laut von sich. Nur ein Kind weinte leise. Mit vier schnellen Schritten war Blochin bei einer Frau, die einen Säugling in ihren Armen hielt. Mit einer ruckartigen Bewegung entriss er der Mutter das Kind. Er hielt es am Nacken gefasst.

Langsam ging Blochin auf den Brunnen des Dorfes zu. Das Baby begann laut zu schreien. Der Brunnen war nur ein Loch im Boden, mit einigen aufgetürmten Steinen gegen Versandung geschützt. Blochin hielt das schreiende Kind am ausgestreckten Arm über das Brunnenloch. „Fragen Sie die Mutter, ob sie weiß, wo die Männer sich verstecken."

Der Dolmetscher wandte sich an die Frau, die auf die Knie gesunken war und deren Hände mit flehenden Gesten Richtung Himmel ruderten. Mit tränenvoller Stimme entgegnete sie etwas auf Paschtu. „Sie sagt, sie weiß es nicht genau, aber es seien zwei Höhlen etwas oberhalb des Dorfes. Sie sagt, Sie sollen bitte ihr Kind verschonen."

„Sagen Sie ihr, ich muss es aber genau wissen."

Das Schreien des Kindes wurde schriller. Eine der Frauen, die hinter der knienden Mutter stand, gab dieser einen Tritt und zischte etwas. Der Dolmetscher stand so nahe, dass er die Worte verstand. „Sie hat ihr gesagt, sie sei eine Verräterin und würde bestraft, wenn sie mehr sagt", erklärte er seinem Kommandeur.

„Aah so." Blochin nickte. Dann ließ er das Kind fallen.

Das Schreien verklang in dem tiefen Brunnenloch. Alle konnten das Aufschlagen des kleinen Körpers auf dem Wasser hören.

Gepeinigt schrie die Mutter auf und warf sich, von Schluchzen geschüttelt, auf den Boden.

Ein kurzes Lächeln umspielte Blochins Mundwinkel. Er sagte etwas zu sich selbst, das keiner der Anwesenden verstand. Das lag daran, dass Blochin diesen Satz in akzentfreiem Hochdeutsch sprach. „Hoppla, jetzt ist das Kind in den Brunnen gefallen."

Aus der Gruppe Gefangener, die Blochin am nächsten stand, löste sich plötzlich eine Frau. Mit einer erstaunlich schnellen Bewegung zog sie ein Messer aus ihrem Gewand, hielt es hoch über dem Kopf und stürmte auf den Hauptmann zu. Von ihren Lippen drang ein Schrei der Wut.

Die Männer waren völlig überrascht. Blochin war selbst für Bruchteile einer Sekunde perplex. Wie in Zeitlupe sah er die Klinge näher kommen.

Da erwachte der Mann rechts neben ihm aus seiner Erstarrung. Er reagierte mit unglaublicher Geschwindigkeit. Mit einer schnellen Aufwärtsbewegung des Gewehrs fing er die heranstürmende Frau ab.

Sie sprang geschickt zur Seite. Die Klinge des Bajonetts verfehlte ihren Körper nur um eine halbe Handbreit. Der Mann ließ das Gewehr fallen, behielt aber den Schwung der eigenen Vorwärtsbewegung bei. In gebückter Haltung tat er einen Schritt auf die Frau zu, die noch immer mit erhobener Klinge nach vorn stürmte. Die rechte Hand des Mannes schoss vorwärts. Daumen, Zeige- und Mittelfinger waren in Form eines gleichschenkligen Dreiecks nach vorn gerichtet. Die drei Fingerspitzen trafen den Brustkorb der Frau genau über dem Herzen und vollzogen im Moment des Auftreffens eine kurze, schnelle Drehung.

Der Schrei verröchelte auf den Lippen der Frau. Sie sank auf die Knie, ihre Augen verdrehten sich zum Himmel, dann fiel sie vorwärts in den Staub.

Die Männer hoben drohend die Bajonette. Blochin sah den Soldaten an. „Wie heißen Sie?“, fragte er.

„Iljuschin, Gospodin Kapitan“, entgegnete der Mann und salutierte. „Offiziersschüler im zweiten Jahr. Ausbildungsschwerpunkt: Nahkampf.“

„Ich will Sie im Kampf in Zukunft in meiner Nähe haben, Soldat. Ich habe den Eindruck, Sie bringen mir Glück.“ Blochin reichte ihm die Hand. Dann wandte er sich an einen Oberleutnant, der herangetreten war. „Wir werden diese beiden Höhlen schon finden. Lasset die Kindlein zu mir kommen.“

Bremerhaven, Januar 2004

JENSEN war bester Dinge. Das war ein Geschäft ganz nach seinem Geschmack gewesen. Und der russische Kapitän hatte ihm auch noch die Adresse eines illegalen Spielklubs mitgegeben, in dem heute Abend gespielt würde. Hoch gespielt. Und auch noch sein Lieblingsspiel: Poker.

Ist ein feiner Kerl, der russische Kapitän, dachte er, während er durch die nächtlichen Straßen ging. Er hatte 20 000 Euro in bar dabei, und er hatte das Gefühl, dass ihm das Glück heute hold sein würde. Er würde mit noch mehr

Geld nach Hause gehen, als er jetzt bei sich hatte, und all seine Schulden zurückzahlen können.

Als er die angegebene Adresse erreichte, kontrollierte er nochmals Straße und Hausnummer, dann suchte er die Klingel mit dem Namen. Noch bevor er den Knopf gedrückt hatte, öffnete sich die Tür. Ein schwarzhaariger Hüne stand im Türrahmen und musterte Jensen misstrauisch.

„Guten Abend", sagte dieser. „Ich komme von Jestschew."

Die Züge des Hünen entspannten sich. „Von Jestschew", wiederholte er mit einem starken osteuropäischen Akzent. „Dann sind Sie uns willkommen. Sie müssen Jensen sein."

„Ja genau." Ein ungutes Gefühl beschlich Jensen. Es war ihm gar nicht recht, dass diese Leute seinen richtigen Namen kannten.

„Dann kommen Sie mal rein." Der Hüne machte eine einladende Geste. „Und entschuldigen Sie den Zustand des Flurs. Wir haben gerade die Maler da."

Der Flur war nur schwach beleuchtet und mit Plastikfolie ausgelegt. Jensen trat ein. Rechts von ihm war ein leerer Türrahmen, das Zimmer dahinter lag in völliger Dunkelheit.

Schlagartig wurde Jensen klar, dass dies kein illegaler Spielklub war, sondern ein leer stehendes Wohnhaus. Er wollte sich gerade zu dem Hünen umdrehen, als eine Klinge ihm auf der rechten Seite in den Hals fuhr. Der kräftige linke Arm des Mannes hinter ihm hielt ihn aufrecht, die rechte Hand tastete ihn ab auf der Suche nach dem Bargeld.

Jensens Denken und Fühlen zerfaserten in die Dunkelheit des Flurs.

Der schwarzhaarige Hüne wickelte Jensens noch warmen Körper mit geübten Bewegungen in die Plastikfolie, klebte das Paket zu, lud es in den Kofferraum seines Wagens und fuhr zum nächstgelegenen Hafenbecken.

JESTSCHEW stand am Tor der Container-Kaje, dort, wo die Mannschaften der Schiffe von Zoll und Grenzschutz abgefertigt wurden. Es waren keine Probleme aufgetaucht. Dennoch: Jestschew hatte für alle Fälle Sicherheitsmaßnahmen ergriffen. In seinem Rücken steckte im Hosenbund eine Makarov-Pistole. Er wartete auf seinen Kontaktmann.

Er würde heute Abend mehr Geld erhalten, als er jemals zuvor in seinem Leben besessen hatte. Er würde sich zur Ruhe setzen können. In einem Land seiner Wahl.

Der Mann, der ihm gegenübertrat, wies sich mit einem in der Mitte durchgerissenen Geldschein aus. Jestschews Hälfte, die er in Kaliningrad erhalten hatte, passte genau. Der Mann sprach Russisch mit ihm.

„Kommen Sie mit. Ich bringe Sie zu Ihrem Geld. Es liegt in einem Schließfach im Hauptbahnhof."

Jestschew entspannte sich. Der Mann hatte offensichtlich keine üblen Absichten. Der Hauptbahnhof war ein belebter Ort. Dort waren Überwachungskameras. Der Mann schlug vor, ein Taxi zu nehmen, aber Jestschew bestand darauf, mit dem Bus zu fahren.

Er hatte eben Jensen in den sicheren Tod geschickt, zu einem alten Bekannten. Der war unehrenhaft aus der Armee entlassen worden, wegen fortgesetzter Gewalttätigkeit und Insubordination. Wenig später hatte er sich nach Deutschland abgesetzt. Hier war er von gewissen russischen Kreisen mit offenen Armen empfangen worden. Von Leuten, die seine speziellen Qualifikationen zu schätzen wussten.

Was für eine Ironie, dachte Jestschew, dem korrupten Jensen den Henkerslohn für seine eigene Hinrichtung mitzugeben. Am Telefon hatten sein Bekannter und er noch gemeinsam darüber lachen müssen.

Jestschew lächelte und besah sich sein eigenes Spiegelbild in der dunklen Scheibe des Busses, der sie beide Richtung Hauptbahnhof fuhr.

Am Hauptbahnhof stiegen er und der Mann an verschiedenen Türen aus und gingen auf getrennten Wegen zu den Schließfächern. Besorgt hielt Jestschew Ausschau nach Überwachungskameras, die ihm Sicherheit geben könnten. Ah, da waren sie ja. Er atmete auf.

Der Mann betrat den Gang, wo sich das Schließfach mit der vereinbarten Nummer befand. Jestschew kam von der anderen Seite auf ihn zu.

Sie waren allein. Jestschew sah zur Kamera an der Decke am Ende des Ganges. Beruhige dich, sagte er sich. In wenigen Minuten bist du reich. Seine Finger tasteten trotzdem nervös nach der Makarov.

Die beiden Männer standen sich gegenüber. In diesem Moment fragte sich Jestschew, wieso der Mann eigentlich mitgekommen war und ihm nicht einfach den Schlüssel gegeben hatte. Jähes Verstehen durchzuckte sein Gehirn. Seine Hand fuhr zu der Waffe in seinem Hosenbund.

Da schoss die rechte Hand des Mannes vorwärts. Daumen, Zeige- und Mittelfinger waren in Form eines gleichschenkligen Dreiecks nach vorn gerichtet. Die drei Fingerspitzen trafen Jestschews Brustkorb genau über dem Herzen und vollzogen im Moment des Auftreffens eine kurze, schnelle Drehung.

Der Mann fing den toten Kapitän auf und ließ ihn behutsam in eine sitzende Position gleiten. Gemessenen Schrittes verließ er den Hauptbahnhof. „Man kann so viele umbringen, wie man will." Er schüttelte langsam den

Kopf, während er mit sich selbst sprach. „Die Schwachköpfe sterben einfach nicht aus."

Die durchtrennten Kabel an der Rückseite der Überwachungskamera hingen herab wie Galgenstricke.

Es gab nun keinerlei Verbindung mehr zwischen vier Hochseecontainern, die angeblich mit Bananen gefüllt waren, und einem Schiff namens *Gagarin 3*. Der Mann ging in sein Hotel zurück. Er dachte an die Frau auf dem Foto.

Es war der erste Montag im Oktober 2003. Werner Vogel war erschöpft. Die letzten zwei Wochen hatten ihm alles abverlangt. Weder er noch sein Partner Karl Romberg waren viel zum Schlafen gekommen. Aber sie hatten es geschafft. Ihr erstes Oktoberfest lag hinter ihnen. Eine Zentnerlast fiel von ihm ab.

Die Sache mit den Kühltransportern war gut angelaufen. Sehr gut sogar. Das konnte man in ihren Büchern nachlesen. Hirschmoser hatte Wort gehalten. Er hielt sich an alle Vereinbarungen. Er zahlte pünktlich. Und seit dem Vertragsabschluss waren die Wagen der Firma täglich im ganzen Münchner Umland unterwegs. Sie holten die frische Ware ab und lieferten sie noch am gleichen Tag denen, die sie benötigten.

Vogel war unterwegs, um Romberg abzuholen. Josef Hirschmoser gab am heutigen Montagabend ein Festessen für alle, die für ihn in verantwortlicher Position auf dem Oktoberfest tätig gewesen waren.

Mittlerweile war Vogel bei Rombergs kleinem Haus in einem Neubauviertel angekommen. Er ging durch den Vorgarten und klingelte. Nichts geschah. Er wartete, dann klingelte er noch einmal. Diesmal länger.

Schließlich hörte er drinnen ein Geräusch. Schritte, die auf die Tür zukamen. Die Tür öffnete sich. Romberg stand mit zerzausten Haaren vor ihm. „O Gott, entschuldige, Werner, ich habe verschlafen." Romberg gähnte. „Komm rein und warte kurz. Ich halte nur meinen Kopf unter kaltes Wasser, dann können wir aufbrechen."

„Ich kann dich nur zu gut verstehen. Ich habe die letzte Nacht geschlafen wie ein Stein. Die vergangenen beiden Wochen waren wirklich heftig. Der Hirschmoser kann ja ein echter Despot sein. Ich weiß noch immer nicht, wo mir der Kopf steht."

Romberg rief etwas aus dem Badezimmer zurück, was Vogel nicht verstehen konnte, weil das Wasser rauschte. Dann kam Romberg wieder ins Zimmer, während er sich mit einem Handtuch den Kopf abtrocknete.

„Ich hab ja schon 'ne Menge im Leben mitgemacht, aber so eine Wiesn, das ist der pure Wahnsinn. Weißt du, was ich gelesen habe? 2002 wurden 459 259 Brathähnchen vertilgt. Kaum zu glauben, oder?" Romberg schnaubte. „Doch dieses Jahr ging's auch ganz schön zu. Vor allem der Engpass am zweiten Wochenende hat mich geschafft. Plötzlich heißt es, die Würstl werden knapp. Roter Alarm!"

Romberg und Vogel besaßen beide den Lkw-Führerschein. Eigentlich fuhren sie nur noch selten selbst, aber in den letzten zwei Wochen hatten sie beinahe pausenlos in der Fahrerkabine gesessen.

„Das kannst du laut sagen!", pflichtete Vogel ihm bei. „Mitten in der Nacht mit drei Lastzügen frische Bratwürste aus dem Chiemgau abholen. Wenigstens hat Hirschmoser am nächsten Tag persönlich angerufen und sich überschwänglich dafür bedankt."

„Na toll!" Romberg knöpfte sein Hemd zu. „Das ist ja wohl das Mindeste. Ich möchte nicht wissen, wie viel der in den letzten zwei Wochen verdient hat."

„Na ja, wir können uns eigentlich nicht beschweren." Vogel musste lächeln. „Wir sind auch nicht gerade leer ausgegangen."

Nickend zog sich Romberg seine Krawatte gerade. „Und heute Abend werden wir ordentlich reinhauen. Zumindest wissen wir sicher, dass die Sachen, die Hirschmoser uns auftischt, frisch sind." Beide lachten.

Sie brachen auf und gingen zu Vogels Wagen. „Sollen wir nicht lieber ein Taxi nehmen?" Romberg sah die Maßkrüge mit Freibier bereits vor sich.

„Von mir aus. Du kannst mir meinen Wagen ja morgen ins Büro mitbringen."

Auf dem Weg zum nächsten Taxistand unterhielten sie sich weiterhin angeregt. So bemerkten sie nicht den Wagen, der gegenüber von Rombergs Haus parkte. Auch nicht den Mann, der in dem Wagen saß. Auf dem Schoß des Mannes lag eine Spiegelreflexkamera mit Teleobjektiv. Er hatte Romberg und Vogel beim Verlassen des Hauses fotografiert und folgte ihnen jetzt mit seinen Blicken. Der Mann wusste, dass man sich wiedersehen würde. Spätestens nächstes Jahr. Zum Oktoberfest.

Grosny, Tschetschenien, 1994

ER WAR IHNEN IN DIE FALLE GEGANGEN wie ein Anfänger. Oberst Blochin ärgerte sich maßlos über seine eigene Dummheit. Und wenn man schon so einen Fehler machte, dann musste natürlich auch noch das Funkgerät den Geist aufgeben.

Jetzt saßen sie in der Nähe des Minutka-Platzes fest und hatten keine

Möglichkeit, Hilfe zu holen. Sie hatten sich in einer Hausruine verschanzt. Dort lagen sie seit mittlerweile achtzehn Stunden unter Beschuss. Die Sprengköpfe der RPG-7 heulten von allen Seiten heran. Ein neuerlicher Einschlag ließ das Haus erzittern. Staub rieselte auf Blochin herab.

Er ging in den Raum, wo die Verletzten und Sterbenden lagen. Er hatte noch fünfzig kampftaugliche Männer. Dreißig waren verwundet. Zehn bereits tot. Und es würden noch mehr werden, wenn nicht bald Hilfe käme.

Vor zwölf Stunden hatte er Major Iljuschin losgeschickt. Weit war der mit seinen Männern allerdings nicht gekommen. Er saß nur einige Häuserblocks entfernt ebenfalls fest. Granatwerfer deckten Iljuschins Einheit mit Sperrfeuer ein. Die kleinen Funkgeräte, die sie dabeihatten, ermöglichten es ihnen, miteinander zu sprechen. Aber der große Sender, der stark genug gewesen wäre, das Hauptquartier zu erreichen, war kaputtgegangen.

Dabei hätte ein Funkspruch genügt. Durch den Einsatz von Kampfhubschraubern und Panzern wäre ihr Problem schnell gelöst.

Blochin schritt die Reihen der Verwundeten ab. Diejenigen, die bei Bewusstsein waren, erkannten ihn. Viele Legenden erzählte man sich in der Armee über ihren Befehlshaber. Er war schon oft in scheinbar ausweglosen Situationen gewesen. Und er war immer rausgekommen. Zuversicht leuchtete in den Augen der Männer auf. Blochin nickte den Verwundeten zu. Seine Blicke suchten seinen medizinischen Offizier, Dr. Wladimir Kusnezow.

Er entdeckte ihn hinter einer aufgehängten Decke neben einem provisorischen Operationstisch, wo er einem Verwundeten einen Verband anlegte. Eine weitere Granate krachte in die Ruine. Von der Straße hörte man die Feuerstöße einer Kalaschnikow.

Dr. Kusnezow beendete seine Arbeit an dem Verband und wandte sich Blochin zu. „Lange halten wir das nicht mehr durch. Mir geht das Verbandszeug aus. Und auch das Morphium wird langsam knapp."

„Wenn nur dieses verdammte Funkgerät funktionieren würde. Oder wenn Iljuschin weiterkäme. Das Ganze ist ein ziemlicher Schlamassel, mein lieber Doktor. Aber in einem Monat werden wir darüber lachen." Bestimmtheit schwang in Blochins Stimme mit. Er verließ den Sanitätsraum und ging zu seinen Männern, die hinter den Fensterhöhlen in Deckung lagen.

„*Polkownik* Blochin!" Der Mann, dem er den Auftrag gegeben hatte, den Funk für kurze Distanzen zu überwachen, kam aus einem anderen Raum herangestürzt. „Ein Trupp Versprengter hat sich gemeldet. Unsere Leute. Sie liegen einen Block weiter südlich in Deckung. Sie sagen, sie seien keine

Kampftruppen, sondern von einer Versorgungseinheit. Sie bitten um Feuerschutz. Sie wollen zu uns kommen."

„Sagen Sie ihnen, wir holen sie rein. Sie bekommen ihren Feuerschutz. Sagen Sie ihnen, sie hätten Glück." Blochin sprach sehr viel leiser weiter. „Wir sind die Elite. Wir sind Speznas."

Blochin ging zu den Soldaten, die an der südlichen Ecke des Hauses die Stellung hielten. „Es kommt ein Trupp von unseren rein. Sie brauchen Feuerschutz. Auf mein Kommando Feuer auf alle bekannten Gegnerstellungen."

„Sie warten auf unseren Feuerschlag. Sie sind bereit." Der Mann am Funkgerät.

„Dann lasst sie uns reinholen. Feuer frei!"

Das MG ratterte los. An der Fassade der gegenüberliegenden Häuserfront konnte man der Reihe der Einschläge folgen.

Einen Häuserblock weiter rannten ein halbes Dutzend Gestalten aus einem Hauseingang. Staub wirbelte auf. Dreck spritzte hoch. Die Männer rannten buchstäblich um ihr Leben. Einer stolperte, wurde jedoch von seinem Nebenmann hochgerissen. Taumelnd fand er wieder in den Lauf.

Eine 40-Millimeter-Rakete wurde vom Dach gegenüber abgefeuert. Sofort antwortete das MG mit einem wütenden Feuerstoß. Der Mann mit dem Raketenwerfer auf der Schulter drehte sich um die eigene Achse. Dann kippte sein Körper über den Dachrand und fiel auf die Straße.

Zischend zog die Rakete über die flüchtenden Männer hinweg und schlug mit einer mächtigen Detonation drei Meter neben ihnen auf der Straße ein.

Sie hasteten weiter. Bis auf einen. Schließlich erreichten sie den Eingang der Hausruine. Sie lehnten sich an die Innenwände und rangen nach Atem.

Ein Mann lag noch auf der Straße und schrie vor Schmerzen.

„Der Major ist getroffen worden!" Einer der Ankömmlinge fand die Sprache wieder.

Neben Blochin kniete ein Leutnant, die AK-47 in Feuerstellung. Blochin sah den Mann an. Heller Fels. „Ich habe noch nie dabei zugesehen, wie einer meiner Männer verblutet. Ich werde ihn holen gehen."

Der Leutnant riss die Augen auf. „Aber … Polkownik Blochin, das – "

„Über uns sind nur die Sterne." Blochin murmelte mehr, als dass er sprach.

„Feuerschutz!" Die Stimme des Leutnants füllte brüllend den Raum. Er zog den Sicherungsstift aus einer Nebelgranate und warf sie auf die Straße. Rauch wallte auf. Die Elitekämpfer schossen, was die Läufe hergaben.

Oberst Blochin rannte los. Mitten ins Feuer.

Werner Vogel kam erst um elf Uhr ins Büro. Er war noch immer leicht verkatert. Nach der dritten Maß Bier hatte Karl Romberg sich verabschiedet. Daraus hatte Vogel abgeleitet, dass er wohl noch etwas bleiben könnte.

Er hatte sich zu diesem Zeitpunkt in einem angeregten Gespräch mit einer jungen Dame befunden, die ihm ausnehmend gut gefiel. Zum Glück hatten sie später die Telefonnummern ausgetauscht.

Romberg saß in seinem Büro, als Vogel hereinkam. Mit einer beinahe andächtigen Miene füllte er eine Postkarte aus.

„Ah, mal wieder ein Preisausschreiben?“, fragte Vogel.

Romberg hob nur kurz den Blick. „Ich bin mir ganz sicher, dass ich eines Tages gewinnen werde.“

„Worum geht es denn diesmal? Ferien auf dem Bauernhof?“ Vogels Stimme hatte einen leicht spöttischen Unterton. Als er seinen Partner näher kennen gelernt hatte, hatte er festgestellt, dass Romberg bei *jedem* Preisausschreiben mitmachte. Das war eine Marotte von ihm. Gewonnen hatte er allerdings noch nie.

„Es geht darum, zu gewinnen“, erwiderte Romberg mit Nachdruck, während er seinen Namen und seine Adresse auf die Postkarte schrieb. „Apropos gewinnen …“ Er hob den Blick. „Wie ist das denn gestern mit der Dame ausgegangen? Du warst ja ziemlich engagiert.“

„Dir entgeht aber auch nichts.“ Vogel ging zur Kaffeemaschine und füllte Pulver in den Filter. „Eine interessante Frau. Journalistin. Hat gerade bei der Lokalredaktion der größten deutschen Boulevardzeitung angefangen.“

„Und sie gefällt dir?“

„O ja, sehr.“ Die unverhohlene Begeisterung in seiner Stimme ließ Vogel betreten zu Boden blicken. Er wurde rot.

„Du bist im besten Heiratsalter. Also häng dich rein.“

„Mal sehen, Karl. Ich weiß nicht, ob ein Spediteur das ist, wovon eine junge Journalistin träumt.“ Vogel machte eine kurze Pause. „Aber wir haben uns gestern wirklich gut verstanden.“ Er versank in der Erinnerung an den vergangenen Abend. „Mal abwarten. Kann ja auch am Bier gelegen haben.“

„Aber du musst sie anrufen, hörst du? Nicht wieder drei Wochen warten und dann sagen, jetzt erinnert sie sich eh nicht mehr. Ruf doch gleich jetzt an. Wie heißt sie denn?“

„Amelie heißt sie. Amelie Karman.“

„Hübscher Name. Bei einer Frau, die wie ein Oldtimer heißt, müsstest du doch gute Chancen haben.“ Romberg grinste seinen Juniorpartner an.

„Du rufst jetzt an!“, sagte er bestimmt. „Wenn der Kaffee durchgelaufen ist, werden wir auf eure erste Verabredung anstoßen.“

Und so kam es. Werner verabredete sich mit Amelie für Donnerstagabend in einem feinen französischen Fischlokal im Stadtteil Haidhausen. Stolz kam er aus seinem Büro zurück. „Sie klang so, als ob sie sich wirklich gefreut hätte, dass ich angerufen habe. Mann, Karl, sie ist so hübsch. Ich hätte nie gedacht, dass ich bei so einer Chancen habe.“

Grosny, Tschetschenien, 1994

BLOCHIN rannte. Er achtete nicht auf die Kugeln, die neben, vor und hinter ihm einschlugen. Durch den Rauch der Nebelgranaten fixierte er den Körper des Mannes, der auf der Straße lag. Als er ihn erreicht hatte, erkannte er sofort, dass der Mann noch bei Bewusstsein war. Er trug die Uniform eines Majors der Fernmeldetruppen. Ein Granatsplitter hatte ihm den rechten Oberschenkel aufgerissen.

„Du bist spät dran, Kamerad! Der Kaffee wird kalt“, sagte Blochin, während er den Mann hochhob, als wäre dieser ein Kind. In kniender Haltung legte er sich den sicherlich achtzig Kilo schweren Körper auf die Schultern.

Noch im Aufstehen rannte der Oberst wieder los. Der Mann auf seinen Schultern zog scharf die Luft ein.

Der Krach des ununterbrochen feuernden Maschinengewehrs war ohrenbetäubend. „Raketenwerfer auf deiner linken Seite!!“, brüllte ihm jemand aus der Hausruine entgegen. Blochin änderte die Richtung, drehte nach rechts ab. Einige Sekunden später schlug die Rakete ein. Der Sprengkopf detonierte krachend. Heiß traf ihn die Druckwelle der Explosion. Splitter sirrten um ihn herum. Er hetzte weiter. Noch vier, fünf Schritte.

Da traf ihn ein Schlag im Rücken. Blochin stolperte, fast wäre er vornübergefallen. Mit zwei schnellen Schritten fand er jedoch das Gleichgewicht wieder. Glühender Schmerz breitete sich über seinem rechten Schulterblatt aus. Als er die Türöffnung erreichte, schickte er ein Stoßgebet des Dankes an den Konstrukteur seiner schweren Schutzweste. Das würde ein schöner, großer tiefblauer Fleck werden. Aber mehr nicht.

Dann war er im Haus. In Deckung. Er legte den Major auf die Tragbahre, die seine Sanitäter bereitgestellt hatten. Die Hose des Majors war zerrissen und die Wunde am Oberschenkel blutete.

Der Mann sah ihn an, dann griff er nach der Hand des Obersten. Ihre Blicke trafen sich. „Danke, Kamerad“, sagte der Mann mit leiser Stimme, bevor die Sanitäter ihn ins Lazarett trugen.

DAS „RUE DES SOLEILS“ war ein kleines, sehr ambitioniert geführtes Restaurant. Es lag in einem Wohngebiet in Haidhausen, wo es kaum Parkplätze gab. Deshalb und wegen des Weines, den er trinken würde, war Werner Vogel mit dem Taxi gekommen.

Er betrat das Lokal eine Viertelstunde vor der vereinbarten Zeit. Er wollte Amelie auf keinen Fall warten lassen. Nachdem der Kellner ihn zu dem reservierten Tisch am Fenster geführt hatte, sah Vogel sich um. Das Lokal war in hellen, freundlichen Pastelltönen gehalten und zu gut zwei Dritteln besetzt. Die leise Streichermusik im Hintergrund mischte sich mit dem Gemurmel der Gäste.

Der Kellner brachte Vogel einen Aperitif und reichte ihm die Speisekarte.

Als Amelie das Lokal betrat, reckten die Männer die Hälse. Sie sah atemberaubend aus. Amelie war 27 Jahre alt. Ihr volles schwarzes Haar war kinnlang geschnitten und seitlich gescheitelt. Das betonte die Attraktivität ihres langen, schlanken Halses. Ihr vornehmer blasser Teint ließ ihre makellose Haut erscheinen, als wäre sie von feinstem Porzellan.

Die schlanke, sportliche Figur kam in dem knielangen, engen Kleid, das den Blick auf ihre wohlgeformten Beine freigab, hervorragend zur Geltung. Der schwarze Stoff bildete einen reizvollen Kontrast zu ihrer hellen Haut.

Ihr Blick glitt suchend durch das Lokal. Als sie Werner Vogel entdeckte, hatte der sich bereits erhoben. Sie kam mit einem strahlenden Lächeln auf ihn zu. Die Blicke der anderen Männer im Lokal folgten ihr verhohlen.

„Hallo Amelie“, begann Vogel etwas linkisch.

Das Grün ihrer Augen war umwerfend. Leuchtende Edelsteine, dachte er. Sein Mund war plötzlich trocken.

„Werner!“ Amelie beugte sich etwas nach vorn und hauchte ihm einen Kuss auf die Wange. „Ich freue mich, dass wir uns schon so bald wiedersehen.“

Er half Amelie aus ihrem Mantel. Während sie die Speisekarte studierten, sprachen sie über Belanglosigkeiten. Wie man von Hirschmosers Fest nach Hause gekommen war und wie das Wetter sich entwickelte.

Zwei Gläser Prosecco wurden an den Tisch gebracht. Sie prosteten sich zu.

Vogel entspannte sich zusehends. Er wählte als Vorspeise eine Hummerterrine in Trüffelsahne. Als Hauptgericht bestellte er Waller im Safransud mit Marktgemüsen. Nach dem Studium der Weinkarte entschied er sich für eine Flasche schweren weißen Meursault.

Amelies Wahl fiel auf ein Langustinencarpaccio, gefolgt von Filet vom gegrillten Zander auf einem Champagner-Limonenschaum. Ihr gefiel das

Lokal. Sehr geschmackvoll. Und die Speisekarte ließ einiges erwarten. Werner Vogel hatte wohl geahnt, dass sie gern Fisch aß.

„Bei uns zu Hause gab es oft frischen Fisch. Als ich klein war, mochte ich allerdings nur Fischstäbchen. Ich glaube, da sind alle Kinder gleich." Amelie gluckste. „Erst später kam ich dann auf den Geschmack."

„Ich mochte als Kind Fischstäbchen auch am liebsten", entgegnete Vogel. „Und das hat sich bis heute nicht geändert, ich mag die Dinger immer noch." Er hielt kurz inne. „Aber frischer Fisch ist ja hier in der Gegend eher ungewöhnlich. Stammst du nicht von hier?"

Amelie ließ ein helles Lachen hören, das ihn förmlich überwältigte. „Nein, in der Tat. Ich stamme nicht von hier. Ich komme aus Norddeutschland. Mein Vater ist Tierarzt in Elmshorn."

„Sieh an, eine Preußin. Noch so eine Zugereiste."

Als er verschmitzt lächelte, hatte Amelie das Gefühl, seine Augen lächelten mit. Sehr sympathisch. Und attraktiv.

Das Gespräch entspann sich wie von selbst. Es war tatsächlich so, dass sie sich einfach gut verstanden.

Die Vorspeise war ausgezeichnet. Zum Hauptgang bestellte Vogel eine zweite Flasche Wein. „Ich habe mich übrigens sehr gefreut, dass du mich in deinem Artikel über das Hirschmoser-Fest in den Kreis der Münchner Prominenz erhoben hast", sagte er, als sie mit dem neuen Wein anstießen.

„Ehre, wem Ehre gebührt." Amelie lächelte ihn kokett an. „Du glaubst doch wohl nicht, dass ich mit einem Mann ausgehe, der nicht prominent ist?" Sie mussten beide lachen.

Nach dem Essen hatte Vogel endlich alle Schüchternheit überwunden und fragte Amelie geradeheraus: „Möchtest du vielleicht noch einen Cocktail trinken? Ich kenne hier in der Nähe eine sehr nette kleine Bar, das ‚Maria Magdalena', dorthin würde ich dich gern noch entführen."

Amelie neigte den Kopf zur Seite. „Gleich am ersten Abend noch in ein anderes Lokal?" Sie dachte kurz nach. „Warum eigentlich nicht?"

So gingen sie die kurze Strecke nebeneinander. Amelie hängte sich bei ihm ein. Es durchlief ihn heiß und kalt.

Auch in der Bar erzählten sie sich voneinander. Das Gespräch ließ sie die Zeit vergessen. Um halb eins beschlossen sie dennoch, den Abend zu beenden. Nicht ohne sich gegenseitig zu versichern, dass man bald ein neues Treffen verabreden müsse.

Vogel musste sich eingestehen, dass er ziemlich angetrunken war. Er bat den Barkeeper, zwei Taxen zu bestellen.

„Wie ritterlich“, sagte Amelie.

„Ehre, wem Ehre gebührt“, konterte er. „Du glaubst doch wohl nicht, dass ich mit einer Frau ausgehe, die gleich am ersten Abend zu haben ist?“

Abermals mussten sie beide lachen.

Als die Taxen kamen, brachte Vogel Amelie zu dem vorderen Wagen. Er öffnete ihr die Tür. Sie stellte sich auf die Zehenspitzen. Der Kuss, den sie ihm diesmal gab, war nicht nur gehaucht. Seine Wange brannte, wo ihre Lippen sie berührt hatten.

„Bis bald!“, sagte sie und stieg ein.

„Das hoffe ich sehr“, entgegnete er und schloss die Wagentür.

Nachdem das Taxi um die Ecke verschwunden war, sprang Vogel in die Luft und stieß einen Freudenschrei aus. Das war ein guter Anfang gewesen. Er ging zu dem zweiten Taxi, das auf ihn wartete.

Das Auto, das ungefähr sechzig Meter entfernt parkte, fiel ihm nicht auf. Auch nicht der Mann, der in dem Wagen saß. Auf dem Schoß des Mannes lag eine Spiegelreflexkamera mit Teleobjektiv. Er hatte beim Verlassen des Lokals einige Fotos von Amelie und Vogel gemacht und verfolgte dessen Abfahrt jetzt mit unbeteiligtem Gesichtsausdruck.

Da hast du dir ja eine wahre Schönheit ausgesucht, dachte er. Hoffentlich verhebst du dich da mal nicht, mein Freund.

Grosny, Tschetschenien, 1994

Dr. Kusnezow arbeitete schnell und konzentriert. Die Wunde war nicht tief. Er bekam den Splitter mit einer Pinzette zu fassen. Nachdem er das scharfkantige Metallstück entfernt hatte, wusch und desinfizierte er die Wunde, vernähte sie und legte einen Druckverband an. „Eine Narkose habe ich für so eine Wunde leider nicht zu bieten, Major. Ich muss meine Mittel für die schwerer Verwundeten sparen. Aber diese Wunde wird heilen. Und Sie werden laufen können.“ Dr. Kusnezow wandte sich ab und übergoss seine Hände mit Wasser. Danach rieb er sie mit Wodka ab.

Das Gesicht des Majors war kalkweiß vor Schmerz, als Blochin an den provisorischen Operationstisch trat. Der Major sprach leise und angestrengt. „Der Arzt hat mir gesagt, wer Sie sind. Sie sind Polkownik Oleg Blochin. Ich verdanke Ihnen mein Leben. Ihnen, einer verdammten Legende.“

„Wie ist Ihr Name?“

„Major Edouard Okidadse, zu Ihren Diensten. Fernmeldetruppen der Armee der Russischen Föderation.“

„Ah, georgischer Abstammung.“ Blochin blickte ihm in die Augen. „Ich würde Ihnen ja gern ein wenig Ruhe gönnen, Major. Aber wenn Sie von den Fernmeldetruppen sind, können Sie vielleicht unser aller Leben retten. Dann wären wir quitt." Okidadse sah ihn fragend an. „Unser Funkgerät ist kaputt. Ist äußerlich nicht beschädigt. Hat einfach den Geist aufgegeben."

„Ich werde tun, was ich kann, Polkownik Blochin. Fragen Sie meine Leute, ob einer von ihnen meinen Tornister mitgenommen hat. Und dann bringen Sie mich zu dem störrischen Gerät."

Blochin wandte sich an einen der Sanitäter. „Bringen Sie den Major in den Funkraum." Dann verließ er das Lazarett.

Einer der Männer hatte tatsächlich den Tornister mitgenommen. Blochin hob ihn vom Boden auf und trug ihn in den Funkraum.

Major Okidadse wurde von zwei Männern gestützt, die ihm zu einer leeren Munitionskiste halfen. Sie ließen ihn langsam hinunter, bis er auf der Kiste zu sitzen kam. Sein rechtes Bein war ausgestreckt. Die Lippen des Majors waren nur ein dünner Strich. Schweiß stand auf seiner Stirn.

„Dann wollen wir mal." Er klappte den Tornister auf. Werkzeuge und Ersatzteile aller Art wurden sichtbar. Okidadse warf einen schnellen Blick auf das Funkgerät und nahm dann einen Schraubenzieher. Mit flinken Bewegungen löste er die Frontplatte des Apparats.

Blochin musterte den Inhalt des offenen Tornisters. Sein Blick fiel auf mehrere kleine transparente Plastikbeutel. In jedem dieser Beutel befand sich ein winziges schwarzes Etwas in Form des Buchstabens X. „Was ist denn das?" Blochin deutete auf einen der Beutel.

„Abhörmikrofone. Amerikanische Herkunft. Sehr leistungsfähig."

„Wie sind Sie denn da rangekommen?"

„Organisationstalent und Kaviar." Okidadse wandte sich wieder dem Funkgerät zu. Sein Gesicht war fahl vom Schmerz. Mehrere Minuten lang starrte er auf das vor ihm liegende Gewirr aus Kabeln und Platinen. Den Einschlag einer weiteren Rakete schien er gar nicht zu bemerken.

Kurz darauf sah Blochin ein plötzliches Erkennen im Mienenspiel des Majors. Okidadse zog eine Platine aus dem Sender.

„Immer dasselbe", murmelte der Major. Er blickte auf. „Ich brauche Strom für den Lötkolben."

Einer seiner Männer schloss den Lötkolben an. Während Okidadse wartete, dass der Kolben heiß wurde, suchte er aus seinem Tornister einige Bauteile heraus. Dann begann er mit konzentrierter Miene seine Arbeit. Nach zehn Minuten richtete er sich auf und setzte die Platine in den Sender ein. „Schließen Sie das Mistding mal an."

Der Soldat trennte den Lötkolben von der Stromversorgung und schloss den Sender an. Der Major betätigte einen Schalter.

Lämpchen flammten auf. Die Beleuchtung der Frequenzskala erhellte sich. Aus dem Lautsprecher war Rauschen zu hören. Und schließlich ein Rufzeichen. „Hier spricht Alpha 3. Alpha 3 für Schwarzer Stern. Wie ist Ihre Position? Wie ist Ihr Status? Schwarzer Stern, kommen!“ Nach einer kurzen Pause wurde der Funkruf wiederholt.

Der Major richtete sich auf und verzog den Mund zu einem Lächeln. „Na also! Sind Sie Schwarzer Stern?“

Blochin nickte. Er hielt das Mikrofon bereits in der Hand. „Hier ist Schwarzer Stern für Alpha 3.“

Dreißig Minuten später erfüllte das knatternde Schlagen von Rotoren die Luft. Kampfhubschrauber der Mil-Reihe näherten sich rasch. Fauchend fuhren die schweren Luft-Boden-Raketen aus den Werfern. Detonationen ließen den Boden beben. Haus um Haus versank in Schutt und Asche.

„Drache über Funk. Der Gegner zieht sich zurück“, rief der Mann an dem kleinen Funkgerät. Major Iljuschins Codename lautete „Drache“.

In Blochins Gesicht regte sich kein Muskel. Er sprach mit ruhiger Stimme: „Sagen Sie dem Drachen, er soll sie verfolgen. Sagen Sie ihm, er soll sie abschlachten. Ich werde diese Mistkerle lehren, was es heißt, sich mit Spez-nas anzulegen.“

Major Okidadse sah Blochin an. Die unbeteiligte Kälte, die sich in dessen Augen spiegelte, trieb dem erfahrenen Fernmeldeoffizier einen Schauer über den Rücken. Heller Fels.

„Ich hätte Sie im Kampf in Zukunft gern in meiner Nähe, Major. Ich habe den Eindruck, Sie bringen mir Glück.“

„Das beruht auf Gegenseitigkeit. Es wäre mir eine Ehre, unter Ihnen zu dienen, Polkownik Blochin.“

Die beiden Männer reichten sich die Hand. Im flackernden Feuerschein der brennenden Häuser sahen ihre Schatten an den Wänden aus wie tanzende Teufel.

Der Eindruck, der am ersten Abend entstanden war, täuschte nicht. Zwischen Werner Vogel und Amelie Karman hatte es gefunkt. Und zwar ganz gehörig. Sie schienen füreinander geschaffen zu sein. Der Herbst kam und ging. Aber während es kälter wurde, die Tage kürzer und der Himmel grauer, erlebten Amelie und Vogel einen wunderbaren Frühling.

Jede freie Minute verbrachten sie miteinander. Sie genossen gemeinsam das Leben in München. Sie gingen ins Theater und besuchten die Oper, sahen sich viele Filme in den Kinos an und speisten oft gemeinsam in schönen Lokalen. Wenn sie dann nach ihren Unternehmungen nach Hause kamen, ließen sie sich von ihrer Leidenschaft überwältigen. Amelie war Vogel alles, was ein Mann sich nur wünschen konnte. Er war noch nie in seinem Leben so glücklich gewesen.

Manchmal ertappte sich Karl Romberg dabei, dass ihm Vogels entrücktes Dauergrinsen auf die Nerven ging. Aber eigentlich freute er sich sehr für ihn. Es war schön, zu sehen, wie die beiden ihr Glück genossen. Zwar bot Vogel ihm immer an, mitzukommen, wenn sie etwas unternahmen. Doch Romberg wusste, dass er nur gestört hätte. Vielmehr überlegte er, wie er den beiden eine Freude machen könnte. Irgendwann kam ihm dann die Idee, Vogel und Amelie einen Urlaub zu schenken. Einen, der es in sich hatte.

Noch am gleichen Nachmittag ging er in ein exklusives Reisebüro, um sich beraten zu lassen. Seine Entscheidung fiel auf Mauritius. Hin- und Rückflug erster Klasse. Romberg wollte sich nicht lumpen lassen. Das sollte ein Urlaub werden, den sie ihr Leben lang nicht vergessen würden. Er buchte eine Suite in einem sehr luxuriösen Hotel, direkt am Strand. Als Reisetermin wählte er die zweite Januarhälfte. Wenn es hier in München richtig kalt und unangenehm wäre, dann würde das frischgebackene Liebespaar für zwei Wochen in die Sonne fliegen.

Romberg war zufrieden, als er das Reisebüro verließ. Ein teures Geschenk. Angemessen, wie er fand. Ausdruck seiner Verbundenheit und Dankbarkeit. Zu Silvester würde er sie damit überraschen.

Zurück im Büro rief er Vogel zu sich. Der war sofort bei ihm. „Werner“, begann er mit verschwörerischer Miene, „nehmt euch mal für die zweite Hälfte Januar frei.“

Vogel sah ihn überrascht an. „Warum denn das?“

„Mehr werde ich nicht sagen. Ich sage das auch nur, damit Amelie ihren Urlaub früh genug beantragen kann.“

„Na gut, ich werde ihr das so ausrichten.“ Vogel überlegte kurz. „Hast du gerade etwas Zeit? Wir könnten die Disposition für die nächste Woche durchgehen.“

Sie sprachen eine halbe Stunde lang über die Aufträge der nächsten Zeit und teilten die Fahrzeuge und die Dienstzeiten der Fahrer ein. Danach verließ Vogel Rombergs Büro.

Als es im Büro still wurde, schaltete sich ein winziges schwarzes Etwas automatisch ab, um Batterie zu sparen. Ein winziges schwarzes Etwas in Form des Buchstabens X, das an der Unterseite von Rombergs Schreibtisch angebracht war.

ER SASS IN EINER TRANSALL-MASCHINE der Bundeswehr. Er war unterwegs in das Kosovo. Nach Prizren. Kapitän zur See Wolfgang Härter war Offizier der Deutschen Marine. Kampfschwimmer. Er war jedoch kein aktiver Seeoffizier mehr, sondern für die Spionageabwehr tätig. Er war der Leiter der Abteilung A&Ω beim Militärischen Abschirmdienst, MAD.

A&Ω stand für Analysen und Operationen. Härters Abteilung hatte innerhalb der militärischen Abwehr einen Sonderstatus. Sie verfügte über besondere Vollmachten und unterlag strengster Geheimhaltung. Nur sehr wenige Menschen wussten überhaupt von der Existenz dieser Abteilung.

Noch weniger Menschen wussten von der Existenz Wolfgang Härters.

Seine Mitarbeiter waren über das ganze Bundesgebiet verteilt. Er selbst unterstand direkt dem Verteidigungsminister. Im Friedensfall. Im Verteidigungsfall wäre er nur noch dem Bundeskanzler gegenüber weisungsgebunden. Kapitän zur See Wolfgang Härter war das, was man gemeinhin einen Geheimagenten nennt. Er persönlich bevorzugte jedoch die Berufsbezeichnung „verdeckter Operateur".

Das sonore Geräusch der Triebwerke setzte sich als Zittern im ganzen Rumpf des Flugzeuges fort. Die gute alte Trall. Härter war jedes Mal erstaunt, wenn eine dieser altersschwachen Maschinen abhob. Sein Fallschirm lag in Reichweite. Er war allein im Laderaum der Maschine. Das Flugzeug hatte Nachschubgüter geladen, vor allem Winterkleidung.

Offiziell war er gar nicht an Bord. Der Minister persönlich war es gewesen, der ihm den Auftrag erteilt hatte, vor Ort zu ermitteln.

Er rief sich die wenigen Informationen ins Gedächtnis, die er bisher hatte. Ein Hauptmann, Kaspar Lohweg, war mitsamt einem Lastwagen spurlos verschwunden. Das war jetzt vier Tage her. Der Mann hatte in der Waffenmeisterei gearbeitet, weshalb eine komplette Bestandsprüfung vorgenommen worden war. Das Ergebnis war niederschmetternd. In den Beständen fehlten große Mengen an Infanteriewaffen. Allein hundert Maschinenpistolen vom Typ H&K MP 5. Sechs Präzisionsschützengewehre H&K PSG 1. Tragbare Luftabwehrraketen. Panzerfäuste. Sogar Anti-Infanterie-Minen. Die ganze Palette. Doch damit nicht genug. Weitere Nachforschungen hatten ergeben, dass auch viele technische Geräte verschwunden waren. Modernste digitale Funkgeräte. Chiffriergeräte. Minikameras. Bewegungssensoren.

Richtmikrofone. Funkzünder. Ein komplettes Sortiment der neuesten NATO-Technik.

Die Maschine ging in den Sinkflug und setzte zur Landung an. Als der Minister ihm versichert hatte, die Truppen vor Ort würden für seine Sicherheit sorgen, hatte Härter sich bewaffnet. Er trug seine Glock 17 im Fallholster unter der linken Achsel. Er war sich selbst immer der beste Schutz gewesen.

Nach der Landung wurde er von zwei MAD-Offizieren erwartet und zu einem Schützenpanzer geleitet, der sie zum KFOR-Hauptquartier transportieren sollte. Während der Fahrt wurde er über die neuesten Ergebnisse der Ermittlungen informiert – nichts was er nicht schon wusste.

Seine Mitarbeiter hatten die Liste der entwendeten Geräte analysiert. Sein Adjutant, ein junger Kapitänleutnant, hatte versucht, ihn zu beruhigen: „Für die Bedienung dieser Technologie braucht man jahrelange, hoch spezialisierte Ausbildung und Übung. Für Fanatiker oder Freischärler sind die Apparate nutzlos."

Diese Argumente konnten Kapitän Härter jedoch nicht überzeugen. Ganz im Gegenteil. Sie trafen genau den Punkt, der ihm große Sorgen bereitete.

DIE ÜBERRASCHUNG zum Jahreswechsel gelang Karl Romberg hervorragend. Vogel, Amelie und er waren gemeinsam auf den Silvesterball von Josef Hirschmoser eingeladen. Nachdem sie um Mitternacht miteinander angestoßen hatten, zog Romberg den Umschlag mit den Reiseunterlagen aus der Tasche. „Damit das neue Jahr für euch gleich gut anfängt." Mit diesen Worten überreichte er ihnen das Geschenk.

Vogel und Amelie steckten die Köpfe zusammen und öffneten den Umschlag. Als sie zu verstehen begannen, was diese Unterlagen bedeuteten, bekamen ihre Gesichter einen ungläubigen Ausdruck.

„Zwei Wochen Mauritius." Amelies Stimme hatte einen andächtigen Klang. „Das ist ja unglaublich. Und Flüge erster Klasse." Sie stockte. Stürmisch fiel sie Romberg um den Hals. „Vielen, vielen Dank! O Mann, Karl, das ist ja ein echter Hammer." Er bekam einen dicken Kuss auf die Wange gedrückt, woraufhin sein Gesicht vor Freude strahlte.

Vogel hob sein Glas zu einem Trinkspruch. „Wohl dem, der solche Freunde hat." Sie stießen an.

Vogel und Amelie verabschiedeten sich um halb drei. Romberg allerdings beschloss, sich so richtig zu betrinken. „Bringen Sie mal eine Flasche Wodka an den Tisch!"

Wenn er viel trank, kam sein Gefährte nicht.

ZWEI WOCHEN SPÄTER standen sie zu dritt am Flughafen. Romberg winkte Vogel und Amelie hinterher, als diese durch die Zollabfertigung gingen und sich zu ihrem Flugzeug begaben. Ein wirklich schönes Paar, dachte er. Dann ging er zur Besucherplattform, um den Start zu beobachten.

Als das Langstreckenflugzeug beschleunigte und schließlich in den winterlichen Himmel abhob, summte er leise den Anfang einer Arie aus dem Oratorium „Die Schöpfung“ von Haydn.

Der Zufall wollte es, dass genau in dem Moment, in dem das Flugzeug von der Startbahn abhob, um München hinter sich zu lassen, vier Containerlastzüge die Stadtgrenze passierten. In den langen Hochseecontainern befanden sich laut der Frachtpapiere Bananen. Angelandet in Bremerhaven.

Die vier Lastzüge fuhren zu der in den Papieren angegebenen Lieferadresse in einem Industriegebiet in einem Münchner Vorort. Sie bogen durch das offen stehende Rolltor auf das Gelände einer Import-Export-Firma ein. Das Areal hatte gut die Größe eines Fußballfeldes. Es wurde von einem drei Meter hohen Wellblechzaun vollständig umschlossen. Das Tor der riesigen Werkshalle dahinter stand offen. Männer in blauer Arbeitskleidung erschienen und winkten die erste Zugmaschine hinein.

Der erste Containerzug fuhr durch das Tor. Der Fahrer hielt in der Mitte der Halle an. Als er aus seiner Kabine stieg, kam ihm einer der Männer in Blau entgegen. „Grüß Gott!“, sagte der Mann. „Sie wollen sicher eine Unterschrift und einen Stempel. Kommen Sie mit.“ Er wandte sich ab und ging zu einem kleinen Büro an der Seitenwand.

Das gewaltige Gebäude wirkte seltsam leer. Nirgendwo konnte der Fahrer Obst entdecken. Auch keine Kühlräume. Das war merkwürdig.

Von innen waren die Ausmaße der Halle noch beeindruckender. Ihre Breite betrug ungefähr fünfzig Meter, und sie erstreckte sich sechzig Meter in die Tiefe. Ein Kran setzte sich an Schienen unter der Decke in Bewegung.

Die Männer in den blauen Arbeitsanzügen kletterten über Leitern auf das Dach des ersten Containers. Der Kran stoppte über dem Container. Vier massive Ketten hingen von ihm herab. Die Männer brachten die Ketten an den Ecken des Containers an und verschraubten die schweren Karabinerhaken.

In dem kleinen Büro übergab der Fahrer dem Mann die Frachtpapiere. Seinen Durchschlag erhielt er unterschrieben und gestempelt zurück. Dann griff der Mann in seine Hosentasche und zählte vier 50-Euro-Scheine auf den Tisch. „Das ist für Sie und Ihre Männer. Meine Leute werden nicht lange brauchen, die Container abzuladen.“

„Oh, vielen Dank." Der Fahrer nahm die Geldscheine und steckte sie ein.

Als sie aus dem Büro traten, erfüllte das Brummen des Krans die Luft. Der erste Container schwebte bereits durch die Halle und wurde in der hinteren rechten Ecke abgesetzt.

Der Fahrer ging zu seiner Zugmaschine zurück und fuhr rückwärts den leeren Anhänger aus der Halle. Während er wendete, rollte der zweite Lastzug durch das Tor. Die Männer in den blauen Anzügen arbeiteten zügig. Es dauerte keine zwanzig Minuten, und alle vier Container standen auf dem Boden. Der Vorarbeiter verabschiedete sich von den Fahrern. „Nochmals vielen Dank für die pünktliche Lieferung. Wir werden Sie weiterempfehlen."

Nachdem auch die vierte Zugmaschine das Gelände verlassen hatte, schlossen die Männer das Rolltor und die Hallentore. An der Decke flammten zusätzliche Neonröhren auf. Einer der Männer zog die Plane von einem kleinen Gabelstapler und rollte mit surrendem Elektromotor auf den ersten Container zu. Zwei andere Männer öffneten die Türen, und es wurden Maschinenteile, Gasflaschen und Holzkisten sichtbar.

Auf den Kisten war ein Firmenemblem zu erkennen. Darunter befand sich ein Schriftzug: HECKLER & KOCH.

HÄRTERS ERMITTLUNGEN verliefen im Sand. Er fand zwar heraus, dass Hauptmann Lohweg einige Unteroffiziere bestochen hatte. Diese Unteroffiziere waren sofort von Feldjägern in Gewahrsam genommen worden. Auf sie wartete ein Militärgericht. Die Verhöre ergaben jedoch nichts, was verwendbar gewesen wäre. Lohweg war alleinstehend gewesen, ein Einzelgänger.

Die Ermittlungen in der Halbwelt von Prizren endeten ebenfalls ergebnislos. Härter hatte starken Druck ausgeübt, hatte Razzien in den entsprechenden Lokalen durchführen lassen. Viele Verdächtige wurden vorübergehend festgesetzt. Er selbst hatte verdeckt gearbeitet. Wie immer.

Einige der übelsten Schläger von Prizren hatten persönlich Bekanntschaft mit Kapitän Härter gemacht. Äußerst unangenehme Bekanntschaft. Keiner seiner Gegner würde die eigene, totale Niederlage je vergessen. Einer von ihnen würde nicht einmal mehr ohne Krücken laufen können. Dieser Mann hatte ein Messer gezogen. Das hätte er besser bleiben lassen. Härter hatte ihm mit einem einzigen gezielten Tritt seiner Stahlkappenschuhe den Beckenknochen und das rechte Hüftgelenk zertrümmert.

Das organisierte Verbrechen vor Ort war ordentlich durchgeschüttelt worden. Aber dabei war nichts herausgekommen, was Härter weitergeholfen hätte.

Auch aus den Sachen von Hauptmann Lohweg ergaben sich keine Anhaltspunkte. Schließlich fanden sie ein Flugticket nach Brasilien, das an der Unterseite seines Spinds festgeklebt war. Lohweg hatte offensichtlich vorgehabt, zu desertieren. Hinweise, die auf seinen jetzigen Aufenthaltsort oder auf den Verbleib der gestohlenen Waffen und technischen Ausrüstung hätten schließen lassen, fanden sie nicht.

So blieb Härter nichts weiter zu tun, als einen Bericht zu schreiben. Diesen ergänzte er um ein Gefährdungsprofil und eine Risikoabschätzung. Er kam darin einerseits zu dem Schluss, dass die Waffen und die Ausrüstung in den Händen von militärisch ausgebildetem Personal eine ungeheure Bedrohung darstellten. Andererseits schwächte er diese Einschätzung wieder ab, denn die Geräte allein würden nichts nützen. Es brauchte eine ganze Menge weiterer Ausrüstung, wenn man die Technologie adäquat einsetzen wollte.

Drei Wochen später wurde die Leiche von Hauptmann Lohweg gefunden. Pioniere entdeckten sie bei Minenräumarbeiten. Völlig verbrannt. Die Identifikation erfolgte durch die Unterlagen des Zahnarztes. Die genaue Todesursache war nicht mehr feststellbar.

Karl Romberg war vom Flughafen noch einmal ins Büro gefahren. Aus seinem Fenster konnte er sehen, wie vier Zugmaschinen mit leeren Anhängern auf das Firmengelände bogen. Ah, die Fuhre aus Bremerhaven, dachte er. Er ging auf den Hof hinaus. „Hallo!“, rief er den Männern zu, die aus den Fahrerhäusern kletterten. „Alles gut gegangen?“

„Servus, Chef!“ Der Fahrer der ersten Zugmaschine gab ihm die Hand. „Keine Probleme, alles glatt gelaufen.“ Er hielt kurz inne. „Aber komische Leute gibt’s ja schon. Wir haben gerade die vier Container mit Bananen bei einem Betrieb abgeliefert, der eher den Eindruck machte, als würden die da Flugzeuge bauen.“ Der Fahrer schüttelte den Kopf.

„Nicht unser Bier.“ Romberg winkte ab. „Und wo geht’s morgen hin?“

„Budapest. Maschinenteile nach Frankfurt.“

„Na, dann mal gute Fahrt.“

Mauritius, Hotel „Le Saint Geran“

Der kleine Ort Belle Mare schmiegte sich in eine malerische Bucht. Das mondäne Hotel, das Romberg für Vogel und Amelie ausgewählt hatte, befand sich etwas außerhalb des Städtchens, inmitten von Palmen. Die großen

Panoramafenster des Hotelrestaurants waren geöffnet. Glitzernd lag das Meer vor ihren Augen. Leises Brandungsrauschen drang an ihre Ohren.

Sie saßen einander gegenüber an einem kleinen Tisch des Restaurants. Die Gläser, gefüllt mit einem exzellenten Weißwein, waren beschlagen. Sie hatten ihr Abendessen bereits beendet. Vor wenigen Minuten war die Sonne blutrot im Meer versunken. Der weite Himmel leuchtete nun in den unglaublichsten Farben.

„Wenn wir in den Ferien am Meer waren, hat mein Vater immer gesagt, Sonnenuntergänge wären die Lightshow Gottes. Als Kind habe ich nie verstanden, was er damit gemeint hat." Amelie schluckte. „Aber jetzt verstehe ich ihn." Sie hatte unbewusst zu flüstern begonnen, als könnte ein zu lautes Wort die Magie des Augenblicks zerstören.

„Das verstehe ich. Dein Vater scheint ein weiser Mann zu sein." Vogel nickte kaum merklich. „Wenn es Gott wirklich gibt, dann muss er gelächelt haben, als er diesen Ort erschuf." Er sah Amelie an. Überwältigt von der Intensität seiner Gefühle legte sich ein feuchter Schleier über seine Augen. „Da wir gerade über unsere Väter sprechen: Von meinem Vater habe ich gelernt, dass glückliche Erinnerungen das Wertvollste sind, was ein Mensch besitzen kann. Das beginne ich auch erst jetzt zu verstehen." Er machte eine kurze Pause. „Und eines weiß ich: Ich werde die Erinnerungen an dich und diesen Ort immer in mir tragen."

Wortlos lehnte sich Amelie über den Tisch nach vorn. Vogel kam ihr entgegen. Sie küssten einander.

Er hatte sich noch niemals zuvor einem anderen Menschen emotional derart geöffnet. Und auch Amelies Gefühle für ihn waren zunehmend stärker geworden. Beide bemerkten, dass etwas Großes, Unerklärliches mit ihnen geschehen war.

Es war Sommer geworden. Die Luft flimmerte vor Hitze. Josef Hirschmoser saß in seinem Büro und rieb sich die Hände. Er würde im Vergleich zum Vorjahr viel Geld sparen. Sein Bauleiter hatte gerade angerufen. Sie hatten den Fortschritt der Aufbauarbeiten für das Oktoberfest besprochen. Auf der Theresienwiese ging es gut voran.

Letztes Jahr hatten sie ihre Handwerker über eine Zeitarbeitsfirma gemietet, alles Männer mit mangelhaften Qualifikationen. Das war dieses Jahr anders. Sein Bauleiter war ein schlauer Fuchs. Der Auftrag war bereits im letzten Herbst ausgeschrieben worden. Viele Baufirmen und Schreinereien und Arbeitslose hatten sich beworben.

Dann war dieser Malow erschienen. Ein Russe. Sein Bauleiter war zuerst misstrauisch gewesen. Malow trat jedoch sehr gepflegt auf. Er konnte gut Deutsch, obwohl er mit einem starken Akzent sprach. Er bot ihnen an, sechzig Arbeiter zur Verfügung zu stellen. Alles fleißige, ehrliche Männer.

Das Beste war jedoch die finanzielle Forderung gewesen. Die Russen boten ihre Arbeitskraft zu absoluten Tiefstpreisen an. Hirschmosers Bauleiter empfahl ihm, das Experiment mit den Männern zu wagen. Malow wurde zunächst nur für eine Woche engagiert. Das Ergebnis übertraf ihre Erwartungen.

In Malow hatte sein Bauleiter einen Ansprechpartner, der schnell verstand, was man von ihm wollte. Und Malows Männer arbeiteten wie die Besessenen. Sie stellten alle Aufträge pünktlich fertig. Ohne zusätzliche Bezahlung schufteten sie oft bis spät in die Nacht. Der Vertrag wurde verlängert. Schließlich erhielten Malows Männer den Auftrag, das gesamte Oktoberfest aufzubauen.

Malow hatte in den Reihen seiner Männer Fachleute für alle Bereiche. Nicht nur dass die Holzarbeiten an den Gerüsten der riesigen Bierzelte in echter Spitzenqualität ausgeführt wurden. Auch die Installationen, egal ob es um Wasserleitungen, Stromkabel oder Gasrohre ging, wurden absolut fachmännisch erledigt.

Heute Nachmittag hatte Hirschmoser einen Termin auf der Wiesn-Baustelle mit einem Inspekteur vom städtischen Bauamt. Hirschmoser war zuversichtlich, dass es keine Beanstandungen geben würde. Das hing einerseits mit der Qualität der Arbeit von Malows Männern zusammen. Andererseits mit der Tatsache, dass der Leiter des städtischen Bauamts ein guter Bekannter war. Das, was man in Bayern einen „Spezl“ nennt.

Hirschmoser verließ sein Büro. Mit dem Aufzug fuhr er in die Tiefgarage und stieg in seinen silbernen 7er-BMW. Vor der Theresienwiese stand ein junger Polizist, der ihn kontrollierte. Hirschmoser zeigte seine Zufahrtserlaubnis. Der junge Polizist stammte nicht aus München, deshalb hatte er ihn nicht sofort erkannt. Langsam rollte die Limousine die Wirtsbudenstraße entlang. Überall wurde gearbeitet. Links von sich sah Hirschmoser das Gerüst des Zeltes der „Fischer-Liesl“. Sechs Männer arbeiteten daran, den Dachstuhl fertigzustellen.

An dem sehr viel größeren Zelt der Korbinian-Brauerei wurde gerade die Vorderfront angebracht. Hier arbeiteten Männer mit Akkuschraubern, um die Spanplatten am dahinterliegenden Gerüst zu befestigen.

Hirschmoser hielt an und stieg aus dem Wagen. Sein Bauleiter kam auf ihn zu. „Ah, Herr Hirschmoser. Willkommen auf der Wiesn! Die Herren vom Baureferat sind eben angekommen. Folgen Sie mir bitte."

Der Inspekteur des städtischen Bauamts trug den bayerischen Allerweltsnamen Huber. Das Gesicht kam Hirschmoser bekannt vor, als sie sich begrüßten. Schließlich fiel es ihm wieder ein. Er hatte den Mann einmal auf der Pferderennbahn getroffen.

Einer von Hubers Mitarbeitern war gerade dabei, mit einem Messgerät einen Sicherungskasten zu überprüfen.

„Sieht ja alles ganz fabelhaft aus, Herr Hirschmoser", sagte Huber. Er klopfte gegen eine Wand aus Spanplatten. „Meine Mitarbeiter schauen sich jetzt alles in Ruhe an, aber meinem ersten Eindruck nach leisten Ihre Leute hier hervorragende Arbeit."

Malow steuerte direkt auf den Bauleiter zu, wohl um etwas mit ihm zu besprechen. Er hatte den Plan mit den Spülwasserleitungen in der Hand. Da entdeckte er Sepp Hirschmoser. „Oh, Herr Hirschmoser. Ich freue mich, Sie zu sehen. Wir kommen gut voran. Ich hoffe, Sie sind mit unserer Arbeit zufrieden." Sein osteuropäischer Akzent war nicht zu überhören.

Hirschmoser wandte sich an Huber. „Herr Huber, darf ich vorstellen? Mein Vorarbeiter, der Herr Malow. Ein Pfundskerl, wenn Sie mich fragen."

Die beiden Männer gaben sich die Hand. Dann ging Malow weiter zum Bauleiter, der nur wenige Schritte entfernt stand.

Seine Gedanken wanderten kurz zu der jungen Frau auf dem Foto. Zu der jungen Frau mit der schlanken, aber dennoch weiblich geschwungenen Figur. Die Aufnahme trug er immer bei sich. In seiner linken Brusttasche. „Ich habe das Gefühl, Herr Hirschmoser", hörte er Huber in seinem Rücken sagen, „dass das heuer eine Bomben-Wiesn wird."

Da hast du verdammt recht, dachte Malow, während er den Plan mit den Spülwasserleitungen ausrollte.

Am späten Abend dieses Tages fuhr Werner Vogel in seinem offenen Cabrio über die Theresienhöhe. Er war auf dem Weg nach Hause. Leider allein. Amelie war in Hamburg. Ihr Chef, der Leiter der lokalen Redaktion, hatte sie zur zentralen Konferenz mitgenommen. Sie sollte dem Chefredakteur vorgestellt werden. Dem Mann, der über die Inhalte der größten deutschen Boulevardzeitung zu entscheiden hatte.

Vogel hatte lange im Büro gearbeitet. Jetzt war es elf Uhr abends. Sein Blick glitt nach rechts, auf die Theresienwiese. Im Licht einiger Scheinwerfer wurde dort noch immer gearbeitet. Die armen Schweine, dachte er.

Die haben offensichtlich einen mörderischen Termindruck. Die hängen wohl hinter ihrem Zeitplan.

Da täuschte sich Vogel. Die Männer waren genau im Zeitplan. In ihrem eigenen, wohlgemerkt. Sie lagen weit vor dem offiziellen, den der Bauleiter von Josef Hirschmoser ausgearbeitet hatte.

Ihr eigener Zeitplan sah allerdings auch eine ganze Menge zusätzliche Arbeit vor, von der Sepp Hirschmoser und sein Bauleiter nichts ahnten. Und Malow und seine Männer hatten noch viel zu tun.

Heute Abend wurden einige Balken ausgetauscht. Die Balken, die sie einsetzten, waren zuvor in der Halle der Import-Export-Firma bearbeitet worden. Diese Veränderungen waren von außen nicht sichtbar.

Auch die Verbindungen der Balken wurden mit zusätzlichen Stahlstiften verstärkt. Hohlräume in den Holzböden wurden mit einem speziellen Kunststoff ausgekleidet, der für Metalldetektoren undurchdringlich war.

Eine andere Gruppe war damit beschäftigt, Glasfaserkabel zu verlegen. Der offizielle Plan sah an diesen Stellen, wenn überhaupt, nur herkömmliche Telefonkabel vor. An den Stellen, wo offiziell keine Kabel eingezeichnet waren, verlegten die Männer sie innerhalb der Balken oder tarnten die Kabelkanäle mit Holzkitt.

Etwas abseits machten sich einige Männer in der Dunkelheit zu schaffen. Sie trugen Nachtvisiere. Sie gruben Kanäle, in die sie Kabel und Rohre legten. Dann wurden die entsprechenden Stellen wieder zugeschüttet. So arbeiteten sie sich zwischen den Zelten vor. Immer weiter. Jede Nacht.

Doch nicht nur auf der Theresienwiese wurden im Verborgenen Vorkehrungen getroffen, sondern auch darunter. Ein Trupp war in der Kanalisation unterwegs. Im Untergrund.

Oberst Iljuschin, der sich Malow nannte, trieb die Männer zur Eile an. Wenn unvorhergesehene Verzögerungen auftauchen würden, wäre es besser, wenn man auch dem eigenen Zeitplan etwas voraus wäre.

Er beugte sich mit drei Männern über eine technische Zeichnung, die die schematische Darstellung eines Röhrensystems zeigte. Im Prinzip sah dieser Plan genauso aus wie der Plan mit den Frisch- und Abwasserleitungen. Oder jener Plan, auf dem die Strom- und Telefonleitungen eingezeichnet waren.

Aber eben nur im Prinzip. Niemand wusste von den zusätzlichen Leitungen, die neben den regulären gezogen wurden.

Zwei Wochen danach kam Werner Vogel morgens etwas später ins Büro. Er hatte bei Amelie übernachtet. Das bedeutete, dass er einen längeren Weg zur Firma hatte als sonst.

Karl Romberg stand im Vorraum des Sekretariats, und dem Gesichtsausdruck der Sekretärin nach zu schließen, war Vogels Partner verrückt geworden. Mit einer Hand hielt er einen Brief in die Höhe und fuchtelte damit in der Luft herum. Mit der anderen Hand deutete er immer wieder auf das Schriftstück. Sein Gesicht war gerötet. „Ha!“, rief Romberg. Und dann noch mal: „Ha!“

„Karl?“, fragte Vogel mit vorsichtiger Stimme. „Alles in Ordnung?“

Romberg kam mit aufgerissenen Augen auf ihn zu. „Ich hab gewonnen!“

Es dauerte einige Sekunden, bis Vogel verstand. Dann lachte er laut. „Du hast gewonnen? Na, herzlichen Glückwunsch, lieber Freund!“ Er hakte seinen Arm bei Romberg unter, und dann hüpften sie beide im Kreis herum.

Nachdem sie ihren Tanz beendet hatten, nahm Vogel Rombergs Kopf zwischen beide Hände und schüttelte ihn. „Was ist es denn? Ein Motorroller? Oder ein Bademantel?“

„Etwas viel Besseres!“, rief Romberg. „Halt dich fest! Ich habe eine Reise gewonnen. Zehn Tage Fotosafari in Afrika! Im berühmten Okavango-Delta! Da staunst du, was?“ Er rang nach Luft.

„Eine Reise!“, sagte Vogel anerkennend. „Das ist allerdings was anderes. Noch mal umso herzlicheren Glückwunsch. Wann soll es denn losgehen?“

Schlagartig verdüsterte sich Rombergs Miene. „Das ist leider ein Problem. Die Reise beginnt am zweiten Oktoberfest-Samstag. Ich glaube deshalb nicht, dass ich fahren werde. Ich kann dich doch hier nicht allein lassen. Ausgerechnet während des Oktoberfestes.“

Vogel wischte diese Bedenken mit einer Geste beiseite. „Natürlich fährst du!“ Er sprach sehr bestimmt. „Das wäre ja noch schöner. Das schaffen wir schon. Wir werden hier den Laden für dich schmeißen.“

„Meinst du wirklich, das ginge?“, fragte Romberg, Zweifel im Blick.

„Na klar, das muss einfach gehen! Du wartest doch schon so lange darauf, dass du einmal gewinnst. Jetzt ist es so weit, und du willst deinen Gewinn nicht in Anspruch nehmen? Kommt nicht infrage.“

Romberg umarmte Vogel und schlug ihm auf die Schulter. „Danke! Dann werde ich zusagen. Die erste Woche des Oktoberfestes bin ich ja noch da.“ Er holte Luft. „Ich werde mir eine dicke Kamera kaufen. Wenn ich zurück bin, wirst du dir zusammen mit Amelie stundenlang Dias anschauen müssen." Er feixte.

„Ach du Schreck! Vielleicht solltest du doch besser hierbleiben."

Kaliningrad, Russland

NOCH VIER WOCHEN bis zum Beginn des Oktoberfestes. Generalmajor Oleg Blochin saß an seinem Schreibtisch im Hauptquartier der operativen Einheiten des militärischen Geheimdienstes GRU, besser bekannt unter dem Namen Speznas.

Die Männer seiner persönlichen Kompanie kamen mit den Vorbereitungen der Operation gut voran. Sie lagen sogar etwas vor dem Zeitplan. Eigentlich hätte er zufrieden sein müssen, aber in seinem Herzen war völlige Leere.

Sein Land ging vor die Hunde. Zuerst hatte er miterleben müssen, wie die Sowjetunion zerfiel. Dann kam die so genannte Demokratie und mit ihr die Korruption. Das Land, dem er sein ganzes Leben lang gedient hatte, existierte nicht mehr.

Er hatte einen bitteren Geschmack im Mund. Die Ausrüstung der einstmals so stolzen Roten Armee war nur noch Schrott. Die mächtigen Kriegsschiffe der Marine verrotteten in den Häfen. Er fühlte sich seinem Land, so wie es jetzt war, nicht mehr verpflichtet. Die Entwicklung hatte ihn von seinem Eid entbunden. Seine Männer bekamen den Sold nicht mehr regelmäßig. Oft blieb er über Monate aus. Dann versorgte er sie mit Mitteln des Geheimdienstes. Auch hatte er so manches Mal beide Augen zugedrückt, wenn Drogen ins Land geschmuggelt oder Rohstoffe verschoben wurden. Dieses Wegsehen wurde ihm großzügig bezahlt. Aber die Vorbereitungen der Operation, seiner letzten Operation, verschlangen eine Menge Geld.

Er verdrängte die düsteren Gedanken über den Niedergang seines Landes und sah die Berichte seiner Leute durch. Seine persönliche Kompanie setzte sich aus den besten Männern zusammen, die er während seiner Karriere kennen gelernt hatte. Die Ausrüstung entsprach modernsten Anforderungen.

Iljuschin hatte im Kosovo noch einige Waffen und Technik aus westlicher Produktion beschafft. Diese Waffen ergänzten nun ihre eigene Ausrüstung. Seine Männer waren psychisch und physisch topfit. Alle hatten Kampferfahrung. Eine verschworene Gemeinschaft.

Er tauschte die Männer, die bei den Vorbereitungen eingesetzt wurden, regelmäßig aus. Niemandem fiel auf, dass ständig Soldaten in der Kaserne fehlten. Die Papiere und Visa, die sie für ihre Reisen benutzten, stammten aus der Fälscherwerkstatt der Speznas-Verbände. Seine Männer würden ihm folgen, wohin er sie auch führte. Und er würde sie führen. Mitten ins Feuer.

In vier Wochen würde er eine Geländeübung mit seiner Kompanie beginnen. Das machten sie in regelmäßigen Abständen. Zu diesem Zweck unterhielt Blochin ein eigenes Camp in der Nähe der polnischen Grenze. Seine Männer nannten es den „Spielplatz". Dieses Camp war nach wie vor gut ausgestattet. Dafür hatte er immer gesorgt. Sogar eine Yakovlev Yak-42D, ein Transportflugzeug, stand dort bereit. Er und seine Männer waren immer noch operationsfähig.

Er las den Bericht, den die Techniker um Oberst Okidadse ihm übermittelt hatten. Auch das Problem der Übernahme der Videokameras war mittlerweile gelöst. Okidadse war mit der ganzen westlichen Technik bestens zurechtgekommen. Wir sind die Elite, wir sind Speznas, dachte Blochin. Trotz allem, das sind wir. Immer noch.

Er klappte die Akte zu, um sie in seinen Tresor zu legen. Als er zu dem Panzerschrank ging, summte er leise eine Melodie: „In München steht ein Hofbräuhaus".

Zehntausende Schaulustige säumten die Straßen der Münchner Innenstadt. Weiß-blaue Fahnen wehten vor einem weiß-blauen Himmel. Die ganze Stadt hatte sich herausgeputzt. Mit dem traditionellen Einzug der Festwirte begann auch dieses Jahr das Oktoberfest.

Vorneweg ritt, in schwarz-gelbem Gewand, das Münchner Kindl auf dem Kaltblüterhengst Schorsch. Es folgten in langer Reihe die sechsspännigen Brauereiwagen, die Wagen der Festwirte und die Kutschen der Münchner Prominenz. Auch die Schäffler in ihren historischen Trachten fehlten nicht.

Sechzehn Tage lang würde in der sonst so beschaulichen bayerischen Landeshauptstadt der Teufel los sein. Gut sechs Millionen Besucher würden während dieser Zeit auf die Festwiese kommen.

Romberg und Vogel fuhren in der Kutsche von Josef Hirschmoser mit. Sie winkten den begeisterten Menschen zu, die klatschten und zurückwinkten. Die Blaskapelle, die ihrem Wagen voranschritt, spielte gerade den Bayerischen Defiliermarsch. Sicher schon zum zehnten Mal.

Alle Bierzelte waren bis auf den letzten Platz gefüllt. Mehr als einhunderttausend Gäste aus aller Welt warteten auf ihre erste frische Maß mit Oktoberfestbier. Der Ausschank würde aber wie jedes Jahr erst beginnen, nachdem der Münchner Oberbürgermeister das erste Fass angezapft hätte.

An der Theresienwiese angekommen, bogen die geschmückten Pferdewagen in die Wirtsbudenstraße ein. Romberg und Vogel kletterten vom Wagen, als dieser vor dem Schattenrummel-Zelt hielt. Sie machten sich auf den Weg zu ihren reservierten Plätzen. Auf der Bühne war bereits alles vorbereitet. Die Honoratioren Münchens waren versammelt.

Mächtig stolz waren Romberg und Vogel gewesen, als Hirschmoser sie eingeladen hatte. Sie gehörten jetzt zu den sprichwörtlichen „oberen Zehntausend" in München. Hirschmoser eilte davon. Die Geltungssucht beflügelte seinen Gang. Der kapitale Gamsbart, der seinen grünen Filzhut zierte, wippte im Takt seiner hastigen Schritte. Er wollte den Oberbürgermeister und den Ministerpräsidenten begrüßen.

Der Oberbürgermeister trieb mit drei Schlägen den Zapfhahn in den „Hirschen", wie die großen 200-Liter-Holzfässer genannt werden. Er hob den ersten Krug Wiesn-Bier in die Höhe. „O'zapft is'!", erschallte sein Ruf. In diesem Moment setzten sich in den vierzehn Zelten des Oktoberfestes die Bedienungen in Bewegung. „Auf eine friedliche Wiesn!", rief der Oberbürgermeister und prostete dem Ministerpräsidenten zu.

Das Bayerische Fernsehen übertrug das Ritual wie jedes Jahr live. Das Blitzlichtgewitter wollte nicht enden. Neben dem Oberbürgermeister und dem Ministerpräsidenten stand, feist und feixend, Josef Hirschmoser. Er freute sich auf die Bilder in den Zeitungen.

Auch Vogel prostete seinem Partner zu. „Auf die Wiesn! Und auf deinen Urlaub!" Romberg sah ihn an. „Ja, prost!" Sie tranken in tiefen Zügen. Das frische, kühle Bier schmeckte herrlich.

Die Kapelle begann zu spielen. Den „Zillertaler Hochzeitsmarsch". Das größte Volksfest der Welt hatte begonnen.

Am Abend fielen in der Wiesn-Wache der Münchner Polizei zum ersten Mal die Monitore aus, auf denen die Bilder der Überwachungskameras zu sehen waren. Das gesamte Oktoberfest wurde flächendeckend mit Kameras überwacht. Hier, in den Räumen der Wiesn-Wache, liefen alle Fäden zusammen, die die Sicherheit betrafen.

Nach fünf Minuten erledigte sich das Problem von selbst, und alles funktionierte wieder. Alois Kroneder, der Einsatzleiter der Polizei auf dem Oktoberfest, atmete auf. „Wenn's anfangs gleich schiefläuft, dann läuft's später besser", konstatierte er mit der berühmten bayerischen Bierruhe.

Da irrte sich Alois Kroneder allerdings.

Werner Vogel hatte sich nicht geirrt. Durch die Erfahrungen, die sie letztes Jahr gesammelt hatten, funktionierte die Versorgung des Oktoberfestes dieses Jahr wesentlich reibungsloser. Oft kamen die Kühllaster schon an den Zelten an, bevor diese den Nachschub angefordert hatten. Genau zum richtigen Zeitpunkt. Hähnchen, Ochsen, Würstl und Kalbshaxen wurden ausgeladen. Die Kühltransporter der Firma fuhren ununterbrochen.

Vor allem das gute Wetter sorgte für Rekordumsätze. Der Deutsche Wetterdienst kündigte jedoch für die zweite Woche eine Verschlechterung an. Regen, Wind und kühlere Temperaturen.

Karl hat es gut getroffen, dachte Vogel. Wenn hier das Wetter schlechter wird, fliegt er für zehn Tage nach Botsuana, mitten hinein in die Naturwunder des Okavango-Deltas. Vor allem aber: in die Sonne.

Am Freitagabend verabschiedete sich Romberg. „Ganz wohl ist mir ja nicht dabei, dich hier allein zu lassen“, sagte er.

„Das hatten wir doch schon!“ Vogel winkte ab. „Ich wünsche dir einen tollen Urlaub.“

Am nächsten Tag saß Vogel allein im Büro. Er hing am Telefon. Es war der mittlere Wiesn-Samstag, einer der umsatzstärksten Tage überhaupt. Vogel koordinierte seine Kühltransporter. Nachmittags war er in Gedanken bei Romberg. Der saß jetzt im Flugzeug. Der hatte es gut. Aber nach dem Oktoberfest würde er selbst mit Amelie für ein paar Tage wegfahren.

Gerade wollte er wieder zum Telefon greifen, um in Hirschmosers Geflügelfabrik anzurufen, als die Tür aufging. Romberg kam herein.

Fassungslos starrte Vogel ihn an. „Was … was zum Teufel machst du hier?“, fragte er entgeistert.

„Ich war schon am Flughafen“, antwortete Romberg. „Aber ich hab’s einfach nicht übers Herz gebracht. Ich hatte das Gefühl, ich würde dich im Stich lassen. Da bin ich nicht geflogen, sondern bin wieder umgekehrt.“

„Aber wir haben das doch so oft besprochen. O Mann, Karl, das wäre nicht nötig gewesen. Dein schöner Urlaub –“

„Ach was!“ Romberg fiel ihm ins Wort. „Ich kann mir den Urlaub ja zu einem späteren Zeitpunkt immer noch selbst schenken. Und gewonnen habe ich ja trotzdem.“

„Das wäre nicht nötig gewesen“, wiederholte Vogel langsam, noch immer überrascht.

„Morgen kannst du dir am Nachmittag freinehmen“, sagte Romberg. „Mach doch mit Amelie einen Ausflug. Ich halte hier die Stellung.“

„Na gut." Verdutzt schüttelte Vogel den Kopf. „Vielleicht gehen wir auf die Wiesn. Am Sonntag ist es nicht ganz so voll."

Es war in der Firma allgemein bekannt, dass Romberg während der Wiesn-Zeit in Urlaub fahren würde. So waren auch die Mitarbeiter reichlich erstaunt, als sie ihn am Sonntagmorgen ins Büro gehen sahen.

Dass der Chef offensichtlich schlechte Laune hatte, irritierte seine Angestellten zusätzlich. Er sprach in einem unwirschen Ton mit ihnen.

„Der Alte ist doch sonst immer so ausgeglichen. Heute wirkt er wie ausgewechselt", sagte einer der Fahrer, der gerade einen deftigen Rüffel bekommen hatte. „Bloß weil er das mit seinem Pflichtgefühl nicht geschafft hat, in Urlaub zu fahren. Wenn das so weitergeht, werden wir uns alle noch wünschen, er wäre geflogen."

AM SONNTAGNACHMITTAG um halb sechs fuhr ein weiterer Konvoi von vier Kühllastern auf die Theresienwiese. Im Fahrerhaus des ersten Wagens saß Romberg selbst. Er hielt bei den Sperren, die von Polizisten bewacht wurden. Der diensthabende Beamte erkannte ihn. „Ah, Herr Romberg! So spät noch so viel Nachschub?"

„Ja, das ist die letzte Fuhre für heute. Und wenn wir heute ein bisschen mehr bringen, dann müssen wir morgen nicht so früh wieder raus."

Der Polizist nickte verständnisvoll und öffnete die Schranke. Die vier Kühllaster passierten die Absperrung.

Alois Kroneder, der Polizeichef des Oktoberfestes, folgte den Lastwagen auf den Bildschirmen in der Wiesn-Wache. Sie fuhren zum Zelt der Benediktiner-Brauerei. Drei fuhren rückwärts in die schmalen Gassen auf beiden Seiten des Zeltes. Zwei links, einer rechts. Einer blieb an der Rückseite des Zeltes stehen. Dann wurden die Bildschirme dunkel.

IN DEM RIESIGEN ZELT der Benediktiner-Brauerei ging es hoch her. Das Zelt war an diesem Sonntagnachmittag nicht ganz gefüllt, aber gut zwei Drittel der Plätze waren mit trinkenden und lachenden Menschen besetzt. Die Kapelle, die soeben eine Pause gemacht hatte, begann wieder zu spielen. Einige Besucher des Zeltes stellten sich auf die Bierbänke, schunkelten und grölten lauthals mit.

Professor Peter Heim war mit seinen Mitarbeitern und Doktoranden auf das Oktoberfest gegangen. Betriebsausflug, sozusagen. Ins Benediktiner-Zelt. Das hatte bei ihm schon Tradition. Seit er den Lehrstuhl für Kulturtheorie an der Universität München übernommen hatte, machte er diesen

Ausflug jedes Jahr. Nun saßen sie zu acht an einem Biertisch, und der Professor dozierte, von drei Maß Bier beflügelt.

„Was man hier sehen kann", sagte er und wies mit einer ausladenden Geste durch das Zelt, „ist so etwas wie die Heimat der Weltgesellschaft. Hierher kommen sie aus allen Ländern und allen Schichten. Und sie einigen sich inexplizit auf einen kulturellen Kanon des Umgangs miteinander." Der Professor hielt inne. „Aber man kann auch die Konfliktlinien erkennen. Denken Sie daran, wer hier nicht herkommt. Muslime müssen qua ihrer religiösen Überzeugung dieses alkoholzentrierte Beisammensein als degeneriert empfinden. Dadurch, dass durch die Essenz dieses Festes ganze Kulturkreise ausgegrenzt werden …" Der Professor brach ab.

„Die Heimat der Weltgesellschaft", wiederholte Dr. Robert Hermanns, einer seiner Assistenten, etwas zu laut. „Das haben Sie mal wieder schön gesagt." Seine Aussprache war alkoholbedingt bereits etwas undeutlich.

Vom Nachbartisch lehnte sich ein muskulöser Mann mit kurz geschorenen grauen Haaren herüber und fragte auf Englisch nach der Uhrzeit. Er sprach mit stark amerikanischem Akzent.

Peter Heim gab in bestem Akademikerenglisch Auskunft. Es war zwanzig vor sechs. Der Mann vom Nebentisch bedankte sich und prostete ihm zu.

„Auf geht's zum Prosit der Gemütlichkeit!", erschallte der Ruf von der Bühne. „Die Krüge …", rief der Vorsänger mit ansteigender Stimme.

„Hoch!", donnerte es entgegen. Die Menschen im Zelt hoben die Bierkrüge. Die Kapelle begann wieder zu spielen, und das ganze Zelt sang mit. „Ein Prosit, ein Prosit der Gemütlichkeit!"

„Oans, zwoa, drei, g'suffa!" Die Luft im Zelt vibrierte von fünftausend Stimmen. Tausende Bierkrüge rasselten aneinander.

„Auf die Heimat der Weltgesellschaft!", rief Hermanns, und die anderen am Tisch stimmten ein. Es war Viertel vor sechs.

Genau in diesem Moment knackten bei der patrouillierenden Polizei die Funkgeräte. Die Wiesn-Wache meldete sich bei den Patrouillen. Bildausfall, hieß es. Schon wieder.

17.45 Uhr

Insgesamt neunzig Mann von Blochins persönlicher Kompanie waren in den letzten Stunden einzeln oder zu zweit auf das Festgelände eingesickert. Jetzt kamen sie pünktlich in der schmalen Gasse an der linken Seite des Benediktiner-Zeltes an, gerade als die Lastwagen eintrafen. Sie gingen um die Fahrzeuge herum und sammelten sich zwischen den beiden Transportern, wo sie nach außen vor Blicken geschützt waren.

Die Männer öffneten die Türen der Kühllaster. Mit Spaten gruben zwei Männer eine Röhre frei, die unter der Erde verborgen lag. Ein Schlauch wurde aus einem der Wagen gerollt und mit dem Anschluss verschraubt. Zwei schlossen neben dem verborgenen Rohr ein 2Mbit-Interface an, dessen Kabel ebenfalls im Boden verschwand. Jeder der Männer wusste genau, was er zu tun hatte. Und jedem war klar, es ging um Sekunden.

Acht Männer zogen sich Uniformen des Sicherheitsdienstes vom Benediktiner-Zelt über, dann hasteten sie zu den Eingängen. Der Zugang zum Zelt wurde gesperrt. Sie brachten Schilder an den Türen an: WEGEN ÜBERFÜLLUNG GESCHLOSSEN.

Blochin nickte Dr. Kusnezow zu, der in einen der Lastwagen gesprungen war. Der Arzt öffnete ein Ventil. Zischend entlud sich der Überdruck mehrerer Gasflaschen in den Schlauch. Die meisten anderen Männer hatten sich inzwischen ebenfalls umgezogen. Sie trugen schwarze Kampfanzüge. Kugelsichere Westen, Kehlkopfmikrofone und Kopfhörer wurden aus den Wagen verteilt. Die Bewegungen der Männer waren schnell und konzentriert.

Vier trugen mittlerweile Polizeiuniformen. Jeder der Männer erhielt eine Maschinenpistole MP 5. Die Kampfkoppeln, die aus einem Gürtel und zwei Schultergurten bestanden, wurden angelegt. Jede Kampfkoppel trug eine Nummer. Die an den Gurten angebrachten Ausrüstungsgegenstände waren genau an die Aufgaben des jeweiligen Mannes angepasst.

Die falsche Polizeipatrouille machte sich auf den Weg. Die Männer setzten sich Gasmasken auf. Noch immer konnten sie das Zischen hören, mit dem das Gas in dem Anschluss im Boden verschwand. Schließlich setzten sie Kevlar-Helme auf, an denen Nummern in einer reflektierenden Lackierung aufgemalt waren. Dann startete Okidadse die Wiedergabe der Videoaufzeichnungen vom letzten Sonntag.

ALOIS KRONEDER atmete in der Wiesn-Wache hörbar auf. Die Bilder waren wieder da. Fast sieben Minuten hatte der Ausfall diesmal gedauert. Die längste Zeit bisher. In der vergangenen Woche waren die Kameras und die Bildschirme wiederholt ausgefallen. Techniker hatten den Fehler gesucht, und sie hatten jedes Mal behauptet, ihn nun gefunden zu haben. Aber der Fehler hatte sich hartnäckig gehalten.

Kroneder beobachtete, wie die Kühltransporter zu einem weiteren Zelt fuhren. Er konnte Romberg erkennen, der gerade mit einem der Küchenchefs vom Zelt der Korbinian-Brauerei sprach. Alles in Ordnung. Die Bilder, die die Kameras lieferten, sahen genau so aus, wie sie an einem Sonntagnachmittag auszusehen hatten. Kroneder war kurz davor gewesen, zusätzliche Patrouillen auszuschicken, um das Festgelände zu kontrollieren. Aber das war jetzt nicht mehr nötig. Sie hatten die Sache im Griff.

17.56 Uhr

„Wir haben den nötigen Druck, General", meldete Dr. Kusnezow. „Auf Ihr Kommando …" Der Arzt vollendete den Satz nicht.

„Dann mal los, Herr Doktor." Blochins Stimme war völlig ruhig.

Dr. Kusnezow drückte einen Knopf an einer Schalttafel, die im Wagen angebracht war. Die Keramikverschlüsse der einhundert Hochdruckventile, die in den Balken des Benediktiner-Zeltes verborgen waren, öffneten sich. Der ungeheure Druck sprengte die dünne Schicht Holzkitt, mit der die Ventile getarnt worden waren, einfach weg. Der gesamte Innenraum des Zeltes wurde gleichmäßig mit einem Narkosemittel begast.

Dr. Kusnezow hatte einige Zeit tüfteln müssen, bis er die richtige Mischung zwischen Narkosewirkstoff und Herz-Kreislauf-Mitteln gefunden hatte. Die Menschen im Zelt sollten betäubt werden. Aber sie sollten nicht an Atemlähmung sterben. Dr. Kusnezow hatte das Betäubungsgas, das beim Sturm auf das Theater des Musicals „Nord-Ost" verwendet worden war, deutlich verbessern können. Ganz ohne Verluste würde es dennoch nicht ablaufen. Eine gewisse Mortalität war eingeplant.

Die Wirkstoffe sanken auf die fünftausend Insassen des Zeltes herab. Die meisten kippten nach vorn auf die Tische. Einige schafften es noch, aufzustehen, bevor sie zusammenbrachen. Diejenigen, die an den Enden der Bierbänke saßen, fielen seitlich in die Gänge.

Die Bedienungen wurden im Stehen oder Laufen ohnmächtig. Geschirr und Krüge zerbrachen scheppernd. Bier floss und versickerte. Das Küchenpersonal kollabierte vor den Grillstationen und Herdplatten.

Den Musikern der Kapelle knickten die Knie ein. Das Lied „Resi, i hol' di' mit mei'm Traktor ab" endete abrupt in einem schaurigen Misston.

Das Gas wirkte in Sekunden. Plötzlich war es in dem riesigen Bierzelt still. Totenstill.

Mit einem Knacken erwachte Blochins Kopfhörer zum Leben. Es rauschte einige Sekunden. Noch ein Knacken. Dann hörte er Okidadses Stimme.

„Das interne Funksystem steht, General. Sie können sprechen."

In den Kopfhörern der Männer war jetzt ein leises Rauschen zu hören.

Kleine leistungsfähige 256bit-Scrambler verschlüsselten die Funksignale. Kein Außenstehender konnte mithören.

„Willkommen bei der ‚Operation Freibier'!" Die Männer mussten unter ihren Gasmasken lächeln. Vor einigen Tagen hatte Blochin ihnen die Bedeutung dieses deutschen Wortes erklärt. „Phase eins beginnt. Über uns sind nur die Sterne."

Die Männer wiederholten ihren Kampfruf wie ein Gebet. „Über uns sind nur die Sterne." Dann öffneten sie die seitlichen Notausgänge des Zeltes.

Die ersten dreißig Mann rannten ins Zelt. Jeder kannte seine Position genau. Sie hatten den Ablauf oft genug in der Halle der Import-Export-Firma geübt.

18.00 Uhr

PETRA GRUBER arbeitete seit vielen Jahren als Bedienung im Biergarten vor dem Benediktiner-Zelt. Aber so etwas war ihr noch nie passiert. Die Sicherheitsleute ließen sie nicht mehr ins Zelt, um Essen für die Gäste zu holen. Sie hatte sich schon überlegt, bei der Wiesn-Wache anzurufen. Diese Sicherheitsheinis nahmen sich jedes Jahr mehr heraus.

Doch dann waren Polizisten aufgetaucht. Der Patrouillenführer hatte ihr erklärt, dass in dem Zelt einem wichtigen Hinweis nachgegangen werden müsse. Dass sie nicht ins Zelt dürfe, geschehe zu ihrer eigenen Sicherheit.

Merkwürdig war das trotzdem, denn die Kapelle spielte nicht mehr.

Was sollte sie den Gästen sagen, die auf ihr Essen warteten? Wenigstens Bier gab's ja noch. Der Ausschank befand sich im Freien.

„In zehn bis fünfzehn Minuten wissen wir mehr", sagte der Polizist gerade.

So wie der sprach, kam der nicht aus Bayern.

HARUKI SATO aus Hiroshima hatte seit Jahren auf diesen Urlaub gespart. Und dieses Jahr war es so weit. Er war mit seiner Frau und seinem Kind nach Europa geflogen. Er konnte es selbst noch kaum glauben, aber er stand in München auf dem Oktoberfest.

Er hob seine digitale Spiegelreflexkamera, um seine Frau und sein Kind vor dem Eingang zum Benediktiner-Zelt zu fotografieren. Er wartete, bis die Automatik der Kamera das Bild scharf gestellt hatte. Dann drückte er mit einem tiefen Gefühl der Befriedigung auf den Auslöser. *Klick!*

Der Lauf der Dinge erstarrte zu Millionen Pixelinformationen auf der Speicherkarte der Kamera.

18.05 Uhr

BLOCHIN erhielt über Funk die Berichte seiner Leute. Er stand mit verschränkten Armen auf der Bühne neben den bewusstlosen Musikern. Die Luft in der Gasmaske roch nach Gummi und Trockenheit.

Im ganzen Zelt lagen Menschen verstreut, wie sie gefallen waren. Erschlaffte Leiber hingen auf den Biertischen, niemand bewegte sich. Blochins Männer räumten die Körper in den breiten Gängen zur Seite.

An den Lastwagen waren stählerne Rampen angebracht worden. Schwere Transportkisten auf Rollen rumpelten herab. Die Männer schoben sie zu dritt oder zu viert durch große Öffnungen zwischen den seitlichen Planen in das Zelt. Noch immer zählte jede Sekunde. Aber sie lagen im Zeitplan.

An der Rückseite des Zeltes entfernten vier der vermummten Kämpfer ein großes Stück der Spanplattenverkleidung. Das Loch, das entstand, war gerade so groß, dass ein Kühllaster hindurchpasste. Das Fahrzeug, das hinter dem Zelt geparkt hatte, fuhr rückwärts durch die Öffnung.

Als der Laderaum des Transporters sich vollständig im Innern des Zeltes befand, stoppte der Fahrer. Nur noch das Fahrerhaus ragte aus dem Zelt. Der Fahrer sprang heraus, um sich seine Ausrüstung zu holen.

Im Innenraum des Zeltes wurden die Türen an der Rückseite des Wagens geöffnet. Okidadse und zwei weitere Männer saßen mit Gasmasken im Laderaum des Wagens. Vor ihnen eine Wand aus 24 großen TFT-Flachbildschirmen, darunter verschiedene Tastaturen.

Okidadse hob kurz den Daumen, als Männer eine Treppe an dem Laster anbrachten. Sie trugen vier armdicke Kabel aus dem Innern des Wagens. Eines der Kabel brachten sie in das Büro im Zelt. Dort verbanden sie dessen Enden mit Telefonbuchsen und Faxanschlüssen sowie mit dem Internet. Andere Kabelenden steckten sie in die Antennenbuchse. Schließlich wurde Okidadses Gefechtsstand noch an den Drehstrom angeschlossen. Im Innern des Wagens erwachten zahllose elektronische Geräte zum Leben.

„Wir sind online, General!“ Blochin erkannte Okidadses Stimme in seinem Kopfhörer. „Videoeinspielung läuft. Keine außergewöhnlichen Aktivitäten bei der Wiesn-Wache oder in den anderen Zelten erkennbar.“

„Hervorragend, mein lieber Polkownik“, sagte Blochin. „In fünfzehn Minuten bekommt der Oberbürgermeister unser Glückwunschtelegramm.“

Das Zelt glich einem Bienenstock. Unter dem Dach im hinteren Teil des Zeltes hingen Männer in Klettergeschirren. Sie brachten an den Balken drei große Flaschenzüge an. Andere entfernten zwei der fünf Meter breiten

Kunststoffbahnen, die das Dach des Zeltes bildeten. Der Schweiß lief ihnen unter ihren Gasmasken über die Gesichter.

Dr. Kusnezow hatte darauf hingewiesen, dass es wichtig war, das Zelt schnell zu entlüften. Aber das war nicht der einzige Grund. Die Öffnung im Dach sollte noch einem anderen Zweck dienen.

Mittlerweile standen auf den seitlichen Balkonen im vorderen Zeltteil zwei schwere Maschinengewehre auf Dreibeinlafetten. Ein weiteres wurde gerade auf der Bühne aufgebaut, neben den Instrumenten der Kapelle.

Mein Instrument, dachte Blochin, während er beobachtete, wie die Männer einen Munitionsgurt in die Waffe einlegten.

Immer mehr große Kisten wurden in das Zelt gerollt. Zwei hingen bereits an den Ketten der Flaschenzüge und schwebten auf die seitlichen Balkone zu. Nachdem die Männer die Betäubten weggetragen und die Bierbänke zusammengeklappt hatten, wurden die Kisten heruntergelassen.

Die Männer nahmen die Wände der Behälter ab, und jeder entlud ein bestimmtes Teil, um daran zu arbeiten. Schon wurde die nächste Kiste an den Ketten des Flaschenzugs befestigt, um nach oben transportiert zu werden. Diese Männer setzten auf den Balkonen etwas zusammen.

Rechts neben Okidadses Gefechtsstand wurden ebenfalls die Verschlüsse mehrerer Kisten geöffnet. Ein Kompressor sprang an. Sie brauchten Druck für die Hydraulik. An dem dritten Flaschenzug wurde ein futuristisch anmutendes Gestänge langsam aufgerichtet.

In Blochins Kopfhörer meldete sich Okidadse. „Ich schicke das Glückwunschtelegramm los, General. Bitte bestätigen.“ Okidadse war gut vorbereitet. Aus den Akten des militärischen Geheimdienstes hatte er viele Telefon- und Faxnummern, Zugangscodes und Internetadressen in einer Datenbank zusammengefasst. Drei dieser Nummern rief er nun über die vor ihm liegende Tastatur ab.

„Einen Moment noch, ich frage, ob es irgendwo Verzögerungen gibt.“

Iljuschin und Dr. Kusnezow meldeten, dass sie mit ihren Vorbereitungen im Zeitplan lagen. Der erste Kühllaster war vollständig entladen. Einer der Männer, der in Zivilkleidung außerhalb des Zeltes gewartet hatte, fuhr den leeren Wagen zu einem nahe gelegenen Parkplatz. Nun fuhr der zweite Kühllaster, der rechts vom Zelt gewartet hatte, rückwärts in die schmale Gasse links neben dem Benediktiner-Zelt. Das Entladen ging weiter.

Die Scharfschützen waren an der Vorderseite des Zeltes bereits in Stellung. Auch der Aufbau des Feldlazaretts ging voran. Die Fenster des Zeltes wurden mit dunkler Folie beklebt. Von außen würde niemand mehr ins Zelt sehen können.

„In Ordnung, Polkownik Okidadse. Legen Sie los. Die werden ihren Augen nicht trauen!“

18.20 Uhr

Das Fax ging gleichzeitig im Polizeipräsidium, beim Oberbürgermeister und beim Ministerpräsidenten ein. Der Inhalt des Schreibens war so ungeheuerlich, dass Minuten vergingen, bevor überhaupt jemand reagierte. Und zunächst waren die Reaktionen eher verärgert als verängstigt. Das konnte nur ein schlechter Scherz sein.

Der Schichtleiter im Polizeipräsidium meldete sich bei Alois Kroneder auf der Wiesn-Wache. „Sagen Sie mal, Kollege, was ist da bei Ihnen los? Wir haben ein Fax ohne Absenderkennung in das Büro des Schichtleiters bekommen. Das ist eine interne Nummer. Kommt der Scherz von Ihnen?“

„Wieso? Äh, was für ein Fax? Was für ein Scherz? Hier ist alles ruhig.“

„Hören Sie mal genau zu: Jemand behauptet, er habe das Oktoberfest in seiner Gewalt. Er sagt, sämtliche Zelte seien von ihm mit Giftgas bestückt. Er sagt, die Insassen aller Zelte seien seine Geiseln.“ Der Beamte holte tief Luft. „Er schreibt, die Bereitschaftspolizei hätte innerhalb von einer Stunde dafür zu sorgen, dass niemand mehr die Zelte verlässt. Zuletzt schreibt er noch, er habe das Benediktiner-Zelt in seiner unmittelbaren Gewalt.“

Kroneder hatte angefangen zu schwitzen, während sein Vorgesetzter sprach. Ängstlich sah er zu seinen Monitoren hinüber. Alles wie gehabt. „Das, äh, das muss ein Irrtum sein, hier ist alles ruhig“, stotterte er.

„Schicken Sie sofort eine Patrouille zum Benediktiner-Zelt. Ich will wissen, was da los ist.“ Die Stimme des Schichtführers hatte sich bedrohlich gehoben. „Haben Sie mich verstanden?“, brüllte er Kroneder an.

18.30 Uhr

Polizeihauptmeister Martin Ulgenhoff erlebte das Oktoberfest zum vierten Mal als Polizist, als Patrouillenführer zum ersten Mal. Aber er kannte die Wiesn schon länger. Er lebte bereits seit elf Jahren in München. Und er liebte diese Stadt noch immer wie am ersten Tag.

Mit Tausenden Lichtern begrüßte das Oktoberfest die hereinbrechende Dämmerung. Als Ulgenhoff mit seiner Patrouille die breite Wirtsbudenstraße abging, freute er sich mit all den Menschen, die lachend und friedlich das Oktoberfest feierten.

Natürlich gab es Übergriffe. Diebstähle. Schlägereien. Verletzte. Volltrunkene. Aber es gab eben auch den Geruch nach gebrannten Mandeln und Zuckerwatte. Das Lachen der Kinder, wenn sie aus dem Flohzirkus kamen. Das Kreischen der Jugendlichen, wenn sie von irgendwelchen Höllenmaschinen in die Höhe gerissen wurden.

Sie bogen von der Wirtsbudenstraße ab, zum Benediktiner-Zelt, und Ulgenhoff erkannte auf den ersten Blick, dass etwas nicht stimmte.

Eine Bedienung kam auf ihn zu. „Grüß Gott, ich bin die Gruber Petra. Das ist prima, dass Sie jetzt endlich da sind. Sagen Sie Ihren Kollegen mal, dass sie mich schleunigst in die Küche reinlassen sollen." Sie hob die Stimme. „Sie können doch das Zelt nicht einfach zusperren."

„Moment, Moment, welche Kollegen?" Ulgenhoffs ungutes Gefühl wurde stärker.

„Na die da …" Mit einer Geste des rechten Armes wies Petra Gruber auf den Biergarten. Doch dort waren keine Polizisten zu sehen.

Während Petra Gruber noch darüber nachgrübelte, wohin die Polizisten verschwunden waren, gab Ulgenhoff seinen Männern die Anweisung, die Augen offen zu halten. Langsam ging er auf die Türen des Zeltes zu. Durch die Fensterscheiben konnte er nichts erkennen. Die Scheiben waren von innen verdunkelt worden. Die Türen des Zeltes waren verriegelt. WEGEN ÜBERFÜLLUNG GESCHLOSSEN. Das konnte nicht sein. Kein Zelt war an diesem Sonntagnachmittag so voll, dass es hätte geschlossen werden müssen.

Ulgenhoff hielt seine Männer an, stehen zu bleiben, und griff zum Funkgerät, um Alois Kroneder zu verständigen. „Hier stimmt was nicht. Das Zelt ist zu. Ich kann durch die Fenster nichts erkennen. Keine Sicherheitsleute zu sehen. Ach, und noch was: Die Kapelle im Zelt spielt nicht mehr."

Das war der Moment, in dem Kroneder begriff, dass etwas passiert sein musste. Er konnte das Innere des Benediktiner-Zeltes auf seinem Bildschirm sehen. Die Gäste standen teilweise auf den Bänken. Alle im Zelt hoben gerade die Krüge. Er sah eindeutig ein Prosit der Gemütlichkeit.

„Sie hören nichts?"

„Nein, gar nichts", bestätigte Ulgenhoff.

Kroneder traf eine Entscheidung. Ob das, was in dem Fax stand, stimmte oder nicht, war zweitrangig. Es konnte ja stimmen. Sie hatten jetzt einen begründeten Tatverdacht. Das reichte. Der Schutz von Menschenleben war nun das Wichtigste. „Beginnen Sie vorsichtig und unauffällig mit der Räumung des Biergartens. Vermeiden Sie unter allen Umständen eine Panik.

Dies könnte eine verdammt ernste Sache sein. Jemand spielt uns hier ein falsches Videobild zu. Verstärkung ist unterwegs. Ich schicke einen zweiten Trupp zu Ihrer Position. Ich melde mich gleich wieder."

Komischerweise fühlte sich Kroneder plötzlich seltsam ruhig. Die Bereitschaftspolizei musste sofort alarmiert werden. Deeskalation. Evakuierung und Absperrung der Theresienwiese. Die entsprechenden Pläne lagen vor. Er nahm den Hörer ab und rief im Polizeipräsidium an.

18.38 Uhr

PROFESSOR PETER HEIM fand nur mühsam in die Realität zurück. Das Erste, worüber er sich klar wurde, war der Schmerz. Seine Wange tat weh. Sein Hals war ausgetrocknet. Nach und nach hoben sich die Schleier von seinen Augen. Sein Kopf lag auf einem Tisch. Er erinnerte sich dunkel. Er war auf das Oktoberfest gegangen. Wieso war er eingeschlafen? Die Kapelle spielte nicht. Was war passiert?

Langsam hob er seinen Kopf von dem Biertisch. Seine Schläfen hämmerten. Ihm war übel. Er hob die Hände an den Kopf und hielt in der Bewegung inne. Auf dem Tisch vor sich sah er an der Stelle, wo sein Kopf gelegen hatte, einen dunklen Fleck. Daneben lag ein umgestürzter Maßkrug mit blutigem Rand. Seine Finger tasteten nach der rechten Wange. Ein blutiger, nässender Schorf.

Er hob den Blick. Zunächst verweigerte sein Gehirn ihm den Dienst, als es das Gesehene für die Wahrheit halten sollte. An manchen Stellen bewegten sich ein paar Menschen, die meisten jedoch lagen regungslos auf den Tischen oder auf dem Boden. Der Platz auf der Bank gegenüber, auf dem Dr. Hermanns gesessen hatte, war leer. Hermanns war verschwunden.

Dann sah Heim Gestalten, die aussahen wie Astronauten. Astronauten in schwarzen Anzügen. Nein, das waren keine Astronauten. Das waren irgendwelche … Dann sah er die Gasmasken. Feuerwehr? Oder Katastrophenschutz. THW. Panik stieg in ihm hoch.

Plötzlich bemerkte er die Waffen. Die Männer waren alle mit kleinen schwarzen Maschinenpistolen bewaffnet. Viele trugen Faustfeuerwaffen am Bein oder vor der Brust, einige auch Messer. Das war doch nicht der Katastrophenschutz. Das musste die Polizei sein. Irgendeine Sondereinheit. Er war in Sicherheit.

Dann sah er, dass einige der Männer vorn und auf dem Rücken das Zeichen des Roten Kreuzes trugen. Offensichtlich Sanitäter. Menschen wurden auf Bahren durch das Zelt getragen. Also doch der Katastrophenschutz.

Wo war Robert Hermanns? Wie ging es den anderen, die bei ihm gewesen waren?

Ihm wurde schwindlig. Peter Heim verlor wieder das Bewusstsein.

DREI PROZENT MORTALITÄT hatte Dr. Kusnezow prognostiziert. Tatsächlich waren es 168 Personen, deren unnatürlich blasse Gesichtsfarbe anzeigte, dass sie die Narkose nicht überlebt hatten. Einige seiner Leute hatten die Toten auf Bahren durch die seitlichen Öffnungen aus dem Zelt getragen. Dort wurden die Leichen von Männern in Empfang genommen, die die leblosen Körper im Innern eines Kühltransporters stapelten. Gerade eben warfen sie die Leiche von Dr. Robert Hermanns zu den anderen, dann schlossen sie die Türen.

Die Kühlung sprang an. Es war Iljuschins Idee gewesen, einige der Panzerwesten mit einem roten Kreuz zu bekleben. Die langsam erwachenden Geiseln merkten dadurch nicht, dass diese Männer keine Verletzten abtransportierten, sondern Leichen.

Dr. Kusnezow hatte die Risikogruppen klar umrissen: die Alten, die Hochschwangeren, die Herzkranken, die Übergewichtigen. Und die völlig Besoffenen. Aus der letzten Gruppe gab es die meisten Opfer.

18.50 Uhr

DAS ZWEITE FAX kam an dieselben Nummern. Und wieder ohne Anschlusskennung. Nur der Text war diesmal sehr viel kürzer.

Er erinnerte in knappen Worten an das Ultimatum. In dreißig Minuten musste die Bereitschaftspolizei in der Lage sein, zu verhindern, dass jemand die Zelte verließ. Wenn das nicht geschehe, würden die Besucher eines zufällig ausgewählten Zeltes durch den Einsatz von Giftgas exekutiert.

IN UNAUFFÄLLIGEN REISEBUSSEN wurden die Beamten der Bereitschaftspolizei aus ihren Kasernen zur Theresienwiese gebracht. Hundertschaften. Die Planungen wurden auf der Wiesn-Wache koordiniert. Das zentrale Problem bestand darin, das Oktoberfest zu evakuieren, ohne dass eine Panik ausbrach. Das war Alois Kroneder klar.

Ebenso musste in den Zelten eine Panik verhindert werden. Kroneder war es völlig rätselhaft, wie es den Tätern gelungen sein sollte, das Benediktiner-Zelt unter ihre Kontrolle zu bringen. Alle polizeiinternen Szenarien gingen davon aus, dass es bei einer Bedrohung der Zeltinsassen, beispielsweise durch Feuerwaffen, sofort zu einer Massenpanik kommen würde. Das wäre eine unglaubliche Katastrophe. Die Leute würden sich zu Tausenden gegenseitig tot trampeln.

Der Ministerpräsident beruhigte sich nur langsam wieder. Jetzt waren Besonnenheit und Umsicht gefragt. Der Innenminister war inzwischen auf dem Weg zu ihm. Entscheidungen mussten getroffen werden.

„Wir brauchen die Beamten des Sondereinsatzkommandos der Polizei vor Ort. Vielleicht ist es ja möglich, das Benediktiner-Zelt zu stürmen. Oder die anderen Zelte zu evakuieren."

„Das SEK ist bereits verständigt, Herr Ministerpräsident", erwiderte sein Büroleiter. „Auch die Evakuierung der Außenbereiche der Wiesn ist angelaufen. Wir werden –"

Der Ministerpräsident unterbrach ihn. „Wie viele Männer sind vor Ort?"

„Inzwischen müssten es an die zweihundert sein. In einer halben Stunde haben wir siebenhundert Polizisten auf dem Gelände. Das sind fünfzig Mann für jedes Zelt. Das müsste zunächst ausreichen."

„Wenn sich die Verhandlungen die ganze Nacht hinziehen, brauchen wir Decken für die Leute in den Zelten. Und medizinische Versorgung."

„Das Rote Kreuz ist informiert. Auch die Krankenhäuser wissen Bescheid. Wir ziehen im Moment Rettungssanitäter aus ganz Bayern zusammen."

Der Ministerpräsident massierte sich mit der Hand die Stirn. „Haben wir eigentlich irgendwelche Forderungen erhalten? Wissen wir, wer diese Leute sind? Oder wie sie bewaffnet sind? Ob es überhaupt Giftgas gibt?" Er hielt kurz inne. „Nein, das wissen wir nicht", beantwortete er seine Fragen selbst.

Die Sekretärin streckte den Kopf durch die Tür. „Ihre Verbindung nach Berlin, Herr Ministerpräsident. Der Bundesinnenminister auf Leitung eins."

19.05 Uhr

Die Räumung des Festgeländes kam wider Erwarten gut voran. Die Polizisten waren in Gruppen zu sechs Mann unterwegs und sprachen die Besucher auf Deutsch, Italienisch und Englisch an. Der Bitte, das Festgelände ruhig, aber zügig zu verlassen, wurde Folge geleistet. Überall waren Polizisten zu sehen, was der Aufforderung der Beamten Nachdruck verlieh. Die Wiesn-Besucher begriffen, dass etwas Ernstes passiert sein musste.

Alois Kroneder hatte den Einsatz der Lautsprecherwagen im letzten Moment verhindern können. Die Gäste, die in den Zelten saßen, durften ja nichts bemerken. Die Männer der Bereitschaftspolizei, die noch immer mit

Bussen herangekarrt wurden, besetzten Zelt um Zelt. Sie riegelten die Eingänge ab.

„Wir haben ein Sicherheitsproblem. Bitte bleiben Sie im Zelt. Dann wird niemandem etwas geschehen“, war die stereotype Antwort der Beamten auf Nachfragen der Besucher. In manchen Zelten war es zu kleinen Reibereien mit uneinsichtigen Betrunkenen gekommen. Größere Probleme gab es jedoch bislang nicht.

„SIE REAGIEREN wie vorausgesehen, General“, gab Okidadse über Funk durch. „Sie riegeln die Zelte ab und räumen das Gelände. Jeder Münchner erinnert sich noch an den Bombenanschlag von 1980. Die haben Angst. Deshalb gehorchen sie.“

„Na bitte. Der Mensch ist eben ein Herdentier. Im Zweifelsfall läuft er immer in die Richtung, in die die Mehrheit ohnehin schon läuft.“

Es knackte, als sich Dr. Kusnezow meldete. „Wirkstoffkonzentration bei null, General. Wir können die Gasmasken abnehmen.“

„Danke, mein lieber Doktor.“ Blochin drückte eine Taste auf seinem Funkgerät. Jetzt konnte er mit allen Männern sprechen. „Gasmasken abnehmen. Der Wirkstoff ist durch das Dach verflogen.“

Beinahe synchron nahmen die Männer die Helme vom Kopf und die Gasmasken von den verschwitzten Gesichtern. Sofort zogen sie sich schwarze Sturmhauben über die Köpfe und setzten dann die Helme wieder auf.

Die fünftausend Gäste des Benediktiner-Zeltes waren inzwischen zu einem Großteil wieder bei Bewusstsein. Sie waren noch benommen und bewegten sich nur langsam. Ungläubig schauten die Erwachenden auf das, was da vor sich ging.

Die Bedienungen und das Küchenpersonal waren schon länger wieder bei sich. Dr. Kusnezow hatte jedem von ihnen eine Spritze mit starkem Herz-Kreislauf-Mittel und Aufbaupräparaten gegeben. Deshalb waren die Angestellten wesentlich schneller wach geworden.

Iljuschin erklärte ihnen gerade vor den Schänken, dass sie weiterarbeiten sollten. Die Angestellten hörten ihm mit zweifelnden Mienen zu.

„Und wenn jemand von Ihnen auf die Idee kommen sollte, zu fliehen, werden ihn unsere Scharfschützen auch außerhalb des Zeltes noch erwischen. Außerdem werden wir für jeden Fluchtversuch fünf andere Geiseln erschießen. Also lassen Sie das bleiben.“ Iljuschin hielt kurz inne. „Und das Kassieren lassen Sie auch bleiben. Bis auf Weiteres zahlt mein Chef alles.“ Er deutete auf Blochin, der in diesem Moment auf die Bühne kletterte.

Während die Angestellten ihre Köpfe drehten und Blochin mit ihren Blicken folgten, kehrten Iljuschins Gedanken zu der Frau auf dem Foto zurück.

Das Foto trug er in der linken Innentasche seines Kampfanzugs. Direkt über dem Herzen. Vor seinem inneren Auge sah er diese wunderbare Figur. Dieser schlanke, sportliche Körper, der dennoch weiblich geschwungen war.

Ich komme dir näher. Jeden Tag. Immer näher.

Ein Geräusch ließ Iljuschin seinen Kopf zur Bühne drehen. Blochin klopfte mit dem Finger zweimal auf das Mikrofon, um zu überprüfen, ob es eingeschaltet war. Die beiden dumpfen Schläge kamen verstärkt aus den Lautsprechern. Dann begann Oleg Blochin zu den Menschen im Zelt zu sprechen. Auf Deutsch. Ohne Akzent.

3

Polizeiwillkür! Diese Kasperlköpfe vor den Eingängen ließen sie nicht wieder ins Zelt. Dabei war Werner doch noch drin. Amelie Karman ärgerte sich. Was hatte das zu bedeuten? Sie war vor ungefähr einer Viertelstunde auf die Toilette gegangen. Die Schlange vor den Klos im Zelt war wie immer so lang, dass sie es vorgezogen hatte, eine Toilette außerhalb des Bärenbräu-Zeltes aufzusuchen. Auch dort hatte sie dann warten müssen. Und jetzt ließen die niemanden mehr hinein oder heraus.

Doch damit nicht genug. Die Polizisten baten jeden, so schnell wie möglich die Theresienwiese zu verlassen. Es gebe ein Sicherheitsproblem, hieß es.

Nachdem Werner von Karl freibekommen hatte, hatten sie sich entschlossen, auf die Wiesn zu gehen. Einer von Amelies Kollegen hatte eine Box im Bärenbräu-Zelt gemietet, deshalb hatten sie sich in dieses Zelt begeben. Sie sah sich um. Die Leute liefen tatsächlich zu den Ausgängen der Festwiese. Nur noch wenige der Fahrgeschäfte waren in Betrieb. Irgendetwas war passiert. Amelie wandte sich wieder an den Polizisten.

„Ich bin von der Presse. Ich rufe jetzt meine Redaktion an und sage denen, was hier los ist. Oder Sie lassen mich wieder ins Zelt, damit ich meinen Lebensgefährten holen kann."

„Ah, Sie sind von der Presse?" Der Polizist musterte sie unverwandt. „Dann werden wir Sie vorübergehend in Haft nehmen müssen."

Fassungslos starrte Amelie den Polizisten an.

Zwei Beamte brachten sie zur Wiesn-Wache. Währenddessen wich die

Wut, die sie empfunden hatte, der Furcht. Sie musste Werner helfen. Aber wie? Sie musste verhindern, dass sie hier festgehalten wurde. Sie musste die Redaktion anrufen. Was um Himmels willen passierte hier gerade?

19.20 Uhr

DAS ULTIMATUM lief ab. Und sie hatten es geschafft. Alois Kroneder sah auf seine nutzlosen Videoschirme, die ein Oktoberfest zeigten, das es nicht mehr gab. Aber es war keine Panik ausgebrochen.

Noch immer befanden sich Tausende Gäste auf dem Festgelände, doch die Theresienwiese leerte sich jetzt schnell. Weitere Beamte waren zusammengezogen worden. Das gesamte Gelände wurde abgesperrt.

Er sah aus seinem Fenster. Gerade kamen zwei Panzerwagen des Grenzschutzes an. Die Hubschrauber waren auf dem Weg hierher. Bald würden sie sich von oben ein Bild machen können.

KABEL schlängelten sich in allen Richtungen durch das riesige Bierzelt. An Okidadses Gefechtsstand liefen sie zusammen. Wie eine Spinne in der Mitte ihres Netzes saß er dort an einer der Konsolen.

Drei Meter neben dem Dachfirst erhob sich ein Gestänge, das an eine Raumstation erinnerte. Ein Mast ragte heraus. Die hydraulischen Muskeln im Innern der Konstruktion begannen, den Mast nach oben zu schieben. An seiner Spitze befand sich eine Radarantenne von sechs Metern Breite. Es dauerte fast fünf Minuten, bis die Stahlkonstruktion über dem offenen Dach des Benediktiner-Zeltes zum Vorschein kam. Dann begann das Radar zu rotieren. Mehrere große Funkantennen und zwei Satellitenschüsseln waren ebenfalls an dem Mast angebracht.

Blochin sah zu Okidadse. „Können wir jetzt den Mobilfunk stören?" Okidadse nickte stumm. „Dann machen Sie das. Unterbrechen Sie die Kommunikation. Die Nachrichtenagenturen werden die Sache bald bringen. Wir wollen ja eine Panik in den Zelten vermeiden."

Okidadse aktivierte den Störsender, der sämtliche Mobiltelefone im Umkreis von fünf Kilometern lahmlegte. Kein Netz mehr.

Okidadse aktivierte einen weiteren Bildschirm. Wie ein langer grüner Finger zog der Radarstrahl seine Kreise. Der Waffensystemoffizier nahm seinen Lichtgriffel und begann an einem Grafiktablett mit der Arbeit. Auf zwei weiteren Bildschirmen wurden Luftaufnahmen von München sichtbar.

„Wir haben Kontakt mit *Cosmos-14*, General. Der Satellit ist online."

Okidadses Stimme klang gleichgültig. Er sah auf die Digitaluhr, die zwischen den Bildschirmen angebracht war. Genau im Zeitplan.

Zwei dicke Kabel verbanden den Gefechtsstand mit den Balkonen. Dort hatten die Männer ihre Arbeiten gerade abgeschlossen. Okidadse legte mehrere Schalter um, und zwei Maschinen erwachten zum Leben.

Das sonore Surren starker Elektromotoren erfüllte das Zelt. Die Balken, auf denen die enormen Apparate standen, waren mit verdichteter Karbonfaser verstärkt. Wie urzeitliche Monster erhoben sich die Abschussvorrichtungen. Und mit ihnen die Raketen. Auf jeder Seite drei.

Die Gefechtsköpfe von sechs Luftabwehrraketen reckten sich drohend in den dunklen Münchner Abendhimmel. Hinter den Abschussrampen waren Hitze absorbierende, feuerfeste Decken angebracht worden. Das Zelt würde nicht abbrennen, wenn Raketen abgefeuert würden.

„Phase eins ist abgeschlossen. Wir sind feuerbereit, General." Okidadse sah Blochin an. „Der Himmel über München gehört Ihnen."

Das Krisenzentrum wurde im Kabinettssaal der Bayerischen Staatskanzlei eingerichtet. Der Ministerpräsident und sein Büroleiter sowie der bayerische Innenminister, der Präsident des Landeskriminalamts, der Polizeipräsident und der Oberbürgermeister waren versammelt.

„Wir sollten eine kurze Erklärung an die Presse geben, bevor die sich irgendetwas zusammenreimen und dadurch unnötig Unruhe stiften", sagte der Büroleiter des Ministerpräsidenten.

„Aber wir wissen doch selbst nichts. Was sollen wir der Presse da mitteilen?" Skepsis schwang in der Stimme des Oberbürgermeisters.

Der Präsident des LKA meldete sich zu Wort. „Trotzdem. Irgendetwas Beruhigendes. Wir haben die Lage unter Kontrolle und so weiter."

Der Ministerpräsident wandte sich an seinen Büroleiter. „Wir sollten die Standardmeldung herausgeben, die wir immer verwenden, wenn irgendeine Geiselnahme stattfindet. Aber fügen Sie hinzu, dass es sich nur *möglicherweise* um eine Geiselnahme handelt. Dass wir alles tun, um die Sicherheit unserer Gäste zu gewährleisten und so weiter." Der Büroleiter erhob sich und verließ den Raum.

Der Oberbürgermeister runzelte die Stirn. „Das ist aber nicht irgendeine Geiselnahme. Wenn das stimmt, was die mutmaßlichen Täter in ihren bisherigen Mitteilungen schreiben, dann ist dies die größte Geiselnahme der Kriminalgeschichte."

„Jetzt behalten Sie mal die Nerven", sagte der Ministerpräsident. „Wir haben diese Schreiben ernst genommen, weil wir kein Risiko eingehen wollen. Wir wissen aber nicht, ob es auf der Wiesn überhaupt irgendwelches Gas gibt. Wie sollte so etwas technisch realisierbar sein?“

Die Sekretärin kam abermals herein. Sie war bleich. „Ein neues Fax von den Geiselnehmern, Herr Ministerpräsident. Ich habe mir erlaubt, Kopien für die Herren zu machen.“ Sie legte vor jedem der Anwesenden drei Seiten auf den Tisch. „Ach ja, und es ist eine Standardmeldung über den Agenturticker gekommen. Die habe ich obenauf gelegt.“

Die Meldung war kurz:

> Auf dem Oktoberfest in München findet gegenwärtig ein großer Polizeieinsatz statt. Die Hintergründe dieses Einsatzes sind noch unklar. Die Theresienwiese ist evakuiert worden. Die Besucher der Zelte befinden sich jedoch weiterhin dort. Die Sicherheitskräfte sind vor Ort. Das Gelände wird weiträumig abgesperrt.

„Na wunderbar!“, entfuhr es dem Polizeipräsidenten. „Dann geht’s jetzt los.“ Er schnaubte. „Aber der Kroneder ist ein tüchtiger Mann. Der wird die Stellung schon halten. Der hat heute ganz hervorragend reagiert.“

Während alle die Seiten lasen, senkte sich Stille über den Raum. Fast gleichzeitig hoben die mächtigsten Männer Bayerns wieder den Blick. In ihren Augen stand völlige Fassungslosigkeit. Der Oberbürgermeister fand als Erster die Sprache wieder. „Das kann nicht wahr sein.“ Er sah den Ministerpräsidenten an. „Sie müssen sofort den Bundesinnenminister davon unterrichten. Fordern Sie die GSG 9 an.“

Der Ministerpräsident starrte zurück. „Nun mal langsam, Herr Oberbürgermeister. Wir wissen nicht, ob das stimmt. Außerdem ist das bayerische SEK eine Spitzentruppe.“

„Trotzdem sollten wir die Hubschrauber umgehend zurückholen. Wir können nicht riskieren, einen von ihnen zu verlieren. Und wir müssen den Flughafen zumindest vorübergehend schließen.“

Der bayerische Innenminister schlug mit der Faust auf den Tisch. „Den Flughafen sperren? Jetzt? Mitten in der Wiesn-Zeit? Wissen Sie, was das heißt? Die Presse wird sich darauf stürzen.“

Der Ministerpräsident fiel ihm ins Wort. „Der Oberbürgermeister hat Recht. Wir holen die Hubschrauber zurück und schließen den Flughafen. Nur ein Hubschrauber soll in großer Höhe das Gelände überfliegen.“ Er lehnte sich in seinem Sessel zurück. „Dann werden wir weitersehen.“

19.45 Uhr

„DIE HUBSCHRAUBER KEHREN UM, General. Bis auf einen. Und seit sieben Minuten ist kein Flugzeug mehr gestartet. Die ankommenden Maschinen werden umgeleitet."

„Nehmen Sie den verbliebenen Hubschrauber mit dem aktiven Feuerleitradar aufs Korn, Polkownik Okidadse. Das werden sie bemerken. Vielleicht kehren sie dann um. Und versetzen Sie den ersten Donnervogel in unmittelbare Feuerbereitschaft. Der Gegner darf auf keinen Fall das Gelände überfliegen."

„Wird gemacht, General."

Blochin und Iljuschin beobachteten, wie die letzten Kisten sowie vier Käfige hereingerollt wurden. Die Hundeführer öffneten die Käfigtüren. Sie nahmen die Schäferhunde an die Leine und führten sie zu den vier Ecken des breiten Hauptgangs, denn von dort aus würden sie ihre Patrouillengänge durch das Zelt aufnehmen.

Blochin wusste aus seiner Erfahrung mit Gefangenenlagern, dass ein Hund einem unbewaffneten Gegner gegenüber eine viel wirkungsvollere Waffe darstellte als eine Maschinenpistole. Der Feuerstoß einer Maschinenpistole tötete sofort. Wurde man jedoch von einem Hund angegriffen, musste man miterleben, wie das Tier einen zerfleischte. Das bedeutete ein Mehr an Angst. Und das wiederum bedeutete ein Mehr an Kontrolle.

„HIER IST DAS ERSTE DEUTSCHE FERNSEHEN mit der Tagesschau. Guten Abend, meine Damen und Herren. Auf dem Oktoberfest in München kommt es aus bislang ungeklärten Gründen gegenwärtig zu einem großen Polizeieinsatz. Das Gelände wird zur Stunde vollständig abgeriegelt. Mehrere Hundertschaften der Bereitschaftspolizei sind im Einsatz. Nach Angaben der Bayerischen Staatsregierung handelt es sich möglicherweise um eine Geiselnahme. Vor Ort ist unsere Korrespondentin Friede Heimann. Guten Abend, Frau Heimann. Können Sie uns neue Informationen geben?"

Auf den Fernsehschirmen der Nation wurde das Gesicht der Journalistin sichtbar. Im Hintergrund sah man die Theresienwiese. Man konnte die Zelte erkennen. Licht schien von innen durch die Zeltplanen. Die Lichter der Fahrgeschäfte waren dunkel. Scheinwerfer wurden aufgebaut. In deren Schlaglicht war erkennbar, dass sich eine große Zahl Uniformierter auf dem Gelände bewegte.

„Auch hier vor Ort gibt es zur Stunde keine weitere offizielle Stellungnahme. Nach Berichten von Augenzeugen hat die Polizei ab halb sieben damit begonnen, das Gelände zu räumen und die Zelte abzusperren. Inzwischen ist der Zugang zum Gelände nicht mehr möglich …“

Friede Heimann brach ab. Hinter ihr war bereits seit einer knappen halben Minute ein merkwürdiges Geräusch zu hören. Es kam zweifellos vom Festgelände. Sie bemerkte, wie ihr Kameramann das Objektiv von ihrem Gesicht weg nach oben hob. Er nahm offensichtlich etwas auf, was sich über ihr befand. Sie wandte den Kopf von der Kamera ab und sah in den Himmel über der Theresienwiese. Friede Heimann traute ihren Augen nicht.

BLOCHIN sah sich zusammen mit Okidadse und Iljuschin die Nachrichten an. Als die Korrespondentin ins Bild kam, nickte er dem Waffensystemoffizier zu. *„Showtime!“*

Zunächst war im Zelt nur ein tiefes Grummeln zu hören, das in der Tonhöhe anstieg. Die Elitekämpfer hatten ihre verabredeten Positionen eingenommen und bedrohten die Geiseln mit erhobenen Waffen. Mit einem dumpfen Schlag zündete das Strahltriebwerk der ersten Luftabwehrrakete.

Zischender Lärm schwoll ohrenbetäubend an. Dann erhob sich die Rakete mit einem brüllenden Fauchen in den Münchner Himmel. Zunächst beschrieb ihre Flugbahn eine Parabel. Am Scheitelpunkt ging die Rakete augenblicklich in den Marschmodus über.

Ihre Zielsuchelektronik erkannte die Wärmesignatur des Polizeihubschraubers in einigen Kilometern Entfernung über der Isar klar und deutlich. Vor dem dunklen Hintergrund des bewölkten Nachthimmels war das weiße Feuer des Triebwerksstrahls gut zu erkennen. Ein heller Knall war zu hören, als die Lenkwaffe die Schallmauer durchbrach.

„Der Donnervogel hat das Ziel erfasst, General!“

„Gefechtskopf scharf machen!“

Der Lichtgriffel glitt in schnellen Bewegungen über das Grafiktablett. „Gefechtskopf ist scharf!“

Blochin blickte unverwandt auf den Fernsehschirm, der den Start der Rakete live übertrug. Mit dem Finger deutete er zu dem Lichtpunkt auf dem Bildschirm. „Der Start ist doch jedes Mal wieder ein erhabenes Schauspiel.“ Einige Sekunden lang versank er in Schweigen. „Ist ein Jammer, mit so einem riesigen Vogel ein so kleines Ziel zu bekämpfen.“

Um zwanzig nach sieben hatte die Polizei Amelie gehen lassen. Sie war mit einigen anderen Journalisten in einem der großen Ausnüchterungscontainer neben der Wiesn-Wache festgehalten worden. Der Gestank war unerträglich gewesen. Man hatte ihr das Mobiltelefon abgenommen.

Jeder Journalist, der sich als solcher zu erkennen gegeben hatte, war festgesetzt worden. Der Chef der Wiesn-Wache hatte sich bei ihrer Entlassung entschuldigt und um Verständnis für die Maßnahme gebeten. Nur durch die vorübergehende Geheimhaltung hätte die Sicherheit der Menschen auf dem Oktoberfest gewährleistet werden können, hatte er gesagt. Dann hatte sie auch ihr Telefon zurückerhalten. Sofort hatte sie versucht, Werner zu erreichen. Es gab jedoch kein Netz.

Danach war Amelie nach Hause gegangen, tief verstört. Unterwegs hatte sie bemerkt, dass ihr Telefon wieder funktionierte. Nochmals hatte sie ihren Freund angerufen. Dieser hatte sein Mobiltelefon jedoch abgeschaltet. Amelie hatte eine Nachricht auf der Mailbox hinterlassen.

Ein Blick auf die Wanduhr im Flur sagte ihr, dass sogleich die Tagesschau beginnen würde. Sie setzte sich auf ihr Sofa und schaltete den Fernseher ein. Es war genau acht Uhr. Sie sah die Live-Übertragung.

Als im Hintergrund des Bildes die Rakete abhob und ihre Bahn über den Himmel zog, zuckte Amelie vor Schreck zusammen. Die Kamera folgte der Flugbahn der Lenkwaffe, bis sie über den Dächern verschwunden war, und schwenkte zurück zu Friede Heimann. Ihr war deutlich anzusehen, dass sie um Fassung rang. Sie räusperte sich.

„Das war wohl eine Rakete, dem ersten Anschein nach. Wir werden versuchen, weitere Informationen zu bekommen. Eine Rakete ist vom Gelände des Oktoberfestes gestartet. Wenn ich das richtig gesehen habe, wurde sie vom Benediktiner-Zelt aus abgeschossen.“ Sie brach ab. Was sollte sie jetzt noch sagen? Sie sollten nach Hamburg zurückschalten und versuchen, eine offizielle Stellungnahme zu bekommen. Das war unglaublich. Eine Rakete. Mitten in München!

Friede Heimann wollte gerade ihre Abmoderation beginnen, da blitzte am südlichen Horizont über der Stadt ein feuriges Flackern auf. Einige Sekunden vergingen, dann hörte sie das dumpfe Grollen einer fernen Explosion.

Amelie saß wie versteinert vor ihrem Fernseher und hörte das Grollen ebenfalls. Die Angst um Werner ließ sie erzittern.

Die ganze Fernsehnation hörte es. Live.

Die Besatzung des Polizeihubschraubers *Edelweiß-7* hörte die Explosion nicht mehr. Die Lenkwaffe flog mit fast dreifacher Schallgeschwindigkeit, als sie für den Piloten sichtbar wurde.

„Gott im Himmel, was ist das? Verdammte Sch…"

Es war dem Piloten nicht vergönnt, seinen Fluch zu beenden.

Als der Gefechtskopf in den Hubschrauber einschlug, erblühte hoch über der Isar ein glutroter Feuerball.

20.40 Uhr

Im Kanzleramt in Berlin kam das kleine Sicherheitskabinett zusammen. Dringlichkeitssitzung. Die Herren trafen sich in dem Konferenzraum direkt neben dem Büro des Bundeskanzlers.

Nach einer schnellen Begrüßung durch den Kanzler übernahm der Bundesinnenminister das Wort. „Meine Herren, die Lage stellt sich im Moment dar wie folgt: Eine bislang unbekannte Zahl von Tätern hat ein Zelt auf dem Oktoberfest unter ihre Kontrolle gebracht. Ob es dabei Opfer gab, kann zur Stunde niemand sagen. Es ist den Tätern gelungen, das Zelt von der Außenwelt abzuschotten. Hierbei sind sie aller Wahrscheinlichkeit nach als Polizisten aufgetreten. Die Täter sind mit den bayerischen Behörden mittels mehrerer Faxbotschaften in Verbindung getreten. Eine Kopie dieser Faxe liegt vor Ihnen. Es wurde bisher verlangt, dass die Polizei die Zelte absperrt und niemanden hinein- oder herauslässt. Dieser Forderung ist nachgekommen worden. Alle Zelte sind abgeriegelt. Den Zugang für Polizei und Hilfskräfte haben die Täter ausdrücklich gestattet." Der Innenminister räusperte sich kurz. „Auch die Forderung, den Flughafen zu schließen, ist erfüllt worden. Als der Sperrung des Münchner Luftraums nicht bis zum geforderten Zeitpunkt entsprochen wurde, haben die Täter mit einer Luftabwehrrakete einen Polizeihubschrauber abgeschossen. Diese Rakete ist von dem Zelt der Benediktiner-Brauerei aus abgefeuert worden. Die drei Beamten an Bord des Hubschraubers sind bei dem Abschuss ums Leben gekommen. Die Täter drohen damit, die Insassen einzelner oder auch aller Zelte mit Giftgas zu töten. Sie bedrohen nach eigenen Angaben sämtliche Zelte mit einer Giftgaskontamination. Weitere Forderungen der Täter sind bislang noch nicht eingegangen. In den Zelten auf der Theresienwiese befinden sich im Moment schätzungsweise siebzigtausend Menschen."

Als Nächstes erteilte der Bundeskanzler den Präsidenten des BND und des BAfVS das Wort. Die Referate der Geheimdienstoberen fielen knapp aus. Es hatte keine Anzeichen gegeben, dass in München ein Anschlag vorbereitet wurde. Es war völlig unklar, wer die Täter sein könnten.

„Es ist also möglich, auf dem Oktoberfest Luftabwehrraketen in Stellung zu bringen, ohne dass irgendjemand etwas bemerkt?" Die Ironie in der Stimme des Bundeskanzlers war nicht zu überhören. „Meine Herren, ich muss schon sagen, das ist eine bemerkenswerte Leistung."

Der Präsident des BKA ergriff das Wort. „Unsere operativen Möglichkeiten sind durch die Sperrung des Luftraumes extrem verlangsamt. Manche Optionen, wie ein Versuch, das Zelt von Hubschraubern aus zu stürmen, stehen nicht mehr zur Verfügung. Wir versuchen gerade, eine Infrarotabbildung vom Innenraum des fraglichen Zeltes zu bekommen. Wir wissen ja nicht, was dort vorgeht. Wir wissen noch nicht einmal, ob dort überhaupt noch jemand am Leben ist."

Der letzte Satz traf die Anwesenden wie ein Schlag. Ein ängstliches Schweigen lastete über ihnen, bis der Verteidigungsminister das Wort ergriff. „Herr Bundeskanzler, meine Herren, ich hätte einen Vorschlag zu machen. Ich möchte einen Mann zu unseren Beratungen hinzuziehen. Er leitet eine Abteilung des militärischen Geheimdienstes, von deren Existenz Sie bisher nichts wissen."

Der Bundeskanzler hob die Augenbrauen.

„Das war bislang auch nicht nötig", fuhr der Verteidigungsminister fort. „Die Fähigkeit, etwas glaubhaft zu leugnen, ist für einen Regierungschef unabdingbar. Bitte entschuldigen Sie meine Offenheit. Aber ich muss Ihnen in diesem Moment mitteilen, dass der Militärische Abschirmdienst eine operative Abteilung hat." Er schwieg kurz, um seine Gedanken zu ordnen. „Die Verbrecher, die das Oktoberfest überfallen haben, sind ohne Zweifel im Umgang mit militärischem Gerät geschult. Wenn wir wüssten, mit wem wir es zu tun haben, wären wir ein gutes Stück weiter."

Der Bundeskanzler sprach betont langsam. „Wenn Sie meinen, dass dieser Mann uns helfen könnte, dann schaffen Sie ihn her."

Der Verteidigungsminister erhob sich. „Danke, Herr Bundeskanzler. Ich werde das sofort veranlassen." Er verließ den Raum.

Kapitän zur See Wolfgang Härter war nicht überrascht, als er die Kennung des Verteidigungsministers auf dem Display seines GSMK-Cryptophones las. Ihn wunderte nur, dass es so lange gedauert hatte, bis man ihn anrief.

Auch er hatte die Tagesschau gesehen. Er hatte die Rakete nicht genau erkennen können. Aber der Flugbahn nach zu urteilen, die das Geschoss beim Start beschrieben hatte, war er ziemlich sicher, dass es sich um ein Waffensystem aus russischer Produktion gehandelt hatte.

Er hatte daraufhin eine frisch gebügelte Uniform der ersten Garnitur angezogen und zivile Kleidung in seine Reisetasche gepackt. Er rief beim dritten Marinefliegergeschwader in Nordholz an und kündigte an, dass er noch heute Abend einen Flug nach Berlin brauchen würde. Deshalb stand der Sea-Lynx-Helikopter schon bereit, als der Kapitän seinen mattschwarzen Wiesmann GT auf das Gelände des Militärstützpunktes steuerte.

Mit geübten Handgriffen startete der Pilot kurz darauf die Maschine.

20.45 Uhr

Der bayrische Ministerpräsident lief aufgeregt im Kabinettssaal der Staatskanzlei auf und ab. „Ich erwarte Ihre Vorschläge, meine Herren."

Nach einem kurzen Moment brach der Innenminister das Schweigen. „Wir haben im LKA ein Szenario für die Evakuierung eines Zeltes, das mit Giftgas bedroht wird, ausgearbeitet. Das Hauptproblem, das es dabei zu berücksichtigen gilt, ist die Entlüftung. Wenn die Aktion beginnt, werden wir zunächst große Zu- und Abluftleitungen von außen am Zelt anbringen müssen. Diese Leitungen werden durch die Zeltplane in den Innenraum gelegt. Auf der einen Seite werden wir dann mit einem Kompressor Frischluft in das Innere pumpen. Auf der anderen Seite werden wir die Luft, die sich im Zelt befindet, innerhalb von Minuten absaugen und in einem Filtersystem dekontaminieren." Der Minister holte tief Luft. „Dabei ist wichtig, dass die Abluftleitung möglichst weit oben liegt. Wir werden ein Loch ins Dach schneiden und dort die Luft absaugen. Die Wirkstoffe von Kampfgas sind normalerweise schwerer als Luft und senken sich von oben herab. Das kann man durch das Absaugen von oben weitgehend verhindern. Gleichzeitig werden SEK-Beamte in Schutzanzügen versuchen, so viele Zeltplanen wie möglich zu entfernen und die Menschen im Zelt zu diesen zusätzlichen Ausgängen zu führen." Er hob den Blick und sah in die Runde. „Wir gehen davon aus, dass die Täter unser eigenes Videosystem benutzen, um zu überwachen, was auf der Theresienwiese vor sich geht. Wir haben in dem zweiten Fax die Drohung erhalten, dass die Täter sofort ein Zelt exekutieren werden, sollten wir versuchen, sie von den Kameras oder dem Stromnetz zu trennen. Sie können mit diesen Kameras allerdings nicht sehen, was jenseits des Haupteingangs passiert. Dort können wir die Vorbereitungen treffen. Ich schlage als Einsatzort das Zelt der Fischer-Liesl vor. Eines der kleineren Zelte. Im

Augenblick dürften sich ungefähr zweitausend Menschen in diesem Zelt befinden. Es liegt am Rand der Theresienwiese und ist vom Haupteingang her schnell zu erreichen." Der Minister ließ seine Ansprache kurz wirken. „Was halten die Herren von diesem Prozedere?"

„Ich denke, dass das Risiko vertretbar ist." Jetzt sprach der Präsident des Landeskriminalamts. „Vor allem aus einem Grund: Es ist eigentlich undenkbar, dass es gelungen sein soll, Giftgas in der erforderlichen Menge in die Zelte zu schaffen. Und noch eins: Das Gas müsste von den Tätern in den Zelten gleichmäßig verteilt werden. Wenn irgendwo in einem Zelt eine Gasflasche geöffnet wird, bricht Panik aus, und die Menschen werden auf ihrer Flucht die Zeltplanen selbst zerstören. Auf der Wiesn hat doch jeder Vierte einen Hirschfänger in seiner Krachledernen stecken. Zum Aufschlitzen der Zeltplanen taugen diese Messer allemal."

„Trotzdem sollten wir zumindest abwarten, bis die ersten Infrarotbilder aus dem Innern des Benediktiner-Zeltes vorliegen", hielt der Oberbürgermeister dagegen.

„Die werden in der nächsten halben Stunde verfügbar sein. Bis dahin möchte ich die nötige Ausrüstung bereits vor Ort bringen lassen." Der Innenminister hob die Augenbrauen. „Mit Ihrer Erlaubnis, Herr Ministerpräsident?" Er sah den Chef der Staatsregierung an.

Der Ministerpräsident sah in die Runde und nickte. „Lassen Sie die Sachen zur Wiesn schaffen", wies er den Innenminister an. „Wir werden jedoch auf jeden Fall auf die Bilder aus dem Benediktiner-Zelt warten, bevor wir in Aktion treten."

Es klopfte. Zum wiederholten Mal trat die Sekretärin ein. „Wir haben ein neues Fax der Täter bekommen. Sie stellen jetzt ihre Forderungen." Wie vorhin legte sie jedem eine Kopie auf den Tisch.

Die Männer begannen zu lesen. Die Ungeheuerlichkeit der Forderung passte zu den unglaublichen Dingen, die sich seit dem späten Nachmittag in München ereigneten. Während ihre Gehirne den Sinn der Worte erfassten, wich alle Farbe aus ihren Gesichtern.

Die Wohnung befand sich im obersten Stock eines der großen Wohnblöcke neben der Theresienhöhe. Vom Balkon aus hatte man einen fantastischen Blick über das ganze Festgelände und die umliegende Gegend.

Die Vormieter Oskar und Maria Graf waren überraschend verstorben.

Zum ersten September war ein neuer Mietvertrag abgeschlossen worden. Dennoch war die Wohnung völlig leer. Bis auf eine große Kamera im Wohnzimmer, die auf einem hohen, massiven Stativ montiert war. Ein dickes Kabel führte von der Kamera zu einem Gerät neben dem Stativ. Aus der Oberseite dieses Gerätes ragte eine Antenne bis unter die Zimmerdecke.

Die Balkontür stand weit offen. Das gläserne Auge der Kamera war auf die Theresienwiese gerichtet. Ab und an ertönte ein leises Surren, das von den Motoren im Objektiv der Kamera herrührte. Dann bewegten sich die Ringe, die um das Objektiv liefen. Gelegentlich ließ sich auch ein kaum hörbares Brummen vernehmen. Verursacht von einem der Elektromotoren, die die Kamera drehen und schwenken konnten. Die Aktionen der Motoren und des Objektivs hingen von den Befehlen ab, die sie über Funk erhielten.

Die Antenne sendete die Bilder der Kamera zum Empfänger. Die Kamera konnte Restlicht verstärken und Wellen im Infrarotbereich aufnehmen.

In diesem Moment fixierte die Kamera das Gelände vor dem Haupteingang des Oktoberfestes.

21.00 Uhr

IMMER MEHR SCHAULUSTIGE versammelten sich an den Gitterzäunen, die das Gelände des Oktoberfestes mittlerweile umgaben. Die Zäune wurden von Polizisten bewacht. Auch die Zahl der Journalisten und Kamerateams nahm ständig zu. Die Kameras, die das Geschehen auf der Theresienwiese mit ihren Teleobjektiven beobachteten, folgten einer Gruppe von Polizisten, die von Zelt zu Zelt ging. An der Spitze dieser Gruppe marschierte Alois Kroneder. Ihm war die Aufgabe zugeteilt worden, die Gäste des Oktoberfestes über den Stand der Dinge aufzuklären. Gerade erreichte er mit seinen Leuten das Bärenbräu-Zelt.

WERNER VOGEL traute seinen Ohren nicht. Von Anfang an sprach der Polizeibeamte auf der Bühne in eindringlichem Ton. „Im Moment ist es in den Zelten völlig sicher. Wir möchten Sie daher bitten, keinen Versuch zu unternehmen, das Zelt zu verlassen. Im Lauf des Abends werden Decken in die Zelte gebracht werden. Medizinische Versorgung wird durch uns ebenfalls hier vor Ort gewährleistet."

Das klang beängstigend. Als er sich umsah, las Vogel Unsicherheit und Furcht in vielen Gesichtern. Aber er war ein zutiefst pragmatisch veranlagter Mensch. Er würde die Situation nehmen, wie sie war. Bei den nächsten Worten des Polizeibeamten überzog ein Lächeln sein Gesicht.

„Bis auf Weiteres wird die Bewirtung aufrechterhalten. Die Kosten dafür trägt die Bayerische Staatsregierung. Wir tun alles, um Ihnen diese Situation so angenehm wie möglich zu gestalten. Gäste mit chronischen Krankheiten sollen sich bitte sofort an einen Beamten wenden. Sollten Sie Medikamente oder ärztliche Hilfe benötigen, werden wir Ihnen diese selbstverständlich zur Verfügung stellen."

Vogel winkte nach Kroneders Ansprache eine der Bedienungen zu sich und bestellte sich ein halbes Hendl und eine frische Maß. Der Mann, der ihm gegenübersaß, war einer von Amelies Kollegen.

Er sah Vogel bestürzt an. „Wie können Sie so ruhig bleiben, Herr Vogel? Das kann noch ewig dauern. Wo sollen wir denn schlafen, wenn wir die ganze Nacht hier im Zelt bleiben müssen?"

„Sagen Sie der Einfachheit halber doch Werner zu mir. Ich sehe die Sache so: Im Moment können wir nichts tun, was unsere Situation ändern würde. Also sollten wir das Beste daraus machen. Das wird sich schon alles finden. Immerhin gibt es Freibier. Eigentlich ist das doch ein Traum, wir sitzen auf dem Oktoberfest, und es gibt jede Menge Freibier."

Sein Gegenüber rang sich ein zaghaftes Lächeln ab. „Da hast du eigentlich Recht, Werner. Ich heiße übrigens Matthias." Das Lächeln wurde breiter.

„Na dann prost, Matthias!" Die beiden Männer hoben ihre Krüge und tranken sich zu.

Das Einzige, was Vogel wirklich beunruhigte, war die Frage, wie es wohl Amelie gehen mochte. Aber der Polizist hatte gesagt, dass die Evakuierung der Außenbereiche erfolgreich abgeschlossen worden sei. Niemandem war etwas geschehen.

In dem Balken genau über Vogels Kopf befand sich ein Bohrloch. Eine dünne Schicht Holzkitt bedeckte das Ventil, das in dem Loch verborgen lag.

Kaliningrad, Russland, November 2003

GENERALMAJOR OLEG BLOCHIN und die drei Führungsoffiziere Dr. Kusnezow, Iljuschin und Okidadse waren in Blochins abhörsicherem Büro versammelt. Sie hielten eine ihrer wöchentlichen Sitzungen ab, in denen der Fortgang der Vorbereitungen besprochen wurde. Es galt die Frage zu erörtern, welchen chemischen Kampfstoff man einsetzen könnte, falls man gezwungen wäre, der Drohung Nachdruck zu verleihen.

„Der Wirkstoff, den ich im Auge habe", erläuterte Dr. Kusnezow mit sachlicher Stimme, „ist eine Weiterentwicklung eines Gases namens Sarin. Das Gas bewirkt, dass die Muskeln sich nicht mehr entspannen können. Der Gegner erstickt, da die Atemmuskulatur gelähmt ist. Der Tod tritt in einhundert Prozent der Fälle innerhalb von Minuten ein. Zudem haben die neuroreaktiven Wirkstoffe den Vorteil, dass sie nicht eingeatmet werden müssen. Sie dringen durch die Haut in den Körper ein. Eine Gasmaske bietet also keinen Schutz. Die einzige wirksame Gegenmaßnahme besteht in der intravenösen Injektion von Atropin, Toxogonin und Valium. Darüber hinaus zerfällt dieser Kampfstoff nach ungefähr fünfzehn Minuten. Man kann also – gerade in geschlossenen Räumen – sehr gezielt vorgehen. Und das, ohne eine unkontrollierte Ausbreitung des Gases zu riskieren." Dr. Kusnezow schob die Papiere, die vor ihm auf dem Tisch lagen, zusammen. „Noch Fragen?"

Nachdem sich niemand meldete, ergriff Blochin das Wort. „Wir sind etwas vor der Zeit." Er wandte sich an Okidadse. „Noch eine Überlegung zu einem potenziellen Nachtangriff des Gegners. Können wir nicht außerhalb des Zeltes zusätzlich Lampen anbringen, die den Gegner bei einem solchen Angriff blenden würden?" Okidadse nickte. „Dann ändern Sie die Baupläne der Verteidigungsanlagen entsprechend." Blochin senkte die Stimme. „Denn über eines müssen wir uns im Klaren sein: Der Gegner wird uns angreifen. Wir werden um dieses Zelt kämpfen müssen."

AMELIE hatte einen Coup gelandet. Sie hatte ihren ganzen Mut zusammengenommen und den Chefredakteur in Hamburg angerufen. Sie sagte ihm, sie sei eine Augenzeugin, und deshalb wäre es nur logisch, wenn sie den Artikel schreiben würde. Der mächtige Journalist war nach anfänglicher Skepsis auf ihren Vorschlag eingegangen.

Sie legte den Telefonhörer auf und wandte sich ihrem Computer zu. Jetzt mache ich den Verantwortlichen ordentlich Druck, dachte sie grimmig. Das war sie sich nicht nur als Journalistin, das war sie auch Werner schuldig.

Wenn sie an ihren Freund dachte, zogen sich ihre Eingeweide vor Sorge zusammen. Wenn sie wenigstens wüsste, wie es ihm gerade ging … Dieses Nichtwissen, diese Hilflosigkeit machten sie fast wahnsinnig.

Doch nun konnte sie etwas tun. Sie konnte die Öffentlichkeit aufrütteln und damit Werner vielleicht helfen.

ULGENHOFF UND KRONEDER beobachteten die Situation mit einer Mischung aus Misstrauen und Ungläubigkeit. Sie standen in der Nähe einiger Spezialfahrzeuge der Polizei. Im Licht starker Scheinwerfer legten SEK-Beamte ihre luftundurchlässigen Schutzanzüge aus dickem Kunststoff an.

Die unförmigen Kopfbedeckungen waren vorne mit einer großen Plexiglasscheibe versehen. Die Atemgeräte wurden auf den Rücken geschnallt.

Etwas abseits standen ein Kompressorwagen und eine Filtereinheit. Zwei Schläuche mit einem Durchmesser von eineinhalb Metern lagen neben den Wagen. Die Schläuche waren wie eine Ziehharmonika zusammengefaltet. Sie würden sich jedoch über mehrere hundert Meter in die Länge ziehen, wenn die Männer sie zu dem Zelt trugen.

Langsam gingen die beiden Polizisten der Wiesn-Wache den kurzen Weg zu ihrem Dienstgebäude zurück. Ulgenhoff schüttelte den Kopf. „Wenn das mal gut geht", sagte er.

„Ja, vor allem weil wir ja nicht wissen, wie es in dem Zelt aussieht."

Vor einer halben Stunde waren die Bilder der Infrarotkameras ausgewertet worden. Mit dem ernüchternden Ergebnis, dass man auf den Aufnahmen nichts erkennen konnte. Nur rötliche Schlieren waren darauf zu sehen. Die einzig plausible Erklärung für das Versagen der Infrarotkamera war, dass die Außenwände des Zeltes irgendwie beheizt worden waren. Auf vierzig Grad, sodass im Innern des Zeltes keine Konturen erkennbar wurden.

„Die wollen jetzt Frischluft in das erste Zelt hier am Eck pumpen. Dadurch soll die Wirkung von eventuellem Giftgas weitgehend neutralisiert werden." Die Skepsis in Kroneders Stimme war nicht zu überhören.

„Geübt haben die Kollegen vom SEK den Einsatz oft genug", gab Ulgenhoff zu bedenken.

„Das mag ja sein", antwortete Kroneder. „Aber ich befürchte eben, dass sich die Herren Verantwortlichen noch immer Illusionen machen, was die Entschlossenheit und Professionalität der Täter angeht."

22.00 Uhr

Der Ministerpräsident hatte eine Entscheidung getroffen. In der letzten Stunde war in unterschiedlicher Besetzung ständig beratschlagt worden. Vor allem ging es um eine Risikoabschätzung. Die war jedoch eigentlich gar nicht möglich. Die Tatsache, dass es nicht gelungen war, Bilder aus dem Benediktiner-Zelt zu bekommen, war einfach beiseitegewischt worden. Schließlich hatten sich dann der Innenminister und der Präsident des LKA gegen die Skepsis des Oberbürgermeisters durchgesetzt. Die Argumentation der Befürworter des Einsatzes basierte in erster Linie auf der Annahme, dass es nur geringe Mengen von Giftgas in den Zelten gab. Wenn überhaupt.

Der Ministerpräsident legte soeben den Telefonhörer auf. Er wandte sich an die versammelten Herren. „Ich habe den Einsatzbefehl gegeben." Als er weitersprach, klang seine Stimme plötzlich rau. „Die Schwarze Madonna von Altötting stehe uns bei."

IM BENEDIKTINER-ZELT war alles ruhig. Keine rebellierenden Geiseln, keine Nervenzusammenbrüche. Bis jetzt. Die Kühle der Nacht war durch das offene Dach ins Zelt gedrungen. Dann waren die Heizdrähte, die in den Zeltplanen der Außenwände verlegt waren, angeschaltet worden.

Auf den Bildern der Videoüberwachung war der gepanzerte Grenzschutzwagen mit der Infrarotkamera gut sichtbar gewesen.

Inzwischen war es wieder recht warm in dem riesigen Bierzelt. Die Menschen fügten sich in ihr Schicksal. Einige hatten begonnen, sich vorsätzlich zu betrinken. Auch gegessen wurde eine Menge.

„Kommen Sie mal zu mir in den Gefechtsstand, General. Ich möchte Ihnen was zeigen. Ich glaube, der Gegner legt los." Okidadses Stimme erreichte Blochin während einer seiner Patrouillengänge.

„Verstanden, Polkownik Okidadse." Blochin machte sich mit zügigen Schritten auf den Weg zu seinem technischen Offizier. Dort angekommen, sah er auf die Bildschirme und musste grinsen.

„Wieder mal lagen Sie mit Ihrer Einschätzung richtig, General. Sie haben Kompressoren aufgefahren und bereiten einen Sturm auf das erste Zelt im Eingangsbereich vor. Es geht also um das Zelt der Fischer-Liesl."

„Wie sieht es denn mit unserem Kompressordruck aus? Haben wir genug Dampf, um die Fischer-Liesl zu erreichen?"

„Ich habe vor zwei Minuten die Hochkompression eingeleitet. Der Druck in den Verbindungsleitungen steht bereits. Wir sind einsatzbereit."

Blochin wandte sich an seinen Weggefährten. „Ich hatte gehofft, dass wir das vermeiden können." Er zeigte mit einem Finger auf den Bildschirm und deutete auf die Schläuche zwischen den wuselnden Polizisten. „Ich hatte gedacht, dass sie uns direkt angreifen. Jetzt wird die Operation eskalieren. Verschuldet durch die Dummheit und Ignoranz der Verantwortlichen. Wir reagieren nur. Was nun geschieht, wäre vermeidbar gewesen. Ich werde Dr. Kusnezow sagen, er soll den Kampfstoff scharf machen."

Okidadse nickte langsam und sah seinen Kommandeur an. Blochins Stimme wurde eisig. „Auslösen, wenn der Gegner mit dem Sturm beginnt!"

Die SEK-Beamten bekamen über Funk den Befehl loszuschlagen. Jeweils ein halbes Dutzend hatte sich an den beiden Schläuchen aufgestellt. Nun hoben sie die Schläuche an den Griffen an und begannen zu rennen.

Bereits dreißig Sekunden zuvor hatten sich zwanzig Mann in Bewegung gesetzt. Ihre Aufgabe war es, die Leitern für den Abluftschlauch an das Zelt anzulegen und die Planen zu zerschneiden. Sie trugen dafür martialisch aussehende Macheten am Gürtel.

An der Spitze dieser Gruppe rannte Thomas Aschner, der Kommandeur der bayerischen Sondereinsatzkommandos. Zwar war er nicht mehr der Jüngste, doch immer noch in erstklassiger Form. Er war mit Abstand der SEK-Beamte mit der größten Erfahrung. Seine Nervenstärke war legendär. Ebenso wie seine gefürchteten cholerischen Ausbrüche. Zahllose Einsätze lagen hinter ihm. Geiselnahmen. Lösegeldübergaben. Banküberfälle. Seine Männer respektierten ihn nicht nur, sie vertrauten ihm bedingungslos.

Aschner war noch ungefähr zwanzig Meter vom Zelt der Fischer-Liesl entfernt, als einige Kollegen der Bereitschaftspolizei aus den Türen kamen. Sie bewegten sich merkwürdig ruckartig. Wie Marionetten, deren Fäden einem wahnsinnigen Puppenspieler in die Hände gefallen waren. Nach wenigen Metern brachen die Polizisten zusammen. Ihre Leiber erstarrten in den unglaublichsten Verrenkungen.

„Schneller, verdammt noch mal!“, rief Aschner in sein Mikrofon, das ihn mit seinen Männern verband. „Schneller!“ Seine Stimme hatte ungewollt einen flehenden Unterton bekommen. Er selbst zog die Geschwindigkeit seines Sprints nochmals an. Seine Lungen brannten von der komprimierten Atemluft aus der Flasche auf seinem Rücken.

Endlich hatte er das Zelt erreicht. Mit einem wuchtigen Hieb trieb er die rasiermesserscharfe Klinge seiner Machete von oben nach unten durch die Zeltplane. Ein Schnitt von zwei Metern Höhe entstand. Ein weiterer Beamter war neben ihm eingetroffen. Sein Buschmesser fuhr in der Horizontalen durch den dicken Kunststoff. Als seine Klinge Aschners Schnitt kreuzte, klappte die Plane auf und gab den Blick auf das Innere des Zeltes frei.

Die Apokalypse! Aschners Atem stockte angesichts des Grauens, das sich seinen Augen bot.

Die Körper der zweitausend Besucher der Fischer-Liesl kämpften gegen einen biochemischen Prozess an, dessen Verlauf unabänderlich war. Jeder einzelne Muskel verkrampfte sich bis zum Zerreißen. Leiber wanden sich. Kinder, Frauen und Männer versuchten aufzustehen, zu laufen, die Türen zu erreichen. Doch binnen Minuten verloren sie jede Kontrolle über ihre

Körperfunktionen. Die Nachfolgenden stolperten über die Leiber derer, die den Kampf bereits verloren hatten.

Schließlich erreichten die SEK-Beamten mit den Schläuchen die Öffnungen in der Zeltwand. Die Schlauchenden wurden ins Innere des Zeltes gestoßen. Mit kräftigen Schlägen trieben Beamte Heringe in den Boden, um die Schläuche zu fixieren. Dann gab Aschner den Befehl, die Lüftung einzuschalten. Die gewaltigen Kompressoren brüllten los, und die entfesselte Kraft der Maschinen ließ den Boden beben.

HÄRTER ließ seine Reisetasche an der Tür des Sitzungsraumes neben dem Kanzlerbüro stehen. Er musterte die versammelten Herren der Reihe nach. Schließlich traf sich sein Blick mit dem des Kanzlers. Härter salutierte. „Herr Bundeskanzler, meine Herren, bitte entschuldigen Sie, dass ich nicht früher hier sein konnte. Wir haben leider keine schnelleren Hubschrauber. Sparmaßnahmen beim Verteidigungshaushalt. Sie wissen das ja."

Alle folgten dem Kapitän mit ihren Blicken, als er an den runden Konferenztisch trat. Härter öffnete seine Aktentasche und entnahm ihr einige Papiere, die er vor sich auf den Tisch legte. Mit einer wortlosen Geste bot ihm der Verteidigungsminister einen Sitzplatz an. Härter legte seinen Mantel ab und nahm am Tisch Platz.

Der Verteidigungsminister räusperte sich. „Herr Bundeskanzler, verehrte Kollegen, der Name dieses Mannes ist bis auf Weiteres Poseidon. Sie brauchen seine wahre Identität nicht zu kennen. Für diesen Mitarbeiter wäre eine Enttarnung mit unmittelbarer Lebensgefahr verbunden."

„Einen Moment noch, Poseidon", sagte der Bundeskanzler. „Bevor Sie Ihre Überlegungen vortragen, möchte ich Sie davon in Kenntnis setzen, dass mittlerweile eine Forderung der Geiselnehmer bei der Bayerischen Staatsregierung eingegangen ist. Wir haben diese Forderung vor einer knappen Stunde erhalten." Der Bundeskanzler atmete tief ein. „Sie wollen Geld. Viel Geld."

„Geld?" Der Kapitän verbarg seine Verblüffung nicht. „Einfach nur Geld?"

„Nicht direkt Geld", ergänzte der Verteidigungsminister. „Sie wollen Rohdiamanten. Hundertfünfzig Kilogramm. Kein Stein unter eineinhalb Karat."

Härters Miene hellte sich auf, während er die Menge im Kopf überschlug. Gute zwei Milliarden Euro. Und nur 150 Kilogramm Gewicht. Wären die Steine erst einmal professionell geschliffen, würde sich ihr Wert vervielfachen. Er nickte. „Das passt schon eher ins Profil."

„Wir haben vier Tage Zeit, die Diamanten zu beschaffen. Übergabe ist am Donnerstag um zwölf Uhr mittags. Das bedeutet, dass die Täter die momentane Situation bis Donnerstag aufrechterhalten wollen. Daher – "

Härter hob die Hand, und der Minister brach ab. „Dann wissen wir jetzt wenigstens, woran wir sind. Wir haben es mit Dieben zu tun. Mit ungewöhnlich gut bewaffneten Dieben. Und wir wissen, dass wir Zeit haben, unsere Schritte genau zu überlegen. Ich wollte sowieso am Anfang eine Bitte an den Herrn Bundeskanzler äußern. Bitte stellen Sie sicher, dass niemand in München etwas Unüberlegtes tut. Rufen Sie beim Ministerpräsidenten an. Polizei ist zwar Ländersache. In diesem Fall aber …" Er verstummte.

Der Bundeskanzler nickte, griff zu dem Telefon, das vor ihm stand, und ließ sich mit dem bayerischen Ministerpräsidenten verbinden.

Härter wandte sich an den Innenminister. „Wie ist der Status der GSG 9? Wie viele einsatzfähige Beamte sind derzeit in der Bundesrepublik? Die meisten sind meines Wissens in Afghanistan und im Irak zur Sicherung der Botschaften."

„Eine vollständige Einsatzeinheit steht in Sankt Augustin bereit, Poseidon. Ich habe sie um neunzehn Uhr in Alarmbereitschaft versetzen lassen. Morgen im Lauf des Tages wird eine weitere Einsatzeinheit bereit sein. Wir holen die Männer gerade aus dem Urlaub zurück."

„Das heißt, dreißig Mann könnten sofort aufbrechen? Und morgen im Lauf des Tages noch einmal dreißig?"

Der Innenminister nickte.

„Wie sieht es mit den technischen Einheiten aus?", fragte der Kapitän.

„Ganz ähnlich. Morgen werden auch zwei technische Trupps bereit sein."

„Das sind ja mal gute Nachrichten." Auf dem Gesicht des Kapitäns zeigte sich ein schmales Lächeln.

Da ließ ihn die laute Stimme des Kanzlers herumfahren. „Sie haben WAS?!" Der Bundeskanzler brüllte die Frage ins Telefon. „Brechen Sie sofort ab. SOFORT!"

Der Regierungschef schwieg, während am anderen Ende der Leitung etwas entgegnet wurde. „Dann erwarte ich in wenigen Minuten Ihren Bericht. Rufen Sie sofort an, wenn Sie etwas wissen." Wütend beendete er das Gespräch. „Der Ministerpräsident hat mir soeben berichtet, dass das SEK auf seinen Befehl hin mit der Evakuierung eines Zeltes begonnen hat."

Stille senkte sich über die Runde im Berliner Kanzleramt.

„Diese hirnverbrannten Idioten!" Die Stimme von Kapitän zur See Wolfgang Härter war nur noch ein Flüstern.

Als die Frischluft in Orkanstärke aus dem Schlauch ins Zelt gepumpt wurde, riss sie die Bänke und Tische mit sich in die Höhe. Wirbelnd flogen die schweren Möbel durch die Luft, bevor sie auf die wehrlosen Sterbenden herabfielen. Selbst in ihren Schutzanzügen konnten die Beamten das Brechen der Knochen noch hören.

Thomas Aschner stand noch immer wie versteinert da. Zweitausend Menschenleben. Wie ein Hammerwerk dröhnte die Zahl in seinem Bewusstsein. Zweitausend Menschenleben. Münder zu tonlosen Schreien aufgerissen. Stilles Sterben überall.

Eine junge Frau im Dirndl wankte auf Aschner zu. Das schöne jugendliche Antlitz war in namenlosem Schmerz zu einer animalischen Fratze verzerrt. Die Finger der rechten Hand hielten einen Bierkrug in unlösbarem Griff umklammert. Unmenschliche Laute entrangen sich ihrer Kehle.

Unwillkürlich wich Aschner zurück. Da blieb sein linkes Bein an einem der Stahlheringe hängen, mit denen der Schlauch im Boden verankert war. Er stürzte nach hinten. Noch im Fallen hörte er das helle Geräusch, als der dicke Kunststoff des Schutzanzugs zerriss.

Aschner rappelte sich auf. Sie hatten dieses Vorgehen oft geübt. Diese vielen Übungen hatten zur Folge, dass Aschner nur noch ein einziges Wort denken konnte: DEKONTAMINATION.

Er rannte in Richtung der Spezialfahrzeuge los. Über Funk rief er die Leitstelle. „SEK Eins Eins hat einen Schaden am Schutzanzug. Ich komme jetzt zu Ihnen. Dekontaminationseinheit bereitmachen."

Die Männer in den Einsatzfahrzeugen verfolgten seit einer Minute die Bilder der beiden Kameras, die mit den Schläuchen ins Zelt geschafft worden waren. Schweigendes Entsetzen lag seitdem über dem Kommandostand. Aschners Funkspruch riss die Männer aus ihrer Erstarrung. Ein Dekontaminationsteam machte sich auf den Weg, um ihm entgegenzulaufen.

Das erste Anzeichen, das Aschner spürte, war ein krampfartiges Ziehen im linken Wadenmuskel. Seine Hand fuhr zu seiner Wade hinab und versuchte, die Muskeln mit massierenden Bewegungen wieder zu entspannen. Vergeblich.

Aschner beschleunigte seine Schritte. Dann registrierte er, wie sich die Muskeln in seinem linken Bein schmerzhaft zusammenzogen und nicht mehr lockerten. Mehr und mehr verlor er die Kontrolle über sein linkes Bein. Die Muskulatur fühlte sich an, als stünde sie in Flammen.

Plötzlich konnte er nicht mehr atmen. Die Muskeln weigerten sich, die verbrauchte Luft aus dem Brustkorb zu pumpen. Seine Lungen waren erstarrt. Atemstillstand. Eine ungeheure Welle des Grauens erfasste ihn. Mit donnernden Schlägen hämmerte der Puls in seinen Schläfen. Der Druck in seinem Kopf stieg ins Unerträgliche. Er war im Begriff, bei vollem Bewusstsein zu ersticken.

Mit taumelnden Schritten bewegte er sich weiter. Ein scharfer Schmerz fuhr durch seinen Kopf, als sich die Wangenmuskeln vollständig zusammenzogen. Die ungeheure Kraft der Kiefermuskulatur ließ die Zähne in seinem Mund splittern. Thomas Aschner stolperte. Seine Arme reagierten nicht, konnten den Sturz nicht abfangen. Mit voller Wucht schlug sein Körper auf dem Asphalt der Wirtsbudenstraße auf.

Die beiden Männer, die ihm entgegenkamen, waren noch zehn Meter entfernt, als seine Augen keine Konturen mehr erkennen konnten. Die Welt vor seinen Augen wurde zu einem wilden Spiel tanzender Farben. Dann wichen die Farben gnädiger Dunkelheit.

22.30 Uhr

Nachrichtensperre. Soeben war über die Ticker der Agenturen die Meldung gekommen, dass die Bayerische Staatsregierung in Abstimmung mit der Bundesregierung bis auf Weiteres eine Nachrichtensperre verhängt hatte. Aus polizeitaktischen Gründen, wie es hieß.

General Oleg Blochin wandte seinen Blick vom Monitor mit den Online-Nachrichten wieder den Schirmen zu, die die Vorgänge auf der Theresienwiese überwachten. Ungerührt blickte er auf die Bilder der Kameras, die das Innere der Fischer-Liesl zeigten.

Er empfand angesichts der Leichenberge einen gewissen Ärger über die Dummheit des Gegners. Er hatte versucht, die gesamte Operation so zu inszenieren, dass keine Zweifel an seiner Entschlossenheit entstehen konnten. Doch der Gegner hatte ihm nicht geglaubt. Selbst schuld.

Er erhob sich und kehrte ins Zelt zurück. Er wollte überprüfen, ob und wann jemand im Zelt kurz davor war, durchzudrehen.

Iljuschin kam ihm entgegen. Trotz der Sturmhaube konnte Blochin sehen, dass der Nahkampfspezialist grinste. „Die werden jetzt ein bisschen mehr als nur einen Kühllaster brauchen, General. Wann, glauben Sie, wird der erste direkte Angriff des Gegners erfolgen?“

„Momentan steht die Gegenseite unter Schock. Auf den Schock folgt normalerweise die Wut. Je nachdem wie besonnen sie sind, werden sie uns noch eine Weile warten lassen. Es kann allerdings auch sein, dass wir bereits im Morgengrauen Besuch bekommen.“

Ein wohliger Schauer durchlief Iljuschin. „Wir werden sie gebührend empfangen.“

Der bayerische Innenminister und der Münchner Polizeipräsident boten dem Ministerpräsidenten bereits Minuten später ihren Rücktritt an. Sie waren diejenigen gewesen, die den Einsatz befürwortet hatten. Das Vorgehen des Sondereinsatzkommandos hatten sie zu verantworten. Aber der Ministerpräsident lehnte die angebotenen Rücktritte ab. Seine Stimme schien von weit her zu kommen. „Sie sind und bleiben meine erfahrensten Mitarbeiter in diesem Bereich. Der Freistaat kann in dieser schweren Stunde nicht auf Ihre Kompetenzen verzichten. Die Versorgung der Geiseln in den anderen Zelten muss koordiniert werden. Machen Sie sich an die Arbeit."

Nach wie vor lag der Schatten des Unwirklichen über der Bayerischen Staatskanzlei. Immer wieder schüttelte einer der versammelten Herren den Kopf, als wollte er die Bilder, die er eben gesehen hatte, einfach herausschütteln. Zweitausend Tote. Ermordet. Erstickt. Vergast.

Der Büroleiter ergriff das Wort. „Vor der Presse haben wir bis auf Weiteres Ruhe. Die Verhängung der Nachrichtensperre ist über die Agenturen rausgegangen. Wir werden Sichtblenden brauchen, wenn wir die Opfer abtransportieren. Ich werde das mit dem Einsatzleiter vor Ort klären."

Langsam erholte sich auch der Oberbürgermeister von seinem Schock und fand die Sprache wieder. „Die Forderungen der Täter müssen jetzt ernster genommen werden denn je. Sind wir in der Lage, die geforderte Menge an Diamanten bereitzustellen? Wo kriegt man solche Mengen überhaupt her? Wie sollen wir den Kauf von so vielen Diamanten refinanzieren? Wir brauchen schließlich mindestens zwei Milliarden Euro."

Der Innenminister nickte und wandte sich an den Ministerpräsidenten. „Der Oberbürgermeister hat Recht. Auf alle Fälle müssen wir am Donnerstagmittag in der Lage sein, die geforderte Menge an Diamanten zu übergeben."

„Das ist Angelegenheit von Berlin. Diese Sache muss der Bundesfinanzminister abwickeln. Da können wir nichts tun."

„Wir müssen aber etwas tun. Wenn sich Berlin aus Gründen der Staatsräson weigert zu bezahlen, haben wir hier siebzigtausend Leichen. Das müssen wir unter allen Umständen verhindern", sagte der Oberbürgermeister.

„Sie wollen gegen einen eventuellen Entschluss der Bundesregierung aktiv werden?"

„Wenn es sein muss, ja. Das ist keine Frage der Staatsräson, das ist ein Gebot der Menschlichkeit."

Professor Peter Heim war sich mittlerweile sicher, die Situation richtig einzuschätzen. Er und alle anderen Menschen im Zelt waren Geiseln. Die Männer in den schwarzen Anzügen waren Geiselnehmer. Verbrecher. Der Mann, der vorhin gesprochen hatte, musste der Anführer sein.

Allem Anschein nach kamen die Männer aus Deutschland. Der Anführer hatte ohne Akzent gesprochen. Und er hatte einige Redewendungen gebraucht, wie sie nur ein Deutscher benutzen würde. Er hatte ihnen erklärt, dass niemandem etwas geschehen würde, wenn alle ruhig blieben und sich an die Anweisungen hielten. Für ihr leibliches Wohl werde bestens gesorgt. Das war eine der sprachlichen Wendungen gewesen, die dem Professor aufgefallen waren: *„leibliches Wohl"*.

Seine verletzte Wange schmerzte noch immer. Er beobachtete, wie auf dem rechten Balkon Schlafplätze eingerichtet wurden. Die Männer klappten die Bänke und Tische zusammen und bauten Feldbetten auf. Die Menschen, die dort gesessen hatten, wurden zu anderen freien Plätzen eskortiert.

Da tippte ihm jemand von hinten auf die Schulter. Peter Heim schrak zusammen und wandte sich um. Der Mann, der ihn vorhin nach der Uhrzeit gefragt hatte, lächelte ihn an. Wann war das gewesen? Wie lange war das her? Es kam Peter Heim so vor, als wäre seitdem eine Ewigkeit vergangen.

Er erinnerte sich. Es war zwanzig vor sechs gewesen. Der Mann hatte Englisch gesprochen. Seiner Aussprache nach zu urteilen, handelte es sich um einen Amerikaner. Sein Haar war grau und militärisch kurz geschnitten. Der Mann mochte Anfang fünfzig sein. Trotzdem war sein Oberkörper breitschultrig und muskulös. Peter Heim sprach ihn in seinem Akademikerenglisch an. „Kann ich Ihnen irgendwie helfen?"

„Ja. Ich habe nicht alles verstanden, was der Mann auf der Bühne gesagt hat. Könnten Sie das für mich noch einmal zusammenfassen?"

Peter Heim erklärte dem Mann die Situation. Dabei blickte er in aufmerksame, wache Augen. Manchmal fragte der Mann auch nach oder bat ihn, bestimmte Passagen zu präzisieren. „Haben Sie den Eindruck, der Mann ist Deutscher? Oder haben Sie einen Akzent erkannt, irgendetwas, was darauf schließen ließe, dass er sich nicht seiner Muttersprache bedient hat?", fragte der Amerikaner schließlich.

Peter Heim runzelte die Stirn. „Wieso interessiert Sie das? Wer sind Sie überhaupt?"

„Oh, entschuldigen Sie, dass ich mich nicht vorgestellt habe. Mein Name ist Patrick McNamara. Ich bin ein Marine. US Marine Corps. Ich arbeite im Naval Intelligence Center in Stuttgart. Marinegeheimdienst. Ich bin seit einer Woche aus dem Irak zurück und wollte mit meiner Frau Brighid hier auf dem Oktoberfest meine Rückkehr feiern.“ Er deutete auf eine junge, rothaarige Frau, die ihm gegenübersaß.

Ihr sommersprossiges Gesicht war etwas blass. Sie hob grüßend die rechte Hand und winkte dem Professor kurz zu. Dieser erwiderte den Gruß mit einem Nicken.

„Morgen wollten wir Schloss Neuschwanstein besichtigen“, fuhr McNamara fort. Er seufzte. „Tja, daraus wird wohl vorerst nichts.“

„Wenn Sie Soldat sind, dann verstehe ich Ihre Frage.“ Peter Heim lächelte den Amerikaner an. „Welchen Rang bekleiden Sie denn?“

„Ich bin Oberstleutnant, wenn Sie damit etwas anfangen können.“

„Ja, und nicht nur die Offiziersränge sind mir bekannt. Wissen Sie, ich bin Professor für Kulturtheorie an der hiesigen Universität.“ Peter Heim hatte das Gefühl, als spräche er über ein anderes Leben, das er zu einer anderen Zeit, in einer anderen Welt einmal gelebt hatte. „Das Militär ist eines der ältesten Kulturphänomene der Menschheit. Deshalb habe ich mich damit auseinandergesetzt. Meiner Überzeugung nach bin ich allerdings Pazifist.“

„Darf ich Sie nach Ihrem Namen fragen?“

„Peter Heim.“

McNamara nickte dem Professor zu. „Ich möchte meine Frage von eben noch mal wiederholen. Haben Sie den Eindruck, dass der Mann, der vorhin gesprochen hat, Deutscher ist?“

„Ja, allerdings. Er hat sich während seiner Ansprache einiger Ausdrücke bedient, die nur ein Muttersprachler so verwenden würde.“

„Das ist erstaunlich. Ich habe diese Männer jetzt einige Zeit beobachtet. Das sind ohne jeden Zweifel Soldaten einer Eliteeinheit. Kommandosoldaten. Ich erkenne das. Allein die Art, wie sie mit ihren Waffen umgehen. Aber ich kann mir beim besten Willen nicht vorstellen, wieso deutsche Elitesoldaten ein Bierzelt auf dem Oktoberfest besetzen sollten.“

Peter Heim sah den amerikanischen Geheimdienstoffizier nachdenklich an. Der Mann hatte Recht. Das war wirklich erstaunlich. Mehr als das. Das war eigentlich undenkbar.

LANGE ZEIT sagte keiner der Anwesenden ein Wort. Die Filme, die die beiden Kameras im Zelt der Fischer-Liesl aufgenommen hatten, waren nach Berlin überspielt worden.

Während die Filme liefen, waren vereinzelt kurze Laute der Ungläubigkeit und des Entsetzens hörbar geworden. Der Präsident des BKA hatte sich übergeben müssen. Würgend war er zur Toilette gerannt. Der Kanzler saß starr, eine Hand vor den Mund geschlagen.

Schließlich holte der Außenminister tief Luft. „Was für eine Katastrophe“, sagte er krächzend.

Jetzt fand auch der Regierungschef die Sprache wieder. „Eine unfassbare Tragödie. Für die Opfer. Für die Angehörigen. Und für unser Land.“ Er schob seinen Kopf zwischen den Schultern nach vorn. Sein Gesicht, das eben noch völlige Fassungslosigkeit gezeigt hatte, spiegelte nun Entschlossenheit. „Meine Herren, ich erwarte Ihre Vorschläge.“

„Ich werde umgehend in Sankt Augustin anrufen und die GSG 9 in Marsch setzen. Wir brauchen diese Leute jetzt dort vor Ort. Ich denke, ich habe Ihr Einverständnis?“ Der Innenminister sah den Bundeskanzler an.

Dieser nickte. Der Innenminister griff zum Telefon.

Es klopfte. „Herein!“, rief der Regierungschef unwirsch.

Seine Büroleiterin trat ein. „Herr Bundeskanzler, wir haben dringende Anfragen aus den Botschaften Amerikas, Australiens, Italiens, Englands, Japans und noch einiger weiterer Länder. Sie wollen wissen, was auf dem Oktoberfest in München vor sich geht. Sie wollen wissen, ob Bürger ihrer Länder betroffen sind.“

„Danke. Ach, und rufen Sie den Finanzminister an. Wir müssen klären, ob und wie wir die geforderten Diamanten beschaffen können. Ich erwarte seine Vorschläge morgen früh. Sagen Sie ihm, er kann jederzeit anrufen. Hier wird sowieso niemand zum Schlafen kommen, denke ich.“

„Ich werde mich sofort darum kümmern, Herr Bundeskanzler“, sagte die Frau und verließ eiligst den Raum.

Der Außenminister hatte bereits mit seinen zuständigen Mitarbeitern zu telefonieren begonnen. Inzwischen hatte der Innenminister sein Telefonat beendet. Die GSG 9 hatte den Marschbefehl Richtung München erhalten.

Der Innenminister wandte sich wieder an den Regierungschef. „Außerdem brauchen wir einen Koordinator und Verhandlungsführer vor Ort. Ich denke an meinen Staatssekretär Dr. Roland Frühe, der für innere Sicherheit zuständig ist. Der hat auch das nötige Auftreten, um sich Respekt bei den bayerischen Sturköpfen zu verschaffen.“

„Ja, schicken Sie Frühe als offiziellen Vertreter der Bundesregierung nach München. Das ist eine gute Idee. Der kann auch die Verhandlungen führen. Falls überhaupt welche zustande kommen. Rufen Sie ihn an und holen Sie ihn her.“

Schweigend hatte Wolfgang Härter den Gesprächen gelauscht. Während er die Bilder aus dem Zelt verfolgt hatte, war ein lodernder Zorn in ihm aufgestiegen. Jetzt hatte er seine Gefühle wieder unter Kontrolle. „Herr Bundeskanzler, meine Herren", begann der Kapitän mit fester Stimme. „Ich hätte auch einen Vorschlag zu machen. Der wird Ihnen sehr ungewöhnlich erscheinen. Aber die Situation ist eben ungewöhnlich. Im Hinblick auf die Zahl der Opfer ebenso wie im Hinblick auf die Brutalität der Täter ist es eine Situation ohne Vergleich." Alle hörten dem Kapitän aufmerksam zu. „Zunächst einmal muss ich mich korrigieren. Das sind keine Diebe. Der Massenmord, den wir alle eben mit ansehen mussten, war kein Verbrechen. Das war ein Angriff. Wenn ich die Symptome vorhin richtig interpretiert habe, wurde neuroreaktives Kampfgas eingesetzt. Zweifellos ein kriegerischer Akt. Die Menschen, die das getan haben, sind keine Täter im Sinne unseres Rechtsverständnisses. Diese Menschen sind unsere Feinde – Kombattanten im Sinne der Haager Landkriegsordnung. Wir sollten sie als solche behandeln." Langsam verstanden die Herren im Raum, worauf der Kapitän hinauswollte. „Herr Bundeskanzler, ich schlage vor, den Bundestag zu einer Dringlichkeitssitzung einzuberufen. Ich schlage vor, den Verteidigungsfall zu erklären."

„Das ist, bei allem Respekt, völliger Unsinn!", rief der Innenminister erregt. „Unsere Sicherheitsorgane sind der Situation vollauf gewachsen."

„Wollen Sie das den Müttern der Getöteten so sagen, Herr Innenminister?" In der Stimme von Wolfgang Härter lag unverhohlener Sarkasmus. „Wollen Sie auf zweitausend Grabsteine den Satz eingravieren lassen: DIE SICHERHEITSORGANE WAREN DER SITUATION VOLLAUF GEWACHSEN?"

Der Regierungschef hob beschwichtigend die Hände. „Meine Herren, bitte, so kommen wir nicht weiter. Ihr Vorschlag ist tatsächlich sehr radikal, Poseidon. Ich denke auch, dass wir mit der GSG 9 eine adäquate Antwort geben können. Und die Erklärung des Verteidigungsfalles bleibt ja weiterhin eine Option."

„Herr Bundeskanzler, wenn ich einen weiteren Vorschlag machen dürfte", ließ sich der Verteidigungsminister vernehmen. „Es geht um Poseidon und seine spezifischen Kompetenzen. Wir sollten Poseidon – "

Der Bundeskanzler unterbrach ihn. „Daran habe ich auch gedacht, Herr Verteidigungsminister." Der Regierungschef sah Wolfgang Härter an. „Ich ernenne Sie hiermit zu meinem Sonderermittler. Sie erhalten uneingeschränkte hoheitliche Vollmachten. Ich werde ein Schreiben aufsetzen, das alle offiziellen Stellen dazu verpflichtet, Ihnen jede nötige Unterstützung zu gewähren. Finden Sie heraus, wer die Täter sind. Finden Sie heraus, wo ihre

Schwachstellen sind. Versuchen Sie zu ermitteln, wie diese Leute das Oktoberfest mit ihrer Beute wieder verlassen wollen. Und setzen Sie dem Treiben dieser Leute ein Ende, wenn Sie können."

Wolfgang Härter hielt den Blick des Kanzlers fest, während er sich erhob. „Zu Befehl, Herr Bundeskanzler. Ich werde als Ermittler des Bundeskriminalamts auftreten. Ich werde den Namen Müller benutzen. Entsprechende Papiere habe ich dabei. Und ich brauche einen Raum, um mich umzuziehen. Ab jetzt ist zivile Kleidung wohl angemessener."

Der Bundeskanzler wies mit dem Daumen auf die Tür in seinem Rücken. „Sie können mein Büro benutzen, Poseidon."

HÄRTER hatte beim Wehrbereichskommando Süd in München angerufen. Der dortige A&Ω-Offizier hatte ihm zugesichert, dass man ihm einen zivilen Wagen nach Augsburg schicken würde, um ihn abzuholen, sobald er dort eintraf. In der Innentasche seines Jacketts trug er die vom Kanzler unterschriebene Vollmacht.

Sämtliche Mitarbeiter seiner Abteilung waren bereits alarmiert. Sie begannen, ihre Netze im weltweiten Ozean der Informationen auszuwerfen.

Der Sea-Lynx-Helikopter stand mit laufenden Turbinen auf dem Landeplatz des Kanzleramts, als der Kapitän das Gebäude verließ. An beiden Seiten waren Zusatztanks angebracht, um den Aktionsradius der Maschine zu erhöhen.

Die Nase des Marinehelikopters senkte sich nach unten, als er Geschwindigkeit aufnahm und die deutsche Hauptstadt hinter sich ließ. Dem Sonderermittler des Bundeskanzlers war vollkommen klar, was er zu tun hatte. Kapitän zur See Wolfgang Härter zog in den Krieg. Dem Feind entgegen. Richtung Süden.

AUF DIE DAUER wurde es doch unbequem. Werner Vogel sah den Mitarbeitern des Roten Kreuzes und des Technischen Hilfswerks zu, wie sie Matten und Decken ins Bärenbräu-Zelt brachten. Manche der Menschen schliefen dort bereits sitzend. Sie hatten den Kopf vor sich auf die Unterarme gebettet.

In den Boxen an den Seiten wurden provisorische Schlafplätze eingerichtet. Vogel sah in die verschlafenen Augen seines Gegenübers. „Wir sollten auch versuchen, ein bisschen zu schlafen", sagte er zu Matthias.

„Ich bin vor Kurzem an der Schulter operiert worden und kann unmöglich hier am Tisch schlafen."

„Dann musst du dich an einen der Helfer wenden. Sie sollen dir eins der wenigen Betten zur Verfügung stellen. Genau für solche Fälle bringen sie diese Dinger doch hier rein."

Matthias nickte. „Du hast Recht." Er hob eine Hand, um die Aufmerksamkeit der Helfer auf sich zu lenken.

Ein Bereitschaftspolizist näherte sich. „Kann ich etwas für Sie tun?"

„Ja. Ich wollte fragen, ob ich eines der Betten haben könnte. Ich bin erst vor vier Wochen an der Schulter operiert worden und werde hier wohl nicht schlafen können, weil ich dann zu große Schmerzen bekomme."

Der Polizist sah ihn verständnisvoll an. „Dann kommen Sie mal mit. Ich glaube, das lässt sich machen."

Sein neuer Bekannter verabschiedete sich von Vogel. „Dann schlaf mal gut, Werner, soweit das möglich ist."

„Dir auch eine gute Nacht. Bis morgen früh zum Wiesn-Frühstück!" Vogel grinste Matthias aufmunternd an, der dem Polizisten in Richtung der provisorischen Schlaflager folgte.

Vogel war ziemlich angetrunken und müde. Er rollte seine Jacke zu einem Kissenersatz zusammen und legte sie vor sich auf den Biertisch. Dann bettete er sich hin und schloss die Augen. Er seufzte. Seine letzten Gedanken, bevor er einschlief, galten seiner geliebten Amelie. Wie mochte es ihr gehen? Bestimmt war sie in Sicherheit. Wahrscheinlich lag sie in ihrem schönen, gemütlichen Bett. Da wäre er jetzt auch gern.

2.45 Uhr

AM FLUGHAFEN in Augsburg herrschte reinstes Chaos. Beim Anflug auf die relativ kleine Landebahn konnte Härter erkennen, dass unzählige Passagiermaschinen herumstanden. Den ganzen Abend über, bis in die Nacht hinein, waren aus München umgeleitete Flugzeuge hier gelandet. Die Hotels der Stadt waren bis auf das letzte Bett belegt.

„Da sind aber viele Reisende gestrandet", sagte der Pilot, als er aus der Kanzel nach unten sah.

Ein Gedanke nahm in Härters Kopf Gestalt an. Ein Moment der Klarheit. Er hatte etwas übersehen. Er hätte eine Verbindung herstellen müssen. Härter konzentrierte sich. Als er den Gedanken greifen wollte, war ihm, als versuche er, einen Nebelfetzen festzuhalten.

Härter schüttelte den Kopf. Er kam einfach nicht darauf. Doch irgendetwas hätte er verstehen können, verstehen müssen.

Nachdem der Pilot auf einem abseits gelegenen Bereich des Flughafens gelandet war, stieg Härter aus und verabschiedete sich. „Herr Kapitänleutnant, ich könnte mir vorstellen, dass ich Sie bald wieder brauche. Bleiben Sie also in der Nähe. Tanken Sie auf. Ruhen Sie sich aus.“

Er sah einen Wagen des Bundesgrenzschutzes über das Rollfeld näher kommen. Härter schloss die Tür des Helikopters und ging auf den Wagen zu, der ihn zum Flughafenterminal bringen sollte.

Als Härter das kleine Flughafengebäude durchquerte, stieß er überall auf Wartende. Angestellte des Flughafens gaben Kaffee und Tee sowie heiße Suppe und Bockwürste aus. Das Ganze erinnerte an ein Feldlager.

Sein Wagen war noch nicht da. Die Autobahnen von und nach München waren völlig verstopft. In Richtung Stuttgart versuchten viele, die am nächsten Morgen einen Termin hatten und deshalb aus München wegmussten, den dortigen Flughafen zu erreichen. In der anderen Richtung reihten sich Konvois der zu Hilfe gerufenen baden-württembergischen Bereitschaftspolizei, des THW und Rettungswagen aneinander.

Über Funk hatte der Fahrer Härter, als dieser noch im Hubschrauber gesessen hatte, gesagt, dass er über Landstraßen fahren müsse und vermutlich erst gegen drei Uhr den Flughafen erreichen würde. Das passte dem Kapitän sehr gut, denn er war hungrig.

Er ließ sich einen Teller Linsensuppe und drei heiße Würstchen geben, setzte sich an einen der Tische in der Wartehalle und aß. Die Halle summte von aufgeregten Gesprächen. Härter sperrte die Ohren auf. So konnte er die Gerüchte und Geschichten hören, die hier die Runde machten. Der Klang der Stimmen reichte ihm, um zu bemerken, dass die Menschen Angst hatten. Mutmaßungen über die Täter wurden geäußert. Auch der Grund für die Geschehnisse rief ein großes Rätselraten hervor.

Im Stimmengewirr schnappte Härter ein Wort auf, an das er selbst noch gar nicht gedacht hatte. Ein Wort, das eine kurze Hitzewelle durch seinen Körper laufen ließ. Ein Wort, dessen Gehalt gleichwohl dringend überprüft werden musste. Für Sekunden hielt er mit dem Kauen inne.

Atombombe.

Amelie schreckte hoch. Das Telefon klingelte. Desorientiert sah sie auf den Digitalwecker auf ihrem Nachttisch. Es war halb vier morgens. Wer konnte das sein? Dann durchfuhr es sie wie ein Blitz: Werner!

Sie stand auf, taumelte schlaftrunken zum Telefon ins Wohnzimmer, nahm ab und ließ sich auf das Sofa fallen.

Es war nicht Werner. Es war der Chefredakteur aus Hamburg. „Guten Morgen, Frau Karman. Bitte entschuldigen Sie die ungewöhnliche Uhrzeit.

Wir haben hier die Nacht mit Redaktionssitzungen zugebracht. Alle waren von Ihrem Artikel sehr angetan. Und auch von der Schlagzeile." Der Chefredakteur räusperte sich. „Gute Arbeit!"

Bei diesen Worten röteten sich ihre Wangen vor Stolz. „Danke. Ich freue mich natürlich, dass Ihnen meine Arbeit gefallen hat. Warum rufen Sie jetzt an? Was kann ich tun?"

„Wir planen für morgen eine Sonderausgabe. Am Abend. Wir möchten, dass Sie weiterhin vom Geschehen auf dem Oktoberfest berichten. Zapfen Sie Ihre Münchner Kanäle an. Wir erwarten Ihren Bericht bis zwölf Uhr."

„Aber es ist eine Nachrichtensperre verhängt worden. Die offiziellen Stellen geben keinerlei Informationen mehr an die Presse weiter."

„Das hat einen guten Journalisten noch nie aufgehalten. Jetzt schlafen Sie erst mal noch ein bisschen. Ich wollte Ihnen das nur gleich sagen, damit Sie sich darauf einstellen können."

„Das, äh, ehrt mich", entgegnete Amelie etwas ungeschickt. „Ich will sehen, was ich tun kann. Ich melde mich wieder bei Ihnen."

„Das hoffe ich. Bis später, Frau Karman. Wir zählen auf Sie." Dann legte der Chefredakteur auf.

Der hat ja Nerven, dachte Amelie. Wie sollte sie denn nach so einem Anruf einfach weiterschlafen? Sie dachte nach. Wen konnte sie anrufen? Wen kannte sie, der ihr vielleicht zusätzliche Informationen geben könnte?

Einige Minuten lang saß sie in Gedanken versunken auf dem Sofa, bis ihr plötzlich ein Name einfiel. O ja, sie würde doch noch ein wenig schlafen können. Morgen früh um sieben würde sie den Mann anrufen. Der würde sicher irgendetwas erzählen. Der Mann redete nämlich ausgesprochen gern mit der Presse. Und er kannte sich mit dem Oktoberfest aus wie kein Zweiter: Josef Hirschmoser.

MORGENS um kurz nach vier passierte der dunkelblaue 5er-BMW mit dem BKA-Mann namens Müller die Stadtgrenze von München. Der Fahrer hatte seinen schweigsamen Fahrgast über viele Schleichwege in die bayerische Landeshauptstadt gebracht. Mehrere Male hatte sein Passagier in ein merkwürdig aussehendes Mobiltelefon gesprochen.

Je mehr sich der Wagen dem Festgelände näherte, desto gespenstischer wurde die Szenerie. Die Lichtkegel starker Scheinwerfer schnitten durch die Dunkelheit. Straßensperren der Polizei leiteten den Verkehr um. Kamerawagen mit Hebebühnen standen an den Metallzäunen und versuchten, Bilder von der Theresienwiese aufzunehmen. Auf dem Bavariaring reihten sich die Rettungswagen aneinander. Auch die Polizisten, die im Einsatz waren, sahen in der Nähe des Oktoberfestes martialischer aus. Sie trugen kugelsichere Westen, Helme und Maschinenpistolen.

Härter zeigte nun schon zum dritten Mal seinen BKA-Ausweis vor, der ihn als Herrn Müller auswies. Dann bogen sie vom Bavariaring ab und fuhren auf die Wiesn-Wache zu. Ein Panzerwagen des Grenzschutzes sicherte die Zufahrt. Das Gelände um die Wache wurde von Scheinwerferwagen beleuchtet. Auf der Theresienwiese brannten nur die Straßenlaternen entlang der Wirtsbudenstraße, der Schaustellerstraße und der Matthias-Pschorr-Straße, die direkt auf die Bavaria zuführt. Weltberühmt. Hier steht traditionell das Riesenrad. Die Fahrgeschäfte lagen im Dunkeln. Durch die Planen der Bierzelte drang schwaches milchiges Licht. Polizisten, Sanitäter und Männer des THW liefen geschäftig auf dem Gelände umher. Der Lichtschein vieler Taschenlampen flackerte über den Boden.

Das Benediktiner-Zelt war von Weitem zu sehen. Durch die Öffnung im Dach drang Licht aus dem Innern. Von unten beleuchtete es den Radarmast und die rotierende Antenne an dessen Spitze. Durch die Drehung der Antenne reflektierte diese die Innenbeleuchtung wie eine überdimensionale Discokugel.

Härter sah sich um. Er prägte sich die Positionen der Überwachungskameras ein, die ihn erfassen könnten. Dann stieg er aus dem Wagen. Die Angreifer haben offensichtlich einen Sinn für effektvolle Inszenierungen, dachte er, während sein Blick über die Theresienwiese schweifte. Sie beleuchten das Denkmal, das sie sich selbst gesetzt haben.

Auch die Regisseure der Nachrichtensender hatten diese Einstellung für sich entdeckt. Auf unzähligen Fernsehkanälen ging das Bild des angestrahlten Radarmastes um die Welt.

Härter sah zum Zelt der Fischer-Liesl. Dort wurden hohe Gitterzäune aufgebaut. Weitere Männer waren damit beschäftigt, Planen über die Zäune zu spannen, um einen Sichtschutz zu errichten. Gerade kamen einige Gestalten in Schutzanzügen aus dem Zelt. Wortlos wandte der Kapitän sich wieder zu seinem Begleiter. Gemeinsam gingen sie zur Wiesn-Wache.

Alois Kroneder war müde und niedergeschlagen. Seit mehr als zehn Stunden koordinierte er die Polizisten und Hilfskräfte auf dem Oktoberfest. Die Erschöpfung allein wäre nicht so schlimm gewesen. Kroneder war ein belastbarer Mann. Aber die zweitausend Opfer, die tot in der Fischer-Liesl lagen, hatten nach einer Welle des Zorns tiefe Hoffnungslosigkeit in ihm ausgelöst. Dann hatte er die Nachricht vom Tod Thomas Aschners erhalten. Er hatte ihn gut gekannt. Sehr gut sogar. Er war der Patenonkel eines seiner Kinder gewesen.

Es klopfte. Die Tür zu Kroneders Büro wurde geöffnet, und Ulgenhoff streckte seinen Kopf herein. „Herr Kroneder, da ist ein Herr vom BKA, der Sie gern sprechen möchte."

„Ah, die hohen Herren aus Wiesbaden lassen sich blicken. Schicken Sie ihn herein." Sarkasmus schwang in seiner Stimme mit.

Als der Besucher den Raum betrat, konnte Kroneder sein Erstaunen kaum unterdrücken. Der Mann sah so ganz anders aus als die BKA-Leute, die er bislang kennen gelernt hatte. Das war keiner der üblichen Bürokraten. Die Figur des Mannes, die sich unter dem klassisch geschnittenen dunkelblauen Anzug abzeichnete, war eher die eines austrainierten Leistungssportlers.

„Guten Morgen, Herr Kroneder. Wenn man unter diesen Umständen von einem guten Morgen sprechen kann. Müller ist mein Name." Der Mann sprach Hochdeutsch. Er streckte seine rechte Hand zur Begrüßung aus. Der kräftige Händedruck hatte etwas Beruhigendes. Unterschwellig wirkte der Mann auf Alois Kroneder jedoch zugleich seltsam bedrohlich.

Kroneder war auf der Hut. Das lag an den Augen des Mannes. Kroneder hatte den Eindruck, als ob diese Augen ein Eigenleben hätten.

„Nehmen Sie Platz, Herr Müller. Ich werde Sie kurz auf den neuesten Stand bringen. Und dann bin ich gespannt zu hören, wie Sie weiter vorgehen wollen. Welche Schritte planen Sie? Was haben Sie vor?"

„Eins nach dem anderen. Zunächst hätte ich eine einfache Frage: Haben Sie einen Geigerzähler zur Verfügung? Wir sollten das Benediktiner-Zelt auf Strahlungsquellen hin überprüfen." Härters Stimme klang ruhig.

„Einen was?" Kroneder war für Sekunden völlig verblüfft. Doch dann begriff er, was die Frage seines Besuchers bedeutete. Er senkte den Kopf und schlug die Hand vor die Augen, was den Ausdruck grenzenlosen Erschreckens in seinem Gesicht jedoch nicht verbergen konnte.

„Einen Geigerzähler. Sie wissen schon. Man misst radioaktive Strahlung damit."

„Ja, inzwischen habe ich verstanden." Kroneders Stimme war plötzlich brüchig. „Ich werde das sofort in die Wege leiten." Er griff zum Telefon. Nachdem er die Anweisung erteilt hatte, das Benediktiner-Zelt mit einem Geigerzähler zu kontrollieren, wandte er sich wieder seinem Besucher zu.

„Jetzt sagen Sie mir erst mal, was hier in der letzten Stunde passiert ist", forderte der BKA-Mann ihn auf.

Kroneder holte tief Luft. „Ja, natürlich. Also: Die ABC-Abwehr des Bundesgrenzschutzes und des Technischen Hilfswerks hat den Tatort untersucht. Sie behaupten, mittlerweile sei der Wirkstoff zerfallen. Aber solange die selbst ihre Schutzanzüge nicht ausziehen, habe ich nicht vor, auch nur einen weiteren Mann in dieses Zelt zu schicken."

„Das ist vernünftig. Haben sie den Wirkstoff schon analysiert?"

„Das scheint schwierig zu sein." Kroneder blätterte in einer dünnen Akte, die auf seinem Schreibtisch gelegen hatte. „Aber die Stoffklasse haben sie bestimmen können. Es handelt sich um Phosphorsäureester. So steht es jedenfalls in einem vorläufigen Bericht des mobilen Labors. Nicht dass mir das etwas sagen würde."

„Aber mir sagt das was." Der Kapitän brach ab.

Da sein Gegenüber nicht weitersprach, platzte Kroneder heraus: „Jetzt reden Sie schon, Herr Müller! Was sagt Ihnen das? Oder ist das jetzt geheim und für die Ohren eines einfachen Polizisten nicht bestimmt?"

„Selbst wenn es geheim wäre, würde ich es Ihnen sagen. Sie haben sich mehr als jeder andere das Recht verdient, dass ich offen mit Ihnen rede. Soweit ich den Ablauf der Ereignisse hier überschauen kann, sind Sie ein sehr besonnener Mann. Hätte man Sie einfach Ihre Arbeit machen lassen, anstatt dass die hohe Politik Ihnen ins Handwerk pfuscht, würden die Menschen in der Fischer-Liesl und die Kollegen vermutlich noch leben."

Das überraschende Kompliment zeichnete ein schwaches Lächeln auf das Gesicht des Polizisten. Das erste seit vielen Stunden.

„Um auf Ihre Frage zurückzukommen", fuhr sein Gegenüber fort, „die Täter haben ein Nervengift eingesetzt. Vermutlich Sarin. Das ist auf der ganzen Welt offiziell verboten. Aber natürlich lagern in den Depots der Militärs dieser Welt noch immer gewaltige Mengen von diesem Teufelszeug. Und das sagt mir, dass wir es mit Profis zu tun haben. Mit menschenverachtenden Arschlöchern allererster Kajüte." Eine kurze Pause. „Und wenn Sie wissen wollen, was ich vorhabe, nun, ich kann Ihnen zumindest sagen, was ich nicht vorhabe: Ich habe nicht vor, diese Leute davonkommen zu lassen."

Kroneder nickte. Ein kleiner Keim der Zuversicht blühte in ihm auf.

„Ich hätte einen Vorschlag zu machen", fuhr sein Besucher nun fort. „Suchen Sie über die Medien nach Zeugen, die von – sagen wir – halb sechs bis zur Evakuierung im Biergarten des Benediktiner-Zeltes waren. Befragen Sie die Bedienungen. Irgendjemand muss etwas gesehen haben. Wenn wir Glück haben, finden wir auf irgendeinem Videoband ein erstes verwertbares Bild eines Täters."

Kroneder griff nach dem Telefon. Trotzige Entschlossenheit überkam ihn. Mit knappen Anweisungen veranlasste er eine Suchmeldung, dann erhob er sich. „Was halten Sie davon, wenn ich Ihnen das Gelände zeige?"

„Darum hätte ich Sie ohnehin gebeten." Der BKA-Mann stand ebenfalls auf und strich mit den Händen über seinen Anzug. „Hätten Sie vielleicht eine Polizeiuniform für mich? Ich würde mich gern umziehen."

„Äh … Bestimmt haben wir eine Uniform für Sie. Aber warum?"

„Ich möchte nicht mehr auffallen als unbedingt nötig. Außerdem hat eine Polizeimütze einen Schirm. Die Kameras, die die Täter benutzen, hängen alle relativ hoch. Der Schirm wird mein Gesicht verdecken."

8.30 Uhr

ALS STEFAN MEIER an diesem Montag aufstand, ging er schlaftrunken in die Küche, um die Kaffeemaschine in Betrieb zu nehmen. Beim Zähneputzen gleich danach fiel ihm schlagartig wieder ein, dass gestern ja die Theresienwiese abgesperrt worden war. Er ging hastig ins Wohnzimmer und griff nach der Fernbedienung des Fernsehers.

Die ARD interviewte gerade irgendeinen Terrorexperten über die „Gefahr für die Bevölkerung". Was für ein Quatsch, dachte Meierinho. Was für eine Gefährdung soll das denn bitte sein? Er schaltete den Fernseher wieder aus.

Vier Minuten später, nach einer schnellen Tasse Kaffee und einem Brötchen, verließ er seine Wohnung im Stadtteil Giesing, um sich auf den Weg zur Arbeit zu machen. Stefan Meier war Diplom-Ingenieur für Nachrichtentechnik. Er arbeitete in der Softwareentwicklung. Seine Fachgebiete waren mobile Kommunikation und Kryptologie. Er entwickelte Ver- und Entschlüsselungsalgorithmen für den militärischen Bereich. Da seine Arbeit der Geheimhaltung unterlag, wussten selbst nahe Freunde nur, dass er „irgendwas mit Handys" zu tun hatte.

Er näherte sich der Trambahnhaltestelle, an der er jeden Morgen in die Straßenbahn stieg, um ins Büro zu fahren. Auf der vierspurigen Straße staute sich der Verkehr in beide Richtungen.

Sein Blick fiel auf die Schlagzeile des größten deutschen Boulevardblattes in einem Zeitungskasten am Straßenrand. Augenblicklich verstand er, was dieser Stau bedeutete. Jetzt war auch klar, von welcher Gefahr für die Bevölkerung im Fernsehen die Rede gewesen war. Er würde wohl doch zu spät zur Arbeit kommen. Vermutlich sah es überall in der Stadt so aus wie auf dieser Straße. Oder schlimmer.

Da hat irgendein Schmierfink aber ganze Arbeit geleistet, dachte er sich.

Allein die Schlagzeilen reichten da völlig aus. Seit einigen Stunden beschäftigte sich die ganze Republik mit der Frage, die die Zeitung in ihren größten Lettern stellte. TERROR-ALARM AUF DEM OKTOBERFEST, hieß es da.

Und darunter, riesengroß: ATOMBOMBE IM BIERZELT?

DAS TOHUWABOHU war in der Tat beachtlich. Am frühen Morgen war der Münchner Knoten der Telekom vorübergehend zusammengebrochen. Verwandte, Freunde und Bekannte versuchten, in München anzurufen, um Menschen, die ihnen am Herzen lagen, dazu aufzufordern, die Stadt zu verlassen. Ein neuer Gast war in der Stadt: die Angst.

Mittlerweile stauten sich die Autos an einigen Ausfallstraßen bis in die Innenstadt zurück. Die Polizei hatte große Mühe, die wichtigsten Straßen für die Einsatzfahrzeuge offen zu halten. Ein Exodus.

Das war der Status quo, wie er sich den Angehörigen des Krisenstabs in München darstellte. Seit zwei Stunden waren die Herren wieder vollzählig in der Bayerischen Staatskanzlei versammelt.

„Das ist immer noch meine Stadt. Ich bin der höchste gewählte Vertreter der Bürger dieser Stadt. Ich werde mich mit einer Ansprache an die Bevölkerung wenden“, sagte der Oberbürgermeister erregt. Gerade hatte er erfahren, dass der Ministerpräsident ebenfalls eine Rede vorbereiten ließ.

In diesem Moment betrat der Polizeipräsident den Raum. Er blieb an seinem Platz stehen, bis ihn alle ansahen. „Die Sache mit der Bombe ist vom Tisch“, sagte er mit einem triumphierenden Ton in die Stille hinein. „Mit an Sicherheit grenzender Wahrscheinlichkeit, wie man so schön sagt.“

Der Oberbürgermeister schlug mit der flachen Hand auf den Tisch. „Das ist ja mal eine gute Nachricht. Das ist der Aufhänger für meine Ansprache.“ Plötzlich hielt er inne. Seine Stimme klang misstrauisch, als er weitersprach. „Woher wissen Sie denn das?“

„Wir haben Messungen vorliegen. Ich habe Ihnen doch gesagt, dass dieser Kroneder ein guter Mann ist. Der hat noch in der Nacht veranlasst, dass Messungen angestellt wurden. Inzwischen haben wir noch mehrfach nachgemessen. Nichts. Absolut nichts. Außerdem schreibt Kroneder in einer kleinen Notiz, dass die Täter doch vorhaben, das Oktoberfest wieder zu verlassen. Wieso sollten die dann alles in die Luft sprengen wollen? Und sich selbst gleich mit?“

„Da ist was dran.“ Der Oberbürgermeister nickte. „Ich wende mich mit den Messergebnissen so bald wie möglich an die Menschen in dieser Stadt. Das muss an die Öffentlichkeit. So schnell kriegen die uns nicht klein.“

DER KONVOI raste über die Standspur der Autobahn nach München. Vorneweg fuhren zwei Polizeimotorräder mit gellenden Martinshörnern. Dann folgten, mit aufmontiertem Blaulicht, zwanzig gepanzerte Mercedes-Limousinen der S-Klasse. Die Seiten- und Heckfenster waren genauso schwarz wie die Wagen selbst. Eine martialische Demonstration geballter Staatsmacht. Im ersten Wagen saßen die Leibwächter des Staatssekretärs im Innenministerium. Im Fond des zweiten Wagens befand sich Roland Frühe selbst. Neben ihm saß Polizeidirektor im BGS Hartmut Rainer, der Kommandeur der GSG 9. Ihnen folgten mit einer Geschwindigkeit von über 160 Stundenkilometern die Wagen mit dreißig Männern der Spezialeinheit zur Bekämpfung von Terrorismus und Schwerstkriminalität.

Dr. Frühe sah den Kommandeur der GSG 9 an. „Ich schlage vor, dass mein Stab und ich in die Staatskanzlei fahren und dort ein Lagezentrum einrichten. Da können wir diesen Provinzsheriffs am besten auf die Finger schauen. Mein Vorschlag wäre: Sie und Ihre Männer fahren direkt zur Theresienwiese.“ Frühe fixierte sein Gegenüber mit einem scharfen Blick. „Wie stellen Sie sich die ersten Maßnahmen Ihrer Männer vor?“

Als Polizeidirektor im BGS Hartmut Rainer zu sprechen begann, hatte er die volle Aufmerksamkeit von Frühes messerscharfem Verstand.

9.30 Uhr

DAS TELEFON auf dem Nachttisch klingelte. Härter war schlagartig wach. Er nahm den Hörer ab. „Ja bitte?“

„Guten Morgen, Herr Müller. Sie wollten geweckt werden.“ Die Rezeption des kleinen Innenstadthotels, in dem er untergebracht war.

„Ja, richtig. Danke.“ Er legte auf und schüttelte den Kopf, um die Müdigkeit zu vertreiben. Immerhin fast drei Stunden Schlaf. Er stand auf und absolvierte in aller Eile sein morgendliches Programm: 150 Liegestütze, dann dieselbe Anzahl an Sit-ups. Bevor er unter die Dusche sprang, schüttete er sich zwei Liter stilles Mineralwasser die Kehle hinab.

Als er wieder aus dem Badezimmer kam, lief sein Kreislauf auf vollen Touren. Er zog sich seinen Anzug an und setzte sich an den kleinen Schreibtisch in seinem Zimmer. Dann breitete er ein weiches Tuch auf der Tischplatte aus und begann, seine Waffe zu reinigen. Wie jeden Morgen. Waffendrill. Mit Bewegungen, denen ein ungeübtes Auge nicht hätte folgen können, nahm er die Glock auseinander. Er kontrollierte alle Teile und rieb den Schlitten mit Waffenöl ein. Gerade als er die Waffe zusammensetzen wollte, klingelte wieder das Telefon. Diesmal das andere.

Er stand auf und ging zum Nachttisch, wo sein GSMK-Cryptophone an der Steckdose hing. Die Akkuanzeige stand wieder auf „voll".

Die Kennung auf dem Display zeigte eine Nummer aus München an. Ein ungesichertes Gespräch. „Ja bitte?"

„Äh, spreche ich mit Herrn Müller?" Er erkannte die Stimme von Alois Kroneder sofort.

„Guten Morgen, Herr Kroneder. Auch schon wieder auf den Beinen?"

„Ja. Ich habe hier in der Wache geschlafen."

„Warten Sie kurz, Herr Kroneder, ich rufe Sie in einer Minute zurück."

Im Lauf der Nacht hatte die Abteilung A&Ω dafür gesorgt, dass der Telefonanschluss in Härters Hotelzimmer abhörsicher war. Er rief die Nummer an, die er auf dem Display seines Cryptophones abgelesen hatte. Kroneder nahm sofort ab.

„Müller. Was gibt's, Herr Kroneder?"

„Die GSG 9 ist hier eingetroffen. Wahrscheinlich wissen Sie das ohnehin –"

„Das ist absolut in Ordnung, dass Sie mich anrufen. Lieber einmal zu viel als einmal zu wenig."

„Ich habe denen bisher noch nicht gesagt, dass Sie bereits hier waren."

„Und wieder ins Schwarze, Herr Kroneder. Ich komme jetzt so schnell wie möglich zu Ihnen. Sonst noch was?"

„Na ja, ich weiß nicht, ob es wichtig ist, aber es geht um den Abtransport der Leichen." Härter hörte aufmerksam zu, während Kroneder fortfuhr. „Die Kühlräume in den Pathologien der Stadt sind inzwischen voll. Und irgendjemand ist auf die Idee gekommen, die Leichen in die Kühlhäuser von Hirschmoser zu fahren. Jetzt hat der von der Tragödie hier und von den Toten Wind bekommen und …"

„Wer ist das?"

„Eine lokale Berühmtheit, wenn man so will. Großmetzger und Wiesn-Wirt. Für meinen Geschmack eine zwielichtige Figur."

„Und wo liegt Ihrer Meinung nach das Problem?"

„Der Mann hat eine bekannte Schwäche, die sich fatal auswirken könnte. Er sieht sich zu gern in der Zeitung. Der kann seinen Mund nicht halten."

STEFAN MEIER zog seine Codekarte durch den Schlitz des Kartenlesers und tippte dann seine Zugangsnummer ein. Die schwere Stahltür öffnete sich, und er trat drei Schritte vor, in die Sicherheitsschleuse. Der Boden der Schleuse war eine Waage. Das Körpergewicht jedes Mitarbeiters war in einer Datenbank gespeichert. Der Rechner verglich das gespeicherte Gewicht mit den Messwerten. Der Vorgang dauerte zehn Sekunden, dann öffnete sich die innere Tür der Schleuse. Nachdem Meier den Sicherheitsbereich betreten hatte, schloss sich die Tür mit einem satten Schmatzen hinter ihm. Wie jeden Morgen.

Rechts neben Meiers Zimmer befand sich das Büro eines befreundeten Kollegen. Meierinho klopfte kurz und streckte seinen Kopf durch die Tür.

Der Mann, der an seinem Schreibtisch saß und einen Bildschirm anstarrte, blickte auf. „Guten Morgen, Stefan!"

„Ja, guten Morgen. Wo sind denn all die anderen?"

„Ein paar haben angerufen und sich krankgemeldet. Manche stecken vermutlich noch im Verkehr fest. Aber viele werden wohl einfach nicht erscheinen. Die machen, dass sie wegkommen."

„Dass die Leute auch immer so schnell in Panik geraten. Mir unverständlich. Die Täter, die die Wiesn überfallen haben, wollen doch irgendetwas. Wenn sie die Stadt in die Luft jagen wollten, dann hätten sie das doch längst getan."

Kopfschüttelnd ging Stefan Meier in sein Büro, plumpste in seinen Sessel und ließ den Rechner hochfahren. Er musste an einen Ausspruch denken, den Albert Einstein geprägt hatte: „Zwei Dinge sind unendlich: das Universum und die menschliche Dummheit. Was das Universum angeht, bin ich mir allerdings nicht ganz sicher."

4

Die Listen mit den Wach- und Schlafzeiten der Männer existierten seit Monaten. Die erste Schicht legte ihre Waffen, Kampfkoppeln, Helme und Schutzwesten neben die Feldbetten, die auf dem rechten Balkon aufgebaut worden waren. Dann legten sich die Soldaten hin. Die meisten von ihnen schliefen sofort ein. Bislang war ja nichts Außergewöhnliches passiert. Alles nach Plan. Fast ein Routineeinsatz.

Auch Oleg Blochin würde sich jetzt ausruhen. Er stand neben Okidadse. Das kalte Licht der TFT-Monitore überzog Blochins Gestalt mit gespenstischer Blässe. Über Funk wandte er sich an Iljuschin. Er sprach in scharfem Ton. „Wir haben das ja bereits diskutiert, Polkownik Iljuschin. Ich wollte nur noch einmal daran erinnern, dass Polkownik Okidadse das Kommando hat, während ich schlafe. Und niemand anderes! Haben Sie das verstanden, Polkownik Iljuschin?"

„Laut und deutlich, General.“ Selbst durch das Funkgerät konnte Blochin die nur mühsam unterdrückte Verärgerung des Nahkampfspezialisten hören.

Iljuschin dachte an die Frau auf dem Foto. Der General würde sich noch wundern.

Blochin sah Okidadse an. „Ich glaube nicht, dass wir während des Tages etwas zu befürchten haben, Polkownik Okidadse. Wenn sie gekommen wären, dann im Morgengrauen. Aber vermutlich hat unser entschlossenes Vorgehen dem Gegner doch stark zugesetzt. Umso besser. Wenn, dann kommt der Gegner nachts oder am frühen Morgen.“

Okidadse sah seinen Kommandeur an. „Wir werden die Stellung schon halten, General. Ich glaube nicht, dass wir bei der Vorbereitung der Verteidigungsanlagen etwas übersehen haben. Die können kommen.“

„Je später, desto besser. Wir können unmöglich voraussagen, wie sich die Geiseln in den Zelten verhalten, wenn in ihrer Nähe ein Feuergefecht losbricht. Das wird sich alles finden. Ist es nicht immer so bei Operationen? Viel Glück, Polkownik. Sie haben das Kommando.“ Blochin wandte sich ab und begann, die Treppe aus dem Kühllaster herabzusteigen.

„Machen Sie sich keine Sorgen, General. Schlafen Sie gut.“

11.30 Uhr

„Genau das meine ich, Herr Verteidigungsminister.“ Härter sprach ruhig in sein GSMK-Cryptophone. „Genau deshalb glaube ich ja, dass ein Externer viel besser geeignet ist. Irgendjemand aus der militärischen Forschung. Jemand, bei dem es unmöglich vorauszuahnen war, dass wir ihn einsetzen würden. Wir brauchen den besten Mann in Sachen Kommunikationssicherheit. Einen Kryptologiecrack. Ja, genau. Ich erwarte Ihren Rückruf. Nein, ansonsten kann ich über den Stand der Ermittlungen nichts Neues sagen.“

„Auf Wiederhören, Poseidon.“

„Auf Wiederhören, Herr Minister.“

Härter ließ das Telefon in die Außentasche seines Jacketts gleiten und sah über die Theresienwiese. Er war den Hügel hinaufgegangen, um sich einen Überblick zu verschaffen. Er sah auf die Wirtsbudenstraße. Das erste Zelt auf der linken Seite, die Fischer-Liesl, war noch immer von hohen Sichtschutzzäunen umgeben. Die Geiseln in den Zelten verhielten sich ruhig und besonnen. Wie lange noch? Hoch über dem Dach des Benediktiner-Zeltes rotierte die Radarantenne. Russische Herkunft. Das hatte aber noch nicht viel zu bedeuten. Russische Waffen waren weltweit im Handel.

Härter ging seine eigenen Profilpunkte im Geist nochmals durch. Wer konnten die Täter sein? Auf jeden Fall militärisch ausgebildet. Daran konnte es keinen Zweifel geben. Die kompromisslose Brutalität deutete darauf hin, dass es sich um Soldaten mit Kampferfahrung handelte.

Das wirklich irritierende Element des Profils war die Qualität der Kenntnis, die der Gegner vom Oktoberfest hatte. Warum kannten sich die Täter mit der deutschen Behördenstruktur so gut aus? Wie war das Gas in die Zelte gelangt? Mittlerweile hatte die Polizei in den Balken aller Zelte getarnte Bohrlöcher entdeckt. Zweifelsfrei ein logistisches Husarenstück.

Und noch eine wichtige Frage: Woher kamen die Täter? Der Söldnermarkt war im Moment leergefegt. Der Bedarf war vor allem im Irak und in Afghanistan sehr groß. Die Besten arbeiteten für die Firma Blackwater Security und verdienten sich eine goldene Nase. Oder einen schmucklosen Sarg.

In Gedanken versunken stieg Härter den Hang wieder hinab.

Zur akustischen Unterstützung seiner Begrüßungsworte ließ er die flache Hand auf die Resopalplatte des Kaffeetisches sausen, der neben der Tür stand. Einige Mitglieder des Münchner Krisenstabs zuckten zusammen. „Eine Meisterleistung, meine Herren, das muss ich schon sagen!“ Innenstaatssekretär Dr. Roland Frühe war eingetreten, ohne anzuklopfen. Er befand sich in Begleitung von zwei Mitarbeitern seines Stabs.

Alle Köpfe fuhren herum. Der Ministerpräsident erhob sich und ging auf den Neuankömmling zu. Frühe überragte den Ministerpräsidenten um einen ganzen Kopf. Und sein Anzug saß sehr viel besser.

„Grüß Gott, Herr Dr. Frühe. Ich hoffe, Ihre Anreise ist einigermaßen problemlos gelaufen?“

„Guten Tag, Herr Ministerpräsident.“ Frühe gab dem Chef der Bayerischen Staatsregierung die Hand. „Guten Tag, die Herren.“ Er nickte in die Runde. „Meine Anreise wäre wesentlich unproblematischer verlaufen, wenn ich mir nicht hätte Gedanken machen müssen, wie wir das Chaos, das Sie hier angerichtet haben, wieder halbwegs in Ordnung bringen. Ihnen allen ist doch hoffentlich klar, was uns bevorsteht. Früher oder später werden wir der Welt erklären müssen, wieso hier zweitausend Leichen liegen. Irgendjemand wird dafür seinen Kopf hinhalten müssen.“ Er sah die versammelten Herren einen nach dem anderen an. Und einer nach dem anderen senkte den Blick.

„Und das werde ganz bestimmt nicht ich sein“, setzte Frühe hinzu, während er am Präsidium des Konferenztisches Platz nahm und seinen

Aktenkoffer aufklappte. Er entnahm ihm mehrere Papiere und legte sie vor sich auf den Tisch.

„Bitte, meine Herren." Er wies mit der flachen Hand auf die leeren Stühle. Wortlos setzten sich die anderen. Frühe begann seinen Vortrag. „Ad eins: Aufklärung. Die Bundesregierung ist der Meinung, dass wir Bildmaterial aus dem Zelt benötigen. Die Bundesregierung hat sich bereits zum Handeln entschlossen. Die GSG 9 wird eine Operation zur Informationsgewinnung durchführen. Wir brauchen eine gesicherte Nachrichtenlage. Wir müssen feststellen, wie wir das Zelt in den nächsten drei Tagen stürmen können."

Der Oberbürgermeister sah ihn erschrocken an. „Das ist schon beschlossene Sache? Ich meine, dass gestürmt wird?"

„Nein, Herr Oberbürgermeister." Der Staatssekretär blickte ihm direkt in die Augen. Er fuhr in einem übertrieben geduldigen Tonfall fort. „Die Bundesregierung verschickt vielmehr zur Stunde Einladungskarten an das Gesindel in aller Welt. Die sollen alle herkommen und unser Land beklauen. Und natürlich dürfen die Täter das Oktoberfest mit zwei Milliarden Euro Beute unbehelligt verlassen. Die muss letztlich ja sowieso der Steuerzahler aufbringen."

Der Oberbürgermeister war in seinem Stuhl zusammengesunken. Er hatte den Blick gesenkt und sprach nur leise. „Entschuldigen Sie, Herr Dr. Frühe. Das war eine unbedachte Äußerung. Ich dachte nur an die Risiken, die mit einer Erstürmung verbunden sind. Ich habe an das Leben der Geiseln gedacht."

Der Staatssekretär nickte kurz. „Das ist Ihr gutes Recht und Ihre schwere Pflicht, lieber Herr Oberbürgermeister." Dann ließ er seinen Blick durch die Runde schweifen, bis dieser am Gesicht des Ministerpräsidenten hängen blieb. „Ad zwei: Stabilisierung der Situation. Lassen Sie uns zum Kleinkram kommen. Wie sieht die polizeiliche Operationslage im Stadtgebiet aus?"

„Hat sich seit der Ansprache des Oberbürgermeisters stark verbessert. Im Moment sieht es so aus, als hätte sich die Lage zumindest in den Außenbezirken wieder normalisiert. Auch der Verkehr in der Innenstadt nimmt ab."

Frühe sah daraufhin den Oberbürgermeister wieder an und nickte ihm aufmunternd zu. „Jaja, Ihre Ansprache vorhin habe ich gehört. Das war richtig gute Arbeit. Meinen Respekt. Dass Sie bereits heute Morgen Messergebnisse verfügbar hatten, die Sie vorlegen konnten, hat uns eine Menge Ärger erspart. Da war jemand auf Draht."

Der Präsident des LKA meldete sich zu Wort. „Ich hätte noch eine andere Frage, Herr Dr. Frühe. Wenn Sie gestatten?“ Er räusperte sich. „Wie will sich die GSG 9 denn dem Zelt nähern?“

„Das geht Sie zwar nichts an, aber warum soll ich es Ihnen nicht sagen?“ Frühe lächelte milde. „Gewissermaßen als vertrauensbildende Maßnahme.“ Er machte eine dramatische Pause, bevor er weitersprach. „Die Männer gehen durch die Kanalisation. Mit ABC-Schutzausrüstung und *Black Hole*-Anzügen.“

„Was sind denn Black-Hole-Anzüge?“, fragte der LKA-Präsident nach. Davon hatte er noch nie gehört.

„Ihre Neugier in Ehren, aber das geht Sie nun wirklich nichts an.“

Es hatte ewig gedauert, bis sie Hirschmoser endlich erreicht hatte. Amelies Wangen glühten. Das konnte nicht sein. Das war unmöglich.

„Aber wenn ich's Ihnen doch sag. Mei, Sie können mir ruhig glauben. Ich lüg Sie nicht an. Sie sind doch das Gschbusi vom jungen Vogel. Aber sagen Sie nicht, dass Sie das von mir haben“, hörte sie Hirschmosers Stimme.

Das war eine Geschichte, wie man sie im Leben nicht oft bekam, das wusste sie. Konnte sie Hirschmoser glauben? Allerdings war dem Mann kaum die Fantasie zuzutrauen, sich so etwas auszudenken.

„Und sonst weiß niemand davon? Könnte irgendjemand das bestätigen?“, fragte sie.

„Bei der Nachrichtensperre? Aber die werden es Ihnen schon noch bestätigen.“

„Ich meine nur, das ist ganz schön starker Tobak, den Sie mir da auftischen, Herr Hirschmoser. Zweitausend Tote im Zelt der Fischer-Liesl. Mit Giftgas ermordet. Die Leichen werden in den Kühlhäusern von Schlachthöfen gelagert. Das ist ja wie im Krieg. Können Sie sich vorstellen, was da los ist, wenn wir das melden?“

„Das werden wir dann ja sehen.“ Hirschmoser gluckste. „Und ich hab bei Ihnen etwas gut, gell, Frau Karman? Denken Sie dran!“ Seine Stimme hatte einen anzüglichen Unterton bekommen. Eine Welle des Abscheus lief durch ihren Körper. Was für ein unangenehmer Mensch.

Nachdem Amelie sich von Hirschmoser verabschiedet hatte, saß sie mehrere Minuten fast unbeweglich auf ihrem Schreibtischstuhl. Ihre Gedanken rasten. Zweitausend Tote im Zelt der Fischer-Liesl. Mit Giftgas ermordet. Konnte sie diese Nachricht bringen? Würde sie damit Werners Leben in Gefahr bringen?

Bislang wusste niemand außer ihr davon. Offiziell hieß es, allen Geiseln in den Zelten gehe es gut. Doch das stimmte nicht.

Sie würde die Geschichte schreiben. Dann könnten die Verantwortlichen sich nicht mehr hinter ihrer Nachrichtensperre verkriechen und müssten zugeben, was passiert war. Sie brauchte unbedingt Klarheit. Das war das Wichtigste.

„DIESES GERÄT ist Ihre einzige Möglichkeit, mit Poseidon Kontakt aufzunehmen. Übrigens die einzige Möglichkeit, die es im gesamten Kanzleramt gibt. Das ist ein so genanntes Cryptophone." Der Verteidigungsminister öffnete einen Holzkasten und entnahm ihm ein Mobiltelefon, das aussah wie ein kleiner, tragbarer Organizer. „Die Geräte sind abhörsicher. Das funktioniert jedoch nur, wenn die Geräte sich gegenseitig erkennen." Der Verteidigungsminister holte tief Luft. „Um zwölf wollte Poseidon anrufen. In wenigen Minuten ist es so weit."

Der Bundeskanzler sah den Minister an. Die beiden Männer waren allein im Büro des Regierungschefs. „Sagen Sie mal, was hat es mit Poseidon eigentlich auf sich?"

Der Verteidigungsminister sah zum Fenster hinaus auf den Spreebogen. „Sie kennen Poseidon schon unter einem anderen Namen. Poseidon ist der Mann, der die Zerberus-Berichte zu verantworten hat."

„Die Zerberus-Berichte stammen von Poseidon?" Der Bundeskanzler pfiff ganz leise durch die Zähne. Er kannte die Dossiers der Quelle Zerberus.

Oftmals war es vorgekommen, dass diese Quelle besser informiert war als die beiden riesigen Behörden in Pullach und Köln zusammen. Zerberus hatte mehrfach erfolgreich bei der Befreiung von deutschen Geiseln im Ausland mitgearbeitet. Afghanistan, Algerien, Indonesien, Kolumbien und der Irak fielen dem Regierungschef spontan ein.

„Jetzt wird mir einiges klar." Er nickte. „Ich werde ihn aber weiterhin als Poseidon ansprechen. Der Name Zerberus darf im Zusammenhang mit dem Oktoberfest niemals fallen."

„Selbstverständlich, Herr Bundeskanzler. Da bin ich ganz Ihrer Meinung", antwortete der Minister servil.

Da begann das Cryptophone auf dem Schreibtisch plötzlich, einige Takte Musik zu spielen. Der Kanzler drückte auf den grünen Knopf und hielt sich das Telefon ans Ohr. Ein zweimaliges Knacken, dann vernahm er die Stimme des Mannes.

„Herr Bundeskanzler, hier spricht Poseidon. Können Sie mich verstehen?"

„Ja, Poseidon, ich höre Sie."

„Ich möchte kurz die Punkte, die mir wichtig erscheinen, zusammenfassen. Sehr vieles spricht dafür, dass es sich bei den Tätern um Soldaten handelt. Vermutlich sind es freiberufliche Gewaltspezialisten. Söldner. Meine Abteilung überprüft das gerade." Poseidon atmete hörbar aus. Seine Stimme klang kalt, als er fortfuhr. „Jetzt kommen zwei unangenehm hohe Wahrscheinlichkeiten. Erstens: Die Täter haben Unterstützung irgendwo im Stadtgebiet. Das ist eine Voraussetzung für einen realistischen Fluchtplan. Die denken ja, sie kommen von hier weg. Zweitens: Die Täter haben mit Sicherheit schon seit längerer Zeit Mitwisser in Deutschland. Dieser Angriff ist von langer Hand vorbereitet und mit Sach- und Ortskenntnis durchgeführt worden. Da hat vorher ein langwieriger Infiltrationsprozess stattgefunden. Könnten Sie dafür sorgen, dass diese Tatsachen der Ermittlungsleitung der Polizei bekannt gemacht werden?"

„Ja, sicher. Aber Komplizen in Deutschland? Bei einem solchen Verbrechen? Wie stellen Sie sich das vor? Haben Sie einen Verdacht?"

„Nein, leider nicht."

Der Kanzler hustete kurz. „War es das?"

„Fürs Erste, ja. Ich melde mich wieder."

„Viel Glück, Poseidon. Bis bald."

Während Stefan Meier nach dem Mittagessen aus der Kantine zu seinem Büro zurückging, dachte er an Werner Vogel. Zweimal hatte er versucht, seinen Freund zu erreichen. Aber Vogel hatte sein Telefon abgeschaltet. Langsam begann sich Meier Sorgen zu machen. Beim Essen war ihm die Idee gekommen, in Vogels Firma anzurufen.

Nachdem er ungefähr fünf Minuten mit der Sekretärin gesprochen hatte, legte er nachdenklich den Hörer auf. Vogel war heute nicht in der Firma erschienen. Er hatte sich auch nicht abgemeldet. Sein Freund war offenbar tatsächlich eine der Geiseln. Und Amelie somit ebenfalls.

Außerdem hatte die Sekretärin aufgeregt erzählt, dass auch der Seniorchef Karl Romberg heute nicht ins Büro gekommen sei. Das irritierte Meier noch mehr. Wieso war der Seniorchef in München? Er erinnerte sich vage an ein Gespräch mit Werner. Dieser hatte ihm erzählt, dass sein Partner in Urlaub fahren würde.

Genau, jetzt fiel es Meier wieder ein. Der hatte eine Reise gewonnen. Nach Afrika.

17.00 Uhr

Die Lage in der Stadt hatte sich etwas gebessert. Mühsam war es gelungen, die öffentliche Ordnung wiederherzustellen. Und nun das. Als die Vorabmeldung über die Ticker der Nachrichtenagenturen lief, brach die Hölle los. Giftgas! Zweitausend Tote!

Dr. Roland Frühe entschied, zunächst einmal nichts verlautbaren zu lassen. Das Bundespresseamt hüllte sich in Schweigen. Weiterhin Nachrichtensperre. Das Außenministerium hatte noch nicht einmal alle befreundeten Regierungen über den tausendfachen Tod auf dem Oktoberfest informiert. Die Reaktionen der internationalen Presse waren umso heftiger.

Generalmajor Oleg Blochin war ausgeruht und satt. Nachdem er sieben Stunden lang tief geschlafen hatte, aß er die große Platte mit den Grillschmankerln und trank drei große Gläser Apfelsaftschorle dazu. Okidadse hatte ihn geweckt. Kaum hatte Blochin das Feldbett verlassen, lag sein technischer Kommandooffizier in der Horizontalen. Minuten später schlief Okidadse bereits. Der nächste Wechsel war für Mitternacht vorgesehen.

Als Blochin die Stufen zum Gefechtsstand hinaufstieg, sah er, wie Iljuschin an einer Tasse Kaffee nippte.

„Guten Morgen, General. Haben Sie gut geschlafen?“, begrüßte Iljuschin seinen Kommandeur.

„Ja, danke, Polkownik Iljuschin. Und? Wie sieht es bei Ihnen aus? Lage?“

Iljuschin kicherte. „Die nehmen uns die Arbeit ab. Irgendwie ist es einer Journalistin gelungen, die Nachrichtensperre zu durchbrechen. Jetzt erscheint die größte deutsche Boulevardzeitung mit einer Sonderausgabe. Wir müssen unsere vorbereitete Presseerklärung gar nicht mehr abschicken.“ Iljuschin tippte mit einem Finger auf den Bildschirm vor sich, der die Online-Ausgabe der Zeitung zeigte. „Wir kennen die Journalistin sogar, die das zustande gebracht hat. Sehen Sie nur.“

Blochin lehnte sich nicht nach vorn, um den Namen in der Autorenzeile zu lesen. Er sah den Obersten nur an. „Ist das Ihr Ernst? Ist es tatsächlich …?“

Als Iljuschin sich nickend zu seinem Kommandeur wandte, dachte er an das Foto, das sich in seiner linken Brusttasche befand. „Ja, General. Die Dame ist nicht nur sehr attraktiv. Sie ist auch mit allen Wassern gewaschen. Würde mich ja schon interessieren, wie die junge Frau Karman das herausgefunden hat.“

„Das werden wir später sicher noch erfahren. In einem Jahr, wenn dann ihr Buch über unsere Operation erscheint, wird sie die Welt sicher wissen lassen, wie sie das angestellt hat.“ Blochin schlug Iljuschin freundschaftlich auf die Schulter. „Und wo immer wir dann sein werden, wir werden dieses Buch lesen und uns köstlich amüsieren.“

Blochin musste sich eingestehen, dass er Respekt für die Leistung des Fräuleins empfand. Es war bestimmt nicht einfach gewesen, an diese Information zu kommen. Eigentlich hatten sie vorgehabt, um kurz vor acht eine Pressemeldung zu verschicken. Pünktlich zur Tagesschau. Eine detaillierte Schilderung des Massakers und seiner Entstehung. Mit ein paar ausgewählt grausamen Bildern zur Illustration. Psychologische Kriegsführung. Schwächung des Gegners. Mithilfe der Wahrheit.

Aber so war es eigentlich noch besser. Je weniger sie sich selbst äußerten, desto stärker würde die Eigendynamik der so genannten freien Presse entfesselt.

„Ich werde mal überprüfen, was sich im Zelt tut.“ Blochin winkte einen Hundeführer zu sich und nahm seine Patrouille durch das Zelt wieder auf. Seine Blicke glitten über die langen Reihen der Geiseln. Dabei suchte er, wie schon seit Beginn der Operation, nach ganz bestimmten Anzeichen. Aber er hatte diese Anzeichen noch nicht entdecken können. Sollte er sich in diesem Punkt geirrt haben?

WERNER VOGEL konnte die Langeweile auf dem Gesicht von Matthias deutlich ablesen. Ihm erging es nicht anders. Gedankenverloren klopfte er die Taschen seiner Jacke ab. Da ertasteten seine Finger einen länglichen, flachen Kasten in einer der geräumigen Außentaschen. Ein Lächeln machte sich auf seinem Gesicht breit. Er sah Matthias an. „Kannst du Schach spielen?“, fragte er.

„Na ja.“ Matthias erwiderte seinen Blick mit einem skeptischen Gesichtsausdruck. „Ich weiß, wie die Figuren ziehen. Aber ich würde nicht sagen, dass ich wirklich Schach spielen kann.“

„Das ist egal“, sagte Vogel und zog das kleine magnetische Schachspiel aus seiner Jackentasche. „Ich bringe es dir bei. Ich bin ein ganz passabler Spieler. Wenn wir hier noch lange festsitzen, dann kommst du als Schachexperte aus diesem Zelt wieder raus. Ich meine, so in ein, zwei Jahren.“ Er grinste Matthias an. „Wollen wir's versuchen?“

STEFAN MEIER hatte ereignisreiche Stunden hinter sich. Nach wie vor konnte er kaum glauben, was passiert war. Unversehens war er zu seinem obersten Chef gerufen worden. Das bedeutete normalerweise nichts Gutes.

Das Gespräch oben im sechsten Stock verlief dann jedoch ganz anders, als er sich das vorgestellt hatte. Der Manager empfing ihn betont höflich. Dann fragte er ihn, ob er wisse, was in Artikel 12a, Absatz 1 des Grundgesetzes stehe. Der Dienstpflichtartikel. Meierinho nickte. Ja, den Artikel kannte er. Sein Chef eröffnete ihm daraufhin, dass er aufgrund dieses Artikels vom BKA angefordert worden sei. Zur Unterstützung der Aufklärungsarbeit. Dass ein Wagen auf ihn warte. Dass die Firma sehr stolz auf ihn sei und dass er ihm im Namen der Geschäftsleitung alles Gute wünsche. Dass er alles Weitere von einem Mann namens Müller vom BKA erfahren werde.

Ein Polizeifahrzeug brachte Meier zur Wiesn-Wache. Dort wurde ein Foto von ihm gemacht. Er erhielt einen Sicherheitsausweis. Der Kommandant der Wiesn-Wache, ein hoher Polizeibeamter namens Kroneder, begleitete ihn zu einem Büro. Ein blickdichtes Rollo war am Fenster heruntergezogen. Der Raum war vollgepackt mit modernster Kommunikationselektronik.

„Guten Tag, Herr Meier. Ich freue mich, dass Sie sich bereiterklärt haben, mit uns zusammenzuarbeiten“, begrüßte ihn Müller und erklärte ihm dann, worum es ging. Der Mann kannte sich in technischen Dingen sehr gut aus. Ein kompetenter Mann. Und Kompetenz wusste Meierinho zu schätzen.

Müller stellte ihm zwei junge Männer vor, die als seine Assistenten fungieren würden. Der BKA-Mann strahlte in all der Hektik um sie herum eine geradezu unnatürliche Ruhe aus. Das Wort „kaltblütig“ kam Meierinho in den Sinn. Das passte.

„Sie sollen das Kommunikationsnetz der Täter knacken. Codierter Digitalfunk. Sie sollen versuchen, uns da reinzuhacken. Ohne dass die etwas merken. Und Sie berichten ausschließlich mir oder Herrn Kroneder. Sie können mich über Ihr Terminal erreichen. Es ist mit einem Schlüssel ausgestattet.“

Der BKA-Mann zog ein kleines Gerät aus der Tasche seines Anzugs und sah Meier fragend an. Dieser verstand sofort. Ein GSMK-Cryptophone.

Er nickte grimmig. „Einer meiner besten Freunde und seine Freundin sitzen in einem der Zelte fest. Die ganze Stadt ist in Angst und Schrecken versetzt. Machen Sie sich also um meine Motivation keine Sorgen.“

Auf den Bahnsteigen des abgesperrten U-Bahnhofs Theresienwiese herrschte seit Stunden hektische Betriebsamkeit. Im kalten Licht der Neonröhren bereitete die GSG 9 ihren Einsatz vor.

Die Männer waren mitsamt der Ausrüstung in U-Bahn-Wagen zur Haltestelle gebracht worden. Jetzt lagen sämtliche Waffen und technisches Gerät sowie die Schutzwesten und die Black-Hole-Systeme auf langen Tapeziertischen bereit. Die Männer sprachen die einzelnen Aspekte des Einsatzes durch. Große Pinnwände waren aufgebaut, Pläne der Kanalisation daran befestigt worden.

Kapitän zur See Wolfgang Härter stand vor einer der Pinnwände und prägte sich Einzelheiten ein. Die verschiedenen Durchmesser der Rohre. Entfernungen. Gefälle und Steigungen.

Hartmut Rainer und seine drei Truppführer wandten sich einem Plan zu, auf dem Linien in verschiedenen Farben eingezeichnet waren. All diese Linien begannen am U-Bahnhof Theresienwiese. Immer mehr Beamte der GSG 9 fanden sich vor diesem Plan ein. Erwartungsvoll sahen sie zu ihrem Kommandeur.

Die Eckpunkte des Operationsplans standen bereits fest. Vier Trupps sollten auf das Benediktiner-Zelt vorrücken. Aus verschiedenen Richtungen. Die Trupps würden mit Schwanenhalskameras ausgerüstet sein. Das Objektiv einer solchen Kamera ragt aus einem langen, frei beweglichen Schlauch. In dem Schlauch verläuft ein Glasfaserkabel. Das Objektiv kann ferngesteuert werden. Mit diesen Kameras sollten Bilder aus dem Zeltinnern aufgenommen werden.

Hartmut Rainer erläuterte die genaue Vorgehensweise. „Unter dem Benediktiner-Zelt befinden sich vier Abwassereinleitungen. Zwei für Regenwasser, eine für die Abwässer der Küche und eine für die Toiletten. Jeder der Trupps soll versuchen, sich durch unterschiedliche Kanäle bis unter das Bierzelt vorzuarbeiten. Die beiden Trupps, die die Abflüsse für das Regenwasser zugeteilt bekommen, sind in der aussichtsreichsten Position.“ Rainer zeigte auf den Plan. „Trupp Rot und Trupp Gelb benutzen diese beiden Routen. Wenn alles glattgeht, kommen sie hier an.“ Sein Finger deutete nacheinander auf zwei Punkte unter dem Benediktiner-Zelt, an zwei gegenüberliegenden Ecken. „Wir bohren von unten ein Loch in den Holzboden. Dann bringen wir die Objektive der Kameras ins Zelt. Wir filmen langsame Dreihundertsechziggradbewegungen.“

Rainer machte eine kurze Pause, bevor er fortfuhr. „Ich habe mich dazu entschlossen, an diesem Einsatz persönlich teilzunehmen. Ich selbst werde Trupp Rot anführen.“ Die anderen drei Truppführer nickten. „Trupp Grün geht hier entlang.“ Sein Finger folgte der grünen Linie. „Sie kommen unterhalb der Küche raus. Versuchen Sie, an die Wasserleitung von einer der großen Gläserspülmaschinen heranzukommen. Dann können Sie aus dem

Innern der Maschine heraus Aufnahmen machen." Sein Finger fuhr wieder über das Papier des Plans. „Trupp Blau wird unter den Toiletten ankommen. Entweder Sie bohren ein Loch durch den Boden, oder Sie bekommen den Hals der Kamera durch den Abfluss der Waschbecken, Pissoirs oder Kloschüsseln."

Einige der umstehenden Männer mussten ein Lachen unterdrücken. „Was für ein Scheißjob!", platzte schließlich einer heraus. Gelächter folgte.

„Die Farben der Trupps werden ausgelost!", sagte Hartmut Rainer mit erhobener Stimme. Das Gelächter erstarb augenblicklich.

„Was Sie betrifft, Herr Müller", fuhr der Kommandeur der GSG 9 fort, „ich habe Sie bereits fest eingeplant. Sie bilden die Nachhut von Trupp Blau."

Härter wandte den Kopf von den Plänen ab und sah Hartmut Rainer an. Dann nickte er müde. „Alles klar. Jede andere Entscheidung von Ihnen wäre eine ziemliche Überraschung gewesen."

AN SEINE OHREN drangen die Geräusche fließenden Wassers: das dumpfe Rauschen der schmutzigen Brühe des Hauptkanals. Das hellere Sprudeln der kleineren Kanäle, die seitlich in den Hauptkanal mündeten. Seine Schritte schmatzten auf dem nassen Betonboden. Härter schaltete seine Brille von Restlichtverstärkung auf Infrarot um. Die Beamten des Trupps Blau, die sich vor ihm befanden, waren dennoch nur schwer zu erkennen. Nahezu unsichtbar. Und das auf so kurze Entfernung.

Diese Black-Hole-Anzüge waren wirklich erstaunlich. Sie passten ihre eigene Temperatur ständig der Umgebung an. Kein Wärmebild. Ihre Oberfläche war ionisiert. Kein Radarecho.

Seit fast einer Stunde war Härter gemeinsam mit den fünf Beamten des Trupps Blau in der Dunkelheit unterwegs. Die vollkommene Lichtlosigkeit ließ eine leichte Beklemmung in ihm aufsteigen. Und sie hatten gerade mal ein Drittel des Weges geschafft. Aber das war im Plan auch nicht anders vorgesehen. Allen war klar, dass sie nur sehr langsam vorankommen würden.

An der Spitze des Trupps arbeiteten sich drei Beamte vor. Der mittlere trug ein dünnes Rohr in der Hand. Die elektronischen Kampfstoffsensoren links und rechts neben der Spitze waren nach vorn gerichtet. Aus der Spitze des dünnen Rohres schoss in kurzen Intervallen ein feiner Sprühnebel hervor. Damit konnten sie eventuelle Lichtschranken sichtbar machen.

Zwei hatten sie schon entdeckt. Und Härters Befürchtungen waren bestätigt worden. Moderne Dinger. Militärische Technik. NATO-Material. Doch ihre Pläne waren offenbar detaillierter als die der Täter. Bislang hatten sie immer eine Ausweichroute gefunden.

STEFAN MEIER verließ den kleinen Arbeitsraum, um eine Zigarette zu rauchen. Er streckte sich, schüttelte Arme und Beine aus. In seinen Gedanken lösten trotziger Kampfesmut und realistische Einschätzung einander ab. Mittlerweile hatten sie das Funksystem der Täter angepeilt. Das war schneller gegangen als gedacht. Die Freude darüber war aber bei ihm und seinen Assistenten schnell verflogen. Erste Muster der Verschlüsselung hatten sie isolieren können. Und diese Muster hatten ihnen gezeigt, dass die Technik der Täter mehr als zeitgemäß war. Wenn es überhaupt gelingen würde, die Algorithmen zu knacken, würde das ein hartes Stück Arbeit werden. Und es würde Zeit brauchen.

Ein heftiger kühler Windstoß fuhr durch den Gang, als Polizeihauptmeister Ulgenhoff die Tür öffnete und die Wiesn-Wache betrat. Verwundert sah Meierinho den Beamten an. „Was ist denn da draußen los? Wo kommt der Wind auf einmal her? Wieso ist es so kalt?"

„Na, Sie scheinen seit Längerem nicht mehr vor der Tür gewesen zu sein, Herr Kollege. Das Wetter verschlechtert sich rapide. Da draußen hat es gerade noch acht Grad. Das Barometer befindet sich im freien Fall. Eine Gewitterfront von Westen. Wenn man den Wetterfröschen glauben kann, dann steht uns in dieser Nacht noch ein schweres Unwetter bevor."

Wien, Februar 2004

SEIT DER GESTRIGEN NACHT lag die österreichische Hauptstadt unter einer frischen Schneedecke. Der 1. Bezirk, dessen Bauten aussahen, als wäre ein Zuckerbäcker ins Architekturfach gewechselt, erschien durch den Neuschnee noch unwirklicher als sonst.

Viktor Slacek lebte seit fünfzehn Jahren in Zürich, obwohl ihm Wien eigentlich viel besser gefiel. Die Wahl seines Wohnorts hatte jedoch praktische Gründe. Viktor Slacek war ein reicher Mann. Und in keinem anderen Land der Welt – von Saudi-Arabien und Monaco einmal abgesehen – war Reichtum so alltäglich und unauffällig wie in der Schweiz. Und Slacek war viel auf Reisen. Die Vorteile eines Schweizer Passes waren dabei beträchtlich. Keine Schikanen. Keine übertriebenen Kontrollen an den Grenzen oder auf den Flughäfen.

Seine Dienste waren weltweit gefragt. Seine Erfolgsquote lag bei hundert

Prozent. Er war freiberuflich tätig und konnte sich über einen Mangel an Arbeit nicht beklagen.

Vor drei Wochen hatte ein alter Freund mit ihm Kontakt aufgenommen. Auf die übliche Art. Über eine Kleinanzeige in der *Neuen Zürcher Zeitung.*

Diese Anfrage hatte er unmöglich ablehnen können. Für heute Abend war ein Gespräch verabredet worden. Es war sein Vorschlag gewesen, sich in Wien zu treffen.

Er fuhr über die Wiener Ringstraße zum Hotel „Imperial", wo er für sich und seinen alten Freund zwei Suiten reserviert hatte. Er war dort als Gast unter dem Namen Siedlazek bekannt. Das erste Haus am Platz. Da würde sein Wagen nicht auffallen. Und das Restaurant war ausgezeichnet.

0.07 Uhr

HÄRTER hatte sich mit der Zeit immer weiter zurückfallen lassen. Der Trupp vor ihm bewegte sich zwar langsam, aber in gleichmäßigem Tempo auf das Ziel zu. In einer knappen Stunde würden sie unter den Toiletten des Benediktiner-Zeltes angekommen sein.

Bedächtig und mit größter Genauigkeit suchte Härter nach Spuren der Täter. Auch deshalb war er hinter dem Trupp zurückgeblieben. Seine Augen brannten leicht vor Anstrengung. Sein Blick glitt über die Seitenwände des Kanals und fiel auf einen Ziegelstein, der etwas aus der Mauer hervorstand. Tastend fuhren seine Finger an den Rändern des Steins entlang. Er begann an dem Stein zu ziehen, wendete nach und nach mehr Kraft auf. Aber das Ding saß fest.

Da entdeckte er im grünlich gefärbten Bild der Restlichtverstärkung, wie kleine Brocken morschen Mörtels unter dem Stein hervorrieselten. Er zog noch etwas stärker und fing an zu rütteln. Plötzlich hörte er ein leises mechanisches Klicken. Ein Mechanismus? Hier? Härter war alarmiert.

Der Stein löste sich aus dem Mauerwerk. Das Ding war viel zu leicht. Härter sah auf den Ziegel in seiner Hand. Und wurde selbst zu Stein.

Der Ziegel war nicht einmal drei Zentimeter tief. Er war mit einem Meißel bearbeitet worden, und zwar vor Kurzem. Links und rechts waren kleine metallische Klemmen angebracht, die den Stein in Position gehalten hatten.

Härter zückte seine bleistiftdünne Photonenpumpe und leuchtete in die Öffnung, die der Ziegel hinterlassen hatte. Der Lichtstrahl erfasste einen schwarzen Kasten. Das konnte alles Mögliche sein. Härter leuchtete noch einmal die Ecken der Vertiefung aus, um sicherzugehen, dass nirgendwo

Kontaktdrähte versteckt waren. Alles in Ordnung! Sofort schaltete er seine Photonenpumpe wieder aus und steckte sie zurück in seine Brusttasche. Dann griff er nach dem Kasten und zog ihn heraus.

Der Kasten war etwa zwanzig mal zehn Zentimeter groß. Langsam drehte Härter ihn in seiner Hand, um die Rückseite zu begutachten. Sein Erschrecken hätte nicht größer sein können. Härter wusste, was er da in Händen hielt: nicht mehr und nicht weniger als den sicheren Tod. AIM-64. Technik gewordene, pure Bösartigkeit. Die AIM war an der Rückseite des Kastens angebracht. Der Kasten selbst war nur der Auslöser. Funktionierte vermutlich über Funk. Wäre es ein Erschütterungs- oder Bewegungszünder gewesen, dann wäre Härter jetzt bereits tot.

Die AIM-64, eine Anti-Infanterie-Mine, sah aus wie ein schwarzes Ei, nur etwas größer und in die Länge gezogen. Bei den Pionieren wurde sie deshalb auch das „Überraschungsei des Teufels“ genannt: Auslösemechanismus frei wählbar. Zugdrähte. Lichtschranken. Erschütterung. Bewegung. Wärme. Radar. Funk. Überall anzubringen. NATO-Technologie. Bevor die Dinger explodierten, sprangen sie vom Boden einen Meter dreißig in die Höhe, ließen sich von der Decke fallen oder schnellten von der Wand seitlich in den Raum. Dann folgte die Detonation, die Splitter und Feuer in alle Richtungen schoss. Wirkungswinkel 360 Grad. Keine Möglichkeit, irgendwo in Deckung zu gehen. Tausende von rasiermesserscharfen Splittern – mit Teflon beschichtete Titanspäne – wurden durch die Luft gejagt. Nichts hielt dem stand. Kein Helm. Keine Schutzweste. Nichts.

Härters Blick fiel auf einen kleinen Aufkleber, der an der AIM angebracht war. Jemand hatte etwas darauf geschrieben, aber er konnte die Schrift nicht entziffern. Zu dunkel. Er erhöhte die Leistung seiner Brille. Jetzt konnte er die Aufschrift lesen. Ein Wort und eine Zahl. Handschriftlich. Kyrillisch.

Wer auch immer sich da von unten dem Zelt näherte, war verdammt clever. Trotzdem konnte es keinen Zweifel geben. Sie hatten vier klare Audiokontakte, aufgefangen von den Dutzenden Stereomikrofonpaaren, die sie in der Kanalisation platziert hatten; Geräuschfahnen, die sich auf der Zeitachse rückwärts verfolgen ließen. Sie hatten also Feindberührung.

Es ging los. Okidadse rief Blochin über Funk zu sich in den Gefechtsstand.

„Und Sie sind sich sicher?“, fragte Blochin, als er in den Kühllaster stieg.

Okidadse nickte. „Die Bastarde sind gut getarnt. Manche unserer Lichtschranken haben sie einfach umgangen. Aber ich habe sie über ihre akustischen Spuren trotzdem immer wieder lokalisiert. Es sind vier Gruppen. Ich würde sagen, fünf bis zehn Mann pro Gruppe. Wenn wir sie nicht aufhalten, sind sie in einer halben Stunde unter dem Zelt. Dann könnten wir sie direkt hier begrüßen."

Blochin schüttelte den Kopf. „Nein, wir werden sie früher abfangen. Machen Sie die Minen scharf."

„Iljuschin wäre sicher ärgerlich, wenn er erfährt, dass Sie seine Babys gezündet haben, ohne ihn zu wecken", gluckste Okidadse.

Blochin lächelte sein unsichtbares Lächeln unter der Sturmhaube. „Da haben Sie Recht. Das Vergnügen sollten wir ihm gönnen. Ich werde den Oberst wecken. Aber machen Sie die Minen trotzdem jetzt schon scharf."

Gerade als Blochin an seinem Funkgerät den Weckruf für Iljuschins Kampfkoppel aktivieren wollte, zuckte plötzlich ein helles, gespenstisches Licht durch das Innere des Zeltes. Sekunden später folgte ein lauter Knall, der dumpf rollend abebbte. Alarm!

Die Männer wussten im Bruchteil einer Sekunde, dass es sich um den Beginn eines Sturmangriffs handelte. Mit geübten Bewegungen gingen sie in Deckung. Reflexhaft schlossen sie die Augen und öffneten den Mund. Druckausgleich. Sonst konnten die Trommelfelle platzen. Knall-Blitz-Granaten. Zur Verwirrung des Gegners.

Die Männer öffneten ihre Augen wieder. Die Läufe ihrer Waffen fuhren auf der Suche nach Zielen mit einer tödlichen Systematik durch das Zelt.

Dann hörten sie die ersten schweren Tropfen auf die Zeltplanen klatschen. Ein ständig lauter werdendes Pladdern erfüllte das Zelt. Das dumpfe Rollen eines weit entfernten Donners drang an ihre Ohren. Die Spannung löste sich, als die Männer verstanden. Das war kein Sturmangriff. Nur ein Gewitter. Ein Blitzeinschlag ganz in der Nähe.

Die Elitekämpfer richteten sich langsam wieder auf und senkten die Waffen. Nicht ein einziger Schuss hatte sich in der Schrecksekunde gelöst. Die Männer hatten gute Nerven.

PROFESSOR PETER HEIM war vor drei Stunden auf seiner Bierbank eingenickt. Doch der Knall hatte ihn aufschrecken lassen. Er sah zu den Abschusslafetten der Raketen hinüber. Durch die Öffnungen im Dach stürzte der Regen herein, als hätten sich im Himmel Schleusen geöffnet. Die Waffensysteme standen nun in einem wahren Wolkenbruch. Die Bedienungsmannschaften hatten bereits schwarze Plastikcapes übergeworfen. Was für ein Unwetter!

Oberstleutnant McNamara war ebenfalls aufgewacht. Der Geheimdienstoffizier hatte schützend den Arm um seine Frau gelegt und redete beruhigend auf sie ein. Er hob den Blick und sah den Professor an. Ihre Augen trafen sich. „*Thunderstorm*", bemerkte der amerikanische Marineinfanterist lapidar.

INZWISCHEN hatte er die Aufschrift an der AIM entziffern können. *Номер 8.*

Härters Gehirn arbeitete auf Hochtouren. Es waren also wahrscheinlich mindestens acht dieser höllischen Sprengsätze hier unten verborgen. Russisch beschriftete NATO-Technologie. Das wollte nicht zusammenpassen. Noch immer stand er starr da und hielt die AIM-64 mit dem Zünder in der Hand. Er aktivierte sein Funkgerät, um mit Trupp Blau Kontakt aufzunehmen. Sollte der Truppführer entscheiden, ob er die anderen auch warnen wollte.

„Minen", sagte Härter knapp, als der Truppführer sich meldete. „Hier unten sind Minen. AIM-64. Mindestens acht Stück."

„AIM-64?", fragte der Truppführer ungläubig zurück. „Dann muss ich die Funkstille brechen. Ich muss die anderen warnen. Ich werde mich direkt an den Kommandeur wenden. Ich werde Trupp Rot rufen."

Der Kasten in der Hand von Härter gab ein leises Klickgeräusch von sich. Der Kapitän hielt die Luft an. Wie versteinert wartete er auf den Moment der Explosion, auf seinen Tod. Immerhin: Es würde ein schneller Tod sein.

Aber nichts geschah. Langsam atmete er wieder aus. Er durfte noch ein bisschen weiterleben. Trotzdem, jemand hatte den Zünder aktiviert und die Mine scharf gemacht. Ihnen blieb nicht mehr viel Zeit. Das bedeutete, dass die Geiselnehmer sie wahrscheinlich entdeckt hatten. Das war eigentlich nicht vorstellbar. Wie sollte jemand sie hier unten lokalisieren können?

SIE WAREN PRAKTISCH UNSICHTBAR. Und niemand kann ein unsichtbares Ziel bekämpfen, oder doch? Hartmut Rainers Gedanken endeten jäh, als sein Funkgerät anzeigte, dass der Führer des Trupps Blau die Funkstille brach. Er wies die Männer seines Trupps an, in Verteidigungsstellung zu gehen.

„Hier ist *Leader blue* für *Leader red*. Die Kanalisation ist vermint. Müller hat mir eben mitgeteilt, dass er eine AIM-64 gefunden hat. Er behauptet, es befänden sich mindestens acht Minen dieses Typs in der Kanalisation."

Hartmut Rainer traf seine Entscheidung sehr schnell. Abbruch! Das Risiko war zu hoch. Sie mussten sich zurückziehen und es in ein paar Stunden in der Begleitung von Sprengstoffexperten noch einmal versuchen.

Er aktivierte sein Funkgerät und holte Luft, um die entsprechenden Befehle zu geben. Da ließ ihn ein leises Geräusch seinen Kopf drehen. Es klang, als ob ein Kieselstein ins Wasser fiel.

Dabei war es genau andersherum: Etwas sprang aus dem Wasser des Kanals, in dem sie sich gerade befanden, in die Höhe. Ein Gegenstand, der aussah wie ein schwarzes Ei. Nur größer. Und in die Länge gezogen.

„Mine!!", brüllte Hartmut Rainer. Dann schloss er die Augen und öffnete den Mund. Druckausgleich. Ein antrainierter Reflex: Mund auf, Augen zu.

Ein Lichtblitz und ein scharfer, heller Knall. Hartmut Rainer wurde von der feurigen Druckwelle in die Luft gehoben und nach hinten geschleudert. Die Hitze versengte seine Augenbrauen. Er knallte mit dem Rücken gegen die Wand des Kanals. Dann kippte er nach rechts auf den Boden. Ein höllischer Schmerz brandete durch seine Nervenbahnen.

Heiße Tränen der Wut quollen aus seinen verlöschenden Augen.

Sein letztes Gefühl war nicht etwa Liebe oder Reue. Sein letztes Gefühl war der unbändige Wunsch nach Rache.

STEFAN MEIER lauschte dem Regen, der auf das Flachdach der Wiesn-Wache prasselte. Hin und wieder hörte er das Rollen des Donners. „Wow! Jetzt schifft's aber gewaltig", sagte er zu einem der beiden jungen Assistenten. Der Mann saß links von ihm am Schreibtisch und starrte mit verkniffener Miene auf seinen Bildschirm. Scheinbar endlose Zahlenketten zogen vor seinen Augen vorbei. In einem zweiten Fenster waren die Wellenformen des unverständlichen Funkverkehrs der Geiselnehmer zu sehen.

Wie schön ist es doch, ein Dach über dem Kopf zu haben, dachte Meier. Er seufzte wohlig, während er sich an seinen letzten Urlaub erinnerte. Da war das ganz anders gewesen. Sie hatten in der endlosen Weite des australischen Outbacks campiert, er und eine Gruppe von schwedischen Backpackern. Und dort waren sie von einem Unwetter überrascht worden. Ein Ereignis, das in Australien Seltenheitswert hatte. Die Zelte hatten den Wassermassen nicht trotzen können. Zum Glück war das Unwetter schnell vorübergezogen und die Sonne hatte alles in kurzer Zeit wieder getrocknet. Er hatte ein paar Fotos von ihrem abgesoffenen Zeltlager gemacht und sie von einem Internetcafé aus ins Netz gestellt. Moment mal!

Stefan Meier hatte plötzlich eine Eingebung. Dieser Müller und der Herr Kroneder suchten doch nach Zeugen, die Bilder vom Biergarten des Benediktiner-Zeltes gemacht hatten. Er hatte gehört, wie die beiden sich darüber unterhalten hatten. Vor allem bei Asiaten war das Einstellen von Urlaubsbildern ins Internet ganz groß in Mode. Es gab dafür eigene Seiten im Netz. Die Leute bezahlten den Speicherplatz für die Bilder. Ihre Familien und Bekannten zu Hause konnten die Reise dann zeitgleich und hautnah mitverfolgen. Die bekannteste dieser Seiten war seines Wissens *getjealous.com*. Vielleicht hatten sie ja Glück und fanden dort etwas.

HÄRTER hörte, wie die Echos von mindestens einem Dutzend Explosionen durch die dunklen Kanäle im Münchner Untergrund rollten. Sie schienen von überall zu kommen. Kurz darauf drangen noch andere Geräusche an seine Ohren. Gellende Schreie hallten durch die Gänge. Ein Massaker.

Ein ungeübtes Ohr hätte vermutlich gar nicht erkannt, dass diese Laute von Menschen stammten. Doch der Kapitän hatte solche Schreie bereits gehört, wenn auch noch nie in Deutschland. Menschen, die unter entsetzlichen Schmerzen elendiglich krepierten.

Einigen Beamten der anderen Trupps gelang es noch, ihre Funkgeräte zu aktivieren. So hörte Härter nicht nur die hundertfachen Reflexionen des Todes, die sich an den Wänden brachen. Er hörte auch, wie Menschen nach Sanitätern riefen, die niemals kommen würden. Niemand würde kommen. Die Männer der GSG 9 starben allein. Unter der Erde. Umgeben von völliger Dunkelheit. Und er musste ihnen dabei zuhören.

Номер 8 war noch immer nicht hochgegangen. Sie hatten Glück. Hatten die Geiselnehmer Trupp Blau möglicherweise nicht bemerkt?

Der Kapitän lief mit der Mine in der Hand bis zur Abzweigung des nächsten Seitenkanals. Er musste das Ding schnellstens loswerden. Aber an einen konventionellen Wurf war nicht zu denken. Die Decke des Kanals war viel zu niedrig. Deshalb drehte Härter sich dreimal mit zunehmender Geschwindigkeit um die eigene Achse wie ein Diskuswerfer, dann ließ er die AIM-64 los. Sie flog in die Schwärze des Seitenkanals.

Härter drückte auf die Sprechtaste an seinem Funkgerät. „Versuchen Sie, sich in Sicherheit zu bringen! Versuchen Sie Ihr Glück in den kleinen Seitenkanälen!“ Er stieß die Worte im Kommandoton in sein Kehlkopfmikrofon. Ohne eine Antwort der Männer von Trupp Blau abzuwarten, wandte er sich um und begann, den Weg zurückzusprinten, den sie gekommen waren.

Vor seinem inneren Auge erschien der Plan der Kanalisation, und in Sekunden ging er die Möglichkeiten der Deckung und der Flucht durch. Danach wusste er genau, wohin er wollte.

In ungefähr hundert Metern Entfernung befand sich in gut einem Meter Höhe der Abfluss eines Seitenkanals, der als Überlaufschutz für ein Regenwassersammelbecken fungierte. Ein kleines Rohr. Er würde kriechen müssen. Dann in ein Fallrohr. Abwärts bis zum Wasserspiegel, danach müsste er tauchen. Die Rattensperre würde er mit seinem Messer schon beseitigen können. Weiter unter Wasser, die Steigleitung auf der anderen Seite wieder aufwärts. Er würde unter irgendeinem Kanaldeckel hochkommen. Wo dieser sich befand, wusste er nicht genau. Irgendwo in der Nähe der Bahngleise, die zum Hauptbahnhof führten. Wenn er den Kanaldeckel erreichte, wäre er an der Oberfläche und in Sicherheit.

ILJUSCHIN trug Kopfhörer. Er saß im Kommandostand vor einem Monitor. Seine Finger huschten über die Tastatur. Auf seinen Knien lag ein Grafiktablett. Er schaltete zwischen den einzelnen Mikrofonen von Okidadses Audiosystem hin und her. Was er hörte, bereitete ihm großes Vergnügen.

Okidadse musterte den Gesichtsausdruck des Nahkampfspezialisten. Iljuschins Züge hatten etwas Entrücktes. Als hörte er eine wunderbare Sinfonie. Okidadse wandte sich ab. Das war einer der Momente, in denen Iljuschin ihm wirklich Angst machte. Das hatte nichts mehr mit professioneller militärischer Arbeit zu tun. Das war der schiere Irrsinn.

Plötzlich verfinsterte sich Iljuschins Miene. „Da rennt einer. Da versucht einer abzuhauen! Da will mir einer mein schönes Finale versauen.“ Er sah konzentriert auf den Monitor. Der Bildschirm zeigte die Lage der versteckten Minen. Iljuschins Augen suchten nach der passenden Nummer. „Komm zu Papa“, hörte Okidadse ihn sagen. Dann tippte Iljuschin mit dem Stift auf das Grafiktablett, um die Mine zu zünden.

DER KAPITÄN hörte in seinem Rücken einen scharfen, hellen Knall. Noch drei Schritte. Er holte mit beiden Armen Schwung und hechtete in die enge Röhre. Ein aus dem Mauerwerk herausstehendes Metallteil riss den Anzug an seinem linken Oberarm auf. Er achtete nicht auf den Schmerz. Knallend landete er auf den Knie- und Ellbogenschützern.

In diesem Moment hörte er die Schreie der armen Kerle von Trupp Blau, die das Pech hatten, nicht sofort in Stücke gerissen worden zu sein. Härter robbte tiefer in die Röhre hinein. Nur Bruchteile einer Sekunde später detonierte im Hauptkanal hinter ihm eine weitere Mine.

Mund auf, Augen zu! Die heiße Druckwelle fuhr über ihn hinweg wie eine Dampfwalze. Mit unglaublicher Wucht wurde er zu Boden gedrückt.

Alle Luft wurde aus seinen Lungen gepresst. Er konnte den Atemreflex nicht unterdrücken. Als glühende Luft in seine Lungen fuhr, glaubte er, sein ganzer Brustkorb stünde augenblicklich in Flammen. Er zwang sich, nicht zu atmen. Der Sauerstoffmangel machte sich sofort bemerkbar.

Ein Knirschen. Steine lösten sich aus der Decke und fielen auf ihn. Er kroch weiter. Noch immer hielt er die Luft an. Ein weiterer Stein traf seine Schulter. Es tat höllisch weh. Einfach ignorieren. Noch einen Meter weiter.

Dann stürzte mit einem ohrenbetäubenden Getöse die Röhre hinter ihm ein. Eine Wolke aus Staub raubte ihm jede Sicht. Er versuchte einzuatmen. Aber er musste sofort heftig husten. Er würgte. Der Staub machte jeden Atemzug unmöglich. Aus den Kopfhörern in seinem Helm drang nur noch ein gleichmäßiges Rauschen. Kein Funkkontakt mehr.

Er fingerte an seinem Hals herum, um die Atemmaske aufzusetzen. Als er das Gerät schließlich vor Mund und Nase fixiert hatte, musste er feststellen, dass sich seine Atemmuskulatur durch den Hitzeschock verkrampft hatte. Er schnappte nach Luft wie ein Fisch auf dem Trockenen.

Nochmals zog er sich mit den Armen einige Meter nach vorn. Vor sich erkannte er eine Nische auf der rechten Seite. Da bewegte sich irgendetwas. Ratten! Er brauchte mehr Sauerstoff. Alles vor ihm begann sich zu drehen. Er entspannte seine Muskeln. Er musste seinen Energieverbrauch reduzieren. Seine Konzentration ließ nach. Seine Gedanken schlugen Kapriolen. Schlug ihm nun die Stunde? Trat er jetzt seine letzte Reise an?

Im Unterbewusstsein registrierte er merkwürdige Geräusche: Gurgeln, Plätschern, Glucksen. Die Geräusche kamen aus der Röhre vor ihm. Die Rattenfamilie verließ ihr Zuhause.

Auf Reisen. Schön war es da. Die bunten Punkte tanzten nun schneller. Härter konnte kaum noch etwas sehen. Sein Puls trommelte in seinen Schläfen. Er saß wieder im Cockpit des Hubschraubers im Anflug auf Augsburg. Was hatte der Pilot gesagt? *„Da sind aber viele Reisende gestrandet.“*

Номер 8. Da war die Verbindung! Der Blitz der Erkenntnis traf ihn völlig unvermittelt. Darauf hätte er schon früher kommen müssen. *Reisende.* Auf Russisch: *Puteschestwenniki.* Infiltrationseinheiten der Speznas-Verbände. Trainiert für verdeckte Einsätze im Ausland. Geschult in Sprache und Kultur eines Landes. Ausgebildet an den Waffen des Feindes. Eine körperliche und intellektuelle Elite. Das war lange her. Kalter Krieg. Diese Einheiten waren längst aufgelöst. Zumindest die Einheiten, die für einen Einsatz in Deutschland vorgesehen waren, existierten schon seit Jahren nicht mehr. Aber das wäre eine Erklärung. Die Gegner waren ehemalige Puteschestwenniki. Oder wurden zumindest von einem kommandiert.

Abermals versuchte Härter einzuatmen. Diesmal ging es etwas besser. Die Drehbewegungen der Röhre ließen nach. Sein Schwindel verging. Der nächste Atemzug ging nochmals leichter. Er bekam wieder Luft. Sauerstoff!

Puteschestwenniki. Das war ein Fall für Dr. Urs Röhli. Er musste seine Abteilung informieren. Möglicherweise konnte Röhli da etwas herausfinden.

Härters linker Arm war deutlich schwächer als der rechte. Er sah auf den Oberarm. Das Gewebe des Black-Hole-Systems und der darunterliegende Kampfoverall waren zerrissen. Aus einem hässlichen Riss sickerte Blut hervor. Diese Wunde war nicht weiter tragisch. Es sei denn, dass sie sich infizierte. Für Schmerzen hatte er jetzt keine Zeit.

Ein weiterer tiefer Atemzug. Luft war etwas Wundervolles!

Die merkwürdigen Geräusche wurden lauter. Schäumendes Rauschen. Eine tosende Wasserwand stürzte auf ihn zu. Er holte tief Luft und krallte sich seitlich in das Gemäuer der Röhre, um Halt zu finden. Ohne Effekt. Meter um Meter wurde er rückwärts gedrückt, bis er schließlich gegen die herabgefallenen Steine der Einsturzstelle prallte. Dort staute sich das Wasser, stieg an und füllte schnell die ganze Röhre.

Härter holte ein letztes Mal tief Luft.

Seit fünf Minuten hörte Iljuschin nun nichts mehr. Er setzte den Kopfhörer ab und zog sich kurz die Sturmhaube vom Kopf. Die Geiseln konnten in den Gefechtsstand ja nicht hineinsehen. Er strich sich die schweißnassen Haare aus der Stirn. Das war herrlich gewesen. Nur langsam ließ seine Erregung nach. Wer auch immer da versucht hatte, an sie heranzukommen, hatte eine gehörige Abreibung bekommen.

Er wandte sich über Funk an Blochin, der irgendwo im Zelt unterwegs war. „Vielen Dank, General, dass Sie mich geweckt haben. Ich weiß das zu schätzen. Und ich kann Ihnen melden, dass der Gegner einhundert Prozent Verluste erlitten hat."

„Ich habe zu danken, Polkownik Iljuschin. Gute Arbeit!", hörte er die Stimme seines Kommandeurs.

Neben einer Sinn-Spezialuhr trug der Kapitän einen Kompass am Unterarm. Alte Angewohnheit aus Kampfschwimmertagen. Die beiden Anzeigen fluoreszierten. Nördlich halten. Kurs Nordnordwest.

Wo kam das Wasser auf einmal her? War irgendein Reservoir leckgeschlagen? Oder hatte es einen Wolkenbruch gegeben, von dem ihnen niemand etwas gesagt hatte?

Mit kraftvollen Zügen tauchte er durch die Röhre. Immer wieder sah er auf die Uhr. Einhundert Meter. Zwei Minuten. Zusätzlich zählte er. 45 Züge.

Hier musste an der Decke ein Zufluss sein. Zu eng, um hindurchkriechen zu können und nach oben zu klettern. Aber hier konnte er Luft holen.

Er begann zu hyperventilieren, um sein Blut mit Sauerstoff anzureichern. Der nächste Abschnitt würde sehr viel länger sein. 225 Meter. Viereinhalb Minuten. Diesmal würde er mehr Luft brauchen.

Wassertretend zog er das Black-Hole-System aus und entledigte sich auch der Zentraleinheit an seinem Gürtel. Dann öffnete er die Klettverschlüsse der Schutzweste und zog sie seitlich unter dem Brustholster heraus. Funkgerät, Helm, weg damit! Kein unnötiger Ballast.

Härter holte noch mehrmals tief Luft, pumpte sich die Lungen bis zum Bersten voll, stieß sich dann mit beiden Beinen von der Seitenwand ab und glitt wie ein Raubfisch durch die eisige Schwärze des Wassers.

ACHTMAL hatte er unterwegs Luft holen können. Die Ruhepausen waren von Mal zu Mal länger geworden. Seine gemarterten Lungen schmerzten immer stärker. Der Abschnitt, den er jetzt hinter sich zu bringen hatte, war der längste. Seine linke, nach vorn ausgestreckte Hand stieß an ein Hindernis. Endlich. Da war das Scheißding ja. Die Rattensperre.

Mit der rechten Hand zog er das Messer, das er am Bein trug, aus der Scheide und trieb mit einem kräftigen Stoß die Klinge in den oberen Rand des Metallgitters, das ihm den Weg versperrte. Mit brachialer Gewalt zog er die Schneide durch das rostfreie Gewebe nach unten durch und drückte dann die Teile des durchschnittenen Gitters zur Seite.

Plötzlich war solch ein Gewusel um ihn herum, dass er Mühe hatte, die aufsteigende Welle der Panik zu unterdrücken. Ratten!

Härter rammte die Klinge des Messers ins Mauerwerk, um sich mit beiden Händen daran festzuklammern. Ratten in seinem Gesicht. An seinem Körper. Ratten überall. Ein Strom von Tieren in Todesangst ergoss sich durch das Fallrohr über ihn.

LUDWIG LOCHBIHLER, den die Obdachlosen unter der Reichenbachbrücke Wiggerl riefen, wachte auf. Irgendjemand schrie herum. War da wieder einer im Delirium? Er hob den Kopf von seinem Lager und sah sich um.

Meine Güte, was für ein Wetter! Sein Blick fand Pepe, der mit zum Himmel gereckten Armen schreiend am Ufer der Isar entlangrannte. Zu der Treppe, die zum Hochufer führte. Was war denn mit dem alten Pepe auf einmal los?

Ein Blitz zuckte über den nächtlichen Gewitterhimmel, und in diesem Moment sah Wiggerl das schwarze Bündel am Ufer liegen. Er erhob sich von seinem Lager und schlurfte zu diesem merkwürdigen Ding.

Ludwig Lochbihler war schwerst alkoholkrank, aber er hatte sich vor dem Schlafengehen eine ordentliche Ladung Doppelkorn verpasst. Deshalb war er momentan ruhig und ausgeglichen. Er bekam zwar einen Schreck, als er sah, was da am Ufer lag. Doch er dachte vor allem daran, ob und wie er aus diesem Fund Kapital schlagen konnte.

Nicht dass er die Uniform der Leiche erkannt hätte. Aber irgendwie roch das nach einer Prämie. Er bemerkte, dass der Tote, den Pepe hier entdeckt hatte, eine kugelsichere Weste trug. Mit Löchern drin, wie merkwürdig. Die verstümmelte Leiche mit diesem komischen Anzug, das war doch ein Bild für die Presse. Für so etwas bezahlten die Zeitungen bestimmt gut.

Natürlich nur wenn man sie anrief, noch bevor die Polizei anrückte. Er hatte keine Zeit zu verlieren. Er würde es gleich bei der größten Zeitung von allen probieren. Die Telefonnummer der Lokalredaktion stand auf jedem Zeitungskasten. Da waren doch bestimmt fünfhundert Euro drin.

Der Spuk verschwand so schnell, wie er gekommen war. Das Gewimmel um ihn herum endete abrupt. Zumindest einen Vorteil hatte das Ganze: Die Ratten hatten das Gitter so weit zur Seite gedrückt, dass er ohne Probleme hindurchschwimmen konnte.

Die Rattensperre war am tiefsten Punkt der Steig- und Fallleitung angebracht. Ab jetzt ging es aufwärts. Mit kräftigen Beinzügen stieß er sich immer weiter nach oben. Endlich brach sein Kopf durch die Wasseroberfläche. Luft! Der Druck in seinem Schädel ließ sofort nach, als er in tiefen Zügen atmete.

Noch immer konnte er die Hand nicht vor Augen sehen. Aber das Schlimmste lag hinter ihm. Ab jetzt ging es über Wasser weiter. Und weit war es auch nicht mehr. Er musste nur noch diesen Verbindungsdeckel in der Decke des Kanals wegbekommen. Danach folgte eine Röhre, die sich direkt unter der Straßendecke befand. Weiter bis zu dem Gullydeckel. Dann wäre er draußen.

Noch habt ihr mich nicht erwischt. Noch nicht.

AMELIE wachte beim ersten Läuten des Telefons auf. Sie hatte nur leicht geschlafen, nachdem sie zunächst lange wach gelegen hatte. Was war das für ein Tag gewesen! Mit großem Abstand der erfolgreichste Tag ihres bisherigen Berufslebens. Sie war mit zwei Artikeln in der Zeitung vertreten gewesen. In der regulären Morgenausgabe und in der Sonderausgabe am Abend. Mit Artikeln, die bundesweit erschienen waren. Auf Seite eins.

Sie hatte ihre Quelle geschützt. Dem Chefredakteur gegenüber hatte sie den Namen Hirschmoser nicht erwähnt. Der Mann gehörte ihr. Exklusiv. Sie hatte Hirschmoser den Redakteuren in Hamburg als „gut unterrichtete Quelle" verkauft. Der Chefredakteur hatte die Giftgas-Meldung anstandslos geschluckt. Er hatte ausschließlich die Höhe der Auflage im Kopf. Und was die Auflage anbetraf, hatte die abendliche Sonderausgabe alle Rekorde gebrochen.

Amelie nahm den Anruf entgegen. Der junge Praktikant, der in der Lokalredaktion Nachtschicht schob, redete wie ein Wasserfall. Wenn sie das alles richtig verstand, hatte ein Obdachloser in der Redaktion angerufen und behauptet, am Ufer der Isar liege eine Leiche. Ob das interessant für sie sei? Allerdings! Sie notierte sich den Namen des Mannes. Ludwig Lochbihler. Und den angeblichen Fundort. Reichenbachbrücke.

Danach bedankte sie sich und erklärte dem Praktikanten, dass sie sich sofort um die Sache kümmern werde. Sie legte auf und wählte sofort die Nummer des Fotografen, mit dem sie für gewöhnlich zusammenarbeitete.

MIT DER RECHTEN HAND hielt Härter in der Dunkelheit Kontakt zur Wand des Kanals. Gebückt trabte er in Richtung des Ausstiegs. Unter seinen Sohlen knirschten Hunderte Kakerlaken.

Nach 120 Metern stieß seine Hand an die stählernen Sprossen der Leiter, die in den Kanal führte, der direkt unter der Straßendecke lag.

Kurze Zeit später kam er unter dem Gullydeckel an, stellte sich breitbeinig hin und fasste das Gitter mit beiden Händen. Er konzentrierte sich, fokussierte alle Energie auf die Anstrengung, die vor ihm lag.

Mit einer scheinbar leichten Bewegung hob er den Gullydeckel an und schob ihn zur Seite. Er streckte vorsichtig, Zentimeter um Zentimeter, den Kopf aus der Kanalisation. Die Straßenbeleuchtung erschien ihm unglaublich hell. Wo war er hier?

Er sah kurz auf seinen Kompass. Orientierte sich. Zwei quaderförmige Häuser erhoben sich westlich und östlich von ihm. Kein Mensch weit und breit. Das war auf jeden Fall gut. Es hätte wohl ziemliches Aufsehen erregt, wenn ein offensichtlich bewaffneter Mann verwundet und verdreckt aus einem Gully stieg. Er musterte seine Umgebung genauer.

In der Nähe entdeckte er ein Wasserbecken, einen Springbrunnen. Aus nördlicher Richtung hörte er die rumpelnden Geräusche eines langsam fahrenden Zuges. Das musste reichen. Ein Ortskundiger würde aus dieser Beschreibung schließen können, wo er sich befand.

Er zog den Kopf wieder ein und setzte sich auf eine der Sprossen, die in die Wand des Kanals eingelassen waren. Dann öffnete er den Reißverschluss des triefend nassen Overalls, griff in eine der Innentaschen und förderte das wasserdichte und bruchfeste Etui seines Cryptophones zutage.

Er schaltete das Gerät ein und wartete auf ein Netz. Nach mehr als einer Minute zeigte das Telefon an, dass es sich in das konzerneigene Funknetz der Deutschen Bahn eingeloggt hatte. Alle anderen Netze waren durch den Störsender auf der Theresienwiese blockiert.

Die erste Nummer, die er aus dem Speicher aufrief, war die der Wiesn-Wache. Kroneder sollte ihn hier abholen lassen. Unauffällig. Und er sollte ihm einen Arzt besorgen, der seine Wunde behandeln konnte.

Kroneder reagierte prompt. Er versprach, unverzüglich einen Krankenwagen zur Außenstelle des Europäischen Patentamts zu schicken. Kroneder wusste nach Härters Beschreibung auch sofort, wohin genau: zu der Stelle, wo sich der Springbrunnen im Durchgang zur Hackerbrücke befand.

Dann rief Härter beim Chef des Stabes der Abteilung A&Ω an. Vorbereitungen mussten getroffen werden. Dr. Urs Röhli würde heute früh ab Zürich nach Kaliningrad fliegen. Ins Militärarchiv. Röhli brauchte möglichst schnell zwei informelle Termine. Einen bei dem alten Archivar Dr. Alexander Ivanov. Und einen bei Sergej Klarow, einem Oberst der russischen Miliz, der zuvor bei der Militärpolizei gewesen war.

5

Der Verteidigungsminister legte den Hörer des abhörsicheren Telefons zurück auf die Konsole. Dann sah er den Bundeskanzler an. „Poseidon lebt", sagte er triumphierend.

Ruckartig setzte sich der Regierungschef in seinem Sessel auf. „Wirklich? Ist das sicher?" Die Skepsis in seiner Stimme war nicht zu überhören.

„Ja. Hundertprozentig. Gerade hat mich sein Stabschef angerufen. Der Mann hat persönlich mit Poseidon telefoniert. Irrtum ausgeschlossen."

„Gott sei Dank!“, sagte der Kanzler mit einem erleichterten Seufzen. „Und? Wo ist Poseidon? Was hat er vor? Hat er neue Erkenntnisse?“

„Tut mir leid, Herr Bundeskanzler. Aber darüber hat sein Stabschef nichts gesagt.“

Die Tür wurde geöffnet, und der Finanzminister trat herein, einen Pilotenkoffer voller Akten in der rechten Hand. Jetzt sollten die weiteren Schritte, die Refinanzierung und Beschaffung der Diamanten betreffend, besprochen werden.

So ein gerissenes Luder! Ludwig Lochbihler hätte sich in den Hintern beißen können. Dieses grünäugige Biest hatte ihn nach allen Regeln der Kunst abgekocht. Die junge Lady war aber auch wirklich unglaublich attraktiv.

Er war hin und weg gewesen, als dieses göttliche Geschöpf ihn mit einem überwältigenden Lächeln begrüßt hatte. Dann hatte sie ihm eine randvolle Flasche Jack Daniel’s in die Hand gedrückt. „Ich habe Ihnen was mitgebracht“, hatte die Lady gesagt.

„Vielen Dank“, hatte er nur herausgebracht, als sie ihm den Whiskey gegeben hatte.

„Ich habe zu danken, dass Sie uns angerufen haben, Herr Lochbihler“, hatte die Lady gesagt. Sie hatte ihn mit einem weiteren Lächeln beschenkt und in beiläufigem Ton gefragt, wo denn die angebliche Leiche liegen würde.

„Was heißt hier ‚angebliche Leiche‘?“, hatte er aufgebracht zurückgefragt. „Ich erzähle Ihnen doch keinen Mist. Ich bin ein Ehrenmann.“

Dann hatte er die Lady am Arm genommen und war mit ihr zu der Treppe gegangen, die zum Kiesbett hinunterführte. Dort hatte er ihr die Leiche gezeigt. Ohne vorher sein Geld verlangt zu haben. Verdammt, verdammt, verdammt! Was war er doch für ein Idiot.

Jetzt saß er wieder auf seinem Lager unter der Brücke und beruhigte seine Brüder, die allesamt aufgewacht waren, als das Blitzlichtgewitter losgegangen war. Und jetzt kamen auch noch die Bullen. Er konnte den zuckenden Schein der Blaulichter am Hochufer schon sehen. Mit der Nachtruhe war es erst mal vorbei. Die würden ihn mit Fragen bombardieren. Dabei wusste er doch gar nichts. Immerhin: Seinen Jack Daniel’s hatte er verstecken können. Wenigstens etwas.

Sie erkannte das Signet auf der Uniform des Mannes sofort. GSG 9. Noch vom Ufer der Isar aus rief sie in Hamburg an.

Der Chefredakteur ließ die Druckstraßen anhalten. Der äußere Bogen wurde geändert. Die Fotos des toten GSG-9-Beamten lösten einen Sturm der Begeisterung bis hoch in die Konzernleitung aus. Zumal sie die Aufnahmen exklusiv hatten. Allein der weltweite Verkauf der Druck- und Senderechte brächte Millionen. Niemand sonst hatte auch nur annähernd vergleichbares Bildmaterial. Aber auch Amelie hatte mit ihrer Schlagzeile wieder Punkte gesammelt.

DESASTER AUF DEM OKTOBERFEST, verkündete die erste Seite. Und darunter, in gigantischen Lettern: GSG 9 VERNICHTET?

Die Auflage der Morgenausgabe ging durch die Decke.

DIE STIMMUNG im Krisenzentrum war miserabel. Die Nerven lagen blank. Und ausgerechnet jetzt musste ihnen auch noch diese Sache mit dem Foto passieren. Sie überlegten schon seit Stunden, wie sie der Welt erklären sollten, dass 2248 Geiseln, 68 Bereitschaftspolizisten, 15 Sanitäter, drei Notärzte, ein SEK-Beamter und zwanzig Männer der GSG 9 tot waren. Dabei waren sie immer wieder auf ein und dasselbe Problem gestoßen: Das war eigentlich nicht zu erklären. Egal was man in die Pressemitteilung geschrieben hätte. Egal was der Regierungssprecher gesagt hätte. Immer hätten sie dagestanden wie inkompetente Idioten.

Doch dann kam der Oberbürgermeister auf die Idee mit dem Kardinal.

Dr. Roland Frühe erkannte sofort, dass das eine ausgezeichnete Idee war. Der Erzbischof von München und Freising, Wilhelm Kardinal Donner, sollte die Nachricht verkünden. Geburt, Kommunion, Eheschließung und eben auch der Tod waren ja schließlich seine Fachgebiete.

Frühe rief umgehend den Bundeskanzler an. Dieser verstand augenblicklich. Bereits Minuten später rief der Regierungschef ihn zurück. Der Kardinal sei einverstanden. Er habe dem Bundeskanzler gesagt, dass sein Glaube es ihm gebiete, sich „dieser schweren Aufgabe zu stellen".

Die Fernsehsender wurden informiert, dass es um acht Uhr eine Live-Übertragung aus dem erzbischöflichen Amtssitz geben würde. Alle Sender ließen daraufhin Laufschriften auf den Bildschirmen erscheinen. Und nicht nur die deutschen Sender reagierten prompt. Auch das gesamte Auslandsfernsehen war mit dabei. Milliarden Menschen in aller Welt saßen mit gespannter Erwartung vor den Fernsehschirmen.

Und Wilhelm Kardinal Donner löste die Aufgabe bravourös. In seiner scharlachroten Robe trat er vor die Kamera. Die Übertragung dauerte insgesamt zehn Minuten. Der Kardinal sprach von einem „Tag der Trauer und des Verlustes, nicht nur für München und für Deutschland, sondern für die ganze

Welt“ und von einem „ungeheuerlichen, feigen Verbrechen“. Er redete von dem „unfassbaren Leid der Familien und Freunde der Toten“, von dem „tief empfundenen Mitgefühl jedes anständigen Menschen“.

Am Ende seiner Ansprache erklärte er, dass alle Kirchen des Landes ab sofort 24 Stunden am Tag geöffnet seien. Dann betete er ein Vaterunser und sprach einen bischöflichen Segen. Damit endete die Übertragung.

BLOCHIN musterte den Mann aus der Ferne mit verstohlenen Blicken. Er war sich beinahe sicher, dass er endlich gefunden hatte, was er suchte. Es passte alles: das kurze Haar, die breiten Schultern, die knappen Gesten.

Um sicherzugehen, würde er den Mann mit einem Richtmikrofon von einem der Balkone aus belauschen lassen. Wenn er sich nicht täuschte, dann stünde Phase zwei nichts mehr im Wege. Phase zwei war für den nächsten Spätnachmittag vorgesehen.

Zürich, 8.15 Uhr

DER START würde sich wegen eines verspäteten Anschlussfluges verzögern. Man warte noch auf Passagiere, hieß es über die Bordlautsprecher. Tatsächlich kam nur noch ein einziger weiterer Fluggast an Bord.

Ein Mann jenseits der fünfzig betrat das Flugzeug und verschwand mit wenigen schlurfenden Schritten sofort hinter dem Vorhang zur ersten Klasse. Um seine schmalen Schultern schlotterte ein unförmiges Jackett, das sehr schlecht saß. Offenbar trug der Fluggast in der rechten Tasche des Sakkos etwas Schweres, denn das Jackett hing rechts herunter. Obwohl der Fluggast den Kopf gesenkt hielt, konnte man sehen, dass er eine altmodische Brille aus schwarzem Horn auf der Nase trug. Das Einzige, was nicht recht ins Bild passen wollte, war der glänzende schwarze Koffer, den der Mann bei sich hatte.

Nachdem eine Stewardess den Koffer unter seinen strengen Blicken im Gepäckfach verstaut hatte, ließ er sich langsam in seinem Erste-Klasse-Sitz nieder. Dann bestellte er bei der Stewardess ein umfangreiches Frühstück. Er sprach ein schleppendes Schweizerdeutsch.

Jetzt lagen dreieinhalb Stunden Flug vor Dr. Urs Röhli. Er hatte die Morgenmaschine nach Moskau gerade noch erwischt.

ALS DAS GEWITTER LOSBRACH, kam es im Bärenbräu-Zelt zu einer brenzligen Situation. Infolge des ersten Donnerschlags hatten mehrere Menschen gleichzeitig zu schreien begonnen. Kreischen wurde im Zelt laut. Panik lag in der Luft. Aber das war auch nur zu verständlich.

Werner Vogel erschrak selbst fürchterlich. Der Donner kam so unvermittelt und heftig, dass er zuerst an eine Explosion dachte. Seitdem war sein Nervenkostüm ziemlich strapaziert. Was war hier eigentlich los? Wieso dauerte das so lange?

Er hatte kaum geschlafen und fühlte sich erbärmlich. Er beschloss zu fragen, ob er sich auf einem der Betten hinlegen dürfe. Sich mal ausstrecken. Das würde jetzt guttun.

Wie es Amelie wohl ging? Wenn da draußen tatsächlich irgendetwas Schlimmes geschah, und das nahm er mittlerweile an, dann hatte sie sicher viel zu tun. Ob sie an ihn dachte? Bestimmt.

Er fragte einen der Polizisten nach einem freien Bett. Der Beamte nickte und sagte, dass er die nächsten sechs Stunden schlafen könne, wenn er wolle. Das waren gute Nachrichten. Trotzdem, was für eine verrückte Situation. Werner Vogel schüttelte den Kopf. Er würde sich jetzt schlafen legen. Am helllichten Tag.

12.30 Uhr

STEFAN MEIER freute sich. Der Mann hatte geantwortet. Was ist das Internet doch für eine dolle Sache, dachte er. Es war bereits zwei Uhr morgens gewesen, als er das Bild endlich gefunden hatte. Auf der Homepage eines Japaners, der in Hiroshima wohnte und momentan Urlaub in Europa machte.

Haruki Sato hatte am Sonntagabend genau um sechs Uhr seine Ehefrau vor dem Benediktiner-Zelt fotografiert. Vor ihrer Brust hing ein großes Lebkuchenherz. Ein kleines Kind auf dem Arm, lächelte die Japanerin in die Kamera. Ein sehr freundliches Lächeln, wie Meierinho fand.

Rechts neben der Frau sah man im Hintergrund den Haupteingang des Benediktiner-Zeltes. Und wiederum rechts neben dem Eingang konnte man einen Polizisten erkennen, der gerade mit einer Bedienung sprach. Leider war das Bild im Internet so stark komprimiert, dass man das Gesicht des Polizisten nicht vergrößern konnte. Zu geringe Auflösung.

Meier setzte daraufhin einen kurzen Text auf und klingelte einen befreundeten japanischen Kollegen aus dem Bett. Er erklärte ihm sein Anliegen in groben Umrissen und betonte immer wieder, dass es sehr wichtig sei. Nach einer halben Stunde bekam er eine E-Mail mit einer Übersetzung seines Textes ins Japanische. Diese Übersetzung kopierte er in eine E-Mail an Haruki Sato.

Und soeben hatte er von diesem eine Antwort bekommen. Als Anhang hatte Sato drei Bilder in hoher Auflösung mitgeschickt.

Auf der Ausschnittsvergrößerung konnte man das Gesicht des Polizisten recht gut erkennen. Ein durchschnittliches Gesicht, wie Meierinho fand.

Die Fotodatei schickte er per E-Mail an Müller. Dieser antwortete äußerst knapp. Fünf Wörter und ein Buchstabe: „Danke. Sehr hilfreich. Gute Arbeit. M."

WOLFGANG HÄRTER lag auf dem Bett in seinem Hotelzimmer. Er hatte wieder nur drei Stunden geschlafen. Er brauchte mehr Ruhe. In erschöpftem Zustand stieg die Wahrscheinlichkeit, dass er einen Fehler machte, sprunghaft an. Damit war niemandem geholfen.

Seine linke Schulter steckte in einem Kompressionsverband. Die Wunde am Arm war vom Arzt ausgewaschen, desinfiziert und getackert worden.

Er lag auf der Seite, den Kopf auf die rechte Hand gestützt. Neben ihm auf der Matratze stand ein Apple Powerbook. Die Fotos, die Stefan Meier ihm geschickt hatte, hatte er bereits an seinen Stab weitergeleitet. Die Bilder waren ein echter Fortschritt. Die erste verwertbare Spur, die sie hatten.

Sein Cryptophone meldete sich. Er sah auf das Display. Die Kennung des Bundeskanzlers. Er war schlagartig hellwach und konzentriert. Er drückte erst auf den grünen Knopf, um das Gespräch anzunehmen. Dann tippte er seine Authentifizierung ein, um die Ver- und Entschlüsselung zu aktivieren.

„Guten Tag, Herr Bundeskanzler. Hier spricht Poseidon. Ich hoffe, es geht Ihnen gut."

„Guten Tag, Poseidon. Nein, gut geht es mir nicht. Aber ich will Sie nicht langweilen. Vielmehr möchte ich Sie um einen Rat bitten. Ich habe einen Bericht des Münchner Polizeipräsidenten erhalten. Darin wird die Sicherheitslage in München beschrieben. Die Polizisten sind nervlich extrem angespannt. Nicht nur in den Bierzelten kann jederzeit eine Panik ausbrechen. Auch im Stadtgebiet ist die Sicherheitslage problematisch. Die Menschen in München verlieren den Kopf vor Angst." Der Bundeskanzler zögerte kurz. „Ich möchte jetzt zumindest die Option haben, die Bundeswehr einsetzen zu können. Ich habe vor, noch heute Nachmittag den Bundestag einzuberufen und einen Antrag auf Feststellung des Spannungsfalles nach Artikel 80a des Grundgesetzes zu stellen."

„Das halte ich für eine sinnvolle Maßnahme", entgegnete der Kapitän. „Wenn der Spannungsfall durch den Bundestag festgestellt ist, haben die eingesetzten Truppen eine Legitimation."

„Genau darum geht es, Poseidon. Welche Einheiten kommen denn Ihrer Einschätzung nach für eine Mobilisierung infrage?"

„Die Panzergrenadiere aus Mellrichstadt wären eine gute Idee. Eine hervorragend geführte Einheit. Außerdem kommen die aus Bayern. Landeskinder. Das kommt bei der Bevölkerung gut an. Dazu das Feldjägerbataillon 451. Eine Kompanie der KSK wäre eine sinnvolle Ergänzung und Verstärkung." Härter stockte kurz. „Wenn die Bundeswehr in München einrückt, brauchen Sie einen Stadtkommandanten. Mit dieser Person steht und fällt die ganze Operation. Denn der Stadtkommandant muss einerseits ein guter Offizier sein, andererseits muss er aber auch mit der Münchner Bevölkerung klarkommen. Ich schlage dafür Brigadegeneral Moisadl vor, den Kommandeur der …"

„*Wie* heißt der Mann?", unterbrach ihn der Bundeskanzler.

„Moisadl. Er ist der Kommandeur der Gebirgsjägerbrigade 23. Standort Bad Reichenhall. Er hat 1976 bei den Olympischen Winterspielen in Innsbruck eine Goldmedaille im Biathlon gewonnen. Ein Volksheld. Was für uns aber wichtiger ist: General Moisadl ist ein überaus besonnener und verantwortungsvoller Offizier. Er hat seine Truppe hervorragend in Schuss. Und er ist ein Bayer, wie er im Buche steht. Ich schlage deshalb vor, ihn und seine Gebirgsjäger in München einrücken zu lassen."

„Vielen Dank für Ihren Rat, Poseidon. Ich werde mir das durch den Kopf gehen lassen."

Kaliningrad, 17.46 Uhr Ortszeit

DR. URS RÖHLI ging langsam durch die Halle des Flughafens Chrabrowo, wo er nach einem dreistündigen Zwischenstopp in Moskau soeben angekommen war. Seinen Koffer zog er auf Rollen hinter sich her. Er verließ den Flughafen und nahm ein Taxi zu einem Hotel im Zentrum. Dort war er bereits bekannt. Röhli hatte schon öfter in Kaliningrad zu tun gehabt.

DR. ALEXANDER IVANOV, seines Zeichens Archivar im Militärarchiv von Kaliningrad, hatte gute Laune. Urs Röhli hatte seinen Besuch angekündigt. Das war für den 63-jährigen Archivar immer ein Grund zur Freude. Lange Zeit hatte er überhaupt keine ausländischen Wissenschaftler zu Gesicht bekommen. Erst seit 1992, als die ganze Region zur Freihandelszone Jantar erklärt und für den internationalen Reiseverkehr geöffnet worden war, konnte er sich mit Kollegen austauschen. Und Dr. Urs Röhli vom renommierten Zürcher Institut für militärische Zeitgeschichte und strategische Studien war ein besonders interessanter Kollege. Nicht zuletzt der Fürsprache von Ivanov war es zu verdanken, dass Röhli mittlerweile über ein Dauervisum für Reisen nach Russland verfügte.

Bis 1991 war Kaliningrad militärisches Sperrgebiet gewesen. Und noch immer war dies eine waffenstarrende Gegend. Sechs Divisionen der russischen Armee waren im Gebiet um Kaliningrad stationiert. Hier befand sich ein Hauptquartier der Speznas-Verbände. Es gab sechs Militärflughäfen. Und der Hafen von Baltijsk war der Heimathafen der baltischen Flotte.

Nach der Öffnung der russischen Grenze war Ivanovs Archiv zu einem Treffpunkt für Wissenschaftler aus aller Welt geworden. Seine Dokumentensammlung reichte bis weit in die Epoche von Preußens Glanz und Gloria zurück. Seine Kataloge waren hervorragend geführt.

Vor drei Jahren hatte hier in Kaliningrad ein großer Fachkongress internationaler Militärhistoriker stattgefunden. Da hatte Ivanov Röhli kennen gelernt. Ein feiner Mann. Sehr belesen. Röhli hatte ihn in den letzten drei Jahren regelmäßig besucht. Er beschäftigte sich hauptsächlich mit dem Kalten Krieg, manchmal allerdings auch mit aktuellen Themen. Ein halbes Jahr nach dem 11. September hatte er einen sehr guten Aufsatz über den Krieg gegen den Terrorismus geschrieben.

Und Dr. Röhli hatte noch eine weitere gewinnende Eigenschaft. Er ließ bei jedem seiner Besuche ein ansehnliches Bündel Schweizer Franken liegen.

„Ich bin diesmal auf der Suche nach Unterlagen über eine Einheit der Speznas-Verbände, mindestens zwanzig Jahre zurück", begann Dr. Urs Röhli das Gespräch, nachdem sie sich herzlich begrüßt hatten.

„Da habe ich sehr viel. Wissen Sie genau, welche Einheit Sie suchen? Natürlich können Sie auch einfach ein bisschen stöbern."

Röhli wusste es ganz genau. Er war auf der Suche nach Reisenden. Puteschestwenniki.

18.57 Uhr

78 Prozent der Abgeordneten des Deutschen Bundestages stimmten für die Feststellung des Spannungsfalles. Kurze Zeit später verkündete der Bundespräsident den Beschluss nach Artikel 80a des Grundgesetzes, der somit rechtskräftig war.

Brigadegeneral Xaver Moisadl ließ fünf Bataillone der Gebirgsjägerbrigade 23 feldmarschmäßig antreten. Scharfe Munition wurde ausgegeben. Der General hielt eine kurze Ansprache, die in alle betroffenen Standorte übertragen wurde. Dann ließ er die Männer in Bad Reichenhall, Bischofswiesen, Brannenburg und Mittenwald aufsitzen. Aus Mellrichstadt setzte sich zusätzlich das Panzergrenadierbataillon 352 in Marsch. In Calw brach eine Kompanie des Kommandos Spezialkräfte auf.

Feldjäger sperrten die Autobahnen ab. Die Lastwagen, Schützenpanzer und Vollkettenfahrzeuge bildeten lange Konvois. An allen Fahrzeugen flatterten große Fahnen im Fahrtwind: die weiß-blauen Rauten des Freistaates Bayern auf der einen Seite und das schwarz-gelbe Stadtwappen mit dem Münchner Kindl auf der anderen. Die Operation „Schäfflertanz" war angelaufen. General Moisadl selbst hatte den Namen ausgewählt.

Knapp 7000 Soldaten in voller Kampfmontur rollten auf München zu. Keine Übung. Ernstfall.

Dr. Roland Frühe war außer sich. Er telefonierte mit dem Innenminister und schließlich sogar mit dem Bundeskanzler persönlich. Aber er biss auf Granit. Das war doch nicht zu fassen! Jetzt ließen die Idioten in Berlin doch tatsächlich das Militär aufmarschieren. Damit vergrößerten sie nicht gerade ihre Chancen, Verhandlungen aufzunehmen und vielleicht die Freilassung einiger Geiseln zu erreichen.

Er musste etwas tun. Und zwar schnell. Bevor hier diese Uniform-Fuzzis das Kommando übernahmen. Er erhob sich aus seinem Sessel, ging zur Tür und nahm den Mantel vom Haken.

„Wo wollen Sie hin?", fragte ihn der bayerische Innenminister.

„Ich fahre zur Theresienwiese. Ich werde versuchen, persönlich Verhandlungen mit den Tätern aufzunehmen. Ich werde mich vor dieses vermaledeite Zelt stellen und mit denen reden. Ich bin mir sicher, dass ich eine Antwort erhalte."

Kaliningrad, 20.30 Uhr Ortszeit

„Das ist ja merkwürdig. Ich war mir vollkommen sicher, dass ich Unterlagen aus dieser Zeit über die Puteschestwenniki habe." Alexander Ivanov blickte verwirrt auf das leere Hängeregister in der Schublade, die aus dem Stahlschrank ragte. Urs Röhli hatte Recht. Die Unterlagen über die Ausbildung der Puteschestwenniki, die für einen Einsatz in Deutschland vorgesehen waren, fehlten. Zwischen den Jahren 1967 und 1984 klaffte ein Loch. Nicht eine einzige Akte war vorhanden.

„Das ist mir jetzt aber peinlich", sagte Ivanov mit verlegener Stimme. „Sie haben wirklich Pech, Herr Kollege." Er sah Röhli mitleidig an. „Der alte Professor Stern wäre Ihr Mann gewesen. Aber leider …"

Röhli unterbrach ihn. „Wer ist das?"

„Die richtige Frage müsste leider lauten: Wer war das?“ Die Konzentration war in Ivanovs faltigem Gesicht zu lesen. Dann sprudelten die Daten aus seinem Gedächtnis nur so hervor. „Professor Samuel Stern. Geboren 1910. In Dresden, glaube ich. Ein sehr vornehmer und gebildeter Mann. Doch für die Nationalsozialisten in Deutschland war er nur ein Jude. 1943 wurde er mitsamt seiner Frau und seinen beiden kleinen Kindern deportiert. Auschwitz. Seine Frau und seine Kinder wurden dort ermordet. Er selbst wurde 1945 von der Roten Armee befreit. Professor Stern wurde damals schwer verwundet. Hat ein Bein verloren.“ Ivanov stockte. „Später wurde er zu einem der treibenden Männer hinter dem Puteschestwenniki-Programm. Hat bis 1989 Operateure für den verdeckten Einsatz in Deutschland ausgebildet. Hat sie die deutsche Sprache gelehrt. Hat mit den Männern sogar Gedichte und Sprichwörter studiert. Sein ganzes Wissen über Deutschland hat er in den Dienst der Speznas-Einheiten gestellt.“

Röhli nickte. „Ich habe Sie vorhin unterbrochen. Der Professor wäre mein Mann gewesen. Aber leider …“ Er hob fragend seine Stimme.

„Das ist schon wieder so eine unfassbare Geschichte. Der alte Professor Stern ist vor einem halben Jahr ermordet worden. Im biblischen Alter von 94 Jahren wurde ihm von jemandem die Kehle durchgeschnitten. Unglaublich, oder? Wer tut denn so was?“ Der Archivar schüttelte den Kopf.

Jemand, der gute Gründe hat, das Wissen eines ganzen Menschenlebens auszulöschen, wäre es Röhli beinahe entfahren. Stattdessen schüttelte er ebenfalls den Kopf. „Ja, wirklich, unglaublich.“

Ivanov hob den Blick und sah seinen Besucher an. „Da fällt mir etwas ein. Die Miliz hat mir den Nachlass von Professor Stern übergeben. Ich habe das Material hier. Seine gesamte Bibliothek. Wenn Sie das interessieren würde?“

„Meinen Sie, Sie können mir die Unterlagen von 1967 bis 1988 heraussuchen?“

Auf dem Weg zur Theresienwiese hatte Dr. Roland Frühe erkannt, dass seine Entscheidung die einzig richtige gewesen war. Er hatte mit seiner Wagenkolonne bereits militärische Kontrollpunkte passieren müssen. Hier lief etwas gewaltig schief. Deeskalation sah anders aus.

Deshalb war er während der letzten fünfzehn Minuten immer ärgerlicher geworden. Diese Schießbudenfigur von einem Polizisten hier wollte ihm sein Vorhaben, mit den Tätern zu verhandeln, ausreden. Vielleicht stimmte die Einschätzung doch nicht, dass es sich bei diesem Kroneder um den richtigen Mann am richtigen Ort handelte.

„Die Täter verfolgen mit Sicherheit die Berichterstattung in den Medien. Deshalb wissen sie auch, wer ich bin. Ihre Bedenken sind ungerechtfertigt. Die Täter werden bestimmt nicht auf mich schießen. Doch nicht auf den Verhandlungsführer der Bundesregierung! Also geben Sie mir jetzt ein Megafon!"

„Bedenken Sie, Herr Staatssekretär, dass Ihre Stimme, wenn sie durch ein Megafon verstärkt wird, auch in anderen Zelten zu hören ist. Sie riskieren mit Ihrem Vorgehen eine Panik. Bitte überlegen Sie sich das noch einmal! Und wenn Sie schon gehen, dann tragen Sie bitte wenigstens eine Schutzweste." Kroneders Stimme klang flehend.

„Schutzweste? Auf keinen Fall! Ich möchte ja ein Vertrauensverhältnis aufbauen. Eine Schutzweste wäre da das falsche Signal. Ich werde um ein Gespräch bitten. Die Täter werden mich nach kurzer Zeit ins Zelt lassen. Wir müssen Verbindung mit den Tätern aufnehmen. Das ist das Wichtigste. Also geben Sie mir jetzt endlich ein Megafon! Das ist ein Befehl!"

Kroneder seufzte. „Sie sollen Ihren Willen haben", sagte er dann resigniert und ließ sich von einem Beamten ein Megafon bringen, das er Roland Frühe reichte. Der Staatssekretär riss ihm die Flüstertüte aus der Hand und verließ ohne einen Gruß selbstsicheren Schrittes die Wiesn-Wache.

Brigadegeneral Xaver Moisadl war 1,79 Meter groß und drahtig. Seinen ansonsten kahlen Schädel zierte am Hinterkopf ein kurz geschorener grauer Haarkranz. Sein Gang war federnd. Obwohl Moisadl über fünfzig Jahre alt war, wirkte er außerordentlich vital.

„Willkommen bei der Gebirgsjägerbrigade 23, Herr Ministerpräsident", sagte er, als er sein mit einer Wagenkolonne herbeigeeiltes Gegenüber im Münchner Rathaus begrüßte. „Was kann ich für Sie tun?"

„Grüß Gott, Herr Moisadl. Ich wollte mit Ihnen noch mal über Ihre Wahl bezüglich Ihres Hauptquartiers sprechen. Ich hielte es für besser, wenn Sie Ihre Kommandozentrale in die Bayerische Staatskanzlei verlegen würden. Dort laufen alle Fäden zusammen. Dort könnten Sie viel besser arbeiten", sagte der Ministerpräsident in beherrschtem Ton.

Das könnte dir so passen, dachte sich Moisadl. Du willst mir doch nur auf die Finger schauen, Sportsfreund. „Vielen Dank für das Angebot, Herr Ministerpräsident, doch ich habe mir den Ort für meine Kommandozentrale sehr sorgfältig ausgewählt. Ich muss die Bürger dieser Stadt emotional erreichen. Dafür ist das Rathaus nun mal besser geeignet."

„Was soll das denn für einen Unterschied machen? Die Staatskanzlei ist da genauso gut wie das Rathaus."

„Ich kann doch nicht aus einem seelenlosen, protzigen Glaskasten heraus versuchen, die Menschen zu gewinnen!“ Die Stimme des Generals hatte plötzlich eine ätzende Schärfe bekommen. Moisadl schüttelte den Kopf. „Nein, mein Platz ist hier. Hier, wo im Jahre 1517 die Schäffler getanzt haben und dadurch den Bürgern dieser Stadt nach der schweren Pestilenz wieder neuen Lebensmut geschenkt haben. Habe die Ehre!“

ILJUSCHIN durchquerte mit schnellen Schritten das Zelt. Als er die Treppe zum Balkon an der Vorderseite hinaufstieg, nahm er zwei Stufen auf einmal. Einer der Scharfschützen, die dort in Stellung lagen, hatte ihn über Funk gerufen. Vor dem Zelt stand ein Mann und rief irgendetwas in ein Megafon.

Iljuschin erreichte die Stellung des Scharfschützen. Jetzt konnte er die Worte verstehen, die blechern aus dem Lautsprecher vor dem Zelt drangen. Die verstärkte Stimme bat darum, ins Zelt kommen zu dürfen, um zu verhandeln.

Der Nahkampfspezialist schüttelte den Kopf. „Was ist das denn für ein Komiker?“, fragte er mehr sich selbst als den Scharfschützen, der auf ein fest montiertes Fernglas deutete. Dieses Fernglas ermöglichte es den Scharfschützen, den gesamten Vorplatz des Zeltes im Blick zu behalten. Für die Okulare waren kleine Aussparungen in den Spanplatten der Vorderfront angebracht. Iljuschin bückte sich und sah hindurch. Zwischen zwei überdimensionalen Bierfässern, die als Dekoration für den Eingang zum Biergarten dienten, stand ein hochgewachsener Mann in einem Maßanzug.

Iljuschin erkannte ihn sofort. Der war bereits mehrfach im Fernsehen aufgetaucht. Das war der Beauftragte der Bundesregierung. Mühe oder Kühe oder so. Und dieser Hampelmann stand jetzt vor dem Zelt und machte Lärm. Ohne erkennbare Eigensicherung. Was für ein Trottel.

Wenn ein Vertreter des Gegners unbewaffnet zum Feind geht, dann eigentlich nur, um die Bedingungen für die Kapitulation zu verhandeln. Aber es gab nichts zu verhandeln. Das hatten die da draußen wohl immer noch nicht begriffen.

Iljuschin bekam spontan gute Laune. Zeit für ein weiteres Exempel. Er öffnete eine der Schießscharten, die für die Verteidigung im Fall eines frontalen Angriffs in die Vorderfront des Zeltes gesägt worden waren, und sah den Scharfschützen an. „Das Verhalten dieses Mannes könnte die gesamte Situation destabilisieren.“ Iljuschin deutete auf das Scharfschützengewehr mit aufmontiertem Schalldämpfer, das auf einem Zweibein vor ihnen stand. „Darf ich?“, fragte er mit übertriebener Freundlichkeit.

Der Scharfschütze nickte. „Selbstverständlich, Polkownik!“

Kaliningrad, 21.15 Uhr Ortszeit

DR. URS RÖHLI wusste nun, dass ihm eine langwierige Suche bevorstand. Wahrscheinlich würde er morgen weitersuchen müssen. Am morgigen Tag sollte es dann auch noch zu dem Treffen mit Oberst Klarow von der russischen Miliz kommen.

Er wandte sich wieder den Unterlagen zu. Enttäuscht sah er auf das Fotoalbum, das aufgeschlagen vor ihm lag. Da war jemand auf der Hut gewesen. Aus den Fotoalben des alten Professors hatte jemand vor nicht allzu langer Zeit eine große Anzahl von Bildern entfernt. Die hellen, ausgerissenen Stellen waren unmissverständliche Indizien.

Gemeinsam mit Dr. Ivanov saß Röhli an einem großen Schreibtisch zwischen Stapeln von Aktenordnern. Während er sich den privaten Nachlass vorgenommen hatte, hatte der russische Archivar in militärischen Akten gewühlt. Immer wieder hörte er seinen Kollegen vor sich hin brummeln.

Plötzlich stieß Ivanov einen lauten Ruf aus. „Ha! Schauen Sie mal. Ich glaube, damit könnte man etwas anfangen. Ich werde Ihnen gleich eine Kopie davon machen."

Röhli war mit wenigen Schritten bei ihm. Ivanov hielt ihm einen Durchschlag unter die Nase. Das Papier war vergilbt.

„Das ist eine Liste von einer medizinischen Routineuntersuchung aus dem Jahr 1979. Belastungs-EKG, Blutzuckerwerte und solche Sachen." Der Finger des alten Archivars glitt über das Papier und blieb an einer Zeile mit dem Titel „Einheit" hängen, die sich am oberen Rand des Formulars befand. Dahinter war mit Schreibmaschine eingetragen: PUTESCHESTWENNIKI.

Darunter eine tabellarische Namensliste. 65 Namen.

„Sind das einige der Puteschestwenniki, die in Deutschland eingesetzt werden sollten?", fragte Röhli.

„Ohne Zweifel, ja. Hier steht der Name des Sonderausbilders der Männer an der Militärakademie. Sehen Sie: Prof. Dr. Samuel Stern."

ILJUSCHIN hob das Heckler & Koch PSG-1 mit einem Arm vom Boden empor, als handelte es sich um ein Spielzeug aus Balsaholz. Nachdem er sich vergewissert hatte, dass sich eine Patrone in der Kammer befand, brachte er die Waffe stehend-freihändig in Anschlag.

Er sah durch die Zieloptik. Lächerliche Entfernung für ein solches Gewehr. Nicht einmal einhundert Meter. Langsam senkte er das Visier der Waffe von oben ins Ziel. Sein rechter Zeigefinger suchte den Druckpunkt des Abzugs. Schließlich befand sich die Nasenwurzel seines Ziels genau in der Mitte des

Fadenkreuzes. Mit einer geschmeidigen Bewegung zog Iljuschin den Abzug durch. Der Schuss war kaum lauter als das Öffnen einer Sektflasche.

Dr. Roland Frühe wurde mitten in die Stirn getroffen. Das Megafon flog in hohem Bogen durch die Luft. Der Staatssekretär fiel nach hinten, und ein Schwall Blut ergoss sich auf den Asphalt. In seinen Zügen war noch immer Erstaunen zu lesen.

Iljuschin ließ das Gewehr sinken. „Man kann so viele umbringen, wie man will." Er schüttelte langsam den Kopf, während er mit sich selbst sprach. „Die Schwachköpfe sterben einfach nicht aus."

AMELIE saß in ihrem Wohnzimmer auf dem Sofa. Der Aufmarsch des Militärs hatte ihre gute Laune abrupt beendet. Überall Waffen. Die Angst um Werner war zurückgekehrt.

Im Fernsehen lief CNN. Der Ton war abgeschaltet. Seit die Bundeswehr die Theresienwiese abgeriegelt hatte, gab es keine Live-Bilder vom Ort des Geschehens mehr. Dafür zeigten die Nachrichtensendungen jetzt Aufnahmen von den Straßensperren und Kontrollposten. Auch die beflaggte Fassade des Rathauses war ein beliebtes Motiv. Eine etwa zehnminütige Ansprache des Stadtkommandanten von München wurde in regelmäßigen Abständen wiederholt. Sie begann mit dem berühmten Zitat des Grafen von der Schulenburg-Kenert aus dem Jahre 1806: „Ruhe ist die erste Bürgerpflicht."

Amelie sah aus dem Fenster in den niedrigen Himmel, der sich dunkel und bedrohlich über München erstreckte. Schon auf dem Weg in ihre Wohnung war ihr die merkwürdig ruhige Stimmung in der Stadt aufgefallen. Bleiern lastete die Angst auf der Isarmetropole.

Sie wandte ihren Kopf wieder dem Bildschirm zu. Ihr Atem stockte. Ein rotes Laufband am unteren Bildschirmrand verhieß BREAKING NEWS. Der Vertreter der Bundesregierung, Staatssekretär Dr. Roland Frühe, sei während Verhandlungen auf der Theresienwiese von den Geiselnehmern erschossen worden, verkündete die Laufschrift.

Amelie griff zum Telefon, um in der Redaktion anzurufen. Auch die dritte Nacht der Geiselnahme hatte wieder Opfer gefordert. Wie viele sollten es noch werden? Und würde am Ende auch Werner unter den Opfern sein?

DIE MÄNNER im Lagezentrum des Kanzleramts sahen einander stumm an. Noch immer war nicht klar, wer den Platz von Dr. Frühe einnehmen sollte.

„Wie konnte er nur so unvorsichtig sein?", fragte der Innenminister zum wiederholten Mal. „Er hat nicht einmal seine Leibwächter mitgenommen."

„Wenn er das getan hätte, wären die Personenschützer jetzt auch tot", entgegnete der Verteidigungsminister trocken. Dann wandte er sich an den Regierungschef. „Herr Bundeskanzler, wenn Sie gestatten, werde ich unverzüglich nach München aufbrechen und unsere Aktionen vor Ort leiten."

„Abgelehnt. Ich brauche Sie hier."

In diesem Moment kam der Finanzminister herein. „Herr Bundeskanzler, meine Herren", begrüßte er die Anwesenden. „Die Beschaffung der Diamanten läuft problemloser, als wir gedacht haben. Die Firma in Südafrika ist zur Zusammenarbeit bereit. Sie geben uns ihre gesamte Reserve. Das ist deutlich mehr als die Hälfte der geforderten Summe. Den Rest werden wir im Lauf des morgigen Vormittags in Antwerpen zusammenbekommen."

„Das sind gute Nachrichten. Je eher wir die Diamanten nach München schaffen, desto schneller ist dieser Horror vorbei. Sagen Sie, Herr Finanzminister", der Kanzler hob die Stimme leicht, „wären Sie bereit, die Übergabe vor Ort zu überwachen?"

„Wenn das Ihr Wunsch ist, dann bin ich selbstverständlich bereit, meine Pflicht zu tun."

Das Telefon des Bundeskanzlers klingelte. Die Leitung seiner Sekretärin. „Was gibt es?", fragte er unwillig in den Hörer. „Der Bundespräsident? Jetzt? Stellen Sie durch!" Die Sekretärin entgegnete etwas. Die Züge des Regierungschefs zeigten Verblüffung. „Hier?", fragte er. „Persönlich?"

In diesem Moment ging die Tür des Sitzungssaals auf. Das Staatsoberhaupt der Bundesrepublik Deutschland betrat mit ernster Miene den Raum. „Herr Bundeskanzler, meine Herren", begann er. „Mein Entschluss steht unwiderruflich fest. Ich werde mich über die Medien als Geisel anbieten. Im Austausch für die Insassen eines Zeltes. Dieser Staat muss seine bedingungslose Verbundenheit mit den Geiseln demonstrieren. Versuchen Sie nicht, mich umzustimmen."

Wien, Februar 2004

Das Restaurant des Hotels Imperial war, wie das ganze Haus, von luxuriöser Pracht. Dreiarmige Leuchter an den Wänden warfen ein warmes Licht auf die Tische. Aus einem ovalen Goldrahmen blickte Kaiser Franz Josef in Öl mit gestrenger Miene auf die Szenerie herab.

Der Gast namens Siedlazek lehnte sich in das weiche Polster des prunkvollen Sessels zurück und seufzte zufrieden. Der Küchenchef hielt einmal mehr, was sein Ruf versprach. Sein Blick wanderte zu seinem alten Freund, der ihm gegenübersaß. Der Mann war noch mit dem dritten Gang beschäftigt. Variationen vom heimischen Wild: Reh. Hirsch. Fasan.

Nachdem er einen weiteren Bissen heruntergeschluckt hatte, sah er Viktor Slacek an. „Das Essen ist unglaublich“, sagte er auf Russisch und tupfte sich mit seiner Serviette den Mund ab. „Bereits als du in meine Abteilung zur Ausbildung abkommandiert worden bist, war mir klar, dass das karge Leben beim Militär auf Dauer nichts für dich sein würde.“ Er hob sein Glas. „Du hast es schon immer verstanden, zu leben. *Nasdrowje*!“

Viktor Slacek nickte lächelnd. „Ja, das Leben ist zu kurz, um schlechten Wein zu trinken.“ Sie stießen an.

Slacek stammte ursprünglich aus der Tschechoslowakei. Angesichts seiner besonderen Leistungen beim Militär war er als junger Mann zu den Eliteverbänden des sowjetischen Brudervolkes geschickt worden. In die Schule für Feldoperateure der Speznas-Truppen nach Kaliningrad.

Seine besondere Leistungsfähigkeit lag vor allem darin begründet, dass Slacek seinem Wesen nach ein vollkommen mitleidsloser Mensch war. Gefühlsregungen in diese Richtung waren ihm völlig unbekannt.

Er hatte damals seine Chance ergriffen und war ein sehr gelehriger Schüler gewesen. Er bewährte sich im Feld. Doch als das Militärbündnis des Warschauer Paktes zusammenbrach, wurde alles anders.

Die Sache, für die zu kämpfen sie geschworen hatten, existierte nicht mehr. Er suchte nach einer neuen Orientierung. Da kam ihm die freie Marktwirtschaft gerade recht. Denn sie hatte eine wundervolle Eigenschaft: Der Kapitalismus bot die Möglichkeit, sich hemmungslos zu bereichern. Wenn man die nötigen Qualifikationen hatte. Und Viktor Slacek war ein hoch qualifizierter Mann.

Schnell wurde ihm klar, dass seine besonderen Fähigkeiten im Westen sehr gefragt waren. Er schied aus der Armee aus und machte sich selbstständig. Bald zog er von Prag nach Zürich um und verwischte dabei die Spuren seiner wirklichen Identität vollständig.

Nur die Verbindung zu seinem Kommandeur in Kaliningrad erhielt er aufrecht. Daran war ihm aus mehreren Gründen gelegen. Zum einen war da eine gewisse soldatische Sentimentalität. Zum anderen waren die Verbindungen nach Kaliningrad bei der Beschaffung seiner Arbeitswerkzeuge sehr hilfreich. Sein früherer Ausbilder hatte ihn niemals hängen lassen.

Deshalb war er froh, jetzt seine Dankbarkeit zeigen zu können. Wenn er seinem alten Freund bei einem Problem helfen konnte, dann würde er das gern tun. Das war für Viktor Slacek Ehrensache.

Sie hatten noch nicht darüber gesprochen, um welches Ziel es sich handelte. Dafür wäre später noch Zeit. Aber eines stand für Viktor Slacek felsenfest: Wer auch immer, wo auch immer und wann auch immer – die Zielperson war bereits jetzt eine wandelnde Leiche.

Kaliningrad, 9.30 Uhr Ortszeit

Wolfgang Härter alias Dr. Urs Röhli hatte gehofft, Klarow schon zum Mittagessen treffen zu können. Doch wie sich herausstellte, hatte der Oberst der russischen Miliz erst am Abend Zeit. Nun würde Härter also erst morgen früh zurückfliegen können. Ihm lief die Zeit davon.

Er hatte einen kurzen Bericht an Moisadl abgesetzt. Darin hatte er den General darüber informiert, dass sie es vermutlich mit Puteschestwenniki zu tun hatten. Mit „Reisenden". Elitesoldaten.

Er würde den Tag wieder bei Ivanov im Archiv verbringen. Obwohl er nicht glaubte, dass weiteres Suchen noch Aussicht auf Erfolg hätte. Er setzte die falsche Brille auf und zog sich das viel zu große Jackett über. Dann verließ er als Dr. Urs Röhli mit etwas unsicheren Schritten sein Hotelzimmer, um zu frühstücken.

Diese Tarnung war eines der Meisterwerke von Wolfgang Härter. Eine „lebende Legende", wie man so etwas in Geheimdienstkreisen nannte. Über Jahre aufgebaut. Dr. Urs Röhli hatte ein Büro und eine Sekretärin. Seine Zürcher Privatadresse war ebenfalls bekannt. Seine Schweizer Herkunft war lückenlos dokumentiert. Seine Stelle am Zürcher Institut für militärische Zeitgeschichte und strategische Studien wurde über eine Stiftung in Liechtenstein finanziert.

Da Härter in Geschichte promoviert hatte, war es ihm möglich, unter Historikern als Historiker aufzutreten. Er hielt als Röhli Vorträge auf Fachkongressen. Kurzum: Im akademischen Sinn existierte Dr. Urs Röhli.

Er war nicht die einzige „lebende Legende", die Wolfgang Härter aufgebaut hatte, jedoch eine seiner besten.

Natürlich hatten sie es versucht. Aber niemand hatte den Bundespräsidenten von seinem Vorhaben abbringen können. Er wollte sich im Austausch für ein Zelt als Geisel zur Verfügung stellen. Keiner der Anwesenden bestritt, dass ein solches Angebot eine politisch kluge Geste war. Allen war klar, dass nicht nur die Bürger im Inland, sondern auch die Regierungen im Ausland diese Selbstlosigkeit schätzen würden.

Jeder Hinweis auf das Risiko war vom Staatsoberhaupt abgeprallt. Der

Mann galt ohnehin als starrköpfig, und so waren die Versuche, ihn noch umzustimmen, bald eingestellt worden.

Deshalb trafen um zwölf Uhr an diesem Tag nicht nur der Innen- und der Finanzminister in der Bayerischen Staatskanzlei ein, sondern auch der Bundespräsident.

POLIZEIHAUPTMEISTER ULGENHOFF absolvierte eine weitere Schicht in einem der Zelte. Freiwillig, denn diese Stadt war auch seine Stadt. Seine Verlobte hatte ihn angefleht, nicht noch einmal in eines der Zelte zu gehen. Aber er hätte sich selbst vorgeworfen, die Geiseln im Stich zu lassen. Er wollte diesen Menschen zeigen, dass die Polizei ihnen beistand. Und wenn diese Menschen sterben mussten, dann würde er mit ihnen sterben.

Diese Sicht der Dinge teilte er mit vielen Kollegen, Ärzten und THW-Mitarbeitern, die in den Zelten Dienst taten.

Seit zwei Stunden kümmerte er sich im Zelt der Korbinian-Brauerei um die Geiseln. Er rief Ärzte herbei, wenn es nötig war, und fand tröstende Worte für diejenigen, die mit den Nerven am Ende waren. Das Problem war nur: Eigentlich waren alle mit den Nerven am Ende.

Und plötzlich nahm der Albtraum seinen Lauf. Alles begann bei den Sitzreihen rechts vorn, nahe dem Haupteingang. „Wir wollen raus!", skandierten zunächst nur wenige Menschen, dann schnell immer mehr. Das rhythmische Rufen schwoll an und trieb Ulgenhoff einen Schauder über den Rücken. Das war eine gefährliche Entwicklung. Er bat in der Wiesn-Wache um Verstärkung. Kroneder setzte augenblicklich fünfzig weitere Bereitschaftspolizisten in Marsch.

„Wir wollen raus!", riefen die Menschen. Inzwischen schlugen sie dazu im Rhythmus ihrer Rufe mit Maßkrügen auf die Biertische.

Ulgenhoff stand mit acht weiteren Beamten am Haupteingang. Seine Blicke strichen unruhig durch das riesige Bierzelt. Auch mit fünfzig zusätzlichen Beamten würden sie eine Massenpanik nicht aufhalten können. Wie würden die Täter reagieren, wenn aus einem der Zelte plötzlich die Leute herausdrängten?

„Wir wollen raus!" Lauter und lauter. Ulgenhoff befahl zwei Trupps an die Ausgänge. Die Männer holten die dort lagernden Schilde und stellten sich in einer Reihe vor die Türen.

Die ersten Leute im Zelt standen auf. Bald hatten sich an die fünfzig erhoben. Langsam kamen sie durch den Hauptgang auf die Tür zu. Vorneweg marschierte ein stämmiger Kerl in bayerischer Tracht. Oberbayern, registrierte Ulgenhoff.

„Wir wollen raus!“ Im Takt ihrer Rufe reckten sie die rechte Faust nach oben. Ulgenhoff ging ihnen zwei Schritte entgegen und forderte sie mit erhobener Hand auf, stehen zu bleiben. Doch die Leute schoben sich unaufhaltsam weiter nach vorne Ulgenhoff begann mit lauter und fester Stimme zu sprechen. „Ich muss Sie bitten, sich alle wieder hinzusetzen. Es ist aus Sicherheitsgründen –“

„Leck mich am Arsch!“, wurde er von dem stämmigen Oberbayern grob unterbrochen.

„Gehen Sie auf Ihre Plätze zurück!!“ Ulgenhoff schrie jetzt. „Niemandem wird etwas geschehen. Gehen Sie auf Ihre Plätze zurück!“

Kurz hielten die Menschen inne, dann bewegten sie sich weiter auf Ulgenhoff zu. Die Gedanken in dessen Kopf rasten. Ihm war klar, dass diese Menge mit den paar Männern, die er hatte, nicht lange aufzuhalten war. Ulgenhoff musste eine Entscheidung treffen. Jetzt. Und Ulgenhoff traf eine Entscheidung. Eine Entscheidung, die gegen alles verstieß, woran er geglaubt hatte. Eine Entscheidung, die ihn bis ans Ende seiner Tage verfolgen sollte. Ulgenhoff zog seine Dienstwaffe und lud die Pistole durch.

Er zielte auf die Brust des stämmigen Kerls, der noch immer die Menge anführte. „Stehen bleiben, oder ich schieße!!“ schrie Ulgenhoff.

Er hob die Waffe zum Dach des Zeltes und gab einen Warnschuss ab.

„Schleich dich!“, rief der Oberbayer ihm entgegen. „Du Würschterl schießt doch nicht auf mich!“ Der Mann lachte höhnisch. Er drehte sich halb um und winkte den Leuten hinter ihm zu. „Auf geht's! Raus gemma!“

Ulgenhoff senkte seine Pistole und zielte auf den linken Oberschenkel des Mannes. „Zum letzten Mal, bleiben Sie stehen, oder ich schieße!“

Wieder lachte der Mann höhnisch. Ulgenhoff war vollkommen verzweifelt. Ich kann doch nicht auf unschuldige Menschen schießen. *Vater unser, der du bist im Himmel.* Ich werde schießen müssen. Wenn ich ihnen doch nur erklären könnte, dass es um Zehntausende Menschenleben geht.

Dann drückte Ulgenhoff ab. Die Kugel durchschlug den Oberschenkel des Oberbayern und streifte einen zweiten Mann, der sich hinter ihm befand, auf Höhe des Knies. Die beiden Männer brachen schreiend zusammen. Die Menge blieb stehen.

„Bitte gehen Sie auf Ihre Plätze zurück, damit die Ärzte durchkommen können, bitte!“ Ulgenhoffs Stimme war bemerkenswert ruhig, obwohl sein Inneres in großem Aufruhr war.

Die Menschen gehorchten. Wie ferngesteuerte Maschinen bewegten sich die Geiseln zu ihren Plätzen zurück. Ungläubiges Gemurmel wurde hörbar.

Die Verstärkung traf ein. Einer der Beamten klopfte Ulgenhoff aufmunternd auf die Schulter. „Sie hatten keine andere Wahl, Kollege." Die Ärzte machten sich an die Versorgung der Wunden. Einer wandte sich kurz zu Ulgenhoff um. „Nichts Schlimmes", sagte der Mediziner. „Glatte Durchschüsse. Nichts Dramatisches passiert."

Die Worte erreichten Ulgenhoffs Ohren, aber nicht seinen Verstand. Die Stimme des Arztes schien von weit her zu kommen. Wie in Trance steckte er seine Waffe zurück in das Holster.

Brighid McNamara war eine ganz reizende Person, jedenfalls dem ersten Eindruck nach, den Professor Heim während seiner Unterhaltung mit ihr gewonnen hatte. Mit einem offenen Lächeln und strahlenden Augen hatte sie begeistert von ihren Erlebnissen in Deutschland und Europa erzählt. Sie fühle sich hier sehr wohl, hatte sie ihm versichert.

Der Schwächeanfall von Brighid McNamara kam völlig überraschend. Professor Heim hatte sich gerade mit ihrem Mann über dessen Erfahrungen im Irakkrieg unterhalten, als die Frau bleich wurde. Auf ihrer Stirn und Oberlippe bildete sich ein feiner Schweißfilm. Heim war total perplex, als Brighid plötzlich zur Seite kippte.

Oberstleutnant McNamara reagierte sofort. Er fing seine Frau auf und bettete sie vorsichtig auf den Boden. Ihre Beine legte er auf eine Bank. Aber auch als er ihr Luft zufächelte, rührte sich seine Frau nicht.

„Ich hole Hilfe." Heim erhob sich und sah sich im Zelt um. Dann trat er auf einen der Männer im schwarzen Anzug zu. „Entschuldigung, aber wir brauchen einen Sanitäter", sagte er höflich, als er den Posten erreicht hatte. Er zeigte auf Brighid McNamara.

Der Mann sagte irgendetwas zu einem unsichtbaren Gesprächspartner. Was war das für eine Sprache? Klang irgendwie osteuropäisch. Der Mann nickte. *„Da!"*, sagte er. Dieses Wort kannte der Professor. Das war Russisch und bedeutete „Ja". Der Mann im Kampfanzug winkte ihn mit einer Geste seiner Maschinenpistole zurück an seinen Platz.

Nach ungefähr fünf Minuten sah Heim, wie drei Männer sich ihnen näherten. An der Spitze dieser Gruppe ging der Mann mit der Nummer eins auf dem Helm. Der Mann, der am Sonntag die Ansprache gehalten hatte. Jetzt war bereits Mittwoch. Die zurückliegenden Tage kamen Professor Peter Heim vor wie ein absurdes Theaterstück mit Überlänge.

Das Kriegsglück war ihm hold. Er würde sich gar keinen fingierten Anlass für die Kontaktaufnahme ausdenken müssen. Die Frau des Amerikaners war zusammengeklappt. Ausgezeichnet!

Die Auswertung der Aufzeichnungen des Richtmikrofons hatte ergeben, dass Generalmajor Blochin mit seiner Einschätzung richtig gelegen hatte. Der Mann war nicht nur Soldat, sondern er war auch noch Amerikaner.

Besser hätte er es gar nicht treffen können. Seit Beginn der Operation hatte er nach einem Soldaten im Zelt Ausschau gehalten. Denn sollte seine Desinformationsoperation Erfolg haben, brauchte er dafür einen Soldaten. Jetzt hatte er sogar einen amerikanischen Soldaten. Einen Mann mit Kampferfahrung, wie er durch die Abhöraktion wusste.

Blochin und seine beiden Begleiter erreichten die auf der Bank liegende Frau und den daneben knienden Mann. „Was ist hier los?“, herrschte Blochin den Amerikaner auf Deutsch an.

Peter Heim antwortete für McNamara. „Die Frau hat einen Schwächeanfall. Wir brauchen einen Sanitäter.“

„Wer hat mit Ihnen geredet?“ Blochin sah den Professor feindselig an.

„Der Mann ist Amerikaner und versteht nicht so gut Deutsch. Deshalb habe ich geantwortet“, erwiderte Heim etwas unsicher.

„Aha! Und die Frau braucht also einen Sanitäter? Was ist denn passiert?“

Heim übersetzte die Frage für McNamara.

„Ihr Kreislauf macht den Stress nicht mehr mit. Bitte helfen Sie ihr“, kam die Antwort.

„Sie haben ja komische Vorstellungen“, erwiderte Blochin kalt. „Sagen Sie mir einen Grund, warum ich die Frau hier nicht einfach verrecken lassen sollte.“

Er beobachtete das Gesicht des Amerikaners genau, während Heim übersetzte. Und er sah das erhoffte Aufblitzen der Aggressivität in den Augen des amerikanischen Marineinfanteristen. Das läuft ja wie am Schnürchen, dachte sich Blochin.

Da meldete sich Okidadse per Funk. „Sie sollten sofort in den Gefechtsstand kommen, General. Das müssen Sie sich ansehen. Der Bundespräsident spricht gerade im Fernsehen. Er bietet sich als Geisel an.“

„Ich komme.“ Blochin rief seinen Begleitern etwas zu. Dann ging er mit schnellen Schritten in Richtung des Gefechtsstandes.

Professor Heim und Oberstleutnant McNamara wechselten ratlose Blicke. Kurze Zeit später kamen zwei Sanitäter mit einer Bahre auf sie zu. Die noch immer bewusstlose Brighid McNamara wurde auf die Trage geladen.

„Unser Arzt wird ihr helfen“, sagte einer der Sanitäter in gebrochenem Deutsch.

McNamara nickte dem Mann zu. „Danke“, sagte er mit leiser Stimme. Heim bemerkte den drohenden Unterton, der in dem einen Wort lag.

Während Blochin zu Okidadse ging, musste er sich eingestehen, dass er mit einer solchen Wendung nicht gerechnet hatte. Der Bundespräsident zeigte Mut, eine Charaktereigenschaft, die er von einem dieser degenerierten Demokraten nicht erwartet hätte.

Zwei Stunden später landete der Luftwaffen-Airbus mit den Diamanten an Bord in Augsburg. Der Bundesfinanzminister war persönlich anwesend, um die kostbare Fracht in Empfang zu nehmen. Zu seiner Sicherheit hatte General Moisadl ihm dreißig Soldaten des Kommandos Spezialkräfte und die gleiche Anzahl Gebirgsjäger und Feldjäger mitgegeben.

Mehrere gepanzerte Fahrzeuge standen bereit, um die Edelsteine nach München zu bringen. Man musste jetzt nur noch auf die Maschine aus Antwerpen warten, die den zweiten Teil der geforderten Menge herbeischaffen würde.

Sie hatten die Sache während einer ausgiebigen Mahlzeit von allen Seiten beleuchtet. Okidadse war dagegen gewesen, Iljuschin dafür. Schließlich war Blochin zu dem Schluss gekommen, dass er von seinem ursprünglichen Plan abweichen und das Angebot des Bundespräsidenten annehmen würde. Eigentlich änderte er niemals den Plan, während eine Operation lief. Aber die Vorteile einer so wertvollen Geisel ließen ihn mit seinen Prinzipien brechen. Er wollte seine Entscheidung gerade Okidadse und Iljuschin mitteilen, als sich Dr. Kusnezow über Funk bei ihm meldete. „Herr General, der Zustand der Frau ist wieder stabil. Sie ist bei Bewusstsein und fragt nach ihrem Mann.“

„Verstanden, mein lieber Doktor. Halten Sie sie noch etwas hin. Ich möchte den Mann noch ein bisschen im eigenen Saft schmoren lassen. Ich hoffe sehr, dass er irgendwann die Beherrschung verliert.“

Blochin wandte sich an die beiden Offiziere, die ihn aufmerksam ansahen. „Die Sache mit dem Amerikaner scheint zu funktionieren. Und was das Angebot des Bundespräsidenten angeht, da teile ich Ihre Auffassung, Polkownik Iljuschin. Der Mann hat Mut. Und Mut verdient Respekt. Wir werden das Angebot annehmen. Eine Geisel mit einer solchen Bedeutung wird uns die Durchführung von Phase zwei sehr erleichtern. Der Mann soll zu uns ins Zelt kommen, dann lassen wir die Insassen eines anderen Zeltes gehen. Ich werde ein entsprechendes Fax an die Behörden senden."

„Ich hätte noch einen weiteren Vorschlag, General", sagte Iljuschin scheinbar beiläufig.

„Lassen Sie hören, Polkownik." Blochin fixierte ihn mit starrem Blick.

„Wenn wir den höchsten Repräsentanten dieses Staates hier bei uns haben, sollten wir dann nicht auch jemanden dazuholen, der dieses Ereignis für die Nachwelt festhält?" Iljuschins Stimme klang ruhig, fast gleichgültig.

„Wie meinen Sie das?"

„Ich denke, es wäre sinnvoll, einen Vertreter der Presse zusammen mit dem Bundespräsidenten in unser schönes Zelt zu bitten." Iljuschin räusperte sich. „Ich denke da an jemand Bestimmtes. Sie haben selbst gesagt, General, dass wir uns sehr amüsieren werden, wenn wir das Buch von Fräulein Karman lesen. Sollten wir ihr nicht ein paar mehr Details liefern?"

„Abgelehnt!", sagte Blochin schroff. „Das destabilisiert die Lage nur unnötig. Davon haben wir nichts."

Iljuschin hatte befürchtet, dass sich der General sperren würde. Doch er würde in dieser Sache nicht nachgeben. Er dachte an das Foto, das in seiner Brusttasche steckte. Genau über dem Herzen. „Aber sehen Sie, General, wenn wir diese Frau zu uns ins Zelt holen und die Operation weiterhin planmäßig verläuft, dann wird sie für uns die Legende von den kultivierten Geiselnehmern erschaffen. Davon hätten wir schon etwas. Und ich übernehme die Verantwortung, dass sie nichts tut, was uns schaden kann."

Blochin wandte sich an Okidadse. „Was meinen Sie dazu?"

„Wir halten hier ohnehin knapp fünftausend Geiseln in Schach. Da kommt es auf eine mehr oder weniger meiner Meinung nach nicht an. Ich sehe keine Gefahr für den Fortgang der Operation."

Iljuschin hätte Okidadse umarmen können. Obwohl er ansonsten von dem Techniker nicht viel hielt. Ein Sesselfurzer, kein Kämpfer.

Es verstrichen einige Sekunden, bevor Blochin langsam antwortete. „Nun gut, Polkownik Iljuschin. Sie sollen Ihren Willen haben. Um der vielen Jahre willen, die wir Seite an Seite im Kampf standen." Dann fuhr er mit deutlich schärferer Stimme fort. „Aber Sie werden auf die Frau aufpassen. Stellen Sie einen Mann daneben, der sie nicht aus den Augen lässt. Wenn sie irgendetwas unternimmt, was unsere Operation gefährdet, ist sie augenblicklich zu liquidieren. Ich werde ein Schreiben an ihre Redaktion aufsetzen und per Fax losschicken. Wir werden sehen, ob sie überhaupt den Mumm hat, zu uns zu kommen. Vielleicht ist ihr das Risiko auch zu hoch. Wir können sie ja nicht zwingen."

„Doch, das können wir.“ Iljuschin nickte eifrig. „Schreiben Sie einfach, wir nehmen das Angebot des Präsidenten nur an, wenn Amelie Karman mitkommt.“

Diesmal sprach Generalmajor Oleg Blochin seine Antwort mit einer Bestimmtheit, die keine weitere Diskussion duldete: „Abgelehnt! Ich werde doch den Mut dieses Mannes nicht dadurch herabwürdigen, dass ich die Anwesenheit so eines dummen Huhns als zusätzliche Forderung stelle.“

AMELIE war gerade zu Fuß auf dem Weg in die Redaktion, als der Anruf sie erreichte. Was ihr der Leiter der Münchner Redaktion da soeben mitteilte, war derart unglaublich, dass sie zunächst an einen schlechten Scherz unter Kollegen dachte. Die Ernsthaftigkeit in der Stimme ihres Vorgesetzten ließ jedoch keinen Zweifel zu. Die Täter boten ihr an, zusammen mit dem Bundespräsidenten ins Benediktiner-Zelt zu kommen.

„Ihnen muss klar sein, Frau Karman, dass der Verlag keinerlei Garantie für Ihr Leben übernehmen kann. Die Polizei rät davon ab, dass Sie der Einladung der Täter folgen.“

Aber wenn ich das überlebe, dachte Amelie, dann bekomme ich für diese Reportage den gottverdammten Pulitzerpreis. Und ihr Risiko war auch nicht höher als das des Bundespräsidenten oder das von Werner, der immer noch im Bärenbräu-Zelt festsaß. „Das ist mir klar. Aber Sie verstehen auch, dass dieses Angebot eine einmalige journalistische Chance darstellt.“ Als sie weitersprach, zitterte ihre Stimme zwar, doch ihre Entscheidung stand fest. „Ich werde das Angebot annehmen. Wie wird das vor sich gehen?“

„Sie finden sich um sechzehn Uhr an der Theresienwiese ein. Die Soldaten wissen Bescheid. Sie werden zur Wiesn-Wache gebracht. Dort warten Sie auf den Bundespräsidenten.“

„Ich werde pünktlich sein. Jetzt muss ich noch einige Vorbereitungen treffen. Auf Wiederhören.“ Sie drückte auf den Knopf an ihrem Mobiltelefon, um das Gespräch zu beenden. Gedankenverloren klappte sie das Handy zu und ließ es in ihre Handtasche gleiten. Doch es fiel nicht in die Tasche. Es fiel daneben. Mit einem Knall schlug es auf dem Asphalt auf. Der Deckel des Batteriefachs sprang ab. Sie bückte sich fluchend, um das Telefon wieder aufzuheben. Als sie es aufklappte, sah sie, dass das Display einen Sprung hatte und das Scharnier gebrochen war. Da war nichts mehr zu machen.

„Auch das noch! Verdammter Schiet!“ Sie nahm den Akku aus dem Gerät und entfernte die SIM-Karte aus ihrer Halterung, denn auf dieser Karte waren alle wichtigen Nummern gespeichert. Aus ihrer Handtasche kramte sie eine volle Packung Papiertaschentücher hervor. Sie drückte die Packung an den Seiten zusammen. Dann schob sie die SIM-Karte dazwischen und steckte die Packung zurück in die Handtasche. So war die empfindliche Karte geschützt. Wo sollte sie jetzt ein neues Telefon herbekommen?

Über die letzten Stunden hatten sich in dem amerikanischen Marineinfanteristen Wut und Aggression aufgebaut. „Wenn sie ihr auch nur ein Haar gekrümmt haben, dann werden sie das bitter bereuen." McNamara redete beunruhigend leise.

Fieberhaft überlegte Professor Heim, mit welchen Argumenten er den Amerikaner davon abhalten könnte, eine Dummheit zu begehen. „Sehen Sie, Mr McNamara …", begann er, stockte jedoch sofort, denn der Marineinfanterist machte eine Geste, die ihn zum Schweigen brachte.

Der Anführer der Geiselnehmer kam auf ihren Platz zu. In ungefähr zwanzig Metern Entfernung gab er eine Anweisung an die beiden Männer, die ihn begleiteten. Die zwei Soldaten blieben stehen, während ihr Kommandeur weiterging. Als er den Tisch erreicht hatte, baute er sich vor McNamara auf. Peter Heim konnte von dem Gesicht des Mannes nur die Augen sehen. Der Rest wurde von einer Sturmhaube aus dünnem schwarzem Stoff verdeckt. Der Blick des Geiselnehmers streifte den Professor nur kurz. Danach fixierte er sofort wieder den Amerikaner.

Dessen Attacke erfolgte ohne jede Vorankündigung. Nicht eine einzige Bewegung war zu sehen gewesen, bevor der Marineinfanterist förmlich explodierte. Plötzlich stand McNamara neben dem Kommandeur. Irgendwie war es ihm gelungen, einen Arm unter der Achsel seines Gegners durchzustrecken und dessen Handgelenk zu packen. Bruchteile einer Sekunde später machte der Amerikaner einen schnellen Schritt zur Seite und eine Vierteldrehung nach links. Jetzt hielt er den rechten Arm des Mannes auf dessen Rücken. Polizeigriff. Mit einer schwungvollen Bewegung riss er den Arm nach oben. Der Kopf des Oberarmknochens sprang mit einem garstigen Geräusch aus der Gelenkpfanne. Ein schmatzender Knall.

Der maskierte Mann unterdrückte einen Schmerzensschrei.

McNamara ließ den rechten Arm seines Gegners los und wollte gerade zu einem Schlag ausholen, als der linke Ellbogen des anderen mit voller Wucht seinen Rippenbogen traf. Der Amerikaner verlor beinahe das Gleichgewicht, konnte sich jedoch gerade noch auf den Beinen halten.

Peter Heim sah, wie einer der Schäferhunde, von Leine und Maulkorb befreit, auf sie zujagte. Mit einem Satz stürzte sich der Hund auf McNamara und verbiss sich knurrend in dessen rechtem Oberschenkel. Der amerikanische Elitesoldat verpasste dem Tier einen kräftigen Faustschlag auf die Schnauze. Der Schäferhund wich zurück, riss McNamara dabei aber einen großen Klumpen Fleisch aus dem Bein. Eine klaffende Wunde blieb zurück. Aber McNamara stand noch immer. Ein zweiter Mann in schwarzer Kampfmontur kam durch den Gang gerannt.

McNamara erwischte den maskierten Kommandeur mit einem punktgenauen Schlag auf die ausgekugelte Schulter. Diesmal war der Schmerz so stark, dass sein Gegner einen kurzen Schrei ausstieß. McNamara wollte nachsetzen, doch der zweite Mann setzte aus vollem Lauf zu einem hohen Tritt an und traf ihn mit seinem Stiefel auf der Brust. Der Amerikaner flog zwei Meter nach hinten und blieb auf dem Rücken liegen. Sofort war sein neuer Gegner über ihm. Er trat McNamara mit dem Absatz seines Kampfstiefels auf das rechte Knie. Knochen brachen krachend.

McNamara heulte auf. Mit Grausen entdeckte der Professor, dass der Angreifer an der rechten Hand einen Schlagring trug. Aus der Vorderseite des Schlagrings ragte eine lange dreieckige Klinge. Der Mann fiel neben McNamara auf die Knie und holte aus, um die Klinge in den Hals des Amerikaners zu stoßen.

„Halt!“, rief der Kommandeur der Geiselnehmer.

Der zweite Angreifer erstarrte in der Bewegung und wandte sich um. In den Augen des Mannes sah Peter Heim ein seltsames Flackern.

Der Kommandeur sah den Mann nur an und schüttelte langsam den Kopf.

McNamara hustete Blut. Sein rechtes Bein stand auf Höhe des Knies in einem unnatürlichen Winkel ab. Aber der Kommandeur der Geiselnehmer schien das Leben McNamaras schonen zu wollen. Oder wollte er ihn langsam verbluten lassen?

OLEG BLOCHIN war wütend. Wütend auf sich selbst. Eine solche Unaufmerksamkeit war unter Operationsbedingungen unverzeihlich. Doch dieser Amerikaner war unglaublich schnell gewesen. Ein guter Kämpfer.

Blochin saß auf einem der Betten, die in dem abgetrennten Sanitätsbereich aufgestellt waren. Dr. Kusnezow hatte die Wunde des Amerikaners versorgt. Die Blutung mit einer Arterienklemme gestoppt.

Beinahe hätte Iljuschin den Mann umgebracht. Blochin hatte den Nahkampfspezialisten nicht in die Einzelheiten seines Vorhabens eingeweiht, denn er hatte sich nicht vorstellen können, dass die Situation seiner Kontrolle entglitt. Wäre der Amerikaner gestorben, wäre seine schöne Desinformationsoperation beim Teufel gewesen.

Seine rechte Schulter und der Arm steckten in einem widerstandsfähigen Verband. Dr. Kusnezow hatte die Schulter wieder eingerenkt und mit einer Gilchrist-Schlinge fixiert. Danach hatte er Blochin mehrere Spritzen gegen die Schmerzen gegeben.

Trotz der Schmerzmittel schickte die kleinste Bewegung seines Arms einen stechenden Impuls durch Blochins ganzen Körper. Verdammt noch mal! Er dachte an ihren Fluchtplan und an die Schwierigkeiten, die durch seine Verletzung entstanden. Er würde die Zähne zusammenbeißen müssen.

Er erhob sich langsam und winkte Dr. Kusnezow heran. Gemeinsam gingen sie zu dem Amerikaner. Eine Infusion glich den Blutverlust aus. Morphium nahm ihm die schlimmsten Schmerzen.

Blochin sprach Deutsch mit ihm. Dr. Kusnezow übersetzte. „Sie sind ein mutiger Mann“, begann Blochin. „Ich respektiere Mut.“

„Sie haben meiner Frau etwas angetan. Wenn Sie mich nicht töten, werde ich Sie töten, das verspreche ich Ihnen“, entgegnete McNamara.

„Ihre Sorgen sind unbegründet. Ihrer Frau geht es gut. Unser Arzt konnte ihr helfen. Ihnen übrigens auch.“

Blochin nickte Dr. Kusnezow zu, der seinerseits einem Sanitäter ein Zeichen gab. Kurze Zeit später wurde Brighid McNamara in das Lazarett geführt. Sie war noch etwas wacklig auf den Beinen, doch als sie ihren Mann sah, lächelte sie tapfer.

„Ich werde Sie beide gehen lassen“, erklärte Blochin. „Sie müssen in ein Krankenhaus. Und wie ich schon sagte: Ich respektiere Mut. Sie haben sich das Leben verdient.“ Er nickte zwei Sanitätern zu. „Bringen Sie den Mann zum Ausgang. Im Freien sollen zwei Geiseln die Bahre tragen. Wenn sie zu fliehen versuchen, werden sie erschossen.“ Über Funk meldete er sich bei Okidadse. „Schicken Sie dem Gegner eine Mitteilung, dass wir zwei verwundete Geiseln freilassen.“

„Zu Befehl, General.“

Die beiden Sanitäter hoben die Bahre an und trugen sie aus dem Lazarett.

Blochin aktivierte sein Funkgerät und stellte es auf den Sammelkanal ein, der ihn mit allen seinen Männern verband. „An alle“, sagte er mit ruhiger Stimme. „Sobald die beiden Geiseln das Zelt verlassen haben, beginnt Phase zwei.“

6

Amelie passierte eine Straßensperre der Panzergrenadiere. Dann meldete sie sich in der Wiesn-Wache.

Zwanzig Minuten später traf das Staatsoberhaupt der Bundesrepublik ein. Weder Personenschützer noch Mitarbeiter begleiteten ihn. Er begrüßte zunächst die Polizisten und dankte ihnen für ihren Einsatz. Dann wurde Amelie dem Bundespräsidenten vorgestellt.

Er wirkte in natura noch weit charismatischer als im Fernsehen. Er hatte volles silbergraues Haar und aristokratische Züge. Seine wachen Augen ließen auf einen scharfen Verstand schließen. Im Knopfloch seines Anzugrevers steckte das Ordensband des höchsten Ordens der Bundesrepublik Deutschland.

Vor zehn Minuten war bekannt geworden, dass die Täter zwei verwundete Geiseln freigelassen hatten. Schnell stellte sich heraus, dass es sich um ein amerikanisches Ehepaar handelte. Der Mann war übel zugerichtet. Die beiden waren umgehend ins Universitätskrankenhaus gebracht worden.

„Sehen Sie", sagte das Staatsoberhaupt noch zu Alois Kroneder, „wenn man guten Willen zeigt, dann hat das immer eine positive Wirkung. Ich sehe darin ein klares Zeichen für die Entspannung der Situation. Wir werden diese Sache hier ohne weitere Opfer beenden."

Die Miene des hohen Polizeibeamten ließ Skepsis erkennen. „Das wollen wir stark hoffen, Herr Bundespräsident", erwiderte er und wünschte ihnen beiden Glück.

Der Bundespräsident wandte sich an Amelie. „Kommen Sie, Frau Karman, lassen Sie uns gehen!"

Und dann brachen sie auf: vor den Augen der ganzen Fernseh-Menschheit. Der Stadtkommandant, Brigadegeneral Moisadl, hatte tatsächlich eine Drehgenehmigung erteilt. Die heroische Geste des Staatsoberhaupts sollte für alle Welt zu sehen sein. Und so verfolgten Milliarden Augen jede ihrer Bewegungen.

Als sie das Benediktiner-Zelt erreichten, wurde eine der Türen aufgestoßen. Die Mündungen zweier Maschinenpistolen blickten ihnen kalt entgegen. Die Männer, die ihre Waffen auf sie richteten, blieben unsichtbar. Der Eingangsbereich des Zeltes lag im Dunkeln.

„Im Gegensatz zu mir können Sie immer noch umkehren, wenn Sie wollen", sagte der Bundespräsident zu Amelie. Doch sie hielt mit dem Staatsoberhaupt Schritt und schüttelte nur den Kopf. Gemeinsam traten sie durch die äußere Tür, die direkt hinter ihnen ins Schloss fiel. Sie hörte einen unverständlichen Ruf. Die inneren Türen öffneten sich, und sie wurden unsanft in den Innenraum des Zeltes gestoßen.

Amelie sah sich um. Hinter ihnen standen zwei Männer in schwarzen Kampfoveralls und kugelsicheren Westen. Die Gesichter der Männer wurden durch Sturmhauben verdeckt. Beide trugen einen Helm. Die kurzen Läufe der Maschinenpistolen zielten auf sie und den Bundespräsidenten.

Die Menschen saßen auf den Bierbänken wie Hühner in einer Legebatterie. Es war nur gedämpftes Sprechen hörbar.

Amelie sah zu den Balkonen hoch. An der Rückseite des Zeltes konnte sie die beiden mächtigen Abschusslafetten und die Raketen darauf erkennen. Sie registrierte, dass viele dieser schwarz gekleideten Männer im Zelt unterwegs waren. Während die einen die Menschen mit Waffen in Schach hielten, trugen die anderen irgendwelche Gegenstände, die sie nicht erkennen konnte, herum. Kisten. Koffer. Stangen. Einer der Männer hatte ein Maschinengewehr geschultert. Ihre Knie wurden weich.

Hilfesuchend sah sie den Bundespräsidenten an. Seine Züge spiegelten Konzentration. Als sie mit ihren Augen seinem Blick folgte, sah sie, dass drei Männer auf sie zukamen. Der mittlere, der den rechten Arm in einer Schlinge trug, blieb vor dem Staatsoberhaupt stehen und salutierte mit links. „Herr Bundespräsident, Sie sind hiermit mein Gefangener. Ich betrachte Sie als Kriegsgefangenen gemäß der Genfer Konvention. Ihnen wird nichts geschehen, solange Sie nicht versuchen zu fliehen." Der Wortführer wandte sich an Amelie. „Das gilt auch für Sie, Frau Karman."

Als die Augen des Mannes sie ansahen, kroch Angst ihren Nacken hinauf. Solche Augen hatte sie noch nie gesehen. Heller Fels.

„Meine Männer werden Sie jetzt durchsuchen. Das ist leider unumgänglich." Die Stimme irritierte Amelie. Sie klang wie die Stimme eines kultivierten Deutschen. Höflich. Beherrscht. Akzentfrei.

„Die Genfer Konvention?", fragte der Bundespräsident mit kaum verborgenem Sarkasmus. „Ihr bisheriges Verhalten spricht nicht dafür, dass Sie dieser Konvention eine hohe Verbindlichkeit zugestehen. Ich meine, bezüglich Ihres brutalen Vorgehens gegenüber Nicht-Kombattanten."

„Wenn Sie Kombattanten in der Nähe von Zivilisten aktiv werden lassen und mich somit zwingen, militärisch zu reagieren, dann trage ich nicht die Verantwortung für die Folgen. Persönlich bedaure ich die Eskalation."

„Wenn Sie so ein Ehrenmann sind, dann müssen Sie jetzt die Geiseln eines anderen Zeltes freilassen. Wie steht es damit? Halten Sie Ihr Wort?"

„Selbstverständlich. Ich habe den Behörden bereits mitgeteilt, dass die Menschen das Bärenbräu-Zelt verlassen können."

Amelie dachte an ihren Freund. Werner käme endlich frei. Dafür saß sie hier fest. Ärger über sich selbst stieg in ihr auf. Sie könnten wieder zusammen sein. Welcher Teufel hatte sie geritten, sich auf diesen Wahnsinn einzulassen?

„Können Sie das beweisen?", fragte der Bundespräsident misstrauisch.

„Sie können sich die Berichte im Fernsehen ansehen, wenn Sie mir nicht glauben", sagte der Wortführer. Dann wandte er sich zu den beiden Männern um, die ihn eskortiert hatten. „Durchsuchen!", befahl er mit schroffer Stimme.

Einer der beiden Begleiter ging zum Bundespräsidenten, der andere kam auf Amelie zu. Wortlos streckte er eine Hand aus, mit der anderen zeigte er auf ihre Handtasche. Sie sah ihm in das maskierte Gesicht.

Der Mann musterte sie ebenfalls. In seinen Augen lag ein seltsames Flackern. „Hallo, Amelie. Schön, dass wir uns endlich kennen lernen."

„WIR MÜSSEN Sie bitten, beim Verlassen des Zeltes absolute Ruhe zu bewahren. Wenn Sie im Freien sind, gehen Sie nach links, die Wirtsbudenstraße entlang. Begeben Sie sich zum Haupteingang. Dort werden Ihre Personalien aufgenommen. Dann können Sie nach Hause gehen", verkündete die Stimme eines Polizeibeamten über die Lautsprecher.

Werner Vogel sah Matthias an. „Wurde auch langsam Zeit", seufzte er erleichtert. Gemeinsam reihten sie sich in die Schlange der Wartenden auf dem Gang ein.

Die Türen des Zeltes wurden geöffnet, und alle setzten sich in einer schweigsamen Prozession in Bewegung. Polizisten hielten immer wieder den erhobenen Zeigefinger vor die Lippen, um die Menschen daran zu erinnern, ruhig zu sein. Langsam schoben sie sich in Richtung Ausgang.

Jetzt, da die Anspannung von ihm abfiel, bemerkte Vogel, wie müde er war. Er gähnte herzhaft. Aber er musste noch seine Eltern anrufen und ihnen sagen, dass es ihm gut ging. Vor allem aber musste er Amelie anrufen. Die konnte ihm bestimmt erklären, was geschehen war.

Kaliningrad, 19.30 Uhr Ortszeit

DAS VERHÄLTNIS von Oberst Klarow und Dr. Urs Röhli war nur auf den ersten Blick ungewöhnlich. In Geheimdienstkreisen war eine Beziehung, wie sie die beiden Männer verband, häufiger anzutreffen. Beide vermuteten vom anderen, dass er etwas anderes war, als er zu sein vorgab.

Kennen gelernt hatten sie sich während der Tagung der Militärhistoriker, auf der Röhli auch den Archivar Alexander Ivanov zum ersten Mal getroffen hatte. Oberst Klarow war ihm als Offizier der Miliz vorgestellt worden. Er war für die Sicherheit der Tagungsteilnehmer verantwortlich. Aber vieles deutete für Härter darauf hin, dass Klarow noch andere Interessen als die der Miliz vertrat.

Sie hatten sich seitdem regelmäßig gesehen. Urs Röhli meldete sich jedes Mal bei Sergej Klarow, wenn er in Kaliningrad war. Letztes Jahr hatte er ihm einen Computer für seinen Sohn mitgebracht. Klarow hatte seinerseits gelegentlich in Zürich zu tun.

Ihre Bekanntschaft hatte für beide Seiten Früchte getragen. Während sie über verschiedene Themen Allgemeinplätze austauschten, flochten sie in Nebensätzen gern sensiblere Informationen ein. Ein Geben und Nehmen, als ob ein ungeschriebener Vertrag zwischen ihnen bestünde.

Und so war es auch dieses Mal. Sie saßen an einem kleinen Tisch des Restaurants „Ztaryj Kaunas“ und redeten über vollkommen unverdächtige Themen. Nur kurz hatten sie über die Vorgänge in München gesprochen.

Dann erzählte Klarow, dass sein Sohn einem Fußballverein beigetreten sei. Kurz darauf war ihr Gespräch bei der Fußballweltmeisterschaft angelangt, die in zwei Jahren in Deutschland stattfinden sollte.

Während dieser Unterhaltung zog Röhli ein Foto aus der Tasche seines Jacketts. Auf dem Foto war das freigestellte Gesicht eines Mannes zu sehen. Kein Hintergrund. „Kennen Sie diesen Mann zufällig?“, fragte Röhli in beiläufigem Ton.

Klarow sah nur kurz auf das Foto und schüttelte dann den Kopf. „Nein, nie gesehen. Wieso? Wer ist das? Ein Fußballspieler?“, entgegnete er ebenso beiläufig. Das Foto verschwand wieder in der Tasche des Sakkos.

Röhli winkte ab. „Nein, kein Fußballspieler. Habe nur interessehalber gefragt. Hätte ja sein können, dass Sie den Mann kennen.“ Er machte sich wieder über sein Essen her.

Später, als sie sich vor dem Lokal voneinander verabschiedeten, meinte Klarow: „Ich werde Ihnen jetzt etwas sagen, was ich Ihnen nicht gesagt haben kann, weil ich es nicht weiß. Verstehen Sie, was ich meine?“

Röhli nickte wortlos.

„Woher Sie dieses Foto haben, ist mir egal. Ich will es gar nicht wissen. Ich kann Ihnen in dieser Sache nur einen freundschaftlichen Rat geben: Werfen Sie es einfach weg! Machen Sie einen großen Bogen um den Mann auf diesem Foto. Er ist ein hochdekorierter Operateur bei Speznas. Seinen

Klarnamen kenne ich nicht. Der Deckname dieses Mannes ist ‚Drache'. Ein überaus gefährlicher und sehr grausamer Mann. Dieser Mann tötet Menschen, wie andere Leute ihre Wäsche wechseln. Tun Sie mir den Gefallen und halten Sie sich von ihm fern. Ich schätze Sie und unsere Begegnungen sehr. Ich würde nur ungern darauf verzichten."

Härter hatte den Eindruck, in der Stimme des russischen Offiziers tatsächlich Angst hören zu können. „Vielen Dank für Ihren guten Rat, Oberst Klarow. Auch ich freue mich immer, Sie zu sehen. Seien Sie versichert, ich werde gut auf mich aufpassen."

Die beiden Männer gaben sich die Hand. Dann ging Dr. Urs Röhli mit etwas unsicheren Schritten zu dem Taxi, das auf ihn wartete.

Seit sie das Zelt betreten hatten, war ihr der Kerl mit den unsteten Augen nicht mehr von der Seite gewichen. Bei der Leibesvisitation hatte er sie schamlos begrapscht. Jetzt schienen seine unverhohlen gierigen Blicke sie wieder und wieder auszuziehen. Doch damit nicht genug. Je länger der Kerl auf sie einredete, desto mehr verstärkte sich ihr Eindruck, dass er sehr viel über sie wusste. Zu viel. Woher? Und warum? Nur die Anwesenheit des Bundespräsidenten verhinderte, dass sie in Panik ausbrach.

Der Kerl stellte ihr ein Bier hin, setzte sich neben sie und tätschelte ihr Knie. „Hier, trink, Amelie! Das hilft gegen die Nervosität!"

Sie setzte den Maßkrug an und trank einige große Schlucke. Das Staatsoberhaupt saß ihr gegenüber und lächelte sie aufmunternd an. „Immerhin haben die Geiselnehmer Wort gehalten und tatsächlich die Geiseln aus einem Zelt freigelassen. Sie werden sehen, Frau Karman, alles wird sich zum Guten wenden", sagte er mit sonorer Stimme.

Der Kerl griff sich mit der Hand auf Höhe des Ohres an die Sturmhaube und drehte den Kopf zur Seite. Anscheinend bekam er gerade einen Funkspruch. Dann wandte er sich ihr wieder zu. „Bitte entschuldige mich, Amelie. Ich werde gebraucht. Aber ich komme zurück, sobald ich kann." Er erhob sich, nicht ohne vorher nochmals ihr Knie zu streicheln, und ging.

Wenig später kam der Anführer an ihren Tisch. „Ich wollte mich vergewissern, dass Sie korrekt behandelt werden. Haben Sie Grund zu Beschwerden?", fragte er mit sachlicher Stimme.

„Ihr Kumpan, der bis eben hier war, ist aufdringlich", entgegnete Amelie. Die Bestimmtheit ihres Tons erstaunte sie selbst. Unter dem Biertisch zitterten ihr die Knie.

„Ich werde meinen Kameraden darauf ansprechen. Ich werde ihm sagen, dass Ihnen sein Verhalten unangenehm ist.“ Blochin sah von ihr zum Bundespräsidenten. „Sonst noch was?“

„Eine Frage hätte ich schon“, begann das Staatsoberhaupt. „Warum hier in Deutschland? Warum gerade München? Warum das Oktoberfest?“

„Das waren schon drei Fragen, Herr Bundespräsident.“ Blochin räusperte sich. „Aber ich wüsste nicht, warum ich Ihnen das nicht beantworten sollte. Sehen Sie, ich brauchte einen überschaubaren Ort, an dem sehr viele Menschen zur gleichen Zeit in unterschiedlichen Räumen versammelt sind. Außerdem sollte dieser Ort in einem reichen Land liegen, dessen Militär keinerlei Kampferfahrung hat. Kurzum, ich brauchte ein Land mit viel Geld und wenig Kampfgeist. Ein Land von wohlhabenden Weicheiern. Da blieb nur Deutschland übrig. Der Ort war dann schnell gefunden.“ Blochin schwieg einige Sekunden lang. „Eine gute Wahl, finden Sie nicht?“, setzte er spöttisch hinzu.

Brigadegeneral Xaver Moisadl betrat das Krankenzimmer des Amerikaners und salutierte.

„Ich habe verlangt, mit Ihnen zu reden, weil ich Ihnen meine Beobachtungen mitteilen wollte“, sagte Patrick McNamara, nachdem sie sich begrüßt hatten. „Mit Ihnen kann ich von Soldat zu Soldat sprechen.“ Er hustete und verzog kurz das Gesicht. „Wegen der Schmerzmittel fällt es mir schwer, mich zu konzentrieren. Trotzdem will ich versuchen, einen vollständigen Bericht zu liefern.“ Ein tiefer Atemzug. „Sie haben es mit einer Kompanie Kommandosoldaten zu tun. Ich habe neunzig Mann gezählt. Im Zelt habe ich mit einem deutschen Professor gesprochen, der der Meinung war, es handle sich um Deutsche.“

Moisadl nickte. „Das deckt sich mit unseren Erkenntnissen.“

„Haben Sie die Grundrisse dabei, um die ich gebeten hatte?“

Wortlos rollte Moisadl die Pläne des Benediktiner-Zeltes aus. Er zückte einen Filzstift und sah den amerikanischen Offizier erwartungsvoll an.

Der orientierte sich kurz auf dem Plan. „Insgesamt fünf MG-Stellungen. Russische Modelle. PKS.“ Sein Finger deutete auf verschiedene Stellen des Grundrisses. Moisadl markierte die Positionen mit dem Stift.

„Die beiden Dreier-Lafetten der Raketen stehen hier und hier. Sechs Scharfschützen.“ McNamara zeigte Moisadl die Stellungen. „Acht stationäre Zweier-Posten.“ Wieder glitt sein Finger über das Papier. Dann ließ er seinen Kopf auf das Kissen sinken. Sein Mund zeigte ein schwaches Lächeln. „Ach, und noch etwas, der Kommandeur kann seinen rechten Arm nicht mehr benutzen. Ich habe dem Bastard die Schulter ausgekugelt.“

Moisadl grinste. Dann wurde seine Miene wieder ernst. „Ich frage mich, warum die Sie haben gehen lassen. Denen muss doch klar sein, dass Sie uns Informationen zugänglich machen. Das ist merkwürdig."

„Sie haben Recht. Vielleicht war es ja beabsichtigt, dass Sie diese Informationen erhalten. Aber warum? Einschüchterung?"

„Oder sie wollen, dass wir bei einem Sturmangriff, den wir aufgrund dieser Informationen planen, ins offene Messer laufen. Diese Art der Täuschung würde zu dem bisherigen Verhalten des Gegners passen."

McNamara nickte. „Das wäre eine Erklärung." Er atmete mehrfach tief ein. „Ich fühle mich noch sehr erschöpft. Bitte entschuldigen Sie, General. Aber ich glaube, wir machen morgen weiter."

„Geht in Ordnung, Oberstleutnant. Vielen Dank für Ihre Informationen. Und gute Besserung!" Brigadegeneral Moisadl salutierte abermals.

AM NÄCHSTEN VORMITTAG pünktlich um zehn Minuten nach zehn landete die Fokker-Maschine der Baltic Air aus Kaliningrad in Kopenhagen. Nachdem Dr. Urs Röhli sein Gepäck in Empfang genommen hatte, begab er sich in einen der großzügigen Toilettenräume.

Zehn Minuten später verließ ein Deutscher namens Alexander Schmidt die Toilette. Der Außendienstmitarbeiter einer Vertriebsfirma für wasserdichte Reißverschlüsse hatte keine Zeit. Bereits in einer Stunde hatte er einen dringenden Termin in Hamburg. Herr Schmidt eilte zum Terminal für Charterflüge. Der Pilot der Propellermaschine erwartete ihn bereits. Nachdem der Reißverschlussvertreter noch schnell einige E-Mails von seinem Laptop abgeschickt hatte, ging er an Bord des Lufttaxis.

Erwartete Ankunftszeit in Hamburg: 11.45 Uhr. Wolfgang Härter haderte mit den Umständen. Er würde bei der Übergabe der Diamanten nicht anwesend sein können. Hoffentlich versuchte niemand einen Angriff auf die Geiselnehmer. Ein solcher Versuch würde mit hoher Wahrscheinlichkeit in einer Katastrophe enden. Er hatte sowohl Alois Kroneder als auch Xaver Moisadl ausdrücklich davor gewarnt. Dennoch blieb ein ungutes Gefühl.

11.15 Uhr

EIGENTLICH hätte Generalmajor Blochin mit dem Verlauf der Operation zufrieden sein können. Die letzte Nacht war weitgehend ruhig verlaufen. Nur zwei Geiseln hatten einen Schreikrampf bekommen und waren von Dr. Kusnezow mit Valium ruhiggestellt worden.

Phase zwei war bereits am gestrigen Abend abgeschlossen worden. Sämtliche stationären Posten und schweren Waffen waren an andere Positionen im Zelt verlegt worden. Blochins Idee dahinter war, den Gegner in die Irre zu führen. Mittlerweile hatte der freigelassene Amerikaner bestimmt detaillierte Informationen über ihre Waffen und deren Standorte im Zelt an den Gegner weitergegeben. Sollte sich der Gegner aufgrund dieser Informationen zu einem Sturmangriff entschließen, würde ihm ein vernichtender Empfang bereitet. Aber der erwartete Angriff war bislang ausgeblieben. Umso besser! Denn selbst ein gut vorbereitetes Gefecht barg immer Unwägbarkeiten.

Auch sonst liefen die Vorbereitungen für den Fortgang der Operation nach Plan. In 45 Minuten sollten die Diamanten übergeben werden. Vor dem Gefechtsstand waren mehrere Biertische aufgebaut worden. Daneben lag ein großer Stapel stabiler Plastikbeutel. Ein Gerät zum Vakuumieren und Verschweißen der Beutel war gerade angeschlossen worden.

Auf den Tischen standen ein Dutzend Präzisionswaagen. Neben diesen Waagen lagen ebenso viele Diamantenprüfgeräte bereit. Diese kleinen batteriebetriebenen Apparate ermöglichten eine sichere Überprüfung von Diamanten auf ihre Echtheit. Der Test eines Steines dauerte gerade mal eineinhalb Sekunden. Dennoch würden sie natürlich nicht die gesamte Menge der Diamanten testen können. Stichproben mussten genügen.

Über Funk hatte er erfahren, dass sowohl in der Halle der Import-Export-Firma als auch auf seinem Stützpunkt, dem „Spielplatz", alles nach Plan lief. Dort stand die Yakovlev Yak-42D startbereit auf der Rollbahn. Sobald die Diamanten übergeben waren, würde das Transportflugzeug abheben. Die Vorbereitungen für die Operation zur Extraktion waren abgeschlossen.

Eigentlich hätte Blochin mit dem Verlauf der Operation zufrieden sein können. Aber zwei Dinge machten ihn nachdenklich. Da war zum einen das merkwürdige Verhalten seines Nahkampfspezialisten. Oberst Iljuschin, Codename „Drache", benahm sich auffällig. Seit diese deutsche Journalistin im Zelt war, ließ er sie kaum aus den Augen. Er sprach viel mit ihr. Das war sonst nicht seine Art. Was war los mit Iljuschin?

Und zweitens war da dieser bohrende Schmerz in Blochins rechter Schulter. Trotz starker Schmerzmittel litt er bei der kleinsten Belastung des fixierten Armes Höllenqualen. Der andauernde Schmerz kostete ihn Kraft. Noch nie hatte er seine 54 Lebensjahre so deutlich gespürt. Ausgerechnet jetzt, da er seine volle Leistungsfähigkeit so dringend brauchte.

„DA! SCHON WIEDER! Schauen Sie sich das an!“

Stefan Meier fuhr auf seinem Stuhl herum. Der junge Assistent, der an dem Terminal rechts neben ihm saß, zeigte aufgeregt auf den Bildschirm vor sich. Meierinho musterte die Wellenformen, die eines der Fenster auf dem Monitor zeigte, mit zusammengekniffenen Augen. Tatsächlich! Da war das Signal wieder. Jetzt schon zum dritten Mal. Und es kam vom Benediktiner-Zelt.

„Die müssen da einen unglaublich starken Sender haben! Aber was hat dieses Signal zu bedeuten? Für wen ist es bestimmt?“ Der junge Mann sah Meierinho fragend an.

„Es sieht so aus, als ob es sich um ein Trägersignal handelt. Sehen Sie, der Verlauf ist gleichförmig. Als würden mit diesem Signal gar keine Informationen transportiert. Zumindest nicht im Moment.“ Meierinho hielt inne und dachte nach. „Wofür auch immer die Täter das brauchen, es scheint wichtig zu sein. Einen Sender dieser Stärke haben die bestimmt nicht zufällig dabei. Zeichnen wir auf?“

„Na klar!“, kam die prompte Antwort.

„Bereiten Sie das Signal als Schleife auf. Vielleicht können wir uns dazwischenhängen, wenn die Täter Informationen auf dieses Trägersignal draufpacken.“

Möglicherweise haben sie gerade ihren ersten Fehler gemacht, dachte Meier. Er schickte eine E-Mail an Müller vom BKA. Denn wollten sie mit ihrem Angriff auf die Kommunikation des Gegners Erfolg haben, dann brauchten sie mehr Rechenleistung. Viel mehr Rechenleistung.

12.00 Uhr

SIE HIELTEN SICH genau an die Forderungen der Geiselnehmer. Kanzlerentscheidung. Der Finanzminister hatte den Konvoi aus Dingos und Radpanzern bis zur Theresienwiese begleitet. Am Haupteingang wurde die Fracht in einen Polizeiwagen umgeladen. Fünfer BMW. Wie gefordert.

Langsam fuhr der Polizeiwagen die Wirtsbudenstraße entlang. Vor dem Benediktiner-Zelt hielt er an. Der Fahrer lenkte den Wagen rückwärts vor den Haupteingang. Die beiden unbewaffneten Beamten stiegen aus. Der Fahrer ging zur Heckklappe und öffnete sie. Sein Blick blieb nur kurz an der Ladung hängen. Dann kehrte er zusammen mit seinem Kollegen zurück zur Wiesn-Wache. Wie gefordert.

Im Laderaum des Polizeiwagens lagen sechs verschweißte Säcke aus Kunststoff. Jeder enthielt genau 25 Kilogramm des teuersten Rohstoffs, den die Welt zu bieten hat. Ungeschliffene Diamanten. Wie gefordert.

Der Handlungsreisende namens Schmidt landete mit seinem Lufttaxi in Hamburg. Im Flughafen empfing ihn ein Oberst der Luftwaffe in Zivil.

Zehn Minuten später rollte der IDS-Tornado mit Wolfgang Härter an Bord in Startposition. Der Pilot zündete die Nachbrenner der MTU-199-Turbinen. Die ungeheure Beschleunigung presste den Kapitän in den Sitz. Der Tornado hob ab, stieg auf 15 000 Meter und schoss mit einer Geschwindigkeit von 2300 Stundenkilometern in südlicher Richtung durch den deutschen Luftraum. Keine zwanzig Minuten später begann der Pilot mit dem Landeanflug auf Augsburg.

In der Operationszentrale im Münchner Rathaus baute sich Oberst Buchwieser vor seinem Vorgesetzten, Brigadegeneral Moisadl, auf und grüßte militärisch. „Herr General, wir haben eine Meldung der NATO-Luftraumüberwachung. Ein unbekanntes Flugzeug ist unerlaubt in polnischen Luftraum eingedrungen. Wo genau die Maschine gestartet ist, wissen wir nicht. Irgendwo in der russischen Enklave des Kaliningrader Gebiets. Aber jetzt fliegt sie in einer Höhe von neuntausend Metern über Polen hinweg. Unsere polnischen Verbündeten wollten den Eindringling sofort abschießen. Aber das Flugzeug hat eine positive Freund-Feind-Kennung aktiviert."

„Eine Freund-Feind-Kennung? Ist es denn eins von unseren?"

„Nein. Aber der Transponder, den das Flugzeug an Bord hat, ist einer von unseren."

„War da nicht was? Ende letzten Jahres? Irgendein Diebstahl im Kosovo? Bei dem auch ein Transponder abhandenkam. Überprüfen Sie das!"

„Zu Befehl, Herr General." Buchwieser atmete tief ein. „Das Interessanteste aber ist der Kurs, auf dem die Maschine fliegt. Wenn man die bisherige Flugroute verlängert, dann kommt die Maschine zu uns. Sie fliegt direkt auf den Münchner Flughafen zu."

„Ha!" Moisadl schlug mit der flachen Hand auf den Tisch. „Die wollen mit einem Flugzeug abhauen. Mit einem eigenen. Ganz schön clever! Die von den BKA-Technikern präparierten Maschinen können wir also vergessen. Ich werde sofort den Bundesinnenminister in der Bayerischen Staatskanzlei anrufen. Der soll entscheiden, ob er die KSK oder die GSG 9 zum Flughafen schickt. Wenn die Gegner in das Flugzeug steigen, dann machen wir ihnen den Garaus."

Eines der Telefone auf dem Schreibtisch klingelte. „Herr General, der Bundesinnenminister möchte Sie sprechen."

„Das trifft sich gut. Stellen Sie durch."

Nachdem er sich gemeldet hatte, hörte Moisadl einige Sekunden lang zu, während der Minister sprach. Dann legte er seine Hand über die Sprechmuschel und sah Buchwieser an. „Der Gegner hat ein neues Fax geschickt. Der Minister leitet es uns gerade weiter. Herholen!"

Buchwieser legte eine Hand zum Gruß an die Stirn und machte sich auf den Weg zu den Faxgeräten.

„Gut. Ich werde mir das Schreiben anschauen und Sie dann zurückrufen. Bis dann, Herr Minister."

Buchwieser übergab dem General vier eng beschriebene Seiten. Während sie gemeinsam den Text lasen, hörte man ab und an ein ärgerliches Schnauben von den beiden Offizieren.

„Das mit der ständigen Funkverbindung zwischen Zelt und Flugzeug ist eine schöne Schweinerei! Wirklich ausgebuffte Dreckskerle! Und auftanken sollen wir ihnen die Maschine auch noch!", schimpfte Buchwieser schließlich.

„Sauhunde, miserablige!", entfuhr es Moisadl.

Die beiden lasen schweigend weiter. „Ein Hubschrauber? Wir sollen den Busparkplatz an der Theresienwiese räumen?", fragte Moisadl erstaunt. „Und wir sollen ihn nicht abschießen, sonst werden Geiseln exekutiert? Die wollen neunzig Mann mit einem Hubschrauber zum Flughafen schaffen? Da sind die aber beschäftigt! Wie oft wollen die denn da hin- und herfliegen?" Der Stadtkommandant von München schüttelte den Kopf. „Das dauert ja ewig."

IN DER HALLE der Import-Export-Firma erhielten die vier Männer ihren Einsatzbefehl. Die Montage war bereits vor einer Woche abgeschlossen worden. 35 Mann waren vonnöten gewesen, um die Maschine, deren Einzelteile sich ebenfalls in den Containern befunden hatten, zusammenzusetzen. Die beiden Türen des gewaltigen Rolltores glitten auseinander. Ein Helikopter wurde sichtbar. Ein Monstrum von einem Helikopter. Genauer gesagt: der größte Helikopter der Welt.

Langsam rollte der russische Mil Mi-26 Halo ins Freie. Zentimeterarbeit.

Die vier Männer, alle erfahrene Piloten, setzten sich in dem Helikopter an ihre Stationen. Sie wussten genau, welches Ungetüm sie jetzt dazu bringen würden, sich in die Lüfte zu erheben. Der Mil Mi-26 Halo war eine absolute Meisterleistung russischer Ingenieurskunst. Mit seinem achtblättrigen

Rotor war er in der Lage, über zwanzig Tonnen Last zu heben. Und der Rumpf bot genügend Platz für die neunzig Männer, die ihn auf dem Oktoberfest erwarteten: Der Helikopter maß von der Nase bis zum fünfblättrigen Heckrotor vierzig Meter.

Der Funker aktivierte die Kommunikationselektronik. „Das Taxi ist unterwegs", sagte er kurz in sein Helmmikrofon, als die dreißig Tonnen des Helikopters vom Boden abhoben.

14.45 Uhr

Alois Kroneder trommelte seine leitenden Beamten im Gemeinschaftsraum der Wiesn-Wache zusammen. Lagebesprechung. „Liebe Kolleginnen und Kollegen! Die Täter haben uns die Bedingungen für ihren Abzug mitgeteilt. Sie werden demnächst das Benediktiner-Zelt verlassen und in einen Hubschrauber umsteigen, der auf dem Busparkplatz landen wird."

„Warum schnappen wir sie uns dann nicht?", unterbrach ihn der neue Kommandeur der bayerischen Sondereinsatzkommandos.

„Da sprechen Sie den entscheidenden Punkt an, Herr Kollege. Aber lassen Sie mich den Plan der Täter der Reihe nach erläutern. Der Hubschrauber wird die Täter zum Flughafen bringen. Dort steigen sie in eine Maschine um, die sich bereits im Anflug auf München befindet."

„Dann erfolgt der Zugriff also am Flughafen?"

„Das liegt außerhalb meiner Zuständigkeit. Doch hier auf der Theresienwiese erfolgt kein Zugriff. Lassen Sie mich das kurz erklären. Also, im Benediktiner-Zelt befindet sich ein starker Sender. Die Täter haben uns wissen lassen, dass sie durch diesen Sender in der Lage sind, die Vorgänge auf der Theresienwiese weiterhin zu überwachen. Sie leiten die Signale der Überwachungskameras per Funk an das Flugzeug weiter." Kroneder machte eine kurze Pause. „Ein zweiter Sender befindet sich an Bord des Flugzeugs, das im Moment auf München zufliegt. Der Sender im Flugzeug gibt den Tätern nach eigenen Angaben die Möglichkeit, jederzeit eine Kontamination der Zelte mit Giftgas herbeizuführen. Auch wenn wir dieses Signal stören oder unterbrechen, wird automatisch das Gas freigesetzt. Erst wenn die Täter einen sicheren Ort erreicht haben, wird das Funksignal deaktiviert, und die Geiseln dürfen die Zelte verlassen. Kurz gesagt, die Täter haben den Finger weiterhin auf dem roten Knopf. Auch wenn sie den Tatort verlassen haben." Er räusperte sich. „Die Entscheidung, die Täter abziehen zu lassen, hat der Bundeskanzler persönlich getroffen."

Generalmajor Oleg Blochin konnte es kaum fassen. Während der ganzen Operation keine Probleme. Und jetzt das: Iljuschin drehte durch. Gerade hatte ihm der Oberst eröffnet, dass er Amelie Karman mitnehmen würde. Kriegsbeute sozusagen.

„Ich werde keine Änderung des Plans dulden, Polkownik!“, herrschte Blochin seinen Nahkampfspezialisten an. Aus dem Augenwinkel bemerkte er, dass die Männer aus Iljuschins Zug hinter ihrem Zugführer Aufstellung nahmen. Ein Vorgang kaum verhohlener Aggression. „Wir alle werden den Plan wie vorgesehen bis zum Ende durchführen! Das ist ein Befehl!“

„Ein Befehl?“, fragte Iljuschin mit Hohn in der Stimme zurück. „Für Sie ist die Zeit des Befehlens vorbei, General! Dies ist Ihre letzte Operation. Und sie steht kurz vor dem erfolgreichen Abschluss. Wir werden uns danach in alle Winde zerstreuen. Es gibt nichts mehr, womit Sie mir drohen könnten.“

Blochin wurde für einen Moment schwindlig. Noch niemals hatte ein Untergebener es gewagt, in einem solchen Ton mit ihm zu sprechen.

Iljuschin sah ihn an. In seinen Augen lag ein seltsames Flackern. „Aber ich könnte Ihnen drohen, General“, sagte er kalt. „Ich könnte Sie jetzt einfach töten, mir Ihre fünfzehn Kilogramm unter den Nagel reißen und das Kommando übernehmen. Oder fällt Ihnen jemand ein, der mich aufhalten könnte?“

Blochins Mund war plötzlich trocken. Iljuschin war außer Kontrolle. Okidadse hatte ihn davor gewarnt, dass das eines Tages passieren würde, doch er war sich der Loyalität von Iljuschin immer sicher gewesen. So kann man sich irren, dachte Blochin. Ein fataler Irrtum.

Da schlug der Ton in Iljuschins Stimme um. „Jetzt habe ich Ihnen aber einen Schrecken eingejagt, was, General? Doch keine Angst! Ich werde Sie am Leben lassen. Und Sie werden diese Operation bis zum Ende kommandieren. Sie werden als der größte Erpresser aller Zeiten in die Geschichte eingehen. Nur dass niemand wissen wird, wie Sie heißen. Aber eine kleine Änderung wird es geben, General, denn ich werde diese Frau mitnehmen!“ Iljuschin nahm Haltung an und salutierte. „Erlauben Sie, dass ich den Männern befehle, sämtliche Minen und Sprengfallen im Zelt und an den Türen zu aktivieren und sich abmarschbereit zu machen?“

Blochin nickte langsam. „Tun Sie das, Polkownik! Tun Sie das!“

Dieser Herr Müller vom BKA musste wirklich über sehr gute Verbindungen verfügen. Vor zehn Minuten war der Mann in dem kleinen Büro erschienen, in dem Stefan Meier und seine beiden Assistenten unverdrossen versuchten, die Signalcodierung der Geiselnehmer zu knacken. Und er hatte eine Überraschung parat: eine Liste von Benutzernamen und Passwörtern, die es ihnen erlaubte, auf mehrere Großrechenzentren zuzugreifen.

„Erklären Sie mir, was Sie vorhaben“, sagte Herr Müller.

„Im Prinzip ist es ganz einfach. Wir wollen versuchen, den Tätern ein falsches Bildsignal unterzujubeln. Dann sehen sie in ihrem Flugzeug, dass sich in den Zelten und auf dem Gelände nichts Besonderes tut. Währenddessen können wir die Zelte evakuieren. Livebilder von der Theresienwiese gibt es ja im Fernsehen nicht mehr. Aber ich bin mir nicht sicher, ob wir es tatsächlich schaffen, den Tätern vorzugaukeln, dass die Bilder authentisch sind. Und niemand weiß, wie die Täter reagieren, wenn sie bemerken, dass wir ihnen ein falsches Signal überspielen.“

„Bereiten Sie sich trotzdem darauf vor, es zu versuchen!“

AMELIE war speiübel. Im Benediktiner-Zelt hatte ihr der Kerl mit dem flackernden Blick die Hände mit Kabelbindern auf den Rücken gefesselt. Danach hatte man ihr einen schwarzen Sack über den Kopf gestülpt. Seitdem umgab sie Dunkelheit.

Einer der Männer hatte sie über seine Schulter gelegt wie eine Stoffpuppe. Dann war der Kerl, der sie trug, losgelaufen. Sie hörte das Geräusch eines Hubschraubers. Lauter und lauter. Es ging eine Rampe empor.

Jetzt waren sie wohl im Innern des Hubschraubers. Sie wurde abgesetzt. Der Boden unter ihr schwankte, als der Hubschrauber abhob. Dann flogen sie. Wie lange, konnte sie nicht sagen. Um sie nur Dunkelheit. Ängstlich rang sie nach Luft. Sie hörte Stimmen, die sie nicht verstand.

Schließlich setzte der Hubschrauber höchst unsanft auf. Wieder wurde sie hochgehoben. Wieder der Lärm. Wieder lief der Mann, der sie trug, im Laufschritt. In die Geräusche des Hubschraubers mischte sich der Krach von Flugzeugdüsen. Es ging eine Treppe hinauf. Sie wurde von der Schulter des Mannes gehoben und in einen Sessel gesetzt. Jemand legte ihr einen Gurt um den Bauch und zog ihn fest. Sie hörte das Zuschlagen der Türen.

Ja, sie war an Bord eines Flugzeugs. Dann die Beschleunigung. Sie stiegen in einer steilen Rechtskurve. Schweiß brach Amelie aus. Und plötzlich wurde ihr klar, dass sie sterben würde. An Bord dieses Flugzeugs. Mit einem schwarzen Sack über dem Kopf.

In diesem Moment zog ihr jemand den Sack herunter. Es war der Mann mit den unsteten Augen. Er trug nach wie vor die Sturmhaube, die sein Gesicht verdeckte, aber den Blick erkannte sie sofort.

„Es tut mir leid, dass wir dich etwas unsanft behandeln mussten, Amelie. Aber wir konnten nicht riskieren, dass du irgendwelche Dummheiten machst. Du musst verstehen, dass wir einen relativ engen Zeitplan haben." Die Augen des Mannes kamen überraschend zur Ruhe. „Du hast ja Angst", sagte er mitfühlend. „Das brauchst du nicht. Wir haben ein tolles Abenteuer vor uns. Einen Tandemsprung mit dem Fallschirm! Und sieh mal ..." Er zog eine Hand hinter seinem Rücken hervor. „Ich habe sogar daran gedacht, deine Handtasche mitzunehmen. Ich habe gehört, Handtaschen seien Frauen ungeheuer wichtig. Und du sollst dich doch wohlfühlen."

„Ich glaube, mir wird schlecht", brachte sie mühsam hervor.

„Ich hole dir etwas Wasser, Amelie", sagte der Mann mit sanfter Stimme und ging Richtung Cockpit.

Nun hatte sie zum ersten Mal Gelegenheit, sich umzusehen. Die Inneneinrichtung des Flugzeugs sah aus, als wäre sie schon viele Jahre alt. Sämtliche Beschriftungen waren in kyrillischen Buchstaben. Alle Sitze waren besetzt mit den Männern in den schwarzen Overalls. Die meisten hatten ihre Maschinenpistole neben ihrem Helm auf den Boden gelegt. Einige zogen die Sturmhaube vom Kopf. Einer warf einen verschweißten Kunststoffbeutel mit der rechten Hand in die Luft, fing ihn wieder auf und lachte.

Dann sah Amelie, wie der Anführer sich erhob und ebenfalls seinen Helm abnahm. Sie erkannte ihn eindeutig: Der Mann trug den rechten Arm in der Schlinge. Mit der linken Hand fasste er an den unteren Rand seiner Sturmhaube und zog sie sich vom Gesicht.

Der Schock traf Amelie wie ein Schlag in den Magen. Sie sah in das Gesicht eines Mannes, den sie gut kannte, den sie jederzeit als ihren Freund bezeichnet hätte. Vollkommen fassungslos starrte Amelie in das Gesicht von Karl Romberg.

7

Karl Romberg war begeistert. Die Safari hatte all seine Erwartungen weit übertroffen. Nicht umsonst wurde das Okavango-Delta in Botsuana als Naturwunder bezeichnet. Er konnte kaum glauben, dass es erst fünf Tage her war, seit er München verlassen hatte.

Er war in Johannesburg gelandet und von dort nach Maun in Botsuana weitergeflogen. Zunächst hatten sie ein Bergbaumuseum besucht. Die Förderung von Diamanten war der Motor für die Volkswirtschaft des Landes.

Interessiert hatte Romberg sich die Ausstellung angesehen, die jeden einzelnen Schritt von der Förderung bis zum fertigen Edelstein nachvollzog.

Dann waren sie in Jeeps ins Okavango-Delta aufgebrochen. Seither waren sie unterwegs, abgeschnitten von jeglicher Zivilisation. Trinkwasser und Treibstoff führten sie in Tanks auf den Wagen mit. Die Nächte verbrachten sie in einem Camp, das sie selbst errichtet hatten.

Tagsüber fuhren sie durch die faszinierende Natur dieser einzigartigen Landschaft. Und was hatte er nicht alles gesehen: Elefantenherden. Ein Löwenrudel. Eine Giraffe und ihr Junges. Grazile Gazellen. Unzählige exotische Vögel. Absolut atemberaubend. Jetzt verstand Karl Romberg, wovon die Leute sprachen, wenn sie vom Zauber Afrikas erzählten.

Heute Abend würden sie zum ersten Mal in einer Lodge übernachten.

16.35 Uhr

Im Konferenzraum des Kanzleramts war das kleine Sicherheitskabinett zur Lagebesprechung versammelt. Der Raum war leicht abgedunkelt.

Der Verteidigungsminister erhob sich und ging zu einer großen Leinwand. „Herr Bundeskanzler, meine Herren, die Lage ist folgende: Die Täter haben München vor wenigen Minuten mit der Beute verlassen. Sie befinden sich mit einer Geisel an Bord eines Flugzeugs. Pünktlich um zwölf Uhr haben wir die geforderte Menge Diamanten übergeben. Zweieinhalb Stunden später ist ein Hubschrauber in einem Münchner Industriegebiet gestartet."

Der Verteidigungsminister hatte die Projektionsfläche erreicht. Ein Film wurde eingespielt. Man sah die Wirtsbudenstraße und den Eingang zum Benediktiner-Zelt. Plötzlich flogen die Türen auf. Bewaffnete Männer stürmten heraus. Schwarze Kampfanzüge. Kevlar-Helme. Sturmhauben.

„Sie sehen hier Aufnahmen der Bundeswehr. Die Täter haben das Zelt verlassen und sich zum Busparkplatz begeben, wo der Hubschrauber wartete." Der Film ließ erkennen, dass die Männer diszipliniert und koordiniert vorgingen. Rundumsicherung. „Die Täter haben eine weitere Geisel genommen. Angaben zur Person finden Sie in Ihren Unterlagen."

Auf der Leinwand wurde ein weiterer Trupp sichtbar, der im Laufschritt aus dem Zelt stürmte. Der Mann in der Mitte dieses Trupps trug einen Menschen über seiner linken Schulter. Eine Frau in einem knielangen Rock, der man die Hände auf dem Rücken zusammengebunden hatte. Ihr Kopf war von einem Sack aus schwarzem Stoff verhüllt.

Während der Film weiterlief, fuhr der Minister mit seiner Zusammenfassung fort. „Sie sind mit dem Hubschrauber zum Flughafen geflogen, wo sie in ihr Flugzeug umstiegen, das kurz zuvor dort gelandet war. Den Startplatz des Hubschraubers haben wir inzwischen lokalisiert. Es handelt sich um eine riesige Halle. Aber wir kommen dort momentan nicht weiter. Das ganze Gelände ist mit Sprengfallen gespickt." Er sah mit gequältem Gesichtsausdruck in die Runde. „Die Täter haben ihre Flucht auf eine ausgeklügelte Art und Weise abgesichert. Das Flugzeug, mit dem sie jetzt unterwegs sind, verfügt über eine ungewöhnlich leistungsstarke Funkanlage. Diese sendet ein ständiges Signal an einen Empfänger, der sich im Benediktiner-Zelt befindet. Nach eigenen Angaben können die Täter durch dieses Signal jederzeit in einem Zelt ihrer Wahl Giftgas freisetzen. Außerdem haben sie das Benediktiner-Zelt vermint. Und nach ihren Angaben befindet sich in dem Zelt ausreichend Sprengstoff, um alle Menschen darin zu töten. Ungefähr fünftausend Geiseln und der Bundespräsident halten sich nach wie vor in dem Zelt auf." Der Verteidigungsminister stockte kurz. „Im Benediktiner-Zelt ist ebenfalls ein starker Sender in Betrieb, der wiederum an Bord des Flugzeugs zu empfangen ist. Die Bilder, die von diesem Sender übermittelt werden, garantieren den Tätern volle Videokontrolle über alle Vorgänge auf der Theresienwiese. Das bedeutet, dass wir im Moment eine Pattsituation haben. Wir können weder mit der Evakuierung der Geiseln beginnen, noch können wir gegen das Flugzeug der Täter vorgehen. Uns sind die Hände gebunden. Aber …" Der Minister hob die Stimme ein wenig. „Diese Situation ist nur von begrenzter Dauer. Die Reichweite einer Yakovlev Yak-42D beträgt maximal fünftausend Kilometer. Bei einer durchschnittlichen Reisegeschwindigkeit von siebenhundert Stundenkilometern ergibt das ein Zeitfenster von sieben Stunden. Das bedeutet, diese Frist endet noch vor Mitternacht. Spätestens dann müssen die Täter landen und auftanken. Die gesamte Luftraumüberwachung der NATO ist im Einsatz. Die Täter können uns nicht entkommen. Sie können so tief fliegen, wie sie wollen, die Augen der AWACS finden sie." Der Verteidigungsminister brach ab. Sein Blick suchte den des Regierungschefs.

Der Bundeskanzler nickte ihm und den anderen Männern aufmunternd zu. „Sie haben es ja gehört, meine Herren, sieben Stunden. Nutzen wir sie."

DIE YAKOVLEV YAK-42D flog in 8000 Metern Höhe auf südsüdöstlichem Kurs. Der Autopilot war aktiviert. Der Flug verlief nach Plan. Die gesamte Fluchtroute befand sich in Form von Datensätzen im Bordcomputer des Flugzeugs. Kurswechsel. Steig- und Sinkflüge. Druckausgleich.

Die beiden Offiziere saßen im hinteren Teil der Kabine. Dr. Wladimir Kusnezow redete mit ernster Miene auf Generalmajor Oleg Blochin ein.

„Ich sehe keine andere Möglichkeit, als Ihnen eine Spritze direkt ins Schultergelenk zu geben. Das ist sehr unangenehm, aber sonst schaffen Sie die nächsten Stunden nicht. Sie können mit Ihrem rechten Arm in diesem Zustand keinen Fallschirm lenken."

„Dann geben Sie mir eben diese Spritze! Was spricht dagegen?"

„Eine Spritze birgt immer das Risiko einer Infektion. Wenn sich das Gelenk aufgrund dieser Injektion entzündet, dann kann die Schulter steif werden. Das ist ein zwar geringes, aber folgenreiches Risiko. Und es gibt einen zweiten Nachteil. Die Spritze wirkt höchstens 24 Stunden. Danach werden Sie sehr starke Schmerzen bekommen. Dagegen kann ich Ihnen Medikamente mitgeben. Aber Sie brauchen innerhalb von 24 Stunden einen Ort, an dem Sie sich erholen können. Mindestens eine Woche lang."

„Ich weiß selbst, dass ich mit dem Arm nicht springen kann. Ein sicheres Haus ist bereit. Ein sehr gutes Versteck. Dort kann ich mich auskurieren. Aber können Sie mir nicht einfach jetzt schon Schmerzmittel geben?"

Der Arzt schüttelte den Kopf. „Ich müsste Sie so vollpumpen, dass Sie zu benommen wären, zu unkonzentriert. Sie würden es nicht schaffen."

„Dann also die Spritze." Blochin musterte seinen medizinischen Offizier mit einem seltsam unbeteiligten Blick. Heller Fels.

Okavango-Delta, Botsuana, Afrika

SEIT ZEHN TAGEN sondierte Viktor Slacek das Terrain. Es würde schnell gehen. Eine saubere Arbeit. Wie immer. Unbemerkt. Lautlos. Gewaltsam.

Gute Vorbereitung war das Wichtigste bei der Durchführung eines Projekts. Er kannte die Lodge mittlerweile besser als der Geschäftsführer, vermutete er. Die Lage sämtlicher Ein- und Ausgänge. Die Fallschächte für schmutzige Wäsche. Die Dienstzeiten der Angestellten. In seinem Sortiment hatte er auch den passenden Schlagschlüssel für das Schließsystem gefunden. Seitdem konnte er sich in der ganzen Anlage frei bewegen.

In etwa drei Stunden würde seine Zielperson hier eintreffen. Als Mitglied einer Touristengruppe, die auf Safari war. Sein Plan sah vor, dass die Zielperson nach der Ankunft auf ihr Zimmer gehen würde. Er würde das Zimmer kurze Zeit später betreten und seine Waffe ziehen. Die Zielperson würde bei der Rezeption anrufen und das Abendessen aufs Zimmer bestellen. Sie würde am Telefon sagen, dass sie sehr müde sei und nicht gestört werden wolle. Sie würde die Tür öffnen, das Abendessen in Empfang nehmen und sich bedanken.

Dann würde er der Zielperson in den Kopf schießen. Er trug eine schallgedämpfte .22er SIG Sauer Moskito in seinem Gürtelholster.

Am nächsten Morgen wäre die Zielperson mitsamt ihrem Gepäck verschwunden. Bargeld in Höhe der Hotelrechnung würde im Zimmer der Zielperson gefunden werden. Überraschend abgereist offensichtlich. Er selbst würde zwei Tage später das Hotel verlassen.

Slaceks Gedanken gingen acht Monate zurück. Nach Wien. In eine Suite des Hotels „Imperial“. Zuerst war er beunruhigt gewesen, als ihm sein alter Freund das Foto der Zielperson präsentiert hatte. Die Aufnahme hatte das Gesicht des Mannes gezeigt, der ihm in diesem Moment gegenübergesessen hatte. Aber dann war ihm die alte Geschichte wieder eingefallen, die angeblich – lange vor Slaceks eigener Ausbildung in Kaliningrad – dort geschehen war. Er hatte von der Geschichte nur in Form vager Gerüchte gehört. Seit acht Monaten war ihm klar: die Geschichte war tatsächlich passiert.

MEIERINHO überprüfte ein letztes Mal die Messergebnisse der Senderstärken. Dann sah er den BKA-Mann namens Müller an. „Wir sind jetzt in der Lage, das Signal der Täter zu überlagern.“

Kapitän zur See Wolfgang Härter stand vor einer Wand von sechzehn Monitoren, die Bilder der Überwachungskameras zeigten. „Sehr beeindruckend. Sie haben das Bildsignal der Täter geknackt.“

„Wie gefällt Ihnen unser Material?“, fragte Stefan Meier.

„Der Schnitt der Videoschleife überzeugt mich. Die ausgewählten Bilder zeigen keine Ereignisse, die einen markanten Erinnerungswert hätten.“

„Irgendwann werden die Täter trotzdem merken, dass sie an der Nase herumgeführt werden. Nach einer halben Stunde beginnt unser Material von vorn. Außerdem bin ich mir nicht ganz sicher, ob die Täter in ihrem Signal nicht noch einen zweiten Code eingelagert haben, den wir nicht gefunden haben. Einen Zeitstempel beispielsweise. Dann merken sie es sofort.“

„Jetzt malen Sie mal nicht den Teufel an die Wand, Herr Meier. Das wird klappen. Die Polizei geht davon aus, dass die Zelte innerhalb von dreißig Minuten evakuiert werden können. Die Kampfmittelbeseitiger des KSK und des LKA werden unverzüglich versuchen, ins Benediktiner-Zelt zu gelangen, um die Geiseln herauszuholen. Mir ist klar, dass wir ein Risiko eingehen, trotzdem müssen wir es versuchen. Aktivieren Sie die Wiedergabe.“

Meierinho zuckte die Achseln. „Wir sollten aber mit der Evakuierung erst fünf Minuten nach der Einspielung beginnen. Für den Fall, dass die Täter unsere Täuschung sofort bemerken. Denn ich befürchte, wenn der Evakuierungsbefehl erst einmal gegeben ist, kann er nicht mehr widerrufen werden. Die Menschen werden aus den Zelten drängen."

„Bin ich ganz Ihrer Meinung. Aktivieren Sie jetzt die Wiedergabe!"

MIT WENIGEN SCHRITTEN war Oleg Blochin bei Oberst Okidadse im Gefechtsstand an Bord der Yakovlev.

„Seit einer Minute überlagert ein zweites Signal unseren Sender in München. Eine verdammt gut gemachte Täuschung. Aber sie haben den Zeitstempel übersehen. Die glauben, sie können Spielchen mit uns treiben." Okidadse sah seinen Kommandeur an, der neben ihm stand.

„Sind Sie sicher? Zweifel ausgeschlossen?" Blochin registrierte ein kurzes Nicken seines technischen Offiziers. „Donnerwetter! So viel Risikobereitschaft hätte ich denen gar nicht zugetraut", murmelte er leise. „Schicken Sie sofort ein Ultimatum an die Verantwortlichen. Wenn sie ihr Signal nicht innerhalb von zwei Minuten abschalten, dann exekutieren wir ein Zelt." Blochins Stimme wurde kalt. „Nehmen Sie eins von den großen."

Okavango-Delta, Botsuana, Afrika

SEIT ZEHN MINUTEN saß Karl Romberg bewegungslos auf seinem Hotelbett. Mit weit aufgerissenen Augen starrte er wie hypnotisiert auf den Fernsehapparat. CNN berichtete live aus München. Bilder eines riesigen Helikopters. Die rotierende Radarantenne über dem Benediktiner-Zelt. Der Auftritt des Kardinals. Aber Rombergs Augen schienen das alles nicht zu sehen. Sein Blick verlor sich an einem weit entfernten Punkt. Unbewusst begann seine rechte Hand, rhythmisch zu zucken.

Eine Kette zunächst loser Assoziationen hatte von ihm Besitz ergriffen und war dann zu grausiger Gewissheit geworden. Durch das Mauerwerk des Selbstschutzes brachen sich verdrängte Bilder und Gefühle Bahn. Die Demütigung. Der Schmerz. Das gütige Gesicht seiner Mutter. Die unendliche Trauer ihrer Augen in der Stunde des Abschieds. Das Gesicht seines Vaters, außer sich vor Wut. Er selbst, 22 Jahre alt, in Schimpf und Schande. Die Nacht an den Eisenbahngleisen. Die Nacht seiner Schuld.

Ein Zittern lief durch Rombergs Körper. Sein Gefährte war nicht länger ein gelegentlicher Traum. Sein Gefährte war real. Wie eine gewaltige Brandung schlug die Vergangenheit über der Gegenwart zusammen und riss Karl Rombergs heile Welt in Stücke. Sein Gefährte war zurückgekehrt!

DER BUNDESKANZLER persönlich rief Wolfgang Härter auf dem Cryptophone an. Der Kapitän brauchte nur fünfzehn Sekunden, um zu verstehen, was los war. Der Gegner hatte sie entdeckt. „Abbruch! Brechen Sie ab! Schalten Sie den Sender ab!!“, brüllte er durch den Raum zu Stefan Meier. Dieser reagierte sofort. Weitere zehn Sekunden später war der Sender abgeschaltet.

Härter beendete das Gespräch und sah Meier mit zerknirschtem Gesichtsausdruck an. „Pech! Hat nicht funktioniert. Die Täter haben uns entdeckt. Aber versuchen mussten wir es.“

Meierinho wiegte nachdenklich den Kopf, seine Züge spiegelten den Anflug eines spitzbübischen Grinsens. „Vielleicht war es sogar ganz nützlich.“

„Wie meinen Sie das, Herr Meier?“

„Wir wissen jetzt, dass das Bildsignal der Täter durch einen Zeitstempel abgesichert ist. Aber ist auch das Signal, das von dem Flugzeug gesendet wird, so abgesichert? Jetzt, da uns klar ist, wonach wir suchen müssen, können wir das Muster isolieren. Wenn ein solches Muster in dem anderen Signal fehlt, können wir dieses Signal angreifen. Wir würden den Tätern dadurch die Möglichkeit nehmen, Giftgas freizusetzen oder eine Detonation auszulösen. Wir hätten gewonnen. Wir könnten das Flugzeug abschießen.“

„Jetzt machen Sie mal langsam mit den jungen Pferden, Herr Meier. Sie vergessen, dass sich an Bord des Flugzeugs eine Geisel befindet. Aber ich habe Ihren Vorschlag verstanden. Und ich kann nur sagen: an die Arbeit!“

Stefan Meiers Finger begannen, über die Tastatur zu tanzen.

„Ach, und was diese Geisel angeht“, fing Härter wieder an. „Sie haben sicherlich bemerkt, dass Sie auf Ihrem Rechner ein Programm zur Ortung von Mobiltelefonen haben. Geben Sie die Nummer der Geisel in die Überwachung. Man kann nie wissen.“

„Sie glauben doch nicht im Ernst, dass die Täter so etwas übersehen?“

„Machen Sie es einfach!“

Okavango-Delta, Botsuana, Afrika

DIE STIMME DES GASTES aus Deutschland klang belegt, fand die Rezeptionistin des Hotels, als sie den Anruf entgegennahm.

„Bitte bringen Sie mir mein Abendessen aufs Zimmer. Ich werde nicht herunterkommen heute Abend.“

„Das machen wir gern, Herr Romberg. Geht es Ihnen nicht gut?“

„Nein, es ist alles in Ordnung. Machen Sie bitte meine Rechnung fertig. Ich muss noch heute abreisen. Eine Familienangelegenheit."

„Schade, dass Sie uns schon verlassen wollen. Ihr Essen wird Ihnen so schnell wie möglich gebracht."

Sie lagen perfekt im Zeitplan. Soeben hatte der General seine kurze Ansprache im Flugzeug beendet. Er dankte den Männern und sprach ihnen seine Anerkennung aus. Jedem gab er danach einzeln die Hand und verabschiedete sich schließlich von Oberst Iljuschin und Dr. Kusnezow.

Dann wurde der Behälter mit Blochins Ausrüstung abgeworfen. Ein Schlauchboot mit einem kleinen Motor. Verpflegung, Medikamente, Munition, Kleidung, Bargeld. Ein Behälter von Größe und Aussehen einer Rettungsinsel fiel der Adria entgegen. Der Fallschirm würde sich erst in niedriger Höhe öffnen.

Okidadse sah Blochin auf sich zukommen und stand auf. Der General trug bereits den schwarzen Fallschirmspringeranzug.

„Polkownik Edouard Okidadse, ich komme, um mich zu verabschieden. Der Zeitpunkt ist da. Ich übergebe Ihnen hiermit das Kommando! Leben Sie wohl!" Blochin nahm Haltung an und salutierte.

Okidadse hob ebenfalls die Hand zum militärischen Gruß an die Stirn. „Es war mir eine Ehre, General!"

Blochin wandte sich mit einem Nicken ab und ging in das Heck des Flugzeugs, wo die Druckschleuse an der Innenseite der Gepäckluke montiert war. Zwei Soldaten befestigten den Fallschirm auf seinem Rücken. Ein weiterer kümmerte sich um das Atemgerät und die Sauerstoffflasche. Der Autopilot ließ das Flugzeug sinken und drosselte die Geschwindigkeit.

Blochin schnallte sich ein Paket vor die Brust. In diesem Paket befanden sich fünfzehn Kilogramm ungeschliffene Diamanten. Seine Diamanten. Er als Kommandeur der Operation hatte zehn Prozent der Beute für sich veranschlagt. Niemand hatte widersprochen.

Er überprüfte seine Pistole und seine MP5. Dann kontrollierte er die Druckanzeigen des Atemgeräts und sah auf seine Uhr und seinen Kompass.

Die Schmerzen in der rechten Schulter spürte er kaum noch. Mit einer ruckartigen Bewegung öffnete er die innere Tür der Druckschleuse. Er ging hindurch und schloss sie. Dann öffnete er auch die äußere Tür. Sofort griff der Wind heulend nach seinem Körper. Seine Hände schlossen sich um die Sicherheitsleinen. Mühsam das Gleichgewicht haltend, drehte er sich um und salutierte. Ein letztes Mal. Dann wandte Blochin sich ab, trat an die Schwelle der Gepäckluke und sprang mit dem Kopf voran der Wolkendecke entgegen.

Okavango-Delta, Botsuana, Afrika

Viktor Slacek machte kein Licht im Treppenhaus. Das hätte die Wahrscheinlichkeit einer Entdeckung nur sinnlos erhöht. Mit kraftvollen Sätzen, drei Stufen auf einmal nehmend, jagte er die Treppe hinauf. Gut vorbereitet. Voll konzentriert. Er musste in den zweiten Stock. An seiner Hüfte spürte er das Gewicht der SIG Sauer Moskito.

Selbst wenn es nicht so dunkel gewesen wäre, hätte Slacek nicht auf den Boden geachtet. Das war nicht nötig. Er kannte sich hier aus.

Nur noch eine Treppe. Dann durch die Brandschutztür. Auf dem Treppenabsatz wechselte er in vollem Lauf die Richtung. Er musste zur dritten Tür auf der linken …

In diesem Moment verloren seine profillosen Sohlen in einer Pfütze seifigen Wassers den Halt. In seifigem Wasser, hinterlassen von einer Putzfrau, die verspätet zum Dienst gekommen war und deshalb in aller Hast hier gewischt hatte.

Der eigene Schwung riss Slacek die Beine nach links unter dem Körper weg. Mit ungeheurer Wucht krachte er auf die Stufen der Treppe vor ihm. Die Stahlkante der siebten Stufe zertrümmerte zwei seiner Halswirbel vollständig. So starb Viktor Slacek, wie er selbst getötet hatte: Unbemerkt. Lautlos. Gewaltsam.

Unter den unbestechlichen Augen der AWACS-Systeme war die Yakovlev nach ihrem Start in München zunächst auf direktem Weg zur Adria geflogen. Über dem Mittelmeer hatten die Täter auf West gedreht. Momentan flog die Maschine durch spanischen Luftraum auf die südeuropäische Atlantikküste zu. Mehrfach hatte die Yakovlev Flughöhe und -geschwindigkeit geändert.

Brigadegeneral Xaver Moisadl runzelte missmutig die Stirn. Was hatte das zu bedeuten? Waren sich die Täter uneins über die Richtung ihrer Flucht? Hatten sie sich wegen der Aufteilung der Beute in die Haare bekommen?

„Hören Sie zu, Buchwieser“, wandte er sich an seinen Oberst. „Ich werde zur Theresienwiese fahren. Ich brauche Freiwillige. Hundertfünfzig Mann. Wenn die Täter in einem weiteren Zelt Nervengas freisetzen, werde ich nicht danebenstehen und zusehen. Sondern ich gehe mit Freiwilligen in das Zelt und helfe den Leuten. Ich habe mit dem Stabsarzt gesprochen. Wenn wir alles, was wir an Atropin haben, zur Theresienwiese schaffen, dann können wir sehr vielen Menschen das Leben retten." Moisadl hielt kurz inne und ließ seinen Blick durch den Sitzungssaal des Rathauses schweifen. „Geben Sie den Aufruf an die Truppe weiter! Und vergessen Sie nicht, den Männern klarzumachen, dass der Einsatz riskant ist. Die Freiwilligen sollen sich mit ihren ABC-Schutzanzügen beim Bataillonsgefechtsstand melden."

„Verstanden, Herr General."

„Ich breche jetzt auf. Sie bleiben hier in der Operationszentrale, Buchwieser. Sie übernehmen ab jetzt die Leitung der OPZ ‚Schäfflertanz'."

Okavango-Delta, Botsuana, Afrika

Der Landrover des Hotels setzte Karl Romberg am Flughafen der Stadt Maun ab. Der Fahrer lud Rombergs Gepäck aus. „Ich verstehe Sie nicht, Herr Romberg. Von hier aus kommen Sie heute höchstens noch bis nach Johannesburg. Dort sitzen Sie über Nacht fest. Sind Sie sicher, dass Sie nicht lieber morgen abfliegen wollen? Sie könnten sich im Hotel ausruhen."

Romberg schüttelte den Kopf. „Nein, ich muss versuchen, noch heute von hier wegzukommen. Vielleicht habe ich ja Glück."

Und Romberg hatte Glück. Es begegnete ihm in Person von Angelo Invitto, der seit drei Jahren als Pilot für die Vereinten Nationen arbeitete. Vor neun Stunden war er hier gelandet und hatte im Auftrag der Weltgesundheitsorganisation Aids-Medikamente abgeliefert. In einer halben Stunde würde er zum Rückflug nach Frankfurt starten. Als er durch das kleine Flughafengebäude ging, fiel ihm der Mann sofort auf. Ein Europäer, Mitte fünfzig, kräftige Statur, in teuren Touristenklamotten. Er stand mutterseelenallein vor einer Galerie geschlossener Schalter. Er wirkte so verzweifelt, dass Invitto beschloss, ihn zu fragen, ob er ihm irgendwie helfen könne.

Er konnte.

Mit energischen Bewegungen zog Dr. Kusnezow sein Gurtzeug stramm. Er sah zur Druckschleuse. Gerade wurde seine Gepäckbombe abgeworfen. 22 Männer waren bereits abgesprungen. Jeder mit 1100 Gramm der Beute. Als Führungsoffizier stand Dr. Kusnezow mehr zu. Seine rechte Hand strich über das Päckchen, das er vor der Brust trug. Zehn Kilogramm Diamanten.

Sein Fallschirm wurde ihm auf den Rücken geschnallt. Er überprüfte sein

Atemgerät. Wie alle vor ihm würde auch er einen so genannten HALO-Sprung durchführen. Der Absprung erfolgte aus 7500 Metern Höhe. Der Fallschirm öffnete sich erst 900 Meter über dem Boden. Jeder von ihnen hatte zur Übung fünf dieser Sprünge absolviert.

Seine Flucht war auch sonst gut vorbereitet. Auf ihn wartete eine große Finca und ein bewirtschafteter Weinberg in Spanien. Er hatte das Haus und den Grund bereits vor einem Jahr gekauft und renoviert. Er freute sich auf sein ruhiges Leben auf dem Land. Ein Leben in unermesslichem Reichtum.

Er setzte seine Sauerstoffmaske auf und öffnete die Tür zur Druckschleuse. Er hatte sich in aller Eile von seinen langjährigen Kameraden verabschiedet. So sah es der Plan vor. Nach dem Ende der Operation einzeln abspringen und jeden Kontakt untereinander vermeiden.

Dr. Kusnezow passierte die Druckschleuse und erreichte die offene Gepäckluke. „Über uns sind nur die Sterne", murmelte er und stürzte sich ins Leere. Während er fiel, behielt er den Höhenmesser an seinem Arm ständig im Auge. Unterhalb der Wolkendecke erkannte er vertraute Orientierungspunkte. Er sah zwei Dörfer und im Norden sein eigenes Haus. Ja, er hatte sich ein hübsches Fleckchen Erde ausgesucht. *Eviva España!*

Er kontrollierte, ob der Peilsender seiner Gepäckbombe funktionierte. Alles in Ordnung. Das Gepäck war in einem Feld neben der Straße runtergekommen. Er würde ganz in der Nähe landen können.

Dr. Kusnezow raste mit sechzig Metern pro Sekunde der Erde entgegen.

Noch elfhundert Meter. Noch tausend. Neunhundert. Jetzt!

Der automatische Auslösemechanismus versagte. Dr. Kusnezow griff nach der Reißleine, um den Schirm manuell zu öffnen. Nichts geschah. Seine rechte Hand fand die Reißleine des Ersatzschirms. Verzweifelt zerrte er an der Schlaufe, aber das Paket auf seinem Rücken blieb verschlossen.

Ihm war, als wäre er aus sich herausgetreten. Er sah sein Leben von außen in kristalliner Klarheit: Niemand würde ihn vermissen. Niemand würde um ihn weinen. Auf der anderen Seite aber warteten die Opfer seiner Gifte schon auf ihn, um ihn bis vor die Tore der Hölle zu geleiten.

Dr. Wladimir Kusnezow durchlebte fünfzehn Sekunden der Reue, die sich für ihn zu einer Ewigkeit zu dehnen schienen. Dann schlug er auf.

LETZTE KONTROLLE: Anzug und Gurtzeug. Atemmaske und Sauerstoffgerät.

Oberst Okidadse sah auf die Uhr. Es war Zeit. Sie befanden sich mittlerweile im französischen Luftraum. Seine Gepäckbombe wurde bereits zur

Druckschleuse gebracht. Nur noch zwei Männer, dann war er an der Reihe. Eine Wohnung in Marseille wartete auf ihn.

Er wandte sich an Hauptmann Tomjedow, der neben ihm saß. „Hauptmann, Sie übernehmen ab jetzt. Achten Sie auf jedes Anzeichen einer Attacke auf die Signale. Der Gegner ist nicht von gestern."

„Zu Befehl, Polkownik!", sagte Tomjedow schneidig.

Oberst Okidadse stand auf, nickte ihm noch einmal kurz zu und verließ den Gefechtsstand in Richtung Druckschleuse.

Der Alte sieht Gespenster, dachte Tomjedow, als er Okidadse verächtlich hinterhersah. Wird Zeit, dass der endlich abspringt.

Tomjedow hatte nämlich noch einiges zu erledigen. Schon vor über einem Jahr hatte er von Iljuschins alternativem Plan erfahren, was nach dem Ende der Operation geschehen sollte. Einem viel besseren Plan als dem des Generals. Und ab jetzt hatte Iljuschin das Kommando.

Genau wie Iljuschin hielt Tomjedow nichts von Blochins Idee, dass sie sich in alle Winde zerstreuen sollten. Er hatte deshalb auch bei der Vorbereitung ihres Verstecks mitgearbeitet. Identitäten gefälscht. Häuser angemietet. 32 Mann würden unter Iljuschins Kommando gemeinsam abspringen. Tomjedow war stolz darauf, einer von ihnen zu sein.

Und sie hatten sich ein wirklich gutes Versteck ausgewählt. An einem Ort, an dem sie garantiert niemand suchen würde: in Deutschland.

Tomjedow lächelte, während er eine CD-ROM in das Laufwerk des Rechners schob. Auf Iljuschins Anweisung hatte er die Befehlssequenz programmiert, die er gleich installieren würde. Das ging erst jetzt, nachdem Oberst Okidadse das Kommando abgegeben hatte. Der hätte den Inhalt der Sequenz nämlich bestimmt nicht gutgeheißen.

Die Sequenz enthielt genaue Anweisungen für den Rechner auf dem Oktoberfest. Iljuschin hatte sie „Letzter Gruß" getauft.

SEIT ÜBER EINER STUNDE flogen sie durch völlige Dunkelheit. Durch die Fenster des Flugzeugs sah man nichts als schwarze Nacht. Amelie nahm die Geschehnisse nur noch wie durch einen Schleier wahr. Ein böser Traum.

Sie tat, was man ihr befohlen hatte. Mit mechanischen Bewegungen zog sie sich bis auf die Unterwäsche aus. Der Kerl mit den unsteten Augen ließ sie dabei keine Sekunde unbeobachtet. Aus seinem Blick sprang ihr die nackte Gier entgegen. Sie fragte sich, wie lange es wohl noch dauern würde, bis dieses Monster über sie herfiel.

Der Mann kam einen weiteren Schritt näher und schnüffelte. „Du riechst gut, Amelie. Frisch. Wie in meinen Träumen.“ Sie hörte ein tiefes Atmen unter der Sturmhaube. „Du bist wunderschön.“

Abrupt drehte der Mann sich um, griff nach etwas, das hinter ihm auf einem der Sitze lag, und gab es Amelie. „Hier. Zieh das an!“ In seiner rechten Hand hielt er einen schwarzen Overall. „Und du musst das hier drunterziehen.“ Er wies auf einen Stapel säuberlich zusammengelegter Kleidungsstücke. Obenauf lag lange Unterwäsche. „Sonst erfrierst du. Es ist ziemlich kalt in siebentausend Metern Höhe.“

Sie nickte teilnahmslos und begann sich anzuziehen. In ihrem Rücken schienen die Blicke des Mannes ihre nackte Haut zu versengen.

„Unser Signal ist seit einer halben Stunde absolut identisch mit dem der Täter. Wir laufen synchron! Ich denke, wir können es riskieren.“ Meierinho lehnte sich in seinem Stuhl zurück. Sein Blick fiel auf die Zigarettenschachtel, die neben der Tastatur lag. Er schüttelte die Packung und verzog das Gesicht. „Verdammt! Keine Zichten mehr. Ich gehe welche besorgen. Bin gleich wieder da.“ Er stand auf und zog sich seine Jacke über.

„Tun Sie das, Herr Meier. Es dauert sowieso noch einige Zeit, bis wir loslegen können. Ich muss mich vorher noch um den Störsender kümmern, der das Signal der Täter blockiert.“

Meierinho verließ den Raum. Kapitän zur See Wolfgang Härter zog sein Cryptophone aus der Tasche und rief den Chef seines Stabes an. Dieser brachte ihn kurz auf den neuesten Stand der AWACS-Überwachung.

Die Yakovlev war zunächst an der europäischen Atlantikküste entlang nach Norden geflogen. Über dem Ärmelkanal hatte sie kurz nach Westen gedreht. Ihre Route zeichnete einen Teil der englischen Küstenlinie nach. Später hatte das Flugzeug den Kurs wieder nach Osten korrigiert und war der niederländischen Küste gefolgt. Danach hatte die Maschine die deutsche Bucht und die Nordseeinseln überflogen. Schließlich war sie in den dänischen Luftraum eingedrungen. Kurz darauf hatte sie einen weiteren Richtungswechsel vollzogen und flog nun auf den Nordatlantik hinaus.

„Dem Gegner bleibt eigentlich nur noch ein Ziel: Die wollen in Island runtergehen“, schloss sein Stabschef den Bericht.

Keine drei Minuten später sprach Härter mit dem NATO-Oberbefehlshaber über eine gesicherte Leitung. Eine Autorisierung aus Berlin lag dem amerikanischen Viersternegeneral bereits vor. Der versprach, ihn sofort mit dem zuständigen NATO-Offizier zu verbinden. Während Härter darauf wartete, dass dieser sich meldete, dachte er über die Flugroute der Täter nach.

Was hatte dieser Rundflug über Europa zu bedeuten? Und was wollten die Täter in Island? Von dort konnten sie nicht entkommen. Und untertauchen konnten sie dort auch nicht. Hatte er etwas übersehen?

Im Hörer von Härters Cryptophone knackte es. Gleich darauf hatte er genau den Mann am Telefon, den er jetzt brauchte: Konteradmiral James „Steamin' Jim" Tiberius.

Der kommandierende Offizier der Carrier Strike Group 12 stand auf der Admiralsbrücke des Flugzeugträgers *Enterprise*. Mit zusammengekniffenen Augen blickte er über das beleuchtete Flugdeck. Die Schaumkronen der grauen Dünung des Nordatlantiks fluoreszierten in der Dunkelheit. James Tiberius hörte konzentriert auf das, was der Deutsche ihm zu sagen hatte.

„Positiv, Sir!", antwortete er schließlich. „Ist mir und meinen Jungs ein Vergnügen. Ich schicke den Bastarden eine Prowler entgegen. In dreißig Minuten knipsen wir denen das Licht aus. Dann sind sie stumm, taub und blind. Melde mich, kurz bevor wir den Stecker ziehen."

Alois Kroneder schloss die Tür seines Büros in der Wiesn-Wache und sah den BKA-Mann gespannt an. „Also, was gibt es, Herr Müller?"

„In etwa einer halben Stunde beginnen Sie mit der Evakuierung der Zelte. Es besteht dann keine Gefahr mehr für die Geiseln. Ich gebe Ihnen den genauen Zeitpunkt noch bekannt."

„Da sind Sie sicher?", fragte Kroneder, Zweifel in der Stimme.

Der BKA-Mann namens Müller nickte.

„Ich frage nach, weil wir aus dem Krisenzentrum davon noch nichts gehört haben", sagte Kroneder beinahe entschuldigend.

„Je weniger Leute davon wissen, desto geringer ist die Wahrscheinlichkeit, dass jemand darüber spricht und die Täter dadurch warnt. Sagen Sie Ihren Beamten Bescheid. Sie sollen sich darauf vorbereiten, die Zelte zu räumen. Die Verletzten und Kranken transportfertig machen. Wenn die Zeit gekommen ist, muss die Evakuierung so schnell wie möglich durchgeführt werden."

„Werde ich sofort weitergeben."

„Aber warnen Sie die Einsatzkräfte. Die Geiseln dürfen von den Vorbereitungen nichts mitbekommen. Noch erhalten die Täter Bilder aus den Zelten. Wenn die bemerken, dass etwas vor sich geht, werden sie reagieren. Und wir wissen beide, was das bedeutet."

Der Kapitän verließ Kroneders Büro. Seine Gedanken gingen zu den Geiseln, die zusammen mit dem Bundespräsidenten im Benediktiner-Zelt festsaßen. Die würden sie nicht einfach evakuieren können. Vorher mussten die Sprengladungen entschärft werden. Sie brauchten dringend mehr Kampfmittelbeseitiger auf der Theresienwiese.

ADMIRAL TIBERIUS machte seinem Spitznamen Steamin' Jim einmal mehr alle Ehre. In voller Fahrt ließ er das 342 Meter lange Schiff wenden. Acht nukleare Druckwasserreaktoren trieben den Träger mit 280 000 PS nach Backbord.

Die *Enterprise* drehte in den Wind. Die Prowler wurde in Startposition gebracht und das Dampfkatapult am Fahrwerk eingeklinkt.

Die Grumman EA-6B-Prowler war ein Spezialflugzeug zur elektronischen Kriegsführung. Ihre *Jammer* genannten Störsender konnten annähernd das komplette elektromagnetische Spektrum blockieren. Die drei Offiziere, die für die Bedienung der Jammer zuständig waren, überprüften ein letztes Mal die Bordsysteme. Der Pilot hob den Daumen. Der *Air Boss* gab den Start frei. Das Flugzeug schoss über die Startbahn und hob ab. Sofort begann es zu steigen und Kurs auf die Position der Yakovlev zu nehmen.

Während die weiß glühenden Triebwerksstrahlen im bewölkten Nachthimmel verschwanden, beförderten die Aufzüge zwei weitere Flugzeuge aus dem Hangardeck nach oben. F/A-18 Hornet. Kampfjets. Voll bewaffnet. Die Startprozedur begann von Neuem. Admiral Tiberius wollte kein Risiko eingehen.

22.33 Uhr

AN BORD DER YAKOVLEV zählte die Uhr des Rechners im Gefechtsstand rückwärts. Noch 27 Minuten bis zur Aktivierung der Befehlssequenz „Letzter Gruß".

ALS SIE DURCH DIE WOLKEN STÜRZTEN, war um sie schlagartig Finsternis. Dann der scharfe Ruck, als sich der Fallschirm öffnete. Der Mann hinter ihr, mit dem Amelie durch Gurte verbunden war, hatte Mühe, ihren Fall zu kontrollieren. Immer wieder erfassten Böen den Schirm und wirbelten sie durch die Luft. Sie verlor jede Orientierung.

Die fluoreszierenden Schaumkronen sah sie erst Sekunden, bevor der Mann hinter ihr die Gurte löste. Die Atemmaske wurde ihr vom Gesicht gerissen. Aus ungefähr sieben Metern Höhe klatschte sie ins Wasser. Der Mann, noch immer am Fallschirm, wurde vom Wind in die Dunkelheit getragen. Amelie ging unter, ruderte panisch mit Armen und Beinen, verschluckte sich. Zischend entlud sich die Gaspatrone ihrer Rettungsweste. Der Auftrieb riss ihren Kopf an die Oberfläche. Verzweifelt schnappte sie nach Luft. Und obwohl sie einen wasserdichten Schutzanzug trug, begann die Kälte des Meeres sofort durch die Schichten ihrer Kleidung zu kriechen.

Mit der Dünung trieb sie von Berg zu Tal zu Berg. Auf den Wellenkämmen reckte sie den Kopf, versuchte irgendetwas zu erkennen. Nichts. Nur der Regen prasselte gleichmäßig herab. Ein anderes Geräusch mischte sich dazu. Das Rauschen einer Meeresbrandung. Sie befand sich in Küstennähe. Land! Sie zog die Schutzbrille ab und kniff die Augen zusammen.

Sie drehte sich wassertretend um die eigene Achse. Nach einer halben Drehung sah sie ein helles Licht über dem Horizont. Der Lichtfinger eines starken Scheinwerfers. Ein Leuchtturm.

Später sollte sich Amelie erinnern, dass es das Licht dieses Leuchtturms gewesen war, das sie beschließen ließ, zu kämpfen. Sie würde nicht sterben. Nein, der Tod würde warten müssen. In Rückenlage schwamm sie mit energischen Beinzügen dem Licht entgegen.

Als sie das schwarze Schlauchboot bemerkte, war es nur noch wenige Meter von ihr entfernt. Kräftige Arme griffen nach ihrem Gurtzeug und hoben sie über die Bordwand. Sie versuchte vergeblich, sich zu wehren.

„Bald haben wir es geschafft, Amelie." Die Stimme klang sanft. „Dann kannst du dich erholen. Es wird dir gefallen dort, wo wir hingehen."

Wolfgang Härter zückte seinen Dienstausweis und verlangte, unverzüglich zum Stadtkommandanten vorgelassen zu werden. Ein Feldwebel begleitete ihn in das Kommandozelt. „Müller mein Name. Bundeskriminalamt. Herr Moisadl, ich müsste Sie kurz unter vier Augen sprechen."

Der General nickte. „Sie haben es gehört, meine Herren. Bitte lassen Sie uns für einen Moment allein." Er sah die anderen Offiziere an, die sich in dem Zelt befanden. Die Männer verließen den Raum.

Moisadl ging zum Eingang, um sich zu vergewissern, dass niemand vor dem Zelt lauschte. Dann verzog sich sein Mund zu einem breiten Grinsen. „Wolf, alter Eisbrecher!" Er kam dem Kapitän entgegen, gab ihm die Hand und schlug ihm mit der anderen kräftig auf die Schulter.

Härter gab den Schulterschlag mit gleichem Schwung zurück. Die beiden Männer kannten sich seit fast zwanzig Jahren. Härter hatte damals die Hochgebirgsausbildung in Mittenwald absolviert. Seit dieser Zeit wussten sie um die Fähigkeit und Zähigkeit des anderen.

„Müller nennst du dich. Ich habe was Originelleres erwartet." Moisadl lachte. „Mir war klar, dass du hier mitmischst." Er machte eine Pause. „Was treibt dich aus der Deckung? Wie kann ich dir helfen?"

„Wir beginnen in zwanzig Minuten mit der Evakuierung der Zelte. Wir haben allerdings ein Problem, was das Benediktiner-Zelt angeht. Wir brauchen zusätzliche Kampfmittelbeseitiger, um das Zelt so schnell wie möglich räumen zu können."

„Warte kurz. Ich rufe die OPZ an und frage, welche Kräfte wir zur Verfügung haben." Härter hörte schweigend zu, während sich der General mit der OPZ verbinden ließ. „Moisadl hier. Buchwieser, wir brauchen Kampfmittelbeseitiger auf der Theresienwiese. Wir müssen den Bundespräsidenten rausholen." Eine Pause entstand, während am anderen Ende der Leitung gesprochen wurde.

„Die 21er aus Stetten? Das ist ja hervorragend. Die sollen die Hühner satteln und hier antanzen. Mit Sack und Pack. Am besten gestern."

22.57 Uhr

DREI MINUTEN vor Ende des Countdowns kam die Yakovlev in Reichweite der Prowler. Ein wahres Unwetter elektronischer Störsignale entlud sich über dem russischen Flugzeug. Die Hornets stießen aus dem Nachthimmel herab und setzten sich an die Flügelspitzen der Transportmaschine.

Als der Rechner an Bord der Yakovlev die Sequenz „Letzter Gruß" auszuführen begann, erreichte kein einziger Befehl den Empfänger auf der Theresienwiese. Kein Kompressor sprang an. Die Ventile blieben geschlossen. Der Zündimpuls für die Sprengsätze im Benediktiner-Zelt blieb aus. Der Empfänger auf dem Oktoberfest erhielt sein Signal schon seit zehn Minuten von jemand anderem. Die Abteilung A&Ω hatte übernommen.

Stefan Meier war auf Sendung. Die Evakuierung der Zelte lief an.

„ÜBERZEUGEN SIE SICH SELBST. Ich schalte den Funkverkehr der Piloten auf unsere Leitung!" Die Stimme von Admiral Tiberius drang an Härters Ohr.

Durch das Knistern der Funkübertragung hindurch war die Stimme eines Piloten der Hornets gut verständlich. „Habe Sichtkontakt zum Zielflugzeug, Sir. Bestätige: keine Personen an Bord des Zielflugzeugs."

Ein neues Szenario nahm in Härters Kopf Gestalt an. Plötzlich ergab alles einen Sinn. Die merkwürdige Flugroute. Die Steig- und Sinkflüge. „Danke, Admiral! Mein Vorschlag wäre, das Flugzeug zu verfolgen, bis der Sprit alle ist und es runterkommt. Wir brauchen von der Maschine, so viel wir bekommen können. Wir brauchen Kontaktspuren des Gegners."

„Positiv, Sir!", antwortete Steamin' Jim. „Meine Jungs bleiben dran."

Die Leitung verstummte. Härter wählte die Nummer des Bundeskanzlers. Als sich der Regierungschef meldete, kam der Kapitän sofort zur Sache. „Herr Bundeskanzler, hier spricht Poseidon. Wir haben eine neue Situation. Die Täter haben das Flugzeug mit Fallschirmen verlassen."

„Mit Fallschirmen, sagen Sie? Wie soll das möglich sein? Man kann doch nicht mit einem Fallschirm aus einem Düsenflugzeug abspringen. Schon gar nicht aus dieser Höhe."

„Leider doch, Herr Bundeskanzler. Man kann. Ich habe das selbst bereits mehrfach gemacht. Das Verfahren ist unter dem Kürzel HALO bekannt."

„Wollen Sie damit sagen, dass sich die Täter in Luft aufgelöst haben? Haben wir eine Ahnung, wo sie sich befinden? Die Geisel? Die Beute?"

„In Luft aufgelöst haben sie sich bestimmt nicht. Nein, wir brauchen dringend eine Auswertung der Flugroute. Vor allem die Änderungen der Flughöhe sind interessant. Wir müssen die möglichen Landezonen identifizieren."

„Und dann?"

„Zielfahndung. Ermittlungsarbeit, Herr Bundeskanzler. Fremde, die plötzlich auftauchen und Geld haben. Leute, die Diamanten schleifen lassen wollen. So etwas. Aber zunächst brauchen wir entlang der Flugroute Polizei oder Militär, das auf dem Boden nach Spuren sucht."

„In ganz Europa? Das wird die Suche nach der berühmten Nadel im Heuhaufen. Aber es bleibt uns wohl nichts anderes übrig. Ich werde das veranlassen."

23.35 Uhr

Hauptfeldwebel Kramer von der Kampfmittelbeseitigungskompanie 21 schwitzte. Zwar war sein vierzig Kilo schwerer Splitterschutzanzug klimatisiert. Dennoch lief ihm der Schweiß in Strömen über den Körper. Nur zögernd normalisierte sich unter dem großen kugelrunden Spezialhelm seine Atmung. Er steckte den Seitenschneider zurück an seinen Platz.

Die ersten beiden Zugdrähte waren durchtrennt. Zwei Claymore-Minen hatte er dadurch unschädlich gemacht. Der erste Schritt war getan. Die äußere Tür des Benediktiner-Zeltes war offen.

DIE KÜSTENLINIE war trotz der Dunkelheit mit bloßem Auge zu erkennen. Heller Sand reflektierte das Mondlicht. Wo waren sie gelandet?

Noch vor der Brandung stoppte das Schlauchboot seine Fahrt. Der Kerl mit den unsteten Augen sprang mit einem zweiten Mann ins Wasser. Sie zerrten Amelie über die Bordwand, nahmen sie in die Mitte und schwammen mit ihr durch die Brandung. Als sie seichtes Wasser erreicht hatten, setzten die beiden Nachtsichtbrillen auf und hoben Amelie hoch. Im Laufschritt ging es über den verlassenen Strand. Rechts von ihnen rotierte der Lichtfinger des Leuchtturms durch die Nacht.

Nachdem sie den Strand überquert hatten, erklommen sie die sandige Abbruchkante einer Düne. Amelie fror mittlerweile ganz erbärmlich.

Vor sich sah sie einige schwach erleuchtete Fenster auftauchen. Dann die Umrisse mehrerer kleiner reetgedeckter Häuser. Amelie erkannte die charakteristischen Umrisse wieder. Zwischen solchen Häusern war sie groß geworden. Sie befanden sich in Norddeutschland. Sie waren vermutlich irgendwo auf einer Insel. Nordsee? Ostsee?

Sie erreichten den Windschatten eines der Häuschen. Die Tür schwang nach innen auf. Amelie wurde in einen hellen, sehr wohnlich eingerichteten Flur gestoßen. Ein Spiegel an der Wand, eine Kommode mit einer Vase darauf. Daneben ein Mobiltelefon. Ein Mann im schwarzen Overall legte gerade seine Koppel auf der Kommode ab. Grinsend winkte er ihr zu.

Amelie senkte den Blick. Wasser lief an ihrem Schutzanzug herab. Der Boden störte den wohnlichen Eindruck ganz empfindlich. Der Flur war mit Plastikfolie ausgelegt.

0.12 Uhr

IM BENEDIKTINER-ZELT ging der Bundespräsident von Tisch zu Tisch. Sprach Mut zu. Schüttelte Hände. Lächelte zuversichtlich.

Professor Peter Heim war weit über den Punkt hinaus, noch Furcht empfinden zu können. Als eine der inneren Türen des Eingangs sich langsam öffnete, runzelte Heim die Stirn. Die Gestalt, die langsam das Zelt betrat, sah aus wie ein lebensgroßes Michelin-Männchen im Tarnanzug.

ES WAR EINE GUTE IDEE. Das versuchte Amelie sich zumindest einzureden.

Die Idee war ihr gekommen, als sie das Mobiltelefon auf der Kommode im Flur gesehen hatte. Beim Anblick des schon einige Jahre alten Geräts war ihr eingefallen, dass sich ihre SIM-Karte noch immer in ihrer Handtasche befand. Niemand hatte das Päckchen Papiertaschentücher untersucht.

Sie wusste, dass es möglich war, Mobiltelefone zu orten. Wenn es ihr also gelang, ihre SIM-Karte unbemerkt in das Telefon einzusetzen, könnte sie der Polizei einen Hinweis auf ihren Aufenthaltsort geben. Wenn es ihr nicht gelang, würden die Männer sie früher oder später wohl sowieso umbringen. Sie war in ein kleines warmes Zimmer im Erdgeschoss gebracht worden. Man hatte ihr die Fesseln abgenommen. Frische Kleidung lag für sie bereit. Der Rollladen war herabgelassen. Ein Teller Nudeln stand dampfend auf einem kleinen Tisch, ein Becher Tee daneben.

Sie zog sich Jeans und T-Shirt an. Dann setzte sie sich an den Tisch. Die Nudeln schmeckten salzig und fettig, aber sie war hungrig. Während sie kaute, kehrten ihre Gedanken zu der Idee zurück. Wie sollte sie es anfangen? Wie kam sie aus diesem Raum heraus?

Sie würde sagen, dass sie zur Toilette müsse. Sie würde sich das Telefon schnappen und auf der Toilette verschwinden. Die Karten vertauschen. Das Telefon stumm schalten. Dann konnte sie nur noch warten und hoffen, dass die Polizei sie fand, bevor jemand die Manipulation bemerkte.

Der Teller war inzwischen leer. Sie nahm die Reste ihres Mutes zusammen, stand auf und ging zur Tür. Sie bekam Bauchweh vor Aufregung. Doch ihr war klar, dass sie jetzt handeln musste. Sie erreichte die Tür und hob die rechte Hand, um zu klopfen. Entschlossen setzte sie ihr charmantestes Lächeln auf. Sie würde nicht sterben. Nein, der Tod würde warten müssen.

Immer mehr Geiseln verließen die Bierzelte und sammelten sich auf der Wirtsbudenstraße. Die Polizei verkündete über Lautsprecher, dass sie zunächst auf dem Gelände bleiben sollten. Ihre Personalien müssten aufgenommen werden. Dann erst würden sie alle in ihre Hotels oder Wohnungen gebracht werden.

Das Benediktiner-Zelt war noch immer weiträumig abgesperrt.

Alois Kroneder stand auf einem Panzerwagen des Grenzschutzes. Er überwachte die Evakuierung. In den Mienen der Menschen, die aus den Zelten kamen, sah er Unsicherheit und Erschöpfung. Die nervliche Anspannung und die verabreichten Beruhigungsmittel ließen ihre Haut im Licht der Scheinwerfer ungesund blass erscheinen.

Kroneder atmete aus. Die Menschen blieben ruhig. Dann bemerkte er erste Anzeichen eines Stimmungsumschwungs. Als den Befreiten klar wurde, welche Gefahr sie überstanden hatten, kippte die Niedergeschlagenheit in zunächst nur zaghafte Freude um. Sie waren davongekommen. Sie hatten überlebt. Die Ersten begannen, sich bei Polizeibeamten und anderen Helfern zu bedanken. Hände wurden geschüttelt. Vereinzelt wurde Lachen hörbar.

Der BKA-Mann namens Müller tauchte neben dem Panzerwagen auf. Der Einsatzleiter kletterte von dem Fahrzeug und sah ihn fragend an.

„Herr Kroneder, ich habe gerade Vollzugsmeldung aus dem Benediktiner-Zelt erhalten. Der zentrale Zündkontakt wurde gefunden und neutralisiert. Jeden Moment werden die Geiseln das Zelt verlassen."

„Und der Bundespräsident?", fragte Kroneder. „Wie geht es ihm?"

„Der Bundespräsident ist wohlauf und besteht darauf, das Zelt als Letzter zu verlassen." Der BKA-Mann schlug Kroneder auf die Schulter. „Die Sache ist vorbei!" Auf Müllers Gesicht deutete sich ein Lächeln an. „Die Messe ist gelesen, wie man in Bayern wohl sagen würde."

Nur langsam fand sich Kroneders Gehirn bereit, anzuerkennen, dass keine Gefahr mehr bestand. Er nickte seinem Gegenüber langsam zu. Dann kletterte er wieder auf den Panzerwagen. Der BKA-Mann namens Müller wandte sich zum Gehen.

Kroneder sah, dass die Türen des Benediktiner-Zeltes weit offen standen. Bereits mehrere hundert Menschen hatten das Zelt verlassen. Zwischen den befreiten Geiseln konnte er Soldaten ausmachen. Auch hier: eine Evakuierungsoperation wie aus dem Lehrbuch.

Kroneder kniff die Augen zusammen. Was war das? Einige der Menschen formierten sich zu Kreisen und hüpften. Was sollte das nun wieder? Schließlich begriff er. Das waren Freudentänze! Wieder hörte er Lachen, diesmal lauter, ausgelassener.

Langsam machte sich auch bei Alois Kroneder Entspannung breit. Der Wahnsinn war wohl tatsächlich zu Ende.

HÄRTER ging in das zur Kommunikationszentrale umgebaute Büro in der Wiesn-Wache. Er brauchte eines der Terminals. Er wollte wissen, wie weit die Analyse der Flugroute gediehen war.

Als er den Raum betrat, sah ihm Stefan Meier mit weit aufgerissenen Augen entgegen. „Ich wollte Ihnen gerade eine Nachricht schicken. Wir haben das Mobiltelefon der Geisel geortet!"

Jetzt war es Härter, der die Augen aufriss. „Wann? Und wo befindet sich die Geisel?"

„Vor fünf Minuten hat sich ihre SIM-Karte bei ihrem Netzbetreiber registriert. Ich habe das Telefon sofort für eingehende Anrufe gesperrt – “

„Wo?“, unterbrach ihn Härter ungeduldig.

Meier zwinkerte ihm zu. „Das werden Sie nicht –“

„Wo?“

„Auf Sylt!“

Härter rief sich die Flugroute ins Gedächtnis. Das Flugzeug war an der deutschen Küste entlang bis nach Dänemark geflogen. Es konnte sein. Auf Sylt. Deutsches Gebiet. Ganz schön dreist. „Bewegt sich das Signal?“

„Bislang nicht. Die Triangulation läuft noch. In ein paar Minuten kennen wir die Position des Telefons bis auf wenige Meter genau.“ Während Meierinho sprach, ließ er seinen Bildschirm nicht aus den Augen.

In Härters Kopf nahm eine Operation Gestalt an. Er griff zum Telefon, um zunächst seinen Stabschef anzurufen. Dann würde er mit dem Bundeskanzler sprechen. Im Geist hielt er Heerschau ab. Das SEK Schleswig-Holstein war vermutlich am schnellsten vor Ort. Die Kampfschwimmer aus Eckernförde waren auch nicht weit weg.

Meierinhos Stimme riss ihn aus seinen Überlegungen. „Da! Wir haben die Position: Hörnum“, entzifferte er. „Das Signal kommt aus einem Haus an der Westküste der Insel. Sieht von oben aus wie eine Siedlung von Ferienhäusern. Insgesamt sechs Häuser, an einer Ringstraße gelegen.“

„Wie weit von der Küste entfernt?“

„Luftlinie? Zweihundert Meter ungefähr.“

Kapitän zur See Wolfgang Härter veränderte in Gedanken die bisherigen Parameter der Operation. Er brauchte nicht nur Zugriffsspezialisten auf der Insel. Er brauchte noch etwas anderes. Er brauchte ein Schiff.

0.48 Uhr

Die Männer der spanischen Guardia Civil waren die Ersten, die etwas entdeckten. Von ihrem Hubschrauber aus sichteten sie einen Fallschirm, der sich im Wind bauschte. Der Helikopter landete in sicherer Entfernung. Die schwer bewaffneten Männer näherten sich vorsichtig dem Fallschirm. Bald jedoch erkannten sie, dass ihnen keine Gefahr drohte. Gründlich suchten sie die Umgebung ab. Weitere zwanzig Minuten später entdeckten sie die Leiche. Der Fallschirm hatte sich nicht geöffnet. Pech gehabt.

Interessiert inspizierte der spanische Offizier den zerschmetterten Körper von Dr. Kusnezow, während er den Fund seinem Vorgesetzten meldete.

Oberst a. D. Okidadse fand den alten VW Polo genau dort, wo er ihn vor drei Wochen abgestellt hatte. Mit der Gepäckbombe im Kofferraum fuhr er vierzig Kilometer nach Marseille. Ohne Zwischenfälle erreichte er seine Wohnung in der französischen Hafenstadt.

Mit einem Glas Wodka Tonic in der Hand ließ er sich seufzend in einen Sessel im Wohnzimmer fallen. Vor seinem inneren Auge zogen die letzten vier Tage vorbei. Sie hatten die Operation „Freibier" tatsächlich durchgeführt. Vor siebzehn Monaten war Blochin zu ihm gekommen. Erzählte ihm von der besonderen Situation in München. Umriss die Möglichkeiten, die sich daraus für sie ergaben. Bat ihn, die technischen Einzelheiten auszuarbeiten.

Er hatte sämtliche technischen Probleme eins nach dem anderen aus dem Weg geräumt. Und die Arbeit hatte sich gelohnt: Er war reich.

Jetzt lag ein ruhiges Leben vor ihm. Aber untätig wollte er nicht sein. Er würde ein kleines Geschäft eröffnen, spezialisiert auf Rundfunk-, Kommunikations- und Sicherheitstechnik.

„Wir sind hier fertig. Vielen Dank für Ihre Mitarbeit." Der BKA-Mann namens Müller sah Stefan Meier in die Augen und schüttelte ihm die Hand. Ein fester und langer Händedruck.

„Nichts zu danken. Es war eine große Herausforderung für mich, diesen Schweinehunden ins Handwerk zu pfuschen", antwortete Meier.

Müller ließ seine Hand los. „Und jetzt?", fragte Meierinho etwas ratlos.

„Jetzt gehen Sie erst mal nach Hause. Erholen Sie sich. Sie hören in den nächsten Tagen von den Bundesbehörden. Ich werde Sie für einen Orden vorschlagen, Herr Meier."

Als Meierinho in dieser Nacht ins „Klenze 66" kam, sah er, dass Werner Vogel in einer Ecke saß und auf das halb volle Bierglas vor sich starrte. Er durchquerte den Raum und winkte dem Barmann die übliche Bestellung zu. Dann setzte er sich neben Vogel. „Servus, Werner! Was machst du denn für ein Gesicht?", fragte Meierinho, obwohl er sich den Grund denken konnte.

Vogel hob langsam den Blick. „Stefan! So spät noch unterwegs?"

Der Barmann stellte ein Bier vor Meierinho ab. „Zum Wohl!" Meier stieß mit Vogel an. „Ich habe morgen frei. Und bei dir? Was ist los?"

Vogel kniff den Mund zusammen. Als er sprach, klang seine Stimme brüchig. „Diese Schweine haben sie mitgenommen."

„Wen mitgenommen?“ Meierinho fragte sich, ob seine gespielte Unwissenheit überzeugend wirkte.

„Amelie. Sie haben Amelie mitgenommen. Ihr Chefredakteur hat angerufen und es mir erzählt. Ich bin sofort zur Polizei. Aber keiner wollte mir etwas sagen. Irgendein Gefasel von polizeitaktischen Gründen.“

Unvermittelt befand sich Meier in einem Loyalitätskonflikt. Sollte er seinem Freund sagen, was er wusste? Würde er damit dessen Angst mildern können? Dann dachte er an die Verschwiegenheitserklärung, die er hatte unterschreiben müssen. Er sah eine Träne über Vogels Wange rollen.

„Bestimmt ist sie tot. Die haben sie umgebracht. Warum ist sie in dieses Zelt gegangen? Und warum haben diese Dreckskerle sie mitgenommen? Warum?“ Vogel wurde von einem Schluchzen geschüttelt.

„Das wird schon. Bestimmt ist ihr nichts passiert“, startete Meier einen schwachen Versuch, ihn zu trösten.

„Lieb gemeint. Aber wenn Amelie etwas passiert ist, dann will ich auch nicht mehr. Das halte ich nicht aus.“

Meier hielt ihm ein Taschentuch entgegen. „Sie lebt noch. Ich weiß es.“

„Ach ja? Und woher? Ich wünschte, ich könnte dir glauben.“

„Du kannst mir glauben. Ich weiß sogar, wo sie ist. Und die Polizei weiß es auch. Die genaue Adresse ist bekannt. Sie werden sie retten.“ Meier wusste, dass er bereits viel zu weit gegangen war, aber er mochte Vogel nicht so leiden sehen. Freundschaft siegte über Dienstpflicht.

„Du weißt, wo sie ist? Erzähl doch keinen Quatsch! Woher solltest du das wissen?“

„Sagen wir mal so, ich habe der Polizei in den letzten Tagen etwas geholfen.“

„Wobei?“

„Das darfst du mich nicht fragen. Aber Amelie lebt.“

„Und? Wenn du es weißt, sag mir, wo sie ist.“

„Das darf ich nicht.“

„Netter Versuch, Stefan. Fast wäre ich drauf reingefallen.“ Vogel schluchzte abermals und begann wieder, sein Glas zu fixieren.

„Also gut“, sagte Meierinho mit fester Stimme. „Sie ist auf Sylt. In einem kleinen Ort ganz im Süden der Insel. Der Ort heißt Hörnum.“

Die Ernsthaftigkeit, mit der Meier sprach, ließ Vogel wieder die Augen heben. „Sylt? Im Ernst? Verarschst du mich?“

„Käme ich in dieser Situation bestimmt nicht drauf, Werner.“

Vogel setzte sich aufrecht hin. Er schnäuzte sich ein weiteres Mal. „Dann weiß ich, was ich zu tun habe. Ich fahre hin. Ich werde sie retten.“

„Das ist Blödsinn, Werner. Die Polizei bereitet eine Befreiungsaktion vor. Du störst höchstens –“

„Ich kann hier nicht herumsitzen“, unterbrach ihn Vogel. „Ich fahre sofort los. Ich muss zu ihr.“ Er wandte den Blick zum Barmann. „Zahlen!“

Meier wurde klar, dass er die Irrationalität der Liebe unterschätzt hatte. Mit Argumenten war hier nichts zu machen. Es war sowieso nichts mehr zu machen. Wenn er Müller Bescheid sagte, musste er zugeben, dass er geredet hatte. Und bis Vogel auf Sylt war, wäre die Sache vermutlich vorbei.

Hoffentlich. O Himmel, was habe ich getan?

4.32 Uhr

KARL ROMBERG und Angelo Invitto verabschiedeten sich freundschaftlich.

„Nochmals vielen Dank“, sagte Romberg. „Ich weiß gar nicht, wie – “

Invitto unterbrach ihn mit einer Geste. „Schon gut. Ich habe gern geholfen.“ Er sah dem Deutschen nach, der sich auf den Weg durch den Frankfurter Flughafen machte. Jetzt hat er es nicht mehr weit, dachte der Pilot, als er Romberg aus den Augen verlor. Er muss nach München. Bestimmt fährt schon bald ein Zug.

Doch Angelo Invitto täuschte sich. Karl Romberg hatte andere Pläne. Er würde nicht nach München zurückkehren. Noch nicht.

„ICH KOMME, um mich von Ihnen zu verabschieden, Herr Kroneder.“

Der Einsatzleiter sah den BKA-Mann namens Müller an. Er ging um seinen Schreibtisch herum. „Sie kommen aber doch sicher morgen wieder? Ich würde gern einige Einzelheiten meines Berichts mit Ihnen besprechen.“

„Ich werde morgen nicht mehr in der Stadt sein. Was Ihren Bericht angeht, von mir aus können Sie ihn so schreiben, als ob ich gar nicht hier gewesen wäre. Ich wäre Ihnen dafür sogar ausgesprochen dankbar.“

„Sie wollen, dass ich Ihre Verdienste einfach unter den Tisch fallen lasse?“

Härter nickte stumm. Dann reichte er Kroneder die Hand. Der Polizeibeamte schlug ein. „Machen Sie es gut, Herr Kroneder. Wenn Sie einen Rat von mir haben wollen, gehen Sie erst mal ins Bett. Sie haben großartige Arbeit geleistet. Ruhen Sie sich aus.“

Wenig später saß Härter in dem dunkelblauen 5er-BMW, der ihn zunächst zu seinem Hotel brachte. Dort bezahlte er seine Rechnung in bar. Dann ließ er sich mit seinem Gepäck zum Klinikum rechts der Isar fahren. Der Marinehelikopter wartete bereits auf dem Landeplatz des großen Krankenhauskomplexes.

„Willkommen an Bord, Herr Kapitän!“, sagte der Pilot, als Härter die Tür geschlossen hatte und sich den Helm aufsetzte. „Wo soll's hingehen?“

„Seeposition“, erwiderte Härter knapp. „Nordwestlich Helgoland. Die genaue Position gebe ich Ihnen noch durch.“

Karl Romberg eilte zum ersten Informationsschalter, den er finden konnte. Er erkundigte sich nach einer Flugverbindung nach Tirana, der Hauptstadt Albaniens. Zufrieden mit der Auskunft, ließ er sich das Ticket aushändigen. Zusätzlich buchte er einen Mietwagen am Zielflughafen.

In knapp zwei Stunden konnte er seine Reise bereits fortsetzen.

Er gönnte sich ein schnelles Frühstück. Dann begab er sich auf direktem Weg zum Check-in-Schalter. Dabei dachte er an den letzten Brief, den er von seiner Mutter erhalten hatte. Das lag Jahre zurück. Aber seine Mutter hatte ihm vor ihrem Tod noch etwas mitgeteilt, das jetzt von großer Bedeutung war. Er glaubte zu wissen, wo sein Gefährte zu finden war. Und er war entschlossen, die Sache zu Ende zu bringen. Ein für alle Mal.

Iljuschin nahm ein heißes Bad. Doch er spürte die Hitze des Wassers nicht. Er spürte nur Katharina. Etwas in ihm ließ ihn seufzen. Er hatte die Zeit zurückgedreht. Er hatte das Fräulein mitgenommen. Was für ein Triumph!

Er schloss die Augen und dachte zurück an das Foto, das während der Gegneraufklärung aufgenommen worden war. Die Aufnahme zeigte das Fräulein beim Verlassen einer Bar in München. Als er das Bild zum ersten Mal gesehen hatte, hatte ihn die Ähnlichkeit wie ein reißendes Tier angefallen. Das Fräulein sah aus wie Katharina, Olgas beste Freundin. Erwachsener zwar, aber unverkennbar: Katharina. Iljuschin seufzte wieder. Seine kleine Schwester Olga war nicht älter als acht Jahre geworden. Genau wie Katharina. Er selbst war zwölf gewesen, als das Unglück geschehen war. Die beiden Mädchen waren zum Eislaufen gegangen. Er hatte sie gehen lassen. Und das Eis hatte nicht gehalten.

Katharina, die beste Freundin seiner Schwester. Für ihn das schönste Mädchen auf Erden. Katharina und er hatten einander versprochen, dass sie eines Tages heiraten würden. Die Erwachsenen hatten sie deshalb ausgelacht. Aber ihnen war es bitter ernst gewesen.

Olga hatte Katharina mitgenommen. Wohin?

Doch jetzt war das alles vergessen. Katharina war ihm ein zweites Mal geschenkt worden. Und er hatte zugegriffen. Diesmal würde er sie nicht wieder gehen lassen. Katharina die Zweite. Seine Trophäe.

8

Die Villa war an drei Seiten vom Wasser der Adria umgeben. Sie lag am Ende einer schmalen Halbinsel, am Rand einer dreißig Meter hohen Steilküste. Von der Landstraße aus, die in einem Kilometer Entfernung an dem Grundstück vorbeilief, war keines der Gebäude zu sehen. Selbst die Abzweigung war nur schwer zu erkennen.

Dennoch bog der Wagen ab. Die Zufahrt führte durch dicht bewaldetes Gelände. Nach ungefähr 700 Metern versperrte ein 3,50 Meter hohes Stahltor den Weg. Links und rechts davon verlief quer über die gesamte Landzunge eine ebenso hohe Betonmauer. Die Krone der Mauer war zusätzlich mit Stacheldraht gesichert.

Hatte man das Tor passiert, mündete die Zufahrt schließlich in einen Platz vor dem Haupthaus, einem zweistöckigen herrschaftlichen Gebäude mit 400 Quadratmetern Wohnfläche. Blochin stoppte vor dem Tor.

Es war noch keine zehn Jahre her, dass ein albanischer Waffenhändler das Haus gekauft hatte. Dieser Waffenhändler hatte es dann mit allem erdenklichen Luxus ausstatten lassen. Und er hatte auch ein nahezu unüberwindliches Sicherheitssystem in das Haus eingebaut.

Die Deaktivierung dieses Sicherheitssystems erfolgte über einen Scanner, der rechts neben dem Tor in die Mauer eingelassen war. Der Scanner tastete das Gesicht mittels Laser ab und verglich es mit dem Gesicht, das im Speicher des Systems abgelegt war. Nur bei Übereinstimmung öffnete sich das Tor, und die anderen Sicherheitsvorkehrungen wurden abgeschaltet. Nur dann konnte jemand das Grundstück betreten und länger als zehn Minuten am Leben bleiben.

Blochin stieg aus dem Wagen. In den Wirren des Balkankrieges war der albanische Waffenhändler den Geschäften des russischen Generals in die Quere gekommen. Blochin hatte mit dem unliebsamen Konkurrenten kurzen Prozess gemacht. Nicht nur dass er die Organisation des Albaners zerschlagen hatte. Er hatte auch den Waffenhändler und dessen Familie getötet und sich dieses Anwesen unter den Nagel gerissen.

Blochin hielt sein Gesicht vor den Scanner und aktivierte ihn.

Grünliches Laserlicht glitt flackernd über seine Züge. Sekunden später schob sich das schwere Tor zur Seite. Blochin stöhnte leise, während er zu dem Wagen zurückging. Er war mit seinen Kräften am Ende. Die Schmerzen in seiner rechten Schulter wurden von Minute zu Minute stärker. Aber hier würde er sich erholen können. Hier. In seinem sicheren Haus.

DER SEA LYNX mit Wolfgang Härter an Bord befand sich im Radaranflug auf die Fregatte *Bayern*. Während des Fluges hinaus auf das offene Meer wurde der Wind ständig stärker. Böen schüttelten den Helikopter. Die Nordsee unter ihnen war von Bändern weißer Gischt durchzogen.

Sie näherten sich der Kontaktposition. Mit einer Geschwindigkeit von sechzig Knoten flog der Hubschrauber in 120 Metern Flughöhe von achtern auf die *Bayern* zu. Das Landedeck am Heck war jetzt deutlich zu erkennen.

Das 140 Meter lange Kampfschiff lief auf Nordwestkurs in den Wind, um dem Piloten die Landung zu erleichtern. Die Fregatte wirkte wie ein zum Sprung bereites Raubtier.

Wenige Minuten später nahm Härter den Helm ab und nickte dem Piloten anerkennend zu. „Eine Landung wie aus dem Bilderbuch, Herr Kapitänleutnant. Lassen Sie den Helo in den Hangar bringen." Dann stieg er aus und entfernte sich rasch von dem Marinehelikopter.

Ein weiblicher Leutnant zur See erwartete ihn. „Willkommen an Bord, Herr Kapitän!", sagte die junge Frau und legte ihre Hand zum Gruß an den Mützenschirm.

„Danke. Bringen Sie mich zum Kommandanten."

DER 8-ZYLINDER-BIG-BLOCK des Ford Mustang fraß brüllend Kilometer um Kilometer. Seit Stunden raste Werner Vogel mit durchgetretenem Gaspedal über die Autobahn nach Norden.

Bevor er München verlassen hatte, war er noch ins Büro gefahren. Dort hatte er mehrere tausend Euro aus dem Panzerschrank genommen.

Während der Fahrt schwelgte er in romantischen Fantasien. Er würde Amelie retten und sie fragen, ob sie seine Frau werden wolle. Er wäre ihr Held. Und er konnte ihr inzwischen einiges bieten. Geld zumindest hatte er. In letzter Zeit hatte sich sein Vermögen höchst erfreulich entwickelt.

Der Grund dafür waren einige Nebentätigkeiten, die er während des letzten halben Jahres im Auftrag eines gewissen Malow ausgeübt hatte. Sehr gut bezahlte Nebentätigkeiten, von denen er niemandem erzählt hatte. Nichts Schlimmes. Und alles ohne Rechnung. Brutto für netto.

Mal hatte er einen Kühllaster für drei Tage verliehen. Mal hatte er diesem Malow ein paar Unterlagen verkauft. Lieferpläne aus dem letzten Jahr. Er hatte einige Fragen beantwortet. Behördengänge erledigt. Nichts was er nicht mit seinem Gewissen hätte vereinbaren können.

Dieser Malow war ihm zunächst nicht ganz geheuer gewesen. Aber sein Misstrauen war unbegründet gewesen. Josef Hirschmoser hatte nur Gutes über den Mann zu sagen gewusst. Und was Malow von ihm gewollt hatte, war nichts Verbotenes gewesen.

Als Malow ihm das Geld gegeben hatte, war das Misstrauen dann zurückgekehrt. Zusätzlich zur vereinbarten Summe hatte Malow ein Geschenk mitgebracht. Eine Schusswaffe. Wer verschenkt Schusswaffen? Doch Malow hatte ihm erklärt, dass er früher bei der russischen Armee gedient habe und es dort alter Brauch sei, einem neuen Freund eine Waffe zu schenken.

Jetzt war er Malow für das Geschenk dankbar. Die Makarow-Pistole lag im Handschuhfach.

MIT SEINEN HELLBLAUEN AUGEN und dem rotblonden Haar wirkte der Kommandant der *Bayern*, Fregattenkapitän Broder Thomsen, auf Anhieb sympathisch. Und dieser Eindruck war richtig: Thomsen war eigentlich ein gutmütiger Mensch. In der Sache jedoch – das wusste Härter – war der Mann absolut humorlos.

Der Kapitän hatte Thomsen vor zehn Jahren während eines Lehrgangs an der Führungsakademie der Bundeswehr kennen gelernt. Bereits vor einem Jahr hatten sie bei einer Operation zur Befreiung deutscher Geiseln in Algerien zusammengearbeitet. Seitdem schätzten sie einander sehr.

Als Härter die Kabine von Thomsen betrat, begrüßten sich die beiden Offiziere herzlich. Dann wurde die Stimme des Schiffskommandanten sachlich. „Was liegt an, Wolf? Ich höre von einer Operation ‚Frauenkirche', robustes Mandat, aber niemand konnte mir Genaueres sagen."

„Im Prinzip ist es wie in Algerien. Geiselbefreiung. Mit einem Unterschied. Wir werden nicht in das Operationsgebiet fliegen, sondern tauchen. *Rebreather* werden mit einem zweiten Helo an Bord gebracht. Ich habe zwei Kampfschwimmer aus Eckernförde angefordert, die mir bei der Operation Rückendeckung geben werden. Und eine Bundeswehrärztin aus Hamburg, falls wir schwere Verwundungen hier an Bord versorgen müssen. Die drei müssten im Laufe der nächsten Stunde landen. Zusammen mit der noch fehlenden Ausrüstung."

Thomsen nickte. „Also werden wir dich mit zwei Mann auf Unterwasserschlitten aussetzen. Wie sieht es mit der Extraktion aus? Wie viele Geiseln sind es?"

„Eine. Extraktion entweder auf dem Seeweg oder mit dem Helo. Das müssen wir aus der Situation heraus entscheiden. Das Problem ist, dass wir nicht wissen, ob wir es mit zehn Gegnern zu tun bekommen oder mit fünfzig. Auf jeden Fall rechne ich mit einem Feuerkampf während des Rückzugs."

„Wissen wir eigentlich, wer der Gegner ist? Woher er kommt?“, fragte Thomsen.

„Mit letzter Sicherheit weiß ich es nicht, aber ich habe Grund zu der Annahme, dass es sich um Russen handelt.“

„Verstehe. Wo genau befindet sich unser Operationsgebiet?“

„Nordwestlich der Südspitze der Insel Sylt. Die Geisel wird …“

Thomsen unterbrach Härter mit einer Geste. Er griff zum Mikrofon der Bordsprechanlage. „Eins-O, hören Sie mich? Hier spricht der Kommandant. Kurswechsel auf Null-Vier-Null. Beide Maschinen AK voraus. Gefechtsstationen besetzen.“ Wenige Sekunden später drehte der Bug der *Bayern* in nordöstliche Richtung, auf Sylt zu. Thomsen wandte sich wieder an Härter. „Also, wie ist die Situation der Geisel, Wolf?“

„Die Geisel wird in einem Ferienhaus an der Westküste festgehalten. Von der Landseite her wird das Gebiet von Einheiten des SEK Schleswig-Holstein, von GSG 9 und KSK abgeriegelt. An der Ostseite der Insel brauchen wir zusätzlich ein schnelles flachwassertaugliches Boot, das eventuelle Flüchtige abfängt. Haben wir dort ein Schiff mit hoheitlichen Befugnissen?“

„In Hörnum liegt der Zollkreuzer *Kniepsand*, der ein Beiboot mit sich führt.“

„Hervorragend! Die Jungs vom Wasserzoll sollen sich aufrödeln wie für den Dritten Weltkrieg. Weitere Kampfschwimmer werden an Bord der *Kniepsand* gehen. Dann haben wir ausreichend Feuerkraft auf der Wattseite. Vor allem aber brauchen wir dein Schiff, falls es während des Rückzugs ungemütlich wird. Eventuell wirst du die Schlagkraft der *Bayern* entfesseln müssen.“

Thomsen sah Härter unglücklich an. „Du weißt ja, wie ich das sehe. Ich habe mein ganzes Leben mit diesen Waffen geübt, in der Hoffnung, dass wir sie niemals einsetzen müssen. Diese Hoffnung war wohl trügerisch.“

„Sieht so aus, Broder. Du kannst mir glauben, dass auch ich nicht glücklich bin, wenn ich einen Feuerschlag gegen unsere Küste befehlen muss.“

OLEG BLOCHIN konnte keinen Schlaf finden. Gleich nach seiner Ankunft hatte er zwei der Tabletten genommen, die Dr. Kusnezow ihm mitgegeben hatte. Der Schmerz in seiner Schulter hatte daraufhin ein wenig nachgelassen. Er hatte etwas gegessen, geduscht und sich dann hingelegt. Nun lag er in dem riesigen Bett im ersten Stock des Hauses. Die Jalousien waren heruntergelassen. Doch die innere Unruhe wollte nicht vergehen.

Du bist hier völlig sicher, redete er sich immer wieder ein. Alle, die von diesem Haus wissen, sind tot. Niemand kann dich hier finden. Aber sosehr er sich auch zu beruhigen versuchte, immer wieder kamen die Zweifel zurück. Vor allem eine Frage trieb ihn um: Warum hatte Viktor Slacek noch nichts von sich hören lassen? Warum blieb die Vollzugsmeldung des Killers aus? Das passte gar nicht zu Slacek.

Aber auf dem Anrufbeantworter war keine Meldung. War etwas schiefgegangen? Blochin schloss die Augen und versuchte einzuschlafen.

NACHDEM er mit dem Autozug in Westerland angekommen war, folgte Werner Vogel den Schildern nach Hörnum ganz im Süden der Insel. Windböen rüttelten an dem Ford Mustang. Er passierte den Ort Rantum. Kurz vor der Einfahrt nach Hörnum entdeckte er in einiger Entfernung vor sich eine Straßensperre der Polizei. Er fuhr auf einen der Parkplätze entlang der Straße. Vogel wollte sich nicht zu erkennen geben. Er wollte zu Amelie. Er war ihr Retter.

Rasch zog er seine Regenjacke über, steckte die Makarow in die Tasche und stieg aus. Von dem Parkplatz aus führte ein Weg zum Strand. Vogel rief sich den Plan des Dorfes ins Gedächtnis. Dann machte er sich durch den starken Regen auf zur Feriensiedlung auf den Dünen. Nach kurzer Zeit verließ er den Weg aus Holzbrettern und schlug sich querfeldein in die wilde Landschaft aus Sand und Strandhafer. Der Wind zerrte an seiner Kleidung. Trotzig stapfte er seinem Ziel entgegen.

DIE BAYERN lief durch schwere See. Gischt stob vom Bug in die Höhe und prasselte auf den Turm des Bordgeschützes auf dem Vordeck. Das Wetter war in den letzten zwei Stunden deutlich schlechter geworden. Die Landung des zweiten Hubschraubers war für den Piloten dadurch äußerst anspruchsvoll geworden. Das Landedeck der *Bayern* hob und senkte sich um mehrere Meter im Rhythmus der Dünung. Drei Anflüge waren nötig, bis der Flugdeckoffizier die Landung freigab.

Kaum hatte sich der Helikopter festgekrallt, verließen drei Personen die Maschine und hasteten in den Schutz des Hangars: zwei breitschultrige Männer und die angeforderte Ärztin.

Die beiden Männer trugen Sturmhauben, die ihre Gesichter verbargen. Sie eilten zu der Kabine, in der sich normalerweise die Minentaucher des Schiffes auf ihre Einsätze vorbereiteten. Härter erwartete sie dort bereits.

Die beiden Männer nahmen ihre Sturmhauben ab. Die zwei Gesichter, die den Kapitän erwartungsvoll ansahen, hätten unterschiedlicher kaum sein können. Während der eine die fünfzig sicherlich überschritten hatte, mochte der andere gerade zwanzig Jahre zählen.

Der Ältere stellte einen großen, länglichen Aluminiumkoffer, der an Kanten und Ecken zusätzlich verstärkt war, neben sich auf den Boden. Quer über die wettergegerbte Haut der rechten Wange verlief eine breite Narbe. Eisgraues Stoppelhaar. Ein Kinn wie ein Amboss.

Die Haut des anderen war von jugendlicher Makellosigkeit.

Härter begrüßte den Älteren mit Handschlag. „Moin, Moin, MOF, alter Junge, schön, dass du kommen konntest. Jetzt ist mir wohler."

Der mit MOF Angesprochene nickte stumm.

„Viel Zeit haben wir nicht mehr." Der Kapitän sah auf seine Sinn-Uhr. „In fünfzehn Minuten gehen wir ins Wasser." Er blickte auf den Aluminiumkoffer. „Ich sehe, du hast *Lili Marleen* dabei. Gut so! Allerdings hoffe ich, dass sie nicht für uns singen wird."

Wieder erntete Härter nur ein wortloses Nicken.

Der Blick des Kapitäns wanderte zu dem jungen Mann. „Und wen hast du mitgebracht? Ich glaube, wir kennen uns nicht."

Der junge Mann grüßte zackig. „Bootsmann Lenz meldet sich freiwillig zum Einsatz, Herr Kapitän. Aber nennen Sie mich doch MC."

Mit einer Stimme wie grobes Sandpapier meldete sich MOF zu Wort. „In deiner Anfrage hast du gesagt, wir brauchen einen Scharfschützen. Nun …" MOF zeigte auf den jungen Bootsmann. „Mit dem G-22 ist Lenz ein Künstler. Extrem ruhige Hand. Ich möchte mich nicht am falschen Ende des Gewehrs befinden, wenn er auf der Lauer liegt."

Hauptmann Tomjedow war euphorisch. Ihr Plan hatte funktioniert. Es war aber auch ein verdammt guter Plan gewesen. Zwar hatte ihr „letzter Gruß" versagt. Die Nachrichten hatten keine Meldungen über Explosionen in München gebracht. Wie die Deutschen es geschafft hatten, die Freisetzung des restlichen Gases und die anschließende Zündung der Minen zu verhindern, war ihm rätselhaft. Aber das war nicht schlimm.

Niemand würde sie hier finden. Einfach weil niemand sie hier suchen würde. Deshalb hatte Iljuschin es auch nicht für nötig befunden, Wachen aufzustellen. Die Wahrscheinlichkeit, dass sich jemand bei diesem Unwetter zufällig hierher verirren würde, war denkbar gering. Die nächsten drei Wochen wären sie hier in Sicherheit. Dann würde es in kleinen Gruppen Richtung Balkan weitergehen. Wirklich ein großartiger Plan.

Tomjedow hatte es sich in einem Sessel im Wohnzimmer bequem gemacht. Er war momentan der Einzige von ihnen in diesem Haus. Sie hatten sich auf alle der insgesamt sechs Ferienhäuser verteilt. Die gesamte abgelegene Siedlung war ausschließlich von ihnen bewohnt.

Die tosende Brandung war kaum zweihundert Meter von dem luxuriösen Ferienhaus entfernt. Doch Tomjedow konnte die herrliche Aussicht nicht genießen. Der Regen rauschte herab wie ein grauer Vorhang. Immer wieder trieb der Wind das Wasser gegen die Fensterscheiben. Tomjedows Blick kehrte zurück zu dem Sofa, auf dem die Frau wie ein Häufchen Elend saß. Sie vermied jeglichen Blickkontakt.

Tomjedow hatte das kürzeste Streichholz gezogen. Deshalb schob er jetzt Wachdienst bei der Schlampe, die Iljuschin aus München mitgenommen hatte. Das Miststück hatte Angst vor ihm. Er hatte die Kontrolle. Sie war ihm ausgeliefert.

Er spürte das beginnende Pulsieren zwischen seinen Beinen. Eigentlich, dachte sich Tomjedow, eigentlich könnte mir die Nutte doch wenigstens einen blasen. Was war da schon dabei? Die kleine Schlampe würde Iljuschin bestimmt nichts sagen. Die wäre schon froh, wenn sie am Leben bliebe.

Als er aufstand und langsam in ihre Richtung ging, hob die Frau den Blick. Die Angst in ihren Augen ließ einen wohligen Schauer Tomjedows Rücken hinunterlaufen. Er zog die Makarow hinter seinem Rücken hervor. Während er weiter auf Amelie zuging, nestelte er mit der linken Hand seine Hose auf.

Direkt vor der Frau blieb er stehen. Mit der Mündung der Waffe stieß er mehrfach seitlich an ihren Kopf. *„Dawai, Dawai!"*, keuchte er.

Wie von ferne hörte Amelie einen scharfen Knall. Eine der Panoramascheiben zerbarst in Tausende Splitter. Mit einem langgezogenen „NEEIIIIN!" sprang jemand durch die herabregnenden Scherben. Kalter Wind und Regen drangen in den Raum. Aus dem Augenwinkel sah Amelie den Eindringling und wusste instinktiv, dass es sich um Werner handelte. Sie kreischte gellend. Tomjedow riss die Waffe herum und schoss.

Das Projektil schlug in den Oberkörper Werners. Er hielt in der Vorwärtsbewegung inne, einen ungläubigen Ausdruck im Gesicht. Seine Pistole fiel ihm aus der Hand. Er sank langsam in die Knie. Dann kippte er nach vorn und schlug mit dem Gesicht auf den Boden.

Die Waffe in Tomjedows Hand fuhr wieder zurück, bis die Mündung auf Amelies Gesicht zeigte. In diesem Moment nahm Amelie eine weitere Bewegung wahr: Wie ein böser Geist aus uralten friesischen Sagen erhob sich eine schwarze Silhouette hinter dem Küchentresen.

OLEG BLOCHIN schreckte aus unruhigem Schlaf hoch. Reflexartig wollte sein rechter Arm nach seiner Waffe auf dem Nachttisch greifen, doch ein scharfer Schmerz ließ ihn in der Bewegung innehalten. Langsam griff er nun nach der Pistole. Als sich seine Finger um den Griff schlossen, fühlte er sich sicherer. Was war nur mit ihm los? Er war hier sicher. Dennoch, was hatte ihn geweckt? Er lauschte angestrengt in die Dunkelheit. War da ein Geräusch? War jemand im Haus? Unmöglich, sagte ihm sein Verstand. Niemand konnte zum Haus vordringen. Niemand konnte das Haus betreten.

Wieder konzentrierte er sich auf sein Gehör. Hörte er schleichende Schritte? Langsam tasteten die Finger seiner linken Hand nach dem Lichtschalter. Als das indirekte Licht der Deckenbeleuchtung aufflammte, stand er vorsichtig auf und schlich zur Tür des Schlafzimmers, die auf die offene Galerie hinausführte. Er horchte. Doch nichts war zu hören. Behutsam drückte er die Klinke herunter. Dann riss er die Tür auf.

Der Eindringling stand nur zwei Meter von ihm entfernt. Als er Blochin sah, öffnete er die Arme wie zu einer Umarmung. Die Hände ausgestreckt, unbewaffnet. Das Licht fiel dem Mann ins Gesicht.

Blochin hatte das Gefühl, den Boden unter den Füßen zu verlieren. „Du … du … bist … doch … tot", stammelte er. Mühsam hob er seine Waffe.

Als der Eindringling sah, dass Blochin auf ihn anlegen wollte, ballten sich seine Hände zu Fäusten, und er stürzte ihm mit Wutgeheul entgegen.

HAUPTMANN TOMJEDOW sah den dunklen Schemen ebenfalls und richtete seine Waffe auf die Bewegung. Aber er war viel zu langsam.

Wolfgang Härter feuerte viermal. Die schallgedämpfte Glock in seiner Hand zuckte. Die erste Dublette traf den Hauptmann in die Brust, die zweite in den Kopf. Er prallte gegen die Wand, wo er, während er langsam zu Boden rutschte, einen breiten roten Streifen hinterließ.

„Was ist das für ein Krach? Habe zwei ungedämpfte Schüsse gehört. Bei dir alles in Ordnung?" MOFs Raspelstimme kam aus Härters Ohrhörer.

„Alles in Ordnung. Habe die Zielperson gefunden. Außerdem ist hier ein verletzter Zivilist. Keine Ahnung, wer das ist oder was der hier will." Der Kapitän seufzte. „Ich schleiche mich lautlos an und der veranstaltet hier Karneval in Rio. Melde mich wieder."

„Lass dir nicht allzu viel Zeit. Der Karneval dürfte die Nachbarn geweckt haben. Die werden jetzt mitfeiern wollen."

Amelie war mittlerweile auf allen vieren zu Werner gekrochen. Sie drehte ihn auf den Rücken und legte seinen bleichen Kopf in ihren Schoß.

Der Mann kam näher. Sie sah zu ihm auf. Auf seinen Ärmeln waren die Farben Schwarz-Rot-Gold angebracht. Das Austauschen der SIM-Karte war offensichtlich erfolgreich gewesen.

„Sie haben ihn einfach erschossen. Erschossen wie einen tollwütigen Hund, Sie eiskalter Bastard", keuchte Amelie mit einem Grinsen.

Härter musterte sie, bevor er durch den Stoff seiner Sturmhaube antwortete. „Sie haben eine außergewöhnliche Art, sich dafür zu bedanken, dass ich Ihnen gerade das Leben gerettet habe, Frau Karman."

„Sie verstehen mich falsch. In diesem Moment möchte ich niemanden an meiner Seite wissen außer einem eiskalten Bastard. Vielen Dank also. Wer sind Sie?"

„Ich arbeite für die deutsche Regierung. Mein Auftrag lautet, Sie in Sicherheit zu bringen. Können Sie mir sagen, wie viele von seiner Sorte" – er zeigte mit der Glock auf Tomjedows Leiche – „noch hier sind?"

„Weiß ich nicht genau. Aber ich schätze dreißig, vielleicht ein paar mehr."

Härter aktivierte sein Mikrofon. „Gegnerstärke geschätzt dreißig." Mit der linken Hand zeigte er dann auf den Angeschossenen. „Und wer ist er?"

„Das ist mein Freund. Sein Name ist Werner Vogel."

„Zivilist durch Zielperson identifiziert als Vogel, Werner", sagte Härter in sein für Amelie unsichtbares Mikrofon. Er ging in die Knie, legte die Waffe neben sich auf den Boden und fasste seitlich an Vogels Hals. Der Puls war schwach, aber vorhanden. Der Kapitän nickte Amelie zu, dann öffnete er Vogels Regenjacke und das blutgetränkte Hemd darunter. Er schob das T-Shirt hoch, bis er die Wunde sehen konnte. Seine rechte Hand griff in eine Tasche an seinem Gürtel und zog ein Päckchen hervor, das er sofort aufriss. Mit einem weißen Tuch reinigte er die Wunde und versah sie mit einem provisorischen Druckverband. Dann rief er über Funk die *Bayern*.

„Zerberus für Aurora. Aurora, kommen."

„Aurora für Zerberus. Aurora hört", meldete sich Thomsen.

„Zerberus für Aurora. Der Helo soll starten. Extraktion aus der Luft. Ich komme mit der Zielperson und einem Verletzten zum Strand."

Sekunden später meldete sich MOF in Härters Ohrhörer. „Zwei Mann kommen auf deine Position zu. Sehe sie nur im Wärmebild. Der Haltung nach tragen sie Sturmgewehre. Ich empfehle sofortiges Verpissen!"

„Wir kriegen hier gleich Ärger. Wir müssen ihn zurücklassen. Mein Auftrag lautet, Sie in Sicherheit zu bringen", sagte Härter zu Amelie.

„Ich gehe nicht ohne ihn." Amelies Stimme klang fester, als sie es sich selbst zugetraut hätte.

Härters Ohrhörer knackte. Diesmal hörte er die Stimme des jungen MC. „Berichtige, zwei Mann *kamen* auf Ihre Position zu. Wiederhole: *Kamen*."

Respekt, junger Freund, dachte Härter. Respekt. Er sah Amelie an. „Wir haben etwas Zeit gewonnen", sagte er in versöhnlichem Ton.

DIE BEIDEN MÄNNER rangen erbittert miteinander. Schließlich gelang es Blochin, den anderen von sich zu stoßen. Sein rechter Arm kam frei. Wieder hob er die Waffe. Doch dieses eine Mal, dieses eine einzige Mal, zögerte Oleg Blochin den Bruchteil einer Sekunde, abzudrücken.

Lange genug, dass Karl Romberg, vor 54 Jahren als Kolja Blochin geboren, seinem Zwillingsbruder eine krachende rechte Gerade ins Gesicht schlagen konnte. Der Schlag ließ Blochin rückwärts stolpern. Seine Waffe fiel ihm aus der Hand.

Romberg sah seinen Bruder taumeln und setzte nach. Doch diesmal war Blochin vorbereitet. Er fing den Angriff mit einem Fußtritt in den Solarplexus ab. Romberg rang nach Luft.

Die Brüder fingen an, einander belauernd zu umkreisen. „Warum?", keuchte Romberg. „Warum lässt du mich nicht in Ruhe? Warum brichst du in mein Leben ein?"

„Ich breche nicht in dein Leben ein, Kolja. Ich stehle dir dein Leben. Ich werde in wenigen Tagen als unbescholtener Karl Romberg nach München zurückkehren. Tolle Geschichten werde ich von meiner Afrikareise zu erzählen haben …"

„Woher weißt du …?", unterbrach ihn Romberg ungläubig.

Blochin lachte. „Du glaubst doch wohl nicht ernsthaft, dass du wirklich gewonnen hast? Du hast noch nie gewonnen. Du warst schon immer ein Verlierer. Es gab nur eine einzige Teilnahmekarte für dieses Preisausschreiben. Und du hast sie mir artig zurückgeschickt. Ich konnte sicher sein, dass du mitmachen würdest. Du warst schon immer leicht zu durchschauen, Kolja." Blochin sah seinen Bruder an. „Ab jetzt werde ich dein Leben weiterleben. Du hast das Recht, zu leben, seit Langem verloren."

„Warum kannst du die Dinge nicht auf sich beruhen lassen?" Rombergs Stimme klang verzweifelt. „Reicht es dir nicht, dass ich alles zurücklassen musste? Warum willst du mir alles wegnehmen?"

„Du hast dir selbst alles weggenommen. Schon vor langer Zeit!" Blochin spuckte ihm die Worte voller Verachtung entgegen. „Du hast keine Ehre. Deine Kameraden hast du verraten! Davongeschlichen hast du dich!"

„Ich wurde freigesprochen."

„Freigesprochen, dass ich nicht lache!" Blochins Stimme kippte ins Höhnische. „Vater hat seinen Einfluss geltend gemacht. Er hat die Schande danach nicht ertragen können und seinen Abschied genommen. Ich verstehe nicht, wieso er dich vor deiner gerechten Strafe bewahrt hat."

„Unsere Mutter und er waren der Meinung …"

„Natürlich fängst du jetzt von Mutter an. Du hast ja auch ihren Geburtsnamen angenommen, als du dich aus dem Staub gemacht hast, du jämmerlicher Feigling. Bestimmt war sie es auch, die dir von diesem Haus hier erzählt hat. Warst ja immer ihr Lieblingskind. Sie hat Vater damals überredet, dir das Leben zu retten. Aber dein Leben war da schon verwirkt!"

Mit einer blitzschnellen Bewegung drang Blochin auf seinen Bruder ein und trat ihm dann mit dem rechten Fuß seitlich gegen das Knie. Romberg torkelte seitwärts. Der Schmerz ließ weiße Lichter vor seinen Augen tanzen.

Blochin sah sich um, bis sein Blick die Pistole auf dem Boden fand.

„Aber es ist doch gar nicht wahr, dass ich das Lieblingskind unserer Mutter war. Sie hat uns beide geliebt", presste Romberg hervor.

„Du hast ihr mit deiner Begeisterung für all das weibische Zeug viel mehr Aufmerksamkeit abverlangt. Klassische Musik! Oper! Sie war vernarrt in dich. Aber als Soldat, als es darauf ankam, hast du versagt. Du hast Verrat begangen. Du trägst die Schuld am Tod von drei Männern." Blochin hatte die Pistole fast erreicht und bückte sich, um sie aufzuheben. Für einen Moment ließ er seinen Bruder aus den Augen.

Romberg stürmte mit dem Mut der Verzweiflung vorwärts. Als er das linke Bein belastete, glaubte er, sein Knie würde explodieren. Er knickte ein und stürzte nach vorn. Im Fallen bekam er Blochins rechte Hand mit der Waffe zu fassen. Wütend verdrehte er ihm den Arm.

Blochin schrie auf. Der Schwung des Angriffs riss sie beide nach hinten. Gemeinsam krachten sie gegen einen Schrank. Wieder klapperte die Waffe auf den Steinboden und rutschte an der Sitzgruppe aus weißem Leder vorbei bis zur Terrassentür.

Für fast zehn Sekunden lagen die Brüder Oleg und Kolja Blochin nur einen Meter voneinander entfernt und versuchten, zu Atem zu kommen.

Rombergs Bewusstsein glitt in die Vergangenheit. Als würde ein kräftiger Windstoß Nebelschwaden vertreiben, konnte er sich plötzlich wieder erinnern. Die Nacht an den Eisenbahngleisen. Die Nacht seiner Schuld.

„ZERBERUS für Aurora. Elvis verlässt das Gebäude. Die Landeinheiten sollen vorrücken. Wie sieht es mit dem Helo aus?“

„Aurora für Zerberus. Der Helo ist in der Luft. Ankunft über dem Strand in fünf Minuten. Landeinheiten rücken unverzüglich vor, verstanden.“

Als sie aus dem Windschatten des Ferienhauses kamen, trafen Böen und Regen sie mit voller Wucht. Amelie war innerhalb von Sekunden vollkommen durchnässt. Härter ging neben ihr, Werner Vogel auf den Armen. Sein linker Arm umfasste Vogels Schultern, während Vogels Knie in seiner rechten Armbeuge lagen. In der rechten Hand hielt er die Glock nach vorn gerichtet. Es war nichts zu hören außer dem Jaulen des Windes.

Zunächst ging es den steilen Weg durch den Garten des Hauses nach unten. Sie stiegen über einen niedrigen Gartenzaun. Dann mussten sie durch die Dünen weiter, auf das Meer zu. Der Wind und der tiefe Sand erschwerten das Fortkommen. Nach kurzer Zeit war Amelie außer Atem.

Plötzlich stob der Sand vor ihren Füßen in einer kleinen Fontäne in die Höhe. „Deckung!!“, brüllte Härter. Mit dem Ellbogen gab der Kapitän Amelie einen Stoß. Sie landete in einer Mulde. Härter ging neben ihr in die Knie, legte Vogel ab und presste sich dann ebenfalls flach auf den Boden.

„Wir haben mittlerweile jede Menge Feindbewegung“, meldete sich MC. „Ich konnte nicht identifizieren, woher das Feuer kam.“

Härter kniff die Augen zusammen und versuchte, etwas zu erkennen. Er glaubte, einzelne Gestalten auszumachen, die gebückt von einem Haus zum anderen rannten. Glas klirrte. Dann brach das Gefecht los.

In einem Dachfenster sah Härter Mündungsfeuer aufblitzen. Unmittelbar vor ihm stob Sand empor. Sofort senkte er den Kopf. Direkt danach hörte er das trockene Knattern mehrerer Sturmgewehre und Maschinenpistolen. Der Feind hatte ihre Position erkannt und begann, sie mit Feuer zu belegen. Er formulierte im Kopf noch seinen Funkspruch, als MOF bereits von sich aus in das Geschehen eingriff.

Das charakteristische hochfrequente Rattern der Feuerstöße des Maschinengewehrs hatte auf Härter komischerweise eine beruhigende Wirkung. MOF war ein Virtuose, was den Umgang mit dem MG 3 anging. Er besaß sogar eine persönliche Waffe. Ein Einzelstück aus Edelstahl, dem er einen Namen gegeben hatte: *Lili Marleen*.

Und jetzt begann *Lili Marleen*, ihr grausames Lied zu singen.

Härter sah sich um. Amelie hatte sich zusammengerollt und presste die Hände seitlich auf die Ohren. Härter robbte zu ihr. Er zog eine der Hände weg. Die Hand zitterte. „Wir bekommen Feuerschutz. Wir müssen weiter.

Sehen Sie die Abbruchkante der Düne? Da müssen wir hin. Wenn wir es über die Kante schaffen, sind wir in Sicherheit."

Der Kapitän hob Vogel wieder vom Boden hoch. „Sprung auf, marsch, marsch!", rief er Amelie zu und rannte in Zickzacklinien los. Neben ihm spritzte der Sand auf. Ein wütender Feuerstoß von *Lili Marleen* drang an seine Ohren. Dann hörte er MOF in seinem Kopfhörer missmutig knurren. „Das sind verdammt viele. Und sie verteilen sich, verschanzen sich in den Häusern. Wo bleibt die Verstärkung von der Landseite?"

„Ist unterwegs!", antwortete Härter, während er geduckt durch die Dünen rannte. Er erreichte die Kante der Düne und sprang, landete auf dem Hosenboden und rutschte – Vogel noch immer in den Armen – durch den Sand. Schließlich erreichte er den Strand am Fuß der Düne. Er blickte sich um. Aber er konnte Amelie nirgends entdecken. Still fluchte er. Natürlich hatte sie mit seinem Befehl nichts anfangen können. Hoffentlich lag sie noch in der Mulde und war nicht getroffen worden.

Er legte Werner Vogel hinter einem Strandkorb vorsichtig ab. Durch den pfeifenden Wind hörte er leise das Schlagen von Rotorblättern. Wieder kletterte er die Düne hinauf. Vorsichtig spähte er über die Abbruchkante.

Abermals hörte er einen Feuerstoß des Maschinengewehrs. Vor sich sah er Amelie, die noch immer in der Mulde lag. Der Kapitän wartete auf den nächsten Feuerstoß. Dann rannte er zu ihr zurück. „Feuerschutz!", bellte er in sein Mikrofon. „Hoch mit Ihnen, Frau Karman!", rief er und zerrte sie an einem Arm in die Höhe. Dann zog er sie in Richtung Abbruchkante. Als sie das Ende der Düne erreichten, stieß er Amelie über die Kante und sprang hinterher. Sie landeten nebeneinander im weichen Sand.

Härter hob den linken Zeigefinger. „Hören Sie mal, Frau Karman. Das ist ein Hubschrauber. Der holt Sie ab. Bald haben Sie es geschafft", sagte er beruhigend. Tatsächlich wurde das Knattern des Rotors ständig lauter.

„Der Feind hat meine Position", meldete MOFs Stimme. „Liege unter schwerem Feuer. Werde nicht mehr lange halten können."

„Kann die Situation sehen, aber nichts ändern", meldete sich MC, der irgendwo rechts von ihm in den Dünen in Stellung lag. „Der Feind nutzt die Häuser als Deckung."

Härter traf seine Entscheidung im Bruchteil einer Sekunde. „Zerberus für Aurora. Wir liegen unter Feuer. Der Feind hat sich in den Häusern verschanzt. Er bestreicht auch den Strand. Keine Extraktion möglich. Daher Feuerschlag gegen die Häuser. Im Schutz des Feuerschlags führen wir die

Extraktion durch. Der Helo ist fast da. Sie sollen eine Trage und eine Schlinge mit der Winde herunterlassen."

„Aurora für Zerberus. Verstanden. Feuerschlag in sechzig Sekunden." Broder Thomsen saß auf dem Kommandantenstuhl in der OPZ, tief im Bauch der Fregatte *Bayern*. Er wandte sich an den Waffensystemoffizier, der das Terminal der Bordkanone bediente. „Wir feuern eine Sechzigschusssalve. Zuerst Mauerbrecher, dann Gefechtsköpfe mit Splitterwirkung. Als Drittes Thermit-Brandmunition. Feuerbereitschaft melden."

Die linke Hand des Waffensystemoffiziers huschte über die Tastatur. „Bereit zum Feuern auf Ihren Befehl, Herr Kapitän."

Härter rief MC und MOF über Funk. „Hier geht gleich ein Feuerwerk los. Sobald das Theater anfängt, setzt ihr euch ab. Zurück ins Wasser. Zurück zum Schiff. Ich bin direkt hinter euch."

„Verstanden", bestätigte MC.

„Verstanden", presste MOF hervor. „Mich hat es am Bein erwischt. Werde etwas langsamer sein. Aber ich komme zurecht."

Broder Thomsen hielt den Blick starr auf die Uhr in der OPZ gerichtet. Nachdem der Sekundenzeiger seine Runde vollendet hatte, sagte der Fregattenkapitän langsam und deutlich: „Auf erkannte Ziele: Feuer frei!"

Härter hörte die heranorgelnden Granaten. Er rief Amelie zu, sie solle den Mund öffnen. Wegen des Trommelfells.

Die Pforten der Hölle taten sich auf. Die Salve der *Bayern* traf ihre Ziele mit der Wirkung von dreißig glühenden Abrissbirnen. Die sechs Ferienhäuser verwandelten sich binnen nicht einmal einer Minute in rauchende Ruinen. Trotz des starken Regens ließ das Thermit die reetgedeckten Dachstühle wie Zunder brennen. Flammen schlugen meterhoch aus den Fenstern. Wände barsten. Schreie wurden laut.

Der Kapitän sah sich um. Der Sea Lynx hatte den Strand erreicht. Härter erkannte, dass die seitliche Tür bereits geöffnet war und die Verwundetentrage an dem Stahlseil der Winde langsam zum Strand herabgelassen wurde. Er winkte mit dem dunklen Rotlicht seiner Lampe. Rotlicht aus dem Hubschrauber blinkte bestätigend zu ihm zurück.

Härter hob Vogel hoch. Mit einer Geste forderte er Amelie auf, ihm zu folgen. Sie umkurvten einige Strandkörbe und erreichten die Trage in dem Moment, als diese auf dem Sand aufsetzte. Schnell legte Härter Vogel darauf und zurrte die Riemen fest. Dann zog er die Schlinge fest um Amelie. „Sie haben es geschafft, Frau Karman! Genießen Sie den Flug!", brüllte er über den Wind und das Rotorengeräusch hinweg.

Er winkte zum Hubschrauber hinauf, der zu steigen begann. Die Trage und Amelie wurden hochgehoben. Als der Helikopter abdrehte, sah Härter noch, wie Amelie in das Innere des Hubschraubers gezogen wurde.

„Habe das Wasser erreicht. Wir sehen uns an Bord“, meldete MOF.

„MC? Meldung!“

Von Land vernahm Härter jetzt Gefechtslärm. Maschinenpistolen. Sogar das Fauchen einer Panzerfaust glaubte er zu hören. KSK, SEK und die GSG 9 rückten vor. Die Schlinge zog sich um die überlebenden Gegner von der Landseite her zu. Aber der Kopfhörer in Härters Helm blieb stumm.

Er richtete sich hinter einem Strandkorb auf. Flammen tauchten die Küste in zittriges Licht. Er suchte den Strand mit den Augen ab, konnte jedoch nichts erkennen. Dann sah er plötzlich etwas Dunkles im Spülsaum liegen. Er lief los, darauf zu. Die Ausläufer der Wellen umspülten den Körper.

Irgendetwas stimmte nicht. MC lag bäuchlings im feuchten Sand. Dennoch starrten seine Augen blicklos in den Himmel. Jemand hatte dem jungen Bootsmann Lenz den Hals umgedreht.

In Härter stieg fürchterliche Bitterkeit empor. Er fiel neben der Leiche auf die Knie. „Zerberus für Aurora. Aurora, kommen!“

Härter spürte die Bewegung in seinem Rücken mehr, als dass er sie gesehen hätte. Er warf sich nach vorn und vollführte in der Luft eine halbe Drehung. Knirschend bohrte sich ein Messer in den Sand, wo er gerade noch gekniet hatte. Mit den Schulterblättern stieß er sich ab und schnellte hoch. Er fand sich einem Mann gegenüber, der aus mehreren oberflächlichen Wunden im Gesicht blutete.

Er erkannte das Gesicht des Mannes. Der Polizist vor dem Benediktiner-Zelt. Der Mann mit dem Decknamen „Drache“, vor dem ihn Oberst Klarow gewarnt hatte. Er sah dem Mann in die seltsam flackernden Augen.

Kaliningradskaja Oblast, 1974

Er steht allein in sternloser Nacht. Die Gefechtsübung dauert bereits vier Tage. Fähnrich Kolja Blochin hat während dieser vier Tage so gut wie nicht geschlafen. Er ist vollkommen erschöpft. Er friert erbärmlich und hat Hunger. Er darf auf keinen Fall einschlafen.

Er ist einem Trupp zugeteilt, der den Auftrag hat, die Gleise auf einer Eisenbahnbrücke zu sprengen. Natürlich werden die Gleise nicht wirklich gesprengt. Die Semtex-Päckchen sind nur Attrappen. Es ist nur eine Übung.

Kolja hat die Gleiswache übernommen. Er muss seine Kameraden warnen, sollte ein Zug kommen. Deshalb ist er nicht bei den anderen auf der Brücke. Er konzentriert sich auf Melodien in seinem Kopf, um wach zu bleiben. Die Ouvertüre der „Zauberflöte". Er darf auf keinen Fall einschlafen.

Bald kann er die Musik in seinem Kopf nicht mehr hören.

Er wacht auf. Um ihn ist das Donnern eines herannahenden Zuges. Kolja ist desorientiert. Wo ist er? Was ist das für ein Lärm? Dann fällt es ihm wieder ein. Die Kameraden auf der Brücke! Der Zug rast an ihm vorbei.

Es ist zu spät. Er hört ihre Schreie. Er flieht. Kopflos. Nur weg von den Schreien. Bald erreicht er einen Wald. Er hört, dass sie ihn bereits verfolgen. Er hört die Hunde bellen. Das Geräusch genagelter Sohlen. Von woher kommen sie?

Da ist nur Angst, nur Angst. Zwielicht bricht sich Bahn durch das Blätterdach des Waldes. Er wird verfolgt. Es regnet. Seine Lungen rasseln vor Anstrengung. Der Hang ist von glitschigem Laub bedeckt. Er muss diese Böschung hoch, sich in Sicherheit bringen. Seine Füße rutschen ab. Immer wieder. Hinter ihm sind die Hunde, er kann ihr wütendes Bellen hören. Sie kommen näher. Bald werden sie ihn einholen.

Schließlich legt sich die Hand auf seine Schulter. Schwer, kräftig und furchteinflößend. Er versucht, sich zu befreien, aber die Hand hält ihn fest. Sein Bruder Oleg sieht ihn an. Mit diesen seltsam entfärbten Augen, Folge einer Stoffwechselerkrankung im Säuglingsalter. Augen wie heller Fels.

Er sieht Feindschaft und Verachtung in diesen Augen glühen. Er hört die Stimme seines Bruders wie von ferne. „Ich habe das Schwein. Hierher! Hier ist der Deserteur!"

HÄRTER riss die Glock aus dem Brustholster. Doch sein Gegner trat sie ihm mit einer schnellen Sichelbewegung des Beines aus der Hand. Die Waffe flog mehrere Meter weit, bevor sie im Sand landete. Der Kapitän taumelte zurück und stolperte in einer Vertiefung im Strand. Er fiel nach hinten.

Sein Widersacher kam ihm mit einem Sprung näher, das rechte Bein zu einem Tritt auf den Liegenden angewinkelt. Härters Hände wurden zu Klauen. Er bekam das Standbein seines Gegners an der Wade zu packen und riss an den Muskeln. Für einen Augenblick verlor der andere die Balance. Der Tritt ging ins Leere.

Der Kapitän konzentrierte sich. Mit weichen Bewegungen wich er einem Hagel von Handkanten- und Faustschlägen aus. Was für ein Gegner! Noch niemals hatte er gegen einen Mann gekämpft, der sich mit solcher Koordination und Geschwindigkeit bewegte.

Härters Hand stieß nach vorn wie der Kopf einer Kobra. Aber der andere reagierte blitzschnell. Härters Angriff traf nur einen Unterarmblock. Er sah die Bewegung der Hüfte im letzten Moment. Der Arm des Kapitäns zuckte gerade noch rechtzeitig an seinem Körper hinab, um seine Rippen zu schützen. Der Tritt lähmte ihm den Arm. Er rang nach Luft. Sein Kontrahent deckte ihn mit einer weiteren Kombination aus Schlägen und Tritten ein. Doch er konnte Härter nicht treffen. Heißes Kribbeln kündigte diesem an, dass die Stärke in seinen Arm zurückkehrte.

Er sah in irrlichternde Augen. Für den Bruchteil einer Sekunde glaubte er, dass eines der Lider flatterte. Dann sah er die rechte Hand des anderen. Der Oberkörper hatte sie zuvor verdeckt. Jetzt schoss die rechte Hand des Mannes vorwärts. Daumen, Zeige- und Mittelfinger waren in Form eines gleichschenkligen Dreiecks nach vorn gerichtet. Die drei Fingerspitzen zielten auf Härters Brustkorb. Genau auf das Herz.

Härter bog sich wie ein Schilfhalm im Wind. Sein linker Ellbogen kippte nach außen und oben. Sein Unterarm blockierte für einen Moment beide Arme des Gegners. Seine rechte Hand wurde zur Kralle. Die Kralle griff nach der Kehle des anderen. Seine Finger schlossen sich wie eine Schraubzwinge.

Die weiche Haut am Hals seines Gegners platzte auf. Härters Fingerspitzen gruben sich tiefer und tiefer. Blut lief dem Kapitän über die Hand. Er hörte ein blubberndes Röcheln.

Sein Gegner sank sterbend in die Knie. Seine Pupillen verdrehten sich zum Himmel. Dann fiel er seitlich in den Sand.

Der Kampf hatte keine zwei Minuten gedauert.

Wortlos wandte sich Härter ab, holte seine Waffe und steckte sie ein. Dann hob er den toten Bootsmann vom Boden auf und trug ihn in die Wellen, wo sein Tauchschlitten auf ihn wartete.

Das Wasser der Nordsee wusch ihm das Blut von den Händen.

SIE KAMEN gleichzeitig wieder auf die Beine. „Wir sind Brüder“, sagte Karl Romberg so ruhig wie möglich. „Wir sollten nicht kämpfen. Erinnerst du dich an Professor Stern? Er hat immer gesagt, wir sollten nicht untereinander kämpfen, sondern gegen den Feind. Du bist nicht mein Feind.“

Aber Oleg Blochins Augen glühten mit derselben Feindschaft wie vor dreißig Jahren. „Stern, der alte Träumer! Ein Mann der Vergangenheit. Gedichte! Der kategorische Imperativ! Einfach lachhaft!“ Er ließ einige meckernde Laute hören. „Er war der Erste, der dran glauben musste. Er wäre der Einzige gewesen, der noch von uns beiden gewusst hätte. Vater hat dich damals sehr kunstvoll aus den Akten des deutschen Spätaussiedlerprogramms verschwinden lassen.“

„Der dran glauben musste? Wie meinst du das?“, fragte Romberg fassungslos.

„Der Alte hat meinen Plan gefährdet. Seine Zeit war eh lange vorbei.“

Als Romberg das hörte, brannten bei ihm die letzten Sicherungen durch. Er hatte den alten Professor Stern immer sehr gemocht.

Blochin sah zur Seite. Romberg folgte dem Blick seines Bruders zu der Waffe, die vor der Terrassentür auf dem Boden lag. Blochin stürzte los.

Romberg folgte ihm. Blochin erreichte die Waffe. Romberg stieß sich mit dem gesunden Bein ab. Mit einem Hechtsprung stürzte er sich auf seinen Zwillingsbruder. Sie prallten zusammen. Ihr gemeinsames Gewicht ließ das Glas der Terrassentür zerbrechen. Sie rollten auf die Terrasse. Die plötzliche Helligkeit ließ sie blinzeln. Als Romberg wieder etwas erkennen konnte, sah er aus seinem linken Oberarm einen großen Glassplitter ragen.

Blochin versuchte, sich am Geländer hochzuziehen. Das Glas hatte seine Wange aufgeschnitten. Die rechte Hälfte seines Gesichts war blutüberströmt.

Beide sahen sich um. Wo war die Waffe? Romberg kam wieder auf die Beine und ging auf seinen Bruder zu. Seine rechte Hand war zur Faust geballt.

Plötzlich drückte Blochin sich mit dem linken Arm auf dem Geländer in die Höhe. Sein rechtes Bein vollführte einen weiteren Tritt gegen Rombergs Kopf. Aber Romberg hatte genug Tritte bekommen. Er wich dem Fuß aus.

Dann sah er wie in Zeitlupe, dass sein Bruder das Gleichgewicht verlor. Der Schwung des hohen Tritts hatte ihn zu weit nach hinten kippen lassen. Sein rechter Arm ruderte durch die Luft. Vergeblich. Oleg Blochin stürzte rücklings über das Geländer.

Mit zwei Schritten war Romberg an der Brüstung. Sein Gefährte fiel. Er fiel dreißig Meter tief. Dann verschlang ihn die kochende Brandung am Fuß der Klippe.

WOLFGANG HÄRTER befand sich in der Kabine von Broder Thomsen. Der Kommandant der *Bayern* hatte seinen knappen Bericht angehört. Jetzt saßen die beiden Offiziere einander gegenüber und schwiegen. Was gab es auch zu sagen angesichts eines gefallenen Kameraden?

Schließlich brach Thomsen das Schweigen. „Ich habe mit der Ärztin gesprochen. MOF hat einen Durchschuss. Er wird sich aber schnell wieder erholen. Was Werner Vogel betrifft, bei ihm steht es noch auf der Kippe. Er hat eine Menge Blut verloren." Thomsen räusperte sich. „Der Geisel hat sie eine Beruhigungsspritze gegeben. Frau Karman schläft."

Härter nickte. „Sie hat sich erstaunlich gut gehalten, wenn man bedenkt, was sie in den letzten Tagen durchgemacht hat." Wieder verfielen die beiden Männer in Schweigen.

Dann erhob sich Thomsen und holte eine Flasche und zwei Gläser, die er auf den Tisch stellte. „Dänischer Aquavit. Einer der besten der Welt. Das sind wir dem jungen Bootsmann schuldig." Er goss beide Gläser drei Finger hoch ein. Sie stießen wortlos an und tranken.

LANGSAM humpelte Karl Romberg zurück in das Zimmer. Er sah sich um und entdeckte einige Flaschen, die auf einer Hausbar neben dem Couchtisch standen. Als er die Bar erreicht hatte, griff er nach der Glasscherbe und zog sie aus seinem Fleisch. Scharf sog er die Luft ein. Er langte nach einer der Flaschen und zog den Korken mit den Zähnen heraus. Dann nickte er zufrieden und schüttete sich ein Drittel des Inhalts über den Schnitt in seinem Oberarm. Der Wodka brannte in der Wunde.

Romberg nahm mehrere Stoffservietten, die ebenfalls auf der Hausbar lagen, und verband die Verletzung. Dann schleppte er sich zu dem Sofa. Stöhnend sank er in die weichen Polster.

Er hob die Flasche an die Lippen und nahm einen tiefen Zug. Sein Blick fiel auf den Couchtisch. In der Mitte der gläsernen Tischplatte türmte sich ein großer Berg unansehnlicher kleiner Kiesel auf. Der Haufen sah aus, als bestünde er aus stumpfem Glasgranulat. Auf Rombergs Gesicht begann sich ein schmales Lächeln zu zeigen. Er nahm einen weiteren großen Schluck.

Er wusste, dass dies kein gemahlenes Glas war, denn er hatte so etwas schon einmal gesehen. In einem Bergbaumuseum in Botsuana. Das Lächeln wurde breiter und immer breiter, bis es sich über sein ganzes Gesicht zog.

Dann lachte er lauthals los. Karl Romberg war sich immer ganz sicher gewesen, dass er eines Tages gewinnen würde.

EPILOG

Der Hubschrauberlandeplatz des Kanzleramts war in milchiges Licht getaucht. Härter stieg aus dem Helikopter und ging auf die Wartenden zu. Vor dem Regierungschef nahm er Haltung an und grüßte militärisch. „Herr Bundeskanzler, melde mich wie befohlen."

„Nun mal nicht so förmlich, Poseidon. Sie haben tolle Arbeit geleistet. Wir haben bereits über dreißig Prozent der Beute wieder in unserem Besitz. Die Geisel ist am Leben. Da kann ich nur gratulieren. Ich freue mich, Ihnen mitteilen zu können, dass der Bundespräsident zur Stunde Ihre Verleihungsurkunde für das Große Bundesverdienstkreuz unterschreibt. Dieses Land ist Ihnen zu tiefem Dank verpflichtet."

„Das ehrt mich", sagte Härter leise. „Leider kann ich Ihre positive Bewertung der Vorgänge nicht teilen. Ich habe einen Mann verloren." Er schwieg einige Sekunden lang. „Was diesen Orden betrifft, rege ich an, ihn posthum dem gefallenen Kameraden zu verleihen. Vielleicht hilft es seinen Eltern, wenn sie sehen, dass dieses Land das Opfer ihres Sohnes anerkennt." Er räusperte sich. „Ich würde das Ding ohnehin nie in der Öffentlichkeit tragen können."

„Das ist ein guter Vorschlag. Ich bin sicher, dass der Bundespräsident einverstanden ist." Der Kanzler nickte ernst. „Aber jetzt stellen Sie Ihr Licht nicht unter den Scheffel, Poseidon. Ihre Operation bleibt ein großer Erfolg." Er schmunzelte, bevor er fortfuhr. „Ich muss schon sagen, Poseidon, Sie sind tatsächlich eine Art deutscher James Bond!"

„Nein, Herr Bundeskanzler." Der Kapitän schüttelte kurz, aber energisch den Kopf. „Das bin ich nicht."

Ich bin Härter. Wolfgang Härter.

CHRISTOPH SCHOLDER

„Der Schrecken ist Fiktion, die Angst bleibt zwischen den Buchdeckeln."

Er sei ein Schmierfink, der mit den Ängsten der Festbesucher spiele, das Thema seines Buchs sei wegen der Opfer des Attentats von 1980 pietätlos – solche und ähnliche Vorwürfe musste sich der 1967 in Tübingen geborene Christoph Scholder zur Veröffentlichung seines Erstlingswerks in seiner Wahlheimat München anhören. Er reagiert gelassen auf die Vorhaltungen durch Wiesnwirte, Kommunalpolitiker und Lokalpresse: „Merkwürdigerweise hatte keiner von diesen Leuten bis dahin auch nur eine Zeile des Buchs gelesen. Die meisten Menschen haben kein Problem damit, wenn im Film das Weiße Haus in die Luft fliegt oder eine Bombe beim Superbowl explodiert. Doch wenn so was vor der eigenen Haustür passiert, gibt es Proteste." Augenzwinkernd fügt er hinzu: „Die Polizei hat mich übrigens noch nicht als Sicherheitsberater angefragt – also nehmen auch die mein Fantasie-Szenario nicht so ernst."

Ein Wiesnbesuch vor 15 Jahren hatte Scholder auf die Idee zu seinem Buch gebracht: „Plötzlich hatte ich ein unglaubliches Bild vor Augen: GSG-9-Beamte in voller Montur stürmen das Zelt wie Marsmenschen. Ich wollte diesen irren Einfall sofort meinem Kumpel erzählen, doch der winkte nur ab: ‚Red keinen Schmarrn. Trink dein Bier.' Aber seitdem wusste ich: Die Wiesn ist eine tolle Location für einen Action-Thriller."

Ein Jahrzehnt später nahm Scholder, der Soziologie, Philosophie und Psychologie studierte und als Soziologie-Dozent an den Universitäten Mainz und München lehrte, das Projekt endlich in Angriff und widmete sich vier Jahre lang in der vorlesungsfreien Zeit der Schriftstellerei. „Wir Soziologen sind nicht unbedingt dafür bekannt, spannend zu schreiben", gibt er schmunzelnd zu, empfindet aber sein berufliches Umfeld als durchaus inspirierend: „An deutschen Hochschulen lassen sich vortrefflich Mordfantasien entwickeln."

Denis O'Connor
Katzenspuren im Mondlicht

Behutsam holte ich das Kätzchen aus der Tasche und legte es vorsichtig auf einen Teppich vor dem Kaminfeuer. Zunächst konnte ich nicht ausmachen, ob es überhaupt noch lebte, doch plötzlich nieste das Kleine, wahrscheinlich wegen des Staubs in meiner Tasche. In diesem Augenblick wurde mir bewusst, welch ungeheure Aufgabe vor mir lag.

Winter: Die Rettung

Ich starrte auf den OP-Tisch im Behandlungsraum des Tierarztes. Ein tragischer Anblick bot sich mir. Die Katzenmutter mit dem silbern glänzenden Fell blutete und rang schwer atmend mit dem Tod. Neben ihr lagen ihre beiden Jungen, die ich gerettet und eilends zum Arzt gebracht hatte. Auch sie waren dem Tode nahe.

„Da bleibt mir leider nichts mehr zu tun, für keinen der drei", sagte Tierarzt Scott Mackenzie mit professioneller Endgültigkeit.

In der sterilen, klinischen Atmosphäre wirkte sein schottischer Akzent seltsam tröstlich. Seine Untersuchung war kurz, aber gründlich gewesen.

Ich wollte ihm nicht glauben. Natürlich: Scott hatte Recht. Es blieb nur noch, diesen armen Wesen rasch und schmerzlos den Gnadentod zu gewähren, doch ich hatte mich eigensinnig an die Hoffnung geklammert, dass Scott ein Wunder bewirken und die drei Katzen irgendwie retten könnte. Dann hätte ich die ganze Familie mit zu mir nach Hause genommen.

Hin und wieder erwachte die Katzenmutter, während sie mit dem Tod kämpfte, aus der Ohnmacht, wurde aber gleich wieder bewusstlos.

„Ich muss die Mutter jetzt einschläfern", sagte Scott in seiner sachlichen Art. „Und es wäre nur barmherzig, auch den Jungen gleich die Spritze zu geben. Sie sind viel zu klein, um allein zu überleben, selbst wenn sie durchkommen sollten."

Er verließ mit der Katzenmutter das Zimmer, entschlossen zu tun, was getan werden musste.

Während seiner Abwesenheit blickte ich auf die beiden Jungen hinab. Beide waren Kater – „Tommies", wie Scott sie nach dem englischen Wort *tomcat* (Kater) nannte. Das eine Junge war von einem rauchigen Blaugrau, das andere schwarz mit weißen Zeichnungen. Keines war größer als ein Mäuschen. Traurig griff ich nach ihnen und berührte ihr Fell. Das Graue zeigte keine Lebenszeichen und keine Wärme mehr, aber als meine Finger das Schwarz-Weiße streichelten, rührte es sich ein ganz kleines bisschen und krümmte den kleinen Körper, als wolle es sich in meine warme Hand schmiegen.

Bilder aus meiner Kindheit schossen mir durch den Kopf, während ich auf den Arzt wartete, Erinnerungen an Tage, die ich in den Wäldern und Feldern am River Derwent verbracht hatte, der an der Grenze zwischen den nordostenglischen Grafschaften Durham und Northumberland fließt, und an den See von Axwell Park Estate, wo ich geboren wurde. Von klein auf hatte ich die Natur geliebt, und jetzt, da ich neunundzwanzig Jahre alt und alleinstehend war und in einem Marktstädtchen in der Provinz arbeitete, konzentrierte sich meine Naturliebe auf die Tiere und die Landschaft in meiner Region.

Man schrieb das Jahr 1966; gerade hatte ich eine Stelle als Dozent an der Pädagogischen Hochschule in Alnwick angetreten. Gleichzeitig hatte ich Owl Cottage gekauft, einen Steinbau aus dem 18. Jahrhundert, der an einem Hang über dem River Coquet lag und einen weiten freien Blick auf die fernen Cheviot Hills gewährte. Es war ein Neuanfang und zugleich die Erfüllung eines Traums …

Nachdem Scott die silbergraue Katzenmutter von ihrem Leid erlöst hatte, kehrte er zurück, um die beiden Jungen zu holen. Einem plötzlichen Impuls folgend, hob ich das Schwarzweiße vom Tisch und steckte es behutsam in die Tasche meiner Schaffelljacke.

Scott war entsetzt. „Sie sind ein sentimentaler Narr“, sagte er ernst. „Das Kleine wird leiden und sterben, egal was Sie tun.“

„Mag sein“, erwiderte ich, „aber es kann auch vor meinem Kaminfeuer sterben statt irgendwo sonst. Bitte schicken Sie mir die Rechnung.“

Ich verabschiedete mich und ließ Scott zurück, der ungläubig den Kopf schüttelte.

Seine Worte klangen in mir nach. „Sentimentaler Narr“ hatte er gesagt. Nur allzu gut erinnerte ich mich, wie oft ich wegen meiner Tierliebe schon so betitelt worden war. Auch mein Vater hatte mich so genannt. Langsam fuhr ich über die verschneiten Straßen nach Hause und dachte dabei über die quälenden Erlebnisse des Nachmittags nach, die mir ein Findelkind beschert hatten.

Es war ein normaler trüber und grauer Januartag gewesen. Als ich von der Arbeit heimkehrte und aus dem Wagen stieg, spürte ich eine Schwere, die in der Luft lastete.

„Heute Nacht wird's schneien!", rief mir ein Nachbar zu, der seinen schwarzen Labrador ausführte und dabei gerade an meiner Einfahrt vorbeilief.

„Sieht aus, als käme auch ein Sturm auf!", rief ich zurück.

Er lächelte und nickte.

Unsere Wettervorhersage ging in Erfüllung, und das in einem Ausmaß, wie wir es nicht im Mindesten erwartet hätten.

Nachdem ich das Garagentor geschlossen hatte, hielt ich neben einer hohen Zypresse inne, um den Krähenschwärmen nachzuschauen, die krächzend ihre Kolonie umkreisten. Zu dieser Tageszeit, wenn das weiche Abendlicht langsam der Dunkelheit wich, blickte ich immer besonders gern zum Himmel auf. Manchmal ergaben sich so feine Farbabstufungen, dass ich mich an ein Gemälde von William Turner erinnert fühlte und in dem Gedanken schwelgen konnte, er habe ein Bild nur für mich gemalt. An anderen Tagen leuchtete die Farbpalette in solch knalligen Rot-, Orange- und Gelbtönen, dass ihre Schönheit mir den Atem verschlug. Heute jedoch gab es keinen Sonnenuntergang – nur eine dichte, geschlossene Wolkendecke und Zwielicht.

Während ich so dastand, senkte sich eine bleierne Stille über die Landschaft. Es wurde dunkler und merklich kühler. Schneeflocken begannen zu fallen, worauf Buchfinken und Amseln sich in die Hecken flüchteten, die meinen Garten säumten.

Ungeachtet der Kälte harrte ich noch aus und schaute mir den ersten Schneefall des Winters an.

Dann plötzlich schlug das ruhige Wetter um, so heftig, dass es mich fast von den Füßen riss. Windböen verwandelten den leisen Schneefall in einen Schneesturm. Von Flocken bedeckt und durchgefroren, eilte ich zu meiner Haustür.

Drinnen zog ich den Mantel aus, schüttelte ihn aus und hängte ihn zum Trocknen in den engen Korridor. Von Minute zu Minute wuchs die Kraft des Sturms. Er rüttelte an der Hintertür und bedeckte die Fensterscheiben mit Fensterläden aus Schnee.

Es war Freitag: Das Wochenende winkte und verhieß Ruhe und Erholung. Die eisige Zugluft, die von den Türen und Fenstern hereindrang, konnte mir die gute Laune nicht verderben. Ich hielt ein Streichholz an die Scheite im Kamin und entzündete im Wohnzimmer mehrere Kerzen.

Nach einer warmen Mahlzeit – gegrilltes Steak mit Bratkartoffeln – machte ich es mir mit einem Glas Wein und einem Buch am Kamin gemütlich. Ich ahnte noch rein gar nichts von den Ereignissen, die mich an diesem Abend aus meiner Ruhe reißen und mein Leben für viele Jahre verändern sollten.

Das melodische Läuten der Standuhr weckte mich um sieben aus einem Nickerchen. Der Sturm hatte sich inzwischen gelegt. Das Feuer war auf eine Schicht glühender Kohlen heruntergebrannt, die mich vom Kopf bis zu den Zehen wärmten; ich konnte mir in diesem Augenblick keinen behaglicheren Ort auf der ganzen Welt vorstellen als meinen Lehnstuhl. Dennoch machte mich die Ruhe nach dem Sturm neugierig, und ich konnte der Versuchung nicht widerstehen, vor die Tür zu gehen und die frische Nachtluft einzuatmen.

Hinter dem Haus bot sich mir ein Anblick strenger, fremder Schönheit. Der Treibschnee hatte die vertraute Landschaft in eine Wildnis aus reinem Weiß verwandelt. Es war bitterkalt; die Luft war trocken und schmeckte nach Raureif. Inmitten tanzender funkelnder Stern, wie man sie in den Städten mit ihrer Luftverschmutzung nie zu sehen bekommt, leuchtete ein riesiger Vollmond vom klaren Himmel. Ein Wintermärchen, so bezaubernd, dass ich wie gebannt dastand, bis ich merkte, dass ich mich allmählich in einen Eiszapfen zu verwandeln begann.

Gerade wollte ich ins Haus zurückgehen, als ein durchdringender Schmerzensschrei die Stille zerriss. Er klang so beängstigend und schrecklich, dass er schlagartig meine ganze Aufmerksamkeit auf sich zog. Angestrengt versuchte ich festzustellen, aus welcher Richtung er kam. Da ertönte er wieder. Es hörte sich an wie ein Jaulen in höchster Not und schien ganz aus der Nähe zu kommen, aber es war nichts zu sehen. Als der Schrei ein weiteres Mal durch die Dunkelheit zu mir drang, glaubte ich erkannt zu haben, woher er in etwa kam. Ich machte ein paar Schritte in diese Richtung und stapfte so hastig durch pulvrige Schneewehen, dass ich dabei ins Rutschen und Straucheln geriet. Ich hatte keinen Mantel an und trug nur meine Hauspantoffeln, aber ohne Rücksicht auf meine unzureichende Kleidung zu nehmen, mühte ich mich mit aller Kraft voran.

Endlich erreichte ich den Rand des Waldes, an dem entlang ein Pfad zur Blackbrook Farm führte. Etwas vor mir im Schnee wand sich und wimmerte vor Schmerz: Es war eine Katze, die mit einem Hinterbein in einer Falle festsaß.

Als ich näher kam, bemühte sie sich verzweifelt freizukommen, und ich sah, dass der Schnee ringsum blutbefleckt war. Schockiert und erschüttert erkannte ich, dass ich einen Weg finden musste, die Falle zu öffnen, aber das war leichter gesagt als getan. Durch seine Verletzungen war das Tier halb wahnsinnig und wurde zudem durch meine Anwesenheit in Panik versetzt, und so wehrte es fauchend und kratzend meine Bemühungen ab. Auf Händen und Knien im Schnee herumrutschend, gelang es mir schließlich, die Backen der rostigen Falle gewaltsam auseinanderzuziehen.

Zu meiner Überraschung floh die Katze trotz ihrer schweren Verletzungen wie der Blitz und war im Nu verschwunden. Atemlos vor Anstrengung, an Händen und Armen heftig zerbissen und zerkratzt, versuchte ich auf dem gefrorenen Boden Halt zu finden und richtete mich schließlich mühsam auf. Wohin war die Katze gelaufen? Einfach blindlings auf die nächste Deckung zu?

Kalt und durchnässt kehrte ich ins Haus zurück. Ich musste nachdenken. Ein Glas Brandy, Pflaster aus dem Erste-Hilfe-Kasten und eine Röstkur vor dem Feuer stellten meine Lebensgeister bald wieder her.

Während ich auftaute, überdachte ich die Lage. Die verletzte Katze brauchte dringend Hilfe, überlegte ich besorgt. Ich konnte hier nicht einfach nur herumsitzen und Däumchen drehen. Andererseits: Es ging mich eigentlich nichts an. Vielleicht sollte ich die Finger davonlassen. Schließlich war es schon spät, und das Wetter lud nicht dazu ein, sich auf eine Suchexpedition nach einer verwundeten Katze zu begeben. Wahrscheinlich war sie ohnehin inzwischen von einem Fuchs oder einem Hofhund erwischt worden. Dennoch, Katzen hatten von jeher zu meinem Leben gehört – in meiner Kindheit und Jugend hatte ich immer mindestens eine Katze gehabt –, ich war ihnen zugetan, ich liebte ihre Würde und ihre Souveränität. Ich fühlte mich hin- und hergerissen.

Nach kurzem Ringen siegte mein Gewissen, und ich entschloss mich, den Versuch zu wagen, die Katze zu finden. Hastig wappnete ich mich mit meiner Schaffelljacke, den dicksten Fausthandschuhen, die ich finden konnte, Gummistiefeln und einem Gehstock und machte mich auf den Weg, ehe ich es mir noch einmal anders überlegen konnte.

Im Mondschein war die Katzenspur deutlich sichtbar, besonders dort, wo Blutspuren hinzukamen. Unter den Bäumen zeichnete sie sich jedoch nicht so klar ab, zumal sie sich dort durch ein dichtes Schwarzdorngebüsch und eine Anpflanzung von Jungtannen wand. Einmal rutschte ich an einem steilen Abhang aus, während ich mich auf der Spur der Fährte durch den Schnee kämpfte, und stürzte. Kurz darauf verlor ich in einem zugewachsenen Graben die Spur, fand sie dann aber glücklicherweise wieder. Wo wollte das Tier nur hin? Es hätte eigentlich längst aufgeben müssen. Plötzlich bog die Spur in einem rechten Winkel ab und führte zu meiner Erleichterung nun offenbar in freies Gelände. Ich war erschöpft, atmete schwer und merkte, dass ich genug hatte. Wenn ich die Katze nicht bald fand, würde ich heimkehren.

Doch dann schien die Spur geradewegs auf eine verfallene Scheune in der Ferne zuzulaufen. Ich staunte über das Durchhaltevermögen der Katze, es gab immer wieder Stellen, wo man unschwer erkannte, dass sie sich nur noch mit letzter Kraft durch den Schnee geschleppt hatte.

Kurz darauf stand ich im Innern des baufälligen Gebäudes. Zunächst war in der Finsternis kaum etwas zu erkennen, aber dann gewöhnten sich meine Augen an das Dunkel. Das Mondlicht, das vom Schnee draußen reflektiert wurde, reichte mir, um alle Ecken zu durchsuchen, in die sich meiner Einschätzung nach eine verletzte Katze zurückziehen konnte. Fehlanzeige. Verwundert begann ich die Wände der Viehboxen zu begutachten. Vielleicht war die Katze an ihnen hinauf in eine Heuraufe oder ein anderes Versteck geklettert.

Endlich fand ich eine Fährte aus Blutstropfen, die unter einer verrotteten Tür hindurch in einen abgetrennten Bereich innerhalb der Scheune führte. Die Tür war leicht aufzubrechen, aber drinnen fand ich nichts außer einem rostigen Maisbehälter und ein bisschen Stroh. Ich bereute, keine Stablampe mitgebracht zu haben. Durch Löcher in den Wandbrettern sah ich, dass es wieder angefangen hatte zu schneien. Besorgt fragte ich mich, ob es leichtsinnig war, noch länger hierzubleiben, aber ich war entschlossen, die Flinte jetzt noch nicht ins Korn zu werfen.

Als ich die Wände eines Holzverschlags näher untersuchte, entdeckte ich weitere Blutflecken und eine deutlich sichtbare Fährte aus Kratzspuren, die nach oben führte. Es sah danach aus, als ob sich die Katze über mir befand, irgendwo unterm Dach.

Mir fiel ein, dass ich, als ich hereingekommen war, gleich beim Eingang eine Leiter hatte liegen sehen. Ich eilte zurück zur Vorderfront des Gebäudes. Sie war halb von Erde bedeckt, und während ich sie hervorzog, bemerkte ich, dass zwei Sprossen fehlten und sie sich generell in einem schlechten Zustand befand. Egal. Ich lehnte die Leiter an die Wand, an der die Katze, wie ich glaubte, hinaufgeklettert war, und stellte fest, dass sie bis an eine Luke reichte, die vermutlich zu einem Heuboden führte.

Vorsichtig kletterte ich die Leiter hoch. Auch unter normalen Umständen bin ich nicht ganz frei von Höhenangst, aber was ich hier tat, war blanker Wahnsinn, das wurde mir rasch bewusst. Was, wenn ich stürzte und mir ein Bein brach? Wer würde mich hier finden? Trotzdem kletterte ich weiter.

Langsam zog ich mich durch die morsche Luke nach oben und befand mich tatsächlich auf einem Heuboden. Überall lagen verstreute Heu- und Strohreste, das Holzwerk war morsch und brüchig. Am hinteren Ende gab es eine Öffnung nach draußen, die wohl einmal eine Ladeluke für Heu gewesen war. Mondschein drang durch Ritzen in den Brettern und erfüllte den dunklen Heuboden mit weichem Licht.

Als ich mich umschaute, hörte ich aus einer Ecke ein leises Geräusch. Dort erblickte ich eine Art Nest aus Stroh, und tatsächlich, hier hatte die silbergraue Katze Zuflucht gesucht. Ganz behutsam, um sie nicht zu erschrecken, näherte ich mich. Durch ein Loch im Dach fiel ein Mondstrahl und erhellte für einen Moment die Szene. Da sah ich, dass ich Augenzeuge des stärksten Instinktes wurde, den es im Tierreich gibt: Die Katze war zurückgekommen, um sich um ihre beiden Jungen zu kümmern. Weil ich den morschen Bodenbrettern nicht traute, ließ ich mich auf Hände und Füße nieder und kroch näher, bis ich die Katzenfamilie im blassen Mondlicht besser in Augenschein nehmen konnte.

Ein herzzerreißender Anblick bot sich mir. Soweit ich es zu erkennen vermochte, waren die Jungen erst ein paar Wochen alt, Bündelchen aus Haut und Knochen, von struppigem Fell bedeckt. Obwohl ihre Mutter sie fieberhaft ableckte und auf diese Weise zärtlich versuchte, Leben in ihnen zu erwecken, schienen sie kaum noch fähig, ein Glied zu rühren. Offensichtlich hatten sie längere Zeit allein bleiben müssen. Vielleicht war es schon zu spät, aber ich hatte das Gefühl, ihnen unbedingt helfen zu müssen, wenn sie es schon geschafft hatten, so lange am Leben zu bleiben.

Ich fand die staubigen Überreste eines Sackes, der trocken und warm war. Mit großen Augen beobachtete mich die Katzenmutter, während ich erst ihren zerschundenen Körper vorsichtig auf den Stoff bettete und danach die winzigen, schwachen Jungen. Die Katze musste unter starken Schmerzen leiden, jeglicher Kampfgeist und alle Angst schienen sie verlassen zu haben; jetzt war sie bei ihren Jungen, damit gab sie sich offenbar zufrieden. Ängstlich und behutsam ergriff ich die Ecken des Sackes und schaffte das Bündel ohne Unglück die Leiter hinab bis zum Boden der Scheune. Dann machte ich mich auf direktem Weg nach Hause.

Ich lief so schnell, wie es mir der tiefe Schnee und der vorsichtige Transport meiner Schützlinge gestatteten, und sobald ich mein Haus erreichte, nahm ich unverzüglich ihre Rettung in Angriff. Es war jetzt kurz nach neun

Uhr abends. Im Telefonbuch fand ich die Nummer von Scott Mackenzies Tierarztpraxis in Alnwick, und kurz darauf lagen die drei Patienten sicher hinten in meinem Wagen, während ich so schnell fuhr, wie die Umstände es erlaubten. Bald konnte ich die Katzen in professionelle Hände geben, und meine Aufgabe wäre dann zum Glück erledigt. Dachte ich …

JETZT, als ich nach etwa zwei Stunden heimkam, trug ich das einzige verbliebene Kätzchen sicher und warm in meiner Jackentasche. Nach der Enttäuschung, die Mutter und das andere Junge zu verlieren, war es sehr tröstlich, in die vertrauten vier Wände zurückzukehren.

Behutsam holte ich das Kätzchen aus der Tasche und legte es äußerst vorsichtig auf einen Teppich am Feuer. Zunächst konnte ich nicht ausmachen, ob es überhaupt noch lebte, doch plötzlich nieste das Kleine, wahrscheinlich wegen des Staubs in meiner Tasche. In diesem Augenblick wurde mir bewusst, welch ungeheure Aufgabe vor mir lag. Krankenschwester und Kindermädchen für ein wildes Tier wollte ich spielen, das gerade zwei Wochen alt und knapp dem Tode entronnen war. Was hatte ich mir da bloß vorgenommen? Aber die Demütigung, das Junge zum Arzt zurückzubringen, hätte ich nicht verkraftet.

Nach einer stärkenden Tasse Tee fühlte ich mich besser gewappnet, der Herausforderung zu begegnen. Immer wenn ich im Leben unsicher gewesen war und nicht recht weitergewusst hatte, war mir aufgefallen, dass die beste Antwort lautete: Pack es sofort an, verfalle nicht in Panik und denke über die Konsequenzen hinterher genauer nach. Allerdings wollte ich hier keinen folgenschweren Fehler machen: Ein Leben stand auf dem Spiel.

Mit dem Schürhaken stocherte ich im ersterbenden Feuer, bis die Flammen wieder aufloderten. Dann ging ich daran, meinen Schützling, den der Sturm zum Waisenkind gemacht hatte, zu retten. Ich wusste, dass das Kätzchen so bald wie möglich gefüttert werden musste, und ich entsann mich, dass ich im *Reader's Digest*-Magazin einmal den Bericht einer Frau gelesen hatte, die einen Wurf verwaister Hundewelpen aufgezogen hatte. Um Milch in ihre kleinen Mäuler hineinzubekommen, hatte sie anfangs einen Füllfederhalter benutzt. Also sagte ich mir: Los, such, hier muss doch irgendwo ein Füller sein!

Beim Durchstöbern all des Krempels, der sich in den Schubladen meines Schreibtisches angesammelt hatte, fand ich tatsächlich einen alten Füller. Ich spülte den Tintentank aus, entfernte die Feder und füllte den Tank mit Kondensmilch. Der Milch hatte ich Heilbuttöl zugesetzt, das ich aus einer

Gelatinekapsel herausgequetscht hatte. Ich erwärmte dieses Gebräu kurz in einer Tasse mit heißem Wasser und hoffte inständig, dass das Junge es schlucken würde.

Ich legte den winzigen Körper zurecht, öffnete mit zwei Fingern vorsichtig das kleine Maul und spritzte mit der anderen Hand ein paar Tropfen der Mixtur hinein. Eine explosive, aber zugleich beruhigende Reaktion folgte. Der bis eben noch leblose Leib begann krampfhaft zu zucken, zu spucken und zu keuchen, dann schob sich eine winzige Zunge aus dem Mäulchen, begleitet von hechelnden Atemzügen. Zum Glück lebt das kleine Ding noch, dachte ich. Etwas so Zartes hatte ich noch nie in der Hand gehalten.

Anschließend reinigte ich das Junge mit Wattebäuschen, die ich in warmes Wasser getaucht hatte, und zupfte verfilzte Haarbüschel aus seinem schütteren Fell. Katzenfreunde wissen, dass das Putzen für Katzen nicht nur Routine, sondern eine lustvolle Handlung ist, ein Stück ihrer Lebensart, und ich hoffte, dass meine kleine Reinigungsaktion therapeutisch wirken würde.

Bald merkte ich, dass der Leib des Kleinen stark zitterte und bebte – von kaum hörbaren Niesanfällen erschüttert. Es war, als erwache er wieder zum Leben. Nass und zerzaust nach seinem „Bad im Bett“, bot das Kätzchen ein rührendes Bild kleinkindlicher Unschuld.

Mit einem Föhn, den ich auf die niedrigste Stufe einstellte, trocknete ich es und legte es dann vor dem Feuer vorsichtig in eine mit einer Decke ausgelegte Pappschachtel.

Ich zog mich in mein Bett zurück und sank sofort in einen entspannten Zustand zwischen Wachsein und Schlummer, getröstet durch den Gedanken, dass ich alles getan hatte, was ich tun konnte. Beim Einnicken sann ich darüber nach, wie ich den Kleinen vor dem fast sicheren Tod gerettet hatte – und das gleich zweimal: das erste Mal, indem ich die Mutter aus der Falle befreit hatte, und das zweite Mal, als ich den Arzt daran gehindert hatte, ihn einzuschläfern. Mein schlaftrunkenes Hirn registrierte noch, dass ich anfing, den Kleinen nicht mehr als „es“, sondern als „ihn“ zu bezeichnen. Dann, zu müde, um weiterzudenken, schlief ich tief und fest ein.

Zum Glück war der nächste Tag ein Samstag, den ich daheim verbringen konnte. Als ich die Augen aufschlug, war mein erster Impuls, sofort aus dem Bett zu stürzen und nach dem Kätzchen zu sehen, doch dann bekam ich Angst vor dem, was ich vorfinden würde.

Sieh der Wahrheit ins Auge!, befahl ich mir. Ich hatte die Verantwortung übernommen, wenigstens zu versuchen, einen der Beteiligten dieser Tragödie zu retten, nun musste ich das auch konsequent weiterführen. Egal was ich unten vorfinden mochte, ich würde vernünftig damit umgehen. Nachdem ich diesen Vorsatz gefasst hatte, stand ich auf.

Es hat viele Vorteile, in einem alten Steinhaus zu leben, dessen Mauern fast einen Meter dick sind. Es schottet einen von der Außenwelt ab und bietet gute Schall- und Wärmeisolierung. Auch an den heißesten Sommertagen bleibt das Hausinnere angenehm kühl; im Winter verhält es sich umgekehrt, die Steinwände speichern die Wärme des Feuers. Im Erdgeschoss war es vom gestrigen Feuer noch warm, wodurch das Wohnzimmer sehr gemütlich wirkte.

Mit Bangen näherte ich mich dem Karton, in den ich meinen Schützling gelegt hatte. Da lag er, ein zusammengekrümmtes kleines Wesen, und machte kaum wahrnehmbare Bewegungen, die ich als Atmen deutete. Ich fühlte mich reicher belohnt, als ich es mir hätte träumen lassen, wusste aber, dass es zu früh war, um schon von einer gelungenen Rettung zu sprechen.

Ich machte mich daran, mein Domizil in Ordnung zu bringen. Schon bald loderten die Flammen wieder im Kamin, und der Duft von Kaffee und Frühstücksspeck erfüllte die Luft. Über Nacht war es kälter geworden, das Quecksilber war unter null gefallen. Ich wollte die Haustür öffnen, um die Milch hereinzuholen, die der Milchmann wie jeden Tag gebracht hatte, doch das war anstrengender als erwartet: In der Nacht waren die Schneeverwehungen gefroren und hatten die Tür fast untrennbar mit dem Rahmen verbunden. Auch die am Boden festgefrorenen Flaschen loszubekommen war nicht einfach. Der Milchmann musste wie ein Pferd geackert haben, um die Milch überhaupt auszuliefern. Ich war ihm überaus dankbar.

Der offene Vorbau hatte sich in ein weißes Paradies verwandelt, geschmückt mit langen Eiszapfen, die in der Morgensonne glitzerten. Als ich die Milchflaschen begutachtete, stellte ich fest, dass die Blaumeisen schon vor mir da gewesen waren und in die silbernen Verschlüsse saubere kleine Löcher gepickt hatten. In einem nahen Fichtenhain jenseits der Straße schimpfte verärgert ein Schwarm Elstern. Auch sie hatten offenbar ein Auge auf die Milch geworfen.

Atemberaubend schön präsentierte sich die vor mir liegende Winterlandschaft. Die Äste der Bäume bogen sich unter der Schneelast; gekleidet in arktisches Weiß sah alles unwirklich aus. Gedämpft drangen die Schreie von Kindern herüber, die auf den Hängen am Fluss rodelten – eine schöne Erinnerung an Winter meiner eigenen Kindheit.

Ich kehrte ins Haus zurück. Die Versuchung war groß, mich mit einem heißen Getränk ans Feuer zu setzen und den Tag damit zu verbringen, die eisige Wildnis durch das Glas der Verandatür zu betrachten. Doch dann raffte ich mich auf und wandte mich dem unmittelbaren Problem zu, den Überlebenden des nächtlichen Sturms durchzubringen.

Der Tag verging damit, dass ich ihn mit dem Füller fütterte und warm hielt. Ich wusch ihn erneut, indem ich ihn mit einem Wattebausch abtupfte, den ich in lauwarmes Wasser getunkt hatte, und die Putzbewegungen der Mutter imitierte. Zärtlich sprach ich mit ihm und redete ihm gut zu, am Leben zu bleiben. Ich setzte mich sogar neben seinen Karton, die Kaffeetasse in der Hand, und beobachtete ihn gespannt, während er den Tag verschlief. Ja, er brauchte viel Liebe und Zuwendung.

Während ich den Kleinen so aufzupäppeln versuchte, sann ich darüber nach, wie ich mir mit Owl Cottage den lang gehegten Wunsch erfüllt hatte, auf dem Land zu leben. Nach mehreren Jahren erzwungenen Aufenthaltes in London am Anfang meiner Berufslaufbahn war ich hierhergezogen. Eigentlich hatte ich immer den Wunsch gehabt, mir ein Haustier zuzulegen, am liebsten eine Katze, und ich hatte vorgehabt, das zu tun, sobald ich ein Haus mit Garten hätte. Aber nachdem ich Owl Cottage gekauft und mich eingelebt hatte, hatte mir das Einsiedlerleben doch sehr gefallen.

Und nun, ganz plötzlich, hatte ich ein Lebewesen an meiner Seite, und diese kleine Kreatur hatte mich in wenigen Stunden erkennen lassen, wie leer mein Heim ohne einen Hausgenossen gewesen war, um den ich mich kümmern musste. Mit meiner Liebe zum Einsiedlerleben war es auf einmal vorbei; ich freundete mich mit dem Gedanken an, mein Haus mit jemandem zu teilen – und diese Katze als Haustier großzuziehen.

Am Sonntagmorgen waren alle Fensterscheiben von Eisblumen überzogen – „Sterne von Väterchen Frost“ hatten meine Schwestern und ich sie als Kinder genannt. Im Erdgeschoss war das Haus warm geblieben, und im Dämmerlicht konnte ich sehen, dass immer noch Glut in der Asche glomm. Bald loderte wieder ein schönes Feuer den Schornstein hinauf. Das Haus erwachte.

Ich hob meinen Schützling aus seinem Karton, bettete ihn in meine Hand und fütterte ihn erneut mit dem Füller. Dabei verspritzte und verkleckerte ich viel Milch, und ich fragte mich, ob überhaupt etwas in seinem Magen ankam. Mehrmals dachte ich, er sei gestorben, aber immer wieder belehrten mich Husten und Wimmern eines Besseren.

An diesem Tag war keinerlei Fortschritt zu sehen; der Kleine lag zusammengekrümmt im Karton. Ich bemühte mich, optimistisch zu bleiben, nahm ihn alle paar Stunden hoch und versuchte, ihm etwas von der Milchmixtur einzuflößen. Manchmal war ich nahe daran aufzugeben und ihn zum Tierarzt zurückzubringen, damit er in Frieden sterben konnte. Aber ich tat es nicht. Immer wieder dachte ich mir: Jetzt mach ich noch einen letzten Versuch – doch dann kam der nächste und noch einer und noch einer. So ging es den ganzen Tag, denn ich wollte das Unmögliche erzwingen. Mir war klar, dass hier nur ein Wunder helfen konnte, aber glücklicherweise gibt es ja hin und wieder Wunder.

Am Montagmorgen hatte sich an diesem Wunsch nichts geändert, aber ich musste ihn verdrängen, um zur Arbeit zu fahren. Nachdem ich das Katerkind gefüttert und gewaschen hatte, ließ ich es nahe am Feuer in seinem Karton und sauste zur Hochschule. Meinen Kollegen erzählte ich nichts von meinem traumatischen Wochenende, weil ich mir nicht eingestehen wollte, dass meine Bemühungen vergeblich sein könnten und das Kätzchen vielleicht doch nicht überleben würde. Nun, fern von meinem Patienten und quasi wieder auf dem Boden der Tatsachen, erschien es mir grotesk und kindisch, ihn aufziehen zu wollen, so krank und halb tot wie er war.

Schweren Herzens und voller Angst, weil ich nicht wusste, was mich erwartete, fuhr ich am Ende des Tages nach Hause. Nachmittags hatte es noch einmal kräftig geschneit, und ich schaffte kaum die Auffahrt zu meiner Garage hinauf. Mein Landhaus stand düster vor mir, doch das passte zu meiner Stimmung. Ich fragte mich, ob ich nicht erst einmal zum Pub marschieren sollte, um einen Bissen zu essen und meine Sorgen in etwas Alkohol zu ertränken. Während ich meinen Blick über die Abertausende von Sternen in der Unendlichkeit über mir wandern ließ, sann ich eine ganze Weile über diese Möglichkeit nach. Vielleicht – dachte ich schließlich – ist es doch besser, du schaust erst einmal ins Haus, ehe du in den Pub gehst. Also zwang ich mich, den Schlüssel ins Schloss zu stecken und hineinzugehen. Ich rechnete mit einem reglosen, schon erkalteten und starren kleinen Körper …

Da ich das Zimmerlicht nicht anschalten wollte, leuchtete ich mit einer Taschenlampe, die ich aus dem Wagen mitgebracht hatte, in den Karton.

Ein verblüffender Anblick bot sich mir. Der kleine Kater lag nicht etwa tot da. Er musste mich gehört haben, rumorte herum und quiekte hungrig. Außer mir vor Glück legte ich rasch den Mantel ab und ging mit neuem Optimismus ans Werk. Mit aller Zähigkeit, die ihm Mutter Natur gegeben hatte, klammerte sich der Kleine ans Leben, und das war wunderbar anzuschauen.

Zum Pub kam ich an diesem Abend nicht mehr.

Zwei Tage später kam es zu einer neuen Krise. Als ich von der Arbeit heimkehrte, fand ich meinen Schützling von Hustenkrämpfen geschüttelt vor. Nase und Maul waren schleimbedeckt, um die – immer noch geschlossenen – Augen zeigte sich Eiter. Er hatte sich wohl eine Grippe eingefangen, vielleicht sogar eine Lungen- oder Rippenfellentzündung. Was es auch war, es würde wohl zu seinem Tod führen, denn gegen diese zusätzlichen Belastungen hatte er keine Chance. Was nun? Müde beschloss ich, auch weiterhin alles für ihn zu tun. Immerhin würde er nicht allein sein, wenn er starb.

Da geschah etwas Überraschendes, etwas, was mir, soweit ich mich erinnern konnte, noch nie passiert war: Ich begann hemmungslos zu weinen. Ja, ich hatte das Kätzchen so sehr ins Herz geschlossen, dass ich den Gedanken nicht ertragen konnte, es zu verlieren. Mühsam riss ich mich zusammen, machte mich auf das Schlimmste gefasst und bemühte mich, mein Bestes zu geben.

Ich wusch das Gesicht des Katers, reinigte seine Nasenlöcher und das Maul. Ich füllte frischen Orangensaft in eine Tasse, tränkte den Zipfel eines Baumwolltaschentuchs damit und träufelte ihm den Saft ins offene Maul, um ihm einen Vitamin-C-Schub zu verpassen. Irgendwo hatte ich gelesen, dass man diese Methode früher anwandte, um Kinder wieder zum Schlucken zu bringen, wenn sie an Diphtherie litten.

Die ganze Nacht lag das Katerchen schlaff auf einem Handtuch in meinem Schoß, hin und wieder wurde es von Husten geschüttelt. Irgendwann zwängte ich ihm eine Vierteltablette Aspirin zwischen die Zähne. Dann schlief ich erschöpft im Sessel ein.

Beim Aufwachen fühlte ich mich steif und kalt. Es war kurz nach sechs Uhr morgens, draußen war es noch dunkel. Das Katzenkind fühlte sich warm an und hatte aufgehört zu husten. Ich legte es in seinen Karton, machte Feuer und schürte es, bis die Flammen loderten. Bald war es Zeit, zur Arbeit zu fahren, also musste ich mich duschen und rasieren.

Nach einer Tasse Tee schaute ich bei meinem Patienten vorbei. Er lebte zwar, wirkte aber ziemlich krank. Von der vergangenen Nacht war ich völlig erschöpft; obwohl ich glaubte, meine Tränen hätten die Anspannung weggewaschen, die sich seit der Rettung aufgestaut hatten, war ich doch erleichtert, die Pflegestation eine Zeit lang verlassen zu können.

IM RÜCKBLICK schienen die nächsten Tage zu einem einzigen zu verschmelzen. Wenn ich zu Hause war, verbrachte ich meine gesamte Freizeit damit, mich um den Kleinen zu kümmern. Wenn ich schrieb oder las, saß ich immer nahe bei ihm, sodass ich ihn sehen und hören konnte. Zum Glück gab es keine weiteren Krisen mehr.

Am nächsten Samstagmorgen schien sich etwas geändert zu haben. Der Patient sah verändert aus. Vielleicht war es die Art, wie er in seinem Karton lag nicht mehr auf der Seite, sondern bäuchlings, die Beine unter den Körper gezogen, eben katzenhafter. Als ich ihn aufhob, miaute er leise. Konnte es sein, dass er sich langsam erholte? Auf einmal erschien mir die ganze Zukunft in einem neuen Licht. Zum ersten Mal seit Tagen fühlte ich so etwas wie Glück.

Obwohl seine Augen noch geschlossen und verklebt waren und die kahlen grauen Stellen in seinem Fell nicht zuwuchsen, bemerkte ich, dass er heroisch um sein Leben kämpfte. Jedenfalls spürte ich, wenn ich ihn fütterte, dass er zwischen dem Spucken und Husten mit seiner Zunge schleckte – schwach, aber wahrnehmbar.

Allmählich glaubte ich, dass wir nun doch noch eine Chance hatten. Der Kater hatte wohl unwahrscheinliches Glück gehabt. Und ich auch. Noch einen Tag, dann würde man beurteilen können, ob er wirklich auf dem Weg der Besserung war.

AM MONTAGMORGEN stand ich frühzeitig auf und sah vor der Arbeit nach dem Rechten. Zusammengerollt zu einem Wollknäuel schmiegte sich der Kleine in eine Ecke seiner Pappschachtel. Mit keinem Lebenszeichen begrüßte er mich, bis ich ihn heraushob und sanft auf ein Handtuch in meinem Schoß legte. Es sah aus, als sei er zu schwach zum Stehen. Ich nahm ihn in die hohle Hand und versuchte ihn mit dem Füller zu füttern. Die Öffnung ins Mäulchen, vorsichtig gedrückt – nichts geschah. Ich drückte kräftiger. Da platzte der Füller, und die Milch spritzte über Katze, Küchentisch und Kleidung.

Während ich alles sauber machte, beschloss ich, es einmal mit einem kleinen Silberlöffel zu versuchen, einem Erbstück aus dem Nachlass meiner Großmutter. Er schien sich bestens zu eignen.

Anfangs spuckte und schnaubte der Kleine kräftig, aber ein Teil der Milch erreichte ihr Ziel. Beim zweiten und dritten Löffel schluckte der Kater und rang nach Luft, drohte aber nicht mehr zu ersticken. Als er meiner Meinung nach genug hatte, tupfte ich mit einem Schwamm sein Gesicht und seine Brust ab, die schlimm bekleckert waren.

Dabei fiel mir auf, dass die kahlen Hautstellen an seinem Körper gerötet und entzündet aussahen, also trug ich Hautbalsam auf. Während dieser Behandlung lag der Patient still auf meinem Schoß, und während ich den Balsam sanft einmassierte, schlummerte er wieder ein. Dieser kleine Kater hatte etwas äußerst Liebenswertes an sich, man musste ihn einfach gernhaben.

Die Woche verging, sein Gesundheitszustand besserte sich, und damit ergab sich ein weiteres Problem: Was war zu tun, wenn er kräftiger wurde und aus dem Karton entkam? Katzen, auch ganz junge, sind ausgezeichnete Kletterer.

Nach reiflicher Überlegung holte ich aus dem Badezimmer eine große ausladende Glasschüssel mit flachem Boden, die normalerweise Trockenblumen enthielt; außerdem nahm ich ein paar Wattebäusche mit, die ich sonst immer benutze, wenn ich mich beim Rasieren schneide. Nachdem ich die Schüssel ausgespült und abgetrocknet hatte, legte ich sie mit der Watte aus, stellte sie auf einen dreibeinigen alten Schemel, ebenfalls ein Erbstück meiner Großmutter, und rückte alles nahe ans Feuer. Dann hob ich meinen Schützling vorsichtig hoch und setzte ihn mitten in die Watteschicht. Nun konnte ich ihn getrost zurücklassen, er konnte nach Herzenslust darin herumwühlen, war aber in Sicherheit und hatte es bequem. Die Schüssel würde außerdem dafür sorgen, dass er es warm hatte und in meinem zugigen Landhaus nicht an Unterkühlung starb, falls das Feuer ausging, während ich bei der Arbeit war.

Am nächsten Morgen kündigte der Wetterbericht im Rundfunk einen weiteren Temperatursturz im Lauf des Tages an. Ich schürte das Feuer so kräftig, wie ich nur konnte, zog die Vorhänge zu, damit das Zimmer mollig warm blieb, warf einen letzten Blick in die Schüssel und fuhr widerstrebend zur Arbeit. Noch immer brauchte mein Patient Intensivpflege, auch wenn sein Zustand sich so weit gebessert hatte, dass er sich nicht mehr in Lebensgefahr befand.

DIE NÄCHSTE WOCHE bot einige Höhepunkte. Da war zum Beispiel der Morgen, an dem dem Kleinen die Lider aufgingen und mir zwei Augen wie zwei winzige blaue Edelsteine entgegenleuchteten. Die Erinnerung an diesen Augen-Blick – in dem er voller Staunen und fassungslos mich und die Welt, die um ihn herum war, zum allerersten Mal erblickte – ließ mich noch lange Zeit schmunzeln.

Vier Wochen nachdem ich den kleinen Kater gefunden hatte, kam der Tag, an dem ich von der Arbeit heimkehrte und er, auf den Hinterbeinen aufgerichtet, aus seiner Schüssel herausspähte, als wolle er mich begrüßen. Seit

Tagen reagierte er mehr und mehr auf mich. Er schien sich meiner Anwesenheit immer bewusster zu werden und drehte sich, wenn ich etwas sagte, nach meiner Stimme um.

Nun war es an der Zeit, ihm einen Namen zu geben.

Ich beobachtete ihn genau und sah, dass er eine interessante Persönlichkeit entwickelte. Mich beeindruckte die resolute Zielstrebigkeit, mit der er in seiner Schüssel herumtigerte und über Watteklumpen hinwegstieg. Außerdem gefiel mir die Art, wie er durch die dicke Glaswand spähte, als wolle er sich einen Eindruck von der Welt verschaffen. Er sah einem „Toby Jug" zum Verwechseln ähnlich, einem Trinkkrug in Gestalt eines dicken alten Mannes mit Dreispitz, wie er früher in England populär war. Schon war der Name gefunden.

Einige Tage später überraschte mich Toby Jug aufs Neue damit, wie schnell sich sein Gesundheitszustand besserte und wie nun sein Überlebensinstinkt erwachte. Während ich ihm mit dem kleinen Silberlöffel portionsweise die Milchmixtur einflößte, fiel mir auf, dass er anfing zu schlecken. Zwei oder drei Fütterungen später war er so weit, dass er nicht nur den Löffel ableckte, sondern auch meinen Handrücken, auf dem ein bisschen Milch verschüttet worden war. Das war ein Fortschritt mit Siebenmeilenstiefeln!

Als Nächstes wollte ich testen, ob er direkt aus einem Schälchen schlecken konnte. Die ersten Versuche schlugen fehl. Untertassen und Schalen waren zu groß und zu hoch für ihn, um über den Rand zu kommen. Also fütterte ich ihn weiterhin mit dem Löffel, und zwar bis zu dem Tag, an dem ich im Supermarkt einkaufte und in der Spielzeugabteilung ein paar Miniaturgedecke fand, wie sie in Puppenhäusern verwendet werden. Die Untertassen sahen so aus, als wären sie für Toby Jug maßgetöpfert. Ich kaufte sofort einen Satz.

Zu Hause konnte ich es kaum erwarten, die Untertasse auszuprobieren. Allerdings war Toby zunächst verwirrt und begriff nicht, was von ihm erwartet wurde. So hielt ich ihm die Untertasse ans Maul und drückte sein Gesicht sanft in die Flüssigkeit. Er keuchte und blubberte wie immer, aber ich blieb beharrlich, und langsam ging ihm ein Licht auf. Dann gab es kein Halten mehr: Gierig stürzte er sich auf die Milch. Ein weiterer Schritt auf dem Weg zur Genesung war getan! Die Entschlossenheit, mit der Toby das Gesicht in die Milch tunkte, zeigte, aus welchem Schrot und Korn er war. Er ließ sich nicht mehr unterkriegen.

Seit jenem Samstag ging es in Riesenschritten vorwärts. Rasch wechselte

Toby zu halbfester Babynahrung, die ich im Supermarkt für ihn kaufte, weil ich keinen Fleischwolf besaß. Fleisch mit Gemüse kam gut bei ihm an, am besten aber Milchpudding. Toby Jug war ein schlampiger Esser – der Boden um seinen Napf musste regelmäßig gereinigt werden –, dagegen bemühte er sich, wie mir bald auffiel, immer stärker um ein gepflegtes Erscheinungsbild seiner selbst.

Einmal drehte ich mich beim Verlassen des Zimmers in der Tür um und entdeckte, dass er sich an einer warmen Stelle auf der steinernen Kaminplatte putzte. Er setzte dies eine ganze Weile fort, dann kippte er schließlich erschöpft und selig zur Seite. Eine weitere Entwicklungshürde war genommen.

An den Folgetagen wurde Toby Jug immer lebhafter und begann sich in seiner Schüssel offensichtlich eingesperrt zu fühlen. Vorbei war die Zeit, in der er apathisch vor sich hin geschlummert hatte. Ließ ich ihn heraus, schoss er hierhin und dorthin, hüpfte und sprang umher. Mit dem normalen Spielen von Jungkatzen war das noch nicht zu vergleichen, aber für seine Größe und für das, was er durchgemacht hatte, war jeder Luftsprung und jede Rolle eine Leistung von wahrhaft olympischem Format. Ein kleiner Ball aus Altpapier wurde seine Beute, die er mit heftiger Jagdleidenschaft hetzte. Allerdings ging ihm noch rasch die Puste aus, zuweilen fiel er mitten in einer halb vollendeten Pirouette um und schlief an Ort und Stelle ein.

Manchmal schlief er in den unmöglichsten Haltungen. Einmal beobachtete ich ihn, wie er außerhalb der Wohnschüssel spielte und wiederholt sein Spiegelbild im Glas ansprang; wahrscheinlich glaubte er, es würde sich um eine andere Katze handeln. Plötzlich fiel er erschöpft hintenüber und blieb liegen, dabei streckte er alle viere in die Luft und ließ, was am komischsten war, die Zungenspitze heraushängen. In solchen Fällen legte ich ihn in seine schützende Schüssel zurück, wo er nach nur wenigen Minuten erwachte, in der Watte herumzutapsen begann und mit jämmerlichem Maunzen meine Aufmerksamkeit suchte. Wenn ich ihn heraushob, begann das ganze Spiel wieder von vorn.

Abends nach dem Essen saß ich gern entspannt und in Gedanken versunken am steinernen Rundbogenkamin, ohne elektrisches Licht, im Schein der Kamin- und Kerzenflammen, die beruhigende Schatten warfen. Das Neue war, dass nun Toby Jug neben mir lag und mir Gesellschaft leistete. Draußen hatte der Schnee die Welt noch in seinem eisigen Griff, wodurch das Haus doppelt gemütlich war. Auf Radio- und Fernsehgeplapper verzichtete ich, stattdessen ließ ich die Vorhänge offen, damit ich durch die kahlen Äste der

Eichen und Ebereschen, die das ferne Ende des Gartens zierten, den Mond beobachten konnte.

Ich fühlte mich zu der Lebensweise hingezogen, die vor Jahrhunderten hier im Nordosten üblich war, einer Lebensweise, die weit einfacher war als das, was unsere lärmende, hektische und ultramoderne Welt uns aufzwingt. Natürlich wusste ich, dass das Leben damals mit Härten verbunden war, die ich niemals würde erdulden müssen, trotzdem schwelgte ich gern in romantischen Vorstellungen von den Menschen, die vor langer Zeit in Owl Cottage gelebt hatten.

Manche glauben daran, dass Häuser einen Geist besitzen, der die Gefühle der früheren Bewohner, gute wie böse, verkörpert. Vielleicht gilt das besonders für alte Häuser. Geist hin oder her: Schon als ich Owl Cottage zum ersten Mal betreten hatte, spürte ich eine ganz besondere Ruhe und Freundlichkeit – eine Wohlfühlatmosphäre. In den modernen Wohnsiedlungen, in denen ich gelebt hatte, hatte ich nie so etwas empfunden.

Diese „Aura" des Hauses und des Gartens wirkte beruhigend auf mich, wahrscheinlich weil sie von den einfachen Freuden herrührte, die von der Natur ausgehen, nicht aber von der modernen Technik. Vielleicht bildete ich mir das alles ja nur ein, aber das Singen der Drosseln im Morgengrauen, der Anblick des Nachthimmels bei Vollmond, all das weckte Gefühle, wie ich sie empfand, wenn ich in Brinkburn Abbey ein Konzert mit Musik von Ravel hörte oder Bamburgh Castle in einer Winterlandschaft oder Segelboote im Hafen von Seahouses an einem warmen Sommerabend sah. All diese Dinge zählen zu den reizvollen Facetten von Northumberland.

Toby Jug verband mich noch fester mit dieser northumbrischen Welt. Indem ich diesen lebenslustigen kleinen Kerl beobachtete, entdeckte ich meine vergessene Jugend wieder und fand zu einer Lebensqualität, wie ich sie mir kaum zu erträumen gewagt hatte.

Bei solchen philosophischen Anwandlungen war es schön, eine Katze zum Streicheln auf dem Schoß zu haben – selbst wenn sie gerade wild entschlossen war, meinen besten Pullover in Fetzen zu reißen. Denn als Toby Jug kräftiger wurde, gewöhnte er sich das Katzenritual an, sich einen Schlafplatz zu bauen. Es war ein komischer Anblick. Die Augen halb geschlossen, die Krallen ausgefahren, tänzelte er rhythmisch zu einer selbst geschnurrten Melodie, als würde er sich in Ekstase befinden. Am Ende schlug er einen Halbkreis, fiel mir in den Schoß und schlief nach ein paar letzten kehligen Schnurrlauten sofort ein.

Wenn er dalag und leise schlummerte, konnte ich sehen, dass die kahlen

Hautstellen auf die Behandlung angesprochen hatten und schon fast abgeheilt waren. Sein Fell glänzte nun seidig, was von der guten Ernährung und der Liebe und Pflege zeugte, die ihm zuteilwurden. Verglichen mit den Glamour-Katzen aus der Werbung machte er vielleicht nicht viel her, aber für mich war er die bemerkenswerteste Katze der Welt. Wie man so sagt: Schönheit liegt im Auge des Betrachters.

Er hatte einen runden Kopf mit kleinen Ohren, und sein vorwiegend schwarzes Gesicht war über und über mit struppigen Fellbüscheln besetzt, was ihn wild und streitbar aussehen ließ. Unter seiner Nase saß ein weißer, leicht zur Seite gekippter Schnauzbart, und auch Maul, Hals und Brust waren weiß. Ein schwarzer Fleck rechts auf der Nase gab seinem Gesicht einen leicht spöttischen Ausdruck. Sein übriger Körper war schwarz, bis auf die weißen Gamaschen, die er an allen vier Pfoten trug und die ihm das gewinnende Aussehen eines Dandys verliehen. Seine Augen – deren Farbe von Blau zu Grün wechselte, als er heranwuchs – waren von schmalen weißen Rändern umgeben, wodurch er ständig überrascht dreinzublicken schien.

Vor allem seine Augen erinnerten mich an irgendeine andere Tierart; zunächst war mir nicht klar, an welche, doch schließlich fiel es mir ein: Es waren die Waschbären, die ich bei einem Besuch bei Freunden in Rhode Island, USA, nachts im Taschenlampenschein gesehen hatte. Toby Jugs Augen hatten deutlich etwas von denen eines Waschbären; wie ein Waschbär wirkte er auch, wenn er sich gelegentlich aufsetzte und, auf den Hinterbeinen balancierend, rundum in die Welt spähte. Später sollten diese Dinge sich als wichtige Indizien für Tobys Herkunft erweisen.

Ich fragte mich, wie der kleine Kater mich wohl wahrnehmen mochte. An seine Mutter erinnerte er sich bestimmt kaum, weil damals seine Augen ja noch geschlossen gewesen waren. Da ich das erste Lebewesen war, das er zu Gesicht bekommen hatte, betrachtete er vermutlich mich als seine „Mutter". Der bekannte Verhaltensforscher Konrad Lorenz beschrieb einmal, wie er Gänsen, die als erstes Lebewesen in ihrer Umgebung ihn gesehen und daher als „Mutter" betrachtet hatten, das Fliegen beibringen musste, indem er herumlief und mit den Armen flatterte, bis die Junggänse es ihm nachmachten und sich in die Luft erhoben. Wahrscheinlich wusste Toby gar nicht, dass er eine Katze war, und hielt sich für einen Menschen. Eine Katzenmutter hatte er ja nie vor Augen gehabt. Es war alles sehr verwirrend, und eines Abends schlief ich, während ich darüber nachdachte, im Sessel ein.

Mehrere Stunden später erwachte ich mit steifem Nacken. Das Feuer war fast erloschen, und Toby Jug hatte es geschafft, in meinen Sweater hineinzukrabbeln, wo er döste. Ich beförderte ihn in seine Schüssel, blies die Kerzen aus und trug die Schüssel samt ihrem Insassen nach oben in mein Schlafzimmer, wo ein elektrischer Radiator für Wärme sorgte. Ab ins Bett und schlafen … bis mich klägliches Wimmern und Miauen aus dem Schlummer riss. Im trüben Licht der Nachttischlampe sah ich Toby herumspringen und meine Aufmerksamkeit suchen. Ganz klar: Er wollte herausgehoben werden, damit er in mein Bett konnte. Um drei Uhr morgens streitet man nicht, deshalb bekam er seinen Willen. Prompt verschmähte er fortan seine Schüssel als Schlafquartier und wühlte sich in meine Bettdecke, als sei dies sein gottgegebenes Recht. Als Ausrede hätte er wahrscheinlich vorgebracht, er müsse ein Auge auf mich haben.

So spielten sich unsere Abende im Winter ein. Toby wurde immer kräftiger, und das Band, das zwischen uns entstand, immer unzerreißbarer.

Frühling

Im Frühling eröffneten sich für Toby Jug und mich ganz neue Welten. Das erste Grün an den Bäumen, die ersten sprießenden Krokusse, Schneeglöckchen und schließlich Osterglocken sind im Nordosten Englands immer willkommen. Ich wollte, dass Toby den ersten Frühling seines Lebens voll auskostete, weil dieser nicht nur einen Schlusspunkt hinter den strengen Winter setzte, sondern – hoffentlich – auch hinter seine Erlebnisse in der traumatischen Zeit zwischen Leben und Tod.

Aus Furcht, er könne angegriffen werden, ließ ich ihn anfangs nicht in den Garten. Bussarde und Krähen zogen in luftigen Höhen ihre Kreise, Wiesel und Füchse streiften umher, und Toby Jug war viel zu klein, um sich angemessen verteidigen zu können. Zudem hatte er noch kein rechtes „Gefahrenbewusstsein“ und konnte nicht schnell genug fliehen.

Auch im Haus grenzte ich seinen Radius ein. Viele Orte hätten unzweifelhaft seine Neugier geweckt, etwa Spalten in der alten Sockelleiste oder Löcher im Mauerwerk in der Nähe von Wasserrohren, in denen Spinnen hausten – und in denen ein unvorsichtiges Kätzchen auf Nimmerwiedersehen verschwinden konnte. Ihn da wieder herauszuholen, ohne das Haus abzureißen, wäre ohne Zauberkünste kaum möglich gewesen. Deshalb beschloss ich, ihn so lange von bestimmten Bereichen auszusperren, bis er groß genug dafür sein würde.

In meiner Begleitung durfte er allerdings in fast alle Räume des Hauses. Manchmal trug ich ihn in der Hand oder steckte ihn in eine Tasche meiner Strickjacke, wo er mit dem Kopf herausschauen konnte und so mitbekam, was geschah. Gelegentlich stellte ich seine „Wohnschüssel“ in meine unmittelbare Nähe, entweder in die Küche, wenn ich kochte, oder an den Schreibtisch in meinem Arbeitszimmer, damit er mich im Auge behalten konnte. Sah er mich nicht, machte er einen Lärm, der in keinem Verhältnis zu seiner Größe stand. Ich fühlte mich schuldig, wenn ich Zeuge wurde, wie sehr er unter meiner Abwesenheit litt, deshalb bemühte ich mich, ihm das zu ersparen. Außerdem hatte ich ihn ja gern um mich herum.

Als das Wetter frühlingshafter wurde, hielt ich es für vertretbar, Toby ins Freie zu lassen. Dabei ging ich aber kein Risiko ein und setzte ihn erst einmal samt Schüssel nach draußen. Mein Garten war sehr groß und versprach ein Katzenwunderland an Düften und Entdeckenswertem zu werden.

Als ich das Cottage 1964 gekauft hatte, war es stark renovierungsbedürftig und der Garten total verwildert gewesen. Zwei Jahre später – zu der Zeit, als Toby Jug in mein Leben trat – hatte ich es geschafft, den Rasen von Unkraut zu befreien und die Sträucher auf eine annehmbare Größe zurückzuschneiden. In Hausnähe pflanzte ich außerdem Pflaumenbäume. Sie hatten eine besondere Bedeutung für mich, denn Jahre zuvor war ich auf einer beruflichen Reise in Hongkong mit der alten chinesischen Kunst der Pflaumenbaummalerei in Berührung gekommen. Ich hatte ein Buch zu diesem Thema gekauft und festgestellt, dass Pflaumenbäume, anders als sonstige Obstbäume, zu außergewöhnlichen, sehr kunstvollen Gebilden heranwachsen können. Nach chinesischem Volksglauben spenden sie einem Garten Segen und schenken Freude und Gesundheit. Deshalb hatte ich damals beschlossen, in meinem ersten eigenen Garten Pflaumenbäume zu pflanzen. Nun brachten die jungen Bäume tatsächlich duftende, zarte Blüten von edler Schönheit hervor.

Daneben hatte ich einen kompletten kleinen Obstgarten gepflanzt, Apfel-, Birnen-, Renekloden- und Kirschbäume, sodass im einsetzenden Frühling ein wahres Blütenmeer das Auge erfreute. Bei der Hintertür hatte ich einen Maulbeerbaum, eine Schlehe und ein paar kleine Holzapfelbäume angepflanzt und in die Mitte des Gärtchens zwei Dutzend Rosen gesetzt, die ich nach ihrem Duft ausgewählt hatte. Im Frühjahr und im Sommer blühte es daher rings um das Haus in allen erdenklichen Farben, und an ruhigen Abenden lag ein süßer Duft in der Luft.

Weiter draußen im Garten hatte ich Erlen, Weißdorn, Ahorn und Stieleichen gepflanzt; sie säumten einen gewundenen Kiesweg, der zum hinteren Zaun führte, wo ich ein Sommerhaus gebaut hatte. Der Boden zwischen den Bäumen blieb Rasenflächen und allen möglichen Blumenzwiebeln überlassen. Hinter der steinernen Doppelgarage legte ich ein Gemüsebeet an, das an eine Terrasse mit Steinplatten und gemauertem Grillplatz grenzte. Schließlich errichtete ich entlang der gesamten Grundstücksgrenze einen gut zwei Meter hohen Holzzaun, der mein Gartenparadies von der Außenwelt abschottete. Toby Jug war ein Glückspilz, denn ihm stand das alles als Revier zur Verfügung.

Im ausklingenden Frühling schlenderte ich abends regelmäßig durch den Garten und fühlte mich dabei im Einklang mit dem Leben und der Natur. Gern blieb ich bis Anbruch der Nacht noch draußen, besonders bei klarem Himmel, wenn sich über mir das Himmelszelt mit Abermilliarden von Sternen erstreckte. Auf Owl Cottage bekam ich zum ersten Mal seit meinen Kindertagen Sternschnuppen zu sehen – ein aufregendes Schauspiel. Immer wenn eine vom Himmel fiel, wünschte ich mir etwas. Später im Jahr, als Toby Jug zu einem stattlichen Kater heranwuchs, begleitete er mich auf meinen nächtlichen Spaziergängen und trieb Spielchen mit mir: Er verschwand und tauchte jäh aus der Dunkelheit wieder auf, sprang auf mich zu und lud mich zu einer Verfolgungsjagd ein. Wenn ich so tat, als liefe ich auf ihn zu, sauste er davon, sprang auf den Zaun und setzte sich dort in Szene. Es war interessant zu beobachten, wie sich seine Katzennatur gerade bei Anbruch der Dunkelheit zeigte, und ich war fasziniert davon, dass er offenbar mit mir spielen wollte wie mit einer Katze.

In diesem Cottagegarten verwirklichte sich ein Traum für einen Stadtjungen wie mich, der die graue Eintönigkeit der Schule gehasst und oft geschwänzt hatte, um durch Wälder und Flussauen zu streunen (und dafür kräftig eins auf den Hosenboden bekommen hatte). Nun konnte ich die Natur genießen, wann immer ich wollte. Zu ihren täglichen Wundern zählten Zwergfledermäuse, die aus den Dachvorsprüngen des Hauses ausschwärmten und im abendlichen Zwielicht ihre Himmelstänze aufführten, ein Waldkauz, der aus dem nahen Unterholz rief, und ein Igel, der mit zwei Jungen über die Wiese tippelte und nach Schnecken Ausschau hielt.

Beim Kauf des Anwesens hatte mir der Name Owl Cottage (Eulen-Landhaus) besonders gefallen. Als ich die dicke Schicht aus Efeu und wildem Wein abgetragen hatte, die die Steinwände an der Rückseite überwucherte, bemerkte ich, woher er kam: Auf den drei Giebelspitzen saßen steinerne

Eulen aus der Viktorianischen Zeit. Eine Eule war ein dicker Waldkauz mit friedlicher Miene; auf dem höchsten Giebel thronte eine große dünne Eule, der man die Jagdlust ansah; die dritte und kleinste zeigte den schwermütigen Ausdruck der sprichwörtlich „weisen Eule“. Diesen Hausschmuck fand ich sehr schön, und ich hielt die Betonsockel der Eulen gut instand, damit sie nicht durch einen Sturm heruntergeweht werden konnten.

Owl Cottage erfüllte alle Erwartungen, die ich an einen Landsitz gehabt hatte, als ich damals auf die Suche gegangen war. So konnte man aus allen Fenstern und offenen Türen Bäume sehen. Schon immer habe ich Bäume geliebt und mich in ihrer Nähe wohlgefühlt. In heidnischer Zeit glaubte man, dass jeder Baum von einem Geist beseelt sei – ein Gedanke, mit dem ich mich durchaus anfreunden kann.

Eine weitere Bedingung war, dass das Haus alt sein musste. Auch diese Bedingung erfüllte Owl Cottage, es stammte aus dem späten 18. Jahrhundert. Schon vorher muss es hier Wohngebäude gegeben haben, denn die Straße, die am Cottage vorbeiführt, ist über einem alten Weg für Pferdefuhrwerke gebaut worden, der einst den Hafen Amble mit Weilern im Hinterland verband. Nach einer örtlichen Legende hat sich Admiral Lord Horatio Nelson von seinem Schiff, das in Amble lag, zu Pferde auf diesem Weg zu dem Herrenhaus Linden Hall begeben, um seine Geliebte Lady Hamilton zu treffen, die dort zu Gast weilte. Der Gedanke, dass der heldenhafte Admiral einst an meiner Haustür vorbeigeritten war, gefiel mir außerordentlich. Die regionale Geschichtsschreibung kennt viele Anekdoten dieser Art.

Schön war auch das Badezimmer von Owl Cottage. Es lag in einem geräumigen Anbau und hatte ein prächtiges Fensterbrett aus großen Kacheln, das eine Wandbreite komplett überspannte. Viel Platz für Toilettenartikel und vielleicht einen Blumentopf oder zwei, dachte ich bei der Hausbesichtigung. Dass es auch einen komfortablen Hochsitz mit Ausguck für eine Katze darstellte, wusste ich damals noch nicht. Ich freute mich auf das Himmelspanorama, das ich von der Badewanne aus genießen konnte. Aber das Schönste kam erst noch: Als ich nach dem Einzug das Fenster öffnete, bot sich mir ein atemberaubender Blick aufs Tal des Coquet River, und über den Wipfeln der Bäume, die im Sommer den Fluss verdeckten, zeigte sich in der Ferne die dunstige Silhouette der Cheviot Hills. Weitere Erkundungsgänge führten mich in eine vollgestellte Dachkammer mit einem ovalen Fenster nach Osten, aus dem sich an klaren Tagen schemenhaft die blaue Linie der Nordsee, die fünfzehn Kilometer entfernt liegt, ausmachen ließ.

Ich war der Stadt überdrüssig, und die Vorstellung, an einem Ort inmitten solch hinreißend schöner Natur zu leben, gefiel mir derart gut, dass ich sofort an die Kaufverhandlungen ging. Als ich das Haus dann besaß, entzückte mich jede neue Entdeckung darin. Zwar bedeutete die Renovierung harte Arbeit und kostete viel Geld, aber das nahm ich gern in Kauf. Süße hing in der Luft, das volle frische Aroma der Blumen und Waldkräuter und – bei Ostwind – der Salzgeruch der See.

DIE SCHICKSALHAFTEN UMSTÄNDE, durch die Toby in mein Leben trat, deutete ich als gutes Omen. Jene Nacht markierte das Ende eines Lebensabschnitts und schenkte mir ein Haustier, das ich ins Herz schließen konnte. Toby Jug seinerseits liebte mich aus der Tiefe seiner Katzenseele und füllte damit eine Leere in meinem Leben. Er machte mir bewusst, was wirklich wichtig ist.

Als ich Toby zum ersten Mal in den Garten brachte, stellte ich seine Schüssel auf einen flachen Stein, der auf der Mauer am Rosengarten lag, und setzte mich daneben, um seine Reaktion zu beobachten. Sie übertraf meine Erwartungen und bewies, welch selbstbewusste Persönlichkeit er besaß. Er duckte sich nämlich nicht erschrocken am Boden der Schüssel zusammen, sondern stellte sich auf die Hinterbeine, presste die Vorderpfoten ans Glas und starrte hinaus in die neue Welt. Vor Erregung gingen ihm die Augen über, das Köpfchen zuckte hin und her, um all die neuen Eindrücke einzufangen, und er wedelte so lebhaft mit dem Schwanz, dass er plötzlich umfiel. Er rappelte sich aber gleich wieder auf und rannte in seiner Schüssel im Kreis herum, wobei er vor lauter Entdeckerfreude immer wieder mit dem Kopf anstieß. Als er merkte, dass ich in der Nähe war, versuchte er meine Aufmerksamkeit auf sich zu lenken und miaute herzzerreißend. Offenbar brannte er darauf, ins Freie gelassen zu werden. Also hob ich ihn trotz meiner Ängste aus der Schüssel und setzte ihn ins Gras.

Zunächst lähmte ihn dieser Tapetenwechsel, dann nahm er die Gerüche der Umgebung wahr. Mit halb geschlossenen Augen und zitternder Nase bot er ein Bild völliger Verzückung. Als er sich der Unendlichkeit des Raumes bewusst wurde, der ihn umgab, zitterte er mehrere Minuten lang am ganzen Körper. Schließlich nahm er allen Mut zusammen und tastete sich mit übertriebener Vorsicht voran. Er machte immer nur ein paar Schritte, dann witterte er, als würde er eine gefährliche Beute beschleichen. Nach einiger Zeit legte er sich erschöpft von der Anstrengung hin.

Zärtlich hob ich ihn auf und legte ihn in die Schüssel zurück, wo er sich nach Katzenart zusammenrollte und sofort einschlief. Toby Jug war ausgezogen in die große weite Welt und träumte nun von seinen Abenteuern, zumindest dem Zittern nach zu schließen, das manchmal durch seinen Leib ging, und den leisen Maunzern, die ihm entfuhren, als durchlebe er die ganze Episode noch einmal.

Er brauchte eine ganze Weile, um seine Begegnung mit dem Garten zu verdauen.

Aus dem Inneren der Schüssel konnte er wegen der Verzerrung durch das Glas die Dinge nicht klar erkennen, und herauslassen konnte ich ihn zu seiner eigenen Sicherheit nur dann, wenn ich dabei war. Da erinnerte ich mich an einen alten Vogelkäfig, den die Vorbesitzer in der Garage zurückgelassen hatten. Vielleicht war das die Lösung? Ich holte ihn von dem staubigen Balken herunter, an dem er hing, säuberte ihn und setzte Toby versuchsweise hinein. Er schien sich auf Anhieb zu Hause zu fühlen und erforschte neugierig den Käfig. In regelmäßigen Abständen stellte ich ihn auf der Terrasse um, sodass Toby jeweils neue Aussichten genoss. Dazwischen widmete ich mich ungestört der Gartenarbeit. Solange Toby mich sehen konnte, war er zufrieden; verlor er mich aus dem Blick, bekam er Angst und schrie, bis ich wieder bei ihm war. Es muss wohl nicht gesagt werden, dass die Gartenarbeit zuweilen sehr stockend voranging.

Frische, sonnige Frühlingstage mit kalten Nächten wichen allmählich nasseren Tagen und wärmeren Nächten. Toby Jug wurde größer und kräftiger. Erleichtert konnte ich endlich sowohl auf den Schutzkäfig als auch auf die Schüssel verzichten. Es war klar, dass er, verglichen mit anderen Katzen, immer klein sein würde, aber verglichen mit dem Zustand, in dem ich ihn gefunden hatte, hatte er Riesenfortschritte gemacht.

Wie weit konnte, wie weit durfte ich Toby nun von der Leine lassen? Ich kam zu dem Schluss, dass ihm immer noch Grenzen gezogen werden mussten, bis er reif genug war, in der freien Wildbahn zu bestehen. Ein Brustgeschirr schien mir die Lösung zu sein.

Ich nahm Toby Jug mit in ein Geschäft für Haustierbedarf. Der Ladenbesitzer war überaus entgegenkommend und zeigte sich amüsiert und herausgefordert von dem Problem, ein Geschirr zu finden, das klein genug für Toby war. Nach längerem angestrengtem Nachdenken fiel ihm ein, dass er irgendwann einmal für das Meerschweinchen seiner Tochter ein Miniaturgeschirr gebastelt hatte. Sie war jetzt über zwanzig und das Meerschweinchen längst tot, aber er hoffte, dass er das Geschirr irgendwo aufgehoben hatte, und versprach, noch am selben Abend danach zu suchen. Ich dankte ihm und kündigte an, morgen wieder vorbeizukommen.

Viel Hoffnung hatte ich mir nicht gemacht, aber als Toby Jug und ich am folgenden Tag den Laden betraten und der Besitzer uns erblickte, leuchteten seine Augen auf. Fröhlich zog er ein kleines Geschirr hervor und hielt es triumphierend in die Höhe. Er meinte, dass es wie angegossen sitzen werde, und er behielt Recht. Geld wollte er dafür nicht annehmen. Ich war entzückt, und Toby schien sich in dem Geschirr sehr wohlzufühlen. Mit einem Schwall von Dankesworten kaufte ich einen Wochenvorrat Katzenfutter, zu dem, wie ich hoffte, Toby Jug übergehen würde, sobald er von der Babynahrung genug hatte.

Zu Hause legte ich Toby das Geschirr erneut an, aber jetzt war der Reiz des Neuen verflogen, und er zeigte sich gar nicht mehr so begeistert davon. Dann maß ich ein Stück Schnur ab, band das eine Ende ans Geschirr und das andere ans Bein eines eisernen Gartenstuhls. Dadurch hatte Toby nun einen ziemlich großen Aktionsradius. Zuerst rührte er sich kaum und blickte sich immer wieder fragend nach mir um, aber schließlich nahmen ein paar fliegende Insekten seine ganze Aufmerksamkeit gefangen. Nun konnte ich ihn guten Gewissens allein lassen und meinen Arbeiten nachgehen. Solange ich nicht vergaß, ihn von Zeit zu Zeit an einem anderen Ort anzubinden, war dies eine gute Lösung.

Meist war Toby einfach damit zufrieden, im Schatten zu liegen und das Treiben um sich herum zu beobachten, insbesondere Vögel und Schmetterlinge. Die Bilder, Geräusche und geheimnisvollen Düfte, die auf ihn eindrangen, schienen ihm durchaus zu gefallen, aber ich glaube, sie waren ihm auch manchmal zu anstrengend, und er brauchte Zeit, um sich daran zu gewöhnen. Zumindest wirkte er immer erleichtert, wenn ich ihn losband und ins Haus brachte, wo er in seinem vertrauten Revier ungezwungen spielen konnte. Im Grunde seines Herzens war Toby ein kleiner Stubenhocker oder, freundlicher gesagt, häuslich.

Eines Tages kaufte ich im Dorfladen Lakritze. Mrs Brown überreichte sie mir in einer weißen Papiertüte, die mich an die altmodischen Bonbonläden meiner Kindheit erinnerte. Ich arbeitete am Schreibtisch und vertilgte gerade mein letztes Stück Lakritze, da kam Toby, der damals rund zwölf Wochen alt war, und versuchte an meinem Sweater hinaufzuklettern. Spontan und amüsiert steckte ich ihn in die Süßigkeitentüte. Weit davon entfernt, sich herauszukämpfen, machte er es sich, in die Tüte quasi eingewickelt, darin gemütlich und streckte sich aus; oben schaute sein kleines Gesicht heraus. Obwohl er so klein war, besaß er eine Persönlichkeit, die vor Energie und Neugier und tatsächlich auch vor Liebesfähigkeit strotzte.

Langsam spielten sich die Abläufe in unserem gemeinsamen Leben ein. Beim Frühstück ging es – außer an Wochenenden und Feiertagen – meist etwas eilig zu, weil ich um 7.30 Uhr zur Arbeit fahren musste. Waren wir einmal im Erdgeschoss, bestand Toby Jug darauf, sofort bedient zu werden. Er hatte immer Heißhunger, und als er größer wurde, servierte ich ihm die besten Katzenfutterkonserven, die zu haben waren; gab es vom letzten Abend Rind- oder Hühnerfleischreste, erhielt er stattdessen diese. Während er fraß, öffnete ich die Hintertür, damit er sein Morgengeschäft erledigen konnte, dann wusch und rasierte ich mich und machte mich fertig. Schließlich gesellte ich mich – wenn es das Wetter erlaubte – zu Toby in den Garten.

Die Teetasse in der Hand, schlenderte ich meist zum oberen Ende der Wiese. Vor dem Stress des Arbeitstages war der Blick über Felder und Wälder auf die fernen Cheviot Hills Balsam für meine Seele. Während ich die Aussicht genoss, leckte und putzte sich Toby zu meinen Füßen.

Kurz darauf musste ich ihn verlassen. Beim Wegfahren sah ich im Rückspiegel, wie er auf dem alten Apfelbaum saß, der an der Ausfahrt stand, und mir nachschaute. Ich ließ ihn nur ungern zurück und wusste, dass ich ihm enorm fehlte, aber ins College konnte ich ihn nicht mitnehmen.

Nun musste er sich den ganzen Tag über die Zeit selbst vertreiben. Ich ließ immer eine der Schuppentüren offen, sodass er es sich drinnen bequem machen konnte. Dort gab es einen Napf mit frischem Wasser und einen alten, mit einer Decke ausgelegten Wäschekorb. Wenn ich dann abends heimkam, wartete er auf mich und begrüßte mich so enthusiastisch, wie ich es mir nur wünschen konnte. Nach dem Essen zog ich mich meist in den Wintergarten zurück, wo sich Toby bald zu mir gesellte, schnell einschlief und leise Schnarchtöne von sich gab.

Das Samstagsfrühstück bildete das Ereignis der Woche: Wildbret-Bratwürstchen, Nieren vom Lamm und Freilandeier, dazu selbst geräucherter, herrlich duftender Frühstücksspeck von einer nahen Farm und selbst gesammelte Wildpilze. Bei diesem morgendlichen Gelage war Toby mein Tischpartner und vertilgte klein geschnittene Wurst und Spiegelei. Wenn er fertig war, trank er einen Schluck Wasser aus seinem Napf und putzte sich vor dem Kamin, wo er anschließend ein Nickerchen hielt, bis ich ihn rief und ins Freie schickte.

Wenn ich zum Einkaufen fuhr, begleitete er mich gern als Beifahrer, und musste ich ihn samstags aus gutem Grund einmal zurücklassen, war er bei meiner Rückkehr sichtlich beleidigt. An den Wochenenden gehörte ich ihm, und dieses Besitzrecht suchte er mit allen Mitteln durchzusetzen.

Um ehrlich zu sein, fehlte er mir auch, wenn ich ihn, was selten vorkam, zurücklassen musste. Wir genossen unsere gemeinsamen Wochenenden.

Beruflich musste ich häufig verreisen, um Schulen und andere Institutionen im Land zu besuchen; Toby nahm ich mit, wann immer es ging. In diesen Fällen bereitete ich ein Picknick vor, das wir gemeinsam verzehren konnten, und so verbrachten wir von Duns bis Selkirk und darüber hinaus manche schöne Stunde in der wildromantischen Umgebung von Städten im schottischen Grenzland.

Auf vielerlei Weise unterschied sich Toby Jug von allen anderen Katzen, die ich kennen gelernt habe. Ich hatte ihn sozusagen an Kindes statt angenommen. Manche Leute werden dies als sentimentalen Quatsch abtun, andere werden bestätigen, dass sie ihren Haustieren gegenüber ganz ähnlich empfinden. Alle Tiere, denen ich begegnet bin, besaßen irgendetwas Besonderes, irgendetwas Liebenswertes, Toby Jug aber gab meinem Leben eine so große Bedeutung, wie das sonst nur in einer menschlichen Beziehung möglich ist. Skeptiker wenden ein, dass diese Art von Liebe einseitig sei und die Zuneigung des Tieres ohne die regelmäßige Fütterung schnell erlöschen würde. Ich bin mir da nicht so sicher. Meiner Erfahrung nach brauchen Tiere nicht nur Futter, sondern genau wie der Mensch auch Liebe. Jedenfalls war das bei Toby Jug der Fall. Er brachte mir eine Zuneigung entgegen, die alles überstieg, was ich bei anderen Haustieren erlebt hatte, und die mir das Herz erwärmte.

Als ich klein war, hatten wir eine getigerte Katze, ein Findelkind, das ich auf der Straße aufgelesen hatte. Es war im Zweiten Weltkrieg. Mein Vater fuhr zur See; meine Mutter, die drei Münder satt bekommen und mit einer winzigen Beihilfe vonseiten der Admiralität durchkommen musste, erlaubte mir, das Kätzchen zu behalten. Es war silbergrau mit scharf abgegrenzten schwarzen Streifen, und ich taufte es Tiger. Tiger ernährte sich von unseren Essensabfällen, insbesondere liebte er Haferbrei, und er war der Erste, der mit der Familie in den Luftschutzkeller eilte, wenn die Sirenen heulten, weil wieder ein Angriff auf die Rüstungsfabriken und Werften am River Tyne drohte.

Seit dieser Zeit fühle ich mich instinktiv zu Katzen hingezogen. Wo immer ich eine Katze sehe, muss ich hingehen und sie ansprechen. Dank dieser Empfindung wagte ich mich in einer kalten Winternacht in einen Schneesturm hinaus, um eine verwundete Katze zu retten. Dafür wurde ich überreich belohnt, denn ich gewann einen wunderbaren Hausgenossen namens Toby Jug.

Sommer

Nach der Zeitrechnung von Owl Cottage begann der Sommer immer dann, wenn die Mehlschwalben zurückkehrten und unter dem überstehenden Hausdach ihre Nester aus getrocknetem Schlamm und Gras bauten. Es war faszinierend zu beobachten, wie die Nester ihre Gestalt annahmen, sie glichen einem Rugby-Ball und wiesen an der Seite eine winzige Einflugöffnung auf. Stundenlang saß Toby Jug im Gras und schaute wie hypnotisiert diesen erstaunlichen Vögeln zu. Für mich waren sie immer ein willkommener Anblick, ungeachtet des kleckernden Kots, der nach und nach die Fensterbretter meines Schlafzimmers überkrustete und meine elegante, neu geflieste Terrasse verunstaltete.

In diesem ersten Sommer mit Toby Jug gab es viele Entwicklungen, die alles übertrafen, was ich zuvor mit Katzen erlebt hatte. Die Arroganz, die manche Katzen gegenüber ihren Besitzern zeigen, um ihre Eigenständigkeit zu betonen, war ihm fremd. Wann immer ich ihn rief, kam er angerannt, egal was er gerade tat.

Diese Anhänglichkeit erstreckte sich auch auf Autofahrten. Zuweilen saß oder lag Toby Jug auf der Rückablage meines Wagens vor dem Heckfenster und rutschte, wenn wir die Kurven nahmen, genüsslich hin und her; die Insassen in anderen Autos, insbesondere Kinder, die ihn auf den ersten Blick gern für ein Spielzeug hielten, hatten ihre Freude daran. Oft saß er allerdings auch auf meiner Schulter und schnurrte mir aus lauter Spaß am Fahren und Reiselust ins Ohr.

Überall, wohin ich ihn mitnahm, entfaltete er einen derartigen Enthusiasmus, dass ich seinen Übermut zu fürchten begann. Ohne Rücksicht auf den Verkehr sprang er mir zum Beispiel nach, wenn ich den Wagen verließ. Also musste er wieder angeleint werden – das Meerschweinchengeschirr war jetzt jedoch zu klein, handelsübliche Hundegeschirre dagegen waren zu groß.

In einem Kaufhaus für Haustierbedarf entdeckte ich eines Tages ein Brustgeschirr für einen Chihuahua, das den Anforderungen genau zu entsprechen schien. Ohne viel Federlesens kaufte ich es und überredete Toby Jug hineinzuschlüpfen. Es war aus Leder gefertigt und zog sich vorn um seine Brust und hinten über seinen Rücken, sodass ich daran ziehen konnte, ohne ihn zu würgen. Gern trug er es nicht, aber er akzeptierte es dann doch, pflichtbewusstes kleines Kerlchen, das er war. Nach kurzer Zeit hatte er den Bogen raus, merkte, welche Gangart er sich angewöhnen musste, um mit mir Schritt zu halten, und lief wie ein Hund neben mir her. Ich bezweifle, dass viele andere Katzen sich derart ans angeleinte Gehen hätten anpassen können. Toby Jug jedoch lernte schnell und bereitwillig.

Mit dem Geschirr konnten wir uns an Orte trauen, die Katzen sonst verschlossen blieben. Drohte Gefahr in Gestalt eines großen Hundes, hob ich Toby einfach hoch und wehrte den Angreifer mit dem Stock ab, den ich bei mir trug. Glücklicherweise kann mich nur an wenige solcher Vorfälle erinnern, fast immer gestalteten sich unsere Ausflüge gefahrlos und vergnüglich.

Einmal betreute ich einen Lehramtsstudenten, der an einer Schule auf Holy Island Praktikum machte; als ich hinfahren musste, beschloss ich Toby mitzunehmen, ich konnte ihn ja nun unter Kontrolle halten. Während ich mit der Rektorin eine Tasse Tee trank, spähte ich immer wieder aus dem Fenster nach Toby, der im Auto zurückbleiben musste, wobei ich ein Wagenfenster leicht geöffnet hatte. Die Rektorin wurde neugierig. Nachdem sie den Grund für mein Verhalten erfahren hatte, überredete sie mich, ihr die komplette Geschichte von Tobys Rettung zu erzählen; danach gestand sie mir, selbst eine begeisterte Katzenhalterin zu sein. Sie wollte Toby unbedingt sehen, und ich erfüllte ihr den Wunsch mit einigem Bangen.

Pflichtschuldig brachte ich Toby Jug herein und stellte ihn der Rektorin vor. Er fühlte sich sofort zu ihr hingezogen und schnurrte laut, als sie ihn kraulte. Ich war stolz auf ihn. Als ich ihn später beobachtete, wie er ein Tellerchen Sahne aus der Schulkantine aufschleckte, dachte ich: Alter Schnorrer, du weißt genau, wie du dich einschmeicheln kannst.

Die Rektorin war so begeistert, dass sie mich drängte, Toby den Kindern ihrer Schule zeigen zu dürfen. Zwar spähte er hin und wieder vorsichtig zu mir herüber, um zu prüfen, ob ich ihm folgte, ansonsten sonnte sich Toby Jug aber in der Bewunderung, die ihm in den Klassenzimmern zuteilwurde. Nie wieder brauchte ich mir Sorgen zu machen, ob mein kleiner Kater sich auf fremde Menschen einstellen konnte. Er genoss das Ganze in vollen Zügen und reagierte wie ein Star auf die liebevolle Neugier der Kinder. Ehe wir gingen, sagte mir die Rektorin, sie wolle die Story von Toby Jugs Rettung am nächsten Morgen vor versammelter Mannschaft erzählen, um den Kindern zu veranschaulichen, wie kostbar Tiere sind und dass wir uns um sie kümmern müssen.

Als ich mit meiner Arbeit an der Schule fertig war, nahm ich Toby Jug zur Belohnung mit an den Strand und kaufte uns beiden Fisch an einem Imbissstand, der sich in der Bucht im Windschatten einer Burg befand. Dieser kluge Kater fraß nur das saftige weiße Kabeljaufleisch, nicht die Panade, die ich für ihn abpellen musste. Nach beendeter Mahlzeit ließ ich ihn – weil's ein so schöner sonniger Tag war – von der Leine. Toby stöberte in meiner näheren Umgebung herum und fand offenbar die Gerüche am Meeresstrand sehr reizvoll. Wahrscheinlich boten sie ihm eine willkommene Abwechslung von den Gartendüften bei uns daheim. Trotzdem wich er mir nicht von der Seite. Ich glaube, er wäre nicht einmal eines köstlichen, verlockenden Duftes wegen herumgestreunt, schon gar nicht außer Sichtweite. Unseren Kurzurlaub auf Holy Island genossen wir beide sehr. *A perfect day,* wie man auf Englisch sagt.

In seinem ersten Lebensjahr war vieles, was ich als normal empfand, für Toby ein neues Abenteuer, manchmal überwältigend und oft auch beängstigend.

So saßen wir eines Abends im Garten; es war einer jener lauen Sommerabende, die willkommene Abwechslung vom windig frischen Klima bieten, das meist hier bei uns im Norden herrscht. Ich genoss die Stille und nippte an einem Glas Rotwein, da sah ich, dass Toby auf den Holzapfelbaum geklettert war, weil ihn das Summen der Insekten und das Herumflattern der Kleinvögel in der Krone interessierten. Zufrieden schaute ich zu, wie zarte Farbschattierungen den Himmel überzogen. Die Dämmerung brach an. Das war das Signal für die Zwergfledermäuse auszuschwärmen und ihre Insektenfangtänze am Himmel aufzuführen. Der Apfelbaum, in dem Toby saß, wimmelte von Insekten, daher setzten die Fledermäuse sofort nach ihrem Erscheinen zu einem wahren Tieffliegerangriff an, den Toby irrtümlich auf sich bezog.

Katzen sind gute Kletterer, wenn es in den Baum hinaufgeht, aber der Abstieg verläuft – wie bei Kindern – oft langsamer und unsicherer, sie hangeln sich rückwärts, krallen sich fest, schauen über die Schulter. So jedenfalls ging es Toby, wenn er bei seinen Ausflügen in die Bäume wieder absteigen musste. Nun, bei der Luftattacke durch die Fledermäuse, griff er zu einer Taktik, die man am besten als Akrobatik am fliegenden Trapez beschreiben konnte. Verschreckt sprang er wie Tarzan von Ast zu Ast, wobei er manchmal fast abstürzte, immerhin aber rasch nach unten gelangte. Dort lief er schnurstracks auf mich zu, sprang aus dem Stand auf meine Schulter und warf in Erwartung weiterer Luftangriffe aufgeregt den Kopf hin und her. Die Fledermäuse setzten inzwischen unbeirrt ihre Kunstflüge fort. Erst drinnen im Haus ließ sich Toby bewegen, von meiner Schulter herabzusteigen.

Dieses Verhalten – den Sprung auf meine Schulter – gewöhnte sich Toby in Gefahrensituationen an, ferner um mich zu begrüßen, wenn ich ihn eine Zeit lang nicht gesehen hatte oder wenn er einfach von mir getragen werden wollte. Es war eine besondere Liebesbezeigung und für eine so kleine Katze eine olympiareife sportliche Leistung und ging auf seine eigene Erfindung zurück – keine andere Katze, die ich besessen habe, hat sich so verhalten. Ein bisschen mulmig wurde mir, wenn er zu kurz sprang. Dann musste er sich an meiner Jacke oder meinem Pullover hochhangeln, was den Kleidungsstücken gar nicht guttat.

Da Toby kräftiger wurde und er nun sein neues Geschirr trug, begann ich ihn auf meine kurzen Abendspaziergänge mitzunehmen. Meist nahmen wir den Pfad, der querfeldein an einem Nebenflüsschen des River Coquet entlangführte.

Eines Spätsommerabends sah an unserem Spazierweg alles seltsam fremd aus, vielleicht weil es ein äußerst heißer Tag gewesen war. Geisterhafte weiße Schleier stiegen aus den feuchten Feldern und legten sich wie Girlanden um die Bäume und Hecken. Wie üblich wollte Toby Jug unbedingt vor mir laufen, und da niemand zu sehen war, ließ ich ihn von der Leine, damit er ungehindert umherstreifen konnte. Wegen des Bodennebels, der mir bis an die Knie reichte, sah ich ihn oft nicht, wusste aber aus Erfahrung, dass er sich nicht weit von mir entfernen würde, und machte mir weiter keine Gedanken. Gerade waren wir an einer alten Ruine namens Black Friars Mill vorbeigekommen, da setzte Toby zu einem Sprung an und landete, etwas unsicher balancierend, auf einer bröckligen Steinmauer. Den Körper nach vorn gestreckt wie ein Vorstehhund, duckte er sich dort angespannt und starrte in den Nebel. Im Zwielicht sah er aus wie ein Geist aus der alten Mühle, der hier umging!

Irgendetwas hatte ihn aufgeschreckt, das war klar, deshalb folgte ich seinem starren Blick und sah drei dunkle Schatten aus dem Dunst auftauchen: nichts Bedrohliches, sondern eine Fuchsmutter mit zwei Jungen! Mucksmäuschenstill stand ich da, während das Trio zwei Schritte von uns entfernt über den Weg spazierte. Es war ein wunderbarer Anblick, aber Toby Jug war nicht beeindruckt. Er warf mir einen kleinlauten Blick zu und putzte sich ein bisschen den Rücken, um zu zeigen, dass er keinerlei Angst gehabt hatte. Anschließend setzten wir unseren Geistergang fort.

Im Spätsommer war Toby Jug rund sechs Monate alt, doch die Sorgen des

Pflegevaters war ich damit noch nicht los. Jetzt kreisten sie um den Umstand, dass mit der Geschlechtsreife der Paarungstrieb in ihm erwachen würde. Ich hatte Geschichten gehört, dass Kater, die rolligen Katzen nachstiegen, wochenlang verschwanden. Für dieses potenzielle Problem gab es nur eine Lösung – einen Besuch beim Tierarzt.

Sollte Toby von traumatischen Erinnerungen geplagt worden sein, als ich ihn in Mackenzies Praxis brachte, hat er sich jedenfalls nichts anmerken lassen. Ich setzte ihn auf denselben Holztisch, von dem ich ihn in jener kalten Winternacht vor einem halben Jahr aufgehoben hatte. Hier war er buchstäblich dem Tod von der Schippe gesprungen.

„Dann haben Sie es also geschafft, das kleine Ding durchzubringen!“, rief Scott und erzählte die ganze Geschichte lächelnd seiner jungen Sprechstundenhilfe. „Na, er scheint jetzt kräftig genug zu sein, dass wir ihn kastrieren können.“ Als der Arzt ihn mit unsanften Händen untersuchte, zeigte Toby erste Angstsignale.

„Ich gebe ihm auch seine Impfungen. Ja, er ist zu einem prächtigen Kerlchen herangewachsen, alle Achtung“, bemerkte er, als er Toby hochnahm. „In zwei Stunden können Sie kommen und ihn holen.“

Plötzlich war ich allein, und Zweifel und Unsicherheit setzten mir zu. Warum ließ ich Toby Jug nicht seinen heilen Leib, damit er sein Leben genießen konnte? Warum mutete ich ihm dies zu? Zwei Stunden kreisten diese Fragen in meinem Kopf, während ich in einem Teeladen in Alnwick wartete und Qualen litt.

Nach zwei Stunden und einer Minute klingelte ich an der Praxistür. Scott gab mir Toby Jug zurück, der etwas verwirrt und mitgenommen aussah, aber ansonsten ganz munter wirkte. Unser Wiedersehen feierte er mit der üblichen Begeisterung, indem er – zu Scotts Verblüffung – mit einem einzigen Satz auf seinem Stammplatz, meiner linken Schulter, landete. Ich nahm die Impf- und sonstigen Bescheinigungen, die der Arzt mir überreichte, und ging zum Auto, während sich Toby Jug wie ein Koalabär an mich klammerte.

Nun ging es heimwärts. Toby blieb dabei auf meiner linken Schulter sitzen, und immer wenn ich durch Schlaglöcher fuhr, grub er seine Krallen in meinen Pullover. Mir war das egal, denn ich war glücklich, ihn nach der Narkose gesund und munter wiederbekommen zu haben.

Ehe wir die Praxis verließen, hatte Scotts junge Assistentin mir eine Tablette überreicht, ein Antibiotikum, das Infektionen, wie sie nach Operationen auftreten können, verhüten sollte. Ich sagte ihr, Toby nähme niemals

Tabletten, ich hätte mehrfach erfolglos versucht, ihm rezeptfreie Tabletten, die für Katzen gesundheitsfördernd sein sollen, einzutrichtern.

„Unsinn!“, rief sie. „Hier, ich zeige Ihnen, wie man das macht.“ Sprach’s und ergriff Tobys Kopf, drückte ihm zu seiner Überraschung das Maul auf und legte die Tablette hinein. „Da, sehen Sie, war doch ganz leicht.“

Toby klappte das Maul zu und blickte mich mit großen Augen an.

Auf der Autofahrt hörte ich nach einiger Zeit ein „Pfüttt“ von Toby. Die Reste der Tablette landeten auf meinem Schoß. Er hatte sie im Maul behalten und abgewartet, bis wir in sicherer Entfernung waren, ehe er sie ausspuckte. Sichtlich zufrieden mit sich selbst, schnurrte Toby Jug mir auf dem restlichen Heimweg laut ins Ohr.

Mit großem Appetit verzehrte Toby Jug zu Hause ein eigens bereitetes Mahl aus Hühnchenleber. Spätfolgen der Operation stellten sich nicht ein.

Beim Abheften der tierärztlichen Bescheinigungen fiel mir etwas Sonderbares auf. In die Rubrik „Rasse des Tieres“ hatte Scott in kühner Schrift eingetragen: „Schwarz-weißer langhaariger Maine Coon.“ Ich blickte auf Toby hinunter und fragte mich: Was in aller Welt ist ein Maine Coon? Interessiert beschloss ich, ein bisschen Ahnenforschung in Sachen Toby zu betreiben.

In der Stadtbücherei von Alnwick wurde ich nicht fündig, deshalb rief ich auf eine Eingebung hin den Tierschutzverein an. Eine freundliche Frauenstimme erklärte mir, Maine Coon sei eine amerikanische Katzenrasse.

Nun wurde ich erst recht neugierig. Die nächsten fünf Tage musste ich in Oxford auf einer Konferenz zubringen, und ich beschloss, dort etwas Zeit für die Ahnenforschung abzuzweigen.

Mit der Versicherung, bald zurückzukehren, überließ ich Toby den liebevollen Händen meiner Mutter und startete gen Oxford zu einer meiner seltenen Fahrten in andere Gegenden Englands. In der Nähe des St. Catherine’s College, wo ich wohnte, entdeckte ich in „Blackwell’s Bookshop“ an der Broad Street das Gesuchte. Unter den Katzenbüchern der Abteilung „Naturgeschichte“ fand ich ein Lexikon, das das Foto einer Katze enthielt, die genau wie Toby Jug aussah. Die Unterschrift lautete „Schwarz-weiße Maine Coon“. Scott hatte Recht!

Ich fand einen umfangreichen Aufsatz über Halblanghaarkatzen, der mit „Maine Coon“ begann. Da lag sie vor mir, die historische Ahnenreihe meiner kleinen Katze, und sie war hochinteressant. „Maine Coon“ war die Rasse getauft worden, weil sie im US-Bundesstaat Maine entstanden war, und

„Coon" (von *racoon*, Waschbär) ging auf den Irrglauben der Bevölkerung von Maine zurück, die meinte, es handle sich um eine Katzen-Waschbär-Kreuzung, weil diese Katze einem Waschbären so ähnlich sah. Nach Meinung der Wissenschaft ist dies jedoch genetisch unmöglich.

Beim Weiterlesen wurde mir klar, dass europäische Katzenrassen wie die Norwegische Waldkatze und Persisch Langhaar oft auf Segelschiffen als Rattenfänger mitgenommen und so nach Nordamerika eingeführt worden waren. Wahrscheinlich haben sich die Katzen dann mit den einheimischen Rassen gepaart, und durch natürliche Selektion wurde die Maine Coon hervorgebracht. Die Rasse wurde sehr beliebt und tauchte in den USA schon 1895 auf Katzenschauen auf.

Seltsam, dachte ich, dass eine Katzenrasse aus einem fast 5000 Kilometer entfernten Land hier in einem Wurf halbwilder Kätzchen zweieinhalb Kilometer von meinem Haus in Northumberland auftaucht. Aber Katzen paaren sich nun einmal hemmungslos und wahllos.

Ich kaufte das Lexikon und staunte, während ich daheim im Lehnsessel geruhsam darin schmökerte, über den Charakter der Maine Coon: Er glich demjenigen Toby Jugs aufs Haar. Ich las, dass Maine Coons freundlich, gutmütig, unkompliziert und hochgradig anpassungsfähig sind. Sie sind wissbegierig und behalten auch als erwachsene, reife Tiere eine kätzchenhafte Verspieltheit. Sie langweilen sich schnell, brauchen ständig Abwechslung und Anregung und freunden sich leicht mit Menschen an, insbesondere mit der Person oder den Personen, die sie großziehen und für sie sorgen.

Ich blätterte noch einmal die Fotos nach der Katze durch, die wie mein Toby aussah. Dann suchte ich weiter, bis ich auf eine Katze stieß, die Tobys Mutter entsprach. Ich erinnerte mich, dass sie einen langgestreckten Körper mit länglich buschigem Schwanz hatte, wobei Letzterer dunkleres Fell aufwies als ihr silbergrauer Körper. Der Bildtext unter dem Foto der Katze, die ihr am meisten ähnelte, lautete „Schwarz-silberne Tabby Maine Coon". Vielleicht würde mir diese Information helfen, ihren Besitzer aufzutreiben. Ich beschloss, im Ort Erkundigungen einzuziehen.

Wer in meinem Dörfchen etwas erfahren will, geht am besten gleich an die sichere Quelle – in den Pub. In Felton gibt es zwei Pubs: „Northumberland Arms" und „Stag's Head". Nach mehreren Abenden in den besagten Lokalen hatte ich in Erfahrung gebracht, dass es im Nachbardorf Shilbottle eine Frau gab, die Rassekatzen züchtete.

Im Postamt von Shilbottle, das ich bei meiner Recherche als Erstes aufsuchte, fand ich an einer Pinnwand einen maschinengeschriebenen Zettel: ZUCHTKATZEN ZU VERKAUFEN. Die Adresse befand sich im Dorf.

Ich musste nicht lange nach dem Haus suchen. Es lag etwas abseits der Straße. Den Zufahrtsweg säumten blühende Pflanzen und Sträucher, ein schmiedeeisernes Tor im viktorianischen Stil führte zu einer hohen Eingangstür, die gut zum Haus passte. Ich klingelte und wartete gespannt. Eine schlanke Dame reiferen Alters öffnete und bat mich hinein, nachdem sie den Grund meines Kommens erfahren hatte.

Ich stellte mich vor und erfuhr, dass sie Sarah Erskins hieß, Witwe war und hier mit ihrer Tochter lebte. Es bestätigte sich, dass sie Züchterin von Rassekatzen war.

Überall im Wohnzimmer tummelten sich gepflegte Katzen: Langhaar-Perser, Siamesen, rote Abessinier, Bluepoint-Balinesen. Mrs Erskins stellte mir jede Rasse mit ihrem Namen vor, doch soweit ich feststellen konnte, fehlten Maine Coons.

Bei einer Tasse Tee fragte ich sie, ob sie je Maine Coons besessen habe. Mit ernstem Gesichtsausdruck erhob sie sich und ging zu einem alten Schreibtisch. Aus einer Schublade zog sie ein Fotoalbum. Nach kurzem Blättern fand sie, was sie suchte, kam zu mir und legte mir das Album auf die Knie.

Vor mir hatte ich das Bild einer silber- und cremefarbenen Tabby Maine Coon. Darunter stand der Name: Silver Girl Bonny. Eine Bescheinigung auf derselben Seite besagte, dass sie beim Dachverband der britischen Rassekatzenzüchter eingetragen war. Überrascht und erschrocken sah ich, dass es sich tatsächlich um die Katze handelte, die ich in jener schicksalhaften Januarnacht gerettet hatte. Meine Gedanken flogen zurück zu dem baufälligen Heuboden, wo ich sie mit ihren beiden Jungen gefunden hatte.

Mrs Erskins' Stimme riss mich aus meiner Träumerei. Als ich aufblickte, sah ich Tränen in ihren Augen. „Wir haben sie verloren!“, sagte sie gefühlvoll. „Und ich habe es nicht übers Herz gebracht, mir einen Ersatz für sie anzuschaffen. Wie denn auch!“

Sie setzte sich hin und erzählte mir, die Teetasse umklammernd, den Blick auf den Teppich gerichtet, wie sie ihre Maine Coon verloren hatte. „Wir fuhren mit ihr zur Katzenschau in Harrogate. Bonny war so lieb, ich konnte sie während der Fahrt meist auf meinem Schoß sitzen lassen. Hätte ich sie doch nur in den Käfig gesteckt, zu den anderen beiden Katzen …

Meine Tochter saß am Steuer, und in Felton hielt sie spontan an, um die Zeitung und ein paar Süßigkeiten für die lange Fahrt zu kaufen. Sie parkte vor dem Laden, nahm etwas vom Rücksitz, kam dann zu mir herum und öffnete die Beifahrertür, um zu fragen, ob sie irgendetwas für mich besorgen sollte. In diesem Augenblick schossen zwei Düsenjäger im Tiefflug über das Dorf. Es gab einen Knall wie Donnerschlag, wir zuckten vor Schreck zusammen. Und dann merkte ich, dass Bonny weg war. Sie muss im Schock geflohen sein. Wir suchten stundenlang, aber sie blieb verschwunden. Zur Katzenschau sind wir gar nicht erst gefahren. Abends haben mein Sohn und meine Tochter noch einmal nach ihr gesucht, ich war zu aufgeregt dazu. Seither haben wir nichts mehr gehört, obwohl wir Zettel angeschlagen und eine Belohnung ausgesetzt haben. Nichts, gar nichts."

Die Stimme versagte ihr, sie sank in den Sessel zurück. Ehe ich mit meiner Geschichte herausrückte, musste ich mich noch einmal vergewissern, ob es sich tatsächlich um ein und dieselbe Katze handelte. Ich betrachtete eingehend das Foto.

Da wurde mir die Entscheidung abgenommen. Mrs Erskins blickte mir in die Augen und sagte: „Sie wissen doch etwas. Heraus damit." Sie beugte sich im Sessel vor. „Ist sie gefunden worden?"

Ich ersparte ihr die Horrordetails, trotzdem war sie natürlich über Bonnys Tod erschüttert. Als ich zu Ende erzählt hatte, schwieg sie ein paar Minuten und fragte dann: „Sie sagen, es gibt ein Junges?"

Ich nickte.

„Erzählen Sie."

In kurzen Zügen schilderte ich ihr Toby Jug und was er mir bedeutete. Sie strahlte über das ganze Gesicht, tupfte sich die Augen und sagte: „Also hat die Geschichte doch ein Happy End."

Ein Geräusch aus dem Korridor signalisierte, dass ihre Tochter von der Arbeit heimgekommen war. Ich ging, damit sie die Geschichte weitererzählen konnte. An der Tür legte sie mir ihre schmale Hand auf die Schulter und dankte mir für das, was ich für Bonny und das überlebende Junge getan hatte.

Während ich ihr zum Abschied aus dem Auto zuwinkte, murmelte ich in meinen Bart: „Na, mütterlicherseits ist der Stammbaum geklärt, jetzt müssen wir vielleicht noch den Vater auftreiben." Diese Idee ging mir immer wieder durch den Kopf, und ich beschloss, die Ahnenforschung irgendwann fortzusetzen. Jetzt, wo ich mehr über Tobys Herkunft und seine ererbten Wesenszüge wusste, betrachtete ich ihn in einem neuen Licht und kam zu der Erkenntnis, dass man den Charakterzügen der Maine Coons noch zwei weitere hinzufügen musste: „schalkhaft“ und „scharfe Auffassungsgabe“.

FÜR EINE KATZE hatte Toby Jug eine Menge Verstand, wenn er sich auch manchmal dumm stellte. Außerdem fiel mir oft auf, dass er sich rasch auf neue Leute und Gegebenheiten einstellen konnte.

Ich kaufte ihm einen kleinen roten Ball, der gut hüpfte und der, wenn ihn eine verspielte Pfote leicht anstupste, quer durch den Raum schoss und zu einer wilden Verfolgungsjagd einlud. Toby liebte ihn. Eines Tages jedoch verschwand der Ball auf Nimmerwiedersehen. Ich nahm mir vor, einen neuen zu beschaffen.

Einige Tage später fand ich zu meiner Verblüffung Tomaten auf der Terrasse herumliegen, von denen manche ziemlich angekratzt waren. Als ich sie einsammelte, fiel mir auf, dass Toby verdächtig schuldbewusst dreinschaute, und ich fragte mich, was hier los war.

Ein paar Tage später löste sich das Rätsel: Alice, meine Nachbarin, klopfte an die Hintertür und erklärte etwas verlegen, dass sie mein Katerchen ja heiß und innig liebe, ich aber bitte dafür sorgen solle, dass er nicht mehr in ihr Gewächshaus einsteige und Tomaten klaue. Die Gewächshaustür stehe nämlich zur Belüftung immer halb offen.

Gerade wollte ich ihr die Geschichte von Tobys rotem Ball erzählen, da erschien zu meinem Schreck der Schurke auf der Bildfläche und trug eine rote Tomate im Maul!

Bei unserem Anblick bremste Toby ruckartig ab, ließ die Tomate fallen und schlug sich seitwärts in die Büsche. Ich versprach der aufgebrachten Alice, dass ich ihm eine Standpauke halten, ihn so schnell wie möglich bestrafen und noch an diesem Nachmittag einen Haufen roter Spielbälle erstehen würde. All dies brachte ich mit äußerst zerknirschter Stimme vor, fast hätte ich sogar einen Kniefall gemacht. Außerdem erbot ich mich, ihr Ersatztomaten aus dem Dorfladen vorbeizubringen, doch das empfand sie als Hohn, und sie erklärte mir wütend, ihre Tomaten seien biologisch angebaut und selbst gezogen und weitaus besser als alles, was man im Laden bekomme. Wir verabschiedeten uns relativ einvernehmlich. Als ich der guten Dame dann noch einen Blumenstrauß und eine Schachtel Pralinen als Friedensangebot vorbeibrachte, war die freundschaftliche Beziehung wiederhergestellt.

Nach seiner Entlarvung als Tomatendieb war Toby bis zum Abend nicht mehr zu sehen, dann siegte der Hunger über das Schuldgefühl. Als er endlich zum Dinner auftauchte, hielt ich ihm die gestohlene Tomate unter die Nase und erteilte ihm eine milde Standpauke. Seinem kleinlauten Ausdruck entnahm ich, dass er mich nur allzu gut verstanden hatte.

Damit war der Tomaten-Krimi zum Glück beigelegt. Toby bekam einen Vorrat roter Spielbälle, die in Abständen ausgewechselt werden mussten, entweder weil er vergaß, wo er sie gelassen hatte, oder weil sie schon zu zerkaut waren. Oft fand ich verschossene Bälle an ungewöhnlichen Orten, etwa in Schränken, auf dem Gemüseregal und einmal hinter einem Kissen auf dem Sofa. Toby Jug entwickelte sich zu einem klassischen Einzelgänger, was mir gefiel.

Der Tomaten-Krimi erinnerte mich daran, dass Katzen, anders als andere Haustiere, einen unbezähmbaren Drang haben, sich frei zu bewegen. Diesen Freiheitsdrang konnte ich nur zügeln, indem ich Toby Jug permanent an die Leine legte oder einsperrte, was unmöglich war. Dennoch beunruhigte mich der Gedanke daran, dass er weiter herumstromerte und -streunte so sehr, dass ich unbedingt etwas dagegen unternehmen wollte.

Folglich bekam Toby Jug ein schönes Halsband aus leuchtend gelbem Kunststoff, damit man ihn im Dunkeln leichter sehen konnte. Daran hingen ein Silberglöckchen und ein kleiner Messingzylinder, der ein Papierstück mit meinem Namen, meiner Anschrift und Telefonnummer sowie dem Satz „Bei Rückgabe dieser Katze Belohnung" enthielt.

In den letzten Wochen des Sommersemesters hatte ich am College alle Hände voll zu tun, daher ließ ich Toby mehr Freiraum und verzichtete darauf, ihn im Haus einzusperren oder im Garten an die Leine zu legen. Ich hielt ihn nun für reif und erfahren genug, um allein klarzukommen – zudem hatte er ja sein brandneues Halsband. Mit dieser neuen Unabhängigkeit kam er sehr gut zurecht. Meines Wissens blieb er in der Nähe des Hauses und wagte sich nur dann über den Zaun in Nachbargärten, wenn er willkommen war. Kam die Zeit meiner Heimkehr, wartete er immer an der Einfahrt auf mich. Doch eines Freitags wurde meine schlimmste Angst wahr – Toby Jug war nirgends zu finden.

Normalerweise lief er von dem Ort, an dem er spielte oder döste, sofort auf mich zu, wenn er das Auto kommen hörte. Dieses Mal kam er nicht, obwohl ich rief und pfiff. Das sah ihm gar nicht ähnlich. Panik ergriff mich. Zuerst schaute ich auf die Straße vor unserem Grundstück. War er überfahren worden? Zum Glück war dort keine Spur von ihm zu finden. Während ich weitersuchte, begann ich jedoch an andere, ebenso schreckliche Alternativen zu denken.

Schon glaubte ich, das Schlimmste annehmen zu müssen, da blieb ich unvermittelt stehen: Von oben drang ein leises Miauen an mein Ohr. Als ich hochblickte, sah ich Toby Jug auf dem Dach des Wintergartens, das hinaufreichte bis an mein Schlafzimmerfenster. Er drehte sich um, als ich rief, und ließ ein zweites Begrüßungsmiauen hören, wandte sich dann aber wieder dem Fenster zu. Ich konnte ihn nicht herunterlocken. Offensichtlich fesselte im Schlafzimmer irgendetwas seine Aufmerksamkeit, oder er fühlte sich verpflichtet, Wache zu stehen.

Verdutzt ging ich ins Haus, um nachzuschauen.

Schon auf der Treppe hörte ich ein seltsames Summen aus dem Schlafzimmer. Ich riss die Tür auf – und schlug sie erschrocken wieder zu. Ein Bienenschwarm hatte mein Zimmer erobert, der Raum war schwarz von Bienen. Sie mussten durch den Schornstein und den offenen Kamin hineingelangt sein.

Ein Nachbar, der das Schwanzende des Schwarms auf einem meiner höchsten Schornsteinaufsätze sitzen sah, kam auf mich zu, als ich aus dem Haus trat, und erbot sich netterweise, einem Freund Bescheid zu sagen, der etwas von Bienen verstand.

In Windeseile verbreitete sich die Nachricht von Tür zu Tür. Bald versammelte sich eine ansehnliche Zahl von Zaungästen, oder sollte man sagen Katastrophentouristen? Während wir nach oben blickten und warteten, musste ich mir mit sinkendem Mut Horrorstorys über aggressive Bienenschwärme anhören, die in Häuser eindrangen und die Bewohner manchmal wochenlang vertrieben, bis eine Lösung gefunden werden konnte.

Als der Freund meines Nachbarn in einem Lieferwagen vorfuhr, erhob sich erwartungsvolles Stimmengemurmel. Nach einer kurzen Begrüßung und einer Lageinformation meinerseits taxierte der Imker die Situation. Stimmen aus der Menge wie „Keine zehn Pferde würden mich in dieses Haus kriegen!“ überhörte er souverän. Unter dem Schutz von Hut und Netz der Imkerkleidung marschierte er mit beeindruckendem Wagemut und professioneller Würde in den Oberstock, betrat das Schlafzimmer und schloss die Tür fest hinter sich. Vorher hatte er uns noch mitgeteilt, dass er die Königin aufspüren und herausbringen wolle, weil sich der Schwarm dann zerstreuen würde. Das jedenfalls war sein Plan. Toby Jug blieb die ganze Zeit über als Wachtposten auf dem Dach des Wintergartens und ließ sich nicht herunterlocken.

Stille legte sich über die Zuschauer. Wir warteten. Plötzlich drangen Schmerzens- und Zornesschreie aus dem Haus, die die Zaungäste erschrocken zusammenzucken ließen. Aus der Hintertür taumelte der Imker in den Hof. Mehrere Leibwächter der Königin mussten seine Schutzkleidung durchdrungen haben. Er riss sich den Hut herunter, wobei er Kraftausdrücke von sich gab, die man besser verschweigt. Verwirrung herrschte. Mein Nachbar und ich versuchten vergebens, unter seiner Kleidung Bienen totzuschlagen, wenn sich eine zeigte oder wir dort eine vermuteten. Diese Hilfsaktion schien den Stress und den Ärger des Imkers allerdings nur zu verschlimmern. Seine Selbstsicherheit war restlos verflogen.

Am Ende verlor er völlig die Fassung und ließ einen Schwall von Verwünschungen auf meinen Nachbarn, auf mich, auf alle Bienenarten und das ganze Universum los. Er war schwer zerstochen worden und hatte vor aller Augen eine schmähliche Niederlage erlitten. Die Zuschauer erwarteten eine handgreifliche Auseinandersetzung und wichen zurück, doch er stürmte davon und machte sich mit seinem Lieferwagen aus dem Staub. Zurück blieben nur ein paar tote Bienen als Zeugnis seines Wirkens.

Mit dem Ausdruck tiefsten Bedauerns, mitleidigem Kopfschütteln und der Bemerkung, sein Freund habe immer schon ein aufbrausendes Temperament gehabt, kehrte mein Nachbar in seinen Fernsehsessel zurück. Unversehens stand ich mit dem Problem wieder allein da, wobei die Bienen nun noch aggressiver summten. Toby Jug und ich waren unserem Schicksal überlassen worden.

Irgendwann schaffte ich es, meinen Kater mit dem Versprechen, ihn zu füttern, vom Dach herunterzulocken. Vorsichtig betraten wir die Küche, wo Toby sein Mahl verschlang, während er ständig nach oben spähte und auf das grimmige Summen lauschte. Er mochte nur eine einfache Katze sein, aber sein Gefahreninstinkt war hellwach. Nachdem er in Rekordtempo gefressen hatte, eilte er nach draußen und setzte sich aufs Fensterbrett der Küche, wo er argwöhnisch weitere Entwicklungen abwartete.

„Feigling!“, rief ich, doch Toby Jug blieb ungerührt.

Auf mich allein gestellt, knobelte ich bei einer Tasse Tee einen eigenen Schlachtplan aus. Ich wollte im Wohnzimmerkamin Feuer entzünden und es bis zu einem flammenden Inferno anfachen. Da der Kaminabzug auch durch mein Schlafzimmer ging, würde das die Bienen bald zum Abflug bewegen.

Nachdem ich mein Vorhaben umgesetzt hatte, stellte ich vom Garten aus befriedigt fest, dass der Schwarm auf meinem Schornstein größer und größer wurde; die Bienen im Kamin räumten das Feld. Doch die Erleichterung schlug bald ins Gegenteil um: Als das Feuer herunterbrannte, kehrten sie in den Schornstein zurück.

Toby Jug weigerte sich, ins Haus zurückzukommen. Ich konnte locken, wie ich wollte, er blieb draußen.

Damit die Bienen nicht das ganze Haus in Besitz nahmen, beschloss ich, das Feuer im Wohnzimmer kräftig in Gang zu halten. Die eigentliche Problemlösung verschob ich auf morgen, denn langsam wurde es dunkel und Zeit, ins Bett zu gehen. Im Oberstock zu schlafen war natürlich ausgeschlossen, weshalb ich das Sofa zur provisorischen Bettcouch umbaute. Zum Glück hatte ich eine primitive Außentoilette. Waschen musste ich mich allerdings in der Küchenspüle, weil das Bad im Oberstock ans Schlafzimmer grenzte.

Ehe ich die Tür für die Nacht abschloss, ging ich nach draußen, schnappte mir den erschrockenen Toby und trug ihn ins Haus. Dann füllte ich den Kohleneimer noch einmal bis zum Rand voll und sperrte uns im Wohnzimmer ein. Gegen etwaige Bienenattacken wappnete ich mich mit einer zusammengerollten Zeitung. In die Ritze unter der Tür quetschte ich eine Decke, damit von dort kein stechender Plagegeist ins Zimmer gelangte, während wir schliefen. Es herrschte Belagerungszustand.

Jedes Mal wenn ich nachts die Augen öffnete, starrte mich Toby, der auf meiner Brust lag, angstvoll an. Nach einer sehr unruhigen, ungemütlichen Nacht auf dem winzigen Zweiersofa war es eine Erlösung, im Morgengrauen aufzuwachen und den Tag mit einer Tasse Tee zu begrüßen. Ich war übernächtigt und wütend und empfand es als Wohltat, von der stickigen Hitze im Zimmer in die kühle frische Morgenluft hinauszutreten. Sicher erging es Toby Jug nichts anders.

Während er im Garten verschwand, peilte ich die Lage. Soweit ich sehen konnte, verschlimmerte sich mein Problem zusehends, denn der Schwarm auf dem Schornstein hatte sich zu monströser Größe entwickelt, und das Summen aus dem Schlafzimmer klang nach einem Bomberschwarm. Vielleicht war über die Bienen-Buschtrommel die Botschaft weitergetragen worden, dass es hier gemütlich ist.

Da ich in meiner Kleidung geschlafen hatte und unrasiert war, konnte ich den Mitmenschen eigentlich nicht unter die Augen treten, aber ich war wütend genug, um es doch zu tun. Nachdem ich das Gartentor geöffnet hatte, setzte ich den Wagen aus der Garage und bekam blitzartig einen Beifahrer: Wie aus dem Nichts sprang Toby auf den Vordersitz. Offensichtlich war er nicht gewillt, zurückgelassen zu werden und die Stellung zu halten, zumal diese unter Beschuss lag. Wenn der General die Front verließ, dann marschierte auch das Fußvolk ab. In Zeiten der Not glaubte Toby vermutlich an den alten Spruch: „Vorsicht ist der bessere Teil der Tapferkeit." Drohte Gefahr, war der sicherste Platz eindeutig der Platz hinter meinem Rücken.

Im Eiltempo ging's über die Autobahn nach Morpeth. Ich parkte in einer Nebenstraße, ließ ein Fenster etwas offen, damit Toby Jug frische Luft bekam, und versicherte ihm, bald wieder da zu sein. Dann eilte ich zur Hauptstraße und suchte eine Apotheke.

Die Verkäuferin im weißen Kittel fand mein Ansinnen etwas seltsam und rief eilends den Apotheker herbei, der meinen Wutausbruch über die Bienen mit professionellem Gleichmut über sich ergehen ließ. Er nickte und verschwand in seinem Allerheiligsten. Augenblicke später erschien er mit einer Riesenpackung Tabletten, die genug Gift enthielten, um alle Bienen in Northumberland umzubringen. Arme Bienen! Aber dies war quasi ein Notstand.

Am Auto begrüßte mich, was nicht unüblich war, eine Gruppe von Kindern, die Toby Jug bewunderte; der ließ sich seinerseits die Aufmerksamkeit gern gefallen.

DAHEIM ging ich sofort daran, die Anweisungen des Apothekers umzusetzen. Die Bienen hielten das Haus noch immer besetzt und hatten nun schon den zweiten, kleineren Kamin okkupiert, der in die Küche führte. Radikalmaßnahmen waren angesagt. Toby Jug war nirgends zu sehen. Zweifellos schaute er von irgendeinem Logenplatz aus zu, der sich in sicherer Entfernung befand.

Zunächst fachte ich das Feuer wieder stark an. In der Diele bemerkte ich, dass die Bienen oben an der Treppe in einer Ecke der Decke einen zweiten Brückenkopf errichtet hatten. Dies erschien mir rätselhaft, bis ich – mit einem Regenmantel als Schutzhaut – ein paar Stufen der Treppe hinaufstieg und mit Schrecken bemerkte, dass die Bienen in Massen unter meiner Schlafzimmertür hervorströmten. Jedes Mitempfinden für die kleinen Kreaturen erstarb. Nun herrschte totaler Krieg, und ich war nicht in der Stimmung, Gefangene zu machen.

Ich ließ das Feuer herunterbrennen, warf zwei der Tabletten auf die glühenden Kohlen und verschloss die Kaminöffnung sofort mit einer Eisenplatte, die zwei Griffe hat und hier im Nordosten bei kohlebefeuerten Kaminen benutzt wird, um das Feuer anzufachen.

Zehn Minuten schaute ich gespannt vom Garten aus zu, dann merkte ich, dass mehr und mehr Bienen aus dem Schornstein herausquollen. Begeistert von dieser Entwicklung rannte ich ins Haus und warf zwei weitere Tabletten ins Feuer. Von außen bot sich nun ein ermutigender, aber auch erschreckender Anblick: Auf dem gesamten Kaminaufsatz und den umliegenden Dachpfannen hatte sich ein wahres Bienenheer versammelt.

Das Summen war so laut, dass Passanten stehen blieben und gafften und Nachbarn von ihren Gärten aus zusahen. Die Erwartung wuchs, dass das Heer sich nun bald in Bewegung setzen würde. Ich wünschte es mir sehnlichst und begann in bester Stimmung einen Meinungsaustausch mit den Nachbarn. Irgendwann fiel mir auf, dass Toby Jug sich unauffällig unter die gespannt wartende Menge gemischt hatte. War es sprichwörtliche Katzenklugheit oder sechster Sinn?

Die Bienen flogen erst knapp drei Stunden nach den ersten Giftpillen ab und damit später, als wir alle vermutet hatten. Uns bot sich ein spektakuläres Bild: Zu Tausenden erhoben sie sich scheinbar gleichzeitig in die Lüfte, es schien, als wären sie von einem einzigen Willen gesteuert. Sie formierten sich zu einer drohenden schwarzen Wolke, die über den Bäumen und über dem Fluss wirbelnde Säulen bildete und irgendwann aus dem Blickfeld verschwand. Ein Stoßseufzer der Erleichterung stieg von den Zuschauern auf – vielleicht mischten sich sogar ein paar Jubelrufe darunter.

Vorsichtig betrat ich das Haus, hinter mir folgte in sicherem Abstand Toby Jug, der mit gespitzten Ohren und hochgestelltem Schwanz nach rechts und links spähte. Sein Gesichtsausdruck spiegelte meine eigene Verblüffung wider, während wir auf Zehenspitzen von Raum zu Raum schlichen: Keine einzige Biene war mehr zu sehen. Und was noch überraschender war: Es gab auch kein Anzeichen dafür, dass sie je da gewesen waren.

Abends, als ich am Kamin saß und Toby Jug dösend auf meinem Schoß lag, drang hin und wieder ein Summen aus dem Schornstein, gefolgt von einem kurzen „Zitzzzz“, wenn das sterbende Insekt verbrannte. Die Bienen, die in der Esse sitzen geblieben und vom Rauch betäubt worden waren, starben nun offenbar und fielen ins Feuer. Bei den ersten Summ- und Zischlauten spitzte Toby noch die Ohren, um das Geschehen einzuordnen, später gewöhnten wir uns daran, schlummerten friedlich und hofften, dass der nächste Morgen uns einen glücklicheren Tag bringen möge. Die Bieneninvasion hatte uns doch gehörig schockiert.

Es war der letzte Tag des Sommersemesters am Alnwick College. Examina, Korrektur der schriftlichen Arbeiten, endlose Sitzungen des Prüfungsausschusses, all das war zu Ende. Nun schloss das College für die nächsten zehn Wochen, und sein Sitz – das Schloss des Duke of Northumberland – gehörte während der Semesterferien wieder ganz dem Herzog selbst, seiner Familie, den Touristen und den Raben. Mit großer Erleichterung freute ich mich nach dem Stress des hektischen Semesters auf den Frieden und die Ruhe meines Landhauses.

Als ich dort ankam, wartete an meiner Einfahrt eine Kollegin, Diane Forester, die kunsthandwerkliches Design unterrichtete.

Während ich ausstieg, um das Tor aufzusperren, eilte sie auf mich zu und überfiel mich mit einer dringenden Bitte. „Tut mir leid, dass ich Sie am College nicht mehr abpassen konnte", sagte sie. „Ihre Anschrift habe ich mir von der Verwaltung geholt. Könnten Sie mir einen riesigen Gefallen tun und sich den Sommer über um meine Stute Fynn kümmern? Sie ist ganz pflegeleicht. Ich glaube, Sie haben sie auch ein paar Mal geritten, als sie in den Moorgate Stables stand."

Dieser Frontalangriff machte mich vorübergehend sprachlos. Ich starrte sie an. Sie sah ganz aufgewühlt und erhitzt aus. Offensichtlich handelte es sich um eine Notlage, denn sonst wäre sie nicht zu mir gekommen; so gut kannten wir uns nicht. Ich bat Diane hereinzukommen und ließ mir die ganze Geschichte erzählen. Währenddessen fütterte ich Toby Jug, der schon auf und ab stolziert und an meinen Beinen entlanggestrichen war, um mich daran zu erinnern, dass Essenszeit war.

Am nächsten Tag wollte Diane mit ihrer Familie einen mehrwöchigen Auslandsurlaub antreten. Leider hatte sich die geplante Betreuung für ihr Pferd, ein dunkelgraues Connemara-Pony, das ich ein paarmal geritten hatte, zerschlagen, und irgendwer am College hatte ihr den Tipp gegeben, sich an mich zu wenden.

Den Tränen nahe, saß sie auf der Kante eines Küchenstuhls und umklammerte ein Taschentuch. „Natürlich werde ich Sie für Ihre Mühe bezahlen", begann sie, doch peinlich berührt wischte ich dieses Angebot vom Tisch. Ich versicherte ihr, dass ich diesen Sommer nicht verreisen wolle und mich gern um ihr Pferd kümmern würde, soweit es in meinen Kräften stand. Mit einem Seufzer der Erleichterung lehnte sie sich zurück und nahm die Tasse Tee an, die ich ihr anbot.

„Fynn hat die Stallkatzen in Moorgate sehr gemocht", sagte sie auf der Suche nach einem Thema. Toby sprang ihr auf den Schoß, um sich ein paar

Streicheleinheiten abzuholen. Er blieb dort aber nicht lange, was Diane wohl ganz recht war, da sie hinterher ihren hellen Rock sehr sorgfältig gerade strich und auf Katzenhaare und Pfotenabdrücke untersuchte. Behutsam schob ich Toby mit dem Fuß durch die offene Terrassentür in den Garten hinaus.

Diane schaltete wieder in den Schnellgang. Sie kramte in ihrer Handtasche, überreichte mir den Schlüssel zum Schuppen, in dem sich das Sattelzeug befand, sowie eine Lageskizze von dem Feld, an dem in Denwick Fynns Stallung lag, und schloss mit den Worten: „Ich bin Ihnen wirklich unheimlich dankbar.“ Sie hatte erreicht, was sie wollte, und wusste nun nicht, wie sie den Rückzug antreten sollte. Ich half ihr aus der Verlegenheit: „Sie haben sicher noch viel mit Packen und Vorbereitungen zu tun.“

Mit erleichtertem Lächeln sprang sie auf die Füße, schnappte sich die Autoschlüssel vom Tisch und sagte: „Stimmt. Ich muss los. Danke für den Tee.“

Das Dankeschön konnte nicht ganz ernst gemeint sein, denn ihre Tasse stand noch randvoll da, wo ich sie hingestellt hatte. Leicht belustigt über ihre etwas überspannte Art, begleitete ich sie zum Auto.

Ehe sie davondüste, rief sie aus dem offenen Wagenfenster: „Sie können sie reiten, sooft Sie wollen. Betrachten Sie sie für die nächsten sechs Wochen als Ihr Eigentum. Danke nochmals! Tschü-hüss!“

Aufbrummend verschwand ihr blauschwarzer Jaguar.

Was habe ich mir da bloß eingebrockt?, grübelte ich, während ich im Garten auf und ab schlenderte und Toby Jug zu meinen Füßen herumtollte. Er liebte diese Spaziergänge und brannte darauf, mir die spannenden Orte zu zeigen, die er tagsüber entdeckt hatte. An jenem Abend aber war ich mit meinen Gedanken woanders und nicht ganz bei der Sache. Ich überlegte, was ich sechs Wochen lang mit einem Pferd anfangen sollte und welche Dinge bei seiner Pflege zu beachten waren.

Am nächsten Morgen strahlte vor meinem Schlafzimmerfenster die Sonne und weckte mich schon um fünf Uhr auf. Mein Bedürfnis, aufzustehen und den herrlichen Sommertag von der ersten Minute an auszukosten, war unwiderstehlich.

Toby Jug war inzwischen ein begeisterter Frühaufsteher. Im Nu war er hellwach und tatendurstig, während ich eine längere Anlaufzeit brauchte. Ich ging also vor die Tür, setzte mich eine Weile hin und genoss die erste Tasse Tee und die klare frische Luft. Nachts hatte es geregnet; der Morgenwind schüttelte Tropfen aus den Zweigen, die wie Edelsteine funkelten. Es war ein herrliches Gefühl, dass der Tag mir gehörte und ich ein paar Wochen lang dem Arbeitstrott entkam.

Am späten Vormittag machte ich mich mit Toby Jug im Auto auf den Weg, um Fynn zu suchen. Nachdem ich mehrmals durch das Dorf Denwick gefahren war und hastige Blicke auf die Lageskizze geworfen hatte, fand ich das gesuchte Feld endlich hinter hohen Weißdorn- und Buchenhecken. Am anderen Ende, nicht weit von ihrer Stallung, stand unter einem Baldachin aus Rosskastanien Fynn, als sei sie einem Buch über ländliche Idylle entsprungen.

Ich parkte den Wagen, ließ den mehr als verärgerten Toby bei leicht geöffnetem Fenster im Auto zurück, ging zum Gatter und schickte einen leisen Pfiff als Versuchsballon hinüber. Fynn blickte kurz in meine Richtung, nahm aber sofort ihre entspannte Haltung wieder ein. Sie hatte mich nicht erkannt. Seufzend schloss ich den Schuppen auf, um mir eine Longe und Zaumzeug zu suchen.

Dann ging ich langsam übers Feld auf Fynn zu. Wieder blickte sie zu mir herüber, rollte die Augen und trottete zu einer fernen Ecke des Feldes. Dies wurde schwieriger als gedacht.

Eine Stunde später führte ich schweißüberströmt ein aufgezäumtes Pferd quer über das Feld und leinte es an der Stalltür an. Inzwischen sprang Toby wild im Wagen herum und führte sich wie ein Irrer auf, um herausgelassen zu werden. Zerknirscht befreite ich ihn und stellte ihn Fynn vor, die erst begrüßend und schließlich überrascht wieherte, als Toby aus meinen Armen mit einem Satz auf ihren Rücken sprang und sich dort zwischen den Schulterblättern häuslich niederließ. Fynn wandte den Kopf, sah Toby lange an, schnaubte und nickte ein paar Mal, um ihre Zustimmung zu signalisieren, danach stand sie wieder ganz ruhig da, während ich ihr den Schweif kämmte.

„Nie und nimmer hätte ich das geglaubt“, redete ich vor mich hin. Offenbar handelte es sich um eine Freundschaft auf den ersten Blick. Diane Forester musste Recht gehabt haben: Fynn mochte Katzen. Dass Toby so rasch mit einem Pferd anbändeln würde, hätte ich mir nicht träumen lassen, allerdings war er ja auch keine Katze wie jede andere.

Den Rest des Tages verbrachten Fynn und ich damit, uns kennen zu lernen. Ich ritt sie rings ums Feld und gewöhnte sie an meinen Reitstil. Allein gelassen, konfus und etwas eifersüchtig, schnüffelte Toby Jug im Stall herum und schaute uns später bedrückt vom Schuppendach aus zu.

Nachdem ich einen schönen Tag verbracht hatte, war ich bei meiner

Heimkehr ins traute Cottage guter Laune. Ich mag Pferde, ich mag das Reiten, und Fynn erwies sich als gutes, sanftmütiges Tier, das leicht lenkbar war, nachdem es sich an mich gewöhnt hatte. Während Toby Jug friedlich auf meinem Schoß ruhte, geriet ich ins Grübeln und hatte eine wunderbare Idee. Den Anstoß gab eine Wettervorhersage im Rundfunk, die ein längeres Hoch für unsere Gegend ankündigte. Diese Aussicht weckte in mir den unwiderstehlichen Wunsch, draußen zu sein und Landluft zu schnuppern.

Ich wollte das gute Wetter und Diane Foresters Angebot, Fynn nach Belieben zu reiten, nutzen, um ein paar Tage in den Cheviot Hills zu kampieren und Toby Jug im Sattel mitzunehmen. Es würde mir nach der Stubenhockerei im College ungeheuer guttun, und Toby würde mächtig überrascht sein. Allerdings musste der Ausflug sorgfältig vorbereitet werden, wenn wir keinen Reinfall erleben wollten. Tobys Transport auf dem Pferderücken warf ein Problem auf, für das mir aber schon die Lösung vorschwebte. Ihn bei meiner Mutter oder im Tierheim zurückzulassen, war undenkbar, er wäre todunglücklich geworden. Außerdem wollte ich ihn ja bei mir haben. Das Leben mit Toby Jug war hochamüsant, zudem war er ebenso ferienreif wie ich.

Die notwendige Ausrüstung hoffte ich in Rothbury zu finden, einem malerischen Marktflecken im Rothbury Forest. Die Hauptstraße führt einen Hügel hinauf und ist auf beiden Seiten von Geschäften aller Art gesäumt. Eines davon hatte ich ganz besonders im Auge: eine Fundgrube an Antiquitäten und Gebrauchtwaren aus der Viktorianischen Zeit, darunter auch Artikel für Pferd und Kutsche.

Nachdem ich eine Stunde zwischen verstaubten Lampen, Zaumzeug, Sätteln und sogar Rattenfallen gestöbert hatte, fand ich, was ich suchte: ein Paar große Satteltaschen aus poliertem mahagonifarbenem Leder mit Messingbeschlägen, das ich zum Spottpreis von 3,10 Pfund erstand. Ein zweites kostbares Fundstück bildeten zwei Tragekörbe für Esel, echte Korbware mit Lederdeckeln, die meiner Meinung nach so angepasst werden konnten, dass sie direkt vor dem Sattel über ein Pferd gehängt werden konnten. Sie eigneten sich bestens, um Essens- und Trinkvorräte auf der einen und Toby Jug auf der anderen Seite zu transportieren. Die Körbe waren mit Staub und Spinnweben überzogen, und einer hatte ein Loch, aber ich zahlte fröhlich nur ein Pfund pro Stück.

Mein nächstes Ziel war das Geschäft für Militär- und Marinebedarf in Alnwick, wo ich einen komfortablen übergroßen Schlafsack und zwei leichte kleine Zelte samt einer batteriebetriebenen Hängelampe erwarb. Weiter kaufte ich ein Kochgeschirr, einen Feldkessel und ein schützengrabenreifes Essbesteck. Nun konnte das Abenteuer beginnen.

Am Abend vor unserem Aufbruch nahm ich den Bus von Alnwick nach Denwick und ritt Fynn zurück zu unserem Haus. Dort machte ich ihr ein Lager aus Heu und Rosskastanien und band sie an einen Eisenring, der in der Wand des alten Schuppens eingelassen war. Der Schuppen war an einer Seite offen, sodass Fynn bei Bedarf darin Unterschlupf fand. Toby Jug beeindruckten diese geheimnisvollen Vorgänge, und er bettete sich eine Weile neben Fynn ins Heu.

Am nächsten Morgen weckte mich die Sonne. Eine Zeit lang lag ich dösend da und lauschte dem Gesang der Vögel, um sechs Uhr stand ich dann auf, um die letzten Vorbereitungen abzuschließen. Ich hasse es zu warten, und brannte darauf aufzubrechen. Für zehn Uhr hatte ich einen Pferdetransporter samt Fahrer bestellt, der uns bis nach Alwinton und damit zum Fuß der Cheviot Hills bringen sollte.

Ehe es losging, legte ich Toby vorsichtshalber das Geschirr um und leinte ihn an, dann setzte ich ihn auf den Sitz zwischen den Fahrer und mich. Ein paar Kinder winkten uns zum Abschied zu; sie kamen von einem naturkundlichen Ausflug zurück und waren samt Lehrer stehen geblieben, um uns beim Einladen zuzuschauen. Zum Glück blieben mir die neugierigen Blicke der Nachbarn erspart, da sie schon zur Arbeit waren; wahrscheinlich hätten sie sich skeptisch zu unserem Unternehmen geäußert.

Die trotz vieler Kurven gemächliche Schaukelei über die sonnigen, aber laubbeschatteten Landstraßen Northumberlands war so geruhsam, dass ich einnickte, zumal der Fahrer sich ziemlich sauertöpfisch und von seinem Auftrag nicht sonderlich begeistert zeigte.

„Sie müssen ganz schön bekloppt sein“, war sein einziger Kommentar gewesen, als ich ihm unsere Reise erklärt hatte. „Allein mit ’nem Pferd und ’ner Katze da draußen in der Botanik. Bescheuert“, fügte er mit Nachdruck hinzu. Ich beschloss, ihn zu ignorieren.

Inzwischen thronte Toby Jug auf der Mittelkonsole und beobachtete, wenn er nicht gerade ein Nickerchen hielt, von diesem Logenplatz aus, was vor sich ging.

Die kleine Gemeinde Alwinton liegt im Herzen von Northumberland und am Eingang zum heutigen Nationalpark. Wir brauchten zwei Stunden, um „The Rose and Thistle“, den dortigen Pub, zu erreichen, der der Ausgangspunkt für unser Unternehmen war. Die Ankunft des Pferdetransporters bedeutete das Ereignis des Tages. Lunchgäste strömten aus dem Pub, das Bierglas in der Hand, um unser Eintreffen zu beobachten.

Fynn wollte partout nicht aus dem Transporter aussteigen. Entnervt fluchte der Fahrer, während er versuchte, eine halbe Tonne Pferd mit Muskelkraft herauszuzerren. Vergeblich.

Erzürnt durch diese Zurschaustellung von Brutalität und peinlich berührt durch das Kichern der Umstehenden, beschloss ich, selbst Hand anzulegen. Ich griff mir ein paar Äpfel aus unseren Vorräten und stieg mit festem Schritt in den Transporter, Toby Jug folgte mir. Fynn drehte langsam den Kopf herum und wieherte gestresst. Während ich einen Apfel nach dem anderen an sie verfütterte, packte ich sie am Halfter und dirigierte sie rückwärts aus dem Transporter. Die Gäste des Pubs, die allmählich dorthin zurückschlenderten, jubelten, der Fahrer knallte die Türen zu und trat – mit höhnischem Blick in unsere Richtung – aufs Gaspedal. Ein Stein fiel mir vom Herzen, als er verschwand.

Toby Jug beobachtete mich von einem Zaunpfahl aus, während ich Fynn mit unserem Gepäck belud. Man sah ihm an, dass er sich fragte, wozu wir hier waren und wohin es ging. Meine Pläne waren noch nicht ganz ausgefeilt, allerdings hatte ich schon eine bestimmte Lagerstelle im Auge, die ich vor einiger Zeit auf einer Wanderung entdeckt hatte. Ich rechnete mit netten Abenteuern und wollte die Route spontan entwickeln.

Schließlich war alles verladen, und Toby Jug saß bequem im linken Sattelkorb. Ab ging's: Am Zügel führte ich Fynn unserem ersten Ziel entgegen. Sie wollte ebenso wie ich und Toby endlich hinaus in die Natur.

Rasch ging es über die Felder bergauf, der Pub blieb hinter uns zurück. Nur ein paar struppige Highland-Rinder und leichter Wind leisteten uns Gesellschaft, während wir uns in die Berge vorarbeiteten. Vom Wetter her erwies sich der Tag als Glücksfall. Bald zog ich meinen Anorak aus.

Als ein paar Stunden vergangen waren, begann ich nach dem Lagerplatz Ausschau zu halten, der mir vorschwebte. Bald – aber nicht bald genug für meine müden Glieder und meinen brennenden Durst – tauchte auf einer Hügelkuppe die Ruine eines Steinbaus auf. Es handelte sich um die Überreste einer Jugendherberge, die nach einem mysteriösen Brand aufgegeben worden war. Daneben befand sich der Lagerplatz. Bei dessen Anblick streckte die kluge Fynn den Hals und trabte mit schnellen Schritten darauf zu. Ich musste mich anstrengen, um mitzuhalten.

Am Ziel konnte ich erst einmal nicht anders, als erschöpft ins Gras zu sinken und einen kühlen Schluck Wasser aus meiner Flasche zu nehmen.

Fynn trottete davon und trank aus einem steinigen Bach, der eine tiefe Rinne in den Abhang gegraben hatte. Toby Jug, den ich vorübergehend vergessen hatte, tauchte gähnend aus seinem Tragekorb auf; zweifellos fragte er sich, warum wir angehalten hatten. Im Nu saß er neben mir im Gras, seine Augen waren senkrechte Schlitze im hellen Sonnenschein.

Nach kurzer Atempause musste ich unseren Lagerplatz herrichten. Ich setzte eine Sonnenbrille gegen das grelle Licht auf, band Fynn an einen rostigen Pfahl, der aus einer Mauer emporragte, und ging ans Auspacken und Aufbauen des Nachtlagers.

Das Zelt schlug ich im Windschatten der Herbergsruine unter einem krüppligen Weißdorn auf, der einen bizarr geformten knorrigen Stamm hatte. Die Satteltaschen und -körbe legte ich zwischen das Zelt und den Baumstamm und deckte sie mit einer wasserdichten Plane ab. Fynn bekam ein paar Kugeln Trockenfutter – so genannte „Pferdenüsse" – und einige Äpfel zum Abendbrot, Toby Jug eine Büchse Katzenfutter. Für mich packte ich ein paar vorbereitete Sandwichs mit Fleisch und eine Thermosflasche mit heißem Kaffee aus. Für den späteren Abend stellte ich eine Flasche Muskatellerwein in den Bach, denn nur kühl und frisch entfaltete er das ganze spanische Aroma. Während Fynn zufrieden ruhte und Toby Jug im Gras Insekten jagte, sammelte ich unter einer nahen Baumgruppe Zweige und Äste für das Feuer, mit dem ich am nächsten Morgen das Essen zubereiten wollte.

In der Abendkühle sattelte ich Fynn und ritt los, um den Bauern zu suchen, dessen Heufeld wir auf dem Weg zum Lagerplatz durchquert hatten. Hinter uns hüpfte Toby Jug durchs niedrige Gras. Wir näherten uns dem Feld, und ich sah, dass die Männer bereits kräftig das Heu verluden; wir waren gerade noch rechtzeitig gekommen. Ich sprach mit dem Bauern und seinen beiden Helfern, die alle sehr freundlich waren. Als sie hörten, wo ich kampierte, boten sie mir an, vor Feierabend noch ein paar Heuballen hinzufahren.

Die Rückkehr zum Camp war einfach märchenhaft. Während wir über eine Anhöhe ritten, tauchte der Himmel alles um uns herum in ein Farbenspiel aus leuchtendem Rot und Rosa, zartem Aquamarin und Purpur. Ich fühlte mich in eine andere Welt versetzt. Wie gebannt schaute ich mich um. Fynn war ganz von selbst stehen geblieben, Toby hörte auf herumzutollen und setzte sich ins Gras, um ebenfalls an diesem Naturschauspiel teilzuhaben. Kein Laut durchbrach die tiefe Stille. Mensch, Pferd und Katze wurden von einem Naturbild verzaubert, das urzeitlich anmutete.

Am Lagerplatz sattelte ich Fynn ab, band sie an einer langen Leine an und war gerade mit dem Striegeln fertig, als der Bauer mit den Heuballen erschien. Wir tauschten Höflichkeiten aus, und er erwähnte, dass er morgens ein paar frische Eier und selbst geräucherten Speck für mich abzweigen könnte, wenn ich wollte. Und wie ich wollte! Ich zahlte sofort, und wir sagten uns gute Nacht.

„Schau einer an!“, rief er auf dem Weg zu seinem Traktor. Da lag Toby Jug wie ein König auf dem Kissen, das der Bauer auf den harten Stahl seines Traktorsitzes gelegt hatte. „Soll ich ihn mitnehmen?“, lachte der Bauer und kraulte Toby, der den Kopf an dessen Tweedjacke rieb und kehlige Schnurrlaute ausstieß.

„Niedlicher kleiner Schlingel“, sagte der Bauer liebevoll, als er Toby herunterhob.

Vom Lärm des startenden Traktors erschreckt, vergaß Toby Jug die guten Sitten und landete mit einem Satz auf meiner Schulter, während ich dem Bauern zum Abschied zuwinkte. Solche Freundlichkeit war auf dem Land nicht ungewöhnlich und gab mir das Gefühl, hier in den Bergen willkommen und zu Hause zu sein.

Nachdem ich Fynns Nachtration an frischem Heu ausgebreitet hatte, fischte ich die Flasche Muskatellerwein aus dem Bach und packte das dick eingewickelte Weinglas aus. Wein schmeckt mir nicht, wenn er nicht in einem schön geformten Weinglas kredenzt wird. Die bernsteinfarbene Flüssigkeit funkelte in der untergehenden Sonne, als ich das Glas hob, um auf Mutter Natur zu trinken. Ein einziges Glas reichte, um mich vor Müdigkeit fast einnicken zu lassen. Nur teilweise entkleidet schlüpfte ich in meinen Schlafsack und lehnte mich gegen Fynns Sattel, der nach Cowboyart mein Kopfkissen sein sollte.

Was diese Nacht betrifft, entsinne ich mich nicht mehr an Einzelheiten, nur dass Toby Jug immer wieder neue Schlafplätze im Zelt suchte und dass gelegentliche Vogelrufe dem Unternehmen einen wildromantischen Ton verliehen.

Nahes Hufgetrappel schreckte mich auf. Schlaftrunken blickte ich aus dem Zelt und sah eine Schafherde vorbeitrotten, geführt von zwei Hütehunden und einem Schäfer, der seinen Stab schwenkte. Es war halb sechs Uhr morgens.

„Auf dem Land steht man früh auf“, murmelte ich vor mich hin, während Toby Jug sich nur streckte und gähnte. Ich fühlte mich vom Liegen auf dem harten Boden ein bisschen gerädert und war froh, aufstehen zu können. Man stelle sich meine Freude vor, als ich einen Karton mit einem Dutzend noch warmen Eiern, vier dicken Scheiben hausgeräuchertem Speck in fettdichtem Papier und einer Flasche Milch als kostenloser Dreingabe fand – vom freundlichen Bauern frei Haus geliefert, wie versprochen.

Ich ließ den Blick über die grünen Hügel schweifen. Sie waren mit einem Nebelschleier überzogen, den die blassgelbe Sonne gerade erst aufzulösen begann. Fynn hob den Kopf und schnaubte zur Begrüßung. Ich rieb ihr zum Morgengruß die Nüstern und streichelte ihr den Hals, wobei mir auffiel, dass sie hier mitten in der Natur weit entspannter wirkte als am Vortag. Die Luft war herrlich frisch und so kühl, dass sie ein wenig in der Lunge schmerzte. Nichts, rein gar nichts bewegte sich, sah man von einem Flügelflattern ab, als eine Kette Rebhühner über uns hinwegzog.

Hunger trieb mich ans Werk. Nach einigen misslungenen Anläufen bekam ich endlich das Feuer in Gang, und bald brodelte in einem Kochgeschirr Bachwasser fröhlich vor sich hin. Ich setzte mich auf einen Baumstumpf, saugte die Wärme der Morgensonne auf, verzehrte mein Frühstück und trank Kaffee mit frischer cremiger Milch. Toby Jug, der sein Mahl schon beendet hatte, lag dicht an Fynns Kopf auf einer zerbröckelnden Mauer. Die beiden verhielten sich wie alte Freunde, die schon seit Jahren zusammen sind.

Mein Plan war, das Camp einige Tage lang als Basislager zu benutzen und Ausflüge in die umliegenden Hügel und Täler zu unternehmen. Auf gut Glück ließ ich den Proviant im Zelt zurück, nahm einen der Tragekörbe und befestigte ihn für Toby Jug seitlich am Sattel. Dann packte ich Decken und das zweite Zelt ein, füllte im Bach meine Wasserflasche auf, bestieg Fynn und ritt los, die heiße Sonne im Rücken. Toby Jug sprang fröhlich links neben mir her. Ich hielt nordwärts auf einen Kiefernwald zu, der auf den Höhen der Cheviot-Täler Ingram und Langleeford lag.

Während Fynn dahintrottete, bot sich mir ein Panorama grüner und brauner Bergflanken, dicht bewachsen mit Farn und Gras, bislang unberührt und unbesiedelt. Ich ritt durch Nordenglands letzte große Wildnis, ein Gebiet, das im Lauf des zwanzigsten Jahrhunderts leider immer stärker schrumpfte. Hoffentlich würde man es unter Schutz stellen, damit kommende Generationen es so genießen können wie wir. Ich war in meinem Element, freute mich, hier zu sein, und fühlte mich ungeheuer lebendig.

Schon bald näherten wir uns dem Kiefernwald. Ich rief Toby Jug und befahl ihm, zu mir auf den Sattel zu klettern. Begeistert von seinen Streifzügen zögerte er, doch dann siegte die Vernunft, und er sprang elegant in meinen Schoß. Ich klopfte Fynn den Hals, um sie zu beruhigen, machte die Leine an Tobys Geschirr fest und setzte ihn behutsam in den Tragekorb. Da ich nicht wusste, worauf wir im Wald stoßen würden, schien es mir so sicherer zu sein.

Während wir uns über ausgetretene Pfade, wahrscheinlich Wildwechsel, voranarbeiteten, lag der Forst an manchen Stellen tief im Schatten. Am meisten beeindruckte mich die alles durchdringende Stille unter den dicken Koniferen. Auf einer Lichtung erspähte ich ein Reh, das uns beobachtete; Sonnenflecken sprenkelten seinen Rücken und Hals. Von unserem plötzlichen Auftauchen erschreckt, ergriff es die Flucht und scheuchte seine beiden kleinen Kitze vor sich her. Ein herrlicher Anblick! Tiefer im Wald standen die Kiefern dicht an dicht. Während wir unter dicken Ästen durchritten, musste ich mich oft tief über Fynns Hals beugen und festhalten. Mehrere Male dachte ich ans Umkehren, denn der Forst schien mir immer undurchdringlicher zu werden.

Toby lugte etwas ängstlich aus seinem Korb heraus und witterte den aromatischen Kiefern- und Koniferenduft. Ich merkte, dass er darauf brannte, diesen fremdartigen Ort zu erforschen. Bald wurde die dicke Baummauer zu einer tunnelartigen Allee, und die Nadelbäume wichen großen Eichen und Eschen, Bergahornen und Buchen. Wir befanden uns in einem typischen altenglischen Wald. Nach einiger Zeit erreichten wir eine Lichtung, auf der ich zu einer wohlverdienten Rast haltmachte.

Ich hatte keine Ahnung, wo wir waren – aber es war eine befreiende Erfahrung, ein wunderbares Gefühl, einfach so der Nase nach zu wandern, ohne sich um die üblichen Pflichten des Lebens zu kümmern. Ich fühlte mich wie ein Junge beim Schuleschwänzen. Schließlich löste ich Fynns Sattelgurt und ließ sie laufen, damit sie sich am frischen Gras sattfressen konnte. Toby Jug merkte man an, dass er liebend gern herumtoben wollte; da ich es aber nicht riskieren konnte, ihn hier zu verlieren, legte ich ihn an eine lange Leine, die ich an Fynns Sattel festmachte. Dann setzte ich mich und verspeiste ein Sandwich mit Speck und Ei aus Frühstücksresten.

Plötzlich erklang über mir ein seltsamer Vogelgesang, der aus allen Richtungen zu kommen schien. Es handelte sich um einen scharfen metallischen Ton, der ständig wiederholt wurde und anders war als alles, was ich bisher gehört hatte. Erstaunt blickte ich mich auf der Lichtung um, konnte jedoch zunächst nichts sehen. Schließlich entdeckte ich einen Vogel, kaum größer als ein Wellensittich, mit rotem Leib, dunkelbraunen grün schattierten Flügeln und dickem Hals. Nachdem meine Augen sich an die Helligkeit gewöhnt hatten, bemerkte ich in den umliegenden Bäumen mehrere dieser Vögel. Es gab auch dunklere, olivenfarbene Exemplare, vermutlich waren es Weibchen. Bei näherer Betrachtung fiel mir auf, dass sie mit Hakenschnäbeln, die wie Papageienschnäbel aussahen, aber an der Spitze über Kreuz gingen, an unreifen Kiefernzapfen herumpickten. Welch aufregende Entdeckung! Ich hatte eine Familie von Kreuzschnäbeln bei der Futtersuche vor mir. Erst neulich hatte ich gelesen, dass diese Vögel in ihrem normalen Lebensraum in Nordeuropa und Russland nicht mehr genug Nahrung gefunden hatten und deshalb in die Nadelwälder Northumberlands eingewandert waren. Und ich saß hier, tief in den Thrunton Woods, und schaute einem ganzen Schwarm von ihnen zu, ein Erlebnis, von dem Vogelbeobachter nur träumen können.

Später ritten wir wieder durch dichten Wald. Da ging Toby Jug plötzlich in Habachtstellung und starrte gebannt auf eine Gruppe dicht stehender Bäume. Er hatte etwas gehört oder gesehen, was ich nicht hören oder sehen konnte – und das nicht zum ersten Mal. Ruckartig wandte er sich mir zu, stieß ein kurzes „Miau“ aus und war, ehe ich reagieren konnte, über alle Berge. Wie schon so oft verblüffte mich Tobys Rasanz. Erschrocken fuhr ich hoch und rief ihn, doch es war umsonst. Fynn wieherte und schnaubte, als stehe auch sie vor einem Rätsel. Weder Ross noch Reiter konnten sich darauf einen Reim machen. Warum war Toby weggelaufen? Der Lockruf der Wildnis? Ein letztes Lebewohl?

Eine Nachsuche, wie die Jäger sagen, hatte keinen Sinn; es war schon später Nachmittag, die Schatten wurden länger. Ich konnte nur abwarten, dass Toby zu mir zurückfand, wenn er es denn wollte. Nervös zuckte ich beim kleinsten Geräusch zusammen und hoffte, das grauhaarige schwarzweiße Gesicht wiederzusehen, das ich so liebte. Mein Wunsch ging nicht in Erfüllung. Es wurde immer dunkler, und meine Angst wurde immer größer. Ich fütterte die Stute und legte ihr ein feuchtes Tuch ums Maul. Todunglücklich beschloss ich, das Lager hier aufzuschlagen. Ich hatte weder gegessen noch mein gewohntes Glas Wein getrunken. Ich fühlte mich verlassen und wollte einfach nur, dass Toby Jug zu mir zurückkam.

Ich schlief unruhig und dachte an das Schlimmste. Da schreckte ich hoch. Ganz nah hörte ich ein Geräusch. Etwas Großes, etwas sehr Großes wollte in mein Zelt. Meine größte Angst war, dass es sich um einen gereizten Dachs oder ein anderes Wildtier handeln würde. Ich schnappte die Taschenlampe, nahm all meinen Mut zusammen, riss mit dem Schrei „Hau ab!“ die Zeltklappe auf und stürzte hinaus.

Was immer es gewesen war, es war verschwunden. Ich leuchtete mit der Lampe in die Dunkelheit, entdeckte aber nichts. Dann sah ich zwei hellgrüne Augen, die aus dem Unterholz starrten. Ein kleines Tier, das etwas im Maul trug. Mein Herz schlug höher: Toby Jug. Lautlos tigerte er auf mich zu und legte mir eine große Ringeltaube vor die Füße.

Er schien im höchsten Maße zufrieden mit sich, und ich war so überwältigt vor Glück, dass ich, wie ein Vater, nicht recht wusste, ob ich ihn umarmen oder ausschimpfen sollte. Ich nahm ihn einfach in die Arme und weinte vor Erleichterung. Er schnurrte und miaute, als wollte er sagen, dass er sich freue, wieder da zu sein. Die Ringeltaube war eindeutig ein Geschenk für mich. Vielleicht wollte Toby sich auch entschuldigen, weil er ausgebüxt war. Nach seinem Abenteuer wirkte er erschöpft und legte sich auf seinen Stammplatz quer über meine Fußgelenke. Bald schliefen wir beide tief und fest.

Am nächsten Morgen standen wir später auf als üblich. Nachdem ich Fynn gesattelt und Zelt und Decken in einer ordentlichen Rolle auf ihrem Rücken festgeschnallt hatte, brachen wir zum offenen Gelände am oberen Ende des Wooler Valley auf. Als wir auf einem ausgetretenen Saumpfad aus dem Wald hinausritten, schnaubte und stampfte Fynn, und Toby blickte sich aufgeregt nach allen Seiten um. Was war jetzt schon wieder? Da merkte ich, dass wir fast daheim waren – wir hatten einen Kreis geschlagen und das Basislager schon fast erreicht.

Fynn wollte endlich kräftig ausgreifen, immerhin ist das Pferd ja ein Lauftier. Zunächst galoppierten wir langsam, dann ließ ich ihr die Zügel schießen, und wir preschten in vollem Galopp vorwärts, den Wind im Gesicht und die Sonne im Rücken. Toby drückte sich, verängstigt durch das Gerüttel und Hufgetrappel, tief in seinen Korb und ließ mich nicht aus den Augen. In Windeseile erreichten wir wohlbehalten unser Lager. Alles war noch so, wie wir es verlassen hatten.

An jenem Abend saß ich, bevor ich schlafen ging, mit meinem gewohnten Glas Wein da und ließ den Blick über die Landschaft gleiten, die in das Licht der Abendsonne getaucht war. Hinter mir mampfte Fynn zufrieden; Toby Jug ruhte bequem an meiner Seite. In diesem Augenblick hätte ich mit nichts und niemandem auf der Welt tauschen mögen.

Der Wind hat im freien, wilden Gelände einen ganz eigenen, fast musikalischen Ton; je höher man in die Berge kommt, desto melodischer wird er.

Oben in den Felsen und über dem Heidemoor klingt er wie Violinen, wie ein Streichorchester; in den Tälern, wo er durch das hohe Gras raschelt, ertönt er rhythmischer, temporeicher. Den ganzen dritten Tag lang – es war ein trüber Tag mit schweren grauen Wolken – hörten wir über den Cheviot Hills diese geisterhafte Musik. Das Knirschen und Klingeln des Zaumzeugs meines Pferdes wurden begleitet von einsamen Vogelrufen, von denen viele mir unbekannt waren. In windstillen Phasen war es so still, dass ich mein eigenes Atmen hören konnte und das leise Schnarchen Tobys, der in seinem Sattelkorb schlief.

Kein menschlicher Laut störte den Frieden dieses Tages. Weil wir einfach Kreaturen waren, die harmlos ihres Weges zogen, hoppelte keine drei Meter entfernt ein Hase neben uns her; vermutlich war er neugierig, wer wir wohl waren. Dann stießen wir auf einen Fuchs, der ein Kaninchen verspeiste und uns nur eines flüchtigen Blickes würdigte. Turmfalken, die das Moor nach Nagetieren absuchten, schrien ihr „KiKiKi“, während hoch oben ein Bussard kreiste und uns argwöhnisch beobachtete. Moorhühner liefen durchs Heidekraut und schossen bei unserem Erscheinen seitlich in die Ginsterbüsche.

Es dämmerte schon, als wir ins Lager zurückkehrten. Rasch versorgte ich das Pferd und Toby Jug und aß dann gekochte Bohnen kalt aus der Dose. Es war ein herrlicher Tag gewesen, und ich fühlte mich angenehm müde. Neben mir lag Toby Jug und kuschelte sich an mich. So langsam ging uns der Proviant aus, und mit Bedauern stellte ich fest, dass es Zeit war, das Lager abzubrechen und weiterzuziehen.

Ich kroch früh aus den Federn und verbrachte einen geruhsamen Morgen unter bedecktem Himmel damit, alles für den Rückweg zu verpacken. Fynn begrüßte mich mit lautem Wiehern und holte sich ein paar Streicheleinheiten. Im Lauf unserer Bekanntschaft war sie zusehends freundlicher geworden. Sie hatte ihren Heuvorrat fast aufgebraucht, also musste sie sich für den Rückweg mit Rosskastanien begnügen und dem, was wir sonst so auftreiben konnten. Die Luft roch feucht – früher oder später waren schwere Niederschläge zu erwarten. Ich packte meine Regenhaut aus und befestigte sie hinter dem Sattel.

Toby Jug war ausgelassen wie eh und je, und als ich beobachtete, wie er im kurzen Gras Fliegen zu haschen versuchte, kam ich zu dem Schluss, dass er die Anstrengungen des Campingausflugs mit der für ihn typischen Begeisterungsfähigkeit und Kraft weggesteckt hatte und neue Situationen und Erfahrungen souverän meisterte. Welche Herausforderungen das Leben diesem kleinen Kater auch stellte, stets ging er kräftiger und selbstsicherer daraus hervor. Ich war stolz auf ihn.

Es war fast Mittag, als wir aufbrachen. Wir schlugen einen Weg ein, der uns am Greenside Pike vorbei ins Ingram Valley führte. Eine Zeit lang rannte Toby am Boden mit, ermüdete dann aber rasch und legte den restlichen Weg hoch zu Ross zurück, wobei die untere Körperhälfte im Korb steckte, die obere quer über dem Sattel lag. Beim Abstieg ins Tal galoppierten wir über blühende Wiesen. Einige der Wildblumen kannte ich beim Namen: Wilder Schwarzwurz, Wildgeranie, leuchtend gelbes Schöllkraut.

Im unteren Teil des Tales hielten wir kurz an einem reißenden Bach, der hier einen Teich bildete. Das erwies sich als Fehler. Nachdem ich Fynn abgesattelt hatte, wanderte sie zum Teich, um zu trinken. Ich war abgelenkt, da ich für das Mittagessen eine Bohnenbüchse öffnete. Ein lautes Platschen ließ mich aufblicken: Frohgemut stand Fynn mitten im Teich und wurde von Toby Jug aufmerksam beobachtet. Plötzlich sprang er Fynn nach und wurde beim Auftauchen von der Strömung fortgerissen.

Mit einem Schreckensschrei sprang ich hoch und nahm die Verfolgung auf. Ich versuchte schnell zu laufen, aber während der Tage auf dem Pferderücken waren meine Knie ganz steif geworden; zudem rennt es sich in Reitstiefeln sowieso nicht gut. Verzweifelt suchte ich das Bachbett unterhalb des Teichs ab, konnte aber nichts entdecken. Ich bemühte mich, überall gleichzeitig nachzuschauen. Dann sah ich Toby – eine durchnässte dunkle Gestalt, angeschwemmt an einer Kiesbank. Meine Stiefel von den Füßen zu bekommen, war nicht leicht, doch bald watete ich durch das glitschige Kiesbett und erreichte ihn. Er hustete und spuckte nach seinem Tauchgang noch Wasser und war pudelnass, aber sonst ging es ihm gut.

An Land trocknete ich ihn mit meinem Handtuch ab. Sofort begann er sich zu lecken und zu putzen, um sich wieder landfein zu machen. Fynn – neugierig, was die Aufregung zu bedeuten hatte – kam unterdessen aus dem Teich zu uns herüber, schüttelte sich so, dass das Wasser überallhin spritzte, und brachte es fertig, meine Bohnenbüchse unter ihren Hufen zu zerquetschen. Es war das erste Desaster unseres Ausflugs und hoffentlich auch das letzte.

Nach kurzer Rast, während der die Tiere trockneten und ich den letzten verbleibenden Proviant – eine Tüte Chips – verzehrte, setzten wir den Marsch fort. Im Lauf des Nachmittags zog es sich zu, und schließlich fing es an zu regnen, zuerst leicht, dann in Strömen. In den wenigen Sekunden, die ich brauchte, um die Regenhaut überzuwerfen, war ich bereits durchnässt. Immerhin schützte die Haut auch die Satteltaschen und -körbe; in einem Korb saß ja ein kleinlauter, halb ertrunkener Kater.

Wir ließen das Tal hinter uns und nahmen, wo es ging, die Landstraße, wurden aber mehrfach von Auto fahrenden Grobianen so angehupt, dass wir oft ausweichen mussten. Es war ein trübseliger Ritt, und mit Erleichterung sah ich endlich die düsteren Türme des Klosters Lemmington Hall aus dem Halbdunkel auftauchen.

Die Barmherzigen Schwestern betrieben hier ein Erziehungsheim für Mädchen. Vor einem Jahr hatte ich für das Personal einen Lehrgang abgehalten und erwartete, dass die guten Nonnen sich an mich erinnern und mir Essen und Obdach für die Nacht anbieten würden. Ich ritt zur Rückseite, wo sich, wie ich wusste, ein Torhaus befand. Inzwischen war das Wetter richtig übel geworden, der aufkommende Wind peitschte uns den Regen ins Gesicht. Auf mein Klopfen spähte vorsichtig eine streng aussehende Nonne aus der Tür.

Um sie zu beruhigen, nannte ich meinen Namen und ließ mich der Mutter Oberin empfehlen. Dann erklärte ich meine schwierige Lage und bat um Hilfe. Ohne ein Wort zu sagen, schlug die Nonne die Tür vor mir zu. Mit Fynn am Zügel wartete ich ratlos, während mir der Regen in den Kragen und in die Stiefel lief. Toby Jug begann zu maunzen; wahrscheinlich tropfte es in seinen Korb, sodass er ganz nass wurde. „Gottsjämmerlich“ war für uns an diesem Ort das richtige Wort.

Gerade wollte ich verzweifelt umdrehen und irgendwo im Wald Unterschlupf suchen, da öffnete sich die Tür wieder einen Spaltbreit und eine unsichtbare Person wies mich flüsternd an, zum Haus des Wildhüters zu gehen.

Zweifellos war er durch einen Anruf vom Kloster informiert worden, denn als ich dort ankam, stand der Wildhüter bereits mit Jägermütze in der Haustür und wartete auf mich. Seine massige Gestalt hob sich vor dem erleuchteten Flur ab. Ohne Vorrede führte er mich zu einer Reihe von Schuppen.

„Sie können sich’s im Stall gemütlich machen oder in der alten Pulverkammer. Habe beide aufgeschlossen“, grummelte er schlecht gelaunt.

Als ich mich umdrehte, um mich zu bedanken, war er schon verschwunden. Langsam kam mir das alles nicht mehr ganz geheuer vor, und ich hatte das Gefühl, ich wäre in einem Spukschloss à la Graf Dracula eingekehrt. Hunger und Müdigkeit machten mich benommen, und ich fragte mich, ob der Wildhüter vielleicht Draculas Diener war und ob wir hier lebend wieder herauskommen würden. Dennoch war ich dankbar für das Dach über dem Kopf, so armselig es auch war. Der Stall war kahl, aber trocken. Im Licht der einzigen Glühbirne hob ich den feuchten Toby aus seinem Korb und setzte ihn auf den Steinboden. Rasch befreite ich Fynn von Traglasten und Sattel, machte es ihr so bequem wie möglich und gab ihr die letzten Rosskastanien. An einem Wasserhahn im Hof füllte ich ihr einen Eimer Wasser ab.

Die Pulverkammer bot genauso wenig Komfort wie der Stall, aber ich tröstete mich mit dem Gedanken, dass das allemal besser war, als die Nacht im Wald zu verbringen. Auf einem langen Tisch an der Wand rollte ich den Schlafsack aus und schlüpfte hinein. Im Einschlafen hörte ich die leisen Geräusche, die Toby machte, der sich wieder einmal putzte. Unter dem vergitterten Fenster stand eine Bank, und dort hatte er auf einem zerfledderten Kissen eine warme Bleibe für die Nacht gefunden. Katzen, dachte ich bei mir, entdecken doch immer das beste Plätzchen. Er hob den Kopf, blickte mich an und schlief sofort ein.

Kalt, klamm und steif erwachte ich kurz nach sechs Uhr morgens. Wieder hatte ich eine unruhige Nacht mit allen nur erdenklichen Zipperlein im Rücken und in den Knien verbracht.

„Selbst schuld, ganz allein selbst schuld“, schimpfte ich und beschloss, so früh wie möglich aufzubrechen. Wir befanden uns auf der letzten Etappe – allerspätestens am Abend wollte ich zu Hause sein.

Rasch war Fynn beladen und gesattelt. Toby sträubte sich, in seinen Korb zurückzukehren, ließ sich aber dazu herab, als ich den Boden mit einem trockenen Sweater auslegte. Ich streichelte ihn und sagte ihm leise, dass wir bald zu Hause sein würden, er solle also zu maunzen aufhören und aus der derzeitigen Lage das Beste machen. Ob er das verstand oder nicht, die kleine Rüge muss gewirkt haben, denn auf dem ganzen Weg protestierte er kein einziges Mal.

Ich ließ Fynn im Hof und ging zum Haus des Wildhüters hinüber, um meinem Herbergsvater zu danken. Die obere Hälfte der nach alter Sitte zweigeteilten Tür stand offen, es roch nach Kaffee und Frühstück. Der Wildhüter saß wie das blühende Leben am Küchentisch: Mütze wie gestern, Hosenträger, kragenloses Hemd, die Ärmel aufgerollt, haarige Arme und Hände wie die eines Boxers. Vor ihm stand ein riesiger Teller mit Speck, Eiern, Würstchen und Toast, daneben eine dampfende Tasse Kaffee. Mir lief das Wasser im Mund zusammen, mein Magen knurrte. Seine Frau, eine dünne Person in geblümter Schürze, erblickte mich und kam zur Tür. Ich dankte ihnen und fragte, ob die Übernachtung etwas koste. Der Wildhüter blickte herüber und sagte: „Lassen se für den Jungen, der nach Ihnen sauber macht, ein paar Pfund da.“

Nach den Kosten hatte ich nur im Scherz gefragt, nun wurde ich schamrot und musste in meinen Klamotten nach Geld wühlen. Nachdem ich gezahlt hatte, wollte ich hier nicht länger herumstehen und mich lächerlich machen, deshalb sagte ich schnell auf Wiedersehen. Es kam keine Antwort, und es gab auch kein Wiedersehen.

DER MORGEN war trüb, aber trocken, die Straßen waren nach dem Sturm allerdings noch rutschig und nass. Nachdem wir schon am Vorabend Glanton Pyke und Glanton passiert hatten, hielt ich Ausschau nach der alten Bahnlinie, die hier irgendwo verlaufen musste. Endlich fand ich sie. Um zehn Uhr vormittags erreichten wir die Außenbezirke von Alnwick, nun lag mein Zuhause nur noch fünfzehn Kilometer entfernt. Es hatte weniger lange gedauert als vermutet.

Wir umgingen die Stadt und nahmen einen Saumpfad durch Ländereien, die dem Duke of Northumberland gehörten, jedoch öffentlich zugänglich waren. Auf dem Reitweg am River Aln, mit Alnwick Castle im Hintergrund, kehrten meine Lebensgeister zurück, und ich freute mich auf den Abschluss der Reise. Schon bald überquerten wir die Straße nach Boulmer und folgten weiter dem River Aln, bis wir ihn in Sichtweite von Lesbury und Alnmouth an einer Furt überschritten. Danach führte der Weg ins Landesinnere, und binnen Kurzem passierten wir die Wälder bei Low Buston.

Am frühen Abend sichteten wir die Foxhelliers Farm, was bedeutete, das Owl Cottage nur noch anderthalb Kilometer entfernt lag. Die Reststrecke legten wir in gemütlichem Trott zurück.

Ein beruhigender Anblick erwartete uns, als ich das Tor zur Einfahrt aufschloss: Nichts hatte sich verändert, nur das Gras auf der Wiese war höher geworden, doch das würde Fynn schon wieder zurechtstutzen. Ich führte sie in den Garten und leinte sie an den Ring in der Mauer. Toby Jug sprang aus seinem Korb, raste begeistert durch den Garten und sauste eine Buche zur Hälfte hoch. Wir waren daheim, und wir freuten uns.

Ich schlenderte ins Badezimmer und erlebte den Schock meines Lebens: Plötzlich trat mir die finstere Figur eines Schurken aus einem alten Western entgegen. Erst nach ein paar Sekunden merkte ich, dass es sich um mein eigenes Spiegelbild handelte. Haare wirr, Gesicht schmutzig, Fünftagebart, zerknittertes Holzfällerhemd, schlammbespritzte Jeans, dreckige Stiefel – kein Wunder, dass die Nonne von Lemmington Hall mich nicht eingelassen hatte. Im Halbdunkel musste ich einen schrecklichen Anblick geboten haben.

Zwei Stunden später war Fynn gestriegelt und mit Heu, Wasser und einer Willkommensration Rosskastanien versorgt. Auch Toby Jug war gebürstet worden und hatte eines seiner Lieblingsmenüs bekommen. Die Schreckgestalt aus dem Badezimmerspiegel hatte sich in einen glatt rasierten, sauber geschrubbten und frisch duftenden Menschen verwandelt. Das erste warme Mahl seit Tagen schmeckte köstlich, und ein gutes Glas Wein war die beste Medizin gegen die Zipperlein, die mehrere Tage im Sattel unweigerlich mit sich bringen.

Am flackernden Kamin zog ich Bilanz: Zwar hatte der Ausflug ein bisschen von einem Dummejungenstreich oder einem Schülerabenteuer an sich gehabt, doch insgesamt war er herrlich gewesen, und ich war froh, ihn unternommen zu haben.

Bis zum Ende der Woche hatte ich Fynn zu ihrem Feld in Denwick zurückgebracht und zahlreiche Arbeiten in Haus und Garten erledigt. Alles war wieder normal. Den Rest der Ferien besuchte ich – ich hatte es ja versprochen – Fynn jeden Tag und ritt sie drei- bis viermal die Woche. An den Tagen, an denen ich sie nicht ritt, nahm ich Toby Jug mit; seit dem Campingausflug waren die beiden Tiere noch enger miteinander befreundet. Während ich die Pferdebox und den Wassertrog säuberte sowie Heu heranholte und Fynn grasend übers Feld zog oder dösend unter der Rosskastanie stand, saß Toby Jug oft wie ein Bremer Stadtmusikant auf ihrem Rücken.

In den Tagen nach unserem Cheviot-Hills-Abenteuer wurde mir allmählich bewusst, dass Toby Jug sich verändert hatte. Er sah anders aus, er benahm sich anders … Schließlich kam ich darauf, was es war: Er war kein Kätzchen mehr. Überbehütend, wie ich war, sah ich ihn unbewusst immer noch als schwach und verwundbar an, aber er reifte nun rasch zum erwachsenen Kater heran und zog mit zunehmendem Selbstbewusstsein immer weitere Kreise. Tag für Tag zeigte mir Toby nun, dass er selbstständig geworden war und sich die Freiheit nahm, auch einmal den häuslichen Dunstkreis zu verlassen. Ich erkannte und respektierte es, hörte aber nicht auf, mir Sorgen zu machen, und hatte ein banges Vorgefühl. Bei zwei Gelegenheiten bewahrheitete es sich. Einer dieser Vorfälle blieb mir noch lange Zeit schmerzhaft im Gedächtnis.

Herbst

Der 5. November, der Guy-Fawkes-Tag, begann mit einem wunderbar frischen Morgen. Nach der Fütterung ließ ich Toby Jug zu seinem Morgenspaziergang hinaus. An diesem Tag arbeitete ich zu Hause an einem Artikel, den ich unbedingt noch fristgerecht fertigstellen musste. Hin und wieder warf ich einen Blick auf Toby, der im Garten fröhlich in den Laubhäufchen spielte, die der aufkommende Wind zusammengetrieben hatte.

Gegen halb fünf am Nachmittag ging im Dorf die übliche Knallerei los, mit der dieser Tag traditionell gefeiert wird. Toby Jug hatte noch nie ein Feuerwerk erlebt, und ich war sicher, dass es ihn erschrecken würde, deswegen ging ich in den Garten und rief ihn. Normalerweise kam er sofort auf mich zugeschossen, zumal wenn es wie jetzt Zeit für seine Abendfütterung war. Heute aber war trotz meiner Pfiffe und Rufe nichts von ihm zu sehen oder zu hören. Ich ging ins Haus zurück und vermutete, dass er bald auftauchen und laut miauen würde, damit ich die Tür aufmachte.

Es wurde dunkel, meine Angst wuchs. Nun begann ich ernsthaft nach ihm zu suchen, auch im Schuppen, zu dem er Zugang hatte, wenn ich nicht daheim war.

Da erschien ein Nachbar, rotgesichtig und wütend, an meinem Gartentor. „Wissen Sie", rief er, „ein paar Bengel haben Feuerwerkskörper in einen Garten geworfen und irgendein Tier auf einen Baum gescheucht, Eichhörnchen oder Katze. Als ich ihnen sagte, sie sollten das lassen, haben sie einen Knaller auf meinen Hund geworfen. Diese Flegel! Denen würde ich gern kräftig was auf den Hosenboden geben."

Sprach's und schritt ärgerlich mit dem Gehstock auf den Boden stoßend davon, ohne auf eine Antwort zu warten.

Mein Blut gefror bei dem Gedanken, es könnte Toby Jug sein, den man auf den Baum gejagt hatte.

Ich rannte die Dorfstraße hinunter und stieß auf einen Haufen halbwüchsiger Rowdys. Angestachelt durch die Rufe der anderen, balancierte einer von ihnen auf einer Mauer und warf in einer Ecke des alten Pfarrgartens Feuerwerkskörper in die höheren Äste einer Eiche.

„Schnapp sie dir, wenn sie abstürzt!", rief ein anderer aus dem Trupp, gerade als ich atemlos und wutentbrannt eintraf. Ich weiß nicht mehr, was ich ihnen zurief, ich weiß nur noch, dass ich mich zwischen sie warf, den großen Kerl auf der Mauer nach hinten in den Garten stieß und wie ein gereizter Bär auf die Gruppe losgehen wollte. Was sie einem unschuldigen Tier antaten, erfüllte mich mit großem Zorn, insbesondere da es sich vielleicht um Toby Jug handelte. Natürlich ergriffen sie die Flucht. Zitternd vor Entrüstung lehnte ich mich eine Zeit lang an die Mauer. Aggressive Konfrontationen war ich nicht gewohnt. Als ich mich beruhigt hatte, wandte ich mich dem Baum zu und spähte in seine Krone hinauf, entdeckte aber nichts außer krummen Ästen und Herbstlaub, das noch nicht abgefallen war.

Da lief eine Frau, die mich erkannt hatte, über die Straße in meine Richtung. Sie rief mir zu, die Jugendlichen hätten sie in Angst versetzt und Kracher in ihre Einfahrt geworfen; sie habe die Polizei angerufen. Ich hätte genau das Richtige getan, und sie hoffe, das Tierchen befinde sich noch auf dem Baum. Sie und ihr Mann Andy hätten es entdeckt – eine schwarze Katze mit weißen Pfoten, die sich vor den Jungs auf den Baum geflüchtet habe.

Meine schlimmsten Ängste bestätigten sich. Es musste Toby Jug sein. Verzweifelt kletterte ich auf die Mauer und rief ihn leise. Da erschien Andy und erbot sich, seine Leiter zu bringen, damit ich nachsehen konnte. Dankbar nahm ich sein Angebot an. Während er die Leiter holte, berichtete die Frau, die sich mir als Jenny Croger vorstellte, weitere Einzelheiten, die mich überzeugten, dass es sich um Toby Jug handelte. Die Jungs hatten ihn auf den Baum gescheucht und gerade durch Terror wieder herunterholen wollen, als ich dazwischengetreten war.

„Der kommt nicht wieder herunter!“, sagte sie. „Nicht bei dem Krach hier.“

Mit dem Kopf deutete sie auf den Himmel über den Baumkronen, den in Abständen flammende und knallende Raketen erhellten. „Ich hab schon erlebt, dass Katzen tagelang auf Bäumen blieben“, fügte sie hinzu, während Andy und ich die Leiter über die Mauer hievten und an den Stamm lehnten.

Andy hielt die Leiter fest, während Jenny mit gekreuzten Armen argwöhnisch den Kopf schüttelte. Ich raffte mich auf und begann in die Krone der stattlichen Eiche hinaufzuklettern, die in tiefe Schatten gehüllt war. Wie schon einmal bemerkt, bin ich nicht ganz frei von Höhenangst.

„Passen Sie auf, dass Sie nicht abstürzen!“, rief Jenny, was mich nicht gerade beruhigte.

Schließlich erreichte ich mit zunehmendem Zittern und Bangen das obere Leiterende und klammerte mich an einen dicken Ast. Im Halbdunkel des Laubdaches konnte ich nichts erkennen. Von unten bombardierten mich Andy und Jenny unablässig mit der Frage, ob ich denn endlich etwas gefunden hätte. Dann bat Andy Jenny, ins Haus zu gehen und eine Taschenlampe zu holen. Das wa eine glänzende Idee; warum war ich nicht selbst darauf gekommen?

In diesem Augenblick ließ Toby Jug ein lautes, herzzerreißendes Miauen ertönen und erschien auf einem Ast über mir, der sich knapp außerhalb meiner Reichweite befand.

Mehrmals rief ich ihn und redete ihm zu herunterzukommen, aber er lag voller Angst platt auf dem Ast und starrte mich nur an. Mit einem Fuß auf der obersten Sprosse schob ich mich noch ein Stückchen höher, warf mich verzweifelt nach vorn, schnappte Toby am Nackenfell und zog ihn zu mir heran. Sofort grub er die Krallen in meinen Sweater und klammerte sich an mich, als ginge es um sein Leben. Hätte Andy nicht die Leiter festgehalten, wäre ich abgestürzt. Sprosse um Sprosse, mit zitternden Knien, aber triumphierend, tastete ich mich abwärts und erreichte schließlich den Boden. In diesem Augenblick erschien die atemlose Jenny mit der Taschenlampe. Wortreich dankte ich den beiden für ihre Hilfe und eilte in mein Haus zurück, auf den Armen den schockierten und zitternden Toby.

Im Wohnzimmer entspannte ich mich mit einem – wie mir schien – wohlverdienten Glas Brandy, doch Toby Jug wurde die Angst nicht los. Er verweigerte seine Milch, er verweigerte sein Futter, er wollte sich nur an mich kuscheln und hörte nicht auf zu zittern. Ich streichelte und tröstete ihn, so gut ich konnte, aber das Knallen der Raketen und Kracher durchdrang selbst unsere dicken Hausmauern. Zwei Tage brauchte Toby, um sich einigermaßen zu beruhigen, den Umkreis des Hauses verließ er vorerst nicht mehr.

Vom Schrecken dieser Nacht hat sich Toby Jug nie mehr ganz erholt. Schon die Fehlzündung eines Motorrades konnte ihm fortan höllische Angst einjagen. Ich habe gehört, dass Hunde und Pferde ähnlich traumatisiert werden können.

Später im Herbst, als das Laub der Bäume in den prächtigsten Farben leuchtete, gewann Toby Jug allmählich sein vorwitziges und fröhliches Wesen zurück.

Eines wunderschönen Morgens saß ich mit meinem Becher Tee im Garten, sog die Luft ein und dachte darüber nach, dass der Herbst meine Lieblingsjahreszeit ist, weil er zum Nachdenken und zur Meditation anregt. Ich schaute zu, wie die Morgensonne schräg durch die Bäume schien und das vom Tau feuchte Gras in einen Silberteppich verwandelte. Die Mehlschwalben machten sich bereit für ihren Zug nach Süden, indem sie über meiner Terrasse das Starten und Landen übten und so die Flügel kräftigten. Toby

Jugs Aufmerksamkeit wurde unterdessen von einem Schwarm vielfarbiger Schmetterlinge gefangen genommen.

Am Vormittag spazierte ich auf einem dick von zimtfarbenem Laub bedeckten Waldweg zu einem kleinen See, wo zu dieser Jahreszeit große Tannenzapfen in Mengen zu finden waren. Im offenen Feuer duften sie außerordentlich angenehm nach Kiefernnadeln, und ihr Aroma erfüllt tagelang das Haus. Außerdem wollte ich Brombeeren pflücken und hatte zu diesem Zweck einen Eimer mitgenommen.

Toby Jug, der immer noch unter dem Einfluss seines Feuerwerkstraumas stand, war anfangs etwas nervös, begann dann aber auf die Walddüfte und -geräusche zu reagieren, lief hierhin und dorthin, beschnüffelte Laubhäufchen und griff sie zum Schein an. Als wir uns dem See näherten, dessen Ufer an diesem Tag in besonders schönen Herbstfarben dalag, überraschte uns mächtiges Flügelgeflatter: Die Wildenten, die dort wohnten, stoben erschrocken davon. Der Lärm machte Toby sichtlich zu schaffen, er erstarrte vor Schreck. Ich fragte mich, warum die Enten so panisch das Weite gesucht hatten.

Es hatte sich hier immer um ein unberührtes Naturrefugium gehandelt, doch nun musste ich feststellen, dass an einige der schönen alten Bäume Markierungstafeln genagelt waren: DURCHGANG VERBOTEN – PRIVATGELÄNDE – BETRETEN BEI STRAFE UNTERSAGT – PRIVATES JAGDREVIER.

Angeekelt entdeckte ich am Boden einige leere Schrotpatronen und erkannte mit äußerstem Unbehagen, warum die Enten bei unserer Annäherung geflohen waren und warum ich nie wieder hierherkommen konnte. Ich kehrte um; meine Hoffnungen auf einen schönen Nachmittag, an dem ich Tannenzapfen und Brombeeren sammeln wollte, hatten sich in Nichts aufgelöst. Die Art, wie manche Leute unsere Natur missbrauchen, die meiner Meinung nach der Allgemeinheit gehört, ließ Übelkeit in mir aufsteigen. Auf dem gesamten Heimweg schimpfte ich vor mich hin. Toby, der sich bemühte, mit meinem Sturmschritt mitzuhalten, lief neben mir her und warf mir fragende Blicke zu, nachdem er sich auf meine veränderte Stimmung eingestellt hatte. Später erfuhr ich, dass der See und der umliegende Wald von einem Immobilienlöwen erworben worden waren, der beides an Jagdgesellschaften verpachtet hatte.

Einige Zeit danach hörte ich mit Genugtuung, dass die Enten den See verlassen hatten und stattdessen flussaufwärts nisteten.

In den Semesterferien nahm ich mir einige Arbeiten vor, die erledigt werden mussten. Es war Zeit, die Kartoffeln auszugraben, die ich im Gemüsegarten gezogen hatte. Einen Teil davon wollte ich zusammen mit anderem Gemüse der St. Michael's Church für ihren Erntedankgottesdienst stiften.

Ich nutzte eine Periode mit trockenem Wetter und begann mit der Ernte. Es war ein goldener Herbsttag mit Sonne und lauem Lüftchen, eben klassischer Altweibersommer. Toby blieb mir wie üblich auf den Fersen, wollte mitmischen und beschnüffelte neugierig alles, was ich aus der Erde holte.

Im Lauf des Tages wurde es wärmer, und ich begann zu schwitzen. Auf den Spaten gestützt beschloss ich, mich meines T-Shirts zu entledigen. Als ich mich umdrehte, sah ich zu meinem Erstaunen Toby Jug im Kartoffeleimer sitzen – bis zum Hals im Wasser! Ich war fassungslos. Ich hatte gedacht, Katzen gingen partout nie freiwillig ins Wasser. Vielleicht war ihm die Hitze zu viel geworden, jedenfalls hatte er beschlossen, ein Bad zu nehmen. Immer noch machte ich neue Erfahrungen mit meinem Kater.

Gegen Ende der Woche kaufte ich fürs Dach Isoliermaterial aus Glasfasern. Nach einem kalten Morgen, an dem das sonnige Wetter der Vorwoche nur noch eine ferne Erinnerung war und die Natur Atem holte, um Sturm und Regen zu schicken, öffnete ich die Luke zum Dachboden und begann mit der ermüdenden und schwierigen Verlegung der Rollen.

Toby Jug bestand darauf, mit mir zusammen die Leiter zum Dachboden zu erklimmen. Ich hatte nicht geglaubt, dass Katzen Leitern hochklettern können. Während ich das unangenehme Material verlegte, das die Haut meiner Knie und Hände reizte und dem Toby Jug – nach einer einzigen Begegnung – konsequent aus dem Weg ging, ließ ich ihn herumstöbern.

Plötzlich entstand ein Tumult: Toby Jug scheuchte eine Fledermaus auf, die irgendwo in den Dachsparren Winterschlaf gehalten hatte. Er war drauf und dran, sie zu fangen, doch ich packte ihn gerade noch mit einem verzweifelten Satz am Schwanz, ehe er zum Todessprung ansetzen konnte. Ich zerrte ihn aus der Ecke des Dachbodens heraus. Dabei schlug er die Krallen in ein mit altmodischem Bindfaden verschnürtes Bündel und zog es mit nach vorn. Es war mit Spinnweben und Staub bedeckt und hatte wohl seit langer Zeit kein Tageslicht mehr gesehen. Mit einem mahnenden Klaps auf den Rücken schickte ich Toby Jug die Leiter hinunter. Dank meines lebensrettenden Sprungs war die Fledermaus unverletzt entkommen, dafür war nun mein ganzer Körper mit Glasfasern übersät. Überall juckte es! Ich hastete die

Leiter hinunter und wechselte die Kleider. Auf dem Weg ins Bad sah ich Toby in Treppennähe auf einem Fensterbrett sitzen; er drehte mir betont den Rücken zu, um mir zu zeigen, dass er beleidigt war.

Nach dem Duschen ging ich zu ihm. Er saß am Küchenfenster, die Augen auf den Vogelfutterplatz gerichtet, und zischelte vor Wut über die Blaumeisen und Buchfinken, die da ein und aus flogen. Er war eindeutig verärgert, weil ich ihm einen Klaps gegeben hatte und er nicht wusste, warum. Ich hatte seine Gefühle verletzt. Er wollte mich nicht ansehen. Als Finderlohn und Versöhnungsgeste öffnete ich ihm eine kleine Dose Räucherlachs zum Tee. Toby Jug nahm mein Friedensangebot an, und unsere gute Beziehung war wiederhergestellt.

Später – nachdem ich die Dachisolierung, um meine Haut zu schützen, im doppelten Tempo fertiggestellt hatte – erinnerte ich mich wieder an das von Toby Jug ausgegrabene Bündel. Ich holte es, trug es ins Erdgeschoss und wickelte es auf dem Küchentisch aus. Zu meiner großen Überraschung enthielt es eine altmodische Schrotflinte, die noch der Schwarzpulverzeit entstammte. Es war eine schöne Waffe mit rötlichem Nussbaumschaft und einem Ladestock unter dem Lauf. Wo der Schaft in den Lauf überging, stand in Silber eingelegt der Name „Braithwaite“. Ich nahm mir vor, über Tobys Fund Näheres in Erfahrung zu bringen.

Nachforschungen in der Stadtbücherei Newcastle ergaben, dass die Waffe zwischen 1770 und 1810 hergestellt worden war. Bei weiteren Ermittlungen stellte sich heraus, dass die Gegend, in der mein Haus liegt, um 1830 von einem Gutsherrn regiert wurde, der das Land vom Duke of Northumberland gepachtet hatte. Er verpachtete es seinerseits an kleinere Pächter, die zur Feldbestellung und zum Viehhüten Landarbeiter beschäftigten. Diese Arbeiter und ihre Familien wohnten, solange ihr Arbeitsverhältnis andauerte, in ihnen zugewiesenen Häusern. Zwar hasse ich die Sportjagd, aber ich kann verstehen, dass diese verarmten Landarbeiter gezwungen waren, Wild und Wildvögel zu töten, um den mageren Speisezettel ihrer Familie aufzubessern; das kann man ihnen nicht vorwerfen. Wurden sie ertappt, drohten ihnen drakonische Strafen vonseiten der despotischen Landbesitzer, die oft zugleich richterliche Gewalt ausübten. Wer damals in Owl Cottage lebte, hielt wohlweislich seine Schrotflinte gut versteckt, um der Strafverfolgung und dem Verlust von Verdienst und Obdach zu entgehen.

Im letzten Jahrhundert muss diese Gegend sehr wildreich und damit ein Wildererparadies gewesen sein. Noch immer gibt es im River Coquet viele Fische, doch das Angeln steht heute unter strikter Aufsicht der Anglervereinigung, die eigene Kontrolleure beschäftigt. Von der alten Steinbrücke in Felton, einen Steinwurf von meinem Haus entfernt, sieht man Lachse, Meer- und Bachforellen friedlich flussaufwärts ziehen. Auf den nahen Feldern wimmelt es von Hasen und Kaninchen, sie waren schon immer eine beliebte Beute für ortsansässige und wandernde Wilderer. Abends oder in der frühen Morgendämmerung sichtete ich an waldigen Partien des Flussufers oft Rehe.

Was die Flinte betraf, hängte ich sie als reizvolle historische Dekoration an den Balken über dem Kamin. Wann immer ich sie ansah, erinnerte sie mich an die Menschen, die hier, innerhalb der Mauern meines Hauses, ein ganz anderes Leben geführt hatten als ich und die sich an demselben Kamin gewärmt hatten, vor dem Toby Jug und ich viele glückliche Stunden verbrachten.

Einige Tage nachdem wir die Flinte gefunden hatten, verschwand Toby Jug. Als ich abends vom College zurückkehrte, war er nirgends zu finden. Ich konnte weder meinen Tee trinken noch entspannen und suchte alles ab. Im Lauf des Abends steigerte sich meine Sorge zu nagender Angst.

Mit der Taschenlampe machte ich mich in der Finsternis noch einmal auf und suchte auf den Feldern und im Unterholz rund um mein Haus. Ich klopfte an die Türen der Nachbarn und bat darum, Schuppen und Garagen durchstöbern zu dürfen. Am Ende der Odyssee landete ich, erschöpft und erschossen, im Dorfpub Northumberland Arms.

Keiner der versammelten Gäste hatte irgendetwas von einer vermissten schwarz-weißen Katze gehört, aber man kramte sofort Geschichten von verschwundenen und nie wieder aufgetauchten Haustieren hervor. Panik erfasste mich, und der Wirt, der meine Verzweiflung spürte, versuchte mich mit einem Whisky, der auf Rechnung des Hauses ging, zu trösten. Das Kneipengespräch wandte sich wieder alltäglicheren Ereignissen zu, und ich blieb allein und bedrückt am Ende der Theke sitzen.

Plötzlich fing ich eine Bemerkung vom anderen Ende der Theke auf. Danach hatte heute Morgen hier eine Fuchsjagd stattgefunden, und mehrere Füchse waren von der Hundemeute in den umliegenden Ländereien zur Strecke gebracht worden. Als ich voller Angst fragte, ob diese Foxhounds auch Katzen angriffen, senkte man die Augen.

„Ich hab erlebt, wie Hunde, die Witterung aufgenommen hatten, alles angingen, was ihnen in den Weg lief. Einmal haben sie einen Hütehund attackiert, der ihnen in die Quere kam, der musste eingeschläfert werden", erzählte Les, ein ehemaliger Wildhüter.

Bestürzt machte ich, dass ich nach Hause kam. Immer noch war kein Zeichen von Toby zu sehen. Zu müde, um weiterzusuchen, bettete ich mich aufs Sofa im Wohnzimmer und fiel in einen unruhigen Schlaf.

Der Morgen brachte keine neue Entwicklung. Schweren Herzens fuhr ich zur Arbeit.

Abends auf dem Heimweg hinterließ ich in der Post und im Dorfladen Aushänge, auf denen ich allen eine Belohnung versprach, die mir Hinweise auf meine Katze lieferten. Jedes Mal wenn ich Tobys Futternäpfe und seinen Korb sah, durchströmte mich die unbegründete Hoffnung, dass er lebendig zurückkehren würde, wenn ich seine Sachen aufbewahrte. Vor dem Zubettgehen suchte ich ihn noch einmal, und auch als ich nach schlechter Nacht aufgestanden war. Nichts. Er fehlte mir fürchterlich.

Auf dem Weg zur Arbeit holte ich mir im Laden die Zeitung. Helen, die Dame hinter dem Tresen, rief mich zurück. „Betty Green hat Sie gestern zu erreichen versucht, hat aber nicht gesagt, warum. Ich soll Ihnen ausrichten, dass Sie sie unbedingt zurückrufen sollen."

Mein Herz machte einen Sprung. Betty, eine Bäuerin, wohnte auf der nahen Oak Grove Farm. Wie sehr hoffte ich, dass sie von Toby Jug gehört hatte! Eilends fuhr ich zur Neunuhrvorlesung zum College. Nun hatte ich erst einmal längere Zeit keine Möglichkeit, sie zurückzurufen.

Erst gegen Mittag konnte ich mich von meinen Kursen freimachen und die Nummer wählen, die mir Betty freundlicherweise auf die Titelseite meiner *Times* geschrieben hatte. Niemand hob ab, obwohl ich es mehrmals versuchte. Am Nachmittag gab es eine Vollversammlung der Lehrkräfte, an der ich teilnehmen musste. Erst um 17.30 Uhr konnte ich einen erneuten Versuch bei Betty starten. Ich war nervös und angespannt.

Diesmal hob sofort jemand ab.

„Da bin ich aber froh, dass Sie angerufen haben", sagte Betty mit ihrem weichen schottischen Akzent. „Ich hab Ihren Anschlag auf der Post gesehen und dachte mir, es könnte mit dem Findelkätzchen aus unserem Kuhstall zusammenhängen."

„Welche Farbe hat es denn?", fragte ich mit einem Kloß im Hals.

„Das ist schwer zu sagen, weil's über und über mit Schlamm bedeckt ist, aber nach dem, was man erkennen kann, scheint es ein schwarz-weißes Gesicht zu haben. Man kommt schwer an das Tier heran, weil's so verängstigt ist. Kommen Sie doch mal rüber und schauen Sie selbst."

Ich sagte ihr, dass ich das so bald wie möglich tun würde. Mit neuer Hoffnung und Herzklopfen machte ich mich auf den Weg zur Farm.

Als ich auf ihren Bauernhof einbog, warteten Betty und Joe Green schon auf mich. Beim Anblick und beim Geräusch meines Wagens erhoben die beiden Hütehunde ein furchtbares Gebell, das sich aber auf einen Befehl von Joe sofort in freundliches Schwanzwedeln verwandelte. Es wurde schon dunkel, doch ich sah, dass Betty eine große Stablampe in der Hand hielt.

„Da drüben, im Kuhstall“, sagte Joe und befahl den Hunden, sich hinzulegen.

Im Stall begrüßte mich strenger Tiergeruch. Betty leuchtete mit der Lampe, aber auf dem gefliesten Boden waren erst einmal nur Schlammklumpen und von Kuhdung verschmutztes Stroh zu sehen.

„Dort in der Ecke.“ Betty deutete hinüber, während Joe zurückblieb und sich die Pfeife stopfte.

Ich bückte mich unter einem dicken Balken hindurch und spähte in besagte Ecke. Da sah ich ihn! Es war Toby Jug. Dreckig und zerzaust lag er da, ganz der verlassene Obdachlose, und blinzelte mit grünen Augen in das blendende Licht.

Ich war ungeheuer erleichtert.

„Ist es Ihre?“, fragte Betty.

„Ja!“, keuchte ich und hob ihn hoch. Tränen stiegen mir in die Augen, als ich ihn an meine Brust drückte. „Ja, aber ja, es ist mein Kater. Herzlichen Dank an Sie beide!“, stotterte ich.

Betty bestand darauf, mich im Farmhaus mit einem warmen Getränk und einem kleinen Imbiss zu bewirten. Ich wollte Toby Jug in den Wagen setzen und warten lassen, aber das lehnte Betty strikt ab. „Bringen Sie ihn in die Küche, dann mache ich den Kleinen sauber. In diesem Zustand nehmen Sie ihn nicht mit nach Hause“, sagte sie bestimmt.

Joe und ich setzten uns in die Küche, tranken dampfend heiße Schokolade und verzehrten selbst gebackenen Apfelkuchen mit Zimt. Inzwischen wusch Betty Toby Jug in einer Wanne, die sie normalerweise für ihre Hunde verwendete. Große, aber sanfte Hände, die schon manches Lamm und manches Kalb auf die Welt gebracht hatten, reinigten und streichelten meinen leidgeprüften Toby wie ein Baby. Er lag ganz still und ergeben da und warf kleine Seitenblicke auf mich, während Betty ihre Wellnessbehandlung machte und Joe und ich aßen und uns unterhielten.

Toby war am Tag nach der Fuchsjagd gefunden worden, Joe hatte ihn zuerst bemerkt. Sie besaßen einen riesigen schwarzen Kater, Black Bob, der sich brennend für etwas interessierte, das sich in der Ecke des Kuhstalls verbarg. Erst dachte Joe, es müsse sich um eine Ratte handeln, dann sah er, dass Black Bob in Wirklichkeit eine schlammverkrustete kleine Katze leckte und putzte, die halb tot aussah. Das Erstaunliche daran war laut Joe, dass Black Bob normalerweise jede Katze attackierte und verjagte, die sich in sein Revier wagte.

„Mit Ausnahme der grauen Katze im letzten Herbst“, warf Betty ein. „Mit der ist er tagelang herumgerannt.“

„Ja, das war aber etwas anderes“, entgegnete Joe. „Sie haben sich gepaart. Black Bob ist ein Schürzenjäger, wie er im Buche steht.“ Er kicherte beim Gedanken an die Mannbarkeit seines Katers. „An manchen Abenden konnte ich die Katze bei der Paarung miauen hören, irgendwann ist sie dann verschwunden.“

Mir dämmerte, dass ich hier vielleicht das letzte Puzzlestückchen in der Hand hielt, um das Ahnenrätsel meines Katers zu lösen. Ja, es passte alles zusammen. Ich musterte den stattlichen, schlanken Black Bob, der hingestreckt vor dem Herd lag. War er vielleicht Tobys Vater? Das würde erklären, warum er Toby nicht als Eindringling in seinem Revier angegriffen hatte. Irgendwie – durch innere Eingebung, wie sie nur Katzen besitzen – hatte er erkannt, dass er seinen eigenen Nachwuchs vor sich hatte.

Während ich meinen Gedanken nachhing, erzählte Joe weiter. Mehrmals hatten er und Betty versucht, Toby zu fangen, um festzustellen, was ihm fehlte. Da Toby aber eine Höllenangst hatte, war es ihnen nicht gelungen. Joe vermutete, Toby sei der Hundemeute bei der Jagd in die Quere gekommen und habe sich auf die Farm geflüchtet – mitten durch den Schlammtümpel am Ende eines Feldes, das vor dem Bauernhof lag.

Ich erzählte den beiden Tobys Geschichte.

„Ich wusste, dass diese silbergraue Katze etwas Besonderes an sich hatte“, antwortete Joe. „Ich hätte schwören können, dass es keine einheimische Katze war.“

Längst war es nach Mitternacht, und wir waren alle hundemüde. Toby Jug schlief trocken und zusammengerollt neben Black Bob.

Als wir beide die Oak Grove Farm verließen, wusste ich, dass dies in mehr als einer Hinsicht eine bedeutsame Begegnung gewesen war. Toby Jug wirkte äußerlich unversehrt, doch mir war klar, dass seine seelischen Blessuren erst nach einiger Zeit verheilen würden.

In dieser Nacht schlief ich wieder besser, wachte jedoch in Abständen auf und vergewisserte mich, dass Toby tatsächlich am Fußende meines Bettes lag und dies kein Traum war. „Wie viele Leben hast du denn noch?“, fragte ich ihn in den Folgetagen. Doch da kletterte er schon wieder auf Bäume, um Insekten zu jagen. Herrlich, dass er wieder da war!

BALD LIEFEN DIE WEIHNACHTSVORBEREITUNGEN auf vollen Touren. Am College gab es Konzerte zum Semesterabschluss, in Alnwick probten die Kirchengemeinden für ihre Gottesdienste. In den Läden wurde Festdekoration angebracht, und zum ersten Mal hatte der Duke of Northumberland die Erlaubnis gegeben, auf dem Bondgate Tower einen Weihnachtsmann aus Neon samt Schlitten und Rentieren leuchten zu lassen. Bei eiskaltem Wetter herrschte eine richtige Feststimmung in der Stadt.

Die Weihnachtszeit hat für mich immer etwas besonders Heimeliges, das auch mein Alter und der schlimmste Weihnachtskonsum nicht trüben können. Bilder aus der Kindheit vom Christfest, die Geburtsgeschichte Jesu, aufregende Erzählungen vom Nikolaus, Bescherungen mit ersehnten Geschenken, das alles bleibt uns ein Leben lang in Erinnerung. Glänzende Augen unterm Lichterbaum, Festschmaus, Süßigkeiten und Weihnachtsgans versetzen uns in die Kindheit zurück, und genauso gespannt wie damals freuen wir uns auf Heiligabend.

Dieses Jahr musste das Fest auf Owl Cottage ganz besonders gefeiert werden, weil es Tobys erstes Weihnachten war und er bald ein Jahr alt wurde. Als ich an einem trüben und nassen Sonntagnachmittag voller Vorfreude den Baum schmückte, gesellte er sich neugierig zu mir.

Die bunten Kugeln und das Lametta begeisterten ihn, und ich musste ihn mehrmals davon abhalten, nach dem Baumschmuck zu springen. Sein Enthusiasmus nahm den Weihnachtsvorbereitungen in diesem Jahr den Stress und ließ eine gemeinsame Vorfreude aufkommen. War er bei mir, gab es nie einen langweiligen Moment.

Ich pflege eine Weihnachtstradition, die aus meiner Kindheit stammt. Als meine Familie am Axwell Park in der Nähe von Blaydon-on-Tyne wohnte, gingen meine Schwestern und ich am Weihnachtstag nach dem Gottesdienst und der Bescherung zum Parkteich und fütterten die Schwäne. Da standen wir drei dann im Gras, das mit Raureif überzogen war, hinter uns die kahlen Silhouetten der vom Nebel umwallten Bäume. Die beißende Kälte drang unter unsere Kleidung und schnitt in Hände und Ohren. Waren es sehr kalte Wintertage, mussten wir zur Fütterung das Eis am Ufer aufbrechen. Wenn die Schwäne uns mit unseren Brotresten sahen, flatterten oder schlitterten sie dankbar übers Eis; manchmal kamen sie sogar aus dem Wasser und fraßen aus der Hand. Es war eine seltene Erfahrung, den Wildvögeln so nahe zu sein. Und dann die Heimkehr, unsere Geschenke, das Festmahl mit dem gefüllten Truthahn. Diese Bilder gehen mir zum Fest immer durch den Kopf. All das gehört für mich zu den gehüteten Erinnerungsschätzen meiner Kindheit.

Seither mache ich zu Weihnachten, wann immer ich kann, frühmorgens einen Spaziergang zu einem See und nehme Brot mit, um Enten und Schwäne zu füttern. Es ist zugleich eine mit schönen Erinnerungen verbundene Tradition und eine symbolische Gabe an Natur und Tierwelt. Seit ich in Owl Cottage wohnte, hatte ich dieses Ritual am hiesigen Teich pflegen können, der gleich hinter der St. Michael's Church lag.

In jenem Jahr gab es vor allem aufgrund der Katze in meinem Leben vieles, wofür ich dankbar sein musste, und ich wollte dieses Christfest besonders denkwürdig gestalten. Deshalb schwang ich mich ganz früh am Morgen aus dem Bett. Toby war allerdings schon vor mir aufgestanden und suchte im Haus einen seiner roten Bälle …

Draußen war es noch dunkel, und obwohl die Fenster dick vereist waren, hatte Toby sich nicht die Mühe gemacht, sie blank zu lecken, wie er es sonst immer tat, um hinausschauen zu können. Als ich mir den Morgenmantel anzog, kam er zu mir, und wir gingen gemeinsam nach unten.

Ich bemühte mich, das Feuer anzumachen, während Toby mich ständig mit dem Kopf am Knie knuffte, um mich an sein Frühstück zu erinnern. Normalerweise fütterte ich ihn immer zuerst, aber heute war das anders, er musste sich mit einer Schale Milch und einer kleinen Portion Trockenfutter zufriedengeben. Der Grund war, dass mittags noch Platz für den Truthahnbraten sein sollte, aber das konnte er nicht wissen. Das morgendliche Fasten ging ihm gewaltig gegen den Strich, und er schlich unablässig hinter mir her und schlängelte sich durch meine Beine. Mehrfach wäre ich fast über ihn gestolpert.

Nachdem ich das Feuer in Gang gebracht und ein paar Schluck heißen Tee getrunken hatte, machte ich, obwohl es noch dunkel war, den Wagen startklar, denn es gab viel zu tun. Zum nahen See im Wald konnte ich nicht mehr, weil es dort keine Enten mehr gab; deshalb fuhren Toby Jug und ich zum mehrere Kilometer entfernten Bolam Lake, der tief in den Rothbury Hills lag.

Ich fahre gern auf Landstraßen, wenn keine Menschenseele unterwegs ist; an diesem Morgen war unser Wagen der erste, der Spuren auf der mit Reif bedeckten Straße hinterließ. Toby saß auf dem Beifahrersitz, ganz hinten an der Rückenlehne, und blickte starr nach vorn. Vermutlich war er gespannt, wohin es in dieser ungewöhnlich frühen Morgenstunde gehen mochte.

Als wir uns dem See näherten, hellte sich der bleierne und finstere Himmel etwas auf, es blieb aber bewölkt. Zwischen zwei dicken Eichen, die am

Wasser standen, parkte ich den Wagen. Im ersten orangefarbenen Morgenlicht zeichneten sich vor dem gefrorenen See dunkle Weiden ab. Der See selbst blieb verborgen unter langen Dunstschleiern, die sich über seine Oberfläche zogen.

Ich nahm eine Tüte Brotabfälle aus dem Kofferraum und schlenderte zum Ufer. Meine Stiefel knirschten auf dem gefrorenen Laubteppich. Toby Jug blieb mir dicht auf den Fersen und warf mir ab und an Blicke zu, wobei seine grünen Augen das erste Licht widerspiegelten. Die Nase streckte er witternd in die Luft, um die Düfte der neuen Örtlichkeit einzusaugen. Er liebte neue Erlebnisse ebenso sehr wie ich und hatte nicht die mindeste Angst, solange wir zusammenblieben.

Wie ich gehofft hatte, waren die Schwäne und Enten da. Geisterhaft schoben sie sich durch den Nebel näher, um das Futter aufzupicken, das ich ihnen zuwarf. Toby und die Enten beäugten sich misstrauisch. Als sie herankamen, zog er sich an meine Seite zurück, während bei ihnen der Hunger über alle Vorbehalte, die sie gegenüber Katzen haben mochten, siegte. Die Schwäne kamen gar nicht erst aus dem Wasser, sondern reckten mir nur die schlanken Hälse entgegen. Während sie majestätisch heranglitten, sprang Toby auf meine Schulter und starrte sie ehrfürchtig an. So große Vögel hatte er noch nie gesehen.

Als ich die letzten Krümel aus der Tüte schüttelte, fiel mir plötzlich auf, dass ich zitterte. Ich blickte zu Toby und sah, dass er sich gegen die Kälte gehörig aufgeplustert hatte. Die Stille des ersten Morgens wich einem Wind, der auf dem See kleine Wellen schlug und durchs Federkleid der Enten fuhr. Es war Zeit, den Schwänen frohe Weihnachten und ein gutes neues Jahr zu wünschen und heimzukehren. Wir eilten zurück zum warmen Auto. Die gute Tat war getan, die Familientradition gewahrt.

Zwar kamen wir bei Tageslicht nach Hause, aber es war so düster und kalt, dass wir drinnen alle Lichter einschalten mussten. Das Feuer, das ich vor der Abfahrt mit einer Lage Kohle versehen hatte, war zu herrlich heißer Glut heruntergebrannt. Toby, der in die roten Kohlen starrte, kauerte sich mit mir davor, um sich zu wärmen. Es wurde Zeit für ein Weihnachtsgetränk: Toby bekam ein Schälchen warme Kondensmilch; für mich gab es ein Glas Glühwein. Ich trank auf seine Gesundheit und wünschte ihm frohe Weihnachten; er wünschte mir auf seine Weise dasselbe, indem er mir auf die Schulter sprang und mein Ohr leckte.

Nun war es Zeit, die Geschenke zu öffnen, die ich unter den Baum gelegt hatte.

Von meiner Mutter und meinen Schwestern bekam ich ein Sortiment Krawatten, Strümpfe und ein Hemd. Diane Forester, die Kollegin, deren Pferd ich im Sommer betreut hatte, schenkte mir eine höchst willkommene Literflasche Cognac.

Toby Jug tollte zwischen den Verpackungen und bunten Bändern herum, als seien sie nur dazu da, ihm als Spielzeug zu dienen. Er selbst bekam zwei Geschenke. Das erste war ein luxuriöser Katzenkorb in Form eines Iglus, auf dem „Toby Jug“ stand. Der neue Besitzer inspizierte ihn eingehend mit der Nase, kletterte hinein und legte sich hin.

Als ich sein zweites Geschenk öffnete, lag er noch im Korb, deshalb musste ich ihn herausheben, ehe ich ihm ein brandneues, rotledernes, fellgepolstertes Katzenhalsband überreichen konnte, an dem drei Glöckchen und ein neues Namensschild hingen.

Die Geschenke waren ein voller Erfolg, doch der Höhepunkt des Tages war für Toby das Weihnachtsmahl. Er verlangte derart viele Portionen Truthahn und hinterher auch noch einen riesigen Klacks frische Sahne, dass er es anschließend gerade noch bis ins Wohnzimmer schaffte. Für den Rest des Tages konnte und wollte er sich nicht mehr von seinem Platz am Feuer wegbewegen. Verstohlen öffnete er ein Auge, als ich abends das Haus verließ, um die Kirche zu besuchen, blieb aber reglos ausgestreckt liegen – der Inbegriff einer satten und zufriedenen Katze.

Toby Jugs erstes Weihnachtsfest und Neujahr waren aus vielerlei Gründen denkwürdig, vor allem aber wegen der Wärme und des Glücksgefühls, die er in mein Leben brachte. Eine Katze wie ihn hatte ich nie zuvor kennen gelernt. Einerseits war er extrovertiert und liebenswürdig wie ein Hund, andererseits zeigte er die Unabhängigkeit und Eigenständigkeit einer Katze. Einerseits war seine Persönlichkeit durch meine spezielle Erziehung geprägt worden, andererseits spielten auch die Erbanlagen der Maine Coon eine Rolle. Toby Jug war im wahrsten Sinne des Wortes ein Unikum.

Manchmal hielt ich auf der Heimfahrt von der Arbeit den Wagen auf einer Hügelkuppe an, von der aus man das Land rings um mein Haus sehen konnte. Dann nahm ich das Fernglas heraus, das ich immer im Wagen liegen hatte, und suchte die Felder und Hecken nach Toby Jug ab. Mit seiner weißen Weste und den weißen Pfoten fiel er auf und war buchstäblich auf mehr als einen Kilometer Entfernung zu erkennen. Ich schaute ihm zu, wie er herumstreunte und jeden Graben und Baumstumpf untersuchte, ohne zu ahnen, dass ich jede seiner Bewegungen verfolgte. Ich war stolz mitzuerleben, wie selbstbestimmt er agierte.

Einmal im späten Oktober beobachtete ich durchs Fernglas, wie er in den Stoppeln eines Heufeldes Kaninchen beschlich. Auf einmal hörte er auf, im Gras herumzuschnüffeln, hob den Kopf und schaute mich geradewegs an, sein Gesicht wirkte im Feldstecher so angespannt, dass ich erschrak. Man konnte meinen, er würde mich sehen. Ich erklärte es mir damit, dass wahrscheinlich irgendetwas im Vordergrund seine Aufmerksamkeit erregt hatte. Allerdings gibt es Geschichten, die darauf hindeuten, dass Katzen übersinnliche Kräfte besitzen; vielleicht hat Toby ja gespürt, dass ich da war. So unheimlich es scheint: An ebenjenem Tag stand er, als ich heimkam, am Tor und wartete auf mich.

Bücher über die Maine Coon betonen, dass diese Rasse bemerkenswert intelligent ist. Tatsächlich hielt ich Toby Jug für ungewöhnlich aufgeweckt, für die klügste Katze, die mir je begegnet ist. Ich will damit die anderen Tiere nicht herabsetzen, aber Toby war einmalig. Was ihn so außergewöhnlich machte, war zum Teil auch der Umstand, dass er – obwohl ich ihn gut kannte – doch Dinge an sich hatte, die in geheimnisvolles Dunkel gehüllt blieben.

Kurz nach dem Jahreswechsel erlebten wir im Coquet Valley einen Schlechtwettereinbruch, wie es in dieser Gegend Northumberlands oft der Fall ist. Ein Jahrestag rückte heran, den ich mir vor einem Jahr nicht hätte träumen lassen, den ich nicht zu erhoffen gewagt hatte: der 2. Januar, die Wiederkehr jenes Tages, an dem ich Toby im Schnee gefunden hatte. Ich fasste den Entschluss, das Jubiläum auf ganz besondere Weise zu begehen.

Als ich an besagtem Abend von der Arbeit nach Hause fuhr, begann es zu schneien, und zwar so sehr, dass bald ein weißer Teppich auf der Straße lag. Wie bestellt wiederholte sich das Wetter vom vorigen Jahr. Es schneite, als wollte es nie mehr aufhören. Straßen wurden unpassierbar, Büsche, Bäume, Berge und Moor verschwanden unter einer weißen Decke.

Toby Jug wartete unter dem Schutz einer großen Tanne und kam angerannt, als ich aus dem Wagen stieg. Er sprang auf meine Schulter und zog die Willkommensnummer ab, die ich so gut kannte und auf die ich mich immer freute, auch wenn die linke Schulter all meiner Kleidungsstücke allmählich einen zerschlissenen Eindruck machte.

An jenem Abend kochte ich uns ein Festmahl aus frischem Kabeljau in Sahnesoße. Ich trank ein Glas Rotwein, Toby eine Schale Kondensmilch. Danach fachte ich mit Scheiten, die ich im Sommer geschlagen hatte, ein mächtiges Feuer an, dessen Wärme alle kalten Erinnerungen verjagte, die ich an jene tragische Nacht hatte. Eine Zeit lang lag Toby Jug warm und weich auf meinen Knien, hineingeschmiegt in meinen alten Sweater. Während ich ihn kraulte, ließ ich meinen Blick über ihn schweifen. Er war zu einem wirklich stattlichen Kater herangewachsen, mit kräftigem Körper und gesundem seidigem Fell. Doch vor allem war er mir ein echter Kumpel geworden, und darüber war ich sehr froh.

Wenn ich eingehend darüber nachdachte, war gar nicht so klar, wer hier gerettet worden war, Toby oder ich. Der Philosoph würde wohl sagen: Es beruhte auf Gegenseitigkeit.

Später am Abend ging ich zur Hintertür, von der aus ich in jener Nacht, die jetzt schon so lange zurückzuliegen schien, die Schmerzensschreie von Tobys Mutter gehört hatte. Jetzt hörte man keine Schreie; überall herrschte Stille. Die Luft war klar, ein heller Halbmond hing am dunklen Himmel. Schimmernd spiegelten sich die Sterne im tiefen Pulverschnee und auf dem Eis.

Toby Jug kam und sah nach, was ich da trieb. Er warf einen Blick nach draußen und beschloss, einen kleinen Ausflug zu unternehmen. Zunächst stand er der weißen Pracht etwas unsicher gegenüber, aber er nahm den Schnee wie alle anderen neuen Herausforderungen, vor die die Natur ihn stellte, prüfend in Augenschein. Vielleicht war es etwas, was sich in ein Spielzeug verwandeln ließ, wie das Laub, das im Wind wirbelte, oder die schwankenden hohen Gräser, mit denen sich so herrlich Fangen spielen ließ. Anscheinend kam er aber nicht ganz mit dem Umstand klar, dass er in der pulvrigen Masse immer ausrutschte. Sein verwirrter Gesichtsausdruck ließ mich schmunzeln. Dass ich über ihn lachte, ärgerte ihn. Er maunzte vor Frust. Obwohl ich in der Kälte zu zittern begann, schaute ich ihm lange zu. Tatsächlich überwand er seine Ängstlichkeit und begann fröhlich herumzuschlittern. Ich konnte mich gar nicht von diesem Anblick losreißen.

Lebhaft stand mir die Erinnerung an seine Mutter vor Augen, die Fährte ihrer verzweifelten Flucht zu ihren Jungen – die Katzenspur im Schnee, die mich zu Toby Jug geführt hatte.

Ich zog mich ins warme Wohnzimmer zurück und sah durchs Fenster, wie mein Kater nun eigene Spuren im Mondschein hinterließ. Kein Vater hätte stolzer sein können. Es war ein Jahr mit einem wirklichen Happy End.

Bald lag auch Toby Jug am Feuer.

„Na“, sagte ich, „wenn es morgen schön wird, geht's wieder raus in die weiße Pracht.“

Toby blinzelte mich fragend an – wie konnte ich nur auf einen so dummen Gedanken kommen? Dann machten wir es uns bei philosophischen Gedanken gemütlich und tranken uns am knisternden Feuer zu. Ich nippte an einem Brandy. Toby rollte sich zu einer Kugel zusammen und schnurrte laut. Ob er sich wohl daran erinnerte, was vor einem Jahr geschehen war?

Abschied

Nach diesem ereignisreichen ersten Jahr erlebten Toby Jug und ich noch viele schöne Abenteuer. Elf weitere Jahre blieb er bei mir, ein langes Stück Leben, das wir gemeinsam verbrachten.

Die Art und Weise, wie er starb, ist für mich natürlich ein besonders trauriges Kapitel. Ich glaube, in die Zukunft blicken wir gern durch die Brille der Gegenwart mit all ihren Sicherheiten und ihrem Trost – wir erwarten, dass die guten Zeiten ewig dauern.

Über viele Jahre war Toby Jug zu einem prächtigen Kater herangereift, doch dann ging sein Leben ganz plötzlich zu Ende. Ein sanfter Übergang ins Alter war ihm nicht vergönnt. Ein kurzes und heimtückisches Leiden befiel ihn. Ich konnte ihm nicht helfen.

Eines Tages wimmerte er beim Fressen vor Schmerz und wirkte den ganzen Abend lang kränklich. Ich untersuchte ihn gründlich und prüfte sein Maul und sein Gebiss. Nichts war zu sehen, das irgendeinen Hinweis hätte geben können.

Am folgenden Tag drehte er morgens seine üblichen Runden durch den Garten, legte sich tagsüber aber oft hin und japste. In der Mittagspause fuhr ich heim, um nach ihm zu sehen. Es war keine Besserung eingetreten, aber richtig krank wirkte er auch nicht, schlimmstenfalls ein „bisschen blass um die Nase“, wie meine Großmutter gesagt hätte.

Abends, bei der Fütterung, brachte er seine Nahrung hinunter, aber irgendetwas stimmte nicht. Beim Kauen wimmerte er. Ich vermutete einen Zahnabszess oder ein sonstiges Zahnleiden. Scott hatte seine Tierarztpraxis inzwischen verkauft, sie war abgerissen worden und hatte einem Wohnblock Platz gemacht, also musste ich mir im Telefonbuch einen neuen Tierarzt suchen.

Schließlich fand ich eine Adresse. Ich trug Toby Jug auf den Armen zum Wagen und behielt ihn auf meinem Schoß, während ich zu der neuen Praxis im Dorf Stobswood fuhr. Dass Toby nur so dalag und sich in meinen

Schoß kuschelte, sah ihm gar nicht ähnlich. Ich bekam es mit der Angst zu tun.

Im Wartezimmer herrschte ziemlicher Andrang. Bedrückt klammerte er sich während der langen Wartezeit an mich.

Endlich wurden wir ins Wartezimmer gebeten. Vorsichtig legte ich ihn auf den Tisch und trat zurück, während der Tierarzt ihn untersuchte. Es schien Ewigkeiten zu dauern. Toby Jug sträubte sich nicht, wimmerte nicht.

Schließlich wandte sich der Arzt an mich. „In seinem Maul und an seinen Zähnen kann ich nichts finden. Magen und Eingeweide zeigen bei der Tastprüfung keine Schmerzreaktion. Wahrscheinlich hat er irgendeine Infektion, die ihm Magenbeschwerden verursacht. Ich schlage vor, Sie setzen ihn für kurze Zeit auf eine Diät mit Milchpudding und schauen, ob es ihm besser geht. Wenn nicht, kommen Sie bitte noch einmal vorbei."

Tobys Zustand verschlechterte sich. Ein paar Tage nach dem Besuch beim Tierarzt wollte er überhaupt nicht mehr fressen und konnte das Wasser nicht mehr halten. Ich brachte ihn wieder zum Arzt und bekam Tabletten, die Toby verweigerte. Er lag nun den ganzen Tag in seinem Korb und konnte sich nicht mehr rühren. Ich pflegte ihn wie damals, als er noch klein und hilflos war, und versuchte es sogar wieder mit der Milchmischung, die ich ihm vor so vielen Jahren verabreicht hatte – vergeblich. Inzwischen stieß er ständig Schmerzenslaute unbekannter Ursache aus. Es war unerträglich, ihn so leiden zu sehen.

Wieder ging es zum Tierarzt.

Dieses Mal übergab er sich bei der Untersuchung im Sprechzimmer und wimmerte jämmerlich. Mich fröstelte. An jenem Tag hatte eine junge Ärztin Dienst, die sehr behutsam mit ihm umging. Eine Katzenliebhaberin, wie ich merkte. Sie streichelte Toby bei der Untersuchung und sprach mit ihm. Sie rief die Assistentin und bat um einen Augenspiegel. Sie nahm Tobys Augen unter die Lupe und entnahm ihm eine Blutprobe, die sie durch ein hochmodern aussehendes Analysegerät laufen ließ.

Als sie fertig war, blickte sie mich traurig an. Ein Stich ging mir durchs Herz.

„Es tut mir so leid", sagte sie und streichelte langsam Tobys Rücken. „Ich weiß, wie sehr Sie Ihren Kater lieben, aber ich fürchte, er hat einen Hirntumor. Ich kann nichts mehr für ihn tun, außer ihn von seinen Schmerzen zu erlösen."

Als ich diese Worte hörte, fühlte ich mich innerlich wie abgestorben.

Ich blickte Toby Jug an, und er mich. Er wusste, dass er sterben musste – ich sah es ihm an den Augen an.

Die Ärztin trat vom Tisch zurück und öffnete die Tür, um zu gehen. „Ich lasse Sie jetzt ein paar Minuten mit ihm allein, damit Sie Abschied nehmen können. Sie tun damit das Beste für ihn, was unter diesen Umständen möglich ist; er wird keinen Schmerz spüren, das garantiere ich Ihnen."

Damit schloss sie die Tür, und wir waren allein, nur Toby Jug und ich.

„Entschuldige, Toby Jug. Kann nichts mehr für dich tun, Kumpel", sagte ich lahm. „Ich wünschte, ich könnte dich jetzt nach deinen Wünschen fragen, danach, was ich machen soll." Mein Flüstern war mehr für meine als für seine Ohren bestimmt. Als mir voll und ganz bewusst wurde, was geschehen sollte, kamen die ersten Tränen. Ich seufzte tief auf, wischte mir mit dem Jackenärmel über die Augen, traf meine Entscheidung und wollte die Ärztin wieder hereinrufen, um ihr zu sagen, sie möge Toby Jug fortnehmen.

Da erhob sich Toby plötzlich aus seiner Bauchlage und begann ungeachtet seiner Schmerzen langsam und mühselig auf mich zuzukriechen. Zu meinem Erstaunen zog er sich mit großen Schwierigkeiten an meiner Jacke hoch, bis die Vorderpfoten meine linke Schulter erreichten. Er klammerte sich an sie und blieb trotz seiner Schwäche mit verzweifelter Anstrengung hängen. Ich legte den Arm um ihn und weinte über die Botschaft, die er mir übermittelte. Toby Jug hatte mir geantwortet: Er wollte zum Sterben nach Hause.

Die Tür ging auf, die Ärztin erschien in der Erwartung, dass ich Toby Jug bei ihr lassen würde, und war überrascht, ihn an meiner Schulter zu sehen. Ich erklärte ihr, was ich dachte und wie ich Tobys Verhalten deutete. Sie war ohne Weiteres einverstanden und bereitete zwei Spritzen mit einem starken Schmerzmittel vor, das ich ihm verabreichen sollte, wenn es nötig war. Schließlich teilte sie mir ihre Prognose mit: Wahrscheinlich würde Toby Jug in den nächsten achtundvierzig Stunden sterben.

„Sorgen Sie dafür, dass er's warm und bequem hat, und lassen Sie der Natur ihren Lauf", riet sie mir beim Abschied.

Als ich Toby daheim aus dem Wagen hob, schien sich in der vertrauten Umgebung seine Stimmung aufzuhellen, aber ich sah, dass es ihm sehr schlecht ging. Wir hatten so viele Krisen gemeinsam durchlebt, und nun mussten wir die letzte, die endgültige Hürde auch meistern, so gut wir konnten.

Wie sich herausstellte, brauchte ich das Schmerzmittel nicht einzusetzen:

Er wimmerte und klagte nicht mehr. Wahrscheinlich entfalteten jetzt die körpereigenen Substanzen ihre Wirkung und befreiten ihn in seinen letzten Lebenstagen von den Schmerzen. Zumindest hoffte ich das inständig.

Am Tag nach unserem letzten Arztbesuch geschah es. Ich hatte Toby in einen frisch ausgepolsterten Korb gelegt, um ihm die bestmögliche Nachtruhe zu verschaffen, und fühlte mich, nachdem ich ihn zum x-ten Mal gewaschen und gesäubert hatte, plötzlich so ausgelaugt, dass ich fast umgefallen wäre. Ich musste dringend schlafen, konnte ihn aber nicht allein lassen und aus praktischen Gründen auch nicht zu mir ins Bett holen. Also stellte ich seinen Korb neben das Sofa im Wohnzimmer, auf dem wir so manche Stunde miteinander verbracht hatten, schürte das Feuer, um die Winterkälte draußen zu halten, und zündete Kerzen für uns an.

Obwohl ich hundemüde war, nahm ich mir Zeit und sprach beim Gutenachtsagen noch länger zu Toby. Ich kraulte ihn und sagte ihm mit leisen Worten, wie sehr ich ihn liebte und welch tolles Kerlchen er war. Auf meine Worte hin richtete er sich auf, drückte Kopf und Gesicht in meine Hand und ließ ein kehliges Schnurren hören, ein einziges Mal.

Ich warf mir den Wintermantel über, legte mich auf das Sofa und sagte Toby Jug beim Flackern des Kohlefeuers und der Kerzen noch einmal leise „Gute Nacht!“. Dann schlief ich tief, so tief, wie nur Erschöpfte schlafen können. Es war das letzte Mal, dass ich Toby lebend gesehen habe.

Am nächsten Morgen fand ich ihn tot in seinem Korb. Kurz nachdem ich eingeschlafen war, muss er gestorben sein. Natürlich war ich darauf vorbereitet, dennoch versetzte mir sein Tod einen Schock, wie ich ihn noch nie erlebt hatte. Ich war fassungslos. Um sein Leben zu retten, hätte ich alles Erdenkliche unternommen, aber ich konnte nichts mehr für ihn tun. Er starb zwei Tage nach seinem zwölften Geburtstag.

Während ich mechanisch meinen Morgentee schlürfte, überlegte ich mir die nächsten Schritte. Er war nicht mehr für mich da, doch ich musste für ihn da sein. Ich rasierte mich und zog mich an, um zur Arbeit zu fahren. Vor Kurzem hatte ich eine Dozentur an der Universität von Newcastle übernommen, und an jenem Morgen warteten dort zwanzig Studenten auf mich. Ich wusste nicht, wie ich es schaffen sollte, aber es gab niemanden, der für mich einspringen konnte. An diesem Vormittag musste ich Toby Jug erst einmal aus meinen Gedanken wegschieben. Die Beerdigung jedoch konnte nicht warten.

Ich eilte ins obere Stockwerk und suchte meinen besten Pullover heraus, er war aus blauer Lambswool und ich hatte ihn mir erst zum letzten Weihnachtsfest geschenkt. Aus sentimentalen Gründen konnte ich mich von den zerfetzten, die Toby so geliebt hatte, nicht trennen. Dann schlüpfte ich in meine Gummistiefel und trug seinen kleinen Körper nach draußen. Im nebligen Morgenlicht grub ich unter dem knorrigen Apfelbaum, auf den er so gern geklettert war, ein Loch in den gefrorenen Boden. Lange hielt ich den kalten steifen Körper in meinen Armen und tröstete mich mit dem Gedanken: Wo auch immer er war, er war jedenfalls nicht mehr hier. Hastig wickelte ich ihn in den Pullover, legte ihn auf das Kissen, auf dem er so gern gelegen hatte, und begrub ihn zusammen mit einigen seiner verbliebenen roten Bälle und seinen Futternäpfen.

Nachdem ich das Grab mit Erde gefüllt hatte, legte ich ihm ein Gelöbnis ab. Unter Tränen versprach ich ihm, eines Tages seine Lebensgeschichte aufzuschreiben und zu veröffentlichen. Ich wollte die Welt teilhaben lassen an den besonderen Erinnerungen, die ich an ihn und unser gemeinsames Leben hatte. Diese einmalige Erfahrung musste ich hüten und bewahren, und sei es nur, um meinen Schmerz, meine Trauer noch einmal zu durchleben. Er war von mir gegangen, aber ich würde ihn nie vergessen.

Damals hatte ich keine Ahnung, wie schwierig es sein würde, dieses Versprechen einzulösen. Ich hatte Tagebuchnotizen aufgehoben und Fotos gemacht, wobei Letztere leider bei einem Umzug verloren gingen. Im Lauf der Jahre nahm ich mehrere Anläufe, um unsere gemeinsame Geschichte aufzuschreiben, sie verliefen jedoch im Sande. Dann, nach meiner Versetzung in die Altersteilzeit, ging ich, ermutigt von meiner Frau Catherine, noch einmal ernsthaft ans Werk.

Dieses Buch ist die Einlösung meines Gelöbnisses und ein Zeugnis meiner Katzenliebe, die Toby in mir geweckt hat.

Fünf Monate nach seinem Tod verkaufte ich Owl Cottage, weil ich nach dem schmerzhaften Verlust dort nicht mehr leben konnte. Ich zog weit fort, um ein neues Leben zu beginnen. Freunde gaben mir den Rat, mir wieder eine Katze zuzulegen, einige wurden mir auch angeboten, aber ich brachte es nicht übers Herz, eine ins Haus zu nehmen. Weder der Katze noch mir gegenüber wäre das fair gewesen.

Damals dachte ich, dass ich Owl Cottage nie wiedersehen würde. Aber das Schicksal geht oft unergründliche Wege – dies ist allerdings ein anderes Kapitel.

Vier Jahre nach Tobys Tod wurde ich vorübergehend als psychologischer Berater für eine Fernsehsendung verpflichtet. Eines Abends, es war im Januar, saß ich auf Einladung der Fernsehgesellschaft mit den prominenten

Gästen der Sendung, bei der es um „Übersinnliche Phänomene und Hellsehen" gegangen war, in einem Hotel zusammen. Da kam eine Parapsychologin, die in der Sendung ihre Kunst demonstriert hatte, zu mir herüber.

Sie legte mir eine Hand auf die Schulter und sagte mit leiser Stimme, damit nur ich es hören konnte, etwas ganz Erstaunliches. Es ließ mir Tränen in die Augen steigen und tröstet mich seither, wann immer ich daran denke.

Sie sagte: „Ich muss Ihnen einfach mitteilen, was ich gesehen habe, weil es für Sie vielleicht wichtig ist. Als Sie gerade zur Theke hinübergingen, war ich mir eines Geisttieres bewusst, das Ihnen folgte. Haben Sie irgendwann einmal eine schwarz-weiße Katze besessen, an der Ihnen viel lag? Sagen Ihnen die Anfangsbuchstaben T und J irgendetwas?"

Ich schluckte meine Tränen hinunter, brachte aber kein Wort heraus und nickte nur.

„Die Katze", sagte sie mit stillem Lächeln, als sie meinen Gesichtsausdruck sah, „sitzt in diesem Moment auf Ihrer Schulter!"

DENIS O'CONNOR

„Als der Kater Toby Jug in mein Leben trat, wandte es sich zum Besseren."

Nach dem Verlust von Toby Jug änderte sich das Leben von Denis O'Connor grundlegend. „Ich verkaufte Owl Cottage, weil ich mir nicht vorstellen konnte, dort ohne ihn zu bleiben. Mit Toby Jug hatte ich meine Familie verloren. Zu dieser Zeit bekam ich das Angebot, als Pädagogikdozent an der Universität von Newcastle-on-Tyne zu arbeiten, und so zog ich in diese Stadt." An der Universität arbeitete er mit Catherine, einer Kollegin, zusammen, die zu einer engen Freundin und schließlich, im Jahr 1998, zu seiner Frau wurde.

Als der Ruhestand näher kam, hielten sie gemeinsam Ausschau nach einem Alterssitz auf dem Land – und stellten erfreut fest, das Owl Cottage zum Verkauf stand. Sie griffen zu und renovierten das mittlerweile ziemlich verfallene Gebäude von Grund auf. Nun begann Denis O'Connor auch zu schreiben. „Meine Frau ermunterte mich, dass ich doch nun Zeit hätte, das Buch über meinen ungewöhnlichen Kater Toby Jug in Angriff zu nehmen, von dem ich ihr so oft erzählt hatte. Toby hatte ich das an seinem Grab ja versprochen. Erfreulicherweise wurde das Buch in England zu einem Bestseller."

Die Frage, ob Toby Jug sein Leben dauerhaft verändert habe, bejaht der Autor entschieden. „Als er in mein Leben trat, wandte es sich zum Besseren. Ich lernte, Natur und Tiere zu schätzen und unsere Beziehung ebenso zu genießen wie die Harmonie, die sie in mein Dasein brachte. Bis heute habe ich das Gefühl, dass es über seinen Tod hinaus ein Band zwischen uns gibt."

Gemeinsam mit Catherine beschloss er, dass zum Owl Cottage auch künftig Katzen gehören sollten. „In den folgenden Jahren erwarben wir vier Rassekatzen, allesamt Maine Coons. Pablo und Carlos sind gestorben, Luis – auf dem Foto oben zu sehen – und Max bestätigen mit ihrem vornehmen Verhalten tagtäglich den Glauben der alten Ägypter, dass Katzen von göttlicher Natur sind."

Übersetzer
Herzstoß: Kristian Lutze
Katzenspuren im Mondlicht: Dieter Kuhaupt

Illustrationen und Fotos
Herzstoß: S. 4 (oben), S. 6/7: iStockphoto.com/Steve Depenport; S. 8: Getty Images/JF Creative
Das Wunder von Treviso: S. 4 (unten), S. 142/143: Getty Images/John Lee; S. 144: iStockphoto.com/Giorgio Magini
Oktoberfest: S. 5 (oben), S. 270/271/272: Getty Images/Bernhard Limberger
Katzenspuren im Mondlicht: S. 5 (unten), S. 488/489/490: Gestaltung James Kessell unter Verwendung einer Vorlage von Richard Morris. Abdruck mit freundlicher Genehmigung von Constable & Robinson Ltd., London

Autorenfotos
Joy Fielding (Seite 141): David Leyes
Susanne Falk (Seite 269): David Laudien
Christoph Scholder (Seite 487): Christian Kaufmann
Denis O'Connor (Seite 575): Graham Oliver

Einband
Hauptmotiv: iStockphoto.com/sebastian-julian; *Herzstoß:* iStockphoto.com/Steve Depenport; *Das Wunder von Treviso:* Getty Images/John Lee; *Oktoberfest:* Getty Images/Bernhard Limberger; *Katzenspuren im Mondlicht:* Gestaltung James Kessell, unter Verwendung einer Vorlage von Richard Morris. Abdruck mit freundlicher Genehmigung von Constable & Robinson Ltd., London

Die ungekürzten Ausgaben von „Herzstoß", „Das Wunder von Treviso" und „Oktoberfest" sind im Buchhandel erhältlich.